21世纪高等教育经管类经典书系
本版优秀图书

政府会计

（第三版）

GOVERNMENT ACCOUNTING

邢俊英 编著

东北财经大学出版社 · 大连
Dongbei University of Finance & Economics Press

图书在版编目（CIP）数据

政府会计 / 邢俊英编著．—3版．—大连：东北财经大学出版社，2021.9
（21世纪高等教育经管类经典书系）
ISBN 978-7-5654-4291-9

Ⅰ.政…　Ⅱ.邢…　Ⅲ.预算会计-高等学校-教材　Ⅳ.F810.6

中国版本图书馆CIP数据核字（2021）第157520号

东北财经大学出版社出版
（大连市黑石礁尖山街217号　邮政编码　116025）
网　　址：http://www.dufep.cn
读者信箱：dufep@dufe.edu.cn
大连天骄彩色印刷有限公司印刷　　东北财经大学出版社发行

幅面尺寸：185mm×260mm　字数：685千字　印张：31.75　插页：1
2021年9月第3版　　2021年9月第1次印刷
责任编辑：郭　洁　孙冰洁　　责任校对：初　心
封面设计：张智波　　版式设计：钟福建

定价：69.00元

教学支持　售后服务　联系电话：（0411）84710309

如有印装质量问题，请联系营销部：（0411）84710711

第三版前言

本书自2016年5月初版面世直至2018年3月推出第二版，自始至终都得到了读者的认可和支持。现在，在第三版推出之际，我谨向选用本书及提出宝贵意见的读者朋友们致以衷心感谢！

本书第二版出版以来的三年间，政府会计准则制度持续发布；同时，在自身的教学实践和不断深入的学习中也发现了第二版中存在的一些问题。为了紧跟政府会计准则制度的新变化并订正上一版中存在的问题，现推出第三版。

第三版修订的主要内容如下：

1. 第一篇《政府会计总论》。第一章，主要对政府会计规章进行了补充和更新；第二章，主要对财政制度的相关内容进了更新。

2. 第二篇《财政总预算会计》。主要根据新修订的《中华人民共和国预算法实施条例》和《2021年政府收支分类科目》对第四章和第五章的相关内容进行了更新；同时，为了突出财政总预算会计要素概念框架的内容，在第四章至第八章中各增加了一节新的内容，以概述财政总预算会计的收入、支出、资产、负债和净资产等各会计要素的相关内容。

3. 将第三篇《政府单位财务会计》和第四篇《政府单位预算会计》合并为新的第三篇《政府单位会计》。合并的目的在于，突出同一政府单位会计系统所具备的财务会计和预算会计的双重功能适度分离又相互衔接的核算模式。由此，主要更新内容包括：一是对应财务会计要素和预算会计要素的会计科目调整各章节内容；二是每个会计科目均分别财务会计系统和预算会计系统体现其账务处理方式，并配合相关例题呈现“平行记账”原理；三是以一个虚拟事业单位作为会计主体完整体现净资产和预算结余的核算以及财务报表和预算会计报表的编制原理；四是根据第二版出版之后财政部发布的相关政府会计准则制度及其解释，对相关内容进行了补充和更新。

4. 根据上述修订内容，对其他应该调整、订正的内容进行了相应调整与订正。

一直以来，本书的一大优势就在于紧跟准则的更新对内容进行调整，使本书始终保持相对于国家相关政策法规的新鲜度；同时，在对政策法规的释义方面保持绝对审慎严谨的态度。在教材内容强调思政特色的今天，本书的立足点与内容取舍完全顺应了形势也满足了需要。

本版修订由邢俊英完成。由于作者水平有限，在修订过程中仍难免出现一些疏漏，恳请读者予以指正。

邢俊英
2021年5月·北京

第二版前言

第一版前言

多年来，我国的政府会计在实践领域一直是以基于收付实现制的预算会计制度体系的形式存在的，主要包括财政总预算会计制度、行政事业单位会计制度、事业单位会计准则制度等。而以收付实现制为基础的预算会计制度体系于1997年实施了较大改革，是适应财政预算管理的要求建立和逐步发展起来的，为财政资金的运行管理和宏观经济决策发挥了重要的基础性作用。但是，自2000年以来，随着部门预算、国库集中收付制度、政府收支分类、国有资产管理、政府债务管理、国库现金管理等财政管理制度改革的不断深入推进，对以收付实现制为基础的预算会计制度提出了新的更高的要求。为保障财政制度改革顺利推进，满足财政管理的需要，财政部虽然陆续发布数十个补充规定对预算会计制度不断做出诸多调整，但并没有对1997年形成的预算会计制度进行全面修订，从而导致预算会计制度的严重“碎片化”，预算会计提供的会计信息难以满足财政管理的需要。由此，构建统一、科学、规范的中国政府会计标准体系势在必行。

从2012年开始，为构建中国政府会计标准体系，财政部对预算会计制度进行了持续改革。2012年，为了进一步规范行政事业单位的财务行为，加强对行政事业单位的财务管理和监督，提高资金使用效益，财政部陆续对原《事业单位财务规则》（财政部令〔1996〕8号）和《行政单位财务规则》（财政部令〔1998〕9号）进行了修订，分别于2012年2月7日和12月6日发布修订后的《事业单位财务规则》（财政部令第68号）和《行政单位财务规则》（财政部令第71号），并分别自2012年4月1日和2013年1月1日起施行，从而为修订行政单位和事业单位会计制度奠定了坚实基础。同年，为了适应公共财政改革和事业单位财务管理改革的需要，进一步规范事业单位的会计核算，财政部对原《事业单位会计准则（试行）》（财预字〔1997〕286号）和《事业单位会计制度》（财预字〔1997〕288号）进行修订，分别于2012年12月5日和12月19日发布修订后的《事业单位会计准则》（财政部令第72号）和《事业单位会计制度》（财会〔2012〕22号），并均自2013年1月1日起施行。

2013年，为了适应公共财政管理改革与发展的要求，满足行政单位财务管理以及进一步提高行政单位会计信息质量的需要，财政部对原《行政单位会计制度》（财预字〔1998〕49号）进行修订，于2013年12月18日发布修订后的《行政单位会计制度》（财库〔2013〕218号），并自2014年1月1日起施行。

2015年，为了为下一步推进政府综合财务报告制度建设提供基础性制度保障；为了将近几年来不断推出的完善政府预算体系、规范地方政府债务管理、设置预算稳定调节基金、实施国库现金管理等财政管理制度改革的成果，全面、完整、准确地通过会计记录予以反映，满足财政管理需要和社会各界对财政信息公开的需求；为了规范各级政府财政总预算会计核算，保证会计信息质量，充分发挥财政总预算会计的职能作用，完善政府会计体系，财政部对原《财政总预算会计制度》（财预字〔1997〕287号）进行了修订，于2015年10月10日发布修订后的《财政总预算会计制度》（财库〔2015〕192号），并自2016年1月1日起施行。

新的财政总预算会计制度、事业单位会计准则制度和行政单位会计制度，通过对预算收支相关的经济业务或事项采用“双分录”核算方法，在核算预算收支的同时，全面核算政府及其单位资产、负债以及净资产情况，尝试将预算会计和财务会计功能相融合，标志着政府会计制度体系得到健全完善。

但是，新的财政总预算会计制度、事业单位会计准则制度和行政单位会计制度的发布实施，虽然使政府会计信息质量要求得到改进，但由于以收付实现制为主，所以导致现行的政府会计制度与我国政府会计改革目标仍尚有一定距离。2014年12月国务院批转财政部《权责发生制政府综合财务报告制度改革方案》明确规定，政府会计改革的目标是在2020年前建立具有中国特色的政府会计准则体系和权责发生制政府综合财务报告制度。政府会计标准体系（包括政府会计基本准则、具体准则及应用指南和政府会计制度）中的《政府会计准则——基本准则》（财政部令第78号）财政部已于2015年10月23日发布，自2017年1月1日起施行。同时，财政部分别于2015年11月16日和12月2日发布了《政府财务报告编制办法（试行）》（财库〔2015〕212号）、《政府部门财务报告编制操作指南（试行）》（财库〔2015〕223号）和《政府综合财务报告编制操作指南（试行）》（财库〔2015〕224号），决定从2017年开始由财政部选择试点单位编制2016年度权责发生制政府财务报告。

事实上，“政府会计”一词虽然自2006年起就不断被写入政府的官方文件，但截止到政府会计基本准则发布时，在我国仍没有任何会计规范对“政府会计”做出界定。不过，依照政府会计基本准则对政府会计主体的规定，我国政府会计制度体系主要由财政总预算会计制度、行政单位会计制度和事业单位会计准则制度构成，看似为原来的预算会计制度，不过内容已存在很大不同。而基于政府会计基本准则，政府会计由财务会计和预算会计构成，其中预算会计是指以收付实现制为基础对政府预算执行过程中发生的全部收入和全部支出进行会计核算，主要反映和监督预算收支执行情况的会计，包括预算收入、预算支出与预算结转结余三个会计要素，是政府会计的构成部分，这与原来意义上的预算会计也存在极大差异。

由此，本书基于目前正在执行的政府会计制度，在总结作者的教学经验和实践调研积累的基础上，全面系统地阐述了我国政府会计的基本理论和实务。它是作为高等学校财经类专业的本、专科教学用书而编写的，也可供自学考试生以及实践中的预算会计以及其他会计人员继续教育和学习、参考使用。

本书主要具有以下显著特点：

第一版前言

1. 体现制度的本土化。本书的内容根基于中国现行的政府会计制度，并能够体现其新变化。其目的在于使读者能够获取中国政府会计核算内容和方法等方面的知识，进而为其应对在校学习、升学考试、入职考试、教学等提供帮助。

2. 体现财政管理制度和政府会计制度的融合性。政府会计是财政管理与会计学相互融合的学科。为了体现这一特点，本书在详细阐述对政府会计核算有重大影响的财政管理制度的基础上，详细阐述了财政管理制度对政府会计核算的影响。其目的在于使读者在全面获知我国政府会计的财政制度的背景下，能够更好地理解政府会计制度核算的内容和方法。

3. 体现内容的务实性。本书根据全新的政府会计制度，在阐述财政总预算会计、行政单位会计和事业单位会计核算内容和方法的基础上，为基本核算原理都配上相应的例题，并且在章后根据具体教学内容设置了“复习思考”和“操作练习”，特别在第七、十一和十五章后还专门配有资产负债表编制的练习题，具有非常强的综合性，可使读者分别掌握财政总预算会计、行政单位会计和事业单位会计各自的会计要素确认、计量、记录、计算和报告的全部知识内容，帮助读者强化和提高自主学习和实际业务操作能力。

4. 体现知识结构的系统性。本书根据政府会计主体资金运动特点安排结构，使知识描述更加系统。一是根据财政总预算会计与行政事业单位会计之间存在的经费领报和业务指导监督关系，在结构安排顺序上先财政总预算会计、再行政单位会计和事业单位会计。二是根据政府会计对象表现为各级政府和行政事业单位在预算执行中的收入、支出、结转结余以及由此形成的资产、负债和净资产的现象，财政总预算会计、行政单位会计和事业单位会计各自章节的设计均在介绍概念及制度体系的基础上，按照先收入和支出，后资产、负债和净资产，再会计报表的内容顺序排列。

5. 体现学习的指导性和便利性。本书的电子课件、复习思考及操作练习题的答案都上挂出版社网站（www.dufep.cn），购买使用本书的读者可以免费下载使用，从而为大家提供本书的学习指导、学习参考，并为授课教师提供教学支持。

在本书的编写过程中，得到了大学同学的大力支持和帮助，在此表示感谢；也参考了部分学者编写的教材、专著以及发表的论文，在此也一并表示感谢。

本书由邢俊英完成。由于作者水平有限，在写作过程中难免出现一些错误和疏漏，恳请读者予以指正。

邢俊英

2016年2月 · 北京

目　录

第一篇

政府会计总论

第一章

政府会计基本理论

学习目标

- 理解政府会计的概念和组成体系
- 掌握政府会计的基本前提和一般原则
- 熟悉政府会计要素
- 熟悉政府会计的会计等式
- 了解我国政府会计制度的发展历程
- 了解我国未来政府会计改革的目标和内容
- 熟悉我国现行的政府会计规范

本章主要概述政府会计的概念和组成体系，政府会计的基本前提和会计信息质量特征、会计要素和会计等式，政府会计规范体系以及政府会计的特点等内容。

第一节 政府会计的概念和组成体系

一、政府会计的概念

会计是对各个会计主体的经济业务，以货币为主要计量单位，借助专门的程序和方法，进行全面、连续、系统的核算和监督，并依据会计核算信息和其他技术经济信息，参与各会计主体经营管理的一种管理活动。会计存在的目的是为社会组织实现运行目标而服务。

一般而言，社会组织按照其组织目标的差异，可分为营利组织、政府和非营利组织。营利组织是以营利为目的，为社会提供私人产品，资源的提供者期望获取投资收益，比如企业或公司。政府是一个国家的统治机构，与国家密切联系，以国家存在为前提，是国家权力的代表和执行机关，其行使国家公权力，为社会提供纯公共产品。政府基于公共受托责任，分为政权政府和政府办事机构。非营利组织不以营利为目的，为社会提供准公共产品，资源的提供者不要求经济回报，分为公立非营利组织和私立非营利组织。基于上述社会组织的分类，会计一般被分为营利组织会计（企业会计）、政府与非营利组织会计；政府与非营利组织会计又分为政府会计和非营利组织会计。

在我国，社会组织按其组织目标以及现有相关法律法规，可分为营利组织、政府和民间非营利组织。其中，营利组织即为企业或公司；政府包括各级政府及各级各类政府单位；民间非营利组织是依照国家法律、行政法规登记的社会团体、基金会、民办非企业单位和寺院、宫观、清真寺、教堂等。由此，我国的会计可被分为企业会计、政府会计和民间非营利组织会计。

一般而言，企业会计是以营利为目的，以资本循环为中心，适用于各类企业的一种专业会计。至于政府会计，目前并没有统一的表述。按照国际会计准则委员会的规定，政府会计被定义为："用于确认、计量、记录和报告政府和政府单位财务收支活动及其受托责任的履行情况的会计体系。"[①]民间非营利组织会计则是不以营利为目的，以财务收支活动为核心，适用于民间非营利组织的一种专业会计。

无论如何定义，政府会计作为会计系统的一个分支，同其他会计一样，也是以货币为计量单位，对其会计主体的经济业务进行连续、系统、完整的核算、反映和监督的一种经济管理活动。政府会计作为一种经济管理活动，其主要职能是对政府会计主体的资金活动进行连续、系统、完整的核算、反映和监督。

二、政府会计的组成体系

（一）基于财政资金活动的政府会计组成体系

在我国，基于财政资金活动的角度，现行的政府会计体系由财政总预算会计、政府单位会计以及参与预算执行的国库会计、收入征解会计等组成。其中，财政总预算会计和政府单位会计是政府会计体系的基本组成部分，财政总预算会计是核心，政府单位会计是财政总预算会计的延伸；而国库会计、收入征解会计作为参与国家预算执行的专门会计，同财政总预算会计、政府单位会计共同组成了政府会计体系，对财政资金活动进行系统会计核算。我国政府会计体系如图1-1所示。

1.财政总预算会计

财政总预算会计是各级政府财政核算、反映、监督政府一般公共预算资金、政府性基金预算资金、国有资本经营预算资金、社会保险基金预算资金以及财政专户管理资金、专用基金和代管资金等资金活动的专业会计。

与国家预算组成体系相一致，我国的财政总预算会计体系分为五级：财政部设立中央财政总预算会计，省（自治区、直辖市）财政厅（局）设立省级财政总预算会计，设

① 国际会计准则委员会给出的定义。上海财经大学公共政策研究中心. 2003年中国财政发展报告［M］. 上海：上海财经大学出版社，2003.

区的市（自治州）财政局设立市级财政总预算会计，县（自治县、不设区的市、市辖区）财政局设立县级财政总预算会计，乡镇（民族乡）财政所设立乡镇级财政总预算会计。

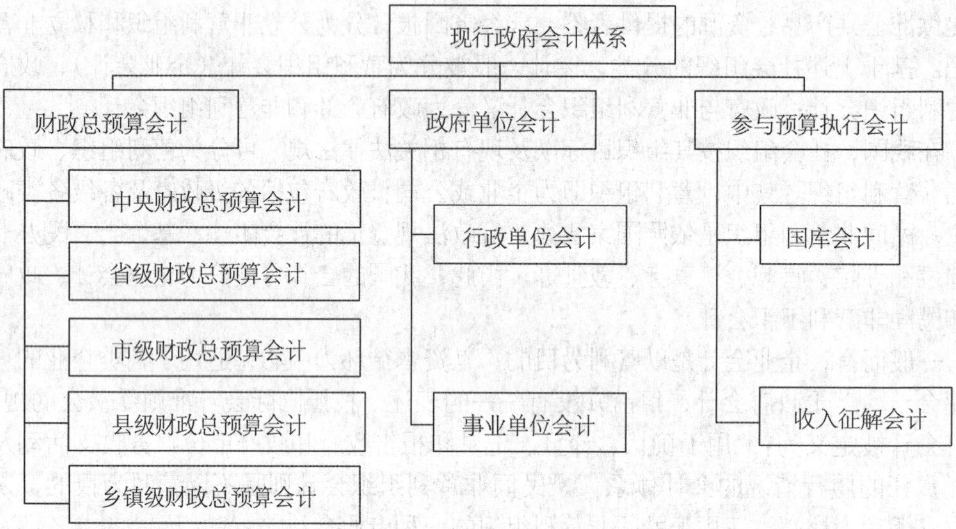

图1–1　我国政府会计体系

2.政府单位会计

政府单位是指与本级政府财政部门直接或者间接发生预算拨款关系的行政单位和事业单位。政府单位会计是政府单位核算、反映、监督本单位各项资金运动的会计，包括行政单位会计和事业单位会计。根据机构建制和经费领报关系，政府单位会计的组织系统可分为主管会计单位、二级会计单位和基层会计单位三级。

3.参与预算执行会计

参与预算执行的会计，主要包括中国人民银行在办理国库业务过程中设立的国库会计、税务部门和海关在办理税款征解过程中设立的收入征解会计。财政总预算会计负责财政总预算的执行，办理政府预算收支，但不直接“收纳预算收入，也不直接花钱办事”，具体财政总预算会计业务则由参与预算执行的会计执行。由此，参与预算执行的会计也构成政府会计的一个组成部分。国库会计是核算、反映和监督政府收入的收纳、划分、报解和库款支拨的专业会计。收入征解会计是核算、反映和监督税收征收机关（税务部门和海关）组织各项税收的实现、征收、上解、入库、减免的专业会计，包括税收会计和关税会计。

4.政府会计各组成部分的关系

就一级政府预算而言，在上述政府会计体系中，财政总预算会计作为核算、反映和监督本级政府预算收支执行以及财政资金活动的专业会计，掌握本级财政预算收支的全面情况和结果，处于主导地位；政府单位会计和参与预算执行的国库会计、收入征解会计在财政总预算会计的业务指导下开展核算工作，并向财政总预算会计报送会计报表。

政府单位会计和财政总预算会计的关系，主要表现为缴拨款和业务指导监督关系。一方面，政府单位的预算是同级政府预算的重要组成部分，在按照核定预算和分月（季度）用款计划接受财政总预算会计核拨的财政拨款的同时，还要将在组织单位业务活动中依法取得的应当上缴财政的资金及时足额上缴财政。这些缴拨款项在财政总预算会计和政府单位会计中均要予以核算和反映。另一方面，政府单位会计必须接受同级财政总预算会计的管理与监督，执行本级财政部门提出的检查意见。

从参与预算执行会计与财政总预算会计的关系看，收入征解会计作为核算、反映和监督各级政府预算执行中税收组织、实现和缴纳的会计，是政府会计的起点；国库会计作为核算、反映和监督政府收入的收纳、划分、报解和库款支拨的专业会计，是各级预算执行的重要部门，起桥梁和纽带作用；而财政总预算会计则是政府会计的终点。因此，在预算执行中，财、税、库是组织、管理和核算、反映、监督各级财政预算收入实现的重要部门，它们之间相互提供有关资料、文件和报表，密切协作，共同为完成预算服务。在会计核算上，通过相同的原始凭证，实现财、税、库的相互牵制。比如，税收缴款书，国库收纳后作为国库会计收纳预算收入的入库凭证，国库每日根据税收缴款书编制预算收入日报表，同时报送财政部门和收入征收机关。财政总预算会计根据国库会计报送的预算收入日报表进行预算收入的账务处理，收入征解会计根据国库会计报送的预算收入日报表对入库税款进行账务处理。根据相同原始凭证处理账务，财、税、库可以相互牵制、相互监督，保证预算收入的真实、准确。各级国库将所入库的预算收入按预算级次、预算科目，定期与同级财政机关和征收机关进行账务核对，保证财、税、库的数字一致。

（二）基于政府会计功能的政府会计构成

基于《政府会计准则——基本准则》（以下简称《基本准则》），政府会计由财务会计和预算会计构成。政府财务会计是指以权责发生制为基础对政府发生的各项经济业务和事项进行会计核算，反映和监督政府财务状况、运行情况、运行成本和现金流量等信息的会计；政府预算会计是指以收付实现制为基础对政府预算执行过程中发生的全部收入和全部支出进行会计核算，主要反映和监督预算收支执行情况的会计。由此，同一政府会计主体的会计核算系统中，同时设有财务会计和预算会计两个核算系统，通过财务会计系统对政府会计主体的资产、负债、净资产、收入、费用五个要素进行核算，通过预算会计系统对政府会计主体的预算收入、预算支出和预算结余三个要素进行核算，以实现政府会计的财务会计与预算会计的双重功能。

按照现行《财政总预算会计制度》的规定，财政总预算会计通过部分的资产和负债实行“双分录”核算模式尝试财务会计和预算会计功能（参见第二篇）。按照《政府会计制度——行政事业单位会计科目和报表》（以下简称《政府单位会计制度》）的规定，政府单位会计通过分设财务会计和预算会计两个系统，实现财务会计与预算会计的双重功能（参见第三篇）。

第二节 政府会计的基本前提和会计信息质量特征

一、政府会计的基本前提

会计基本前提，又称会计基本假设，是进行会计核算的基本条件。会计基本前提是合理限定会计核算的范围，据以确定会计核算对象、选择会计方法、收集加工处理会计数据，从而保证会计工作正常进行和会计信息质量的假设条件。政府会计的基本前提包括会计主体、持续经营、会计分期和货币计量。

（一）会计主体

政府会计主体是政府会计为之服务的特定单位，它限定了政府会计核算的空间范围。会计主体是持续经营和会计分期这两个前提的基础。只有规定了政府会计主体，政府会计核算才会有明确的范围，在此基础上会计要素才会有空间的归属；也才能正确反映会计主体的各会计要素的情况和结果，向有关各方面提供正确的会计信息。《基本准则》规定，政府会计主体包括各级政府、各部门、各单位。其中各部门、各单位是指与本级政府财政部门直接或者间接发生预算拨款关系的国家机关、军队、政党组织、社会团体、事业单位和其他单位，但军队和已纳入企业财务管理体系的单位和执行《民间非营利组织会计制度》的社会团体除外。基于社会组织的分类，政府会计主体可归纳为各级政府、各级各类行政单位和事业单位。具体而言，财政总预算会计的主体是各级政府，行政单位会计的主体是行政单位，事业单位会计的主体是事业单位。

（二）持续经营

持续经营是指在正常情况下，政府会计主体的经济业务活动无限期延续下去，在可以预见的未来不会终止。持续经营规定了政府会计核算的时间范围，即会计主体的经济业务活动将无限期继续存在下去。只有在持续经营的前提下，政府会计主体的经济业务活动才得以进行，会计核算才能使用特有的程序和方法，全面系统地反映会计主体的财务状况和收支状况。即，政府会计核算所使用的原则、程序和方法都是建立在持续经营的基础之上，只有在这一前提下，会计人员在日常的会计核算中对经济业务才能做出正确判断，对会计处理方法和会计处理程序才能做出正确选择。

所以，政府会计核算应当以政府会计主体各项业务可持续正常地进行为前提。《基本准则》规定，政府会计核算应当以政府会计主体持续运行为前提。

（三）会计分期

会计分期，又称会计期间，是指将政府会计主体持续经营的经济业务活动根据信息使用者的需要，人为地划分为一个个连续的、长短相同的期间，以便分期结算账目、编制会计报表，及时向各方面提供有用的会计信息。会计分期是对持续经营假设的必要补充。由此，政府会计主体应当划分会计期间，分期结算账目和编制财务报表。

会计期间通常为1年，称为会计年度。我国政府会计年度采用日历年度。为了及时提供会计信息，在年度内还可以划分若干较短的期间，如季度和月份。《基本准则》规定，政府会计核算应当划分会计期间，分期结算账目，按规定编制决算报告和财务报告；会计期间至少分为年度和月度。会计年度、月度等会计期间的起讫日期采用公历日期。

（四）货币计量

货币计量是对政府会计计量尺度的规定，指政府会计主体在会计核算过程中以货币作为计量单位，综合反映政府会计主体的经济业务活动情况。货币计量是会计的基本特征。只有以货币计量为前提，政府会计核算所提供的信息才具有可比性，才能满足信息使用者的需要。以货币计量作为前提，还包含假设币值保持不变。因为只有在币值稳定的前提下，对不同会计期间的会计要素的核算才有意义，才可以前后各期加以比较。

政府会计核算应当以人民币为记账本位币。发生外币业务时，应当将有关外币金额折算为人民币金额计量。《基本准则》规定，政府会计核算应当以人民币作为记账本位币。发生外币业务时，应当将有关外币金额折算为人民币金额计量，同时登记外币金额。

二、政府会计的会计信息质量特征

政府会计的会计信息质量特征是对政府会计主体财务报告中所提供会计信息质量的基本要求，是使政府财务报告中所提供会计信息对其使用者决策有用应具备的基本特征。根据《基本准则》的规定，政府会计的会计信息质量特征主要包括真实性、相关性、可比性、及时性、可理解性、全面性和实质重于形式。

（一）真实性

真实性，又称客观性或可靠性，是指政府会计主体的会计核算应当以实际发生的经济业务为依据，如实反映各项会计要素的情况和结果，保证会计信息的真实可靠。比如，《基本准则》规定，政府会计主体应当以实际发生的经济业务或者事项为依据进行会计核算，如实反映各项会计要素的情况和结果，保证会计信息真实可靠。

真实性要求政府会计核算必须以经济业务发生时所取得的合法书面凭证为依据，不得弄虚作假，伪造、篡改凭证，凭证内容要真实、数字要准确、项目要完整、手续要齐备、资料要可靠。只有这样才能保证会计信息与会计反映对象的客观事实相一致，才能满足各信息使用者做出正确决策的需要。

（二）相关性

相关性，又称有用性，是指政府会计所提供的信息应与信息使用者的经济决策需要相关。比如，《基本准则》规定，政府会计主体提供的会计信息，应当与反映政府会计主体公共受托责任履行情况以及报告使用者决策或者监督、管理的需要相关，有助于报告使用者对政府会计主体过去、现在或者未来的情况做出评价或者预测。

相关性需要政府会计主体在确认、计量和报告会计信息的过程中，充分考虑信息使用者的决策模式和信息需要，从而有助于信息使用者做出正确的决策。

（三）可比性

可比性，是指政府会计提供的会计信息应当具有可比性，包括同一政府会计主体不同时期以及不同政府会计主体发生的相同或者相似的经济业务或者事项，应当采用一致的会计政策。比如，《基本准则》规定，政府会计主体提供的会计信息应当具有可比性。同一政府会计主体不同时期发生的相同或者相似的经济业务或者事项，应当采用一致的会计政策，不得随意变更；确需变更的，应当将变更的内容、理由及其影响在附注中予以说明。不同政府会计主体发生的相同或者相似的经济业务或者事项，应当采用一致的会计政策，确保政府会计信息口径一致、相互可比。

可比性可保证政府会计主体根据国家的统一规定进行核算，使各政府会计主体的会计信息建立在相互可比的基础上，以便于会计信息的比较、分析和汇总，从而为信息使用者进行决策和国家进行宏观调控与管理提供必要的依据；同时有利于比较分析同一政府会计主体不同会计期间的会计信息，从而对预算执行和财务状况做出正确判断，以提高各方面预测和决策的准确性。

（四）及时性

及时性，是指政府会计核算应当及时进行。该原则要求政府会计信息应当及时处理、及时提供，不得提前或延后。比如，《基本准则》规定，政府会计主体对已经发生的经济业务或事项，应当及时进行会计核算，不得提前或者延后。

会计信息具有一定的时效性，所以，在会计核算中，政府会计主体应及时收集会计信息、及时处理会计信息、及时传递报告会计信息，从而帮助信息使用者及时做出经济决策，确保会计信息的价值。

（五）可理解性

可理解性，是指政府会计记录和会计报表应当清晰明了，便于理解和运用。比如，《基本准则》规定，政府会计主体提供的会计信息应当清晰明了，便于报告使用者理解和使用。

可理解性要求会计核算各个环节和步骤清晰明了，通俗易懂，以利于会计信息使用者理解会计报表和利用会计信息，同时也有利于审计人员进行审计。

（六）全面性

全面性，是指政府会计报表应全面反映经济业务活动情况及结果。比如，《基本准则》规定，政府会计主体应当将发生的各项经济业务或者事项统一纳入会计核算，确保会计信息能够全面反映政府会计主体预算执行情况和财务状况、运行情况、现金流量等。全面性要求会计报表所反映的信息内容完整、全面。

（七）实质重于形式

实质重于形式，是指政府会计核算和会计信息要真实反映政府会计主体经济业务或事项的实际情况，要按照经济业务或事项的经济实质进行会计核算，而不应当仅仅以它们的法律形式作为会计核算的依据。按实质或经济事实来核算和反映而不看其表现形式，当经济事实与法律形式不一致时，按事实来记录和反映。比如，《基本准则》规定，政府会计主体应当按照经济业务或者事项的经济实质进行会计核算，不限于以经济业务或者事项的法律形式为依据。

第三节　政府会计的会计要素及其确认和计量

一、政府会计的会计要素及其确认

政府会计要素是政府会计对象的构成要素，是对政府会计对象的基本分类，是政府会计核算内容的具体化，是构筑会计报表的基本组件，也是账户所要反映和监督内容的高度归并和概括。由于对会计要素的进一步划分就是会计科目，所以确定会计要素有助于设置会计科目；由于会计要素之间的相互关系就是会计报表的平衡关系，所以明确会计要素及其相互关系有助于设计会计报表的框架结构和格式。

基于《基本准则》，政府会计要素由财务会计要素和预算会计要素构成。

（一）政府财务会计的基本要素及其确认

政府财务会计要素包括资产、负债、净资产、收入和费用。

1. 资产的定义及其确认条件。资产是指政府会计主体过去的经济业务或者事项形成的，由政府会计主体控制的，预期能够产生服务潜力或者带来经济利益流入的经济资源。政府会计主体的资产按照其流动性，分为流动资产和非流动资产。政府会计主体资产的确认必须同时满足以下条件：

（1）与该经济资源相关的服务潜力很可能实现或者经济利益很可能流入政府会计主体。

（2）该经济资源的成本或者价值能够可靠地计量。

2. 负债的定义及其确认条件。负债是指政府会计主体过去的经济业务或者事项形成的，预期会导致经济资源流出政府会计主体的现时义务。政府会计主体的负债，按照流动性分为流动负债和非流动负债。政府会计主体负债的确认必须同时满足以下条件：

（1）履行该义务很可能导致含有服务潜力或者经济利益的经济资源流出政府会计主体。

（2）该义务的金额能够可靠地计量。

3. 净资产的定义及其确认条件。净资产是指政府会计主体资产扣除负债后的净额。政府会计主体净资产的确认主要依赖于其他会计要素的确认。比如，政府单位按照规定从其他单位调入财政拨款结转资金时，调入的财政拨款结转结余资金符合资产（“零余额账户用款额度”或“银行存款”）确认条件，也符合净资产——累计盈余的确认条件。

4. 收入的定义及其确认条件。收入是指报告期内导致政府会计主体净资产增加的、含有服务潜力或者经济利益的经济资源的流入。政府会计主体的收入的确认应当同时满足以下条件：

（1）与收入相关的含有服务潜力或者经济利益的经济资源很可能流入政府会计主体。

（2）含有服务潜力或者经济利益的经济资源流入会导致政府会计主体资产增加或者

负债减少。

（3）流入金额能够可靠地计量。

5. 费用的定义及其确认条件。费用是指报告期内导致政府会计主体净资产减少的、含有服务潜力或者经济利益的经济资源的流出。政府会计主体的费用的确认应当同时满足以下条件：

（1）与费用相关的含有服务潜力或者经济利益的经济资源很可能流出政府会计主体。

（2）含有服务潜力或者经济利益的经济资源流出会导致政府会计主体资产减少或者负债增加。

（3）流出金额能够可靠地计量。

（二）政府预算会计的基本要素及其确认

政府预算会计要素包括预算收入、预算支出与预算结余。

1. 预算收入的定义及其确认条件。预算收入是指政府会计主体在预算年度内依法取得并纳入预算管理的现金流入。预算收入一般在实际收到时予以确认。

2. 预算支出的定义及其确认条件。预算支出是指政府会计主体在预算年度内依法发生并纳入预算管理的现金流出。预算支出一般在实际支付时予以确认。

3. 预算结余的定义及其确认条件。预算结余是指政府会计主体预算年度内预算收入扣除预算支出后的资金余额，以及历年滚存的资金余额。预算结余的确认主要依赖于预算收入和预算支出的确认。

需要说明的是，依据《财政总预算会计制度》，财政总预算会计要素包括资产、负债、净资产、收入和支出。根据《政府单位会计制度》，政府单位会计要素由财务会计要素和预算会计要素构成。财务会计要素包括资产、负债、净资产、收入和费用；预算会计要素包括预算收入、预算支出与预算结余。

二、政府会计的会计要素计量

会计计量是根据一定的计量标准和计量方法，将符合确认条件的会计要素登记入账并列报于会计报表而确定金额的过程。其关键是计量属性的选择和计量单位的确定。政府会计主体应当按照规定的会计计量属性进行计量，确定相关会计要素的金额。从会计角度，计量属性反映的是会计要素金额的确定基础，主要包括历史成本、重置成本、可变现净值、现值和公允价值等。

（一）政府财务会计的基本要素计量属性

依据《基本准则》，政府会计主体资产的计量属性主要包括历史成本、重置成本、现值、公允价值和名义金额。在历史成本计量下，资产按照取得时支付的现金金额或者支付对价的公允价值计量。在重置成本计量下，资产按照现在购买相同或者相似资产所需支付的现金金额计量。在现值计量下，资产按照预计从其持续使用和最终处置中所产生的未来净现金流入量的折现金额计量。在公允价值计量下，资产按照市场参与者在计量日发生的有序交易中出售资产所能收到的价格计量。无法采用上述计量属性的，采用名义金额（即人民币1元）计量。政府会计主体在对资产进行计量时，一般应当采用历史成本。采用重置成本、现值、公允价值计量的，应当保证所确定的资产金额能够持续、可靠计量。

依据《基本准则》，政府会计主体负债的计量属性主要包括历史成本、现值和公允价值。历史成本计量下，负债按照因承担现时义务而实际收到的款项或者资产的金额，或者承担现时义务的合同金额，或者按照为偿还负债预期需要支付的现金计量。在现值计量下，负债按照预计期限内需要偿还的未来净现金流出量的折现金额计量。在公允价值计量下，负债按照市场参与者在计量日发生的有序交易中转移负债所需支付的价格计量。政府会计主体在对负债进行计量时，一般应当采用历史成本。采用现值、公允价值计量的，应当保证所确定的负债金额能够持续、可靠计量。

（二）政府预算会计的基本要素计量属性

依据《基本准则》，政府预算会计中的预算收入以实际收到的金额计量，预算支出以实际支付的金额计量。

需要说明的是，根据《财政总预算会计制度》，财政总预算会计核算的资产和负债的计量属性一般采用历史成本。根据《政府单位会计制度》，政府单位会计核算的资产和负债计量属性与《基本准则》及相关具体准则的规定一致。

第四节　政府会计的会计科目和会计等式

一、政府会计的会计科目

（一）会计科目设置原则

会计科目是对会计对象按其经济内容或用途所做出的科学分类，是会计要素的具体内容和项目。会计科目是复式记账、填制记账凭证、编制会计报表的基础。设置政府会计科目，有利于将政府会计核算的大量内容相同的业务归为一类，组织会计核算，取得相应的会计信息。

设置政府会计科目时，应遵循以下原则：

1. 统一性原则。为满足政府财政管理和会计核算的需要，政府会计的会计科目设置及其核算内容必须由财政部统一制定，各地区、各部门和各单位都要遵照执行，从而保证上级主管部门和各级财政部门会计核算资料的汇总和分析利用。

2. 与政府收支分类科目衔接一致原则。政府收支分类科目，也称预算科目，是政府预算收支分类构成的基本分类，用以反映预算计划、预算执行和收支平衡的情况。政府会计科目和政府收支分类科目使用的目的不同，分类的角度和要求也不同。但会计科目的设置要与政府收支分类科目相衔接，比如财政总预算会计核算的收入类和支出类科目、政府单位预算会计核算的预算收入类和预算支出类科目，都要根据政府收支分类科目设置明细账。

3. 全面、简明、实用原则。政府会计科目的设置既要做到能够全面、系统地核算、反映和监督财政性资金活动的全过程，又要尽量简化核算事项，力求含义确切、通俗易懂、实用。

(二) 会计科目的分类

政府会计科目按照不同的标准可分为不同的种类。

1.按经济内容，政府财务会计的会计科目分为资产类科目、负债类科目、净资产类科目、收入类科目、费用类科目；政府预算会计的会计科目分为预算收入类科目、预算支出类科目和预算结余类科目。为了统一核算口径，提高核算质量，资产类科目、负债类科目、净资产类科目、收入类科目、费用类科目、预算收入类科目、预算支出类科目和预算结余类科目均由财政部统一制定会计科目表加以规定。

2.按政府会计主体，政府会计科目分为财政总预算会计科目、政府单位会计科目。财政总预算会计科目、政府单位会计科目分别参见表3-1、表10-1和表10-2。

3.按核算层次，政府会计科目可分为总账科目和明细账科目两类。总账科目是对会计对象具体内容进行综括分类的科目。在财政总预算会计、政府单位会计的会计科目表中的会计科目基本上都是总账科目（一级科目），是在会计要素下直接开设的，反映相应会计要素中有关内容的总括信息。明细账科目是对总账科目核算的具体内容进行详细分类的会计科目，在总账科目下开设，反映总账科目的明细信息，是对总账科目的补充，对总账科目起到补充和分析作用。

二、政府会计的会计等式

会计等式，也称会计平衡公式，是对各会计要素的内在经济关系利用数学公式所做的概括表达，是反映各会计要素数量关系的等式。会计等式贯穿于政府会计核算的全过程，是设置账户、进行复式记账、试算平衡和编制会计报表的理论依据。基于现行的政府会计制度，政府会计的资产、负债、净资产、收入和费用五大会计要素分为两组，组成了两个会计等式；预算收入、预算支出和预算结余组成了一个会计等式。

(一) 资产、负债和净资产的基本关系

净资产是资产减去负债后的差额，或者表达为资产必然等于负债加净资产。这说明一个政府会计主体所拥有的资产与负债和净资产实际上是同一资金的两个不同方面，即：有一定数额的资产，就有一定数额的负债和净资产；反之，有一定数额的负债和净资产，就有一定数额的资产。资产与负债和净资产的这种相互依存的关系，决定了在数量上资产总额与负债和净资产的总额必定相等。即：

资产=负债+净资产

此等式表明，政府会计的资产由负债和净资产所组成。其中，负债是资产的一个来源。资产与负债还是同增同减的关系，如果负债不变，则资产与净资产也同增同减。

“资产=负债+净资产”是财政总预算会计、政府单位财务会计编制资产负债表的平衡公式。

(二) 收入和费用的基本关系

政府会计主体为实现其职能，必然会依法取得一定数额的收入，也必然发生一定数额的费用，收入和费用相抵后的差额为盈余。由此，决定了一个政府会计主体的收入和费用的差额必然与其盈余数额相等。即：

收入-费用=盈余

此等式表明，收入与费用存在着对应关系，但绝不是企业会计中的收入与费用的配比关系。盈余是政府会计净资产的一个组成部分，虽然决定着净资产的变化，但它并不是一个独立的会计要素，不同于企业会计中的利润。

“收入-费用=盈余”是政府单位财务会计编制收入费用表的依据。

（三）预算收入和预算支出的基本关系

政府会计主体为实现其职能，必然会依法取得一定数额的预算收入，也必然发生一定数额的预算支出，预算收入和预算支出相抵后的差额为预算结余。由此，决定了一个政府会计主体的预算收入和预算支出的差额必然与其预算结余数额相等。即：

预算收入-预算支出=预算结余

此等式表明，预算收入和预算支出存在着对应关系。预算结余是政府预算会计的一个独立会计要素，但绝不同于企业会计中的利润。

“预算收入-预算支出=预算结余”是财政总预算会计编制收入支出表、政府单位预算会计编制预算收入支出表的依据。

第五节　政府会计报告

一、政府会计报告的构成

按照《基本准则》的规定，政府会计主体应当编制决算报告和财务报告，所以，政府会计报告由决算报告和财务报告构成。

（一）政府决算报告

政府决算报告，是综合反映政府会计主体年度预算收支执行结果的文件，应当包括决算报表和其他应当在决算报告中反映的相关信息和资料。政府决算报告的编制主要以收付实现制为基础，以预算会计核算生成的数据为准。政府决算报告的具体内容及编制要求等，由财政部另行规定。

按照现行的政府会计制度，政府会计决算报表因政府会计主体不同而存在差异。按照《财政总预算会计制度》的规定，财政总预算会计的决算报表主要包括收入支出表、一般公共预算执行情况表、政府性基金预算执行情况表、国有资本经营预算执行情况表、财政专户管理资金收支情况表、专用基金收支情况表等。按照《政府单位会计制度》的规定，政府单位决算报表即预算会计报表，主要包括预算收入支出表、预算结转结余变动表和财政拨款预算收入支出表。

（二）政府财务报告

政府财务报告，是反映政府会计主体某一特定日期的财务状况和某一会计期间的运行情况及现金流量等信息的文件。政府财务报告的编制主要以权责发生制为基础，以财务会计核算生成的数据为准。

政府财务报告按照反映的经济内容，应当包括财务报表和其他应当在财务报告中披露的相关信息和资料。财务报表是对政府会计主体财务状况、运行情况和现金流量等信息的结构性表述，包括会计报表和附注。会计报表至少应当包括资产负债表、收入费用表和现金流量表。

按照现行的政府会计制度，政府会计财务报表因政府会计主体不同而存在差异。依据《财政总预算会计制度》，财政总预算会计的财务报表主要是资产负债表；依据《政府会计准则第9号——财务报表编制和列报》和《政府单位会计制度》，政府单位财务报表主要包括资产负债表、收入费用表、净资产变动表和现金流量表。

政府财务报告按照编制单位，包括政府综合财务报告和政府部门财务报告。政府综合财务报告是指由政府财政部门编制的，反映各级政府整体财务状况、运行情况和财政中长期可持续性的报告。按照现行《预算法》的规定，各级政府财政部门应当按年度编制以权责发生制为基础的政府综合财务报告，报告政府的整体财务状况、运行情况和财政中长期可持续性，报本级人民代表大会常务委员会备案。政府综合财务报告包括资产负债表、收入费用表等财务报表和报表附注，以及以此为基础进行的综合分析。政府部门财务报告是指政府各部门、各单位按规定编制的反映本部门、本单位的财务状况、运行情况和现金流量状况的报告，包括资产负债表、收入费用表等财务报表和报表附注，以及以此为基础进行的财务分析。

二、政府会计报告的目标

政府会计目标，是要求政府会计工作完成应该达到的目的，是构建政府会计要素确认、计量和报告原则并制定各项准则的基本出发点。

依据《基本准则》，政府会计目标分为政府决算报告目标和政府财务报告目标。

政府决算报告的目标是向决算报告使用者提供与政府预算执行情况有关的信息，综合反映政府会计主体预算收支的年度执行结果，有助于决算报告使用者进行监督和管理，并为编制后续年度预算提供参考和依据。政府决算报告使用者包括各级人民代表大会及其常务委员会、各级政府及其有关部门、政府会计主体自身、社会公众和其他利益相关者。由此，政府预算会计目标以决策有用为主。

政府财务报告的目标是向财务报告使用者提供与政府的财务状况、运行情况（含运行成本）和现金流量等有关信息，反映政府会计主体公共受托责任履行情况，有助于财务报告使用者做出决策或者进行监督和管理。政府财务报告使用者包括各级人民代表大会常务委员会、债权人、各级政府及其有关部门、政府会计主体自身和其他利益相关者。由此，政府财务会计目标兼顾受托责任和决策有用。

第六节 政府会计规范体系

一、我国政府会计规范的演变

政府会计制度是各级政府和各级各类政府单位进行会计核算的基本规范。我国现行的政府会计制度主要包括财政总预算会计制度、政府单位会计制度。中华人民共和国成立后，我国政府会计制度建设经历了从预算会计到政府会计的演变过程。这一演变过程主要经历了以下五个阶段：

（一）1950—1965：预算会计制度诞生

我国的预算会计历史悠久，公元前11世纪西周就有“官计”，汉朝至清朝均有“国计”。“官计”和“国计”均称为“官厅会计”，相当于近代的预算会计。1949年以后，中国的预算会计制度经过近半个世纪的历次修订和改革，至1997年形成了预算会计制度体系。预算会计的名称也从1949年开始一直沿用了半个多世纪，其显著特点是，能够体现会计管理与预算管理的密切联系，对规范各级政府、各级各类行政事业单位会计核算、加强预算管理发挥了重要作用。总结中华人民共和国的历史不难发现，我国预算会计制度的形成经历了比较漫长的发展历程。

中华人民共和国成立初期，百废待兴，迫切需要设计和建立适应经济发展和财政预算管理需要的预算会计制度体系。1950年10月，财政部召开第一次全国预算会计和金库制度会议，讨论并通过了《暂行总预算会计制度草案》和《暂行单位预算会计制度草案》。同年12月，财政部正式发布了《各级人民政府暂行财政总预算会计制度》和《各级人民政府暂行单位预算会计制度》，标志着中国预算会计的诞生。自此以后，我国预算会计核算管理模式基本上都是实行制度管理，即由财政部直接制定会计制度，预算会计体系分为财政总预算会计和事业行政单位预算会计两个主要部分。此时，预算会计制度内容的主要特点是：（1）预算会计由财政总预算会计和单位预算会计组成；（2）采用收付实现制会计基础；（3）会计要素分为岁入、岁出、资产、负债和资产负债五类；（4）采用“收付记账为主、借贷记账为辅”的记账方法；（5）预算会计核算范围、会计报表和决算的列报口径，与国家预算的范围和口径完全一致。

从1951年起，财政部根据不同时期政治、经济形势的发展和财政预算管理工作的需要，并借鉴当时苏联的管理经验，对预算会计制度进行了不断修订。比如，1954年取消了1950年暂行制度中的“暂行”两字，改为正式颁布执行；1965年8月又将《单位预算会计制度》修改为《事业行政单位会计制度》。此次修订后我国预算会计制度的主要变化是：（1）由财政部统一制定“四本制度”，包括：适用于各级财政部门的总会计制度，适用于业务繁重的单位的会计制度，适用于业务简单的单位的会计制度和适用于所有单位的财务收支处理办法；（2）取消借贷记账法，实行资金收付记账法；（3）修改会计科目，将总账会计科目分为资金来源、资金运用和资金结存三大类；（4）会计平衡等式由“资产=负债”改为“资金来源-资金运用=资金结存”。

（二）1966—1989：预算会计制度的修订完善

20世纪五六十年代构建起来的预算会计制度一直运行了20多年。进入20世纪80年代后，随着改革开放的不断深入，经济体制和财政财务管理体制改革深化，在计划经济统收统支体制下建立起来的预算会计制度越来越不适应需要，急需完善。为此，财政部顺应当时财政管理的需要，分别在1983年和1988年两次修订预算会计制度。1984年开始执行修订版《财政机关总预算会计制度》，1988年《财政机关总预算会计制度》再次修订，改称"财政总会计"。两次修订后财政总预算会计制度的主要变化在于：（1）明确了财政总会计的主要职能：会计核算、会计监督、参与各级财政总预算的计划和管理；（2）将财政信用资金纳入核算范围。1988年颁布了修订版《事业行政单位预算会计制度》，其主要变化表现为：（1）对实行全额、差额和自收自支三种不同预算管理方式的事业行政单位分设会计科目，事业行政单位预算会计单位由主管会计单位、二级会计单位和基层会计单位三级构成；（2）事业行政单位一般实行收付实现制，简单的成本核算可以采用权责发生制；（3）除《事业行政单位预算会计制度》外，有关部门还制定了行业会计制度，如当时的卫生部制定了《医院会计制度》、当时的国家科委与财政部制定了《科学研究单位会计制度》、当时的国家教委制定了《高等学校会计制度》等。至此，我国逐步形成了一套较为成型的预算会计制度，它是以财政总预算会计为主导，以单位预算会计为补充，以制度形式确定的有别于企业会计制度的独立会计系统。

（三）1997—1998：预算会计制度体系形成

进入20世纪90年代以后，随着市场经济体系的逐步建立，预算会计制度改革也进入了一个新阶段。1994年2月，财政部预算会计改革常务工作组成立；1996年2月，财政部印发了《预算会计核算制度改革要点》，其不仅对"预算会计"的概念做出了界定[①]，还规定了预算会计改革的指导思想、改革目标、会计体系、核算方法和改革步骤等重要内容，并提出争取在5至10年的时间内，逐步建立起科学、完善的预算会计制度体系。经过3年多的努力，财政部从1997年起先后颁布了《财政总预算会计制度》《行政事业单位会计制度》《事业单位会计准则（试行）》和《事业单位会计制度》等一系列预算会计制度，对预算会计进行了根本性的改革，并于1998年1月1日开始实施。由此，形成了我国政府公共部门执行的包括财政总预算会计制度、行政单位会计制度和事业单位会计制度在内的预算会计制度体系。这次改革的内容主要包括：（1）重新构建由财政总预算会计、行政单位会计和事业单位会计以及参与预算执行的专门会计构成的预算会计体系，该体系实现了行政单位会计和事业单位会计的分离；（2）事业单位会计实行准则和制度并存管理模式；（3）规定了预算会计核算的一般原则；（4）重新设计预算会计要素和平衡公式，会计要素包括资产、负债、净资产、收入和支出，平衡公式为：资产+支出=负债+净资产+收入；（5）规定统一采用国际通用的借贷记账法；（6）改进

① 《预算会计核算制度改革要点》将预算会计定义为：预算会计是以预算管理为中心的宏观管理信息系统和管理手段，是核算、反映和监督中央和地方各级政府预算以及事业行政单位收支预算执行情况的会计，是我国两大类会计体系之一。

会计基础，财政总预算会计与行政单位会计仍实行收付实现制，事业单位会计一般采用收付实现制，但经营性收支业务核算可采用权责发生制；（7）设置了统一的会计科目；（8）重新设计了主要由资产负债表、收入支出表及必要的附表、会计报表说明书组成的会计报表体系，并统一了会计报表项目分类和指标口径。

（四）2001—2015：预算会计制度的调整

进入21世纪后，我国预算会计的环境发生了很大变化。在公共财政管理改革方面，继1994年分税制、工商税制等改革之后，随着公共财政收入管理体制改革的不断深入，公共财政改革重点开始向财政支出领域转移。自2000年开始，我国相继推行的部门预算、国库集中收付制度、政府收支分类、国有资本经营预算编制、财政拨款结转和结余资金管理、预算外资金全部纳入预算管理、地方债务管理等多项公共财政管理改革，加之行政事业单位体制改革的深入、政府负债风险的防范、经济全球化等，均对政府财政、行政单位和事业单位的会计核算提出了新的要求，也对预算会计信息提出了更高的要求。与此同时，鉴于国际上一些发达国家都不同程度地进行了权责发生制政府会计改革并取得了较好效果，而我们面对的局面却是财政管理上科学化、精细化管理会计基础的缺乏，所以，很多专家学者认为我国还没有建立起真正意义上的政府会计体系。由此，随着中国公共财政改革的不断深入，政府会计改革成为公共财政和会计理论界及实践领域探讨的热点话题，与中国构建政府会计规范体系相关的研究成果不断涌现，作为政府会计规范制定部门的财政部也加紧了对1997年形成的预算会计制度进行修订的步伐。

自2001年起，为适应各项公共财政制度改革的需要，财政部陆续发布了数十个补充规定，对预算会计制度进行调整。这些调整主要体现在以下几个方面：（1）2001年，为规范政府采购资金支付的核算行为，客观真实地记录、反映政府采购资金使用情况，发布了《政府采购资金财政直接拨付管理暂行办法》和《政府采购资金财政直接拨付核算暂行办法》，对财政总预算会计制度和行政、事业单位会计制度进行调整；（2）2001—2003年，为了规范国库集中支付制度下财政资金的核算，先后发布了《财政国库管理制度改革试点会计核算暂行办法》《〈财政总预算会计制度〉暂行补充规定》《〈财政国库管理制度改革试点会计核算暂行办法〉补充规定》《地方财政实施财政国库管理制度改革年终预算结余资金会计处理的暂行规定》，对财政总预算会计制度、行政单位会计制度和事业单位会计制度进行调整；（3）2006年，为适应政府收支分类改革的需要，先后颁布《关于政府收支分类改革后财政总预算会计预算外资金财政专户会计核算问题的通知》《关于政府收支分类改革后行政事业单位会计核算问题的通知》《关于政府收支分类改革后事业单位会计核算问题的通知》，对财政总预算会计制度、行政单位会计制度和事业单位会计制度进行调整；（4）2007年，为适应建立预算稳定调节基金、试编国有资本经营预算等的需要，先后发布《关于应发未发国债和预算稳定调节基金会计核算的通知》《关于国有资本经营预算收支会计核算的通知》，对财政总预算会计制度进行调整；（5）2008—2010年，为了适应将预算外资金纳入预算管理等的需要，先后发布《关于预算外资金纳入预算管理后有关账务处理问题的通知》《关于预算外资金纳入预算管理后涉及有关财政专户管理资金会计核算问题的通知》，对财政总预算会计制度进行调整；（6）2009—2015年，为了满足政府债务管理和核算的需要，陆续发布了《财政部代理发行地方政府债券财政总预算会计核算办法》《统借自还主权外债会计核算暂行办法》《关于地区间援助资金会计核算的通知》《关于地方政府专项债券会计核算问题的通知》等，对财政总预算会计制度进行调整。

（五）2010—2017：政府会计制度体系建立和完善

我国现行的政府会计制度体系基本是在1998年前后形成的预算会计制度体系的基础上建立起来的，主要涵盖财政总预算会计、行政单位会计与事业单位会计，包括《财政总预算会计制度》《行政单位会计制度》《事业单位会计准则》《事业单位会计制度》，以及医院、基层医疗卫生机构、高等学校、中小学校、科学事业单位、彩票机构等行业事业单位会计制度和国有建设单位会计制度等有关制度等。

由上述分析可以看出，自2001年起，为保障财政制度改革顺利推进，虽然财政部陆续对预算会计制度不间断地做出诸多调整，但一直未对1998年前后形成的预算会计制度体系进行全面修订，有关政府财政、行政事业单位的会计核算规范相对分散，从而使预算会计制度的“碎片化”问题严重，并且这种以收付实现制为核算基础的预算会计制度仍难以适应新形势和新情况的需要，主要表现为：一是不能如实反映政府“家底”，不利于政府加强资产负债管理；二是不能客观反映政府运行成本，不利于科学评价政府的运营绩效；三是缺乏统一、规范的政府会计标准体系，不能提供信息准确完整的政府财务报告。[①]由此，需要对预算会计制度进行根本性的改革，构建统一、科学、规范的政府会计制度已势在必行。与此同时，为了推进政府会计改革，“政府会计”一词也不断被写入政府官方文件。比如，2006年3月14日第十届全国人民代表大会第四次会议批准的《中华人民共和国国民经济和社会发展第十一个五年规划纲要》提出要“推进政府会计改革”，这是“政府会计”一词第一次出现在官方正式文件中，取代了“预算会计”；2011年3月16日第十一届全国人民代表大会第四次会议批准的《中华人民共和国国民经济和社会发展第十二个五年规划纲要》要求“进一步推进政府会计改革，逐步建立政府财务报告制度”；2011年9月9日财政部发布的《会计改革与发展“十二五”规划纲要》提出，在“十二五”期间通过全面推进事业单位会计改革、建立健全政府会计准则体系、健全社会保险基金会计标准体系、完善民间非营利组织会计标准等措施，以大力推进政府及非营利组织会计改革；2013年10月29日，由中共中央政治局审议通过的《党政机关厉行节约反对浪费条例》规定，“推进政府会计改革，进一步健全会计制度，准确核算机关运行经费，全面反映行政成本”。由此看出，全面推进政府会计改革，对于建立现代财政制度、建设法治政府、提升国家治理体系和治理能力

① 财政部条法司. 建立健全政府会计标准体系 夯实政府财务报告编制基础——财政部有关负责人就制定《政府会计准则——基本准则》有关问题答记者问［EB/OL］.（2015-11-02）. http://tfs.mof.gov.cn/zhengwuxinxi/zhengcejiedu/201511/t20151102_1536665.html.

等的现代化具有重要意义。

由此，2010年，适应公共财政管理的需要，财政部对1998年前后形成的预算会计制度先后进行了全面修订，由此也进入了政府会计制度规范的建立和完善阶段。

2010年12月28日，财政部颁布了修订版《医院会计制度》，并自2011年7月1日起在公立医院改革国家联系试点城市施行，自2012年1月1日起在全国施行。修订版《医院会计制度》的颁布和实施拉开了中国政府会计改革从行业开始的序幕。2012年12月6日和19日财政部分别发布修订版《事业单位会计准则》和《事业单位会计制度》，并自2013年1月1日开始实施。2013年12月，财政部针对事业单位行业多而杂的情况，为了突出行业特点，陆续颁布了《彩票机构会计制度》《中小学校会计制度》《科学事业单位会计制度》和《高等学校会计制度》等行业事业单位会计制度，并自2014年1月1日开始实施。与此同时，行政单位会计制度的修订也加紧进行，2013年12月18日，财政部发布修订版《行政单位会计制度》，并自2014年1月1日开始实施。

随着修订版事业单位会计准则制度和行政单位会计制度的实施，政府会计构成的另一个重要组成部分——财政总预算会计制度也面临全面修订。为了为下一步推进政府综合财务报告制度建设提供基础性制度保障；为了对不断推出的完善政府预算体系、规范地方政府债务管理、设置预算稳定调节基金、实施国库现金管理等预算管理制度改革的成果全面、完整、准确地通过会计记录予以反映，满足财政管理需要和社会各界对财政信息公开的需求；为了规范各级政府财政总预算会计的核算，保证会计信息质量，充分发挥财政总预算会计的职能作用；为了完善政府会计体系，财政部于2015年10月10日发布了修订版《财政总预算会计制度》，并自2016年1月1日起施行。

修订的事业单位会计准则制度、行政单位会计制度和财政总预算会计制度的陆续施行，标志着包括财政总预算会计制度、行政单位会计制度和事业单位会计准则制度在内的政府会计制度体系基本建立。①但是，该政府会计制度体系存在如下缺陷：一方面，一般采用收付实现制，主要以提供反映预算收支执行情况的决算报告为目的，无法准确、完整地反映政府资产负债“家底”，以及政府的运行成本等情况，难以满足编制权责发生制政府综合财务报告的信息需求。另一方面，因现行政府会计领域多项制度并存，体系繁杂、内容交叉、核算口径不一，造成不同部门、单位的会计信息可比性不高，通过汇总、调整编制的政府财务报告信息质量较低。因此，政府会计制度体系仍需要进一步改革完善。②

2013年11月12日，党的第十八届中央委员会第三次全体会议通过的《中共中央关于全面深化改革若干重大问题的决定》提出，要“建立权责发生制的政府综合财务报告制度”。2014年8月31日，第十二届全国人民代表大会常务委员会第十次会议表决通过了《全国人民代表大会常务委员会关于修改〈中华人民共和国预算法〉的决定》，修订

① 财政部国库司. 财政部国库司有关负责人就修订发布《财政总预算会计制度》答记者问［EB/OL］.（2015-10-22）. http：//gks.mof.gov.cn/zhengfuxinxi/gongzuodongtai/201510/t20151022_1517734.html.

② 财政部会计司. 财政部有关负责人就印发《政府会计制度——行政事业单位会计科目和报表》答记者问［EB/OL］.（2017-11-09）. http：//kjs.mof.gov.cn/zhengwuxinxi/zhengcejiedu/201711/t20171109_2746905.html.

后的《预算法》对各级政府提出按年度编制以权责发生制为基础的政府综合财务报告的新要求。为落实党的十八届三中全会决定以及修订版《预算法》，2014年12月12日国务院批转财政部《权责发生制政府综合财务报告制度改革方案》（以下称《改革方案》），确立了政府会计改革的指导思想、总体目标、基本原则、主要任务和实施步骤，并提出力争在2020年前建立具有中国特色的政府会计准则体系。

权责发生制政府综合财务报告制度改革是基于政府会计制度的重大改革，其前提和基础任务就是要建立一套统一、科学、规范的政府会计标准体系，主要包括政府会计基本准则、具体准则及应用指南和政府会计制度。为了实现政府会计的目标和任务，自2015年到2020年底，财政部按照《改革方案》的要求，相继出台了政府会计基本准则，有关存货、投资、固定资产、无形资产、公共基础设施、政府储备物资、负债、会计调整、财务报表编制和列报、政府和社会资本合作项目合同等10项具体会计准则，政府单位会计制度以及行业事业单位执行《政府单位会计制度》的补充规定，固定资产准则、政府和社会资本合作项目合同准则的应用指南，政府会计准则制度解释等。可见，政府会计准则体系建设取得了积极进展，《改革方案》所规定的2020年前基本建成具有中国特色的政府会计准则体系的任务基本完成。

除了政府会计准则制度的建设外，政府会计准则体系的协调机制也在建立和完善。2015年12月16日，财政部成立了政府会计准则委员会，作为指导我国政府会计改革、建设和实施政府会计准则体系的协调机制。政府会计准则委员会的主要职责是协调推动解决政府会计准则体系建设和实施中的重大问题，统筹协调政府会计改革中跨部门的重要事项，推进政府会计的国际交流与合作。政府会计准则委员会的成员单位分别来自全国人大预工委、审计署以及财政部的有关司局，其下设办公室，办公室设在财政部会计司。2016年4月7日和2018年11月26日财政部办公厅分别发布《关于公开选聘政府会计准则委员会第一届咨询专家的通知》和《关于公开选聘政府会计准则委员会第二届咨询专家的通知》，面向社会公开选聘政府会计准则委员会咨询专家，以充分发挥专业人士在政府会计准则体系建设和实施中的技术支持作用。

二、我国现行政府会计规范体系

政府会计规范体系是由若干对政府会计核算有影响的相互联系的法规构成的一个整体，主要包括财务会计法律、财务会计行政法规和财务会计规章。

（一）会计法律

作为政府会计规范构成部分的会计法律是规范政府财务活动和会计关系的法律总称，由国家最高权力机关——全国人民代表大会及其常务委员会制定，主要包括《中华人民共和国预算法》（以下简称《预算法》）和《中华人民共和国会计法》（以下简称《会计法》）。

《预算法》是各级政府、政府单位财务活动的基本法律。现行的《预算法》由第十二届全国人民代表大会常务委员会第十次会议于2014年8月31日修订通过，自2015年1月1日起施行。《预算法》作为规范政府收支行为，强化预算约束，加强对预算的管理和监督，建立健全全面规范、公开透明的预算制度的法律，是制定《基本准则》《财政总预算会计制度》《行政单位财务规则》《事业单位财务规则》等的主要依据。

《会计法》是规范各级政府、政府单位会计行为的基本法律。我国现行的《会计法》由第十二届全国人民代表大会常务委员会第三十次会议于2017年11月4日修订通过，自2017年11月5日起施行。《会计法》是会计法律制度中层次最高的法律规范，是制定其他会计法规的依据，也是指导会计工作的最高准则。《会计法》作为规范会计行为和保证会计资料真实、完整的会计法律，是制定《基本准则》《财政总预算会计制度》的重要依据。

（二）会计行政法规

会计行政法规是指调整某些方面会计关系的法律规范，由国家最高行政机关国务院制定发布，或者由国务院有关部门拟定，经国务院批准发布，主要包括《中华人民共和国预算法实施条例》（以下简称《预算法实施条例》）、国务院批转的财政部《改革方案》等。

《预算法实施条例》，是为更好地贯彻《预算法》，进一步增强预算管理的规范性和可操作性而制定的主要行政法规。现行的《预算法实施条例》是2020年8月3日中华人民共和国国务院令第729号修订版，自2020年10月1日起施行。《预算法实施条例》作为全面落实《预算法》精神的行政法规，也是制定《基本准则》《财政总预算会计制度》《行政单位财务规则》《事业单位财务规则》等的重要依据。

《改革方案》是制定《基本准则》的重要依据。

（三）会计规章

会计规章是指由主管全国会计工作的行政部门——财政部就会计工作中某些方面的内容所制定的规范性文件，包括除了《会计法》和《预算法》以外的所有政府会计法律规范，具体包括《政府会计准则——基本准则》、具体准则及其应用指南、《财政总预算会计制度》、《政府单位会计制度》、《政府会计准则制度解释》等。2018年8月16日财政部印发的《关于贯彻实施政府会计准则制度的通知》（财会〔2018〕21号）规定，自2019年1月1日起，政府会计准则制度在全国各级各类行政事业单位全面施行。

1.政府会计基本准则

政府会计基本准则是我国政府会计的“概念框架”，主要起统驭政府会计具体准则和政府会计制度的作用，并为政府会计实务问题提供处理原则，为编制政府财务报告提供基础标准。

2015年10月23日财政部印发《政府会计准则——基本准则》（财政部令第78号），自2017年1月1日起施行。《基本准则》根据《会计法》《预算法》和其他有关法律、行政法规，按照《改革方案》要求而制定，主要对《基本准则》的适用范围、政府会计体系与核算基础、报告目标和使用者、会计基本假设和记账方法；政府会计信息质量要求；政府会计要素的定义、确认标准、计量属性和列示要求；政府决算报告和财务报告的定义、主要内容和构成等内容做出了规范。《基本准则》适用于各级政府、各部门、各单位（统称政府会计主体）。其中，各部门、各单位是指与本级政府财政部门直接或者间接发生预算拨款关系的国家机关、军队、政党组织、社会团体、事业单位和其他单位。军队、已纳入企业财务管理体系的单位和执行《民间非营利组织会计制度》的社会团体，不适用本准则。

2.政府会计具体准则

政府会计具体准则，主要规定政府会计主体发生的经济业务或事项的会计处理原则，具体规定经济业务或事项引起的会计要素变动的确认、计量和报告。

根据《基本准则》，财政部陆续发布了以下具体准则：

2016年7月6日，印发《政府会计准则第1号——存货》《政府会计准则第2号——投资》《政府会计准则第3号——固定资产》《政府会计准则第4号——无形资产》（财会〔2016〕12号），自2017年1月1日起施行。

2017年4月17日和7月28日，分别印发《政府会计准则第5号——公共基础设施》（财会〔2017〕11号）和《政府会计准则第6号——政府储备物资》（财会〔2017〕23号），自2018年1月1日起施行。

2018年10月21日、11月9日和12月26日，分别印发《政府会计准则第7号——会计调整》（财会〔2018〕28号）、《政府会计准则第8号——负债》（财会〔2018〕31号）和《政府会计准则第9号——财务报表编制和列报》（财会〔2018〕37号），均自2019年1月1日起施行。

2019年12月17日，印发《政府会计准则第10号——政府和社会资本合作项目合同》（财会〔2019〕23号，以下简称《PPP会计准则》），自2021年1月1日起施行。

上述政府会计具体准则分别对存货、投资、固定资产、无形资产、公共基础设施、政府储备物资、会计调整、负债，PPP项目的确认、计量和相关信息的披露，以及财务报表的构成和编制的基本要求等内容做出了规范。

3.政府会计具体准则应用指南

政府会计具体准则应用指南，是对具体准则的实际应用做出操作性规定。

2017年2月21日印发的《〈政府会计准则第3号——固定资产〉应用指南》（财会〔2017〕4号），主要对政府会计的固定资产折旧年限、折旧计提时点等内容做出了规范；2020年12月17日印发的《〈政府会计准则第10号——政府和社会资本合作项目合同〉应用指南》（财会〔2020〕19号，以下简称《PPP会计准则应用指南》），主要对《PPP会计准则》的适用范围、会计科目的设置及账务处理、财务报表项目的列示等内容做出了规范。

4.政府会计制度

政府会计制度，主要规范政府会计科目及其使用说明、报表格式及其编制说明等，便于会计人员进行日常核算。

（1）财政总预算会计制度

2015年10月10日，财政部印发《财政总预算会计制度》（财库〔2015〕192号），自2016年1月1日起施行。《财政总预算会计制度》根据《会计法》《预算法》及其他有关法律法规制定，适用于中央，省、自治区、直辖市，设区的市、自治州，县、自治县、不设区的市、市辖区，乡、民族乡、镇等各级政府财政部门的政府财政总预算会计。但是，各级财政部门社会保险基金预算资金的会计核算以及各级财政部门管理的国际金融组织和外国政府赠款的会计核算除外。该制度主要对政府财政总预算会计的会计信息质量特征、会计要素的确认和计量、会计科目及其使用说明、会计报表格式及编审、会计结账和结算、会计电算化、会计监督等内容做出了规范。

（2）政府单位会计制度

2017年10月24日，财政部印发《政府会计制度——行政事业单位会计科目和报表》（财会〔2017〕25号），自2019年1月1日起施行，且鼓励行政事业单位提前执行。《政府单位会计制度》依据《会计法》《预算法》和《基本准则》等法律、行政法规和规章制定，适用于各级各类行政单位和事业单位，但纳入企业财务管理体系执行企业会计准则或小企业会计准则的单位除外。该制度尚未规范的有关行业事业单位的特殊经济业务或事项的会计处理，由财政部另行规定。《政府单位会计制度》主要对该制度的适用范围、会计核算模式和会计要素、会计科目设置要求、报表编制要求、会计信息化工作要求、会计科目及其使用说明、报表格式及其编制说明等内容做出了规范。

《政府单位会计制度》从行政事业单位通用或共性业务的会计处理，以及单位财务报告信息和决算报告信息的可比性出发，归并统一了现行行政事业单位和各项行业事业单位的会计制度①；在严格贯彻《改革方案》要求、着力实现改革目标的前提下，力求与现行行政事业单位财务规则、财务制度、部门预决算制度、行政事业单位国有资产管理规定、基本建设财务规则等的要求保持协调。

由于《政府单位会计制度》是按照统一性原则，在有机归并现行行政事业单位和行业事业单位会计制度基础上形成的，部分行业事业单位的特殊业务未完全体现在该制度中。因此，为了规范医院、高等学校、科学事业单位等行业事业单位特殊的经济业务或事项的会计核算，确保《政府单位会计制度》自2019年起能够顺利施行，结合行业单位实际情况，财政部又对《政府单位会计制度》做出了必要补充。2018年7月12日、8月14日、8月20日、8月27日、8月31日财政部陆续发布了《关于印发国有林场和苗圃执行〈政府会计制度——行政事业单位会计科目和报表〉的补充规定和衔接规定的通知》（财会〔2018〕11号）、《关于印发高等学校执行〈政府会计制度——行政事业单位会计科目和报表〉的补充规定和衔接规定的通知》（财会〔2018〕19号）、《关于印发中小学校执行〈政府会计制度——行政事业单位会计科目和报表〉的补充规定和衔接规定的通知》（财会〔2018〕20号）、《关于印发科学事业单位执行〈政府会计制度——行政事业单位会计科目和报表〉的补充规定和衔接规定的通知》（财会〔2018〕23号）、《关

① 主要包括《行政单位会计制度》、《事业单位会计准则》、《事业单位会计制度》和医院、基层医疗卫生机构、高等学校、中小学校、科学事业单位、彩票机构、测绘事业单位、地质勘查事业单位、国有林场和苗圃等行业事业单位会计制度。

于印发医院执行〈政府会计制度——行政事业单位会计科目和报表〉的补充规定和衔接规定的通知》（财会〔2018〕24号）、《关于印发基层医疗卫生机构执行〈政府会计制度——行政事业单位会计科目和报表〉的补充规定和衔接规定的通知》（财会〔2018〕25号）和《关于印发彩票机构执行〈政府会计制度——行政事业单位会计科目和报表〉的补充规定和衔接规定的通知》（财会〔2018〕26号）（上述系列补充规定以下简称《政府单位会计制度补充规定》），自2019年1月1日起施行。《政府单位会计制度补充规定》主要对《政府单位会计制度》中未完全体现的部分行业事业单位的特殊业务的会计核算做出规范。政府会计制度补充规定是政府会计制度的重要补充和有机组成部分。

此外，2019年12月17日，财政部发布《事业单位成本核算基本指引》（财会〔2019〕25号），自2021年1月1日起施行。该指引根据《会计法》和政府会计准则制度制定，主要对事业单位成本核算的原则、成本核算对象、成本项目和范围、成本归集和分配等内容做出了规范，为实现《改革方案》提出的"条件成熟时，推行政府成本会计，规定政府运行成本归集和分摊方法等，反映政府向社会提供公共服务支出和机关运行成本等财务信息"的要求奠定了基础。

5.政府会计准则制度解释

政府会计准则制度解释是根据《基本准则》制定的，主要是为了进一步健全和完善政府会计准则制度，确保政府会计准则制度的有效实施。

2019年7月16日，财政印发《政府会计准则制度解释第1号》（财会〔2019〕13号），自2019年1月1日起施行。该解释主要对事业单位长期股权投资的会计处理，单位年末暂收暂付非财政资金、无偿调入资产、售房款以及集中管理的住宅专项维修资金的账务处理、"保障性住房"科目的核算范围等内容做出了规范。

2019年12月17日，财政印发《政府会计准则制度解释第2号》（财会〔2019〕24号），自2019年1月1日起施行。该解释主要对归垫资金、从本单位零余额账户向本单位实有资金账户划转资金、从财政科研项目中计提项目间接费用或管理费、事业单位按规定将长期股权投资持有期间取得的投资收益上缴财政、收取差旅伙食费和市内交通费、专利权维护费、公费医疗经费等业务的会计处理，单位基本建设会计有关问题，部门（单位）合并财务报表范围等内容做出了规范。

2020年10月20日，财政印发《政府会计准则制度解释第3号》（财会〔2020〕15号），自发布日起施行。该解释主要对接受捐赠业务、政府对外投资业务、政府债券、报告日后调整事项等业务的会计处理做出了规范。

综上所述，截至2020年底，从已经颁布的政府会计准则制度解释来看，我国现行的政府会计规范体系以及各政府会计规范之间的关系如图1-2所示。

此外，我国政府财务报告制度建设逐步完善。2015年11月16日和12月2日，财政部相继印发了《政府财务报告编制办法（试行）》（财库〔2015〕212号）和《政府部门财务报告编制操作指南（试行）》（财库〔2015〕223号），以规范权责发生制政府综合财务报告制度改革试点期间（2016—2017年）的政府财务报告的编制工作。2018年3

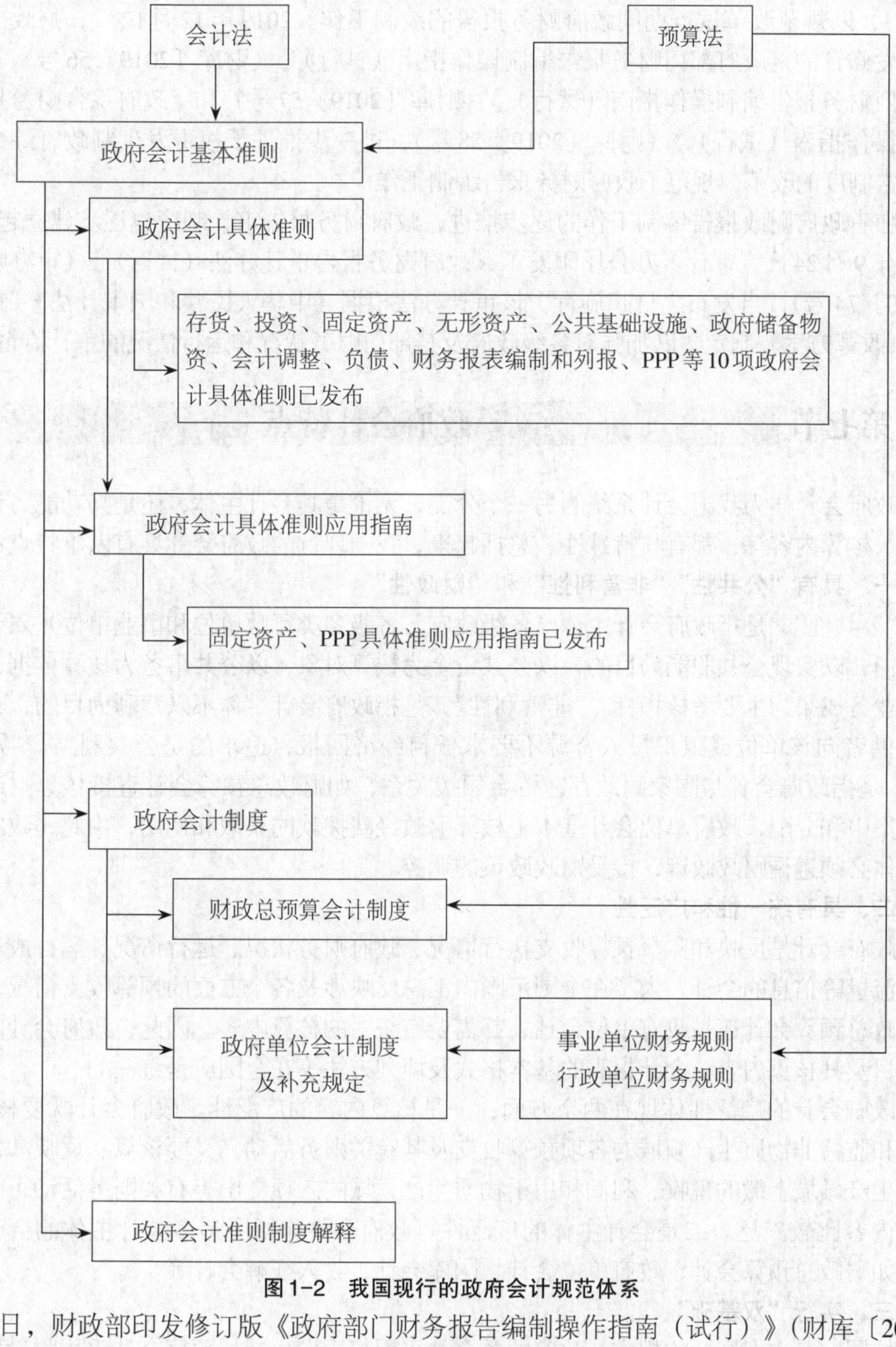

图1-2　我国现行的政府会计规范体系

月1日，财政部印发修订版《政府部门财务报告编制操作指南（试行）》（财库〔2018〕29号）和修订版《政府综合财务报告编制操作指南（试行）》（财库〔2018〕30号）；同年6月20日印发《地方政府综合财务报告合并编制操作指南（试行）》（财库〔2018〕

66号），以规范改革试点期间政府财务报告的编制工作。2019年12月12日，财政部再次印发修订的《政府部门财务报告编制操作指南（试行）》（财库〔2019〕56号）、《政府部门财务报告编制操作指南（试行）》（财库〔2019〕57号）和《政府综合财务报告编制操作指南（试行）》（财库〔2019〕58号），进一步推进了权责发生制政府综合财务报告制度的改革，规范了政府财务报告编制工作。

随着政府财政报告编制工作的逐步推进，政府财务报告审计制度也逐步建立起来。2020年9月24日，审计署办公厅印发了《政府财务报告审计办法（试行）》（审办财发〔2020〕74号），自发布之日起施行。该审计办法根据《中华人民共和国审计法》《预算法》《改革方案》制定，以加强对各级政府及其部门财务状况和运行情况的审计监督。

第七节 政府会计特点

政府会计作为我国会计系统的另一个分支，无论是其会计主体，还是其功能、记账方法、核算内容等，都有其特殊性。总括起来，我国现行的政府会计具有以下特点：

一、具有“公共性”“非营利性”和“财政性”

“公共性”，是指政府会计主体（各级政府、各级各类行政单位和事业单位）属于公共部门，以实现公共职能为目的，以公共资金为核算对象，以公共事务为核算依据，以公共业务成果为主要考核指标。“非营利性”，是指政府会计主体不以营利为目的，其资源提供者向该单位或组织投入资源不要求任何经济回报，追求的是公共利益。“财政性”，是指政府会计与国家财政存在资金领拨关系，如财政总预算会计直接核算财政资金的集中和分配，政府单位会计基本上核算财政经费拨款的获取和使用，由此，政府会计主体必须遵循财政政策，接受财政政策的调控。

二、具有统一性和广泛性

政府会计是反映和监督预算收支执行情况、政府财务状况、运行情况、运行成本和现金流量等信息的会计。为了在全国范围内汇总反映涉及各个方面的预算收支情况，不论财政总预算会计还是政府单位会计，都需要有统一的核算内容。因此，政府会计的会计科目及其核算内容、会计报表的基本格式及填列方法等在全国应是统一的。

政府会计的广泛性体现在两个方面：一是核算内容的广泛性。政府会计既要核算、反映和监督非物质生产领域的各项预算收支及其有关财务活动，又要核算、反映和监督物质生产领域上缴的税收、利润和用于物质生产领域的各项支出等有关财务活动，其涉及的内容比较广泛。二是会计主体的广泛性。政府会计包括了诸多会计主体的会计核算，如财政总预算会计、政府单位会计、国库会计、收入征解会计等。

三、实行“双基础”

按照《基本准则》的规定，政府财务会计采用权责发生制，预算会计采用收付实现制，国务院另有规定的，依照其规定。“双基础”使得政府会计核算既能反映预算收支等预算管理所需信息，又能反映资产、负债、运行成本等财务管理所需信息，提升政府会计信息相关性和真实性。

按照现行《财政总预算会计制度》的规定，财政总预算会计的会计核算一般采用收付实现制，部分经济业务或者事项应当按照规定采用权责发生制核算。按照《政府单位会计制度》的规定，政府单位财务会计核算采用权责发生制；政府单位预算会计核算采用收付实现制，特殊经济业务和事项采用权责发生制。

四、具备“双功能”

按照《基本准则》的规定，政府会计由财务会计和预算会计构成，具备“双功能”。政府财务会计反映政府会计主体的财务状况、运行情况和现金流量情况；预算会计反映政府会计主体预算收支执行情况。

按照现行《财政总预算会计制度》的规定，财政总预算会计通过对部分资产（政府持有的股权投资、发生转贷款等形成的债权资产）和负债（发行政府债券、举借主权外债、接收转贷款等形成的负债）采用“双分录”核算方法，在核算预算收支的同时，核算反映与预算收支变动密切相关的资产、负债和净资产情况，尝试发挥预算会计和财务会计“双功能”。按照《政府单位会计制度》的规定，政府单位通过对纳入部门预算管理的现金收支业务在进行财务会计核算的同时也进行预算会计核算，而对其他业务仅进行财务会计核算，实现预算会计和财务会计的“双功能”。

五、不设置所有者权益和利润会计要素，不计算盈亏

鉴于政府会计主体的公共性和非营利性，政府会计不设置所有者权益和利润会计要素，不计算盈亏。

按照现行《财政总预算会计制度》的规定，财政总预算会计设置资产、负债、净资产、收入和支出会计要素，在核算、反映和监督收入和支出时，只计算收入、支出和结转结余情况。按照《政府单位会计制度》的规定，政府单位财务会计设置资产、负债、净资产、收入和费用会计要素，在核算、反映和监督收入和费用时，只计算收入、费用和盈余情况；政府单位预算会计设置预算收入、预算支出和预算结余会计要素，在核算、反映和监督预算收入和预算支出时，只计算预算收入、预算支出和预算结余情况。

复习思考

1.什么是政府会计？它由哪几部分组成？
2.政府会计具有哪些特点？
3.政府会计的基本前提有哪些？政府会计的主体具体指什么？
4.政府会计的信息质量特征有哪些？
5.政府会计要素分为哪几类？各自的确认条件是什么？
6.政府会计要素计量属性有哪些？
7.政府会计的会计等式有几个？
8.我国政府会计准则体系包括几个部分？

第二章

政府会计的财政制度环境

学习目标

- 了解对政府会计产生影响的财政制度的内容
- 熟悉政府预算管理制度对政府会计核算的影响
- 熟悉国库集中收付制度对政府会计制度的影响
- 熟悉政府债务管理制度对政府会计核算的影响
- 熟悉财政结转结余管理制度对政府会计核算的影响

政府会计的财政制度环境是指对政府会计规范建立和完善产生影响、发挥作用的财政制度因素，主要包括政府预算管理制度、国库集中收付制度、财政结转结余管理制度、政府债务管理制度等。本章主要描述我国主要财政管理制度及其对政府会计制度产生的影响。

第一节 政府预算管理制度

政府会计主体均不创造物质财富，保证它们运行的资金主要来源于税收和非税收入。政府代表国家公权力，根据法律法规通过税收和非税收入等形式筹集财政资金，同时通过对财政资金的分配和使用实现政府职能。政府对财政资金进行分配和使用时，政府单位将获取来自政府财政的拨款，并依据法律法规等规定或限定用途进行使用，实现其职能。而从根本上限定政府财政资金筹集、分配和使用，以及有效控制政府单位使用财政拨款的方法和手段，就是政府预算。只有将各级政府、各政府单位的所有收入和支出都纳入预算管理，才能规范其财务收支行为，提高资金使用效益，保障政府职能和政府单位各自职能的实现。由此，政府预算管理制度中的政府预算组成体系、政府预算管理体制以及政府收支分类科目等对政府会计制度产生着重要影响。我国有关政府预算管理的制度规范主要包括《预算法》、《预算法实施条例》、《国务院关于实行分税制财政管理体制的决定》（国发〔1993〕85号）、《国务院关于印发所得税收入分享改革方案的通知》（国发〔2001〕37号）、《国务院关于深化预算管理制度改革的决定》（国发〔2014〕45号）、《国务院关于改革和完善中央对地方转移支付制度的意见》（国发〔2014〕71号）等。

一、政府预算及组成体系

政府预算，又称国家预算，是指具有法律地位、经过法定程序批准的国家年度财政收支计划。政府预算全面反映了政府财政的分配活动，体现了政府的职能范围，其具体收支的合理安排对国民经济起着重要的调控作用，是政府筹集和分配财政资金的重要工具，即集中一部分社会资源保证政府履行职能和满足社会公共需要。

政府预算按照不同标准，可以分为不同类型。

（一）按照政府次级，政府预算分为中央预算和地方预算

依据《预算法》，国家实行一级政府一级预算，设立中央，省、自治区、直辖市，设区的市、自治州，县、自治县、不设区的市、市辖区，乡、民族乡、镇五级预算。全国预算由中央预算和地方预算组成。

中央预算即中央政府预算，由中央各部门预算及中央直接组织的收入和支出预算组成，中央预算在政府预算中占主导地位。

地方预算即地方政府预算，由各省、自治区、直辖市总预算组成；地方各级总预算由本级预算和汇总的下一级总预算组成；下一级只有本级预算的，下一级总预算即指下一级的本级预算。没有下一级预算的，总预算即指本级预算。

在我国，全国的预算以及中央政府预算由财政部汇总编制，由全国人民代表大会审查和批准，由全国人民代表大会常务委员会监督执行。地方各级预算由地方各级政府财政部门编制，由地方各级人民代表大会审查和批准，由地方各级人民代表大会常务委员会监督执行。依据《预算法》，中央政府预算可以列赤字，赤字以发行国债形式弥补；地方各级预算按照量入为出、收支平衡的原则编制，除《预算法》另有规定外，不列赤字。

政府预算按政府级次的划分也称为政府预算体系，是根据国家行政区域划分和政权结构以及预算管理体制的要求而确定的各级政权的预算构成。

（二）按照收支管理范围，政府预算分为总预算、部门预算和单位预算

1.总预算

总预算是各级政府本行政区域的预算，包括本级政府预算和汇总的下一级政府总预算。依据《预算法》，各级政府预算应当根据年度经济社会发展目标、国家宏观调控总体要求和跨年度预算平衡的需要，参考上一年预算执行情况、有关支出绩效评价结果和本年度收支预测，按照规定程序征求各方面意见后，进行编制。

2. 部门预算

部门预算是指与本级政府财政部门直接发生预算拨款关系的国家机关、军队、政党组织、社会团体、事业单位和其他单位，依据《预算法》及其实施条例的规定以及履行法定职能的需要编制的本部门及其所属各单位的年度收支预算。依照《预算法实施条例》，各部门预算应当包括一般公共预算、政府性基金预算、国有资本经营预算安排给本部门及其所属各单位的所有预算资金。其中，各部门预算收入包括本级财政安排给本部门及其所属各单位的预算拨款收入和其他收入；各部门预算支出为与部门预算收入相对应的支出，包括基本支出和项目支出。

部门预算是编制政府预算的一种制度和方法。简单地讲，部门预算就是一个部门一本预算。部门预算改革开始于2000年，是我国加强财政支出管理的一项重大改革，对加强财政预算管理、提高财政资金使用的效率和效益、从源头预防腐败等具有深远而重大影响。1999年9月20日，财政部下发了《关于改进2000年中央预算编制的通知》，要求从2000年起首先在当时的教育部、农业部、科技部以及劳动和社会保障部等部门进行部门预算改革试点，正式拉开了部门预算改革的序幕。自2000年以来，财政部每一年都采用多种措施深化部门预算改革。到2005年，全国各省本级和计划单列市开始全面推行部门预算改革，部分地市县也开始试行部门预算编制方法，与公共财政相适应的部门预算框架已初步建立。2010年开始，实行部门预算公开制度。

3. 单位预算

单位预算是各级政府组织部门所属单位编制的收支预算，即列入部门预算的国家机关、政党组织、社会团体和事业单位等的收支预算。

依据《预算法》，各部门、各单位应当按照国务院财政部门制定的政府收支分类科目、预算支出标准和要求，以及绩效目标管理等预算编制规定，根据其依法履行职能和事业发展的需要以及存量资产情况，编制本部门、本单位预算草案。依照《预算法实施条例》，各部门、各单位的预算支出，按其功能分类应当公开到项；按其经济性质分类，基本支出应当公开到款。

（三）按照预算功能，政府预算分为一般公共预算、政府性基金预算、国有资本经营预算、社会保险基金预算

1. 一般公共预算

一般公共预算是对以税收为主体的财政收入，安排用于保障和改善民生、推动经济社会发展、维护国家安全、维持国家机构正常运转等方面的收支预算。

中央一般公共预算包括中央各部门（含直属单位，下同）的预算和中央对地方的税收返还、转移支付预算。中央一般公共预算收入编制内容包括本级一般公共预算收入、国有资本经营预算调入资金、地方上解收入、从预算稳定调节基金调入资金、其他调入资金；中央一般公共预算支出编制内容包括本级一般公共预算支出、对地方的税收返还和转移支付、补充预算稳定调节基金。中央政府债务余额的限额应当在本级预算中单独列示。

地方各级一般公共预算包括本级各部门（含直属单位，下同）的预算和税收返还、转移支付预算。地方各级一般公共预算收入编制内容包括本级一般公共预算收入、从国有资本经营预算调入资金、上级税收返还和转移支付、下级上解收入、从预算稳定调节基金调入资金、其他调入资金。地方各级一般公共预算支出编制内容包括本级一般公共预算支出、上解上级支出、对下级的税收返还和转移支付、补充预算稳定调节基金。

2.政府性基金预算

政府性基金预算是对依照法律、行政法规的规定在一定期限内向特定对象征收、收取或者以其他方式筹集的资金，专项用于特定公共事业发展的收支预算。政府性基金预算应当根据基金项目收入情况和实际支出需要，按基金项目编制，做到以收定支。

政府性基金预算收入包括政府性基金各项目收入和转移性收入；政府性基金预算支出包括与政府性基金预算收入相对应的各项支出和 转移性支出。

中央政府性基金预算收入编制内容包括本级政府性基金各项目收入、上一年度结余、地方上解收入；中央政府性基金预算支出编制内容包括本级中央政府性基金各项目支出、对地方的转移支付、调出资金。地方政府性基金预算收入编制内容包括本级政府性基金各项目收入、上一年度结余、下级上解收入、上级转移支付；地方政府性基金预算支出包括本级政府性基金各项目支出、上解上级支出、对下级的转移支付、调出资金。

3.国有资本经营预算

国有资本经营预算是对国有资本收益做出支出安排的收支预算。国有资本经营预算应当按照收支平衡的原则编制，不列赤字，并安排资金调入一般公共预算。

国有资本经营预算收入包括国有独资企业、国有独资公司按照规定上缴国家的利润收入，国有资本控股和参股公司获得的股息红利收入、国有产权转让收入、清算收入和其他收入。国有资本经营预算支出包括资本性支出、费用性支出，向一般公共预算调出资金等转移性支出和其他支出。

中央国有资本经营预算收入编制内容包括本级收入、上一年度结余、地方上解收入；中央国有资本经营预算支出编制内容包括本级支出、向一般公共预算调出资金、对地方特定事项的转移支付。地方国有资本经营预算收入编制内容包括本级收入、上一年度结余、上级对特定事项的转移支付、下级上解收入；地方国有资本经营预算支出编制内容包括本级支出、向一般公共预算调出资金、对下级特定事项的转移支付、上解上级支出。

4.社会保险基金预算

社会保险基金预算是以社会保险缴款、一般公共预算安排和其他方式筹集的资金，专项用于社会保险的收支预算。社会保险基金预算应当按照统筹层次和社会保险项目分别编制，做到收支平衡。

社会保险基金预算收入包括各项社会保险费收入、利息收入、投资收益、一般公共预算补助收入、集体补助收入、转移收入、上级补助收入、下级上解收入和其他收入。

社会保险基金预算支出包括各项社会保险待遇支出、转移支出、补助下级支出、上解上级支出和其他支出。

中央和地方社会保险基金预算收入、支出编制内容包括上述社会保险的各项收入和支出。

二、预算管理体制

预算管理体制是处理中央和地方以及地方各级之间的财政分配关系的基本制度，其核心是各级政府预算收支范围及其管理职权的划分即集权和分权的关系。预算管理体制是国家预算编制、执行、决算以及实施预算监督的制度依据和法律依据。

我国的预算管理体制在1949年后经历了多次变革、采取过多种办法。自1978年经济体制改革后，预算管理体制也进行了多次重大调整，总体上看是从地方财政包干体制向分税制转变。

分税制，是分税制财政管理体制的简称，是指在划分中央与地方事权的基础上，确定中央与地方财政支出范围，并按税种划分中央与地方预算收入的财政管理体制。县级以上地方各级政府应当根据中央和地方分税制的原则和上级政府的有关规定，确定本级政府对下级政府的财政管理体制。依照《预算法》，国家实行中央和地方分税制。

我国的分税制始于1994年。根据1993年12月国务院发布的《关于实行分税制财政管理体制的决定》（国发〔1993〕85号），从1994年1月1日起中央对各省、自治区、直辖市以及计划单列市实行分税制财政管理体制。其核心内容是根据事权与财权相结合的原则，按税种划分中央与地方收入；将维护国家权益、实施宏观调控所必需的税种划为中央税；将同经济发展直接相关的主要税种划为中央与地方共享税；将适合地方征管的税种划为地方税，并充实地方税税种，增加地方税收入。同时，在重新划分中央财政收入与地方财政收入的基础上，相应地调整了政府间财政转移支付数量和形式，除保留原体制下中央财政对地方的定额补助、专项补助和地方上解外，根据中央财政固定收入范围扩大、数量增加的新情况，着重建立了中央财政对地方财政的税收返还制度。

按照现行分税制的规定，在中央与地方之间具体分税如下：

1.中央税收入。中央税收入全部归中央财政，地方财政不参与分成。中央税收入主要包括：关税，海关代征消费税和增值税，消费税，铁道部门、各银行总行、各保险公司总公司等集中缴纳的收入（包括营业税、利润和城市维护建设税），未纳入共享范围的中央企业所得税、证券交易印花税等。

2.地方税收入。地方税收入全部归地方财政，中央财政不参与分成。地方税收入主要包括：营业税（不含铁道部门、各银行总行、各保险公司总公司集中缴纳的营业税），城镇土地使用税，城市维护建设税（不含铁道部门、各银行总行、各保险公司总公司集中缴纳的部分），房产税，车船税，其他印花税，耕地占用税，契税，遗产和赠与税，烟叶税，土地增值税，环境保护税等。

3.中央与地方共享收入。中央与地方共享收入由中央财政与地方财政分成。中央与地方共享收入主要包括：国内增值税，中央分享50%，地方分享50%；纳入共享范围的企业所得税和个人所得税，中央分享60%，地方分享40%；资源税按不同的资源品种划分，海洋石油资源税为中央收入，其余资源税为地方收入。

税收收入在地方各级财政之间的划分，分为上级固定收入、本级固定收入、上级和本级共享收入三种。上级固定收入，本级不参与分成；本级固定收入，上级不参与分成。上级和本级共享收入比照中央与地方共享收入的处理方法办理。具体划分收入的方法，按照各地方财政管理体制的规定执行。

三、财政转移支付制度

财政转移支付制度是国家为了实现区域间各项社会经济事业的协调发展而采取的财政政策。该制度产生于中央和地方财政之间的纵向不平衡和各区域之间的横向不平衡。

依据《预算法》，国家实行财政转移支付制度。财政转移支付应当规范、公平、公开，以推进地区间基本公共服务均等化为主要目标。

财政转移支付包括一般性转移支付和专项转移支付。

1.一般性转移支付。是指上级政府对有财力缺口的下级政府，依据规范的办法给予的由下级政府统筹安排使用的预算资金。其主要包括：(1) 均衡性转移支付；(2) 对革命老区、民族地区、边疆地区、贫困地区的财力补助；(3) 其他一般性转移支付。一般性转移支付不规定具体用途，均衡性转移支付是其主体。

2. 专项转移支付。是指上级政府为了实现特定的经济和社会发展目标给予下级政府，并由下级政府按照上级政府规定的用途安排使用的预算资金。专项转移支付主要根据党中央、国务院确定的政策，重点用于农林水、教育、医疗卫生、社会保障和就业、交通运输、节能环保等领域。

就中央对地方的转移支付制度而言，2014年12月27日国务院发布的《关于改革和完善中央对地方转移支付制度的意见》(国发〔2014〕71号) 提出，要优化中央对地方转移支付的结构，即在合理划分中央和地方事权与支出责任基础上，形成以均衡地区间基本财力、由地方政府统筹安排使用的一般性转移支付为主体，一般性转移支付和专项转移支付相结合的转移支付制度。属于中央事权的，由中央全额承担支出责任，原则上应通过中央本级支出安排，由中央直接实施；随着中央委托事权和支出责任的上收，应提高中央直接履行事权安排支出的比重，相应减少委托地方实施的专项转移支付。属于中央地方共同事权的，由中央和地方共同分担支出责任，中央分担部分通过专项转移支付委托地方实施。属于地方事权的，由地方承担支出责任，中央主要通过一般性转移支付给予支持，少量的引导类、救济类、应急类事务通过专项转移支付予以支持，以实现特定政策目标。

四、政府收支分类科目

（一）政府收支分类改革

政府收支分类，是按一定的原则、方法对政府收入和支出进行类别和层次划分，以全面、准确、清晰地反映政府收支活动。对政府收支进行科学分类，既是客观、全面、准确反映政府收支活动的前提，也是合理编制预算、组织预算执行以及预算单位进行会计明细核算的重要依据。政府收支分类是财政预算管理的一项重要基础性工作，直接关系到财政预算管理的透明度，关系到财政预算管理的科学化和规范化，是公共财政体制建设的一个重要环节。

政府收支分类改革启动于1999年，经过反复研究、论证和修改，2004年，财政部完成了新的《政府收支分类改革方案》的前期设计工作。为保证改革的顺利实施，2005年选择了当时的科技部、水利部、交通部、中纪委、国家中医药管理局、环保总局等6个中央部门以及河北、天津、湖北、湖南、海南等5个地区，按照《政府收支分类改革方案》进行了改革模拟试点。通过模拟试点，进一步完善改革方案。2006年2月10日，财政部印发了《政府收支分类改革方案》（财预〔2006〕13号），并据此制定了《2007年政府收支分类科目》，自2007年1月1日起在全国范围内正式实施；同时，按照新的政府收支体系重新设计部门预算编制报表，为2007年部门预算编制奠定了基础。自2007年以来，为了满足预算管理工作的实际需要，财政部每年都对政府收支分类科目进行修订。

（二）政府收支分类科目

政府收支分类科目，也称“预算科目”，是指为全面反映政府收支活动，对预算收入和预算支出的类别和层次进行的划分。

根据《政府收支分类改革方案》（财预〔2006〕13号）、《支出经济分类科目改革方案》（财预〔2017〕98号）和《2021年政府收支分类科目》，政府收支分类科目由“收入分类”“支出功能分类”“支出经济分类”三部分构成。

1.收入分类

收入分类，即对政府收入进行统一分类，全面、规范、细致地反映政府各项收入，以全面反映政府收入的来源和性质。收入分类按照科学标准和国际通行做法，将政府收入分为类、款、项、目四级。

收入分类将政府收入分为税收收入、社会保险基金收入、非税收入、债务收入、转移性收入等类。每类收入根据不同层次的管理需要再分为款、项、目，比如“税收收入”类下的“增值税”“消费税”等，“增值税”款下的“国内增值税”，“国内增值税”项下的“国有企业增值税”等。一般公共预算、政府性基金预算和国有资本经营预算的收入分类具体参见第四章的相关内容。

2.支出分类

政府支出分类有两种：一种是按照支出功能分类，分为类、款、项三级；一种是按支出经济性质分类，分为类、款两级。

（1）支出功能分类

支出功能分类，即按照政府各项职能活动对政府支出进行分类。支出功能分类将政府支出分为类、款、项三级，以清楚反映政府支出的内容和方向。

支出功能分类将政府支出分为一般公共服务、外交、国防、公共安全、教育、科学技术、文化旅游体育与传媒、社会保障和就业、卫生健康、节能环保、城乡社区、农林水、交通运输、资源勘探工业信息、商业服务业、金融、援助其他地区、自然资源海洋气象、住房保障、粮油物资储备、灾害防治及应急管理、预备费、其他支出、转移性支出、债务还本、债务付息、债务发行费用等支出类，以综合反映政府职能活动。为了清楚反映为完成某项政府职能所进行的某方面工作，每类支出再细化为款级科目；为了清楚反映为完成某方面工作所发生的具体支出事项，款级科目再细化为项级科目。比如，“教育”类下的“普通教育”“职业教育”等，“普通教育”款下的“学前教育”“小学教育”等。一般公共预算、政府性基金预算和国有资本经营预算的支出分类具体参见第五章的相关内容。

（2）支出经济分类

支出经济分类，即按照政府各项支出的经济性质和具体用途对政府支出进行分类，是进行政府预算管理、部门财务管理以及政府统计分析的重要手段。支出经济分类包括政府预算支出经济分类和部门预算支出经济分类。

政府预算支出经济分类体现政府预算的管理要求，主要用于政府预算编制、执行、决算、公开和财政总预算会计核算。政府预算支出经济分类按照《预算法》的要求，设置类、款两级，类级科目15个、款级科目60个。15个类级科目包括机关工资福利支出、机关商品和服务支出、机关资本性支出（一）、机关资本性支出（二）、对事业单位经常性补助、对事业单位资本性补助、对企业补助、对企业资本性支出、对个人和家庭的补助、对社会保障基金补助、债务利息及费用支出、债务还本支出、转移性支出、预备费及预留、其他支出。

部门预算支出经济分类体现部门预算管理要求，主要用于部门预算编制、执行、决算、公开和部门（单位）会计核算。部门预算支出经济分类按照《预算法》的要求设置类、款两级，类级科目10个、款级科目96个。10个类级科目包括工资福利支出、商品和服务支出、对个人和家庭的补助、债务利息及费用支出、资本性支出（基本建设）、资本性支出、对企业补助（基本建设）、对企业补助、对社会保障基金补助、其他支出。部门预算支出经济分类的具体款级科目参见第十二章的相关内容。

五、非税收入管理制度

长期以来，我国的非税收入作为预算外资金而存在，因而非税收入管理也应溯源到预算外资金的管理。

我国的预算外资金由来已久，中华人民共和国建立伊始就存在。预算外资金曾经作为中国政府的“第二财政”，在为各级政府提供必要财力支持的同时，也因其规模大、种类多、管理混乱、冲击正常的财政收支等缺陷而不断受到各方的指责。随着非税收入概念的提出和预算外资金纳入预算管理的不断深化，预算外资金逐渐淡出了各方视野。

为了加强预算外资金管理，1986年4月13日国务院颁布了《关于加强预算外资金管理的通知》（国发〔1986〕44号），第一次提出预算外资金要实行“财政专户管理”。1996年7月6日，国务院发布了《关于加强预算外资金管理的决定》（国发〔1996〕29号），指出预算外资金是指国家机关、事业单位和社会团体为履行或代行政府职能，依据国家法律、法规和具有法律效力的规章而收取、提取和安排使用的未纳入国家预算管理的各种财政性资金。其范围主要包括：（1）法律、法规规定的行政事业性收费、基金和附加收入等；（2）国务院或省级人民政府及其财政、计划（物价）部门审批的行政事业性收费；（3）主管部门从所属单位集中的上缴资金；（4）用于乡镇政府开支的乡自筹和乡统筹资金；（5）其他未纳入预算管理的财政性资金。同时还指出，预算外资金是国家财政性资金，实行收支两条线管理。与其配套，财政部也制定了《预算外资金管理实施办法》（财综字〔1996〕104号）。1996年以后，我国政府将预算外资金收入纳入预算管理的步伐显著加快，随着收支两条线管理改革的扩大和部门预算管理改革的不断深入，预算内外资金逐步统一纳入部门预算的编制范围。2001年12月20日国务院办公厅发布《国务院办公厅转发财政部〈关于深化收支两条线改革，进一步加强财政管理的意见〉的通知》（国办发〔2001〕93号），对预算外资金等非税收入的监管力度逐步加大，决定将非税收入纳入预算管理，直至全面取消预算外资金。2002年6月28日，财政部、中国人民银行联合发布《预算外资金收入收缴管理制度改革方案》（财库〔2002〕37号），规定取消主管部门和所属执收单位设立的收入过渡性账户，由各级财政部门分别在代理银行总行或分支机构设立预算外资金财政专户，预算外资金收入实行直接缴库和集中汇缴的收缴方式，并将收入收缴改革后的票据定名为“非税收入一般缴款书”。随着收入收缴改革的开展，2004年7月23日财政部下发了《关于加强政府非税收入管理的通知》（财综〔2004〕53号），对我国政府非税收入的概念与内涵进行了界定。该通知规定，政府非税收入是指除税收以外，由各级政府、国家机关、事业单位、代行政府职能的社会团体及其他组织依法利用政府权力、政府信誉、国家资源、国有资产或提供特定公共服务、准公共服务取得并用于满足社会公共需要或准公共需要的财政资金，是政府财政收入的重要组成部分，是政府参与国民收入分配和再分配的一种形式。由此，财政管理中预算外资金的概念出现了逐渐淡化乃至消失的趋势，取而代之的是非税收入的概念，随后，在财政管理上开始用非税收入管理来取代预算外资金管理。实际上，政府非税收入与预算外资金是有区别的。政府非税收入是按照收入形式来对政府财政收入进行分类的结果，而预算外资金是按照资金管理方式对财政资金进行分类的结果，是尚未纳入国家预算管理的财政性资金。非税收入泛指除税收收入以外的其他收入形式，既包括预算外资金，又包括预算内资金，即预算外资金属于非税收入范畴。在预算外资金管理方面，政府管理的目标在于将预算外资金全部纳入预算管理。2010年6月1日，财政部发布《关于将按预算外资金管理的收入纳入预算管理的通知》（财预〔2010〕88号），规定从2011年1月1日起，除教育收费（包括目前在财政专户管理的高中以上学费、住宿费，高校委托培养费，党校收费，教育考试考务费，函大、电大、夜大及短训班培训费等）和彩票发行机构与彩票销售机构的业务费①外，将预算外资金收入全部纳入预算管理。2016年3月15日财政部印发《政府非税收入管理办法》，对政府非税收入

① 从2015年开始，彩票发行机构和彩票销售机构的业务费纳入政府性基金预算管理。

的概念和包括的内容做出修订。该管理办法规定，非税收入，是指除税收以外，由各级国家机关、事业单位、代行政府职能的社会团体及其他组织依法利用国家权力、政府信誉、国有资源（资产）所有者权益等取得的各项收入，具体包括行政事业性收费收入、政府性基金收入、罚没收入、国有资源（资产）有偿使用收入、国有资本收益、彩票公益金收入、特许经营收入、中央银行收入、以政府名义接受的捐赠收入、主管部门集中收入、政府收入的利息收入、其他非税收入，但不包括社会保险费、住房公积金（指计入缴存人个人账户的部分）。同时规定，政府非税收入是政府财政收入的重要组成部分，应当纳入财政预算管理。2017年1月6日，财政部发布《关于加快推进地方政府非税收入收缴电子化管理工作的通知》（财库〔2017〕］7号），提出加快推进收缴电子化管理工作，要求全面实现政府非税收入收缴的电子化管理。据统计，全国40万个执收单位实施了非税收入收缴管理改革，占到全部执收单位的97%以上。截至2019年6月30日，107个中央部门、22个省级单位、56个地市、334个县区已全面实施了收缴电子化管理，有效提升了非税收入的收缴效率和管理水平。①

六、财政预算管理制度对政府会计制度的影响

（一）对财政总预算会计制度的影响

根据现行的《财政总预算会计制度》，财政总预算会计中一些会计科目的设置主要受《预算法》及其实施条例对一般公共预算、政府性基金预算和国有资本经营预算收支内容的规定，分税制及财政转移支付制度的影响，收入、支出、结转结余各总账科目的明细账设置主要受政府收支分类科目规定的影响。比如“一般公共预算结转结余”“政府性基金预算结转结余”“国有资本经营预算结转结余”科目的设置主要考虑与《预算法》有关规定保持一致；“一般公共预算本级支出”“政府性基金预算本级支出”“国有资本经营预算本级支出”等科目根据管理需要，既要按照支出功能分类也要按照支出经济分类进行明细核算。

财政总预算会计核算的与政府债务管理相关的债权和债务的资产总账科目以及明细科目的设置主要受《预算法》及其实施条例等有关中央政府举债、地方政府举债的规定，以及政府收支分类科目等的影响。具体参见本章第四节的相关内容。

财政总预算会计中“财政专户管理资金收入”“财政专户管理资金支出”和“财政专户管理资金结余”科目的设置受预算外资金全面取消的影响。

此外，在核算基础方面，财政总预算会计除《预算法》要求的权责发生制事项外，财政收入和财政支出均采用收付实现制核算。根据《财政总预算会计制度》，年末可采用权责发生制将国库集中支付结余列支入账；地方各级财政部门除国库集中支付结余外，不得采用权责发生制列支。权责发生制列支只限于年末采用，平时不得采用。

（二）对政府单位会计制度的影响

为了更好地贯彻落实《预算法》的相关规定，更加准确地反映部门和单位预算收支

① 财政部国库司. 一场“财政革命”——财政国库管理制度的改革发展［J］. 中国财政，2019（19）.

情况，更充分地满足部门、单位预算和决算管理的需要，《政府单位会计制度》规定，政府单位的预算会计在核算内容上仅需核算预算收入、预算支出和预算结余，并且在核算范围上，将依法纳入部门预算管理的现金收支均纳入预算会计的核算范围，如增设了债务预算收入、债务还本支出、投资支出等。

政府单位预算收入类和预算支出类一级科目的设置也要与《预算法》对部门预算和单位预算内容的规定以及编制内容的规定保持一致。比如，各类预算收入一级科目（比如财政拨款预算收入、事业预算收入、上级补助预算收入、附属单位上缴预算收入、经营预算收入、债务预算收入、投资预算收入等）的明细科目设置则必须与《政府收支分类科目》中“支出功能分类科目”的项级科目一致；各类预算支出类一级科目（比如行政支出、事业支出、经营支出、上缴上级支出、对附属单位补助支出、投资支出等）的明细科目设置首先必须与《政府收支分类科目》中“支出功能分类科目”的项级科目一致，其次一级明细科目“基本支出”和“项目支出”下还应当按照《政府收支分类科目》中“部门预算支出经济分类科目”的款级科目进行明细核算，同时在“项目支出”明细科目下按照具体项目进行明细核算。

此外，在核算基础上，除《预算法》要求的权责发生制事项（如年终国库集中结余资金采用权责发生制确认财政拨款预算收入）外，均采用收付实现制核算，以利于避免现在制度下存在的虚列预算收支的问题。

第二节 国库集中收付制度

国库集中收付制度是对财政资金实行集中收缴和支付的制度。该制度规范了政府预算收入的收缴方式和程序以及政府预算支出的支付方式和程序。国库集中收付制度对政府会计尤其是政府单位会计核算产生了重要影响。与国库集中收付制度相关的制度规范主要包括《预算法》、《预算法实施条例》、《中华人民共和国国家金库条例》（国发〔1985〕96号）、《中华人民共和国国家金库条例实施细则》（财预字〔1989〕68号）、《关于财政国库管理制度改革方案有关问题的通知》（国办函〔2001〕18号）、《财政国库管理制度改革试点方案》（财库〔2001〕24号）、《中央国库现金管理暂行办法》（财库〔2006〕37号）和《地方国库现金管理试点办法》（财库〔2014〕183号）、《财政专户管理办法》（财库〔2013〕46号）等。

一、政府预算收支的组织机构

各级政府预算经过各级人民代表大会及其常务委员会审批后由本级政府组织执行，具体工作由本级政府财政部门负责。各部门、各单位是本部门、本单位的预算执行主体，负责本部门、本单位的预算执行，并对执行结果负责。

在政府预算执行中，国家设立了专门机关负责政府预算收入的收缴和支出的拨付，其组织机构包括：

（一）预算收入的征收机构

征收机构是负责政府预算收入征收管理的部门和单位，主要包括财政部门、税务部门和海关，以及国家规定具有征收执法权的政府单位。

1.财政部门。财政部门主要负责征收的是国有资本经营预算收入、部分非税收入、债务收入等。部分地方的契税和耕地占用税也由财政部门征收。

2.税务部门。税务部门主要负责征收的是各项工商税收、企业所得税和由税务部门征收的一些非税收入（如教育费附加等）。

3.海关。海关主要负责征收的是关税、代征的进口货物增值税和消费税等。

按照《预算法》的规定，预算收入征收部门和单位必须依照法律、行政法规的规定，及时、足额征收应征的预算收入。不得违反法律、行政法规规定，多征、提前征收或者减征、免征、缓征应征的预算收入；不得截留、占用或者挪用预算收入。

（二）预算收支的办理机构

预算收支的办理机构是国库。国库是国家金库的简称，是负责办理国家预算资金的收入和支出的专门机构，是财政总预算会计的出纳机关。

国库由中国人民银行具体经理，按照国家统一领导、分级管理的财政体制设立，原则上一级财政设立一级国库。国库分为总库（中央国库）、分库、中心支库和支库（后三级国库称为地方国库）四级。中国人民银行总行经理总库；各省、自治区、直辖市分行经理分库；省辖市、自治州和成立一级财政的地区，由市、地（州）分、支行经理中心支库；县（市）支行（城市区办事处）经理支库。按照《预算法》的规定，县级以上各级预算必须设立国库；具备条件的乡、民族乡、镇也应当设立国库。

国库的基本职责是：（1）及时准确办理预算收入的收纳、划分、留解、退付、更正和预算支出的拨付；（2）办理国库单一账户与零余额账户资金清算业务；（3）监督代理国库集中收付业务的银行业金融机构的资金清算业务；（4）对国库库款收支有关凭证要素的合规性进行审核；（5）向本级政府财政部门编报预算收入入库、解库、库款拨付以及库款余额情况的日报、旬报、月报和年报；（6）建立健全预算收入对账制度。

国库的主要权限是：（1）督促检查各经收处和收入机关所收之款是否按规定全部缴入国库，发现违法不缴的，应及时查究处理；（2）对擅自变更各级财政之间收入划分范围、分成留解比例，以及随意调整库款账户之间存款余额的，国库有权拒绝执行；（3）对不符合国家规定要求办理退库的，国库有权拒绝办理；（4）监督财政存款的开户和财政库款的支拨；（5）任何单位和个人强令国库办理违反国家规定的事项，国库有权拒绝执行，并要及时向上级报告；（6）对不符合规定的凭证，国库有权拒绝受理。

（三）财政国库管理机构和支付执行机构

实行国库集中收付制度，各级财政应设立财政国库管理机构和国库支付执行机构。

1.财政国库管理机构

财政国库管理机构是具体组织预算的执行、财政资金调度和会计核算的机构。比如财政部的国库司，地方财政部门的国库处、国库科等。财政总预算会计设在各级国库管理机构。

按照规定，各级政府财政部门应履行下列国库管理职责：（1）组织拟定国库管理制度、国库集中收付制度，制定国库管理相关业务流程；（2）管理本级国库单一账户体系，组织实施国库集中收付业务；（3）通过政府采购选择国库集中收付代理银行，组织实施国库集中收付代理银行与中国人民银行资金清算，开展国库集中收付代理银行管理及职责履行考评工作；（4）管理国库库款和财政专户资金，建立健全国库现金管理制度，承担国库现金管理工作；（5）指导监督并定期检查中国人民银行经理国库业务、中国人民银行分支机构和有关银行业金融机构办理国库业务的职责履行情况；（6）审核预算单位资金使用计划和财政直接支付资金的申请，建立健全内部监督制约机制。

2.财政国库支付执行机构

根据《财政国库管理制度改革试点方案》，建立财政国库支付执行机构是建立国库集中收付制度的一项必备的配套措施。

财政国库支付执行机构业务是财政部门审核、监督财政资金支付工作的延伸。各级政府财政部门应当设立专门的财政国库支付执行机构承担国库集中支付的有关具体工作，比如财政部国库支付中心、地方财政部门的国库支付中心等。

财政国库支付执行机构的主要职责是：配合国库管理机构建立和完善国库单一账户体系，监管非税收入收缴，办理财政资金的审核、支付，会计核算等。例如，财政部国库支付中心业务上由国库司负责指导，其职责如下：（1）预算指标及用款计划管理。（2）办理财政资金支付。（3）监管非税收入收缴。（4）登记总分类账及明细分类账。（5）管理各类账户。（6）国债发行和兑付管理。（7）建设并维护收付管理信息系统。（8）内部监督检查。（9）配合国库司推进财政国库管理制度改革。（10）办理部领导交办的其他工作。

二、国库集中收付制度改革

国库集中收付制度，也称国库单一账户制度，是对财政资金实行集中收缴和支付的制度，其核心是通过建立国库单一账户体系，将所有财政收入通过国库单一账户体系直接缴入国库或财政专户，将所有财政支出通过国库单一账户体系由国库支付给商品或劳务供应者或用款单位的财政资金管理制度。国库集中收付制度，包括国库集中收缴制度和国库集中支付制度。

在我国，传统的财政性资金收缴和拨付方式，是通过征收机关和预算单位设立多重账户分散进行的。这种收付制度导致财政资金账户多重和分散设置、财政资金活动透明度不高；财政资金入库时间延滞，大量资金经常滞留在预算单位，降低了使用效率；财政资金使用缺乏事前监督，截留、挤占、挪用等问题时有发生，甚至滋生腐败现象等诸多弊端。鉴于此，必须实行国库集中收付制度的改革。2001年3月15日，国务院办公厅印发《关于财政国库管理制度改革方案有关问题的通知》（国办函〔2001〕18号）。3月16日，财政部和中国人民银行联合印发《财政国库管理制度改革试点方案》（财库〔2001〕24号），明确要全面推行以国库单一账户体系为基础、资金缴拨以国库集中收付为主要形式的财政国库管理制度。2014年10月28日，财政部发布《关于乡镇国库集中支付制度改革的指导意见》（财库〔2014〕177号），要求具备条件的乡镇在2015年底前实施国库集中支付制度改革，暂不具备条件的乡镇要积极创造条件，尽快实施改革。到2018年底，中央、省、市、县、乡五级近70万个预算单位实施了国库集中支付制度改革，占全部预算单位的99%以上，基本实现了“横向到边、纵向到底”，构建了现代化的国库管理框架。①

三、国库集中收付制度的主要内容

（一）建立国库单一账户体系

国库单一账户体系是一个统揽财政性资金的账户体系，即所有财政性资金收入和支出都纳入该账户体系，由国库实行集中收付，各征收机关和预算单位不再设立过渡性资金账户。国库单一账户体系包括四类账户：

1.国库单一账户。指财政部门在国库业务经办机构开设的，用于记录、核算和反映预算收入和预算支出及《预算法》及其实施条例规定的其他预算资金活动，并用于与零余额账户进行清算的存款账户。

2.零余额账户。指财政部门和各部门、各单位在代理国库集中支付业务的银行业金融机构开设的银行结算账户，用于办理预算资金支付业务并与国库单一账户清算，日终余额为零。零余额账户主要包括财政部门零余额账户、预算单位零余额账户和财政汇缴零余额账户（也称财政汇缴专户）三类。财政部门零余额账户由财政部门按资金使用性质在商业银行开设，用于财政直接支付和国库单一账户支出清算；预算单位零余额账户由财政部门在商业银行为预算单位开设，在支出管理中，用于财政授权支付和国库单一账户清算；财政汇缴零余额账户由财政部门在商业银行开设，用于非税收入收缴和资金清算。财政部门零余额账户和预算单位零余额账户的用款额度具有与人民币存款相同的支付结算功能。财政部门零余额账户可以办理转账等支付结算业务，但不得提取现金；预算单位零余额账户可办理转账、汇兑、委托收款和提取现金等支付结算业务；财政汇缴零余额账户不得用于执收单位的支出。

3.财政专户。是指财政部门为履行财政管理职能，根据法律规定或者经国务院批准开设的，用于管理核算特定专用资金的银行结算账户。特定专用资金，包括法律规定可以设立财政专户的资金（社会保险基金、偿债准备金、待缴国库单一账户的非税收入、教育收费、代管预算单位资金等），外国政府和国际经济组织的贷款、赠款，按照规定存储的人民币以外的货币，财政部会同有关部门报国务院批准的其他特定专用资金。

4.特设专户。是经国务院和省级人民政府批准或授权财政部门开设的特殊过渡性专户，用于记录、核算和反映预算单位的特殊专项支出，并与国库单一账户清算。

（二）规范政府预算收入收缴程序和方式

根据《预算法》，国家对政府全部收入实行国库集中收缴管理。国库集中收缴制

① 财政部国库司. 一场“财政革命”——财政国库管理制度的改革发展［J］. 中国财政，2019（19）.

度，是指预算收入按照规定的程序，通过国库单一账户体系缴入国库的办法。

政府预算收入的收缴方式实行直接缴库和集中汇缴两种方式：

1.直接缴库。是指由缴款单位或缴款人按法律法规规定，直接将应缴收入缴入国库单一账户或财政专户。实行这种入库方式的有税收收入、非税收入等。税收收入，由纳税人或税务代理人提出纳税申报，经征收机关审核无误后，由纳税人通过开户银行将税款缴入国库单一账户。非税收入，由执收单位开具非税收入一般缴款书，缴款人持非税收入一般缴款书在规定期限内将应缴款项直接缴入国库或财政专户。

2.集中汇缴。是指由征收机关和依法享有征收权限的单位按法律法规规定，将所收取的应缴收入汇总缴入国库单一账户或财政专户。实行这种入库方式的有小额零散税收和非税收入中的现金缴款。小额零散税收和法律另有规定的应缴收入，由征收机关收缴后在规定的期限内汇总缴入国库单一账户。非税收入中的现金缴款，由执收单位收取缴款人的应缴款项后，在规定的期限内将所收款项按收入项目进行汇总出具非税收入一般缴款书，将应缴款项集中缴入国库或财政专户。

（三）规范政府预算支出拨付程序和方式

根据《预算法》，国家对政府的全部支出实行国库集中支付管理。国库集中支付制度，是指预算支出通过国库单一账户体系，采取财政直接支付或者财政授权支付方式，将资金支付给收款人的办法。

1.财政直接支付。是指由政府财政部门开具支付令，通过财政零余额账户支付给收款人，财政零余额账户再与国库进行资金清算的支付方式。实行财政直接支付方式的支出主要包括工资支出、工程采购支出、物品和服务采购支出、国有资本经营预算支出、转移支出等。在财政直接支付方式下，预算单位按批准的预算指标和用款计划向财政部门提出财政直接支付申请；财政部门在对预算单位提出的财政直接支付申请审核无误后，向代理银行签发财政直接支付指令，通过设在代理银行的财政部门零余额账户，将财政资金直接支付给最终收款人或用款单位；代理银行根据已办理支付的资金，在营业日终了前的规定时间内，向财政部门在人民银行的国库部门提出清算申请；人民银行国库部门审核无误后，将资金划往代理银行账户。

2.财政授权支付。是指预算单位根据本级政府财政部门授权，自行开具支付令，通过预算单位零余额账户支付给收款人，预算单位零余额账户再与国库进行资金清算的支付方式。实行财政授权支付的支出主要是零星采购支出、特别紧急支出和经财政部门批准的其他支出。在财政授权支付方式下，预算单位先按批准的预算指标和用款计划，向财政部门申请财政授权支付用款额度；财政部门批准后，按月将财政授权支付额度下达给人民银行和代理银行；预算单位收到代理银行转来的“财政授权支付额度到账通知书”后，在财政授权支付额度内自行开具支付指令，通过设在代理银行的预算单位零余额账户，将财政资金支付给最终收款人或用款单位；代理银行根据已办理支付的资金，在营业日终了前的规定时间内，向财政部门在人民银行的国库部门提出清算申请；人民银行国库部门审核无误后，将资金划往代理银行账户。

四、国库集中收付制度对政府会计制度的影响

1. 对财政总预算会计制度的影响。为了体现国库集中收付制度的要求，《财政总预算会计制度》规定，财政总预算会计应该设置“财政零余额账户存款”科目和“已结报支出”科目，分别核算财政国库支付执行机构在代理银行办理财政直接支付的业务和政府财政国库支付执行机构已清算的国库集中支付支出数额；设置“应付国库集中支付结余”科目，核算政府财政采用权责发生制列支、预算单位尚未使用的国库集中支付结余资金。

2. 对政府单位会计制度的影响。为了体现国库集中收付制度的要求，《政府单位会计制度》规定，设置“零余额账户用款额度”科目和“财政应返还额度”科目，分别核算实行国库集中支付的政府单位根据财政部门批复的用款计划收到和支用的零余额账户用款额度和实行国库集中支付的政府单位应收财政返还的资金额度。由此，政府单位出现了无财政拨款流入和流出的财政拨款收入和支出的业务核算。

五、国库现金管理制度及其对政府会计制度的影响

国库现金管理是现代财政国库管理的重要内容。财政国库现金是指财政部门尚未支付而暂时闲置在国库单一账户的财政资金。财政国库现金管理，简称国库现金管理，是指在确保国库现金支出需要的前提下，以实现国库闲置现金余额最小化而投资收益最大化为目标的一系列财政管理活动，是财政国库管理的重要组成部分。

财政部、中国人民银行分别于2006年5月26日和2014年12月10日印发《中央国库现金管理暂行办法》（财库〔2006〕37号，自2006年1月1日起施行）和《地方国库现金管理试点办法》（财库〔2014〕183号，自2014年12月10日起施行）。对中央国库现金及管理和地方国库现金及管理做出了规范。

（一）中央国库现金管理

1. 中央国库现金管理及其原则。中央国库现金，是指财政部在中央总金库的活期存款。中央国库现金管理，是指在确保中央财政国库支付需要前提下，以实现国库现金余额最小化和投资收益最大化为目标的一系列财政管理活动。中央国库现金管理由财政部会同中国人民银行共同开展。中央国库现金管理的原则是：安全性、流动性和收益性相统一，从易到难、稳妥有序地开展。

2. 中央国库现金管理操作方式。中央国库现金管理的操作方式，包括商业银行定期存款、买回国债、国债回购和逆回购等。在国库现金管理初期，主要实施商业银行定期存款和买回国债两种操作方式。

（1）商业银行定期存款

商业银行定期存款，是指将国库现金存放在商业银行，商业银行以国债为质押获得存款并向财政部支付利息的交易行为。商业银行定期存款期限一般在1年（含1年）以内。

中央国库现金管理定期存款操作通过中国人民银行“中央国库现金管理商业银行定期存款业务系统”，面向国债承销团和公开市场业务一级交易商中的商业银行总行公开

招标进行。财政部依据国库现金定期存款招标结果，向中国人民银行开具“中央预算拨款电汇凭证”，该凭证为划款指令。中国人民银行于招标次一工作日，在足额冻结存款银行用于质押的国债后，根据划款指令向存款银行划拨资金。中国人民银行向存款银行划拨资金后，负责向财政部提供存款证明，存款证明应当记录存款银行名称、存款金额、利率以及期限等要素。

为保证中央国库现金安全，国库现金管理存款银行在接受国库存款时，必须以可流通国债现券作为质押，质押国债的面值数额为存款金额的120%。财政部会同中国人民银行可根据债券市场的变化情况调整质押比例。

国库现金商业银行定期存款到期后，存款银行应按照约定将存款本息划入中央总金库，款项入库时，存款证明自动失效，同时，存款银行质押的国债相应解冻。存款银行未将到期定期存款本息足额划入中央总金库的，中国人民银行在催缴差额本息款项的同时，对存款银行收取罚息。

（2）买回国债

买回国债，是指财政部利用国库现金从国债市场买回未到期的可流通国债并予以注销或持有到期的交易行为。

买回国债操作由财政部通过公开招标的方式面向记账式国债承销团公开进行。中国人民银行观察员在招标现场观察。财政部依据买回国债招标结果，以及中央国债登记结算有限责任公司（以下简称中央国债公司）买回国债的冻结成功信息，向中国人民银行开具“中央预算拨款电汇凭证”，该凭证为划款指令。中国人民银行于招标次一工作日，根据划款指令向记账式国债承销团成员支付买回国债资金。

财政部在中央国债公司设立乙类债券账户，用于记录买回国债的债权。财政部交付买回国债资金后，即拥有买回国债的债权，并根据需要注销或继续持有买回国债。买回国债操作应按照品种结构合理、规模适当的原则进行，以有利于国债市场的稳定发展。

（二）地方国库现金管理

1.地方国库现金管理及原则

地方国库现金，是指地方政府存放在同级国库的财政资金。地方国库现金管理是指在确保国库现金安全和资金支付需要的前提下，为提高财政资金使用效益，运用金融工具有效运作库款的管理活动。地方国库现金管理由地方财政部门会同中国人民银行当地分支机构共同开展。地方国库现金管理遵循：安全性、流动性、收益性相统一原则；公开、公平、公正原则；协调性原则。

2.地方国库现金管理操作工具

地方国库现金管理操作工具为商业银行定期存款。

商业银行定期存款，是指将暂时闲置的国库现金按一定期限存放于商业银行，商业银行提供足额质押并向地方财政部门支付利息。其中，商业银行是指国有商业银行、股份制商业银行、城市商业银行、农村商业银行和邮政储蓄银行。定期存款期限在1年（含1年）以内。

地方国库现金管理商业银行定期存款（以下简称地方国库定期存款）利率按操作当日同期限金融机构人民币存款基准利率执行，由商业银行在中国人民银行规定的金融机构存款利率浮动区间内根据商业原则自主确定。地方国库现金管理应严格控制单一存款银行存款比例，防范资金风险。当期存款银行一般不得少于5家，单家存款银行当期存款金额不得超过当期存款总额的1/4。单一存款银行的地方国库定期存款余额一般不得超过该银行一般性存款余额的10%和地方财政国库定期存款余额的20%。

存款银行取得地方国库定期存款，应当以可流通国债为质押，质押的国债面值数额为存款金额的120%。地方财政部门确认存款银行足额质押后，通知人民银行分支机构办理资金划拨。存款银行收款后，应向地方财政部门开具存款单，载明存款银行名称、存款金额、利率以及期限等要素。

存款银行应于存款到期日足额汇划存款本息。本金和利息应分别汇划，不得并笔。本息款项入库后，存款银行质押品相应解除。地方国库定期存款利息收入纳入同级财政预算管理，缴入同级国库。地方国库定期存款属于地方政府财政库款。除法律另有规定外，任何单位不得扣划、冻结地方政府财政部门在存款银行的国库定期存款。

（三）国库现金管理对政府会计制度的影响

国库现金管理制度主要对财政总预算会计核算内容产生影响。财政总预算会计需增设“国库现金管理存款”科目，核算政府财政实行国库现金管理业务存放在商业银行的款项。

第三节　财政拨款结转结余资金管理

财政拨款结转结余资金简而言之就是接受财政拨款的政府单位预算年度内尚未用完的财政预算资金，直接影响到各政府会计主体结转结余的核算。与财政拨款结转结余资金相关的制度包括《预算法》及《预算法实施条例》、《中央部门财政拨款结转和结余资金管理办法》（财预〔2010〕7号）、《关于加强地方财政结余结转资金管理的通知》（财预〔2010〕383号）等。

一、财政拨款结转结余资金的管理改革

随着部门预算改革的不断深入，国库集中支付和政府采购范围的不断扩大，财政拨款结转和结余资金规模较大的问题逐渐显现出来，大量的预算资金当年未形成实际支出，有些则是长期沉淀，直接影响了财政资金的使用效率。为了从制度上规范财政拨款结转和结余资金的管理，减少财政拨款结转和结余资金的沉淀，优化财政资源配置，提高财政资金的使用效率，2005年财政部制定了《中央部门财政拨款结余资金管理暂行规定》（财预〔2005〕46号），而根据实际工作中财政拨款结余资金管理中存在的问题，经过修订，2006年又颁布了《中央部门财政拨款结余资金管理办法》（财预〔2006〕489号），从制度层面对财政拨款结余资金的概念，各部门结余资金的报送、确认、安排使用等内容做出了明确规定。针对财政拨款结转和结余资金管理中出现的新问题、新

情况，为了进一步加强中央部门财政拨款结转和结余资金的管理，优化财政资源配置，提高财政资金使用效益，财政部于2010年1月18日颁布了《中央部门财政拨款结转和结余资金管理办法》（财预〔2010〕7号），要求在财政拨款结转和结余资金管理中，根据不同类型的财政拨款结转和结余资金，按照不同的管理要求，采取不同的管理方式。同年6月25日，财政部又印发了《关于加强地方财政结余结转资金管理的通知》（财预〔2010〕11号），要求省级财政部门组织本级各部门、督促和指导省以下各级财政部门，对结转结余资金进行一次全面清理，在摸清底数的基础上，区分不同情况予以处理，切实压缩结转结余资金规模；同时要求地方各级财政部门建立和完善结转结余资金管理制度，高度重视结转结余资金管理工作，财预〔2006〕489号同时废止。2015年1月1日开始执行的新《预算法》也对政府预算结转结余资金的管理做出了规范。

二、财政拨款结转结余资金的含义

财政拨款结转和结余资金是指与财政有缴拨款关系的行政、事业单位，社会团体及企业在预算年度内，按照财政部批复的本部门预算，当年未列支出的财政拨款资金，分为结转资金和结余资金。结转资金是指预算安排项目的支出年度终了时尚未执行完毕，或者因故未执行但下一年度需要按原用途继续使用的资金；连续两年未用完的结转资金，是指预算安排项目的支出在下一年度终了时仍未用完的资金。结余资金是指年度预算执行终了时，预算收入实际完成数扣除预算支出实际完成数和结转资金后剩余的资金。财政拨款结转和结余资金是财政资源的重要组成部分。加强和规范财政拨款结转和结余资金对于深化部门预算改革、提高财政资金使用效益、规范部门财务管理等具有重要意义。

依据《预算法》，各级政府上一年预算的结转资金，应当在下一年用于结转项目的支出；连续两年未用完的结转资金，应当作为结余资金管理。各部门、各单位上一年预算的结转和结余资金按照国务院财政部门的规定办理。

三、财政拨款结转结余资金管理制度对政府会计制度的影响

1.对财政总预算会计制度的影响。为了满足财政拨款结转结余管理的要求，根据《财政总预算会计制度》的规定，财政总预算会计应当设置“一般公共预算结转结余”“政府性预算结转结余”和“国有资本经营预算结转结余”科目，分别核算政府财政纳入一般公共预算管理的收支相抵形成的结转结余、政府财政纳入政府性基金预算管理的收支相抵形成的结转结余和政府财政纳入国有资本经营预算管理的收支相抵形成的结转结余。

2.对政府单位会计制度的影响。为了满足财政拨款结转结余管理的要求，根据《政府单位会计制度》，政府单位的预算会计应当设置“财政拨款结转”科目和“财政拨款结余”科目，分别核算政府单位取得的同级财政拨款结转资金的调整、结转和滚存情况与取得的同级财政拨款项目支出结余资金的调整、结转和滚存情况。

第四节 政府债务管理制度

政府债务收支是政府财政预算收支的重要构成部分，其增减变动直接影响到政府财政资产、负债和净资产的变动。随着政府债务纳入预算管理和政府债务报告以及公开制度的完善，财政预算会计核算内容也发生了重大变化。有关政府债务管理的制度规范主要包括《预算法》及其实施条例、《外债管理暂行办法》（财政部令第28号）、《地方政府外债风险管理暂行办法》（财金〔2008〕20号）、《外国政府贷款管理规定》（财金〔2008〕176号）、《外国政府贷款转贷管理办法》（财金〔2009〕114号）、《国际金融组织和外国政府贷款赠款管理办法》（财政部令第85号）、《国务院关于加强地方政府性债务管理的意见》（国发〔2014〕43号）、《地方政府一般债务预算管理办法》（财预〔2016〕154号）、《地方政府专项债务预算管理办法》（财预〔2016〕155号）、《地方政府债券发行管理办法》（财库〔2020〕43号）。

一、政府债务的含义和分类

政府债务是指政府为筹集财政资金而按照批准的预算举借的债务。它是弥补财政赤字，并借以调控经济运行的一种方式。

政府债务按照不同标准，可以分为不同类型。

（一）按照举借区域的不同，政府债务分为内债和外债

1.政府内债。是指政府在国内举借的债务，主要是以发行政府债券等形式举借的债务。比如财政部发行的国债和省级财政部门发行的地方政府债券等。政府国内债务的主要目的是弥补财政赤字。政府内债的债权人主要包括国内的企业、事业单位、金融机构和居民个人。

2.政府外债。是政府在国外举借的债务，包括主权债券和主权外债。主权债券是指经国务院审批，财政部代表国家在境外发行的债券；主权外债是指由国务院授权机构代表国家举借的、以国家信用保证对外偿还的外债，主要包括外国政府贷款、国际金融组织贷款等。政府外债的债权人主要包括国际组织，外国的政府、企业、金融机构和居民个人。

（二）按照举借主体的不同，政府债务分为中央政府债务和地方政府债务

1.中央政府债务

中央政府债务是中央政府举借并负责偿还的债务。依据《预算法》，中央一般公共预算中必需的部分资金，可以通过举借国内和国外债务等方式筹措，举借债务应当控制适当的规模，保持合理的结构。中央政府债务按照举借区域分为内债和外债。

（1）中央政府内债

中央政府内债是中央政府在国内举借的债务，包括在国内发行的国债、特别国债等。国债是指中央政府财政部门（财政部）发行的债券。我国自1981年起恢复了国债的发行，主要目的是弥补中央财政赤字。国债一般采用固定利率，期限为1年、3年、5

年、7年、10年、20年等。特别国债是中央政府财政部门发行的有特定用途的国债。截止到2020年底，我国的特别国债只发行过三次，分别是：1998年向四大国有独资商业银行发行了2 700亿元长期特别国债，用于补充国有独资商业银行资本金；2007年发行15 500亿元特别国债，用于购买约2 000亿美元外汇；2020年发行抗疫特别国债1万亿元，用于应对新冠肺炎疫情。

（2）中央政府外债

中央政府外债是中央政府在国外举借的债务，包括在国外发行的主权债券和境外借款。在境外发行的主权债券是中央政府在境外发行的本外币主权债券。境外借款，即主权外债，包括国际金融组织借款和外国政府借款。

国际金融组织贷款，是指财政部经国务院批准代表国家向世界银行、亚洲开发银行、国际农业发展基金、欧洲投资银行等国际金融组织统一筹借并形成政府外债的贷款，以及与上述贷款搭配使用的联合融资。贷款的筹措程序一般为：①拟利用国际金融组织贷款的地方应当由省级财政部门代表本级政府向财政部提交贷款申请书；拟利用国际金融组织贷款的国务院有关部门和其他机构应当向财政部提交贷款申请书。凡债务由地方承担的，还应当附送省级财政部门出具的还款承诺函。②财政部应当对贷款申请书进行审查，并根据规定以及贷款方的要求等决定是否将贷款申请列入国际金融组织贷款规划。③省级财政部门对已列入国际金融组织贷款规划的有关项目应当组织评审，并向财政部提交评审意见书。财政部根据评审意见书决定是否安排对外磋商谈判。④财政部负责就符合条件的贷款项目与国际金融组织或者外国政府等进行贷款磋商谈判、组织签署贷款法律文件并办理生效事宜。

外国政府贷款，是指财政部经国务院批准代表国家向外国政府、北欧投资银行等统一筹借并形成政府外债的贷款，国务院批准的参照外国政府贷款管理的其他国外贷款，以及与上述贷款搭配使用的联合融资。按照不同的还款责任，外国政府贷款项目实行分类管理。其中：一类项目由省级财政部门或者国务院有关部门作为债务人并承担还款责任，此类项目应属于公共财政领域社会效益显著的项目，建设资金主要来源于政府投入。二类项目由项目单位作为债务人并承担还款责任，省级财政部门或者国务院有关部门提供还款保证，此类项目应属于公共财政领域经济效益较好、具备贷款偿还能力的项目。三类项目由项目单位作为债务人并承担还款责任，省级财政部门或者国务院有关部门不提供还款保证。此类项目原则上不限于公共财政领域，但应有利于促进当地经济社会的发展，体现制度或技术创新，且具备充分的贷款偿还能力。省级财政部门作为一类项目债务人签署转贷协议[①]，并履行协议规定的义务；作为二类项目的担保人，履行还款保证书规定的担保义务；对一、二类项目，财政部将根据转贷银行的申请采取财政扣

① 转贷协议，是指转贷银行根据政府协议和贷款协议与债务人签署的贷款转贷有关协议。政府协议，是指经财政部授权与贷款国政府或者机构签署的有关协定、协议、议定书、备忘录或其他法律文件。贷款协议，是指转贷银行受财政部委托，根据政府协议对外签署的有关协议或其他法律文件。

款等方式，回补转贷银行[①]对外垫付的资金。外国政府贷款的筹措程序为：①省级财政部门对拟利用外国政府贷款的项目应当组织评审，并就评审后符合要求的拟利用外国政府贷款的项目向财政部提出申请；②财政部负责根据外国政府贷款项目类型委托或者通知转贷银行及时办理评估等相关转贷手续；③外国政府贷款的转贷银行应当按有关规定与国外金融机构签订贷款法律文件、与债务人签署转贷协议，确保对外还本付息和资金垫付。

按照政府承担的还款责任的不同，国际金融组织贷款和外国政府贷款分为政府负有偿还责任贷款和政府负有担保责任贷款。①政府负有偿还责任贷款，应当纳入本级政府的预算管理和债务限额管理，其收入、支出、还本付息纳入一般公共预算管理。政府负有偿还责任的贷款，财政部门应当按照预算安排及时足额履行还款责任。②政府负有担保责任贷款，不纳入政府债务限额管理。政府依法承担并实际履行担保责任时，应当从本级政府预算安排还贷资金，纳入一般公共预算管理。

在国际金融组织贷款和外国政府贷款的使用和偿还方面，财政部可以将贷款拨付给省级政府（包括计划单列市，下同）或国务院有关部门（含直属单位，下同）等使用。省级财政部门可以将财政部拨付的贷款逐级拨付给下级政府或者有关部门和单位使用。财政部可以将贷款转贷给省级政府、国务院有关部门、中央企业、金融机构等使用。省级财政部门可以将转贷的贷款拨付给下级政府或者有关部门和单位使用；省级财政部门也可以将转贷的贷款逐级转贷给下级政府或者有关部门和单位使用。政府负有担保责任的贷款，财政部门应当向上一级财政部门提供担保，并督促还款责任人制订还款计划，按时足额还款；必要时，财政部门可以要求企业还款责任人与金融机构就临时性垫付达成信贷服务协议，以确保按时足额还款。如果还款责任人未按时还款的，财政部门应当从本级政府还贷准备金中调剂资金用于临时性垫款；已确定还款责任人无法履行债务的，财政部门应当依法在本级一般公共预算中足额安排资金用于还款。对于未能履行还款义务的，财政部可以采取财政预算扣款、加收罚息等有效措施以保证欠款回收。地方财政部门可以按照转贷协议约定采取有效措施以保证欠款回收。

2. 地方政府债务

地方政府债务是地方政府举借并负责偿还的债务。依据《预算法》，经国务院批准的省、自治区、直辖市的预算中必需的建设投资的部分资金，可以在国务院确定的限额内，通过发行地方政府债券举借债务的方式筹措。

根据债务资金是否具有限定性，地方政府债务分为一般债务和专项债务。地方政府一般债务是指为无收益的公益性事业的发展举借的债务，包括地方政府一般债券、地方政府负有偿还责任的国际金融组织和外国政府贷款转贷债务（以下简称外债转贷）、清理甄别认定的截至2014年12月31日非地方政府债券形式的存量一般债务。地方一般债务收入、安排的支出、还本付息、发行费用纳入一般公共预算管理。除外债

① 转贷银行是指受财政部委托，根据政府协议，按照有关规定开展转贷业务的政策性银行、国有商业银行及股份制商业银行。

转贷外，地方一般债务收入通过发行一般债券方式筹措。地方政府专项债务是指为有收益的公益性事业的发展举借的债务，包括地方政府专项债券、清理甄别认定的截至2014年12月31日非地方政府债券形式的存量专项债务。地方专项债务收入、安排的支出、还本付息、发行费用纳入政府性基金预算管理。地方专项债务收入通过发行专项债券方式筹措。

根据举借区域，地方政府债务也分为内债和外债。省级政府内债是指省级财政部门发行的地方政府债券。省级政府外债是指省级财政部门负责管理的通过财政部和银行转贷借入本地区的全部国际金融组织贷款和外国政府贷款（含一、二、三类项目贷款）。省级以下政府财政部门债务主要包括地方政府债券转贷款和主权外债转贷款。地方财政部门是本级政府贷款的债权、债务代表和贷款归口管理机构，统一负责本地区外债的全过程管理。

（1）地方政府债券

地方政府债券是指省、自治区、直辖市和经省级人民政府批准自办债券发行的计划单列市人民政府（以下称地方政府）发行的、约定一定期限内还本付息的政府债券，包括一般债券和专项债券。

地方政府一般债券是为没有收益的公益性项目发行，主要以一般公共预算收入作为还本付息资金来源的政府债券；地方政府专项债券是为有一定收益的公益性项目发行，以公益性项目对应的政府性基金收入或专项收入作为还本付息资金来源的政府债券。地方财政部门应当在国务院批准的分地区限额内发行地方政府债券。新增债券、再融资债券、置换债券发行规模不得超过财政部下达的当年本地区对应类别的债券限额或发行规模上限。地方财政部门应当根据项目期限、融资成本、到期债务分布、投资者需求、债券市场状况等因素，合理确定债券期限结构。

（2）转贷款

转贷款是指地方政府财政向上级政府财政借入转贷资金而形成的债务，包括地方政府债券转贷款和主权外债转贷款等。

地方政府债券转贷款是指省级以下（不含省级）政府财政向省级政府财政借入地方政府债券转贷资金而形成的转贷款。

主权外债转贷款是指地方政府财政向上级政府财政借入主权转贷款资金而形成的转贷款。其中，转贷是指财政部将其代表我国政府借入的贷款委托国内银行再贷给国内债务人，并由受托银行负责贷款资金的提取和支付、本息和费用回收以及对外偿付等的活动。依据《预算法实施条例》，国务院可以将举借的外国政府和国际金融组织贷款转贷给省级政府。国务院向省级政府转贷的外国政府和国际金融组织贷款，省级政府负有直接偿还责任的，应当纳入本级预算管理。省级政府未能按时履行还款义务或者承担担保责任的，国务院可以相应抵扣对该地区的税收返还等。省级政府可以将中央政府转贷的外国政府和国际金融组织贷款转贷给下级政府。

（三）按照偿还期限，政府债务分为短期政府债务和长期政府债务

短期政府债务是政府举借的期限不超过1年（含1年）的债务，主要是政府财政部门以政府名义发行的期限不超过1年（含1年）的国债和地方政府债券。长期政府债务是政府举借的期限超过1年的债务，主要包括政府财政部门以政府名义发行的期限超过1年的国债和地方政府债券、向外国政府和国际金融组织借入的款项等。

（四）按照政府对债务的偿还责任和法律责任不同，政府性债务划分为政府负有偿还责任的债务、政府负有担保责任的债务和政府可能承担一定救助责任的债务

政府负有偿还责任的债务，是指需由财政资金偿还的债务，政府及其组成部门是法律意义上的负债主体，属于“政府债务”。

政府负有担保责任的债务，是指由政府提供担保，当某个被担保人无力偿还时，政府需承担连带责任的债务。

政府可能承担一定救助责任的债务，是指债务人为公益性项目举借，由非财政资金偿还，政府不负有法律偿还责任，但当债务人出现偿债困难时，政府可能需给予一定救助的债务。

政府负有担保责任的债务和政府可能承担一定救助责任的债务均由债务人以自身收入偿还，正常情况下无须政府承担偿债责任，属“政府或有债务”。由于或有债务属于潜在的义务，是否需要承担具有不确定性，因此，在企业资产负债表中，或有负债也不计入负债总额，仅在报表附注中予以披露。

在我国，按照现行有关政府债务管理制度的规定，中央政府债务的取得形式主要包括发行国债、向国际组织和外国政府借入借款；省级政府债务的取得形式主要包括发行地方政府债券、省级政府负有偿还责任的国际金融组织和外国政府贷款转贷；省级以下（包括市、县和乡镇）地方政府债务的取得形式主要包括从省级政府财政部门取得地方政府债券转贷款和主权外债转贷款等。此外，按照《地方政府一般债务预算管理办法》和《地方政府专项债务预算管理办法》的规定，设区的市、自治州，县、自治县、不设区的市、市辖区政府（以下简称市县级政府）确需发行一般债券或专项债券的，应当纳入本省、自治区、直辖市一般债务预算管理或政府性基金预算管理，由省、自治区、直辖市政府统一发行并转贷给市县级政府。经省政府批准，计划单列市政府可以自办发行一般债券或专项债券。

二、政府债务规模的确定和管理

（一）中央债务规模的确定和管理

依据《预算法》，对中央一般公共预算中举借的债务实行余额管理，余额（即中央一般公共预算中举借债务未偿还的本金）的规模不得超过全国人民代表大会批准的限额。所谓“余额管理”，是指国务院在全国人民代表大会批准的中央一般公共预算债务余额的限额内，决定发债规模、品种结构、期限结构和发债时点的管理方式。

自1981年恢复发行国债以来，我国一直采取逐年审批年度发行额的方式管理国债。2006年起，我国参照国际通行做法，采取国债余额管理方式管理国债发行活动，以科

学地管理国债规模，有效防范财政风险。

财政部具体负责对中央政府债务的统一管理。

（二）地方债务规模的确定

依据《预算法》，地方政府举借债务的规模，由国务院报全国人民代表大会或者全国人民代表大会常务委员会批准。省、自治区、直辖市依照国务院下达的限额举借的债务，列入本级预算调整方案，报本级人民代表大会常务委员会批准。举借的债务应当有偿还计划和稳定的偿还资金来源，只能用于公益性资本支出，不得用于经常性支出。除此之外，地方政府及其所属部门不得以任何方式举借债务。除法律另有规定外，地方政府及其所属部门不得为任何单位和个人的债务以任何方式提供担保。所谓“举借债务的规模”，是指各地方政府债务余额限额的总和，包括一般债务限额和专项债务限额。一般债务是指列入一般公共预算用于公益性事业发展的一般债券、地方政府负有偿还责任的外国政府和国际经济组织贷款转贷债务；专项债务是指列入政府性基金预算用于有收益的公益性事业发展的专项债券。

地方政府债务余额实行限额管理。各省、自治区、直辖市的政府债务限额，由财政部在全国人民代表大会或者其常务委员会批准的总限额内，根据各地区债务风险、财力状况等因素，并考虑国家宏观调控政策等需要，提出方案报国务院批准。省、自治区、直辖市政府举借的债务由本级政府财政部门统一管理，不得突破国务院下达的政府债务限额。国务院建立地方政府债务风险评估和预警机制、应急处置机制以及责任追究制度。国务院财政部门对地方政府债务实施监督。

地方各级政府财政部门负责统一管理本地区的政府债务。

三、政府债务管理制度对政府会计制度的影响

政府债务管理制度主要对财政总预算会计制度产生影响。受政府债务管理制度的影响，《财政总预算会计制度》规定，财政总预算会计应当设置相关的资产类、负债类、收入类和支出类科目核算政府债务收支。

设置“应收地方政府债券转贷款”和“应收主权外债转贷款”等资产类科目，分别核算省级以下（含省级）财政总预算会计核算本级政府财政转贷给下级政府财政的地方政府债券资金的本金及利息和本级政府财政转贷给下级政府财政的外国政府和国际金融组织贷款等主权外债资金的本金及利息。

设置“应付短期政府债券”“应付长期政府债券”“借入款项”“应付转贷款”和“其他负债”等负债类科目，分别核算政府财政部门以政府名义发行的期限不超过1年（含1年）的国债和地方政府债券的应付本金和利息、政府财政部门以政府名义发行的期限超过1年的国债和地方政府债券的应付本金和利息、政府财政部门以政府名义向外国政府和国际金融组织等借入的款项以及经国务院批准的以其他方式借入的款项、地方政府财政从上级政府财政借入的地方政府债券转贷款的本金和利息、政府财政因有关政策明确要求其承担支出责任的事项而形成的应付未付款项。

设置“债务收入”和“债务转贷收入”等收入类科目，分别核算政府财政按照国家法律、国务院规定以发行债券等方式取得的以及向外国政府、国际金融组织等机构借款取得的纳入预算管理的债务收入，省级以下（不含省级）政府财政收到上级政府财政转贷的债务收入。

设置“债务还本支出”和“债务转贷支出”等支出类科目，分别核算政府财政偿还本级政府财政承担的纳入预算管理的债务本金支出和本级政府财政向下级政府财政转贷的债务支出。

复习思考

1. 财政总预算会计设置哪些与政府预算管理制度相关的会计科目？

2. 行政事业单位会计和事业单位会计设置哪些与国库集中支付制度相关的会计科目？

3. 行政事业单位会计和事业单位会计设置哪些与财政拨款结转结余资金管理制度相关的会计科目？

4. 财政总预算会计需要设置哪些与政府债务管理制度相关的会计科目？

第二篇

财政总预算会计

第三章

财政总预算会计概述

学习目标

- 理解财政总预算会计的概念和特点
- 了解财政总预算会计的任务
- 熟悉财政总预算会计要素
- 熟悉财政总预算会计的会计科目及其核算内容

本章主要概述财政总预算会计的概念、特点、会计要素和会计科目。

第一节　财政总预算会计的特点和任务

一、财政总预算会计的概念和特点

（一）政权政府与财政总预算会计

政权政府，即国家政权，是国家的具体化身，是为辖区公民承担广泛受托责任的一级政权政府。我国的政权政府包括中央政府和地方政府。国务院，即中央人民政府；地方政府包括省、自治区、直辖市，设区的市、自治州，县、自治县、不设区的市、市辖区，乡、民族乡、镇各级政府。

财政总预算会计是各级政府财政核算、反映、监督政府一般公共预算资金、政府性基金预算资金、国有资本经营预算资金、社会保险基金预算资金以及财政专户管理资金、专用基金和代管资金等资金活动的专业会计，是政府会计的重要组成部分。

财政总预算会计的会计主体是中央，省、自治区、直辖市，设区的市、自治州，县、自治县、不设区的市、市辖区，乡、民族乡、镇等各级政府。财政总预算会计由各级政府财政部门负责。

根据政府级次和政府预算级次划分，我国的财政总预算会计体系分为中央财政总预算会计、省级财政总预算会计、市级财政总预算会计、县级财政总预算会计和乡镇级财政总预算会计五级。

各级政府财政部门应当根据相关的政府会计准则和《财政总预算会计制度》的规定，对各级政府发生的各项经济业务或事项进行会计核算。

（二）财政总预算会计的特点

与其他会计相比，财政总预算会计具有以下特点：

1.会计核算目标兼顾决策有用和受托责任。财政总预算会计的核算目标是向会计信息使用者提供政府财政预算执行情况、财务状况等会计信息，反映政府财政受托责任履行情况。其会计信息使用者包括人民代表大会、政府及其有关部门、政府财政部门自身和其他会计信息使用者。

2.会计核算一般采用收付实现制，部分经济业务或者事项采用权责发生制。具体而言，财政总预算会计采用权责发生制的部分业务和事项主要包括应付国库集中支付结余、股权投资、应收股利、应收转贷款的应收利息、应付政府债券和应付转贷款的应付利息等。

3.不直接办理现金收付业务，不直接使用资金，不涉及存货、固定资产等核算业务。

4.不进行成本核算，但要讲求经济核算。

5.部分资产和负债采用“双分录”核算方法。主要包括政府持有的股权投资、发生的转贷款等债权资产，发行政府债券和举借主权外债及其转贷款形成的负债。

二、财政总预算会计的基本任务

财政总预算会计的工作任务主要包括：

1.进行会计核算。办理政府财政各项收支、资产负债的会计核算工作，反映政府财政预算执行情况和财务状况。

2.严格财政资金收付调度管理。组织办理财政资金的收付、调拨，在确保资金安全性、规范性、流动性的前提下，合理调度管理资金，提高资金使用效益。

3.规范账户管理。加强对国库单一账户、财政专户、零余额账户和预算单位银行账户等的管理。

4.实行会计监督，参与预算管理。通过会计核算和反映，进行预算执行情况分析，并对总预算、部门预算和单位预算执行实行会计监督。

5.协调预算收入征收部门、国家金库、国库集中收付代理银行、财政专户开户银行和其他有关部门之间的业务关系。

6.组织本地区财政总决算、部门决算编审和汇总工作。

7.组织和指导下级政府财政总预算会计工作。

第二节　财政总预算会计的会计要素和会计科目

一、财政总预算会计的会计要素

财政总预算会计的会计要素包括资产、负债、净资产、收入和支出五类。各类会计要素的定义、内容、确认和计量参见第四章至第八章相关内容。

二、财政总预算会计科目及其核算内容

根据《财政总预算会计制度》规定，财政总预算会计科目共设59个，其中资产类科目15个、负债类科目11个、净资产类科目9个、收入类科目12个和支出类科目12个。财政总预算会计科目及其核算内容见表3-1。

表3-1　　财政总预算会计科目及其核算内容

序号	科目编号	会计科目名称	核算内容
一、资产类			
1	1001	国库存款	核算政府财政存放在国库单一账户的款项
2	1003	国库现金管理存款	核算政府财政实行国库现金管理业务存放在商业银行的款项
3	1004	其他财政存款	核算政府财政未列入“国库存款”“国库现金管理存款”科目反映的各项存款
4	1005	财政零余额账户存款	核算财政国库支付执行机构在代理银行办理财政直接支付的业务
5	1006	有价证券	核算政府财政按照有关规定取得并持有的有价证券金额
6	1007	在途款	核算决算清理期和库款报解整理期内发生的需要通过本科目过渡处理的属于上年度收入、支出等业务的资金数
7	1011	预拨经费	核算政府财政预拨给预算单位尚未列为预算支出的款项
8	1021	借出款项	核算政府财政按照对外借款管理相关规定借给预算单位临时急需的，并需按期收回的款项
9	1022	应收股利	核算政府因持有股权投资应当收取的现金股利或利润
10	1031	与下级往来	核算本级政府财政与下级政府财政的往来待结算款项
11	1036	其他应收款	核算政府财政临时发生的其他应收、暂付、垫付款项。项目单位拖欠外国政府和国际金融组织贷款本息和相关费用导致相关政府财政履行担保责任，代偿的贷款本息费，也通过本科目核算

续表

序号	科目编号	会计科目名称	核算内容
12	1041	应收地方政府债券转贷款	核算本级政府财政转贷给下级政府财政的地方政府债券资金的本金及利息
13	1045	应收主权外债转贷款	核算本级政府财政转贷给下级政府财政的外国政府和国际金融组织贷款等主权外债资金的本金及利息
14	1071	股权投资	核算政府持有的各类股权投资。包括国际金融组织股权投资、投资基金股权投资和企业股权投资等
15	1081	待发国债	核算为弥补中央财政预算收支差额，中央财政预计发行国债与实际发行国债之间的差额
二、负债类			
16	2001	应付短期政府债券	核算政府财政部门以政府名义发行的期限不超过1年（含1年）的国债和地方政府债券的应付本金和利息
17	2011	应付国库集中支付结余	核算政府财政采用权责发生制列支，预算单位尚未使用的国库集中支付结余资金
18	2012	与上级往来	核算本级政府财政与上级政府财政的往来待结算款项
19	2015	其他应付款	核算政府财政临时发生的暂收、应付和收到的不明性质款项以及税务机关代征入库的社会保险费、项目单位使用并承担还款责任的外国政府和国际金融组织贷款
20	2017	应付代管资金	核算政府财政代为管理的、使用权属于被代管主体的资金
21	2021	应付长期政府债券	核算政府财政部门以政府名义发行的期限超过1年的国债和地方政府债券的应付本金和利息
22	2022	借入款项	核算政府财政部门以政府名义向外国政府和国际金融组织等借入的款项，以及经国务院批准的其他方式借入的款项
23	2026	应付地方政府债券转贷款	核算地方政府财政从上级政府财政借入的地方政府债券转贷款的本金和利息
24	2027	应付主权外债转贷款	核算本级政府财政从上级政府财政借入的主权外债转贷款的本金和利息
25	2045	其他负债	核算政府财政因有关政策明确要求其承担支出责任的事项而形成的应付未付款项

续表

序号	科目编号	会计科目名称	核算内容
26	2091	已结报支出	核算政府财政国库支付执行机构已清算的国库集中支付支出数额
三、净资产类			
27	3001	一般公共预算结转结余	核算政府财政纳入一般公共预算管理的收支相抵形成的结转结余
28	3002	政府性基金预算结转结余	核算政府财政纳入政府性基金预算管理的收支相抵形成的结转结余
29	3003	国有资本经营预算结转结余	核算政府财政纳入国有资本经营预算管理的收支相抵形成的结转结余
30	3005	财政专户管理资金结余	核算政府财政纳入财政专户管理的教育收费等资金收支相抵后形成的结余
31	3007	专用基金结余	核算政府财政管理的专用基金收支相抵形成的结余
32	3031	预算稳定调节基金	核算政府财政设置的用于弥补以后年度预算资金不足的储备资金
33	3033	预算周转金	核算政府财政设置的用于调剂预算年度内季节性收支差额周转使用的资金
34	3081	资产基金	核算政府财政持有的应收地方政府债券转贷款、应收主权外债转贷款、股权投资和应收股利等资产（与其相关的资金收支纳入预算管理）在净资产中占用的金额
35	3082	待偿债净资产	核算政府财政因发生应付政府债券、借入款项、应付地方政府债券转贷款、应付主权外债转贷款、其他负债等负债（与其相关的资金收支纳入预算管理）相应需在净资产中冲减的金额
四、收入类			
36	4001	一般公共预算本级收入	核算政府财政筹集的纳入本级一般公共预算管理的税收收入和非税收入
37	4002	政府性基金预算本级收入	核算政府财政筹集的纳入本级政府性基金预算管理的非税收入
38	4003	国有资本经营预算本级收入	核算政府财政筹集的纳入本级国有资本经营预算管理的非税收入

续表

序号	科目编号	会计科目名称	核算内容
39	4005	财政专户管理资金收入	核算政府财政纳入财政专户管理的教育收费等资金收入
40	4007	专用基金收入	核算政府财政按照法律法规和国务院、财政部规定设置或取得的粮食风险基金等专用基金收入
41	4011	补助收入	核算上级政府财政按照财政体制规定或因专项需要补助给本级政府财政的款项，包括税收返还、转移支付等
42	4012	上解收入	核算按照体制规定由下级政府财政上交给本级政府财政的款项
43	4013	地区间援助收入	核算受援方政府财政收到援助方政府财政转来的可统筹使用的各类援助、捐赠等资金收入
44	4021	调入资金	核算政府财政为平衡某类预算收支、从其他类型预算资金及其他渠道调入的资金
45	4031	动用预算稳定调节基金	核算政府财政为弥补本年度预算资金的不足调用的预算稳定调节基金
46	4041	债务收入	核算政府财政按照国家法律、国务院规定以发行债券等方式取得的，以及向外国政府、国际金融组织等机构借款取得的纳入预算管理的债务收入
47	4042	债务转贷收入	核算省级以下（不含省级）政府财政收到上级政府财政转贷的债务收入
五、支出类			
48	5001	一般公共预算本级支出	核算政府财政管理的由本级政府使用的列入一般公共预算的支出
49	5002	政府性基金预算本级支出	核算政府财政管理的由本级政府使用的列入政府性基金预算的支出
50	5003	国有资本经营预算本级支出	核算政府财政管理的由本级政府使用的列入国有资本经营预算的支出
51	5005	财政专户管理资金支出	核算政府财政用纳入财政专户管理的教育收费等资金安排的支出
52	5007	专用基金支出	核算政府财政用专用基金收入安排的支出
53	5011	补助支出	核算本级政府财政按财政体制规定或因专项需要补助给下级政府财政的款项，包括对下级的税收返还、转移支付等

续表

序号	科目编号	会计科目名称	核算内容
54	5012	上解支出	核算本级政府财政按照财政体制规定上交给上级政府财政的款项
55	5013	地区间援助支出	核算援助方政府财政安排用于受援方政府财政统筹使用的各类援助、捐赠等资金支出
56	5021	调出资金	核算政府财政为平衡预算收支、从某类资金向其他类型预算调出的资金
57	5031	安排预算稳定调节基金	核算政府财政按照有关规定安排的预算稳定调节基金
58	5041	债务还本支出	核算政府财政偿还本级政府财政承担的纳入预算管理的债务本金支出
59	5042	债务转贷支出	核算本级政府财政向下级政府财政转贷的债务支出

三、财政总预算会计科目的使用要求

各级财政总预算会计应当按照下列规定运用会计科目：

1. 各级财政总预算会计应当对有关法律、法规允许进行的经济活动，按照《财政总预算会计制度》的规定使用会计科目进行核算；不得以该制度规定的会计科目及使用说明作为进行有关经济活动的依据。

2. 各级财政总预算会计应当按照《财政总预算会计制度》的规定设置和使用会计科目，不需使用的总账科目可以不用；在不影响会计处理和编报会计报表的前提下，各级财政总预算会计可以根据实际情况自行增设该制度规定以外的明细科目，或者自行减少、合并该制度规定的明细科目。

3. 各级财政总预算会计应当使用《财政总预算会计制度》统一规定的会计科目编号，不得随意打乱重编。

复习思考

1. 什么是财政总预算会计？其具有哪些特点？
2. 我国的财政总预算会计分为哪几级？
3. 财政总预算会计科目分为几类？共计多少个？
4. 财政总预算会计科目的使用应符合哪些要求？

第四章

政府财政收入的核算

学习目标

- 掌握财政收入的概念及其包含的内容
- 熟悉财政收入的收缴方式
- 掌握各项财政收入的概念及核算方法
- 了解各类预算收入的分类

本章主要阐述政府财政收入的内容、分类和核算方法。

第一节 政府财政收入概述

一、政府财政收入的定义和内容

政府财政收入是指政府财政为实现政府职能，根据法律法规等所筹集的资金，包括一般公共预算本级收入、政府性基金预算本级收入、国有资本经营预算本级收入、财政专户管理资金收入、专用基金收入、转移性收入、债务收入等。

二、政府财政收入的确认和计量

政府财政收入的确认采用收付实现制，一般采用历史成本进行计量。其中，一般公共预算本级收入、政府性基金预算本级收入、国有资本经营预算本级收入、财政专户管理资金收入和专用基金收入应当按照实际收到的金额入账；转移性收入应当按照财政体制的规定或实际发生的金额入账；债务收入应当按照实际发行额或借入的金额入账，债务转贷收入应当按照实际收到的转贷金额入账。

已建乡（镇）国库的地区，乡（镇）财政的本级收入以乡（镇）国库收到数为准；

县（含县本级）以上各级财政的各项预算收入（含固定收入与共享收入）以缴入基层国库数额为准。未建乡（镇）国库的地区，乡（镇）财政的本级收入以乡（镇）总会计收到县级财政返回数额为准。

三、政府财政预算收入的收纳、划分和报解

按照《预算法》规定，政府全部收入实行国库集中收缴。各级国库应当按照国家有关规定，及时准确地办理预算收入的收纳、划分、留解、退付和预算支出的拨付。

1. 预算收入的收纳

预算收入的收纳是指各项预算收入缴入国库的业务处理过程。按照国库集中收缴制度的规定，预算收入的收纳方式有两种：直接缴库和集中汇缴。

（1）直接缴库。是指由缴款单位或缴款人按法律法规规定，直接将应缴收入缴入国库单一账户。实行这种入库方式的有：税收收入、非税收入等。

（2）集中汇缴。是指由征收机关和依法享有征收权限的单位按法律法规规定，将所收取的应缴收入汇总缴入国库单一账户。实行这种入库方式的有：小额零散税收和非税收入中的现金缴款。

2. 预算收入的划分

各级国库对收到的各项预算收入，应根据财政预算管理体制和预算级次逐级划分，即将其在中央财政和地方财政，以及地方各级财政之间进行划分。

一般公共预算收入中的税收收入按照现行分税制财政管理体制的规定，在中央与地方之间分为：中央固定收入、地方固定收入、中央与地方共享收入。其具体内容参见第二章第一节中的“预算管理体制”相关内容。

3. 预算收入的报解

预算收入的报解，是指国库要向各级财政部门报告各项预算收入的执行情况，并将属于各级财政的各项预算收入解缴到各级国库。

预算收入的报解包含“报”和“解”两层含义。“报”就是各级国库要向同级财政部门报告预算收入的执行情况，以便同级财政部门了解掌握预算收入的进度；“解”就是国库在对预算收入进行划分的基础上，编制“预算收入日报表”和“分成收入计算日报表”（其基本格式分别参见表4-1和表4-2），并据此将财政库款解缴到本级和上级财政的国库存款账户上。各级预算收入的报解原则上采取逐级划分报解的办法。

表4-1　　预算收入日报表

级次　　年　月　日　　第　号

预算科目	本日收入金额	预算科目	本日收入金额

人民银行国库盖章　　复核　　制表

表4-2 分成收入计算日报表

年 月 日 第 号

分成项目	本日收入	本年累计
收入总额		
%中央分成		
%省级分成		
%地（市）级分成		
%县（市）级分成		

人民银行国库盖章 复核 制表

4.预算收入的退库

《预算法实施条例》规定，中央预算收入、中央和地方预算共享收入退库的办法，由财政部制定。地方预算收入退库的办法，由省、自治区、直辖市政府财政部门制定。《国库会计管理规定》（银发〔2005〕304号）规定，国库应严格按照规定的范围、程序和有关政策办理预算收入的退库。

（1）退库范围

国库收纳预算收入的退付，必须在国家规定的退库项目范围内，按照规定的审批程序办理。属于下列范围，可以办理收入退库：①由于对工作疏忽，发生技术性差错需要退库的。②改变企业隶属关系办理财务结算需要退库的。③企业按计划上缴税利，超过应缴数额需要退库的；按规定可以从预算收入中退库的国有企业计划亏损补贴。④财政部明文规定或专项批准的其他退库项目。凡是不符合规定的收入退库，各级财政机关、税务机关不得办理审批手续，各级国库对不合规定的退库有权拒绝办理。预算收入的退库，由各级国库办理，国库经收处只办理库款收纳，不办理预算收入的退付。

（2）退库应注意的问题

国库应严格按照规定的范围、程序和有关政策办理预算收入的退库。①预算收入退库的审批权属于本级政府财政部门。中央预算收入、中央和地方预算共享收入的退库，由财政部或者财政部授权的机构批准。地方预算收入的退库，由地方政府财政部门或者其授权的机构批准。具体退库程序按照财政部的有关规定办理。②收入库款的退库，应按预算收入的级次办理。中央政府预算收入退库，从中央级库款中退付；地方各级预算固定收入的退库，从地方各级库款中退付；各种分成收入的退库（包括总额分成和固定比例分成收入的退库），按规定的分成比例，分别从上级和本级库款中退付。③各单位和个人申请退库，应向财政、征收机关填具“退库申请书”。各级财政机关和征收机关，应当严格审查，不得随意填发“收入退还书”。国库收到财政、征收机关签发的“收入退还书”，在审查办理退付时，可要求批准机关提供有关文件和“退库申请书”。④各级预算收入的退库，原则上通过转账办理，不支付现金。对个别特殊情况，必须退付现金时，财政、征收机关应从严审查核实后，在收入退还书上加盖“退付现金”的明显戳记，由收款人持向指定的国库按规定审查退款。⑤办理预算收入退库，应当直接退给申请单位或者申请个人，按照国家规定用途使用。任何部门、单位和个人不得截留、挪用退库款项。

此外，财政总预算会计应当加强对各项收入的管理，严格会计核算手续。对于各项收入的账务处理必须以审核无误的国库入库凭证、预算收入日报表和其他合法凭证为依据。发现错误，应当按照相关规定及时通知有关单位共同更正。

第二节　一般公共预算本级收入

一、一般公共预算收入的概念和分类

一般公共预算收入是指政府财政筹集的纳入一般公共预算管理的财政收入，主要包括一般公共预算本级收入、上级税收返还和转移支付、下级上解收入、调入资金等。

一般公共预算收入的具体划分和内容按照政府收支分类科目办理，其科目分为类、款、项、目四级。按照《2021年政府收支分类科目》的规定，一般公共预算收入分设4类。

1.税收收入。分设20款。

（1）增值税。分设3项：国内增值税、进口货物增值税、出口业务退增值税。

（2）消费税。分设3项：国内消费税、进口消费品消费税、出口消费品退消费税。

（3）企业所得税。分设48项：国有冶金工业所得税、国有有色金属工业所得税、国有煤炭工业所得税、国有电力工业所得税、国有石油和化学工业所得税、国有机械工业所得税、国有汽车工业所得税、国有核工业所得税、国有航空工业所得税、国有航天工业所得税、国有电子工业所得税、国有兵器工业所得税、国有船舶工业所得税、国有建筑材料工业所得税、国有烟草企业所得税、国有纺织企业所得税、国有铁道企业所得税、国有交通企业所得税、国有邮政企业所得税、国有民航企业所得税、国有海洋石油天然气企业所得税、国有外贸企业所得税、国有银行所得税、国有非银行金融企业所得税、国有保险企业所得税、国有文教企业所得税、国有水产企业所得税、国有森林工业企业所得税、国有电信企业所得税、国有农垦企业所得税、其他国有企业所得税、集体企业所得税、股份制企业所得税、联营企业所得税、港澳台和外商投资企业所得税、私营企业所得税、其他企业所得税、分支机构预缴所得税、总机构预缴所得税、总机构汇算清缴所得税、企业所得税待分配收入、跨市县分支机构预缴所得税、跨市县总机构预缴所得税、跨市县总机构汇算清缴所得税、省以下企业所得税待分配收入、跨市县分支机构汇算清缴所得税、分支机构汇算清缴所得税、企业所得税税款滞纳金罚款加收利息收入。

（4）企业所得税退税。分设37项：国有冶金工业所得税退税、国有有色金属工业所得税退税、国有煤炭工业所得税退税、国有电力工业所得税退税、国有石油和化学工

业所得税退税、国有机械工业所得税退税、国有汽车工业所得税退税、国有核工业所得税退税、国有航空工业所得税退税、国有航天工业所得税退税、国有电子工业所得税退税、国有兵器工业所得税退税、国有船舶工业所得税退税、国有建筑材料工业所得税退税、国有烟草企业所得税退税、国有纺织企业所得税退税、国有铁道企业所得税退税、国有交通企业所得税退税、国有邮政企业所得税退税、国有民航企业所得税退税、海洋石油天然气企业所得税退税、国有外贸企业所得税退税、国有银行所得税退税、国有非银行金融企业所得税退税、国有保险企业所得税退税、国有文教企业所得税退税、国有水产企业所得税退税、国有森林工业企业所得税退税、国有电信企业所得税退税、其他国有企业所得税退税、集体企业所得税退税、股份制企业所得税退税、联营企业所得税退税、私营企业所得税退税、跨省市总分机构企业所得税退税、跨市县总分机构企业所得税退税、其他企业所得税退税。

（5）个人所得税。分设4项：个人所得税、个人所得税综合所得汇算清缴退税、个人所得税代扣代缴手续费退库、个人所得税税款滞纳金罚款加收利息收入。

（6）资源税。分设4项：海洋石油资源税、水资源税收入、其他资源税、资源税税款滞纳金罚款收入。

（7）城市维护建设税。分设11项：国有企业城市维护建设税、集体企业城市维护建设税、股份制企业城市维护建设税、联营企业城市维护建设税、港澳台和外商投资企业城市维护建设税、私营企业城市维护建设税、中国国家铁路集团有限公司集中缴纳的铁路运输企业城市维护建设税待分配收入、其他城市维护建设税、城市维护建设税税款滞纳金罚款收入、成品油价格和税费改革城市维护建设税划出、成品油价格和税费改革城市维护建设税划入。

（8）房产税。分设8项：国有企业房产税、集体企业房产税、股份制企业房产税、联营企业房产税、港澳台和外商投资企业房产税、私营企业房产税、其他房产税、房产税税款滞纳金罚款收入。

（9）印花税。分设3项：证券交易印花税、其他印花税、印花税税款滞纳金罚款收入。

（10）城镇土地使用税。分设8项：国有企业城镇土地使用税、集体企业城镇土地使用税、股份制企业城镇土地使用税、联营企业城镇土地使用税、私营企业城镇土地使用税、港澳台和外商投资企业城镇土地使用税、其他城镇土地使用税、城镇土地使用税税款滞纳金罚款收入。

（11）土地增值税。分设8项：国有企业土地增值税、集体企业土地增值税、股份制企业土地增值税、联营企业土地增值税、港澳台和外商投资企业土地增值税、私营企业土地增值税、其他土地增值税、土地增值税税款滞纳金罚款收入。

（12）车船税。分设2项：车船税、车船税税款滞纳金罚款收入。

（13）船舶吨税。分设2项：船舶吨税、船舶吨税税款滞纳金罚款收入。

（14）车辆购置税。分设2项：车辆购置税、车辆购置税税款滞纳金罚款收入。

（15）关税。分设4项：关税、特别关税、关税和特别关税税款滞纳金罚款收入、关税退税。

（16）耕地占用税。分设3项：耕地占用税、耕地占用税退税、耕地占用税税款滞纳金罚款收入。

（17）契税。分设2项：契税、契税税款滞纳金罚款收入。

（18）烟叶税。分设2项：烟叶税、烟叶税税款滞纳金罚款收入。

（19）环境保护税。分设2项：环境保护税、环境保护税税款滞纳金罚款收入。

（20）其他税收收入。

上述有关税收收入的项级科目，再根据具体情况分设若干目级科目。比如，“国内增值税”项级科目下分设“国有企业增值税”“集体企业增值税”“股份制企业增值税”“联营企业增值税”“港澳台和外商投资企业增值税”“私营企业增值税”等目级科目。

2.非税收入。分设8款。

（1）专项收入。分设14项：教育费附加收入、铀产品出售收入、三峡库区移民专项收入、场外核应急准备收入、地方教育附加收入、文化事业建设费收入、残疾人就业保障金收入、教育资金收入、农田水利建设资金收入、森林植被恢复费、水利建设专项收入、油价调控风险准备金收入、专项收益上缴收入、其他专项收入。

（2）行政事业性收费收入。分设48项：公安行政事业性收费收入、法院行政事业性收费收入、司法行政事业性收费收入、外交行政事业性收费收入、商贸行政事业性收费收入、财政行政事业性收费收入、税务行政事业性收费收入、海关行政事业性收费收入、审计行政事业性收费收入、国管局行政事业性收费收入、科技行政事业性收费收入、保密行政事业性收费收入、市场监管行政事业性收费收入、广播电视行政事业性收费收入、应急管理行政事业性收费收入、档案行政事业性收费收入、港澳办行政事业性收费收入、贸促会行政事业性收费收入、人防办行政事业性收费收入、中直管理局行政事业性收费收入、文化和旅游行政事业性收费收入、教育行政事业性收费收入、体育行政事业性收费收入、发展与改革（物价）行政事业性收费收入、统计行政事业性收费收入、自然资源行政事业性收费收入、建设行政事业性收费收入、知识产权行政事业性收费收入、生态环境行政事业性收费收入、铁路行政事业性收费收入、交通运输行政事业性收费收入、工业和信息产业行政事业性收费收入、农业农村行政事业性收费收入、林业草原行政事业性收费收入、水利行政事业性收费收入、卫生健康行政事业性收费收入、药品监管行政事业性收费收入、民政行政事业性收费收入、人力资源和社会保障行政事业性收费收入、证监会行政事业性收费收入、银行保险行政事业性收费收入、仲裁委行政事业性收费收入、编办行政事业性收费收入、党校行政事业性收费收入、监察行政事业性收费收入、外文局行政事业性收费收入、国资委行政事业性收费收入、其他行政事业性收费收入。

（3）罚没收入。分设4项：一般罚没收入、缉私罚没收入、缉毒罚没收入、罚没收入退库。

（4）国有资本经营收入。分设8项：利润收入、股利股息收入、产权转让收入、清算收入、国有资本经营收入退库、国有企业计划亏损补贴、烟草企业上缴专项收入、其他国有资本经营收入。

（5）国有资源（资产）有偿使用收入。分设22项：海域使用金收入、场地和矿区使用费收入、特种矿产品出售收入、专项储备物资销售收入、利息收入、非经营性国有资产收入、出租车经营权有偿出让和转让收入、无居民海岛使用金收入、转让政府还贷道路收费权收入、石油特别收益金专项收入、动用国家储备物资上缴财政收入、铁路资产变现收入、电力改革预留资产变现收入、矿产资源专项收入、排污权出让收入、航班时刻拍卖和使用费收入、农村集体经营性建设用地土地增值收益调节金收入、新增建设用地土地有偿使用费收入、水资源费收入、国家留成油上缴收入、市政公共资源有偿使用收入、其他国有资源（资产）有偿使用收入。

（6）捐赠收入。分设2项：国外捐赠收入、国内捐赠收入。

（7）政府住房基金收入。分设5项：上缴管理费用、计提公共租赁住房资金、公共租赁住房租金收入、配建商业设施租售收入、其他政府住房基金收入。

（8）其他收入。分设8项：主管部门集中收入、免税商品特许经营费收入、基本建设收入、差别电价收入、债务管理收入、南水北调工程基金收入、生态环境损害赔偿资金、其他收入。

上述有关非税收入的项级科目根据具体情况再分设若干目级科目。比如，“教育行政事业性收费收入”项级科目下分设“公办幼儿园保育费”“普通话水平测试费”等目级科目。

3. 债务收入。分设2款。

（1）中央政府债务收入。分设2项：中央政府国内债务收入、中央政府国外债务收入。

（2）地方政府债务收入。设1项：一般债务收入。

上述的债务收入除了中央政府国内债务收入外，其他项级科目均设置目级科目。比如，“中央政府国外债务收入”项级科目下分设“中央政府境外发行主权债券收入”“中央政府向外国政府借款收入”“中央政府向国际组织借款收入”等目级科目。“一般债务收入”项级科目下分设“地方政府一般债券收入”“地方政府向外国政府借款收入”“地方政府向国际组织借款收入”等目级科目。

4. 转移性收入。分设9款。

（1）返还性收入。分设6项：所得税基数返还收入、成品油税费改革税收返还收入、增值税税收返还收入、消费税税收返还收入、增值税“五五分享”税收返还收入、其他返还性收入。

（2）一般性转移支付收入。分设35项：体制补助收入、均衡性转移支付收入、县级基本财力保障机制奖补资金收入、结算补助收入、资源枯竭型城市转移支付补助收入、企业事业单位划转补助收入、产粮（油）大县奖励资金收入、重点生态功能区转移支付收入、固定数额补助收入、革命老区转移支付收入、民族地区转移支付收入、边境地区转移支付收入、贫困地区转移支付收入、一般公共服务共同财政事权转移支付收入、外交共同财政事权转移支付收入、国防共同财政事权转移支付收入、公共安全共同财政事权转移支付收入、教育共同财政事权转移支付收入、科学技术共同财政事权转移支付收入、文化旅游体育与传媒共同财政事权转移支付收入、社会保障和就业共同财政事权转移支付收入、医疗卫生共同财政事权转移支付收入、节能环保共同财政事权转移支付收入、城乡社区共同财政事权转移支付收入、农林水共同财政事权转移支付收入、交通运输共同财政事权转移支付收入、资源勘探工业信息等共同财政事权转移支付收入、商业服务业等共同财政事权转移支付收入、金融共同财政事权转移支付收入、自然资源海洋气象等共同财政事权转移支付收入、住房保障共同财政事权转移支付收入、粮油物资储备共同财政事权转移支付收入、灾害防治及应急管理共同财政事权转移支付收入、其他共同财政事权转移支付收入、其他一般性转移支付收入。

（3）专项转移支付收入。分设21项：一般公共服务、外交、国防、公共安全、教育、科学技术、文化旅游体育与传媒、社会保障和就业、卫生健康、节能环保、城乡社区、农林水、交通运输、资源勘探工业信息等、商业服务业等、金融、自然资源海洋气象等、住房保障、粮油物资储备、灾害防治及应急管理、其他收入。

（4）上解收入。分设2项：体制上解收入、专项上解收入。

（5）上年结余收入。无项级科目。

（6）调入资金。设1项：调入一般公共预算资金。

（7）债务转贷收入。设1项：地方政府一般债务转贷收入。

（8）接受其他地区援助收入。无项级科目。接受其他地区援助收入是受援方政府接受的统筹使用的各类援助、捐赠等资金收入。该款级科目反映的是以受援方政府名义接受的、援助方政府安排且没有限定用途的公共预算援助资金。该款级科目使用主体为各级财政部门，其他部门不得使用；反映内容为公共预算资金，其他性质的资金不在本科目反映。各地按照国家统一要求安排的对口支援西藏、新疆、青海藏区的资金，不在本科目反映。

（9）动用预算稳定调节基金。无项级科目。

上述转移性收入除了“调入一般公共预算资金”项级科目下分设“从政府性基金预算调入一般公共预算”“从国有资本经营预算调入一般公共预算”“从其他资金调入一般公共预算”三个目级科目，“地方政府一般债务转贷收入”项级科目下分设“地方政府一般债券转贷收入”“地方政府向外国政府借款转贷收入”“地方政府向国际组织借款转贷收入”“地方政府其他一般债务转贷收入”四个目级科目外，其他均不设置目级科目。

需要说明的是，上述各类一般公共预算收入都是安排一般公共预算支出的资金来源，在编制一般公共预算时都按一般公共预算收入来处理。但是，在财政总预算会计中，纳入一般公共预算管理的各类一般公共预算收入在发生时并非都通过“一般公共预算本级收入”科目核算。比如，政府财政筹集的纳入本级一般公共预算管理的税收收入和除了国有资本经营收入以外的非税收入通过“一般公共预算本级收入”科目核算，政府财政筹集的纳入本级国有资本经营预算管理的国有资本经营收入通过“国有资本经营预算本级收入”科目核算；债务收入则通过“债务收入”科目核算；转移性收入则分别不同情况通过“补助收入”“上解收入”“调入资金”“债务转贷收入”等科目核算。这些都说明政府收支分类科目和财政总预算会计科目有着不同的反映对象和功能，两者相互联系，但绝不能相互取代。这种现象在政府性基金预算和国有资本经营预算中同样存在。

二、一般公共预算本级收入的核算

一般公共预算本级收入是指政府财政筹集的纳入本级一般公共预算管理的税收收入和非税收入。一般公共预算本级收入应当按照实际收到的金额入账。

为了核算一般公共预算本级收入，财政总预算会计应设置“一般公共预算本级收入”科目。本科目应当根据政府收支分类科目中“一般公共预算收入科目”规定进行明细核算。年终结转后，本科目无余额。

政府财政收到款项时，根据当日预算收入日报表所列一般公共预算本级收入数，借记“国库存款”等科目，贷记本科目。年终转账时，本科目贷方余额全数转入“一般公共预算结转结余”科目，借记本科目，贷记“一般公共预算结转结余”科目。

【例4-1】某省财政收到国库报来的预算收入日报表，所列当日预算收入600 000元，其中国有企业房产税500 000元，地方教育附加收入100 000元。该省财政总预算会计的账务处理如下：

借：国库存款　600 000

贷：一般公共预算本级收入——税收收入——房产税——国有企业房产税　500 000

——非税收入——专项收入——地方教育附加收入　100 000

【例4-2】某省财政收到国库报来的分成收入日报表，列示当日国有企业增值税收入1 000 000元，中央财政分成收入500 000元，省分库已解缴到中央总库。该省财政总预算会计的账务处理如下：

借：国库存款　1 000 000

贷：一般公共预算本级收入——税收收入——增值税——国内增值税——国有企业增值税　1 000 000

借：上解支出　500 000

贷：国库存款　500 000

【例4-3】年终，某省财政“一般公共预算本级收入”账户贷方余额为955 000元，年终转账时，该省财政总预算会计的账务处理如下：

借：一般公共预算本级收入　955 000

贷：一般公共预算结转结余　955 000

第三节　政府性基金预算本级收入

一、政府性基金预算收入的概念和分类

政府性基金预算收入是指政府财政筹集的纳入政府性基金预算管理的财政收入，主要包括政府性基金预算本级收入、上级转移支付收入和下级上解收入等。

所谓政府性基金，是指各级政府及其所属部门根据法律、行政法规规定并经国务院或财政部批准，向公民、法人和其他组织征收的具有专项用途的财政资金。政府性基金实行中央一级审批制度，遵循统一领导、分级管理的原则；政府性基金作为政府非税收入，全额纳入财政预算，实行"收支两条线"管理。

政府性基金预算收入的具体划分和内容按照政府收支分类科目办理，其科目分为类、款、项、目四级。按照《2021年政府收支分类科目》，政府性基金预算收入分为非税收入、债务收入和转移性收入三类。

1.非税收入。设2款。

（1）政府性基金收入。分设27项：农网还贷资金收入、铁路建设基金收入、民航发展基金收入、海南省高等级公路车辆通行附加费收入、港口建设费收入、旅游发展基金收入、国家电影事业发展专项资金收入、国有土地收益基金收入、农业土地开发资金收入、国有土地使用权出让收入、大中型水库移民后期扶持基金收入、大中型水库库区基金收入、三峡水库库区基金收入、中央特别国债经营基金收入、中央特别国债经营基金财务收入、彩票公益金收入、城市基础设施配套费收入、小型水库移民扶助基金收入、国家重大水利工程建设基金收入、车辆通行费、核电站乏燃料处理处置基金收入、可再生能源电价附加收入、船舶油污损害赔偿基金收入、废弃电器电子产品处理基金收入、污水处理费收入、彩票发行机构和彩票销售机构的业务费用、其他政府性基金收入。

上述政府性基金收入中，只有"农网还贷资金收入""国有土地使用权出让收入""大中型水库库区基金收入""彩票公益金收入""国家重大水利工程建设基金收入""废弃电器电子产品处理基金收入""彩票发行机构和彩票销售机构的业务费用"等7个项级科目设置了目级科目。

（2）专项债务对应项目专项收入。分设12项：海南省高等级公路车辆通行附加费专项债务对应项目专项收入、港口建设费专项债务对应项目专项收入、国家电影事业发展专项资金专项债务对应项目专项收入、国有土地使用权出让金专项债务对应项目专项收入、农业土地开发资金专项债务对应项目专项收入、大中型水库库区基金专项债务对应项目专项收入、城市基础设施配套费专项债务对应项目专项收入、小型水库移民扶助基金专项债务对应项目专项收入、国家重大水利工程建设基金专项债务对应项目专项收入、车辆通行费专项债务对应项目专项收入、污水处理费专项债务对应项目专项收入、其他政府性基金专项债务对应项目专项收入。

2.债务收入。设1款：地方政府债务收入。

“地方政府债务收入”款级科目设1项：专项债务收入。

“专项债务收入”项级科目分设16目，包括：海南省高等级公路车辆通行附加费债务收入、港口建设费债务收入、国家电影事业发展专项资金债务收入、国有土地使用权出让金债务收入、农业土地开发资金债务收入、大中型水库库区基金债务收入、城市基础设施配套费债务收入、小型水库移民扶助基金债务收入、国家重大水利工程建设基金债务收入、车辆通行费债务收入、污水处理费债务收入、土地储备专项债券收入、政府收费公路专项债券收入、棚户区改造专项债券收入、其他地方自行试点项目收益专项债券收入、其他政府性基金债务收入。

3.转移性收入。分设5款。

（1）政府性基金转移支付收入。分设9项：科学技术、文化旅游体育与传媒、社会保障和就业、节能环保、城乡社区、农林水、交通运输、资源勘探工业信息等、其他收入。

（2）上解收入。设1项：政府性基金上解收入。

（3）上年结余收入。设1项：政府性基金预算上年结余收入。

（4）调入资金。设1项：调入政府性基金预算资金。

（5）债务转贷收入。设1项：地方政府专项债务转贷收入。

转移性收入的项级科目除了地方政府专项债务转贷收入设置“海南省高等级公路车辆通行附加费债务转贷收入”“港口建设费债务转贷收入”等16个目级科目外，其他项级科目都不设置目级科目。需要说明的是，上述各政府性基金预算收入都是安排政府性基金预算支出的资金来源，在编制政府性基金预算时都按政府性基金预算收入来处理。但是，在财政总预算会计中，纳入政府性基金预算管理的各类政府性基金预算收入在发生时并非都通过“政府性基金预算本级收入”科目核算。比如，非税收入——政府性基金收入通过“政府性基金预算本级收入”科目核算；债务收入——地方政府债务收入则通过“债务收入”科目核算；转移性收入则分别不同情况通过“补助收入”“上解收入”“调入资金”“债务转贷收入”等科目核算。

二、政府性基金预算本级收入的核算

政府性基金预算本级收入是指政府财政筹集的纳入本级政府性基金预算管理的非税收入。政府性基金预算本级收入应当按照实际收到的金额入账。

为了核算政府性基金预算本级收入，财政总预算会计应设置“政府性基金预算本级收入”科目。本科目应当根据政府收支分类科目中“政府性基金预算收入科目”规定进行明细核算。年终结转后，本科目无余额。

政府财政收到款项时，根据当日预算收入日报表所列政府性基金预算本级收入数，借记“国库存款”等科目，贷记本科目；年终转账时，本科目贷方余额全数转入“政府性基金预算结转结余”科目，借记本科目，贷记“政府性基金预算结转结余”科目。

【例4-4】某省财政收到国库报来预算收入日报表，列示当日预算收入250 000元，其中国有土地收益基金收入200 000元，国有土地使用权出让收入50 000元。该省财政总预算会计的账务处理如下：

借：国库存款　　250 000

　贷：政府性基金预算本级收入——国有土地收益基金收入　　200 000

　　　　　　　　　　　　　——国有土地使用权出让收入　　50 000

【例4-5】年终，某省财政“政府性基金预算本级收入”账户贷方余额为800 000元，年终结账时，该省财政总预算会计的账务处理如下：

借：政府性基金预算本级收入　　800 000

　贷：政府性基金预算结转结余　　800 000

第四节 国有资本经营预算本级收入

一、国有资本经营预算收入的概念和分类

国有资本经营预算收入是指政府财政筹集的纳入国有资本经营预算管理的财政收入，主要包括国有资本经营预算本级收入和上级转移性收入。

国有资本经营预算收入的具体划分和内容按照政府收支分类科目办理，其科目分为类、款、项、目四级。按照《2021年政府收支分类科目》的规定，国有资本经营预算收入分为非税收入和转移性收入2类。

1.非税收入。设1款：国有资本经营收入。

“国有资本经营收入”款级科目分设5项：

（1）利润收入。分设31目：烟草企业利润收入、石油石化企业利润收入、电力企业利润收入、电信企业利润收入、煤炭企业利润收入、有色冶金采掘企业利润收入、钢铁企业利润收入、化工企业利润收入、运输企业利润收入、电子企业利润收入、机械企业利润收入、投资服务企业利润收入、纺织轻工企业利润收入、贸易企业利润收入、建筑施工企业利润收入、房地产企业利润收入、建材企业利润收入、境外企业利润收入、对外合作企业利润收入、医药企业利润收入、农林牧渔企业利润收入、邮政企业利润收入、军工企业利润收入、转制科研院所利润收入、地质勘查企业利润收入、卫生体育福利企业利润收入、教育文化广播企业利润收入、科学研究企业利润收入、机关社团所属企业利润收入、金融企业利润收入（国资预算）、其他国有资本经营预算企业利润收入。

（2）股利、股息收入。分设4目：国有控股公司股利、股息收入，国有参股公司股利、股息收入，金融企业股利、股息收入（国资预算），其他国有资本经营预算企业股利、股息收入。

（3）产权转让收入。分设5目：国有股减持收入，国有股权、股份转让收入，国有独资企业产权转让收入，金融企业产权转让收入，其他国有资本经营预算企业产权转让收入。

（4）清算收入。分设3目：国有股权、股份清算收入，国有独资企业清算收入，其

他国有资本经营预算企业清算收入。

（5）其他国有资本经营预算收入。无目级科目。

2. 转移性收入。设2款：国有资本经营预算转移支付收入、上解收入。

（1）国有资本经营预算转移支付收入。设1项：国有资本经营预算转移支付收入。

（2）上解收入。设1项：国有资本经营预算上解收入。

需要说明的是，上述各类国有资本经营预算收入都是安排国有资本经营预算支出的资金来源，在编制国有资本经营预算时都要按国有资本经营预算收入来处理。但在财政总预算会计中，纳入国有资本经营预算管理的各类国有资本经营预算收入在发生时并非都通过“国有资本经营预算本级收入”科目核算。比如非税收入——国有资本经营收入通过“国有资本经营预算本级收入”科目核算，转移性收入——国有资本经营预算转移支付收入则通过“补助收入”“上解收入”科目核算。但是，如果经本级人民代表大会或者其常务委员会批准，设区的市、自治州以下各级政府可以根据实际情况不单独编制本级国有资本经营预算的，相关收入事项将纳入一般公共预算。在这种情况下，非税收入——国有资本经营收入将通过“一般公共预算本级收入”科目核算。

二、国有资本经营预算本级收入的核算

国有资本经营预算本级收入是指政府财政筹集的纳入本级国有资本经营预算管理的非税收入。国有资本经营预算本级收入应当按照实际收到的金额入账。

为了核算国有资本经营预算本级收入，财政总预算会计应设置“国有资本经营预算本级收入”科目。本科目应当根据政府收支分类科目中“国有资本经营预算收入科目”的规定进行明细核算。年终结转后，本科目无余额。

政府财政收到款项时，根据当日预算收入日报表所列国有资本经营预算本级收入数，借记“国库存款”等科目，贷记本科目。年终转账时，本科目贷方余额全数转入“国有资本经营预算结转结余”科目，借记本科目，贷记“国有资本经营预算结转结余”科目。

【例4-6】某省财政收到国库报来的预算收入日报表，列示当日国有资本经营预算本级收入1 000 000元，其中电信企业利润收入300 000元、国有控股公司股利股息收入200 000元、国有独资企业产权转让收入500 000元。该省财政总预算会计的账务处理如下：

借：国库存款　　1 000 000

　贷：国有资本经营预算本级收入——利润收入——电信企业利润收入　　300 000

　　——股利股息收入——国有控股公司股利股息收入　　200 000

　　——产权转让收入——国有独资企业产权转让收入　　500 000

【例4-7】年终，某省财政“国有资本经营预算本级收入”账户贷方余额为1 000 000

元。年终转账时，该省财政总预算会计的账务处理如下：

借：国有资本经营预算本级收入　　1 000 000

　贷：国有资本经营预算结转结余　　1 000 000

第五节　财政专户管理资金收入和专用基金收入

一、财政专户管理资金收入

（一）财政专户管理资金收入的概念

财政专户管理资金收入是指政府财政纳入财政专户管理的教育收费等资金收入。该收入主要包括实行财政专户管理的高中以上学费、住宿费，高校委托培养费，函大、电大、夜大及短训班培训费等教育收费。

（二）财政专户管理资金收入的核算

财政专户管理资金收入应当按照实际收到的金额入账。

为了核算政府财政纳入财政专户管理的教育收费等资金收入，财政总预算会计应设置“财政专户管理资金收入”科目。本科目应当按照政府收支分类科目中收入分类科目的规定进行明细核算。同时，根据管理需要，按部门（单位）等进行明细核算。年终结转后，本科目无余额。

政府财政收到财政专户管理资金时，借记“其他财政存款”科目，贷记本科目。年终转账时，本科目贷方余额全数转入“财政专户管理资金结余”科目，借记本科目，贷记“财政专户管理资金结余”科目。

【例4-8】中央财政收到教育部缴入财政专户的教育收费500 000元。中央财政总预算会计的账务处理如下：

借：其他财政存款　　500 000

　贷：财政专户管理资金收入——非税收入——行政事业性收费收入——教育行政事业性收费收入——教育收费　　500 000

【例4-9】年终，中央财政“财政专户管理资金收入”科目贷方余额500 000元。年终转账时，中央财政总预算会计的账务处理如下：

借：财政专户管理资金收入　　500 000

　贷：财政专户管理资金结余　　500 000

二、专用基金收入

（一）专用基金收入的概念

专用基金收入是指政府财政根据法律法规等规定设立的各项专用基金（包括粮食风险基金等）取得的资金收入。粮食风险基金，是指中央和地方政府用于平抑粮食市场价格，维护粮食正常流通秩序，实施经济调控的专项资金。粮食风险基金始建于1994年，从1999年开始，中央财政对各省、自治区、直辖市粮食风险基金补助款实行总额包干。由此，省级政府粮食风险基金来源包括中央财政补助和本级一般公共预算安排两部分。

粮食风险基金实行农业发展银行专户管理。中央财政对地方粮食风险基金包干补助款，按季均衡拨付到各省级财政部门在省级农业发展银行开设的粮食风险基金专户；地方应配套的粮食风险基金，要按季均衡到位，拨付到省级粮食风险基金专户；粮食风险基金经同级财政部门审核后通过农业发展银行按季拨付给粮食购销企业。

（二）专用基金收入的核算

专用基金收入应当按照实际收到的金额入账。

为了核算政府财政按照法律法规和国务院、财政部规定设置或取得的粮食风险基金等专用基金收入，财政总预算会计应设置“专用基金收入”科目。本科目应当按照专用基金的种类进行明细核算。年终结转后，本科目无余额。

政府财政通过预算支出安排取得专用基金收入转入财政专户的，借记“其他财政存款”科目，贷记本科目；同时，借记“一般公共预算本级支出”等科目，贷记“国库存款”“补助收入”等科目。退回专用基金收入时，借记本科目，贷记“其他财政存款”科目。通过预算支出安排取得专用基金收入仍存在国库的，借记“一般公共预算本级支出”等科目，贷记“专用基金收入”科目。年终转账时，本科目贷方余额全数转入“专用基金结余”科目，借记本科目，贷记“专用基金结余”科目。

【例4-10】某省财政收到中央财政拨付的粮食风险基金100 000元。该省财政总预算会计的账务处理如下：

借：其他财政存款	100 000	
贷：专用基金收入——粮食风险基金		100 000

同时，

借：一般公共预算本级支出	100 000	
贷：补助收入		100 000

【例4-11】某省财政通过一般公共预算支出安排取得粮食风险基金150 000元并转入财政专户。该省财政总预算会计的账务处理如下：

借：其他财政存款	150 000	
贷：专用基金收入——粮食风险基金		150 000

同时，

借：一般公共预算本级支出	150 000	
贷：国库存款		150 000

【例4-12】年终，某省财政“专用基金收入”账户贷方余额为250 000元，年终转账时，该省财政总预算会计的账务处理如下：

借：专用基金收入	250 000	
贷：专用基金结余		250 000

第六节　转移性收入

一、转移性收入的概念

转移性收入是指在各级政府财政之间进行资金调拨以及在本级政府财政不同类型资金之间调剂所形成的收入，包括补助收入、上解收入、调入资金、地区间援助收入、动用预算稳定调节基金、债务转贷收入等。

财政资金调拨与调剂是指按财政管理体制规定，在中央与地方之间、地方上下级不同财政之间调拨资金，以及同级财政内部不同资金项目之间调剂资金，以平衡各级预算收支的一种手段。资金调拨是因共享收入的分配、体制结算和转移支付等原因而产生的上下级财政资金调拨，该种资金调拨通过补助、上解、债务转贷、地区间援助等形式实现；资金调剂是同级财政内部因平衡本级预算收支而发生在一般公共预算资金、政府性基金预算资金以及国有资本经营预算资金之间的调剂，这种资金调剂通过调入、调出等形式实现。

资金调拨与调剂是健全财政职能、贯彻执行财政管理体制、合理分配财力、促进预算收支平衡、保证预算圆满实现的必要手段。从某级财政来看，上下级之间的财政资金调拨可使本级财政因获得补助收入、上解收入、债务转贷收入、地区间援助收入等而增加财力（可支配财政资金），或因补助支出、上解支出、债务转贷支出、地区间援助支出等而减少财力；但从全国范围来看，一级财政财力的增加必然导致另一级财政财力的减少，而上下级财政的财力总量保持不变，并非实质的财政收入和财政支出的增加或减少。而同级财政内不同资金项目之间的资金调剂，只能影响本级财政内部一般公共预算资金、政府性基金预算资金、国有资本经营预算资金的数额；但既不影响本级财政的财力，也不影响上下级财政的财力总量，更不会影响全国的财政收入和财政支出。

二、转移性收入的核算

转移性收入应当按照财政体制的规定或实际发生的金额入账。

（一）补助收入

补助收入是指上级政府财政按照财政体制规定或因专项需要补助给本级政府财政的款项，包括上级税收返还收入、转移支付收入等。其中转移支付收入主要包括体制补助收入和专项补助收入。

为了核算补助收入，财政总预算会计应设置“补助收入”科目。本科目应当按照不同的资金性质设置“一般公共预算补助收入”“政府性基金预算补助收入”“国有资本经营预算补助收入”等明细科目。年终结转后，本科目无余额。

1. 收到补助款。政府财政收到上级政府财政拨入的补助款时，借记“国库存款”“其他财政存款”等科目，贷记本科目。专项转移支付资金实行特设专户管理的，政府财政应当根据上级政府财政下达的预算文件确认补助收入，年度当中收到资金时，借记

"其他财政存款"科目，贷记"与上级往来"等科目；年度终了，根据专项转移支付资金预算文件，借记"与上级往来"科目，贷记本科目。从"与上级往来"科目转入本科目时，借记"与上级往来"科目，贷记本科目。

2. 收到主权外债。有主权外债业务的财政部门，贷款资金由本级政府财政同级部门（单位）使用，且贷款的最终还款责任由上级政府财政承担的，本级政府财政部门收到贷款资金时，借记"其他财政存款"科目，贷记本科目；外方将贷款资金直接支付给供应商或用款单位时，借记"一般公共预算本级支出"科目，贷记本科目。

3. 年终财政结算。年终与上级政府财政结算时，根据预算文件，按照尚未收到的补助款金额，借记"与上级往来"科目，贷记本科目。退还或核减补助收入时，借记本科目，贷记"国库存款""与上级往来"等科目。

4. 年终转账。年终转账时，本科目贷方余额应根据不同资金性质分别转入对应的结转结余科目，借记本科目，贷记"一般公共预算结转结余""政府性基金预算结转结余""国有资本经营预算结转结余"等科目。

【例4-13】某省财政收到中央财政拨来的补助款350 000元，其中体制补助收入200 000元，政府性基金补助收入150 000元。该省财政总预算会计的账务处理如下：

借：国库存款　　350 000

　贷：补助收入——一般公共预算补助收入　　200 000

　　　　　　——政府性基金预算补助收入　　150 000

【例4-14】某市财政收到中央财政拨来的实行特设专户管理的一般公共服务专项补助收入300 000元。该市财政总预算会计的账务处理如下：

• 年度中收到款项时，

借：其他财政存款　　300 000

　贷：与上级往来　　300 000

• 年终根据上级政府财政下达的预算文件确认补助收入时，

借：与上级往来　　300 000

　贷：补助收入——一般公共预算补助收入　　300 000

【例4-15】某市财政收到省财政转贷的国际金融组织贷款500 000元。该贷款资金由该市农业局使用，但省财政承担贷款的最终还款责任。该市财政总预算会计的账务处理如下：

借：其他财政存款　　500 000

　贷：补助收入——一般公共预算补助收入　　500 000

【例4-16】假设【例4-15】中的国际金融组织将贷款直接支付给市农业局，则该市财政总预算会计的账务处理如下：

借：一般公共预算本级支出　　500 000

　贷：补助收入——一般公共预算补助收入　　500 000

【例4-17】某省财政年终与中央政府财政结算，根据预算文件，确认尚未收到的税收返还金额150 000元。该省财政总预算会计的账务处理如下：

借：与上级往来　150 000

　贷：补助收入——一般公共预算补助收入　150 000

【例4-18】年终，某省财政“补助收入”科目的贷方余额1 300 000元，有关明细科目贷方余额为：“一般公共预算补助收入”1 150 000元、“政府性基金预算补助收入”150 000元。年终转账时，该省财政总预算会计的账务处理如下：

借：补助收入——一般公共预算补助收入　1 150 000

　　　　——政府性基金预算补助收入　150 000

　贷：一般公共预算结转结余　1 150 000

　　政府性基金预算结转结余　150 000

（二）上解收入

上解收入是指按照财政体制规定由下级政府财政上交给本级政府财政的款项，主要包括体制上解收入和专项上解收入。

为了核算上解收入，财政总预算会计应设置“上解收入”科目。本科目下应当按照不同资金性质设置“一般公共预算上解收入”“政府性基金预算上解收入”“国有资本经营预算上解收入”等明细科目。同时，还应当按照上解地区进行明细核算。年终结转后，本科目无余额。

1.收到上解款。政府财政收到下级政府财政的上解款时，借记“国库存款”等科目，贷记本科目。

2.年终财政结算。年终与下级政府财政结算时，根据预算文件，按照尚未收到的上解款金额，借记“与下级往来”科目，贷记本科目。退还或核减上解收入时，借记本科目，贷记“国库存款”“与下级往来”等科目。

3.年终转账。年终转账时，本科目贷方余额应根据不同资金性质分别转入对应的结转结余科目，借记本科目，贷记“一般公共预算结转结余”“政府性基金预算结转结余”“国有资本经营预算结转结余”等科目。

【例4-19】某省财政收到下级财政上解给本级财政的款项200 000元，其中一般公共预算上解收入150 000元，政府性基金预算上解收入50 000元。该省财政总预算会计的账务处理如下：

借：国库存款　200 000

　贷：上解收入——一般公共预算上解收入　150 000

　　　　　——政府性基金预算上解收入　50 000

【例4-20】某省财政年终与下级政府财政结算，根据预算文件，确认尚未收到的体制上解款金额为150 000元。该省财政总预算会计的账务处理如下：

借：与下级往来　150 000

　贷：上解收入——一般公共预算上解收入　150 000

【例4-21】年终，某省财政“上解收入”科目的贷方余额400 000元，有关明细科目贷方余额为："一般公共预算上解收入"350 000元、"政府性基金预算上解收入"50 000元。年终转账时，该省财政总预算会计的账务处理如下：

借：上解收入——一般公共预算上解收入　　350 000
　　　　　　——政府性基金预算上解收入　　50 000
　贷：一般公共预算结转结余　　350 000
　　　政府性基金预算结转结余　　50 000

（三）调入资金

调入资金是指政府财政为平衡某类预算收支，从其他类型预算资金及其他渠道调入的资金。调入资金包括一般公共预算调入资金和政府性基金预算调入资金。

为了核算调入资金，财政总预算会计应设置"调入资金"科目。本科目下应当按照不同资金性质设置"一般公共预算调入资金""政府性基金预算调入资金"等明细科目。年终结转后，本科目无余额。

1. 调入资金。政府财政从其他类型预算资金及其他渠道调入一般公共预算资金时，按照调入金额，借记"调出资金——政府性基金预算调出资金""调出资金——国有资本经营预算调出资金""国库存款"等科目，贷记本科目（一般公共预算调入资金）。从其他类型预算资金及其他渠道调入政府性基金预算资金时，按照调入金额，借记"调出资金——一般公共预算调出资金""国库存款"等科目，贷记本科目（政府性基金预算调入资金）。

2. 年终转账。年终转账时，本科目贷方余额分别转入相应的结转结余科目，借记本科目，贷记"一般公共预算结转结余""政府性基金预算结转结余"等科目。

【例4-22】某县财政为平衡一般公共预算，从政府性基金预算调入资金500 000元、国有资本经营预算调入资金500 000元。该县财政总预算会计的账务处理如下：

借：调出资金——政府性基金预算调出资金　　500 000
　　　　　　——国有资本经营预算调出资金　　500 000
　贷：调入资金——一般公共预算调入资金　　1 000 000

【例4-23】年终，某县财政"调入资金——一般公共预算调入资金"科目的贷方余额1 000 000元。年终转账时，该县财政总预算会计的账务处理如下：

借：调入资金——一般公共预算调入资金　　1 000 000
　贷：一般公共预算结转结余　　1 000 000

（四）地区间援助收入

地区间援助收入是指受援方政府财政收到援助方政府财政转来的可统筹使用的各类援助、捐赠等资金收入。

为了核算地区间援助收入，财政总预算会计应设置"地区间援助收入"科目。本科目应当按照援助地区及管理需要进行相应的明细核算。年终结转后，本科目无余额。

政府财政收到援助方政府财政转来的资金时，借记"国库存款"科目，贷记本科目。年终转账时，本科目贷方余额全数转入"一般公共预算结转结余"科目，借记本科目，贷记“一般公共预算结转结余”科目。

【例4-24】某自治区政府财政收到J省政府财政转来可统筹使用的捐助资金1 000 000元。该自治区财政总预算会计的账务处理如下：

借：国库存款　　1 000 000

　贷：地区间援助收入——J省财政　　1 000 000

【例4-25】年终，某自治区财政“地区间援助收入”科目的贷方余额1 000 000元。年终转账时，该自治区财政总预算会计的账务处理如下：

借：地区间援助收入　　1 000 000

　贷：一般公共预算结转结余　　1 000 000

（五）动用预算稳定调节基金

为了核算政府调用的预算稳定调节基金[①]，财政总预算会计应设置“动用预算稳定调节基金”科目。年终结转后，本科目无余额。

政府财政调用预算稳定调节基金时，借记“预算稳定调节基金”科目，贷记本科目。年终转账时，本科目贷方余额全数转入“一般公共预算结转结余”科目，借记本科目，贷记“一般公共预算结转结余”科目。

【例4-26】某省财政为弥补一般公共预算资金不足，调用预算稳定调节基金200 000元。该省财政总预算会计的账务处理如下：

借：预算稳定调节基金　　200 000

　贷：动用预算稳定调节基金　　200 000

【例4-27】年终，某省财政“动用预算稳定调节基金”科目贷方余额200 000元。年终转账时，该省财政总预算会计的账务处理如下：

借：动用预算稳定调节基金　　200 000

　贷：一般公共预算结转结余　　200 000

转移性收入中债务转贷收入的核算参见“债务转贷收入”。

第七节　债务收入和债务转贷收入

一、债务收入

债务收入是指政府财政根据法律法规等规定，通过发行债券、向外国政府和国际金融组织借款等方式筹集的纳入预算管理的资金收入。债务收入应当按照实际发行额或借入的金额入账。

为了核算债务收入，财政总预算会计应设置“债务收入”科目。本科目应当按照政府收支分类科目中“债务收入”科目的规定进行明细核算。年终结转后，本科目无余额。

① 有关预算稳定调节基金的概念及其相关规定参见第八章第三节中预算稳定调节基金相关内容。

（一）政府债券发行

省级以上政府财政收到政府债券发行收入时，按照实际收到的金额，借记“国库存款”科目，按照政府债券实际发行额，贷记本科目，按照发行收入和发行额的差额，借记或贷记有关支出科目；根据债务管理部门转来的债券发行确认文件等相关资料，按照到期应付的政府债券本金金额，借记“待偿债净资产——应付短期政府债券/应付长期政府债券”科目，贷记“应付短期政府债券”“应付长期政府债券”等科目。

【例4-28】中央财政贴现发行一年期国库券10 000 000 000元、实际收到发行金额9 900 000 000元。中央财政总预算会计账务处理如下：

借：国库存款　　9 900 000 000
　　一般公共预算本级支出　　100 000 000
　贷：债务收入——中央政府债务收入——中央政府国内债务收入　　10 000 000 000

同时，

借：待偿债净资产——应付短期政府债券　　10 000 000 000
　贷：应付短期政府债券　　10 000 000 000

【例4-29】某直辖市财政发行10年期地方政府一般债券1 700 000 000元，实际收到发行金额1 700 000 000元。该直辖市财政总预算会计的账务处理如下：

借：国库存款　　1 700 000 000
　贷：债务收入——地方政府债务收入——一般债务收入——地方政府一般债券收入　　1 700 000 000

同时，

借：待偿债净资产——应付长期政府债券　　1 700 000 000
　贷：应付长期政府债券　　1 700 000 000

（二）借入主权外债

政府财政部门以政府名义向外国政府、国际金融组织等机构借入主权外债时，由于外方可能将贷款直接支付给借款的政府财政部门或者用款单位或供应商，由此带来了不同的账务处理方式。

1.外方将贷款直接支付给借款的政府财政部门。政府财政部门向外国政府、国际金融组织等机构借款时，按照借入的金额，借记“国库存款”“其他财政存款”等科目，贷记本科目；根据债务管理部门转来的相关资料，按照实际承担的债务金额，借记“待偿债净资产——借入款项”科目，贷记“借入款项”科目。

【例4-30】中央财政向国际金融组织借入款项200 000 000元。中央财政总预算会计账务处理如下：

借：其他财政存款　　200 000 000
　贷：债务收入——中央政府债务收入——中央政府国外债务收入——中央政府向国际组织借款收入　　200 000 000

同时，

借：待偿债净资产——借入款项　200 000 000

　贷：借入款项　200 000 000

2. 外方将贷款资金直接支付给用款单位或供应商。本级政府财政借入主权外债，且由外方将贷款资金直接支付给用款单位或供应商时，应根据以下情况分别处理：

（1）本级政府财政承担还款责任，贷款资金由本级政府财政同级部门（单位）使用的，本级政府财政根据贷款资金支付相关资料，借记"一般公共预算本级支出"科目，贷记本科目；根据债务管理部门转来的相关资料，按照实际承担的债务金额，借记"待偿债净资产——借入款项"科目，贷记"借入款项"科目。

（2）本级政府财政承担还款责任，贷款资金由下级政府财政同级部门（单位）使用的，本级政府财政根据贷款资金支付相关资料及预算指标文件，借记"补助支出"科目，贷记本科目；根据债务管理部门转来的相关资料，按照实际承担的债务金额，借记"待偿债净资产——借入款项"科目，贷记"借入款项"科目。

（3）下级政府财政承担还款责任，贷款资金由下级政府财政同级部门（单位）使用的，本级政府财政根据贷款资金支付相关资料，借记"债务转贷支出"科目，贷记本科目；根据债务管理部门转来的相关资料，按照实际承担的债务金额，借记"待偿债净资产——借入款项"科目，贷记"借入款项"科目；同时，借记"应收主权外债转贷款"科目，贷记"资产基金——应收主权外债转贷款"科目。

【例4-31】某省财政借入外国政府贷款200 000 000元，外方将贷款直接支付给用款单位。该省财政总预算会计账务处理如下：

• 如果省财政承担还款责任，贷款资金由省农业厅使用，则：

借：一般公共预算本级支出　200 000 000

　贷：债务收入——地方政府债务收入——一般债务收入——地方政府向外国政府借款收入　200 000 000

同时，

借：待偿债净资产——借入款项　200 000 000

　贷：借入款项　200 000 000

• 如果省财政承担还款责任，贷款资金由所属A市农业局使用，则：

借：补助支出　200 000 000

　贷：债务收入——地方政府债务收入——一般债务收入——地方政府向外国政府借款收入　200 000 000

同时，

借：待偿债净资产——借入款项　200 000 000

　贷：借入款项　200 000 000

• 如果A市财政局承担还款责任，贷款资金由A市农业局使用，则：

借：债务转贷支出　200 000 000

贷：债务收入——地方政府债务收入——一般债务收入——地方政府向外国政府借款收入 200 000 000

同时，

借：待偿债净资产——借入款项 200 000 000

贷：借入款项 200 000 000

借：应收主权外债转贷款 200 000 000

贷：资产基金——应收主权外债转贷款 200 000 000

（三）年终转账

年终转账时，本科目下“专项债务收入”明细科目的贷方余额应按照对应的政府性基金种类分别转入“政府性基金预算结转结余”相应明细科目，借记本科目（专项债务收入明细科目），贷记“政府性基金预算结转结余”科目；本科目下其他明细科目的贷方余额全数转入“一般公共预算结转结余”科目，借记本科目（其他明细科目），贷记“一般公共预算结转结余”科目。

【例4-32】年终，某省财政“债务收入”账户贷方余额为3 000 000 000元，有关明细科目贷方余额为：“一般债务收入”2 700 000 000元、“专项债务收入”300 000 000元。年终转账时，该省财政总预算会计的账务处理如下：

借：债务收入——地方政府债务收入——一般债务收入 2 700 000 000

——专项债务收入 300 000 000

贷：一般公共预算结转结余 2 700 000 000

政府性基金预算结转结余 300 000 000

二、债务转贷收入

债务转贷收入是指省级以下（不含省级）政府财政收到的上级政府财政转贷的债务收入。债务转贷收入应当按照实际收到的转贷金额入账。

为了核算债务转贷收入，省级以下财政总预算会计应设置“债务转贷收入”科目。本科目下应当设置“地方政府一般债务转贷收入”“地方政府专项债务转贷收入”明细科目。年终结转后，本科目无余额。

（一）地方政府债券转贷收入

省级以下（不含省级）政府财政收到地方政府债券转贷收入时，按照实际收到的金额，借记“国库存款”科目，贷记本科目；根据债务管理部门转来的相关资料，按照到期应偿还的转贷款本金金额，借记“待偿债净资产——应付地方政府债券转贷款”科目，贷记“应付地方政府债券转贷款”科目。

【例4-33】某市财政收到省财政国有土地使用权出让金资金收入1 500 000元。该市财政总预算会计的账务处理如下：

借：国库存款 1 500 000

贷：债务转贷收入——地方政府专项债务转贷收入——国有土地使用权出让金转贷收入 1 500 000

同时，

借：待偿债净资产——应付地方政府债券转贷款　　1 500 000

贷：应付地方政府债券转贷款　　1 500 000

（二）主权外债转贷收入

省级以下（不含省级）政府财政收到主权外债转贷收入的具体账务处理如下：

1.本级财政收到主权外债转贷资金时，借记“其他财政存款”科目，贷记本科目；根据债务管理部门转来的相关资料，按照实际承担的债务金额，借记“待偿债净资产——应付主权外债转贷款”科目，贷记“应付主权外债转贷款”科目。

2.从上级政府财政借入主权外债转贷款，且由外方将贷款资金直接支付给用款单位或供应商时，应根据以下情况分别处理：

（1）本级政府财政承担还款责任，贷款资金由本级政府财政同级部门（单位）使用的，本级政府财政根据贷款资金支付相关资料，借记“一般公共预算本级支出”科目，贷记本科目；根据债务管理部门转来的相关资料，按照实际承担的债务金额，借记“待偿债净资产——应付主权外债转贷款”科目，贷记“应付主权外债转贷款”科目。

（2）本级政府财政承担还款责任，贷款资金由下级政府财政同级部门（单位）使用的，本级政府财政根据贷款资金支付相关资料及预算文件，借记“补助支出”科目，贷记本科目；根据债务管理部门转来的相关资料，按照实际承担的债务金额，借记“待偿债净资产——应付主权外债转贷款”科目，贷记“应付主权外债转贷款”科目。

（3）下级政府财政承担还款责任，贷款资金由下级政府财政同级部门（单位）使用的，本级政府财政根据转贷资金支付相关资料，借记“债务转贷支出”科目，贷记本科目；根据债务管理部门转来的相关资料，按照实际承担的债务金额，借记“待偿债净资产——应付主权外债转贷款”科目，贷记“应付主权外债转贷款”科目；同时，借记“应收主权外债转贷款”科目，贷记“资产基金——应收主权外债转贷款”科目。下级政府财政根据贷款资金支付相关资料，借记“一般公共预算本级支出”科目，贷记本科目；根据债务管理部门转来的相关资料，按照实际承担的债务金额，借记“待偿债净资产——应付主权外债转贷款”科目，贷记“应付主权外债转贷款”科目。

【例4-34】某市财政收到省财政转贷的外国政府借款收入2 800 000元。该市财政总预算会计的账务处理如下：

借：其他财政存款　　2 800 000

贷：债务转贷收入——地方政府一般债务转贷收入——地方政府向外国政府借款转贷收入　　2 800 000

同时，

借：待偿债净资产——应付主权外债转贷款　　2 800 000

贷：应付主权外债转贷款　　2 800 000

【例4-35】假设【例4-34】中市财政的外国政府借款转贷款由外方将贷款直接支付给用款单位。该市财政总预算会计账务处理如下：

• 如果市财政承担还款责任，贷款资金由市交通运输局使用，则：

借：一般公共预算本级支出　　2 800 000

　贷：债务转贷收入——地方政府一般债务转贷收入——地方政府向外国政府借款转贷收入　　2 800 000

同时，

借：待偿债净资产——应付主权外债转贷款　　2 800 000

　贷：应付主权外债转贷款　　2 800 000

• 如果市财政承担还款责任，贷款资金由所属B县交通运输局使用，则：

借：补助支出　　2 800 000

　贷：债务转贷收入——地方政府一般债务转贷收入——地方政府向外国政府借款转贷收入　　2 800 000

同时，

借：待偿债净资产——应付主权外债转贷款　　2 800 000

　贷：应付主权外债转贷款　　2 800 000

• 如果由B县财政局承担还款责任，贷款资金由B县交通运输局使用，则：

借：债务转贷支出　　2 800 000

　贷：债务转贷收入——地方政府一般债务转贷收入——地方政府向外国政府借款转贷收入　　2 800 000

同时，

借：待偿债净资产——应付主权外债转贷款　　2 800 000

　贷：应付主权外债转贷款　　2 800 000

借：应收主权外债转贷款　　2 800 000

　贷：资产基金——应收主权外债转贷款　　2 800 000

（三）年终转账

年终转账时，本科目下“地方政府一般债务转贷收入”明细科目的贷方余额全数转入“一般公共预算结转结余”科目，借记本科目，贷记“一般公共预算结转结余”科目。本科目下“地方政府专项债务转贷收入”明细科目的贷方余额按照对应的政府性基金种类分别转入“政府性基金预算结转结余”相应明细科目，借记本科目，贷记“政府性基金预算结转结余”科目。

【例4-36】年终，某市财政“债务转贷收入”账户贷方余额为4 500 000元，有关明细科目贷方余额为：“地方政府一般债务转贷收入”3 000 000元、“地方政府专项债务转贷收入”1 500 000元。年终转账时，该市财政总预算会计的账务处理如下：

借：债务转贷收入——地方政府一般债务转贷收入　　3 000 000

　　　　　　　　——地方政府专项债务转贷收入　　1 500 000

　贷：一般公共预算结转结余　　3 000 000

　　　政府性基金预算结转结余　　1 500 000

复习思考

1.什么是政府财政收入？包含哪些内容？

2.政府财政收入的缴库方式有哪几种？各自的含义是什么？

3.什么是财政资金调拨？其形式是什么？资金调拨收入包含哪些内容？

4.政府财政收入在财政总预算会计中通过哪些会计科目进行核算？

5.政府收支分类科目中的转移性收入在财政总预算会计中通过哪些会计科目进行核算？

6.与政府债务核算有关的收入会计科目有哪些？

操作练习

目的：练习政府财政收入的核算。

资料：某省财政2×21年发生如下经济业务：

1.收到国库报来的预算收入日报表，所列一般公共预算本级收入500 000元。

2.收到国库报来的预算收入日报表，所列政府性基金预算本级收入20 000元。

3.收到国库报来的预算收入日报表，所列国有资本经营预算本级收入100 000元。

4.通过一般公共预算支出安排取得粮食风险基金150 000元并转入财政专户。

5.收到省教育厅缴入财政专户的教育收费100 000元。

6.收到上级财政拨来的补助款150 000元，其中一般公共预算补助100 000元、政府性基金预算补助50 000元。

7.收到下级财政上解给本级财政的款项500 000元，其中一般公共预算上解300 000元，政府性基金预算上解200 000元。

8.为平衡一般公共预算，从政府性基金预算调入资金50 000元、从国有资本经营预算调入资金50 000元。

9.为弥补年度一般公共预算资金不足，调用预算稳定调节基金60 000元。

10.收到A省政府财政转来可统筹使用的捐助资金800 000元。

11.发行3年期地方政府一般债券，收到发行款700 000 000元。

要求：根据上述经济业务编制相应会计分录。涉及转移性收支科目的，要求列出二级明细科目。

第五章

政府财政支出的核算

学习目标

- 掌握财政支出的概念及其包含的内容
- 熟悉财政支出的支付方式
- 掌握各项财政支出的概念及核算方法
- 了解各类预算支出的分类

本章主要阐述政府财政支出的内容、分类和核算方法。

第一节 政府财政支出概述

一、政府财政支出的定义和内容

政府财政支出是政府财政为实现政府职能对财政资金的分配和使用，包括一般公共预算本级支出、政府性基金预算本级支出、国有资本经营预算本级支出、财政专户管理资金支出、专用基金支出、转移性支出、债务还本支出等。

二、政府财政支出的确认和计量

政府财政支出的确认一般采用收付实现制，但实行国库集中支付年终结余资金形成的财政支出则采用权责发生制。地方各级财政部门除国库集中支付结余外，不得采用权责发生制列支。权责发生制列支只限于年末采用，平时不得采用。

政府财政支出的计量一般采用历史成本进行。其中，一般公共预算本级支出、政府性基金预算本级支出、国有资本经营预算本级支出一般应当按照实际支付的金额入账，年末可采用权责发生制将国库集中支付结余列支入账；从本级预算支出中安排提取的专用基金，按照实际提取金额列支入账；财政专户管理资金支出、专用基金支出应当按照实际支付的金额入账；转移性支出应当按照财政体制的规定或实际发生的金额入账；债务转贷支出应当按照实际转贷的金额入账；债务还本支出应当按照实际偿还的金额入账。凡是属于预拨经费的款项，到期转列支出时，应当按规定列报口径转列支出。对于收回当年已列支出的款项，应冲销当年支出。对于收回以前年度已列支出的款项，除财政部门另有规定外，应冲销当年支出。

三、政府财政支出的管理原则

按照《预算法》、《预算法实施条例》以及《财政总预算会计制度》规定，各级财政总预算会计应当加强政府财政预算支出管理，并遵循下列原则：

（1）按照预算拨付，即按照批准的年度预算和用款计划拨付资金。不得办理无预算、无用款计划、超预算或者超计划的资金拨付，不得擅自改变支出用途。但预算年度开始后，各级预算草案在本级人民代表大会批准前，可以安排的下列支出除外：①上一年度结转的支出；②参照上一年同期的预算支出数额安排必须支付的本年度部门基本支出、项目支出，以及对下级政府的转移性支出；③法律规定必须履行支付义务的支出，以及用于自然灾害等突发事件处理的支出。根据上述规定安排支出的情况，应当在预算草案的报告中作出说明。预算经本级人民代表大会批准后，按照批准的预算执行。

（2）按照规定的预算级次和程序拨付，即根据用款单位的申请，按照用款单位的预算级次和审定的用款计划和财政部门规定的预算资金拨付程序拨付资金。

（3）按照进度拨付，即根据各用款单位的实际用款进度拨付资金。

（4）按照合法凭证处理，即各项支出的账务处理必须以审核无误的国库划款清算凭证、资金支付凭证和其他合法凭证为依据。

四、政府财政支出支付方式

按照《预算法》规定，政府全部支出实行国库集中支付。按照国库集中支付制度规定，政府财政支出的支付方式有财政直接支付、财政授权支付和财政实拨资金三种。

（1）财政直接支付

财政直接支付是指由政府财政部门开具支付令，通过财政零余额账户支付到收款人，财政零余额账户再与国库进行资金清算的支付方式。实行财政直接支付的资金范围包括工程采购支出、物品和服务采购支出、工资和离退休费支出、国有资本经营预算本级支出、转移支出等。比如，自2020年起，中央预算单位实行财政直接支付的资金范围包括：①单笔支付金额在500万元（含）以上的支出；②纳入财政统发范围的工资、离退休费；③国有资本经营预算支出；④财政部规定的有特殊管理要求的支出。[①]

（2）财政授权支付

财政授权支付是指预算单位根据本级政府财政部门授权，自行开具支付令，通过预算单位零余额账户支付到收款人，预算单位零余额账户再与国库进行资金清算的支付方

① 参见《财政部关于中央预算单位预算执行管理有关事宜的通知》财库〔2020〕5号。

式。实行财政授权支付的资金范围包括零星采购支出、特别紧急支出和经财政部门批准的其他支出。比如，自2020年起，中央预算单位实行财政授权支付的资金范围包括：①单笔支付金额在500万元（含）以下的支出；②未纳入财政统发范围的工资、离退休费；③未纳入财政统发范围的奖助学金，社会保险缴费，住房改革支出，日常运行的水费、电费、取暖费支出，需兑换外汇进行支付的支出；④经财政部批准的其他支出。①

财政直接支付方式和财政授权支付方式适用于实行国库集中支付的财政资金拨付。

（3）财政实拨资金

财政实拨资金是指由财政部门将财政资金拨付到预算单位基本存款账户，预算单位直接从银行存款基本账户中使用财政资金的支付方式。这种支付方式适用于尚未实行国库集中支付的财政资金的拨付以及实拨专户资金的拨付。

第二节 一般公共预算本级支出

一、一般公共预算支出的概念和分类

一般公共预算支出是指政府财政使用的纳入一般公共预算管理的财政支出，主要包括一般公共预算本级支出、对下级政府的税收返还和转移支付支出、对上级政府上解支出等。

一般公共预算支出的具体划分和内容按照政府收支分类科目办理，其科目按照功能分为类、款、项三级。按照《2021年政府收支分类科目》的规定，一般公共预算支出分设27类。

1. 一般公共服务支出。分设26款：人大事务、政协事务、政府办公厅（室）及相关机构事务、发展与改革事务、统计信息事务、财政事务、税收事务、审计事务、海关事务、纪检监察事务、商贸事务、知识产权事务、民族事务、港澳台事务、档案事务、民主党派及工商联事务、群众团体事务、党委办公厅（室）及相关机构事务、组织事务、宣传事务、统战事务、对外联络事务、其他共产党事务支出、网信事务、市场监督管理事务、其他一般公共服务支出。

2. 外交支出。分设9款：外交管理事务、驻外机构、对外援助、国际组织、对外合作与交流、对外宣传、边界勘界联检、国际发展合作、其他外交支出。

3. 国防支出。分设5款：现役部队、国防科研事业、专项工程、国防动员、其他国防支出。

4. 公共安全支出。分设11款：武装警察部队、公安、国家安全、检察、法院、司法、监狱、强制隔离戒毒、国家保密、缉私警察、其他公共安全支出。

5. 教育支出。分设10款：教育管理事务、普通教育、职业教育、成人教育、广播

---

① 参见《财政部关于中央预算单位预算执行管理有关事宜的通知》财库〔2020〕5号。

电视教育、留学教育、特殊教育、进修及培训、教育费附加安排的支出、其他教育支出。

6. 科学技术支出。分设10款：科学技术管理事务、基础研究、应用研究、技术研究与开发、科技条件与服务、社会科学、科学技术普及、科技交流与合作、科技重大项目、其他科学技术支出。

7. 文化旅游体育与传媒支出。分设6款：文化和旅游、文物、体育、新闻出版电影、广播电视、其他文化旅游体育与传媒支出。

8. 社会保障和就业支出。分设21款：人力资源和社会保障管理事务、民政管理事务、补充全国社会保障基金、行政事业单位养老支出、企业改革补助、就业补助、抚恤、退役安置、社会福利、残疾人事业、红十字事业、最低生活保障、临时救助、特困人员救助供养、补充道路交通事故社会救助基金、其他生活救助、财政对基本养老保险基金的补助、财政对其他社会保险基金的补助、退役军人管理事务、财政代缴社会保险费支出、其他社会保障和就业支出。

9. 卫生健康支出。分设13款：卫生健康管理事务、公立医院、基层医疗卫生机构、公共卫生、中医药、计划生育事务、行政事业单位医疗、财政对基本医疗保险基金的补助、医疗救助、优抚对象医疗、医疗保障管理事务、老龄卫生健康事务、其他卫生健康支出。

10. 节能环保支出。分设15款：环境保护管理事务、环境监测与监察、污染防治、自然生态保护、天然林保护、退耕还林还草、风沙荒漠治理、退牧还草、已垦草原退耕还草、能源节约利用、污染减排、可再生能源、循环经济、能源管理事务、其他节能环保支出。

11. 城乡社区支出。分设6款：城乡社区管理事务、城乡社区规划与管理、城乡社区公共设施、城乡社区环境卫生、建设市场管理与监督、其他城乡社区支出。

12. 农林水支出。分设8款：农业农村、林业和草原、水利、扶贫、农村综合改革、普惠金融发展支出、目标价格补贴、其他农林水支出。

13. 交通运输支出。分设7款：公路水路运输、铁路运输、民用航空运输、成品油价格改革对交通运输的补贴、邮政业支出、车辆购置税支出、其他交通运输支出。

14. 资源勘探工业信息等支出。分设7款：资源勘探开发、制造业、建筑业、工业和信息产业监管、国有资产监管、支持中小企业发展和管理支出、其他资源勘探工业信息等支出。

15. 商业服务业等支出。分设3款：商业流通事务、涉外发展服务支出、其他商业服务业等支出。

16. 金融支出。分设5款：金融部门行政支出、金融部门监管支出、金融发展支出、金融调控支出、其他金融支出。

17. 援助其他地区支出。分设9款：一般公共服务、教育、文化体育与传媒、医疗卫生、节能环保、农业、交通运输、住房保障、其他支出。

18. 自然资源海洋气象等支出。分设3款：自然资源事务、气象事务、其他自然资源海洋气象等支出。

19. 住房保障支出。分设3款：保障性安居工程支出、住房改革支出、城乡社区住宅。

20. 粮油物资储备支出。分设4款：粮油物资事务、能源储备、粮油储备、重要商品储备。

21. 灾害防治及应急管理支出。分设8款：应急管理事务、消防事务、森林消防事务、煤矿安全、地震事务、自然灾害防治、自然灾害救灾及恢复重建支出、其他灾害防治及应急管理支出。

22. 预备费。[①]

23. 其他支出。分设2款：年初预留、其他支出。

24. 转移性支出。分设10款：返还性支出、一般性转移支付、专项转移支付、上解支出、调出资金、年终结余、债务转贷支出、援助其他地区支出、安排预算稳定调节基金、补充预算周转金。

25. 债务还本支出。分设3款：中央政府国内债务还本支出、中央政府国外债务还本支出、地方政府一般债务还本支出。

26. 债务付息支出。分设3款：中央政府国内债务付息支出、中央政府国外债务付息支出、地方政府一般债务付息支出。

27. 债务发行费用支出。分设3款：中央政府国内债务发行费用支出、中央政府国外债务发行费用支出、地方政府一般债务发行费用支出。

上述有关一般公共预算支出的款级科目，再根据具体情况设置若干项级科目。比如，“人大事务”款级科目下分设“行政运行”“一般行政管理事务”“人大会议”“人大立法”“人大监督”等项级科目。需要说明的是，一般公共预算支出功能项级科目并没有完全按政府职能分类，而是根据预算细化和财政支出统计分析的需要，主要采用了两种不同的办法：一是按职能设置。如机关服务、小学教育、初中教育、高中教育、高等教育、中医医院、综合医院等。这类项级科目，着重于对相关单位如机关服务中心、小学、初中、高中支出的完整反映。二是按活动设置。如“人大事务”款级科目下，按专门活动，单设“行政运行”“机关服务”“人大会议”“代表工作”等项级科目，比较细化，也比较透明。

需要指出的是，上述各类一般公共预算支出在编制一般公共预算时都按一般公共预算支出处理。但是，在财政总预算会计中，纳入一般公共预算管理的各类一般公共预算支出在发生时并非都通过“一般公共预算本级支出”科目核算。比如，转移性支出款级科目中的援助其他地区支出通过“地区间援助支出”科目核算，其他转移性支出则分别不同情况通过“补助支出”“上解支出”“调出资金”“债务转贷支出”等科目核算；债

① 《预算法》第四十条规定，各级一般公共预算应当按照本级一般公共预算支出额的百分之一至百分之三设置预备费，用于当年预算执行中的自然灾害等突发事件处理增加的支出及其他难以预见的开支。

务还本支出通过“债务还本支出”科目核算；预备费类和其他支出类中年初预留只有当政府分配或使用时才作为有关支出进行核算。除上述之外的各类一般公共预算支出才通过“一般公共预算本级支出”科目核算。这说明，政府支出分类科目与财政总预算会计的支出科目有着不同的反映对象和功能，两者相互联系，但绝不能相互替代。这种现象在政府性基金预算和国有资本经营预算中同样存在。

二、一般公共预算本级支出的核算

一般公共预算本级支出是指政府财政管理的由本级政府使用的列入一般公共预算的支出。一般公共预算本级支出一般应当按照实际支付的金额入账，年末可采用权责发生制将国库集中支付结余列支入账。

为核算一般公共预算本级支出，财政总预算会计应设置“一般公共预算本级支出”科目。本科目应当根据政府收支分类科目中的支出功能分类科目设置明细科目。同时，根据管理需要，按照支出经济分类科目、部门等进行明细核算。年终结转后，本科目无余额。

政府财政实际发生一般公共预算本级支出时，借记本科目，贷记“国库存款”“其他财政存款”等科目；年度终了，对纳入国库集中支付管理、当年未支而需结转下一年度支付的款项（国库集中支付结余），采用权责发生制确认支出时，借记本科目，贷记“应付国库集中支付结余”科目（相关举例参见“应付国库集中支付结余”科目的核算）；年终转账时，本科目借方余额应全数转入“一般公共预算结转结余”科目，借记“一般公共预算结转结余”科目，贷记本科目。

【例5-1】某省财政支付省人大办公费200 000元。该省财政总预算会计的账务处理如下：

借：一般公共预算本级支出——一般公共服务支出——人大事务——行政运行
200 000

贷：国库存款　200 000

【例5-2】某省财政将预拨给省教育局的义务教育费500 000元列报一般公共预算本级支出，其中小学教育300 000元、初中教育200 000元。该省财政总预算会计的账务处理如下：

借：一般公共预算本级支出——教育支出——普通教育——小学教育
300 000

——初中教育
200 000

贷：预拨经费　500 000

【例5-3】年终，某省财政“一般公共预算本级支出”科目借方余额6 000 000元。年终转账时，该省财政总预算会计的账务处理如下：

借：一般公共预算结转结余　6 000 000

贷：一般公共预算本级支出　6 000 000

第三节 政府性基金预算本级支出

一、政府性基金预算支出的概念和分类

政府性基金预算支出是指政府财政使用的纳入政府性基金预算管理的财政支出，主要包括政府性基金预算本级支出、对下级政府转移支出和上解上级支出等。政府性基金预算支出范围，按照法律、行政法规和国务院的规定执行。

政府性基金预算支出的具体划分和内容按照政府收支分类科目办理，其科目按照功能分为类、款、项三级。按照《2021年政府收支分类科目》的规定，政府性基金预算支出分设15类。

1. 科学技术支出。设1款：核电站乏燃料处理处置基金支出。

2. 文化旅游体育与传媒支出。分设3款：国家电影事业发展专项资金安排的支出、旅游发展基金支出、国家电影事业发展专项资金对应专项债务收入安排的支出。

3. 社会保障和就业支出。分设3款：大中型水库移民后期扶持基金支出、小型水库移民扶助基金安排的支出、小型水库移民扶助基金对应专项债务收入安排的支出。

4. 节能环保支出。分设2款：可再生能源电价附加收入安排的支出、废弃电器电子产品处理基金支出。

5. 城乡社区支出。分设10款：国有土地使用权出让收入安排的支出、国有土地收益基金安排的支出、农业土地开发资金安排的支出、城市基础设施配套费安排的支出、污水处理费安排的支出、土地储备专项债券收入安排的支出、棚户区改造专项债券收入安排的支出、城市基础设施配套费对应专项债务收入安排的支出、污水处理费对应专项债务收入安排的支出、国有土地使用权出让收入对应专项债务收入安排的支出。

6. 农林水支出。分设5款：大中型水库库区基金安排的支出、三峡水库库区基金支出、国家重大水利工程建设基金安排的支出、大中型水库库区基金对应专项债务收入安排的支出、国家重大水利工程建设基金对应专项债务收入安排的支出。

7. 交通运输支出。分设10款：海南省高等级公路车辆通行附加费安排的支出、车辆通行费安排的支出、港口建设费安排的支出、铁路建设基金支出、船舶油污损害赔偿基金支出、民航发展基金支出、海南省高等级公路车辆通行附加费对应专项债务收入安排的支出、政府收费公路专项债券收入安排的支出、车辆通行费对应专项债务收入安排的支出、港口建设费对应专项债务收入安排的支出。

8. 资源勘探工业信息等支出。设1款：农网还贷资金支出。

9. 金融支出。设1款：金融调控支出。

10. 其他支出。分设3款：其他政府性基金及对应专项债务收入安排的支出、彩票发行销售机构业务费安排的支出、彩票公益金安排的支出。

11. 转移性支出。分设5款：政府性基金转移支付、上解支出、调出资金、年终结余、债务转贷支出。

12. 债务还本支出。分设2款：地方政府专项债务还本支出、抗疫特别国债还本支出。

13. 债务付息支出。设1款：地方政府专项债务付息支出。

14. 债务发行费用支出。设1款：地方政府专项债务发行费用支出。

15. 抗疫特别国债安排的支出。分设2款：基础设施建设、抗疫相关支出。

上述有关政府性基金预算支出的款级科目，再根据具体情况设置若干项级科目。比如，"民航发展基金支出"款级科目下分设"民航机场建设""空管系统建设""民航安全"等项级科目。

需要说明的是，上述各类政府性基金预算支出在编制政府性基金预算时都按政府性基金预算支出处理。但是，在财政总预算会计中，纳入政府性基金预算管理的各类政府性基金预算支出在发生时并非都通过"政府性基金预算本级支出"科目核算。比如，转移性支出分别不同情况通过"补助支出""上解支出""调出资金""债务转贷支出"等科目核算；债务还本支出通过"债务还本支出"科目核算；除上述之外的各类政府性基金预算支出才通过"政府性基金预算本级支出"科目核算。

二、政府性基金预算本级支出的核算

政府性基金预算本级支出是指政府财政管理的由本级政府使用的列入政府性基金预算的支出。政府性基金预算本级支出一般应当按照实际支付的金额入账，年末可采用权责发生制将国库集中支付结余列支入账。

为了核算政府性基金预算本级支出，财政总预算会计设置"政府性基金预算本级支出"科目。本科目应当按照政府收支分类科目中支出功能分类科目设置明细科目。同时，根据管理需要，按照支出经济分类科目、部门等进行明细核算。年终结转后，本科目无余额。

政府财政实际发生政府性基金预算本级支出时，借记本科目，贷记"国库存款"科目；年度终了，对纳入国库集中支付管理、当年未支而需结转下一年度支付的款项（国库集中支付结余），采用权责发生制确认支出时，借记本科目，贷记"应付国库集中支付结余"科目（相关举例参见"应付国库集中支付结余"科目的核算）；年终转账时，本科目借方余额应全数转入"政府性基金预算结转结余"科目，借记"政府性基金预算结转结余"科目，贷记本科目。

【例5-4】中央财政支付用民航发展基金收入安排的支出500 000元，其中用于民航机场建设400 000元、航线与机场补贴100 000元。中央财政总预算会计的账务处理如下：

借：政府性基金预算本级支出——交通运输支出——民航发展基金支出——民航机场建设　400 000

——航线和机场补贴　100 000

　贷：国库存款　500 000

【例5-5】年终，某省财政"政府性基金预算本级支出"科目的借方余额800 000元。年终转账时，该省财政总预算会计的账务处理如下：

借：政府性基金预算结转结余　800 000

贷：政府性基金预算本级支出　　800 000

第四节　国有资本经营预算本级支出

一、国有资本经营预算支出的概念和分类

国有资本经营预算支出是指政府财政使用的纳入国有资本经营预算管理的财政支出，主要包括国有资本经营预算本级支出、对下级政府转移支付支出等。国有资本经营预算支出范围，按照法律、行政法规和国务院的规定执行。

国有资本经营预算支出的具体划分和内容按照政府收支分类科目办理，其科目按功能分为类、款、项三级。按照《2021年政府收支分类科目》的规定，国有资本经营预算支出分设3类：

1.社会保障和就业支出。设1款：补充全国社会保障基金。

2.国有资本经营预算支出。分设4款：解决历史遗留问题及改革成本支出、国有企业资本金注入、国有企业政策性补贴、其他国有资本经营预算支出。

3.转移性支出。分设3款：国有资本经营预算转移支付、上解支出、调出资金。

上述有关国有资本经营预算支出的款级科目，再根据具体情况设置若干项级科目。比如，"解决历史遗留问题及改革成本支出"款级科目下分设"厂办大集体改革支出""国有企业办职教幼教补助支出""国有企业退休人员社会化管理补助支出"等项级科目。

需要说明的是，上述各类国有资本经营预算支出在编制国有资本经营预算时都按国有资本经营预算支出处理。但是，在财政总预算会计中，纳入国有资本经营预算管理的各类国有资本经营预算支出在发生时并非都通过"国有资本经营预算本级支出"科目核算。比如，转移性支出分别不同情况通过"补助支出"、"上解支出"和"调出资金"科目核算；除此之外的国有资本经营预算支出才通过"国有资本经营预算本级支出"科目核算。但是，如果经本级人民代表大会或者其常务委员会批准，设区的市、自治州以下各级政府可以根据实际情况不单独编制本级国有资本经营预算的，相关支出事项将纳入一般公共预算。在这种情况下，除了转移性支出以外的各类国有资本经营预算支出将通过"一般公共预算本级支出"科目核算。

二、国有资本经营预算本级支出的核算

国有资本经营预算本级支出是指政府财政管理的由本级政府使用的列入国有资本经营预算的支出。国有资本经营预算本级支出一般应当按照实际支付的金额入账，年末可采用权责发生制将国库集中支付结余列支入账。

为了核算国有资本经营预算本级支出，财政总预算会计应设置"国有资本经营预算本级支出"科目。本科目应当按照政府收支分类科目中支出功能分类科目设置明细科目。同时，根据管理需要，按照支出经济分类科目、部门等进行明细核算。年终结转后，本科目无余额。

政府财政实际发生国有资本经营预算本级支出时，借记本科目，贷记“国库存款”科目；年度终了，对纳入国库集中支付管理、当年未支而需结转下一年度支付的款项(国库集中支付结余)，采用权责发生制确认支出时，借记本科目，贷记“应付国库集中支付结余”科目（相关举例参见“应付国库集中支付结余”科目的核算）；年终转账时，本科目借方余额应全数转入“国有资本经营预算结转结余”科目，借记“国有资本经营预算结转结余”科目，贷记本科目。

【例5-6】某市财政根据批准的国有资本经营预算拨付国有资本经营预算资金800 000元，其中补充全国社会保障基金200 000元、支付国有企业政策性补贴600 000元。该市财政总预算会计的账务处理如下：

借：国有资本经营预算本级支出——社会保障和就业支出——补充全国社会保障基金——国有资本经营预算补充社保基金支出　200 000

——国有资本经营预算支出——国有企业政策性补贴　600 000

贷：国库存款　800 000

【例5-7】年终，某市财政“国有资本经营预算本级支出”科目的借方余额800 000元。年终转账时，该市财政总预算会计的账务处理如下：

借：国有资本经营预算结转结余　800 000

贷：国有资本经营预算本级支出　800 000

第五节　财政专户管理资金支出和专用基金支出

一、财政专户管理资金支出

财政专户管理资金支出是指政府财政用纳入财政专户管理的教育收费等资金安排的支出。财政专户管理资金支出应当按照实际支付的金额入账。

为了核算财政专户管理资金支出，财政总预算会计应设置“财政专户管理资金支出”科目。本科目应当按照政府收支分类科目中支出功能分类科目设置相应明细科目。同时，根据管理需要，按照支出经济分类科目、部门（单位）等进行明细核算。年终结转后，本科目无余额。

政府财政发生财政专户管理资金支出时，借记本科目，贷记“其他财政存款”等有关科目。年终转账时，本科目借方余额全数转入“财政专户管理资金结余”科目，借记“财政专户管理资金结余”科目，贷记本科目。

【例5-8】中央财政支付用纳入财政专户管理的教育收费安排的支出200 000元。中央财政总预算会计的账务处理如下：

借：财政专户管理资金支出　200 000

贷：其他财政存款　200 000

【例5-9】年终，中央财政“财政专户管理资金支出”科目的借方余额6 000 000元。

年终转账时，中央财政总预算会计的账务处理如下：

借：财政专户管理资金结余　　6 000 000

　贷：财政专户管理资金支出　　6 000 000

二、专用基金支出

专用基金支出是指政府财政用专用基金收入安排的支出。专用基金支出应当按照实际支付的金额入账。

为了核算政府财政用专用基金收入安排的支出，财政总预算会计应设置“专用基金支出”科目。本科目应当根据专用基金的种类设置明细科目。同时，根据管理需要，按部门等进行明细核算。年终结转后，本科目无余额。

政府财政发生专用基金支出时，借记本科目，贷记“其他财政存款”等有关科目。退回专用基金支出时，做相反的会计分录。年终转账时，本科目借方余额全数转入“专用基金结余”科目，借记“专用基金结余”科目，贷记本科目。

【例5-10】某省财政通过粮食风险基金专户向粮食购销企业拨付粮食风险基金200 000元。该省财政总预算会计的账务处理如下：

借：专用基金支出——粮食风险基金　　200 000

　贷：其他财政存款　　200 000

【例5-11】年终，某市财政“专用基金支出”科目的借方余额200 000元。年终转账时，该市财政总预算会计的账务处理如下：

借：专用基金结余　　200 000

　贷：专用基金支出　　200 000

第六节　转移性支出

一、转移性支出的概念

转移性支出是指在各级政府财政之间进行资金调拨以及在本级政府财政不同类型资金之间调剂所形成的支出，包括补助支出、上解支出、调出资金、地区间援助支出、安排预算稳定调节基金、债务转贷支出等。

二、转移性支出的核算

转移性支出应当按照财政体制的规定或实际发生的金额入账。

（一）补助支出

补助支出是指本级政府财政按财政体制规定或因专项需要补助给下级政府财政的款项，主要包括税收返还支出、体制补助支出和专项补助支出等。

为了核算补助支出，财政总预算会计应设置“补助支出”科目。本科目下应当按照不同资金性质设置“一般公共预算补助支出”“政府性基金预算补助支出”“国有资本经营预算补助支出”等明细科目，同时还应当按照补助地区进行明细核算。年终结转后，本科目无余额。

1. 发生补助支出。政府财政发生补助支出或从“与下级往来”科目转入时，借记本科目，贷记“国库存款”“其他财政存款”“与下级往来”等科目。专项转移支付资金实行特设专户管理的，本级政府财政应当根据本级政府财政下达的预算文件确认补助支出，借记本科目，贷记“国库存款”“与下级往来”等科目。

2. 支付主权外债贷款资金。有主权外债业务的财政部门，贷款资金由下级政府财政同级部门（单位）使用，且贷款最终还款责任由本级政府财政承担的，本级政府财政部门支付贷款资金时，借记本科目，贷记“其他财政存款”科目；外方将贷款资金直接支付给用款单位或供应商时，借记本科目，贷记“债务收入”“债务转贷收入”等科目；根据债务管理部门转来的相关外债转贷管理资料，按照实际支付的金额，借记“待偿债净资产”科目，贷记“借入款项”“应付主权外债转贷款”等科目。

3. 年终财政结算。年终与下级政府财政结算时，按照尚未拨付的补助金额，借记本科目，贷记“与下级往来”科目。退还或核减补助支出时，借记“国库存款”“与下级往来”等科目，贷记本科目。

4. 年终转账。年终转账时，本科目借方余额应根据不同资金性质分别转入对应的结转结余科目，借记“一般公共预算结转结余”“政府性基金预算结转结余”“国有资本经营预算结转结余”等科目，贷记本科目。

【例5-12】某省财政拨付所属下级财政补助款200 000元，其中体制补助150 000元、政府性基金补助50 000元。该省财政总预算会计的账务处理如下：

	借	贷
借：补助支出——一般公共预算补助支出	150 000	
——政府性基金预算补助支出	50 000	
贷：国库存款		200 000

【例5-13】中央财政拨付C省所属某市财政实行特设专户管理的一般公共服务的专项转移支付资金300 000元。中央财政总预算会计的账务处理如下：

• 年中拨付时，

	借	贷
借：与下级往来	300 000	
贷：国库存款		300 000

• 年终根据本级政府财政下达的预算文件确认补助支出时，

	借	贷
借：补助支出——一般公共预算补助支出	300 000	
贷：与下级往来		300 000

【例5-14】某省财政将借入的国际金融组织的贷款资金5 000 000元支付给所属A市农业局使用。如果该贷款资金最终还款责任由省级财政承担，该省财政总预算会计的账务处理如下：

	借	贷
借：补助支出——一般公共预算补助支出	5 000 000	
贷：其他财政存款		5 000 000

【例5-15】假设【例5-14】中的国际金融组织将贷款直接支付给A市农业局，该省财政总预算会计的账务处理如下：

借：补助支出——一般公共预算补助支出　　5 000 000
　　贷：债务收入　　5 000 000

同时，

借：待偿债净资产——借入款项　　5 000 000
　　贷：借入款项　　5 000 000

【例5-16】中央政府财政年终与某省财政结算，根据预算文件，确认尚未拨付的补助金额为150 000元。中央财政总预算会计的账务处理如下：

借：补助支出——一般公共预算补助支出　　150 000
　　贷：与下级往来　　150 000

【例5-17】年终，某省财政"补助支出"科目的借方余额1 300 000元，有关明细科目借方余额为："一般公共预算补助支出"1 150 000元、"政府性基金预算补助支出"150 000元。年终转账时，该省财政总预算会计的账务处理如下：

借：一般公共预算结转结余　　1 150 000
　　政府性基金预算结转结余　　150 000
　　贷：补助支出——一般公共预算补助支出　　1 150 000
　　　　　　　　——政府性基金预算补助支出　　150 000

（二）上解支出

上解支出是指按照财政体制规定由本级政府财政上交给上级政府财政的款项，主要包括体制上解支出和专项上解支出。

为了核算上解支出，财政总预算会计应设置"上解支出"科目。本科目下应当按照不同资金性质设置"一般公共预算上解支出""政府性基金预算上解支出""国有资本经营预算上解支出"等明细科目。年终结转后，本科目无余额。

1.发生上解支出。政府财政发生上解支出时，借记本科目，贷记"国库存款""与上级往来"等科目。

2.年终财政结算。年终与上级政府财政结算时，按照尚未支付的上解金额，借记本科目，贷记"与上级往来"科目。退还或核减上解支出时，借记"国库存款""与上级往来"等科目，贷记本科目。

3.年终转账。年终转账时，本科目借方余额应根据不同资金性质分别转入对应的结转结余科目，借记"一般公共预算结转结余""政府性基金预算结转结余""国有资本经营预算结转结余"等科目，贷记本科目。

【例5-18】某省财政按体制规定上解中央财政增值税收入500 000元、彩票公益金收入50 000元。该省财政总预算会计的账务处理如下：

借：上解支出——一般公共预算上解支出　　500 000
　　　　　　——政府性基金预算上解支出　　50 000
　　贷：国库存款　　550 000

【例5-19】某省财政年终与中央政府财政结算，根据预算文件，确认尚未支付的体制上解金额为150 000元。该省财政总预算会计的账务处理如下：

借：上解支出——一般公共预算上解支出　　150 000
　　贷：与上级往来　　150 000

【例5-20】年终，某省财政“上解支出”科目的借方余额600 000元，有关明细科目借方余额为：“一般公共预算上解支出”500 000元，“政府性基金预算上解支出”100 000元。年终转账时，该省财政总预算会计的账务处理如下：

借：一般公共预算结转结余　　500 000
　　政府性基金预算结转结余　　100 000
　　贷：上解支出——一般公共预算上解支出　　500 000
　　　　　　　　——政府性基金预算上解支出　　100 000

（三）调出资金

调出资金是指政府财政为平衡预算收支从某类资金向其他类型预算调出的资金。调出资金包括一般公共预算调出资金、政府性基金预算调出资金和国有资本经营预算调出资金。

为了调出资金，财政总预算会计应设置“调出资金”科目。本科目下应当设置“一般公共预算调出资金”、“政府性基金预算调出资金”和“国有资本经营预算调出资金”等明细科目。年终结转后，本科目无余额。

1. 调出资金。政府财政从一般公共预算调出资金时，按照调出的金额，借记本科目（一般公共预算调出资金），贷记“调入资金”相关明细科目。从政府性基金预算调出资金时，按照调出的金额，借记本科目（政府性基金预算调出资金），贷记“调入资金”相关明细科目。从国有资本经营预算调出资金时，按照调出的金额，借记本科目（国有资本经营预算调出资金），贷记“调入资金”相关明细科目。

2. 年终转账。年终转账时，本科目借方余额分别转入相应的结转结余科目，借记“一般公共预算结转结余”、“政府性基金预算结转结余”和“国有资本经营预算结转结余”等科目，贷记本科目。

【例5-21】某省财政为了平衡政府性基金预算，从一般公共预算调出资金30 000元。该省财政总预算会计的账务处理如下：

借：调出资金——一般公共预算调出资金　　30 000
　　贷：调入资金——政府性基金预算调入资金　　30 000

【例5-22】年终，某省财政“调出资金”科目的借方余额80 000元，有关明细科目借方余额为：“一般公共预算调出资金”30 000元、“国有资本经营预算调出资金”50 000元。年终转账时，该省财政总预算会计的账务处理如下：

借：一般公共预算结转结余　　30 000
　　国有资本经营预算结转结余　　50 000
　　贷：调出资金——一般公共预算调出资金　　30 000
　　　　　　　　——国有资本经营预算调出资金　　50 000

（四）地区间援助支出

地区间援助支出是指援助方政府财政安排用于受援方政府财政统筹使用的各类援助、捐赠等资金支出。

为了核算地区间援助支出，财政总预算会计应设置“地区间援助支出”科目。本科目应当按照受援地区及管理需要进行相应明细核算。年终结转后，本科目无余额。

政府财政发生地区间援助支出时，借记本科目，贷记“国库存款”科目。年终转账时，本科目借方余额全数转入“一般公共预算结转结余”科目，借记“一般公共预算结转结余”科目，贷记本科目。

【例5-23】某沿海省政府财政向G自治区政府财政支付G自治区政府可统筹使用的捐助资金1 000 000元。该省财政总预算会计的账务处理如下：

借：地区间援助支出——G自治区　　1 000 000

　贷：国库存款　　1 000 000

【例5-24】年终，某省财政“地区间援助支出”科目的借方余额1 000 000元。年终转账时，该省财政总预算会计的账务处理如下：

借：一般公共预算结转结余　　1 000 000

　贷：地区间援助支出　　1 000 000

（五）安排预算稳定调节基金

为了核算政府财政按照有关规定安排的预算稳定调节基金[①]，财政总预算会计应设置“安排预算稳定调节基金”科目。年终结转后，本科目无余额。

政府财政补充预算稳定调节基金时，借记本科目，贷记“预算稳定调节基金”科目；年终转账时，本科目借方余额全数转入“一般公共预算结转结余”科目，借记“一般公共预算结转结余”科目，贷记本科目。

【例5-25】某省财政从财政超收收入中安排预算稳定调节基金200 000元。该省财政总预算会计的账务处理如下：

借：安排预算稳定调节基金　　200 000

　贷：预算稳定调节基金　　200 000

【例5-26】年终，某省财政“安排预算稳定调节基金”科目的借方余额200 000元。年终转账时，该省财政总预算会计的账务处理如下：

借：一般公共预算结转结余　　200 000

　贷：安排预算稳定调节基金　　200 000

转移性支出中债务转贷支出的核算参见“债务转贷支出”。

---

① 有关预算稳定调节基金的概念及其相关规定参见第八章第三节中预算稳定调节基金相关内容。

第七节　债务还本支出和债务转贷支出

一、债务还本支出

债务还本支出是指政府财政偿还本级政府承担的债务本金支出。

为了核算债务还本支出，财政总预算会计应设置“债务还本支出”科目。本科目应当根据政府收支分类科目中“债务还本支出”的有关规定设置明细科目。年终结转后，本科目无余额。

（一）偿还本级政府财政承担的债务本金

政府财政偿还本级政府财政承担的政府债券、主权外债等纳入预算管理的债务本金时，借记本科目，贷记“国库存款”“其他财政存款”等科目；根据债务管理部门转来的相关资料，按照实际偿还的本金金额，借记“应付短期政府债券”“应付长期政府债券”“借入款项”“应付地方政府债券转贷款”“应付主权外债转贷款”等科目，贷记“待偿债净资产”科目。

（二）偿还本级政府财政承担的存量债务本金

偿还截至2014年12月31日本级政府财政承担的存量债务本金时，借记本科目，贷记“国库存款”“其他财政存款”等科目。

（三）年终转账

年终转账时，本科目下“专项债务还本支出”明细科目的借方余额应按照对应的政府性基金种类分别转入“政府性基金预算结转结余”相应明细科目，借记“政府性基金预算结转结余”科目，贷记本科目（专项债务还本支出）。本科目下其他明细科目的借方余额全数转入“一般公共预算结转结余”科目，借记“一般公共预算结转结余”科目，贷记本科目（其他明细科目）。

【例5-27】某省财政偿还到期的3年期地方政府一般债券本金500 000 000元。该省财政总预算会计的账务处理如下：

借：债务还本支出——地方政府一般债务还本支出——地方政府一般债券还本支出　500 000 000

　贷：国库存款　500 000 000

同时，

借：应付长期政府债券　500 000 000

　贷：待偿债净资产——应付长期政府债券　500 000 000

【例5-28】年终，某省财政“债务还本支出”科目的借方余额600 000 000元，有关明细科目借方余额为：“一般债务还本支出” 500 000 000元、“专项债务还本支出” 100 000 000元。年终转账时，该省财政总预算会计的账务处理如下：

借：一般公共预算结转结余　500 000 000

　　政府性基金预算结转结余　100 000 000

贷：债务还本支出——地方政府一般债务还本支出　　500 000 000
　　　　　　　——地方政府专项债务还本支出　　100 000 000

二、债务转贷支出

债务转贷支出是指本级政府财政向下级政府财政转贷的债务支出。

为了核算债务转贷支出，财政总预算会计应设置“债务转贷支出”科目。本科目下应当设置“地方政府一般债务转贷支出”“地方政府专项债务转贷支出”明细科目，同时还应当按照转贷地区进行明细核算。年终结转后，本科目无余额。

（一）转贷地方政府债券

本级政府财政向下级政府财政转贷地方政府债券资金时，借记本科目，贷记“国库存款”科目；根据债务管理部门转来的相关资料，按照到期应收回的转贷款本金金额，借记“应收地方政府债券转贷款”科目，贷记“资产基金——应收地方政府债券转贷款”科目。

【例5-29】某省财政向所属市级财政转贷地方政府专项债券资金1 500 000元。该省财政总预算会计的账务处理如下：

借：债务转贷支出——地方政府专项债务转贷支出　　1 500 000
　贷：国库存款　　1 500 000

同时，

借：应收地方政府债券转贷款　　1 500 000
　贷：资产基金——应收地方政府债券转贷款　　1 500 000

（二）转贷主权外债资金

本级政府财政向下级政府财政转贷主权外债资金，且主权外债最终还款责任由下级政府财政承担的，相关账务处理如下：

1.本级政府财政支付转贷资金时，根据转贷资金支付相关资料，借记“债务转贷支出”科目，贷记“其他财政存款”科目；根据债务管理部门转来的相关资料，按照实际持有的债权金额，借记“应收主权外债转贷款”科目，贷记“资产基金——应收主权外债转贷款”科目。

2.外方将贷款资金直接支付给用款单位或供应商时，本级政府财政根据转贷资金支付相关资料，借记本科目，贷记“债务收入”“债务转贷收入”科目；根据债务管理部门转来的相关资料，按照实际持有的债权金额，借记“应收主权外债转贷款”科目，贷记“资产基金——应收主权外债转贷款”科目；同时，借记“待偿债净资产”科目，贷记“借入款项”“应付主权外债转贷款”等科目。

【例5-30】某省财政向所属市级财政转贷外国政府借款2 000 000元，该贷款由市级财政承担偿还责任、市交通运输局使用。该省财政总预算会计账务处理如下：

- 将贷款资金支付给市财政部门时，

借：债务转贷支出——地方政府一般债务转贷支出——地方政府向外国政府借款转贷支出　　2 000 000

　　贷：其他财政存款　　2 000 000

同时，

借：应收主权外债转贷款　　2 000 000
　　贷：资产基金——应收主权外债转贷款　　2 000 000

- 如果外方将贷款直接支付给市交通运输局，

借：债务转贷支出——地方政府一般债务转贷支出——地方政府向外国政府借款转贷支出　　2 000 000
　　贷：债务收入　　2 000 000

同时，

借：应收主权外债转贷款　　2 000 000
　　贷：资产基金——应收主权外债转贷款　　2 000 000
借：待偿债净资产——应付主权外债转贷款　　2 000 000
　　贷：借入款项　　2 000 000

（三）年终转账

年终转账时，本科目下“地方政府一般债务转贷支出”明细科目的借方余额全数转入“一般公共预算结转结余”科目，借记“一般公共预算结转结余”科目，贷记“债务转贷支出（地方政府一般债务转贷支出）”科目。本科目下“地方政府专项债务转贷支出”明细科目的借方余额全数转入“政府性基金预算结转结余”科目，借记“政府性基金预算结转结余”科目，贷记“债务转贷支出（地方政府专项债务转贷支出）”科目。

【例5-31】年终，某省财政“债务转贷支出”账户借方余额为3 500 000元，有关明细科目借方余额为：“地方政府一般债务转贷支出”2 000 000元、“地方政府专项债务转贷支出”1 500 000元。年终转账时，该省财政总预算会计的账务处理如下：

借：一般公共预算结转结余　　2 000 000
　　政府性基金预算结转结余　　1 500 000
　　贷：债务转贷支出——地方政府一般债务转贷支出　　2 000 000
　　　　　　　　　　——地方政府专项债务转贷支出　　1 500 000

复习思考

1.什么是政府财政支出？包含哪些内容？
2.政府财政支出的支付方式有哪几种？各自的含义是什么？
3.财政资金调拨支出包含哪些内容？
4.政府财政支出在财政总预算会计中通过哪些会计科目进行核算？
5.政府收支分类科目中的转移性支出在财政总预算会计中通过哪些会计科目进行核算？
6.与政府债务核算有关支出会计科目有哪些？

操作练习

目的：练习政府财政支出的核算。

资料：某省财政2×21年发生如下经济业务：

1. 根据一般公共预算，支付省物价厅办公费200 000元。

2. 将之前预拨给省农业厅的教育费50 000元列报一般公共预算本级支出。

3. 根据政府性基金预算，支付用地方水利建设基金收入安排的支出100 000元，用地方教育附加安排的支出80 000元。

4. 根据国有资本经营预算，拨付国有资本经营预算资金500 000元。

5. 从粮食风险基金专户中安排使用粮食风险基金200 000元。

6. 向所属市财政拨付补助款100 000元，其中一般公共预算80 000元、政府性基金预算20 000元。

7. 向中央财政上解增值税收入50 000元、政府性基金收入30 000元。

8. 调出一般公共预算资金30 000元用于平衡政府性基金预算。

9. 从国有资本经营预算调出资金20 000元用于平衡一般公共预算。

10. 按有关规定，用纳入财政专户管理的资金安排支出50 000元。

11. 向某自治区政府财政支付该自治区政府可统筹使用的捐助资金200 000元。

12. 从财政超收收入中安排预算稳定调节基金300 000元。

13. 偿还5年期地方政府一般债券本金50 000 000元、专项债券本金40 000 000元。

14. 向所属市级财政转贷地方政府专项债券资金1 500 000元。

15. 向所属市级财政转贷国际金融组织转贷款2 000 000元。

要求：根据上述经济业务编制相应的会计分录，涉及转移性收支科目的，要求列出二级明细科目。

第六章

政府财政资产的核算

学习目标

- 掌握财政资产的概念和内容
- 熟悉流动资产和非流动资产的内容
- 掌握各项资产的核算方法
- 理解政府财政债权形成的方式
- 理解上下级往来产生的原因
- 掌握实行“双分录”核算方法的资产业务

本章主要阐述政府财政资产的内容和核算方法。

第一节 政府财政资产概述

一、政府财政资产的定义

政府财政资产是指政府财政占有或控制的，能以货币计量的经济资源，包括财政存款、有价证券、应收股利、借出款项、暂付及应收款项、预拨经费、应收转贷款和股权投资等。

政府财政资产按照流动性，分为流动资产和非流动资产。

流动资产，是指预计在1年内（含1年）变现的资产，包括财政存款、有价证券、在途款、预拨经费、借出款项、应收股利、暂付及应收款项等。

非流动资产，是指流动资产以外的资产，包括应收转贷款、股权投资和待发国债。

二、政府财政资产的确认和计量

财政总预算会计对符合政府财政资产定义的经济资源，应当在取得对其相关的权利，并且能够可靠地进行货币计量时确认。

政府财政资产应当按照取得或发生时的实际金额进行计量。

符合资产定义并确认的资产项目，应当列入资产负债表。

第二节 流动资产

一、财政存款

（一）财政存款的概念和管理原则

财政存款是指政府财政部门代表政府管理的国库存款、国库现金管理存款以及其他财政存款等。

对财政存款的管理，财政总预算会计应当遵循以下原则：

1.财政存款的支配权属于本级政府财政部门，并由财政总预算会计负责管理。

2.统一在国库或选定的银行开立存款账户，统一收付。

3.在财政存款余额内支付，不得透支。

4.财政存款只能转账结算，不得提取现金。

（二）财政存款的核算

1.国库存款

国库存款是政府财政存放在国库单一账户的款项，包括一般公共预算存款、政府性基金预算存款和国有资本经营预算存款。政府财政预算收入经过各级国库的收纳、划分、报解和上下级财政之间的调拨，形成各级财政部门的财政存款。

为了核算国库存款，财政总预算会计应设置“国库存款”科目。本科目期末借方余额反映政府财政国库存款的结存数。

政府财政收到预算收入时，借记本科目，贷记有关预算收入科目。当日收入数为负数时，以红字记入（采用计算机记账的，用负数反映）。国库库款减少时，按照实际支付的金额，借记有关科目，贷记本科目。

收到国库存款利息收入时，借记本科目，贷记“一般公共预算本级收入”科目。收到缴入国库的来源不清的款项时，借记本科目，贷记“其他应付款”等科目。

【例6-1】某省财政收到国库报来“预算收入日报表”，列示本日一般公共预算本级收入为100 000元、政府性基金预算本级收入50 000元、国有资本经营预算本级收入60 000元。该省财政总预算会计的账务处理如下：

借：国库存款	210 000	
贷：一般公共预算本级收入		100 000
政府性基金预算本级收入		50 000
国有资本经营预算本级收入		60 000

【例6-2】某省财政向省政协拨付办公费100 000元。该省财政总预算会计的账务处理如下：

借：一般公共预算本级支出　　100 000
　贷：国库存款　　100 000

【例6-3】某省财政支付用彩票公益金收入安排的支出150 000元。该省财政总预算会计的账务处理如下：

借：政府性基金预算本级支出　　150 000
　贷：国库存款　　150 000

【例6-4】某省财政支付用国有资本经营预算本级收入安排的支出200 000元。该省财政总预算会计的账务处理如下：

借：国有资本经营预算本级支出　　200 000
　贷：国库存款　　200 000

2.国库现金管理存款

国库现金是财政部门尚未支付而暂时闲置在国库单一账户的财政资金；国库现金管理存款是政府财政实行国库现金管理业务存放在商业银行的款项。

为了核算国库现金管理存款，财政总预算会计应设置“国库现金管理存款”科目。本科目期末借方余额反映政府财政实行国库现金管理业务持有的存款。

政府财政按照国库现金管理有关规定，将库款转存商业银行时，按照存入商业银行的金额，借记本科目，贷记“国库存款”科目。国库现金管理存款收回国库时，按照实际收回的金额，借记“国库存款”科目，按照原存入商业银行的存款本金金额，贷记本科目，按照两者的差额，贷记“一般公共预算本级收入”科目。

【例6-5】中央财政按照国库现金管理有关规定，将库款5 000 000元转存商业银行。中央财政总预算会计账务处理如下：

借：国库现金管理存款　　5 000 000
　贷：国库存款　　5 000 000

【例6-6】中央财政将到期的国库现金管理存款收回国库，本金5 000 000元，利息200 000元。中央财政总预算会计账务处理如下：

借：国库存款　　5 200 000
　贷：国库现金管理存款　　5 000 000
　　　一般公共预算本级收入　　200 000

3.其他财政存款

其他财政存款是政府财政未列入国库存款和国库现金管理存款的各项存款，包括实行财政专户管理的资金存款、未设国库的乡（镇）财政在专业银行的预算资金存款等。

为了核算其他财政存款，财政总预算会计应设置“其他财政存款”科目。本科目应当按照资金性质和存款银行等进行明细核算。本科目期末借方余额反映政府财政持有的其他财政存款。

财政专户收到款项时，按照实际收到的金额，借记本科目，贷记有关科目。其他财政存款减少时，按照实际支付的金额，借记有关科目，贷记本科目。

其他财政存款产生的利息收入，除规定作为专户资金收入外，其他利息收入都应缴入国库纳入一般公共预算管理。取得其他财政存款利息收入时，需按照实际获得的利息金额，根据情况分别处理：按规定作为专户资金收入的，借记本科目，贷记“应付代管资金”或有关收入科目；按规定应缴入国库的，借记本科目，贷记“其他应付款”科目。将其他财政存款利息收入缴入国库时，借记“其他应付款”科目，贷记本科目；同时，借记“国库存款”科目，贷记“一般公共预算本级收入”科目。

【例6-7】中央财政收到向外国政府借入的款项50 000 000元。中央财政总预算会计的账务处理如下：

借：其他财政存款——外国政府借款　　50 000 000
　贷：债务收入　　50 000 000
借：待偿债净资产——借入款项　　50 000 000
　贷：借入款项　　50 000 000

【例6-8】中央财政收到教育部缴入的教育收费300 000元。中央财政总预算会计的账务处理如下：

借：其他财政存款——教育收费存款　　300 000
　贷：财政专户管理资金收入　　300 000

【例6-9】中央财政支付用教育收费安排的支出300 000元。中央财政总预算会计的账务处理如下：

借：财政专户管理资金支出　　300 000
　贷：其他财政存款——教育收费存款　　300 000

【例6-10】未设国库的某乡财政收到县财政返回的一般公共预算本级收入200 000元、政府性基金预算本级收入50 000元、国有资本经营预算本级收入50 000元。该乡财政总预算会计的账务处理如下：

借：其他财政存款——一般公共预算存款　　200 000
　　　　　　——政府性基金预算存款　　50 000
　　　　　　——国有资本经营预算存款　　50 000
　贷：一般公共预算本级收入　　200 000
　　　政府性基金预算本级收入　　50 000
　　　国有资本经营预算本级收入　　50 000

【例6-11】未设国库的某乡财政支付镇政府职工工资50 000元。该乡财政总预算会计的账务处理如下：

借：一般公共预算本级支出　　50 000
　贷：其他财政存款——一般公共预算存款　　50 000

4.财政零余额账户存款

财政零余额账户是由财政部门在商业银行开设，用于财政直接支付与国库单一账户清算的账户，由财政国库支付执行机构负责管理。

为了核算财政国库支付执行机构在代理银行办理财政直接支付的业务，财政总预算会计应设置“财政零余额账户存款”科目。财政国库支付执行机构未单设的地区不使用本科目。本科目当日资金结算后一般应无余额。

财政国库支付执行机构为预算单位直接支付款项时，借记有关预算支出科目，贷记本科目。财政国库支付执行机构每日将按部门分类、款、项汇总的预算支出结算清单等结算单与中国人民银行国库划款凭证核对无误后，送财政总预算会计结算资金，按照结算的金额，借记本科目，贷记“已结报支出”科目。

【例6-12】中央财政国库支付中心通过财政零余额账户为交通运输部门支付办公设备购置费2 000 000元，民航机场建设费1 000 000元。中央财政国库支付机构账务处理如下：

借：一般公共预算本级支出	2 000 000	
政府性基金预算本级支出	1 000 000	
贷：财政零余额账户存款		3 000 000

【例6-13】某日汇总清算后，中央财政国库支付中心将当日按部门分类、款、项汇总的预算支出结算清单等结算单与中国人民银行国库划款凭证核对无误后，送财政总预算会计结算资金，当日的一般公共预算本级支出2 200 000元，政府性基金预算本级支出1 000 000元。其中一般公共预算本级支出中200 000元为财政授权支付，其他支出均为财政直接支付。中央财政国库支付机构账务处理如下：

借：财政零余额账户存款	3 000 000	
一般公共预算本级支出	200 000	
贷：已结报支出		3 200 000

二、有价证券

有价证券是指政府财政按照有关规定取得并持有的政府债券。政府财政购入政府债券，属于债权投资。

为了核算有价证券，财政总预算会计应设置“有价证券”科目。本科目应按有价证券种类和资金性质进行明细核算。本科目期末借方余额反映政府财政持有的有价证券金额。

政府财政购入有价证券时，按照实际支付的金额，借记本科目，贷记“国库存款”“其他财政存款”等科目。政府财政转让或到期兑付有价证券时，按照实际收到的金额，借记“国库存款”“其他财政存款”等科目，按照该有价证券的账面余额，贷记本科目，按其差额，贷记“一般公共预算本级收入”等科目。

【例6-14】某市财政使用一般公共预算结余和政府性基金预算结余各50 000元购买1年期国库券100 000元。该市财政总预算会计的账务处理如下：

借：有价证券——国库券——一般公共预算结余购入　　50 000
——政府性基金预算结余购入　　50 000
　贷：国库存款　　100 000

【例6-15】【例6-14】中市财政购买的国库券到期，收到兑付本金100 000元，利息5 000元。该市财政总预算会计的账务处理如下：

借：国库存款　　105 000
　贷：有价证券——国库券——一般公共预算结余购入　　50 000
——政府性基金预算结余购入　　50 000
一般公共预算本级收入　　2 500
政府性基金预算本级收入　　2 500

三、在途款

在途款是一种在途未达款项，是决算清理期和库款报解整理期内发生的上下年度收入、支出及需要过渡处理的待结算资金。

新年度开始的一定时期（由上级财政具体规定）内，通常设定为整理期。在整理期内，有些属于上年度的收入需要补充缴库，有些不合规的支出需要收回。这些会计事项发生在新年度，从发生时间来看，属于已达款项，但从上年度来看，这些款项却是未达款项。这些上下年度间的交接资金需要通过设置“在途款”科目进行过渡核算。

为了核算在途款，财政总预算会计应设置“在途款”科目。本科目期末借方余额反映政府财政持有的在途款。

政府财政在决算清理期和库款报解整理期内收到属于上年度收入时，在上年度账务中，借记本科目，贷记有关收入科目；收回属于上年度拨款或支出时，在上年度账务中，借记本科目，贷记“预拨经费”或有关支出科目。冲转在途款时，在本年度账务中，借记“国库存款”科目，贷记本科目。

【例6-16】某市财政在决算整理期间收到国库报来的预算收入日报表，列示上年度的一般公共预算本级收入40 000元、政府性基金预算本级收入20 000元、国有资本经营预算本级收入50 000元。该市财政总预算会计的账务处理如下：

• 在上年度账上记，

借：在途款　　110 000
　贷：一般公共预算本级收入　　40 000
政府性基金预算本级收入　　20 000
国有资本经营预算本级收入　　50 000

• 在新年度账上记，

借：国库存款　　110 000
　贷：在途款　　110 000

【例6-17】某市财政在决算整理期间收回上年度已列支的一般公共预算本级支出40 000元。该市财政总预算会计的账务处理如下：

• 在上年度账上记，

借：在途款　　40 000

　贷：一般公共预算本级支出　　40 000

• 在新年度账上记，

借：国库存款　　40 000

　贷：在途款　　40 000

【例6-18】某市财政在决算整理期间收回属于上年度的预拨市教育局款项 40 000 元。该市财政总预算会计的账务处理如下：

• 在上年度账上记，

借：在途款　　40 000

　贷：预拨经费　　40 000

• 在新年度账上记，

借：国库存款　　40 000

　贷：在途款　　40 000

四、预拨经费

预拨经费是指政府财政在年度预算执行中预拨出应在以后各月列支以及会计年度终了前根据“二上”预算预拨出的下年度预算资金。预拨经费（不含预拨下年度预算资金）应在年终前转列支出或清理收回。

为了核算预拨经费，财政总预算会计应设置“预拨经费”科目。本科目应当按照预拨经费的种类、预算单位等进行明细核算。本科目期末借方余额反映政府财政年末尚未转列支出或尚待收回的预拨经费数。

政府财政拨出款项时，借记本科目，贷记“国库存款”科目。转列支出或收回预拨款项时，借记“一般公共预算本级支出”“政府性基金预算本级支出”“国库存款”等科目，贷记本科目。

【例6-19】某市财政本年度3月份预拨4月份所属甲单位经费50 000元。该市财政总预算会计的账务处理如下：

借：预拨经费——甲单位　　50 000

　贷：国库存款　　50 000

【例6-20】【例6-19】中的市财政4月份将预拨所属甲单位经费40 000元转为一般公共预算本级支出，国库收回余款10 000元。该市财政总预算会计的账务处理如下：

借：一般公共预算本级支出　　40 000

　　国库存款　　10 000

　贷：预拨经费——甲单位　　50 000

五、借出款项

借出款项是指政府财政按照对外借款管理相关规定借给预算单位应对临时急需并需按期收回的款项。

根据国家有关规定，各级财政部门要严格按照批准的年度预算和用款计划拨款，对于年度预算执行中确需新增的支出项目，应按规定通过动支预备费或调整当年预算解决，不得对外借款。各级政府财政部门不得将国库库款和财政专户资金借给任何部门、单位、企业或者个人，但经本级政府批准临时应对重大突发事件确需出借的临时急需款项，应严格限定借款对象、用途和期限。借款对象应限于纳入本级预算管理的一级预算单位（本级政府所属部门和直属事业单位，不含企业），不得对非预算单位及未纳入年度预算的项目给予借款和垫付财政资金，且应仅限于临时性资金周转或者为应对社会影响较大的突发事件的临时急需垫款。借款期限不得超过一年。各级政府应当将财政对外借款情况向本级人民代表大会常务委员会报告。政府所属部门、直属事业单位应当按时归还借款。超期未还的，应当责令改正。

为了核算借出款项，财政总预算会计应设置“借出款项”科目。本科目应当按照借款单位等进行明细核算。本科目期末借方余额反映政府财政借给预算单位尚未收回的款项。

政府财政将款项借出时，按照实际支付的金额，借记本科目，贷记“国库存款”等科目。收回借款时，按照实际收到的金额，借记“国库存款”等科目，贷记本科目。

【例6-21】经批准，某省教育厅因遇重大突发事件临时急需款项向省财政借款500 000元，省财政通知国库拨款。该省财政总预算会计的账务处理如下：

借：借出款项——教育厅　　500 000
　贷：国库存款　　500 000

【例6-22】【例6-21】中的省财政收回借给省教育厅的500 000元。该省财政总预算会计的账务处理如下：

借：国库存款　　500 000
　贷：借出款项——教育厅　　500 000

六、应收股利

应收股利是指政府因持有股权投资应当收取的现金股利或利润。

为了核算应收股利，财政总预算会计应设置“应收股利”科目。本科目应当按照被投资主体进行明细核算。本科目期末借方余额反映政府尚未收回的现金股利或利润。

政府财政持有股权投资期间被投资主体宣告发放现金股利或利润的，按应上缴政府财政的部分，借记本科目，贷记“资产基金——应收股利”科目；按照相同的金额，借记“资产基金——股权投资”科目，贷记“股权投资（损益调整）”科目。实际收到现金股利或利润，借记“国库存款”等科目，贷记有关收入科目；按照相同的金额，借记“资产基金——应收股利”科目，贷记本科目。

【例6-23】2×21年5月30日某上市公司发布2×20年利润分配实施公告，公布2×20年分配现金股利25 000 000元，现金股利发放日为2×21年6月10日。中央政府在该公司持有股份比例为20%。中央财政总预算会计账务处理如下：

- 宣告发放股利时，

借：应收股利　　5 000 000
　贷：资产基金——应收股利　　5 000 000
借：资产基金——股权投资　　5 000 000
　贷：股权投资——损益调整　　5 000 000

• 实际收到现金股利时，

借：国库存款　　5 000 000
　贷：国有资本经营预算本级收入　　5 000 000
借：资产基金——应收股利　　5 000 000
　贷：应收股利　　5 000 000

七、暂付及应收款项

暂付及应收款项是指政府财政业务活动中形成的债权，包括与下级往来和其他应收款等。暂付及应收款项应当及时清理结算，不得长期挂账。

（一）与下级往来

与下级往来是指本级政府财政与下级政府财政的往来待结算款项。该款项主要是在预算执行过程中因本级政府财政借给下级财政款项、体制结算等事项而形成的待结算资金。

为了核算与下级往来，县级（含县级）以上各级财政总预算会计应设置“与下级往来”科目。本科目应当按照下级政府财政、资金性质等进行明细核算。本科目期末借方余额反映下级政府财政欠本级政府财政的款项；期末贷方余额反映本级政府财政欠下级政府财政的款项。

本级政府财政借给下级政府财政款项时，借记本科目，贷记“国库存款”科目。借款收回、转作补助支出或体制结算应当补助下级政府财政的支出，借记“国库存款”“补助支出”等有关科目，贷记本科目。发生补助多补应当退回的，按照应当退回的金额，借记本科目，贷记“补助支出”科目。体制结算中应当由下级政府财政上交的收入数，借记本科目，贷记“上解收入”科目。发生上解多交应当退回的，按照应当退回的金额，借记“上解收入”科目，贷记本科目。

【例6-24】某市财政借给所属A县财政急需款项500 000元，已通知国库拨款。该市财政总预算会计的账务处理如下：

借：与下级往来——A县　　500 000
　贷：国库存款　　500 000

【例6-25】【例6-24】中的市财政经研究决定借给A县财政的500 000元要求收回300 000元，剩余部分作为对该县的补助。国库已通知收到A县财政归还300 000元。该市财政总预算会计的账务处理如下：

借：国库存款　　300 000
　　补助支出　　200 000
　贷：与下级往来——A县　　500 000

【例6-26】某市财政根据年终财政结算单将所属B县财政所欠上解资金500 000元记账。该市财政总预算会计的账务处理如下：

借：与下级往来——B县　　500 000

　贷：上解收入　　500 000

（二）其他应收款

其他应收款是政府财政临时发生的其他应收、暂付、垫付款项。

为了核算其他应收款，财政总预算会计设置“其他应收款”科目。项目单位拖欠外国政府和国际金融组织贷款本息和相关费用导致相关政府财政履行担保责任，代偿的贷款本息，也通过本科目核算。本科目应当按照资金性质、债务单位等进行明细核算。本科目应及时清理结算。年终，原则上应无余额。

政府财政发生其他应收款项时，借记本科目，贷记“国库存款”“其他财政存款”等科目。收回或转作预算支出时，借记“国库存款”、“其他财政存款”或有关支出科目，贷记本科目。

政府财政对使用外国政府和国际金融组织贷款资金的项目单位履行担保责任，代偿贷款本息费时，借记本科目，贷记“国库存款”“其他财政存款”等科目。政府财政行使追索权，收回项目单位贷款本息费时，借记“国库存款”“其他财政存款”等科目，贷记本科目。政府财政最终未收回项目单位贷款本息费，经核准列支时，借记“一般公共预算本级支出”等科目，贷记本科目。

【例6-27】某省级财政代替所属某市级财政承担的外国政府转贷款利息300 000元。该省财政总预算会计的账务处理如下：

借：其他应收款——某市级财政　　300 000

　贷：国库存款　　300 000

【例6-28】中央财政对使用国际金融组织贷款资金的A项目单位履行担保责任，发生代偿贷款本息210 000元，其中本金200 000元、利息10 000元。中央财政总预算会计账务处理如下：

借：其他应收款　　210 000

　贷：其他财政存款　　200 000

　　　国库存款　　10 000

【例6-29】【例6-28】中的中央财政行使追索权，收回项目单位贷款本息210 000元。则中央财政总预算会计账务处理如下：

借：其他财政存款　　200 000

　　国库存款　　10 000

　贷：其他应收款　　210 000

如果中央财政最终未收回项目单位贷款本息费，经核准列入一般公共预算支出，则中央财政总预算会计账务处理如下：

借：一般公共预算本级支出　　210 000

贷：其他应收款　210 000

第三节　非流动资产

一、应收转贷款

应收转贷款是指政府财政将借入的资金转贷给下级政府财政的款项，包括应收地方政府债券转贷款、应收主权外债转贷款等。

（一）应收地方政府债券转贷款

应收地方政府债券转贷款是地方政府财政将地方政府债券转贷给下级政府财政形成的转贷款。

为了核算应收地方政府债券转贷款的本金及利息，省级以下（含省级）财政总预算会计设置“应收地方政府债券转贷款”科目。本科目下应当设置“应收地方政府一般债券转贷款”和“应收地方政府专项债券转贷款”明细科目，其下分别设置“应收本金”和“应收利息”两个明细科目，并按照转贷对象进行明细核算。本科目期末借方余额反映政府财政应收未收的地方政府债券转贷款本金和利息。

1. 发生转贷地方政府债券。本级政府财政向下级政府财政转贷地方政府债券资金时，按照转贷的金额，借记“债务转贷支出”科目，贷记“国库存款”科目；根据债务管理部门转来的相关资料，按照到期应收回的转贷本金金额，借记本科目，贷记“资产基金——应收地方政府债券转贷款”科目。

2. 期末确认应收利息。期末确认地方政府债券转贷款的应收利息时，根据债务管理部门计算出的转贷款本期应收未收利息金额，借记本科目，贷记“资产基金——应收地方政府债券转贷款”科目。

3. 收回本息。收回下级政府财政偿还的转贷款本息时，按照收回的金额，借记“国库存款”等科目，贷记“其他应付款”或“其他应收款”科目；根据债务管理部门转来的相关资料，按照收回的转贷款本金及已确认的应收利息金额，借记“资产基金——应收地方政府债券转贷款”科目，贷记本科目。

4. 扣缴本息。扣缴下级政府财政的转贷款本息时，按照扣缴的金额，借记“与下级往来”科目，贷记“其他应付款”或“其他应收款”科目；根据债务管理部门转来的相关资料，按照扣缴的转贷款本金及已确认的应收利息金额，借记“资产基金——应收地方政府债券转贷款”科目，贷记本科目。

【例6-30】某省财政向所属A市财政转贷3年期、票面利率为2.5%的地方政府一般债券6 000 000元。该债券分年付息、到期一次还本。该省财政总预算会计账务处理如下：

• 发生地方政府一般债券转贷时，

借：债务转贷支出　6 000 000

　贷：国库存款　6 000 000

借：应收地方政府债券转贷款——应收地方政府一般债券转贷款——应收本金 6 000 000

贷：资产基金——应收地方政府债券转贷款 6 000 000

• 月末确认应收利息时，

年应收利息=6 000 000×2.5%=150 000（元）

月应收利息=150 000÷12=12 500（元）

借：应收地方政府债券转贷款——应收地方政府一般债券转贷款——应收利息 12 500

贷：资产基金——应收地方政府债券转贷款 12 500

• 每年收回利息时，

借：国库存款 150 000

贷：其他应付款 150 000

借：资产基金——应收地方政府债券转贷款 150 000

贷：应收地方政府债券转贷款——应收地方政府一般债券转贷款——应收利息 150 000

• 转贷债券到期，收回本金6 000 000元、到期当年利息150 000元时，

借：国库存款 6 150 000

贷：其他应付款 6 150 000

借：资产基金——应收地方政府债券转贷款 6 150 000

贷：应收地方政府债券转贷款——应收地方政府一般债券转贷款——应收利息 150 000

——应收本金 6 000 000

• 如果A市财政在债券到期时未能按时偿还本息，包括本金6 000 000元和到期当年利息150 000元，省财政予以扣缴时，

借：与下级往来 6 150 000

贷：其他应付款 6 150 000

借：资产基金——应收地方政府债券转贷款 6 150 000

贷：应收地方政府债券转贷款——应收地方政府一般债券转贷款——应收利息 150 000

——应收本金 6 000 000

（二）应收主权外债转贷款

应收主权外债转贷款是本级政府财政将外国政府和国际金融组织贷款转贷给下级政府财政而形成的转贷款。

为了核算应收主权外债转贷款，财政总预算会计设置“应收主权外债转贷款”科

目。本科目下应当设置“应收本金”和“应收利息”两个明细科目，并按照转贷对象进行明细核算。本科目期末借方余额反映政府财政应收未收的主权外债转贷款本金和利息。

1.发生转贷主权外债。本级政府财政向下级政府财政转贷主权外债资金，且主权外债最终还款责任由下级政府财政承担的，相关账务处理如下：①本级政府财政支付转贷资金时，根据转贷资金支付相关资料，借记“债务转贷支出”科目，贷记“其他财政存款”科目；根据债务管理部门转来的相关资料，按照实际持有的债权金额，借记本科目，贷记“资产基金——应收主权外债转贷款”科目。②外方将贷款资金直接支付给用款单位或供应商时，本级政府财政根据转贷资金支付相关资料，借记“债务转贷支出”科目，贷记“债务收入”或“债务转贷收入”科目；根据债务管理部门转来的相关资料，按照实际持有的债权金额，借记本科目，贷记“资产基金——应收主权外债转贷款”科目；同时，借记“待偿债净资产”科目，贷记“借入款项”或“应付主权外债转贷款”科目。

2.期末确认应收利息。期末确认主权外债转贷款的应收利息时，根据债务管理部门计算出转贷款的本期应收未收利息金额，借记本科目，贷记“资产基金——应收主权外债转贷款”科目。

3.收回本息。收回转贷给下级政府财政主权外债的本息时，按照收回的金额，借记“其他财政存款”科目，贷记“其他应付款”或“其他应收款”科目；根据债务管理部门转来的相关资料，按照实际收回的转贷款本金及已确认的应收利息金额，借记“资产基金——应收主权外债转贷款”科目，贷记本科目。

4.扣缴本息。扣缴下级政府财政的转贷款本息时，按照扣缴的金额，借记“与下级往来”科目，贷记“其他应付款”或“其他应收款”科目；根据债务管理部门转来的相关资料，按照扣缴的转贷款本金及已确认的应收利息金额，借记“资产基金——应收主权外债转贷款”科目，贷记本科目。

【例6-31】某省财政向所属D市财政转贷外国政府贷款2 000 000元，贷款期限30年、利率3%，到期一次还本付息。该转贷款由D市财政承担还款责任、D市交通运输局使用。该省财政总预算会计账务处理如下：

- 发生转贷时，

借：债务转贷支出	2 000 000	
贷：其他财政存款		2 000 000
借：应收主权外债转贷款——应收本金——D市	2 000 000	
贷：资产基金——应收主权外债转贷款		2 000 000

如果外方将贷款资金直接支付给了D市交通运输局，则账务处理如下：

借：债务转贷支出	2 000 000	
贷：债务收入		2 000 000
借：应收主权外债转贷款	2 000 000	

贷：资产基金——应收主权外债转贷款　　2 000 000

同时，

借：待偿债净资产——借入款项　　2 000 000

贷：借入款项　　2 000 000

• 月末确认应收利息时，

年应收利息=2 000 000×3%=60 000（元）

月应收利息=60 000÷12=5 000（元）

借：应收主权外债转贷款——应收利息——D市　　5 000

贷：资产基金——应收主权外债转贷款　　5 000

• 转贷款到期，收回本金2 000 000元、利息1 800 000元时，

借：其他财政存款　　3 800 000

贷：其他应付款　　3 800 000

借：资产基金——应收主权外债转贷款　　3 800 000

贷：应收主权外债转贷款——应收本金　　2 000 000

——应收利息　　1 800 000

• 如果D市财政在转贷款到期时未能按时偿还本息，包括本金2 000 000元和利息1 800 000元，省财政予以扣缴时，

借：与下级往来　　3 800 000

贷：其他应付款　　3 800 000

借：资产基金——应收主权外债转贷款　　3 800 000

贷：应收主权外债转贷款——应收本金　　2 000 000

——应收利息　　1 800 000

二、股权投资

股权投资是指政府持有的各类股权投资资产，包括国际金融组织股权投资、投资基金股权投资、国有企业股权投资等。股权投资一般采用权益法进行核算。

为了核算股权投资，财政总预算会计应设置“股权投资”科目。本科目应当按照“国际金融组织股权投资”“投资基金股权投资”“企业股权投资”设置一级明细科目，在一级明细科目下，可根据管理需要，按照被投资主体进行明细核算。对每一被投资主体还可按“投资成本”“收益转增投资”“损益调整”“其他权益变动”进行明细核算。本科目期末借方余额反映政府持有的各种股权投资金额。

（一）国际金融组织股权投资

国际金融组织股权投资是政府财政代表国家以会员国认缴国际金融组织股本所形成的股权投资。

政府财政代表政府认缴国际金融组织股本时，按照实际支付的金额，借记“一般公共预算本级支出”等科目，贷记“国库存款”科目；根据股权投资确认相关资料，按照确定的股权投资成本，借记本科目，贷记“资产基金——股权投资”科目。从国际金融

组织撤出股本时，按照收回的金额，借记“国库存款”科目，贷记“一般公共预算本级支出”科目；根据股权投资清算相关资料，按照实际撤出的股本，借记“资产基金——股权投资”科目，贷记本科目。

【例6-32】中央财政动用一般公共预算资金代表国家认缴某国际金融组织股本50 000 000元。中央财政总预算会计账务处理如下：

借：一般公共预算本级支出　　50 000 000
　贷：国库存款　　50 000 000
借：股权投资——国际金融组织股权投资　　50 000 000
　贷：资产基金——股权投资　　50 000 000

（二）投资基金股权投资

投资基金股权投资是指政府财政代表政府入股投资基金所形成的股权投资。根据《政府投资基金暂行管理办法》（财预〔2015〕210号）的规定，政府投资基金是指由各级政府通过预算安排，以单独出资或与社会资本共同出资设立，采用股权投资等市场化方式，引导社会各类资本投资经济社会发展的重点领域和薄弱环节，支持相关产业和领域发展的资金。其中，政府出资是指财政部门通过一般公共预算、政府性基金预算、国有资本经营预算等安排的资金。各级财政部门一般应在以下领域设立投资基金：（1）支持创新创业；（2）支持中小企业发展；（3）支持产业转型升级和发展；（4）支持基础设施和公共服务领域。设立政府投资基金，可采用公司制、有限合伙制和契约制等不同组织形式。

1.进行投资基金股权投资。政府财政对投资基金进行股权投资时，按照实际支付的金额，借记“一般公共预算本级支出”等科目，贷记“国库存款”等科目；根据股权投资确认相关资料，按照实际支付的金额，借记本科目（投资成本），按照确定的在被投资基金中占有的权益金额与实际支付金额的差额，借记或贷记本科目（其他权益变动），按照确定的在被投资基金中占有的权益金额，贷记“资产基金——股权投资”科目。

2.投资基金损益调整。主要包括以下情形：（1）年末，根据政府财政在被投资基金当期净利润或净亏损中占有的份额，借记或贷记本科目（损益调整），贷记或借记“资产基金——股权投资”科目。（2）政府财政将归属财政的收益留作基金滚动使用时，借记本科目（收益转增投资），贷记本科目（损益调整）。（3）被投资基金宣告发放现金股利或利润时，按照应上缴政府财政的部分，借记“应收股利”科目，贷记“资产基金——应收股利”科目；同时按照相同的金额，借记“资产基金——股权投资”科目，贷记本科目（损益调整）。（4）被投资基金发生除净损益以外的其他权益变动时，按照政府财政持股比例计算应享有的部分，借记或贷记本科目（其他权益变动），贷记或借记“资产基金——股权投资”科目。

3.投资基金收回。投资基金存续期满、清算或政府财政从投资基金退出需收回出资时，政府财政按照实际收回的资金，借记“国库存款”等科目，按照收回的原实际出资部分，贷记“一般公共预算本级支出”等科目，按照超出原实际出资的部分，贷记“一般公共预算本级收入”等科目；根据股权投资清算相关资料，按照因收回股权投资而减少在被投资基金中占有的权益金额，借记“资产基金——股权投资”科目，贷记本科目。

【例6-33】某省财政使用一般公共预算资金与社会资本结合创立中小企业发展投资基金，该投资基金权益金额24 500 000元。该省财政经批准出资500 000元，占投资基金权益金额的2%。该省财政总预算会计账务处理如下：

• 向中小企业发展投资基金拨付资金时，

借：一般公共预算本级支出　500 000
　贷：国库存款　500 000
借：股权投资——投资基金股权投资——投资成本　500 000
　贷：资产基金——股权投资　490 000
　　　股权投资——投资基金股权投资——其他权益变动　10 000

• 假设投资基金当年实现净利润1 000 000元，年末进行投资基金损益调整时，

借：股权投资——投资基金股权投资——损益调整　20 000
　贷：资产基金——股权投资　20 000

• 投资基金当年宣告发放现金股利，拟分配当年净利润的30%，

借：应收股利　6 000
　贷：资产基金——应收股利　6 000
借：资产基金——股权投资　6 000
　贷：股权投资——投资基金股权投资——损益调整　6 000

• 宣告发放现金股利的5天后省财政收到现金股利6 000元，

借：国库存款　6 000
　贷：一般公共预算本级收入　6 000
借：资产基金——应收股利　6 000
　贷：应收股利　6 000

• 按规定将归属政府财政的收益留作基金滚动使用时，

借：股权投资——投资基金股权投资——收益转增投资　14 000
　贷：股权投资——投资基金股权投资——损益调整　14 000

• 假设投资基金存续期满，省财政转让2%的投资基金股份，实际收回资金550 000元。因收回投资而减少的投资基金中占有的权益金额=（2 450+100−30）×2%=50.4（万元）。

借：国库存款　550 000
　贷：一般公共预算本级支出　500 000
　　　一般公共预算本级收入　50 000
借：资产基金——股权投资　504 000

借：股权投资——投资基金股权投资——其他权益变动　　10 000
　贷：股权投资——投资基金股权投资——投资成本　　500 000
　　　　　　　　　　　　　　　　——收益转增投资　　14 000

（三）企业股权投资

企业股权投资是政府财政代表政府入股国有企业所形成的股权投资。

企业股权投资的账务处理，根据管理条件和管理需要，参照投资基金股权投资的账务处理。

三、待发国债

待发国债是指为弥补中央财政预算收支差额，中央财政预计发行国债与实际发行国债之间的差额。

为了核算待发国债，财政总预算会计设置“待发国债”科目。本科目期末借方余额反映中央财政尚未使用的国债发行额度。

年度终了，实际发行国债收入用于债务还本支出后，小于为弥补中央财政预算收支差额中央财政预计发行国债时，按两者的差额，借记本科目，贷记相关科目；实际发行国债收入用于债务还本支出后，大于为弥补中央财政预算收支差额中央财政预计发行国债时，按两者的差额，借记相关科目，贷记本科目。

复习思考

1. 什么是政府财政资产？包含哪些内容？
2. 财政资产的确认条件是什么？
3. 财政的流动资产和非流动资产各自包括哪些内容？
4. 什么是财政存款？其管理应遵循哪些原则？
5. 财政存款的核算应设置哪些会计账户？它们分别核算什么内容？
6. 什么是在途款？
7. 借出款项与暂付及应收款项核算的内容有什么不同？
8. 什么是应收转贷款？包括哪些内容？
9. 什么是股权投资？包括哪些内容？

操作练习

题一：

目的：练习财政存款、有价证券的核算。

资料：某市财政2×21年发生如下经济业务：

1. 收到国库报来的预算收入日报表，列示本日一般公共预算本级收入100 000元、政府性基金预算本级收入50 000元、国有资本经营预算本级收入60 000元。

2. 根据一般公共预算，向市人大拨付办公费80 000元。

3. 根据政府性基金预算，支付以地方水利建设基金收入安排的支出100 000元。

4. 收到地方政府专项债券转贷收入2 500 000元。

5. 收到主权外债转贷资金收入800 000元。

6. 向省级财政借入地方政府一般债券转贷款2 000 000元。

7. 收到上级财政部门拨来的粮食风险基金50 000元。

8. 根据有关规定，将粮食风险基金40 000元拨付给市粮食购销企业。

9. 购买3年期国库券50 000元。

10. 以前年度用一般公共预算结余购买的国库券到期，收到兑付本金200 000元，利息10 000元。

要求：根据上述经济业务编制相应的会计分录。

题二：

目的：练习预拨经费、与上下级往来款项和借出款项的核算。

资料：中央财政2×21年12月发生如下经济业务：

1. 根据“二上”预算，预拨中央直属单位下年度经费180 000元。

2. 将上月预拨给农业农村部的事业费200 000元转列本月一般公共预算本级支出。

3. 借给A省财政预算调度款100 000元。

4. 将借给B省的财政预算调度款200 000元转作对该省的补助。

5. 在年终体制结算中，所属B省财政应上解款项180 000元，并通知B省转账。

6. 在年终体制结算中，应补助所属C省财政款项90 000元，并通知C省转账。

7. 经批准借给教育部急需款200 000元。

8. 将借给教育部的急需款150 000元转作一般公共预算本级支出，其余通过国库已收回。

要求：根据上述经济业务编制相应的会计分录。

题三：

目的：练习非流动资产的核算。

资料：某省财政2×21年发生如下经济业务：

1. 向所属市级财政转贷地方政府一般债券5 000 000元。

2. 收到市级财政到期偿还的地方政府债券转贷款本金400 000元，利息22 500元。

3. 向市级财政转贷外国政府贷款5 000 000元。

4. 使用一般公共预算资金对文化产业基金进行股权投资，实际支付金额300 000元，在被投资基金中占有的权益金额290 000元。

5. 年末计算出本年应收未收地方政府一般债券转贷款利息50 000元。

6. 年末省级B国有上市公司披露年度财务报告，该公司当年实现净利润2 000 000元，宣告发放当年净利润的30%的现金股利。该省政府在该公司中拥有20%的股权。

要求：根据上述经济业务编制相应的会计分录。

第七章

政府财政负债的核算

学习目标

- 掌握财政负债的概念和内容
- 熟悉流动负债和非流动负债的内容
- 掌握各项负债的核算方法
- 理解政府财政债务形成的方式
- 掌握实行“双分录”核算方法的经济业务

本章主要阐述政府财政负债的内容和核算方法。

第一节 政府财政负债概述

一、政府财政负债的定义和分类

（一）政府财政负债的定义

根据《政府会计准则第8号——负债》规定，负债是指政府会计主体过去的经济业务或者事项形成的，预期会导致经济资源流出政府会计主体的现时义务。

根据《财政总预算会计制度》规定，负债是指政府财政承担的能以货币计量、需以资产偿付的债务。总会计核算的负债具体包括应付国库集中支付结余、暂收及应付款项、应付政府债券、借入款项、应付转贷款、其他负债、应付代管资金等，其中应付政府债券、借入款项、应付转贷款属于政府举借的债务[①]。

① 按照《政府会计准则第8号——负债》规定，政府举借的债务包括政府发行的政府债券，向外国政府、国际经济组织等借入的款项，以及向上级政府借入转贷资金形成的借入转贷款。

（二）政府财政负债的分类

1.政府财政负债按照流动性，分为流动负债和非流动负债

流动负债是指预计在1年内（含1年）偿还的负债，包括应付短期政府债券、应付国库集中支付结余、暂收及应付款项、应付代管资金、已结报支出等。

非流动负债是指流动负债以外的负债，包括应付长期政府债券、借入款项、应付转贷款、其他负债等。

2.政府财政负债按照偿还时间与金额是否基本确定，分为偿还时间与金额基本确定的负债和由或有事项形成的预计负债

偿还时间与金额基本确定的负债按政府会计主体的业务性质及风险程度，分为融资活动形成的举借债务及其应付利息、运营活动形成的应付和暂收性负债。其中，政府举借的债务包括政府发行的政府债券，向外国政府、国际经济组织等借入的款项，以及向上级政府借入转贷资金形成的借入转贷款；应付和暂收性负债是政府在运营活动中形成的应当支付而尚未支付的款项，以及暂时收取随后应转付给其他方的款项，主要包括应付国库集中支付结余、与上级往来和其他应付款等。

预计负债是指财政总预算会计对因或有事项所产生的现时义务而确认的负债。或有事项，是指由过去的经济业务或者事项形成的，其结果须由某些未来事项的发生或不发生才能决定的不确定事项。未来事项是否发生不在政府会计主体控制范围内。政府常见的或有事项主要包括：对外国政府或国际经济组织的贷款担保、承诺（补贴、代偿）、自然灾害或公共事件的救助等。

二、政府财政负债的确认

根据《政府会计准则第8号——负债》规定，符合本准则第二条规定的负债定义的义务，在同时满足以下条件时，确认为负债：（1）履行该义务很可能导致含有服务潜力或者经济利益的经济资源流出政府会计主体；（2）该义务的金额能够可靠地计量。其中，财政总预算会计对于政府举借债务应当在与债权人签订借款合同或协议并取得举借资金时确认为负债；应当将与或有事项相关且满足上述负债确认基本条件的现时义务确认为预计负债。

财政总预算会计不应当将下列与或有事项相关的义务确认为负债，但应当按照规定对该类义务进行披露：（1）过去的经济业务或者事项形成的潜在义务，其存在须通过未来不确定事项的发生或不发生予以证实，未来事项是否能发生不在政府控制范围内。潜在义务是指结果取决于不确定未来事项的可能义务。（2）过去的经济业务或者事项形成的现时义务，履行该义务不是很可能导致经济资源流出政府会计主体或者该义务的金额不能可靠计量。

根据《财政总预算会计制度》规定，总会计对符合本制度第二十四条负债定义的债务，应当在对其承担偿还责任，并且能够可靠地进行货币计量时确认。

三、政府财政负债的计量

政府财政负债的计量分为初始计量和后续计量。

（一）政府举借债务的计量

根据《政府会计准则第8号——负债》规定，政府举借债务初始确认为负债时，应当按照实际发生额计量。对于借入款项，初始确认为负债时应当按照借款本金计量；借款本金与取得的借款资金的差额应当计入当期费用。对于发行的政府债券，初始确认为负债时应当按照债券本金计量；债券本金与发行价款的差额应当计入当期费用。

政府举借债务应当按照借款本金（或债券本金）和合同或协议约定的利率（或债券票面利率）按期计提举借债务的利息。对于属于流动负债的举借债务以及属于非流动负债的分期付息、一次还本的举借债务，应当将计算确定的应付未付利息确认为流动负债，计入应付利息；对于其他举借债务，应当将计算确定的应付未付利息确认为非流动负债，计入相关非流动负债的账面余额。

政府会计主体因举借债务所发生的借款费用应当计入当期费用；在偿还举借债务本息时，冲减相关负债的账面余额。

（二）预计负债的计量

预计负债应当按照履行相关现时义务所需支出的最佳估计数进行初始计量。所需支出存在一个连续范围，且该范围内各种结果发生的可能性相同的，最佳估计数应当按照该范围内的中间值确定。

在其他情形下，最佳估计数应当分别下列情况确定：（1）或有事项涉及单个项目的，按照最可能发生金额确定。（2）或有事项涉及多个项目的，按照各种可能结果及相关概率计算确定。财政总预算会计在确定最佳估计数时，一般应当综合考虑与或有事项有关的风险、不确定性等因素。

政府清偿预计负债所需支出预期全部或部分由第三方补偿的，补偿金额只有在基本确定能够收到时才能作为资产单独确认。确认的补偿金额不应当超过预计负债的账面余额。财政总预算会计应当在报告日对预计负债的账面余额进行复核。有确凿证据表明该账面余额不能真实反映当前最佳估计数的，应当按照当前最佳估计数对该账面余额进行调整。履行该预计负债的相关义务不是很可能导致经济资源流出政府会计主体时，应当将该预计负债的账面余额予以转销。

根据《财政总预算会计制度》规定，总会计核算的负债，应当按照承担的相关合同金额或实际发生金额进行计量。符合负债定义并确认的负债项目，应当列入资产负债表。政府财政承担或有责任（偿债责任需要通过未来不确定事项的发生或不发生予以证实）的负债，不列入资产负债表，但应当在报表附注中披露。

第二节　流动负债

一、应付短期政府债券

应付政府债券是指政府财政采用发行政府债券方式筹集资金而形成的负债，包括应付短期政府债券和应付长期政府债券。

应付短期政府债券是政府财政部门以政府名义发行的期限不超过1年（含1年）的国债和地方政府债券。

为了核算应付短期政府债券，财政总预算会计应设置“应付短期政府债券”科目。本科目下应当设置“应付国债”“应付地方政府一般债券”“应付地方政府专项债券”等一级明细科目，在一级明细科目下，再分别设置“应付本金”“应付利息”明细科目，分别核算政府债券的应付本金和利息。债务管理部门应当设置相应的辅助账，详细记录每期政府债券金额、种类、期限、发行日、到期日、票面利率、偿还本金及付息情况等。本科目期末贷方余额，反映政府财政尚未偿还的短期政府债券本金和利息。

1.收到发行收入。政府财政实际收到短期政府债券发行收入时，按照实际收到的金额，借记“国库存款”科目，按照短期政府债券实际发行额，贷记“债务收入”科目，按照发行收入和发行额的差额，借记或贷记有关支出科目；根据债券发行确认文件等相关债券管理资料，按照到期应付的短期政府债券本金金额，借记“待偿债净资产——应付短期政府债券”科目，贷记本科目。

2.期末确认应付利息。期末确认短期政府债券的应付利息时，根据债务管理部门计算出的本期应付未付利息金额，借记“待偿债净资产——应付短期政府债券”科目，贷记本科目。

3.实际还本付息。实际支付本级政府财政承担的短期政府债券利息时，借记“一般公共预算本级支出”或“政府性基金预算本级支出”科目，贷记“国库存款”等科目；实际支付利息金额中属于已确认的应付利息部分，还应根据债券兑付确认文件等相关债券管理资料，借记本科目，贷记“待偿债净资产——应付短期政府债券”科目。实际偿还本级政府财政承担的短期政府债券本金时，借记“债务还本支出”科目，贷记“国库存款”等科目；根据债券兑付确认文件等相关债券管理资料，借记本科目，贷记“待偿债净资产——应付短期政府债券”科目。

4.发行短期地方政府债券置换存量债务。省级财政部门采用定向承销方式发行短期地方政府债券置换存量债务时，根据债权债务确认相关资料，按照置换本级政府存量债务的额度，借记“债务还本支出”科目，贷记“债务收入”科目；根据债务管理部门转来的相关资料，按照置换本级政府存量债务的额度，借记“待偿债净资产——应付短期政府债券”科目，贷记本科目。

【例7-1】中央财政发行1年期国债15 000 000 000元，实际收到发行金额15 000 000 000元，票面利率2.4%，到期一次还本付息。中央财政总预算会计账务处理如下：

• 收到发行收入时，

	借方	贷方
借：国库存款	15 000 000 000	
贷：债务收入		15 000 000 000
借：待偿债净资产——应付短期政府债券	15 000 000 000	
贷：应付短期政府债券——应付国债——应付本金		15 000 000 000

• 每月末确认应付利息时，

应付年利息=15 000 000 000×2.4%=360 000 000（元）

每月应付利息=360 000 000÷12=30 000 000（元）

借：待偿债净资产——应付短期政府债券　30 000 000
　贷：应付短期政府债券——应付国债——应付利息　30 000 000

• 国债到期还本付息时，实际支付利息金额360 000 000元中含最后一个月已确认的应付利息30 000 000元，

借：待偿债净资产——应付短期政府债券　30 000 000
　贷：应付短期政府债券——应付国债——应付利息　30 000 000
借：债务还本支出　15 000 000 000
　一般公共预算本级支出　360 000 000
　贷：国库存款　15 360 000 000
借：应付短期政府债券——应付国债——应付本金　15 000 000 000
　　　　　　　　　　　　　——应付利息　360 000 000
　贷：待偿债净资产——应付短期政府债券　15 360 000 000

【例7-2】某省财政发行1年期地方政府一般债券600 000 000元，实际收到发行金额600 000 000元，票面利率2.5%，到期一次还本付息；发行6个月地方政府专项债券300 000 000元，实际收到发行金额300 000 000元，票面利率2%，到期一次还本付息。该省财政总预算会计账务处理如下：

• 收到发行收入时，

借：国库存款　900 000 000
　贷：债务收入　900 000 000
借：待偿债净资产——应付短期政府债券　900 000 000
　贷：应付短期政府债券——应付地方政府一般债券——应付本金　600 000 000
　　　　　　　　　　——应付地方政府专项债券——应付本金　300 000 000

• 每月末确认应付利息时，

地方政府一般债券年应付利息=600 000 000×2.5%=15 000 000（元）

每月应付利息=15 000 000÷12=1 250 000（元）

地方政府专项债券半年应付利息=300 000 000×2%÷2=3 000 000（元）

每月应付利息=3 000 000÷6=500 000（元）

借：待偿债净资产——应付短期政府债券　1 750 000
　贷：应付短期政府债券——应付地方政府一般债券——应付利息　1 250 000
　　　　　　　　　　——应付地方政府专项债券——应付利息　500 000

• 地方政府债券到期还本付息时，地方政府一般债券实际支付利息15 000 000元中含最后一个月的已确认的应付利息1 250 000元，地方政府专项债券实际支付利息3 000 000元中含最后一个月的已确认的应付利息500 000元，

借：待偿债净资产——应付短期政府债券　1 750 000

贷：应付短期政府债券——应付地方政府一般债券——应付利息　　1 250 000
　　　　——应付地方政府专项债券——应付利息　　500 000

借：债务还本支出　　900 000 000
　一般公共预算本级支出　　15 000 000
　政府性基金预算本级支出　　3 000 000
　贷：国库存款　　918 000 000

借：应付短期政府债券——应付地方政府一般债券——应付本金　　600 000 000
　　　　——应付利息　　15 000 000
　　——应付地方政府专项债券——应付本金　　300 000 000
　　　　——应付利息　　3 000 000
　贷：待偿债净资产——应付短期政府债券　　918 000 000

【例7-3】某直辖市财政经市政府批准，采用定向承销方式发行1年期地方政府专项置换债券，实际收到发行金额200 000 000元置换本级政府存量债务200 000 000元。该直辖市财政总预算会计账务处理如下：

借：债务还本支出　　200 000 000
　贷：债务收入　　200 000 000

借：待偿债净资产——应付短期政府债券　　200 000 000
　贷：应付短期政府债券——应付地方政府专项债券——应付本金　　200 000 000

二、应付国库集中支付结余

应付国库集中支付结余是指国库集中支付中，按照财政部门批复的部门预算，政府财政当年未支而需结转下一年度支付的款项采用权责发生制列支后形成的债务，其应当在年末，按照国库集中支付预算指标数大于国库资金实际支付数的差额予以确认。

为了核算应付国库集中支付结余，财政总预算会计应设置“应付国库集中支付结余”科目。本科目应当根据管理需要，按照政府收支分类科目等进行相应明细核算。本科目期末贷方余额反映政府财政尚未支付的国库集中支付结余。

年末，对当年形成的国库集中支付结余采用权责发生制列支时，借记有关支出科目，贷记本科目。以后年度实际支付国库集中支付结余资金时，分别情况处理：按原结转预算科目支出的，借记本科目，贷记“国库存款”科目；调整支出预算科目的，应当按原结转预算科目做冲销处理，借记本科目，贷记有关支出科目。同时，按实际支出预算科目做列支账务处理，借记有关支出科目，贷记“国库存款”科目。

【例7-4】年末，中央财政经对账确认中央预算单位尚未使用的国库集中支付结余资金5 000 000元，其中一般公共预算资金3 000 000元，政府性基金预算资金2 000 000

元。中央财政总预算会计账务处理如下：

借：一般公共预算本级支出　　3 000 000
　　政府性基金预算本级支出　　2 000 000
　贷：应付国库集中支付结余　　5 000 000

【例7-5】下年度初，中央财政向中央预算单位实际支付国库集中支付结余资金5 000 000元，其中一般公共预算资金3 000 000元，政府性基金预算资金2 000 000元。该国库集中支付结余资金全部按原结转预算科目支出。中央财政总预算会计账务处理如下：

借：应付国库集中支付结余　　5 000 000
　贷：国库存款　　5 000 000

三、暂收及应付款项

暂收及应付款项是指政府财政业务活动中形成的债务，包括与上级往来和其他应付款等。暂收及应付款项应当及时清理结算。

（一）与上级往来

与上级往来是指本级政府财政与上级政府财政的往来待结算款项。该款项主要是在预算执行过程中因本级政府财政向上级政府财政借款或体制结算等事项而形成的待结算资金，其形成本级政府财政的债务、上级政府财政的债权。

为了核算与上级往来，财政总预算会计应设置“与上级往来”科目。本科目应当按照往来款项的类别和项目等进行明细核算。本科目期末贷方余额反映本级政府财政欠上级政府财政的款项；借方余额反映上级政府财政欠本级政府财政的款项。

本级政府财政从上级政府财政借入款项或体制结算中发生应上交上级政府财政款项时，借记“国库存款”“上解支出”等科目，贷记本科目。本级政府财政归还借款、转作上级补助收入或体制结算中应由上级补给款项时，借记本科目，贷记“国库存款”“补助收入”等科目。

【例7-6】某市财政因临时需要向上级财政借入一般公共预算款项500 000元。该市财政总预算会计的账务处理如下：

借：国库存款　　500 000
　贷：与上级往来——一般公共预算资金　　500 000

【例7-7】【例7-6】中的市财政接到上级财政通知，要求归还500 000元借款中的200 000元，剩余作本级财政的补助收入。该市财政总预算会计的账务处理如下：

借：与上级往来——一般公共预算资金　　500 000
　贷：国库存款　　200 000
　　　补助收入　　300 000

【例7-8】某市财政根据年终结算单尚欠上级财政一般公共预算上解资金400 000元。该市财政总预算会计的账务处理如下：

借：上解支出　　400 000

贷：与上级往来——一般公共预算资金　400 000

【例7-9】某市财政总预算会计根据年终结算单将上级尚欠的政府性基金补助资金200 000元记账。该市财政总预算会计的账务处理如下：

借：与上级往来——政府性基金预算资金　200 000

贷：补助收入　200 000

（二）其他应付款

其他应付款是政府财政临时发生的暂收、应付和收到的不明性质的款项。

为了核算其他应付款，财政总预算会计应设置"其他应付款"科目。税务机关代征入库的社会保险费、项目单位使用并承担还款责任的外国政府和国际金融组织贷款，也通过本科目核算。本科目应当按照债权单位或资金来源等进行明细核算。本科目期末贷方余额反映政府财政尚未结清的其他应付款项。

1. 发生暂存款。政府财政收到暂存款项时，借记"国库存款""其他财政存款"等科目，贷记本科目。将暂存款项清理退还或转作收入时，借记本科目，贷记"国库存款""其他财政存款"或有关收入科目。

【例7-10】某市财政收到A单位不明性质款项200 000元。该市财政总预算会计的账务处理如下：

借：国库存款　200 000

贷：其他应付款——不明性质款项——A单位　200 000

【例7-11】【例7-10】中的不明性质款项经查明属于一般公共预算收入。该市财政总预算会计的账务处理如下：

借：其他应付款——不明性质款项——A单位　200 000

贷：一般公共预算本级收入　200 000

2. 发生代征社会保险费。社会保险费代征入库时，借记"国库存款"科目，贷记本科目。社会保险费国库缴存社保基金财政专户时，借记本科目，贷记"国库存款"科目。

【例7-12】某市税务局将代征的社会保险费500 000元缴入国库。该市财政总预算会计的账务处理如下：

借：国库存款　500 000

贷：其他应付款——社会保险费代征入库　500 000

【例7-13】【例7-12】中的市级财政将税务局代征的社会保险费缴存社保基金财政专户。该财政总预算会计的账务处理如下：

借：其他应付款——社会保险费代征入库　500 000

贷：国库存款　500 000

3. 发生项目单位承担还款责任的主权外债。收到项目单位承担还款责任的外国政府和国际金融组织贷款资金时，借记"其他财政存款"科目，贷记本科目；付给项目单位时，借记本科目，贷记"其他财政存款"科目。收到项目单位偿还贷款资金时，借记

“其他财政存款”科目，贷记本科目；向外国政府和国际金融组织支付项目单位还款资金时，借记本科目，贷记“其他财政存款”科目。

【例7-14】中央财政收到A项目单位承担还款责任的国际金融组织的贷款资金1 000 000元。中央财政总预算会计的账务处理如下：

• 收到国际金融组织的贷款资金时，

借：其他财政存款　　1 000 000

　贷：其他应付款——A单位　　1 000 000

• 付给A项目单位时，

借：其他应付款——A单位　　1 000 000

　贷：其他财政存款　　1 000 000

• 收到A项目单位偿还贷款资金时，

借：其他财政存款　　1 000 000

　贷：其他应付款——国际金融组织　　1 000 000

• 偿还给国际金融组织时，

借：其他应付款——国际金融组织　　1 000 000

　贷：其他财政存款　　1 000 000

四、应付代管资金

财政代管资金是政府财政通过开设财政代管资金专户，对预算单位自有资金实行统一管理集中支付的资金。

应付代管资金是指政府财政代为管理的，使用权属于被代管主体的资金。

为了核算应付代管资金，财政总预算会计应设置“应付代管资金”科目。本科目应当根据管理需要进行相关明细核算。本科目期末贷方余额反映政府财政尚未支付的代管资金。

政府财政收到代管资金时，借记“其他财政存款”等科目，贷记本科目。支付代管资金时，借记本科目，贷记“其他财政存款”等科目。代管资金产生的利息收入按照相关规定仍属于代管资金的，借记“其他财政存款”等科目，贷记本科目。

【例7-15】某县财政对县教育局的自有资金通过设立财政代管资金专户实行统一管理集中支付。收到县教育局缴入财政代管资金专户资金200 000元。该县财政总预算会计账务处理如下：

借：其他财政存款　　200 000

　贷：应付代管资金　　200 000

五、已结报支出

为了核算政府财政国库支付执行机构已清算的国库集中支付支出数额，财政总预算会计应设置“已结报支出”科目。财政国库支付执行机构未单设的地区，不使用该科目。

每日汇总清算后，财政国库支付执行机构会计根据有关划款凭证回执联和按部门分类、款、项汇总的“预算支出结算清单”，对于财政直接支付，借记“财政零余额账户存款”科目，贷记本科目；对于财政授权支付，借记“一般公共预算本级支出”“政府性基金预算本级支出”“国有资本经营预算本级支出”等科目，贷记本科目。相关举例参见【例6-13】。

年终财政国库支付执行机构按照累计结清的支出金额，与有关方面核对一致后转账时，借记本科目，贷记“一般公共预算本级支出”“政府性基金预算本级支出”“国有资本经营预算本级支出”等科目。

【例7-16】年终，某市国库支付中心累计出已经结清的一般公共预算本级支出50 000 000元、政府性基金预算本级支出40 000 000元、国有资本经营预算本级支出10 000 000元，与有关方面核对一致后转账。该市财政国库支付执行机构会计账务处理如下：

借：已结报支出　　100 000 000
　贷：一般公共预算本级支出　　50 000 000
　　　政府性基金预算本级支出　　40 000 000
　　　国有资本经营预算本级支出　　10 000 000

第三节　非流动负债

一、应付长期政府债券

应付长期政府债券是政府财政部门以政府名义发行的期限超过1年（不含1年）的国债和地方政府债券。

为了核算应付长期政府债券的本金和利息，财政总预算会计应设置“应付长期政府债券”科目。本科目下应当设置“应付国债”“应付地方政府一般债券”“应付地方政府专项债券”等一级明细科目，在一级明细科目下，再分别设置“应付本金”“应付利息”明细科目，分别核算政府债券的应付本金和利息。债务管理部门应当设置相应的辅助账，详细记录每期政府债券金额、种类、期限、发行日、到期日、票面利率、偿还本金及付息情况等。本科目期末贷方余额反映政府财政尚未偿还的长期政府债券本金和利息。

（一）收到发行收入

政府财政实际收到长期政府债券发行收入时，按照实际收到的金额，借记“国库存款”科目，按照长期政府债券实际发行额，贷记“债务收入”科目，按照发行收入和发行额的差额，借记或贷记有关支出科目；根据债券发行确认文件等相关债券管理资料，按照到期应付的长期政府债券本金金额，借记“待偿债净资产——应付长期政府债券”科目，贷记本科目。

（二）确认期末应付利息

期末确认长期政府债券的应付利息时，根据债务管理部门计算出的本期应付未付利息金额，借记“待偿债净资产——应付长期政府债券”科目，贷记本科目。

（三）实际支付本息

实际支付本级政府财政承担的长期政府债券利息时，借记“一般公共预算本级支出”或“政府性基金预算本级支出”科目，贷记“国库存款”等科目；实际支付利息金额中属于已确认的应付利息部分，还应根据债券兑付确认文件等相关债券管理资料，借记本科目，贷记“待偿债净资产——应付长期政府债券”科目。实际偿还本级政府财政承担的长期政府债券本金时，借记“债务还本支出”科目，贷记“国库存款”等科目；根据债券兑付确认文件等相关债券管理资料，借记本科目，贷记“待偿债净资产——应付长期政府债券”科目。

（四）偿还下级政府财政承担的地方政府债券本息

本级政府财政偿还下级政府财政承担的地方政府债券本息时，借记“其他应付款”或“其他应收款”科目，贷记“国库存款”科目；根据债券兑付确认文件等相关债券管理资料，按照实际偿还的长期政府债券本金及已确认的应付利息金额，借记本科目，贷记“待偿债净资产——应付长期政府债券”科目。

（五）发行长期地方政府债券置换存量债务

省级财政部门采用定向承销方式发行长期地方政府债券置换存量债务时，根据债权债务确认相关资料，按照置换本级政府存量债务的额度，借记“债务还本支出”科目，按照置换下级政府存量债务的额度，借记“债务转贷支出”科目，按照置换存量债务的总额度，贷记“债务收入”科目；根据债务管理部门转来的相关资料，按照置换存量债务的总额度，借记“待偿债净资产——应付长期政府债券”科目，贷记本科目。同时，按照置换下级政府存量债务额度，借记“应收地方政府债券转贷款”科目，贷记“资产基金——应收地方政府债券转贷款”科目。

【例7-17】中央财政发行10年期国债30 000 000 000元，实际收到发行金额30 000 000 000元，票面利率4%，分年付息，到期一次还本。中央财政总预算会计账务处理如下：

• 收到发行收入时，

借：国库存款　　30 000 000 000

　贷：债务收入　　30 000 000 000

借：待偿债净资产——应付长期政府债券　　30 000 000 000

　贷：应付长期政府债券——应付国债——应付本金　　30 000 000 000

• 每月末确认应付利息时，

应付年利息=30 000 000 000×4%=1 200 000 000（元）

每月应付利息=1 200 000 000÷12=100 000 000（元）

借：待偿债净资产——应付长期政府债券　　100 000 000

　贷：应付长期政府债券——应付国债——应付利息　　100 000 000

• 每年实际支付利息时，

借：一般公共预算本级支出　　　　　　　　1 200 000 000

　贷：国库存款　　　　　　　　　　　　　　　　1 200 000 000

借：应付长期政府债券——应付国债——应付利息　　1 200 000 000

　贷：待偿债净资产——应付长期政府债券　　　　　1 200 000 000

• 国债到期，偿还本金30 000 000 000元，实际支付的当年利息1 200 000 000元中含最后一个月的已确认的应付利息100 000 000元，

借：待偿债净资产——应付长期政府债券　　　　100 000 000

　贷：应付长期政府债券——应付国债——应付利息　　100 000 000

借：债务还本支出　　　　　　　　　　30 000 000 000

　　一般公共预算本级支出　　　　　　　1 200 000 000

　贷：国库存款　　　　　　　　　　　　　　31 200 000 000

借：应付长期政府债券——应付国债——应付本金　30 000 000 000

　　　　　　　　　　　　　　　　——应付利息　1 200 000 000

　贷：待偿债净资产——应付长期政府债券　　　　31 200 000 000

【例7-18】某省财政发行10年期地方政府一般债券300 000 000元，实际收到发行金额300 000 000元，票面利率3.5%，分年付息，到期一次还本；发行5年期地方政府专项债券200 000 000元，实际收到发行金额200 000 000元，票面利率3%，分年付息，到期一次还本。该省财政总预算会计账务处理如下：

• 收到发行收入时，

借：国库存款　　　　　　　　　　　　　500 000 000

　贷：债务收入　　　　　　　　　　　　　　500 000 000

借：待偿债净资产——应付长期政府债券　　　500 000 000

　贷：应付长期政府债券——应付地方政府一般债券——应付本金　300 000 000

　　　　　　　　　　　　　　　　　　　　——应付利息　200 000 000

• 每月末确认应付利息时，

地方政府一般债券应付年利息=300 000 000×3.5%=10 500 000（元）

每月应付利息=10 500 000÷12=875 000（元）

地方政府专项债券应付年利息=200 000 000×3%=6 000 000（元）

每月应付利息=6 000 000÷12=500 000（元）

借：待偿债净资产——应付长期政府债券　　　　1 375 000

　贷：应付长期政府债券——应付地方政府一般债券——应付利息　875 000

　　　　　　　　　——应付地方政府专项债券——应付利息　500 000

• 每年实际支付利息时，

借：一般公共预算本级支出　　　　　　　10 500 000

　　政府性基金预算本级支出　　　　　　　6 000 000

　贷：国库存款　　　　　　　　　　　　　　16 500 000

借：应付长期政府债券——应付地方政府一般债券——应付利息　10 500 000
　　——应付地方政府专项债券——应付利息　6 000 000
　贷：待偿债净资产——应付长期政府债券　16 500 000

• 地方政府债券到期，偿还本金500 000 000元，实际支付当年的地方政府一般债券利息10 500 000元中含最后一个月的已确认的应付利息875 000元，地方政府专项债券利息6 000 000元中含最后一个月的已确认的应付利息500 000元。

借：待偿债净资产——应付长期政府债券　1 375 000
　贷：应付长期政府债券——应付地方政府一般债券——应付利息　875 000
　　——应付地方政府专项债券——应付利息　500 000

借：债务还本支出　500 000 000
　　一般公共预算本级支出　10 500 000
　　政府性基金预算本级支出　6 000 000
　贷：国库存款　516 500 000

借：应付长期政府债券——应付地方政府一般债券——应付本金　300 000 000
　　——应付利息　10 500 000
　　——应付地方政府专项债券——应付本金　200 000 000
　　——应付利息　6 000 000
　贷：待偿债净资产——应付长期政府债券　516 500 000

【例7-19】某直辖市通过财政经市政府批准，采用定向承销方式发行5年期地方政府专项置换债券，实际收到发行金额200 000 000元。其中置换本级政府存量债务的额度150 000 000元、置换下级政府存量债务的额度50 000 000元。该直辖市财政总预算会计账务处理如下：

借：债务还本支出　150 000 000
　　债务转贷支出　50 000 000
　贷：债务收入　200 000 000

借：待偿债净资产——应付长期政府债券　200 000 000
　贷：应付长期政府债券——应付地方政府专项债券——应付本金　200 000 000

借：应收地方政府债券转贷款　50 000 000
　贷：资产基金——应收地方政府债券转贷款　50 000 000

二、借入款项

借入款项是指政府财政部门以政府名义向外国政府、国际金融组织等借入的款项，以及通过经国务院批准的其他方式借款形成的负债，包括借入主权外债和其他借入款项。

为了核算借入款项，财政总预算会计应设置“借入款项”科目。本科目下应当设置“应付本金”“应付利息”明细科目，分别对借入款项的应付本金和利息进行明细核算，还应当按照债权人进行明细核算。债务管理部门应当设置相应的辅助账，详细记录每笔借入款项的期限、借入日期、偿还及付息情况等。本科目期末贷方余额反映本级政府财政尚未偿还的借入款项本金和利息。

（一）主权外债

主权外债是政府财政部门以政府名义向外国政府、国际金融组织等借入的款项。

1.借入主权外债

本级政府财政部门借入主权外债应根据下列情况分别处理：

（1）本级政府财政收到借入的主权外债资金时，借记“其他财政存款”科目，贷记“债务收入”科目；根据债务管理部门转来的相关资料，按照实际承担的债务金额，借记“待偿债净资产——借入款项”科目，贷记本科目。

（2）本级政府财政借入主权外债且由外方将贷款资金直接支付给用款单位或供应商。本级政府财政借入主权外债，且由外方将贷款资金直接支付给用款单位或供应商时，根据以下三种情况分别处理：

①本级政府财政承担还款责任，贷款资金由本级政府财政同级部门（单位）使用的，本级政府财政部门根据贷款资金支付相关资料，借记“一般公共预算本级支出”等科目，贷记“债务收入”科目；根据债务管理部门转来的相关资料，按照实际承担的债务金额，借记“待偿债净资产——借入款项”科目，贷记本科目。

②本级政府财政承担还款责任，贷款资金由下级政府财政同级部门（单位）使用的，本级政府财政部门根据贷款资金支付相关资料及预算指标文件，借记“补助支出”科目，贷记“债务收入”科目；根据债务管理部门转来的相关资料，按照实际承担的债务金额，借记“待偿债净资产——借入款项”科目，贷记本科目。

③下级政府财政承担还款责任，贷款资金由下级政府财政同级部门（单位）使用的，本级政府财政部门根据贷款资金支付相关资料，借记“债务转贷支出”科目，贷记“债务收入”科目；根据债务管理部门转来的相关资料，按照实际承担的债务金额，借记“待偿债净资产——借入款项”科目，贷记本科目；同时，借记“应收主权外债转贷款”科目，贷记“资产基金——应收主权外债转贷款”科目。

2.期末确认应付利息

期末确认借入主权外债的应付利息时，根据债务管理部门计算出的本期应付未付利息金额，借记“待偿债净资产——借入款项”科目，贷记本科目。

3. 偿还本息

偿还本级政府财政承担的借入主权外债本金时，借记“债务还本支出”科目，贷记“国库存款”“其他财政存款”等科目；根据债务管理部门转来的相关资料，按照实际偿还的本金金额，借记本科目，贷记“待偿债净资产——借入款项”科目。偿还本级政府财政承担的借入主权外债利息时，借记“一般公共预算本级支出”等科目，贷记“国库存款”“其他财政存款”等科目；实际偿还利息金额中属于已确认的应付利息部分，还应根据债务管理部门转来的相关资料，借记本科目，贷记“待偿债净资产——借入款项”科目。偿还下级政府财政承担的借入主权外债的本息时，借记“其他应付款”或“其他应收款”科目，贷记“国库存款”“其他财政存款”等科目；根据债务管理部门转来的相关资料，按照实际偿还的本金及已确认的应付利息金额，借记本科目，贷记“待偿债净资产——借入款项”科目。

4. 被上级政府财政扣缴主权外债本息

被上级政府财政扣缴借入主权外债的本息时，借记“其他应收款”科目，贷记“与上级往来”科目；根据债务管理部门转来的相关资料，按照实际扣缴的本金及已确认的应付利息金额，借记本科目，贷记“待偿债净资产——借入款项”科目。列报支出时，对应由本级政府财政承担的还本支出，借记“债务还本支出”科目，贷记“其他应收款”科目；对应由本级政府财政承担的利息支出，借记“一般公共预算本级支出”等科目，贷记“其他应收款”科目。

5. 债权人豁免主权外债本息

债权人豁免本级政府财政承担的主权外债本息的偿还责任时，根据债务管理部门转来的相关资料，按照被豁免的本金及已确认的应付利息金额，借记本科目，贷记“待偿债净资产——借入款项”科目。债权人豁免下级政府财政承担的偿还责任时，根据债务管理部门转来的相关资料，按照被豁免的本金及已确认的应付利息金额，借记本科目，贷记“待偿债净资产——借入款项”科目；同时，借记“资产基金——应收主权外债转贷款”科目，贷记“应收主权外债转贷款”科目。

【例7-20】某省财政向A国政府借入款项200 000 000元，贷款期限10年，利率3%，到期一次还本付息。该省财政总预算会计账务处理如下：

■收到A国政府借款时，

借：其他财政存款　　200 000 000
　贷：债务收入　　200 000 000
借：待偿债净资产——借入款项　　200 000 000
　贷：借入款项——应付本金——A国政府　　200 000 000

■如果A国政府将贷款直接支付给用款单位时，应根据以下情况分别处理，

• 若省财政承担还款责任，贷款资金由省水利厅使用，

借：一般公共预算本级支出　　200 000 000
　贷：债务收入　　200 000 000

借：待偿债净资产——借入款项　200 000 000
　贷：借入款项——应付本金——A国政府　200 000 000

• 若省财政承担还款责任，贷款资金由所属E市水利局使用，

借：补助支出　200 000 000
　贷：债务收入　200 000 000
借：待偿债净资产——借入款项　200 000 000
　贷：借入款项——应付本金——A国政府　200 000 000

• 若由E市财政承担还款责任，贷款资金由E市水利局使用，

借：债务转贷支出　200 000 000
　贷：债务收入　200 000 000
借：待偿债净资产——借入款项　200 000 000
　贷：借入款项——应付本金——A国政府　200 000 000
借：应收主权外债转贷款　200 000 000
　贷：资产基金——应收主权外债转贷款　200 000 000

■每月末确认借入款项应付利息时，

年应付利息=200 000 000×3%=6 000 000（元）

月应付利息=6 000 000÷12=500 000（元）

借：待偿债净资产——借入款项　500 000
　贷：借入款项——应付利息——A国政府　500 000

■A国政府贷款到期，偿还本金200 000 000元，支付利息60 000 000元，其中含当月应确认的利息500 000元，应根据以下情况分别处理，

• 若省财政承担还款责任，贷款资金由省水利厅使用，

借：待偿债净资产——借入款项　500 000
　贷：借入款项——应付利息——A国政府　500 000
借：一般公共预算本级支出　60 000 000
　　债务还本支出　200 000 000
　贷：国库存款　260 000 000
借：借入款项——应付本金——A国政府　200 000 000
　　　　　　——应付利息——A国政府　60 000 000
　贷：待偿债净资产——借入款项　260 000 000

• 若E市财政已经将应偿还本息缴入省财政，省财政偿还E市财政承担的本息时，

借：其他应付款　260 000 000
　贷：其他财政存款　260 000 000
借：借入款项——应付本金——A国政府　200 000 000
　　　　　　——应付利息——A国政府　60 000 000
　贷：待偿债净资产——借入款项　260 000 000

■如果A国政府豁免借款本息，应根据以下情况分别处理，

• 若省级财政承担偿还责任，

借：借入款项——应付本金——A国政府　　200 000 000

　　　　　　——应付利息——A国政府　　60 000 000

　贷：待偿债净资产——借入款项　　260 000 000

• 若E市财政承担偿还责任，

借：借入款项——应付本金——A国政府　　200 000 000

　　　　　　——应付利息——A国政府　　60 000 000

　贷：待偿债净资产——借入款项　　260 000 000

借：资产基金——应收主权外债转贷款　　260 000 000

　贷：应收主权外债转贷款　　260 000 000

（二）其他借入款项

其他借入款项是政府财政通过经国务院批准的其他方式借款形成的负债。其他借入款项账务处理参照本科目使用说明中借入主权外债业务的账务处理。

三、应付转贷款

应付转贷款是指地方政府财政向上级政府财政借入转贷资金而形成的负债，包括应付地方政府债券转贷款和应付主权外债转贷款等。

（一）应付地方政府债券转贷款

应付地方政府债券转贷款是指地方政府财政从上级政府财政借入的地方政府债券转贷资金。

为了核算应付地方政府债券转贷款的本金和利息，财政总预算会计应设置“应付地方政府债券转贷款”科目。本科目下应当设置“应付地方政府一般债券转贷款”和“应付地方政府专项债券转贷款”一级明细科目，在一级明细科目下再分别设置“应付本金”和“应付利息”两个明细科目，分别对应付本金和利息进行明细核算。本科目期末贷方余额反映本级政府财政尚未偿还的地方政府债券转贷款的本金和利息。

1.收到转贷款。政府财政收到上级政府财政转贷的地方政府债券资金时，借记“国库存款”科目，贷记“债务转贷收入”科目；根据债务管理部门转来的相关资料，按照到期应偿还的转贷款本金金额，借记“待偿债净资产——应付地方政府债券转贷款”科目，贷记本科目。

2.期末确认应付利息。期末确认地方政府债券转贷款的应付利息时，根据债务管理部门计算出的本期应付未付利息金额，借记“待偿债净资产——应付地方政府债券转贷款”科目，贷记本科目。

3.偿还本息。偿还本级政府财政承担的地方政府债券转贷款本金时，借记“债务还本支出”科目，贷记“国库存款”等科目；根据债务管理部门转来的相关资料，按照实际偿还的本金金额，借记本科目，贷记“待偿债净资产——应付地方政府债券转贷款”科目。偿还本级政府财政承担的地方政府债券转贷款的利息时，借记“一般公共预算本

级支出”或“政府性基金预算本级支出”科目，贷记“国库存款”等科目；实际支付利息金额中属于已确认的应付利息部分，还应根据债务管理部门转来的相关资料，借记本科目，贷记“待偿债净资产——应付地方政府债券转贷款”科目。偿还下级政府财政承担的地方政府债券转贷款的本息时，借记“其他应付款”或“其他应收款”科目，贷记“国库存款”等科目；根据债务管理部门转来的相关资料，按照实际偿还的本金及已确认的应付利息金额，借记本科目，贷记“待偿债净资产——应付地方政府债券转贷款”科目。

4.被上级政府财政扣缴本息。被上级政府财政扣缴地方政府债券转贷款本息时，借记“其他应收款”科目，贷记“与上级往来”科目；根据债务管理部门转来的相关资料，按照实际扣缴的本金及已确认的应付利息金额，借记本科目，贷记“待偿债净资产——应付地方政府债券转贷款”科目。列报支出时，对本级政府财政承担的还本支出，借记“债务还本支出”科目，贷记“其他应收款”科目；对本级政府财政承担的利息支出，借记“一般公共预算本级支出”或“政府性基金预算本级支出”科目，贷记“其他应收款”科目。

5.发行地方政府债券置换存量债务。采用定向承销方式发行地方政府债券置换存量债务时，省级以下（不含省级）财政部门根据上级财政部门提供的债权债务确认相关资料，按照置换本级政府存量债务的额度，借记“债务还本支出”科目，按照置换下级政府存量债务的额度，借记“债务转贷支出”科目，按照置换存量债务的总额度，贷记“债务转贷收入”科目；根据债务管理部门转来的相关资料，按照置换存量债务的总额度，借记“待偿债净资产——应付地方政府债券转贷款”科目，贷记本科目。同时，按照置换下级政府存量债务额度，借记“应收地方政府债券转贷款”科目，贷记“资产基金——应收地方政府债券转贷款”科目。

【例7-21】某市财政收到省财政转贷的3年期地方政府一般债券6 000 000元，票面利率2.5%，债券分年付息、到期一次还本。该市财政总预算会计账务处理如下：

• 收到转贷的地方政府一般债券资金时，

借：国库存款　　6 000 000

　贷：债务转贷收入　　6 000 000

借：待偿债净资产——应付地方政府债券转贷款　　6 000 000

　贷：应付地方政府债券转贷款——应付地方政府一般债券转贷款——应付本金　　6 000 000

• 每月末确认应付利息时，

年应付利息=6 000 000×2.5%=150 000（元）

月应付利息=150 000÷12=12 500（元）

借：待偿债净资产——应付地方政府债券转贷款　　12 500

　贷：应付地方政府债券转贷款——应付地方政府一般债券转贷款——应付利息　　12 500

• 每年支付利息时，

借：一般公共预算本级支出　　150 000

　贷：国库存款　　150 000

• 地方政府一般债券转贷款到期，支付本金6 000 000元、当年利息150 000元（含最后一个月的已确认的应付利息12 500元）时，

借：待偿债净资产——应付地方政府债券转贷款　　12 500

　贷：应付地方政府债券转贷款——应付地方政府一般债券转贷款——应付利息　　12 500

借：债务还本支出　　6 000 000

　　一般公共预算本级支出　　150 000

　贷：国库存款　　6 150 000

借：应付地方政府债券转贷款——应付地方政府一般债券转贷款——应付本金　　6 000 000

　　——应付利息　　150 000

　贷：待偿债净资产——应付地方政府债券转贷款　　6 150 000

• 假设市财政偿还县级财政承担的地方政府债券转贷款本息205 000元，其中本金200 000元，利息5 000元时，

借：其他应付款　　205 000

　贷：国库存款　　205 000

借：应付地方政府债券转贷款——应付地方政府一般债券转贷款——应付本金　　200 000

　　——应付利息　　5 000

　贷：待偿债净资产——应付地方政府债券转贷款　　205 000

【例7-22】假设【例7-21】中的市财政在债券到期时未按时支付本息，被省级财政扣缴地方政府债券转贷款本息6 150 000元。该市财政总预算会计账务处理如下：

• 扣缴时，

借：其他应收款　　6 150 000

　贷：与上级往来　　6 150 000

借：应付地方政府债券转贷款——应付地方政府一般债券转贷款——应付本金　　6 000 000

　　——应付利息　　150 000

　贷：待偿债净资产——应付地方政府债券转贷款　　6 150 000

• 市级财政将扣缴的地方政府债券转贷款本息列报支出时，

借：债务还本支出　　6 000 000
　　一般公共预算本级支出　　150 000
　贷：其他应收款　　6 150 000

（二）应付主权外债转贷款

应付主权外债转贷款是指本级政府财政从上级政府财政借入的主权外债转贷资金。

为了核算应付主权外债转贷款，财政总预算会计应设置“应付主权外债转贷款”科目。本科目下应当设置“应付本金”和“应付利息”两个明细科目，分别对应付本金和利息进行明细核算。本科目期末贷方余额反映本级政府财政尚未偿还的主权外债转贷款本金和利息。

1.本级政府财政收到转贷款。收到上级政府财政转贷的主权外债资金时，借记“其他财政存款”科目，贷记“债务转贷收入”科目；根据债务管理部门转来的相关资料，按照实际承担的债务金额，借记“待偿债净资产——应付主权外债转贷款”科目，贷记本科目。

2.本级政府财政借入，但外方将贷款资金直接支付给用款单位或供应商。从上级政府财政借入主权外债转贷款，且由外方将贷款资金直接支付给用款单位或供应商时，应根据以下情况分别处理：①本级政府财政承担还款责任，贷款资金由本级政府财政同级部门（单位）使用的，本级政府财政根据贷款资金支付相关资料，借记“一般公共预算本级支出”等科目，贷记“债务转贷收入”科目；根据债务管理部门转来的相关资料，按照实际承担的债务金额，借记“待偿债净资产——应付主权外债转贷款”科目，贷记本科目。②本级政府财政承担还款责任，贷款资金由下级政府财政同级部门（单位）使用的，本级政府财政部门根据贷款资金支付相关资料及预算指标文件，借记“补助支出”科目，贷记“债务转贷收入”科目；根据债务管理部门转来的相关资料，按照实际承担的债务金额，借记“待偿债净资产——应付主权外债转贷款”科目，贷记本科目。③下级政府财政承担还款责任，贷款资金由下级政府财政同级部门（单位）使用的，本级政府财政部门根据贷款资金支付相关资料，借记“债务转贷支出”科目，贷记“债务转贷收入”；根据债务管理部门转来的相关资料，按照实际承担的债务金额，借记“待偿债净资产——应付主权外债转贷款”科目，贷记本科目；同时，借记“应收主权外债转贷款”科目，贷记“资产基金——应收主权外债转贷款”科目。

3.期末确认应付利息。期末确认主权外债转贷款的应付利息时，按照债务管理部门计算出的本期应付未付利息金额，借记“待偿债净资产——应付主权外债转贷款”科目，贷记本科目。

4.偿还本级政府财政承担的借入主权外债转贷款的本金时，借记“债务还本支出”科目，贷记“其他财政存款”等科目；根据债务管理部门转来的相关资料，按照实际偿还的本金金额，借记本科目，贷记“待偿债净资产——应付主权外债转贷款”科目。

5.偿还本息时，应根据以下情况分别处理：（1）偿还本级政府财政承担的借入主权外债转贷款的利息时，借记“一般公共预算本级支出”等科目，贷记“其他财政存款”

等科目；实际偿还利息金额中属于已确认的应付利息部分，还应根据债务管理部门转来的相关资料，借记本科目，贷记“待偿债净资产——应付主权外债转贷款”科目。(2) 偿还下级政府财政承担的借入主权外债转贷款的本息时，借记“其他应付款”或“其他应收款”科目，贷记“其他财政存款”等科目；根据债务管理部门转来的相关资料，按照实际偿还的本金及已确认的应付利息金额，借记本科目，贷记“待偿债净资产——应付主权外债转贷款”科目。(3) 被上级政府财政扣缴借入主权外债转贷款的本息时，借记“其他应收款”科目，贷记“与上级往来”科目；根据债务管理部门转来的相关资料，按照被扣缴的本金及已确认的应付利息金额，借记本科目，贷记“待偿债净资产——应付主权外债转贷款”科目。列报支出时，对本级政府财政承担的还本支出，借记“债务还本支出”科目，贷记“其他应收款”科目；对本级政府财政承担的利息支出，借记“一般公共预算本级支出”等科目，贷记“其他应收款”科目。

6.豁免本息。上级政府财政豁免主权外债转贷款本息时，根据以下情况分别处理：(1) 豁免本级政府财政的主权外债转贷款本息时，根据债务管理部门转来的相关资料，按照豁免转贷款的本金及已确认的应付利息金额，借记本科目，贷记“待偿债净资产——应付主权外债转贷款”科目。(2) 豁免下级政府财政的主权外债转贷款本息时，根据债务管理部门转来的相关资料，按照豁免转贷款的本金及已确认的应付利息金额，借记本科目，贷记“待偿债净资产——应付主权外债转贷款”科目；同时，借记“资产基金——应收主权外债转贷款”科目，贷记“应收主权外债转贷款”科目。

【例7-23】某市财政收到省财政转贷的外国政府贷款2 000 000元，贷款期限3年，利率3%，到期一次还本付息。该市财政总预算会计账务处理如下：

■收到转贷的外国政府贷款时，

借：其他财政存款　2 000 000
　贷：债务转贷收入　2 000 000
借：待偿债净资产——应付主权外债转贷款　2 000 000
　贷：应付主权外债转贷款——应付本金　2 000 000

■如果外方将转贷款直接支付给市交通运输局时，应根据不同情况分别处理，

• 如果市财政承担还款责任，贷款资金由市交通运输局使用，

借：一般公共预算本级支出　2 000 000
　贷：债务转贷收入　2 000 000
借：待偿债净资产——应付主权外债转贷款　2 000 000
　贷：应付主权外债转贷款——应付本金　2 000 000

• 如果市财政承担还款责任，贷款资金由所属县交通运输局使用，

借：补助支出　2 000 000
　贷：债务转贷收入　2 000 000
借：待偿债净资产——应付主权外债转贷款　2 000 000
　贷：应付主权外债转贷款——应付本金　2 000 000

• 如果由所属县财政局承担还款责任，贷款资金由县交通运输局使用，

借：债务转贷支出　　2 000 000

　贷：债务转贷收入　　2 000 000

借：待偿债净资产——应付主权外债转贷款　　2 000 000

　贷：应付主权外债转贷款——应付本金　　2 000 000

借：应收主权外债转贷款　　2 000 000

　贷：资产基金——应收主权外债转贷款　　2 000 000

■每月末确认外国政府转贷款应付利息时，

年应付利息=2 000 000×3%=60 000（元）

月应付利息=60 000÷12=5 000（元）

借：待偿债净资产——应付主权外债转贷款　　5 000

　贷：应付主权外债转贷款——应付利息　　5 000

■外国政府转贷款到期，如果市财政偿还本金2 000 000元、利息180 000元（含当月应确认的利息5 000元），

借：待偿债净资产——应付主权外债转贷款　　5 000

　贷：应付主权外债转贷款——应付利息　　5 000

借：债务还本支出　　2 000 000

　　一般公共预算本级支出　　180 000

　贷：其他财政存款　　2 180 000

借：应付主权外债转贷款——应付本金　　2 000 000

　　　　　　　　　——应付利息　　180 000

　贷：待偿债净资产——应付主权外债转贷款　　2 180 000

■外国政府转贷款到期，如果市财政偿还县财政承担借入的外国政府转贷款本息2 180 000元时，

借：其他应付款　　2 180 000

　贷：其他财政存款　　2 180 000

借：应付主权外债转贷款——应付本金　　2 000 000

　　　　　　　　　——应付利息　　180 000

　贷：待偿债净资产——应付主权外债转贷款　　2 180 000

【例7-24】假设【例7-23】中的市财政未按时支付外国政府转贷款本息，被省财政扣缴偿还本息2 180 000元。该市财政总预算会计账务处理如下：

• 扣缴时，

借：其他应收款　　2 180 000

　贷：与上级往来　　2 180 000

借：应付主权外债转贷款——应付本金　　2 000 000

　　　　　　　　　——应付利息　　180 000

贷：待偿债净资产——应付主权外债转贷款　2 180 000

• 省级财政将扣缴的外国政府转贷款本息列报支出时，

借：债务还本支出　2 000 000

一般公共预算本级支出　180 000

贷：其他应收款　2 180 000

【例7-25】假设上例中的市财政借入的外国政府转贷款本息2 180 000元被省财政豁免。该市财政总预算会计账务处理如下：

• 如果豁免市财政承担偿还责任的外国政府转贷款本息，

借：应付主权外债转贷款——应付本金　2 000 000

——应付利息　180 000

贷：待偿债净资产——应付主权外债转贷款　2 180 000

• 如果豁免县财政承担偿还责任的外国政府转贷款本息，

借：应付主权外债转贷款——应付本金　2 000 000

——应付利息　180 000

贷：待偿债净资产——应付主权外债转贷款　2 180 000

借：资产基金——应收主权外债转贷款　2 180 000

贷：应收主权外债转贷款　2 180 000

四、其他负债

其他负债是指政府财政因有关政策明确要求其承担支出责任的事项而形成的应付未付款项。

为了核算其他负债，财政总预算会计应设置“其他负债”科目。本科目应当按照债权单位和项目等进行明细核算。本科目贷方余额反映政府财政承担的尚未支付的其他负债余额。

有关政策已明确政府财政承担的支出责任，按照确定应承担的负债金额，借记“待偿债净资产”科目，贷记本科目。实际偿还负债时，借记有关支出等科目，贷记“国库存款”等科目，同时，按照相同的金额，借记本科目，贷记“待偿债净资产”科目。

复习思考

1.什么是政府财政负债？其包含哪些内容？

2.政府财政负债的确认条件是什么？

3.政府财政的流动负债和非流动负债各自包括哪些内容？

4.政府财政偿还时间与金额基本确定的负债如何分类？各自包括哪些内容？

5.什么是预计负债和或有事项？财政总预算会计不应当将哪些与或有事项相关的义务确认为负债？

6.借入款项与暂收及应付款项核算的内容有什么不同？

7. 什么是应付转贷款？包括哪些内容？

8. 什么是应付政府债券？包括哪些内容？

9. 什么是应付国库集中支付结余？

操作练习

目的：练习财政负债的核算。

资料：某省财政2×21年发生如下经济业务：

1. 发行1年期地方政府一般债券600 000 000元，实际收到发行金额600 000 000元；发行5年期地方政府专项债券300 000 000元，实际收到发行金额300 000 000元。

2. 地方政府3年期的一般债券到期，实际支付本金5 000 000元、利息150 000元，利息中含最后一个月的已确认的应付利息12 500元。

3. 地方政府6个月专项债券到期，实际支付本金1 000 000元、利息300 000元，利息中含最后一个月的已确认的应付利息25 000元。

4. 收到国际货币基金组织贷款2 000 000元。

5. 收到国家市场监督管理总局未查明性质的预算缴款50 000元。

6. 查明国家市场监督管理总局缴来的50 000元属于罚没收入。

7. 年末，经对账确认省级预算单位尚未使用的国库集中支付结余资金500 000元，其中一般公共预算200 000元，政府性基金预算300 000元。

8. 收到某直属单位的代管资金200 000元。

要求：根据上述经济业务编制相应的会计分录。

第八章

政府财政净资产的核算

学习目标

- 掌握财政净资产的概念和内容
- 掌握各项结转结余的计算方法
- 掌握各项净资产的核算方法

本章主要阐述政府财政净资产的内容和核算方法。

第一节 政府财政净资产概述

一、政府财政净资产的定义和内容

政府财政净资产是政府财政所掌管的资产净值，是政府财政资产减去负债的差额，包括一般公共预算结转结余、政府性基金预算结转结余、国有资本经营预算结转结余、财政专户管理资金结余、专用基金结余、预算稳定调节基金、预算周转金、资产基金和待偿债净资产。其中，前五项可统称为结转结余。

结转结余是政府财政收支的执行结果，各项结余需要分别计算和核算，不得混淆。各项结转结余应每年结算一次。年终，将各项本年收入与相应的支出冲销后，即为该项资金的本年结转结余。本年结转结余加年初结转结余为年末结转结余。

按照《预算法》的规定，各级政府上一年预算的结转资金，应当在下一年用于结转项目的支出；连续两年未用完的结转资金，应当作为结余资金管理。其中，"连续两年未用完的结转资金"，是指预算安排的项目支出在下一年度终了时仍未用完的资金。一般公共预算连续两年未用完的结转资金，应当作为结余资金补充预算稳定调节基金；政府性基金预算、国有资本经营预算连续两年未用完的结转资金，应当作为结余资金，调入一般公共预算。

二、政府财政净资产的确认和计量

净资产的确认取决于其他会计要素的确认，其计量取决于资产和负债的计量。

净资产项目应当列入财政总预算会计资产负债表。

第二节 结转结余

一、一般公共预算结转结余

1. 一般公共预算结转结余的含义

一般公共预算结转结余是指一般公共预算收支的执行结果，是用一般公共预算类收入减去一般公共预算类支出后的差额。其中，一般公共预算类收入包括一般公共预算本级收入、一般公共预算转移性收入（补助收入、上解收入、调入资金、地区间援助收入、动用预算稳定调节基金、债务转贷收入）、一般债务收入等；一般公共预算类支出包括一般公共预算本级支出、一般公共预算转移性支出（补助支出、上解支出、调出资金、地区间援助支出、安排预算稳定调节基金、债务转贷支出）、一般债务还本支出等。一般公共预算结转结余计算公式如下：

$$\begin{array}{c}\text{本年一般}\\\text{公共预算}\\\text{结转结余}\end{array}=\left(\begin{array}{c}\text{一般公共}\\\text{预算}\\\text{本级收入}\end{array}+\begin{array}{c}\text{一般公共}\\\text{预算}\\\text{转移性收入}\end{array}+\begin{array}{c}\text{一般}\\\text{债务}\\\text{收入}\end{array}\right)-\left(\begin{array}{c}\text{一般公共}\\\text{预算}\\\text{本级支出}\end{array}+\begin{array}{c}\text{一般公共}\\\text{预算}\\\text{转移性支出}\end{array}+\begin{array}{c}\text{一般债务}\\\text{还本}\\\text{支出}\end{array}\right)$$

年末一般公共预算结转结余=年初一般公共预算结转结余+本年一般公共预算结转结余

2. 一般公共预算结转结余的核算

为了核算一般公共预算结转结余，财政总预算会计应设置“一般公共预算结转结余”科目。本科目年终贷方余额反映一般公共预算收支相抵后的滚存结转结余。

年终转账时，将一般公共预算的有关收入科目贷方余额转入本科目的贷方，借记“一般公共预算本级收入”“补助收入——一般公共预算补助收入”“上解收入——一般公共预算上解收入”“地区间援助收入”“调入资金——一般公共预算调入资金”“债务收入（一般债务收入）”“债务转贷收入（地方政府一般债务转贷收入）”“动用预算稳定调节基金”等科目，贷记本科目；将一般公共预算的有关支出科目借方余额转入本科目的借方，借记本科目，贷记“一般公共预算本级支出”“上解支出——一般公共预算上解支出”“补助支出——一般公共预算补助支出”“地区间援助支出”“调出资金——一般公共预算调出资金”“安排预算稳定调节基金”“债务转贷支出（地方政府一般债务转贷支出）”“债务还本支出（一般债务还本支出）”等科目。

政府财政设置和补充预算周转金时，借记本科目，贷记“预算周转金”科目。

二、政府性基金预算结转结余

1. 政府性基金预算结转结余的含义

政府性基金预算结转结余是指政府性基金预算收支的执行结果，是用政府性基金预算类收入减去政府性基金预算类支出后的差额。其中，政府性基金预算类收入包括政府性基金预算本级收入、政府性基金预算转移性收入（补助收入、上解收入、调入资金、债务转贷收入）、专项债务收入等；政府性基金预算类支出包括政府性基金预算本级支出、政府性基金预算转移性支出（补助支出、上解支出、调出资金、债务转贷支出）、专项债务还本支出等。政府性基金预算结转结余计算公式如下：

$$\text{本年政府性基金预算结转结余}=(\text{政府性基金预算本级收入}+\text{政府性基金预算转移性收入}+\text{专项债务收入})-(\text{政府性基金预算本级支出}+\text{政府性基金预算转移性支出}+\text{专项债务还本支出})$$

年末政府性基金预算结转结余=年初政府性基金预算结转结余+本年政府性基金预算结转结余

2.政府性基金预算结转结余的核算

为了核算政府性基金预算结转结余，财政总预算会计应设置“政府性基金预算结转结余”科目。本科目应当根据管理需要，按照政府性基金的种类进行明细核算。本科目年终贷方余额反映政府性基金预算收支相抵后的滚存结转结余。

年终转账时，应将政府性基金预算的有关收入科目贷方余额按照政府性基金种类分别转入本科目下相应明细科目的贷方，借记“政府性基金预算本级收入”“补助收入——政府性基金预算补助收入”“上解收入——政府性基金预算上解收入”“调入资金——政府性基金预算调入资金”“债务收入——专项债务收入”“债务转贷收入——地方政府专项债务转贷收入”等科目，贷记本科目；将政府性基金预算的有关支出科目借方余额按照政府性基金种类分别转入本科目下相应明细科目的借方，借记本科目，贷记“政府性基金预算本级支出”“上解支出——政府性基金预算上解支出”“补助支出——政府性基金预算补助支出”“调出资金——政府性基金预算调出资金”“债务还本支出——专项债务还本支出”“债务转贷支出——地方政府专项债务转贷支出”等科目。

三、国有资本经营预算结转结余

1.国有资本经营预算结转结余的含义

国有资本经营预算结转结余是指国有资本经营预算收支的执行结果，是国有资本经营预算类收入减去国有资本经营预算类支出后的差额。其中国有资本经营预算类收入包括国有资本经营预算本级收入和国有资本经营预算转移性收入（补助收入），国有资本经营预算类支出包括国有资本经营预算本级支出和国有资本经营预算转移性支出（补助支出、调出资金）。国有资本经营预算结转结余计算公式如下：

$$\text{本年国有资本经营预算结转结余}=(\text{国有资本经营预算本级收入}+\text{国有资本经营预算转移性收入})-(\text{国有资本经营预算本级支出}+\text{国有资本经营预算转移性支出})$$

$$\text{年末国有资本经营预算结转结余}=\text{年初国有资本经营预算结转结余}+\text{本年国有资本经营预算结转结余}$$

2.国有资本经营预算结转结余的核算

为了核算国有资本经营预算结转结余，财政总预算会计应设置“国有资本经营预算结转结余”科目。年终贷方余额反映国有资本经营预算收支相抵后的滚存结转结余。

年终转账时，应将国有资本经营预算的有关收入科目贷方余额转入本科目贷方，借记“国有资本经营预算本级收入”等科目，贷记本科目；将国有资本经营预算的有关支出科目借方余额转入本科目借方，借记本科目，贷记“国有资本经营预算本级支出”“调出资金——国有资本经营预算调出资金”等科目。

四、财政专户管理资金结余

1.财政专户管理资金结余的含义

财政专户管理资金结余是指纳入财政专户管理的教育收费等资金收支的执行结果，是财政专户管理资金收入减去财政专户管理资金支出后的差额。其计算公式如下：

本年财政专户管理资金结余=财政专户管理资金收入-财政专户管理资金支出

年末财政专户管理资金结余=年初财政专户管理资金结余+本年财政专户管理资金结余

2.财政专户管理资金结余的核算

为了核算财政专户管理资金结余，财政总预算会计应设置“财政专户管理资金结余”科目。本科目应当根据管理需要，按照部门（单位）等进行明细核算。本科目年终贷方余额反映政府财政纳入财政专户管理的资金收支相抵后的滚存结余。

年终转账时，将财政专户管理资金的有关收入科目贷方余额转入本科目贷方，借记“财政专户管理资金收入”等科目，贷记本科目；将财政专户管理资金的有关支出科目借方余额转入本科目借方，借记本科目，贷记“财政专户管理资金支出”等科目。

五、专用基金结余

1.专用基金结余的含义

专用基金结余是指专用基金收支的执行结果，是专用基金收入减去专用基金支出后的差额。其计算公式如下：

本年专用基金结余=专用基金收入-专用基金支出

年末专用基金结余=年初专用基金结余+本年专用基金结余

2.专用基金结余的核算

为了核算专用基金结余，财政总预算会计应设置“专用基金结余”科目。本科目应当根据专用基金的种类进行明细核算。本科目年终贷方余额反映政府财政管理的专用基金收支相抵后的滚存结余。

年终转账时，将专用基金的有关收入科目贷方余额转入本科目贷方，借记“专用基金收入”等科目，贷记本科目；将专用基金的有关支出科目借方余额转入本科目借方，借记本科目，贷记“专用基金支出”等科目。

【例8-1】某市财政总预算会计2×21年度年终结账前有关收入类和支出类会计科目余额见表8-1。

该市财政总预算会计年终转账时，其账务处理如下：

• 将一般公共预算类收入科目贷方余额转入“一般公共预算结转结余”科目时，

表8-1　　2×21年度年终结账前收入类和支出类会计科目余额　　单位：元

政府财政收入科目名称	贷方金额	政府财政支出科目名称	借方金额
一般公共预算本级收入	500 000	一般公共预算本级支出	500 000
政府性基金预算本级收入	220 000	政府性基金预算本级支出	180 000
国有资本经营预算本级收入	120 000	国有资本经营预算本级支出	100 000
专用基金收入	50 000	专用基金支出	45 000
财政专户管理资金收入	10 000	财政专户管理资金支出	9 000
补助收入——一般公共预算补助收入	50 000	补助支出——一般公共预算补助支出	55 000
补助收入——政府性基金预算补助收入	40 000	补助支出——政府性基金预算补助支出	35 000
上解收入——一般公共预算上解收入	50 000	上解支出——一般公共预算上解支出	50 000
上解收入——政府性基金预算上解收入	50 000	上解支出——政府性基金预算上解支出	60 000
调入资金——一般公共预算调入资金	20 000	调出资金——政府性基金预算调出资金	15 000
		调出资金——国有资本经营预算调出资金	5 000
合计	1 110 000	合计	1 054 000

借：一般公共预算本级收入　　500 000
　补助收入——一般公共预算补助收入　　50 000
　上解收入——一般公共预算上解收入　　50 000
　调入资金——一般公共预算调入资金　　20 000
　贷：一般公共预算结转结余　　620 000

• 将一般公共预算类支出科目借方余额转入“一般公共预算结转结余”科目时，

借：一般公共预算结转结余　　605 000
　贷：一般公共预算本级支出　　500 000
　　补助支出——一般公共预算补助支出　　55 000
　　上解支出——一般公共预算上解支出　　50 000

• 将政府性基金预算类收入科目贷方余额转入“政府性基金预算结转结余”科目时，

借：政府性基金预算本级收入　　220 000
　补助收入——政府性基金预算补助收入　　40 000
　上解收入——政府性基金预算上解收入　　50 000
　贷：政府性基金预算结转结余　　310 000

• 将政府性基金预算类支出科目借方余额转入“政府性基金预算结转结余”科目时，

借：政府性基金预算结转结余　　290 000

贷：政府性基金预算本级支出　180 000
　　补助支出——政府性基金预算补助支出　35 000
　　上解支出——政府性基金预算上解支出　60 000
　　调出资金——政府性基金预算调出资金　15 000

• 将国有资本经营预算类收入科目贷方余额转入“国有资本经营预算结转结余”科目时，

借：国有资本经营预算本级收入　120 000
　贷：国有资本经营预算结转结余　120 000

• 将国有资本经营预算类支出科目借方余额转入“国有资本经营预算结转结余”科目时，

借：国有资本经营预算结转结余　105 000
　贷：国有资本经营预算本级支出　100 000
　　　调出资金——国有资本经营预算调出资金　5 000

• 将专用基金收入科目贷方余额转入“专用基金结余”科目时，

借：专用基金收入　50 000
　贷：专用基金结余　50 000

• 将专用基金支出科目借方余额转入“专用基金结余”科目时，

借：专用基金结余　45 000
　贷：专用基金支出　45 000

• 将财政专户管理资金收入科目贷方余额转入“财政专户管理资金结余”科目时，

借：财政专户管理资金收入　10 000
　贷：财政专户管理资金结余　10 000

• 将财政专户管理资金支出科目借方余额转入“财政专户管理资金结余”科目时，

借：财政专户管理资金结余　9 000
　贷：财政专户管理资金支出　9 000

【例8-2】假设【例8-1】中市财政各项结转结余的年初余额分别为：一般公共预算结转结余2 000元、政府性基金预算结转结余8 000元、国有资本经营预算结转结余5 000元、专用基金结余2 000元、财政专户管理资金结余1 000元。该市财政各项结转结余的本年数和年末数计算如下：

• 本年一般公共预算结转结余=620 000-605 000=15 000（元）

年末一般公共预算结转结余=2 000+15 000=17 000（元）

• 本年政府性基金预算结转结余=310 000-290 000=20 000（元）

年末政府性基金预算结转结余=8 000+20 000=28 000（元）

• 本年国有资本经营预算结转结余=120 000-105 000=15 000（元）

年末国有资本经营预算结转结余=5 000+15 000=20 000（元）

• 本年专用基金结余=50 000-45 000=5 000（元）

年末专用基金结余=2 000+5 000=7 000（元）

- 本年财政专户管理资金结余=10 000-9 000=1 000（元）

年末财政专户管理资金结余=1 000+1 000=2 000（元）

第三节 各项基金

一、预算稳定调节基金

（一）预算稳定调节基金的设置

预算稳定调节基金是指政府财政安排用于弥补以后年度预算资金不足的储备资金。预算稳定调节基金主要来源于本级年度预算超收收入和本级当年一般公共预算结余；其主要用于弥补重大短收因素造成的资金缺口，应对不可预见的重大突发公共事件等，原则上不能用于年度中间出现的一般性预算支出，资金使用后仍有结余的，转入下年继续使用。

按照《预算法》规定，各级一般公共预算按照国务院的规定可以设置预算稳定调节基金，用于弥补以后年度预算资金的不足；各级一般公共预算年度执行中有超收收入[①]的，只能用于冲减赤字或者补充预算稳定调节基金。各级一般公共预算的结余资金，应当补充预算稳定调节基金。省、自治区、直辖市一般公共预算年度执行中出现短收[②]，通过调入预算稳定调节基金、减少支出等方式仍不能实现收支平衡的，省、自治区、直辖市政府报本级人民代表大会或者其常务委员会批准，可以增列赤字，报国务院财政部门备案，并应当在下一年度预算中予以弥补。

（二）预算稳定调节基金的核算

为了核算预算稳定调节基金，财政总预算会计应设置“预算稳定调节基金”科目。本科目期末贷方余额反映预算稳定调节基金的规模。

政府财政使用超收收入或一般公共预算结余资金补充预算稳定调节基金时，借记“安排预算稳定调节基金”科目，贷记本科目。将预算周转金调入预算稳定调节基金时，借记“预算周转金”科目，贷记本科目。调用预算稳定调节基金时，借记本科目，贷记“动用预算稳定调节基金”科目。

【例8-3】年度终了，某市财政使用财政超收收入补充预算稳定调节基金200 000元。该市财政总预算会计的账务处理如下：

借：安排预算稳定调节基金　　200 000

　贷：预算稳定调节基金　　200 000

① 《预算法实施条例》规定，各级一般公共预算超收收入，是指年度本级一般公共预算收入的实际完成数超过经本级人民代表大会或者其常务委员会批准的预算收入数的部分。各级政府性基金预算年度执行中有超收收入的，应当在下一年度安排使用并优先用于偿还相应的专项债务。各级国有资本经营预算年度执行中有超收收入的，应当在下一年度安排使用；出现短收的，应当通过减少支出实现收支平衡。国务院另有规定的除外。

② 《预算法实施条例》规定，各级一般公共预算短收，是指年度本级一般公共预算收入的实际完成数小于经本级人民代表大会或者其常务委员会批准的预算收入数的情形。各级政府性基金预算年度执行中出现短收的，应当通过减少支出实现收支平衡。各级国有资本经营预算年度执行中出现短收的，应当通过减少支出实现收支平衡。国务院另有规定的除外。

【例8-4】某县财政为弥补当年一般公共预算资金不足，调用预算稳定调节基金150 000元。该县财政总预算会计的账务处理如下：

借：预算稳定调节基金　　150 000

　贷：动用预算稳定调节基金　　150 000

二、预算周转金

（一）预算周转金的设置和使用

预算周转金是指政府财政为调剂预算年度内季节性收支差额，保证及时用款而设置的库款周转资金。就整个预算年度而言，通常可以做到全年预算收支基本平衡，但是各月的预算收入与支出往往是不同步的，月份之间、季度之间总是不平衡的，不是收大于支就是支大于收。而且，收入是逐日收取入库的，每月的支出却是在月初就拨付。同时，财政资金从收纳、报解到支拨又需要一定的时间。如果没有一定的周转金，要完成预算收支任务是难以想象的。各级财政为了平衡季节性收支，必须设置相应的预算周转金。

按照《预算法》规定，各级一般公共预算按照国务院的规定可以设置预算周转金，用于本级政府调剂预算年度内的季节性收支差额。各级预算周转金由本级政府财政部门管理，不得挪作他用。依照《预算法实施条例》，经本级政府批准，各级政府财政部门可以设置预算周转金，额度不得超过本级一般公共预算支出总额的1%。年度终了时，各级政府财政部门可以将预算周转金收回并用于补充预算稳定调节基金。

（二）预算周转金的核算

为了核算预算周转金，财政总预算会计应设置"预算周转金"科目。本科目期末贷方余额反映预算周转金的规模。

政府财政设置和补充预算周转金时，借记"一般公共预算结转结余"科目，贷记本科目；将预算周转金调入预算稳定调节基金时，借记本科目，贷记"预算稳定调节基金"科目。

【例8-5】某市财政从本级一般公共预算结转结余中补充预算周转金50 000元。该市财政总预算会计的账务处理如下：

借：一般公共预算结转结余　　50 000

　贷：预算周转金　　50 000

【例8-6】年度终了，某市财政将预算周转金50 000元调入预算稳定调节基金。该市财政总预算会计的账务处理如下：

借：预算周转金　　50 000

　贷：预算稳定调节基金　　50 000

三、资产基金

资产基金是指政府财政持有的债权和股权投资等资产（与其相关的资金收支纳入预算管理）在净资产中占用的金额。

为了核算政府财政持有的应收地方政府债券转贷款、应收主权外债转贷款、股权投资和应收股利等资产（与其相关的资金收支纳入预算管理）在净资产中占用的金额，财政总预算会计应设置“资产基金”科目。本科目下应当设置“应收地方政府债券转贷款”“应收主权外债转贷款”“股权投资”“应收股利”等明细科目，进行明细核算。本科目期末贷方余额，反映政府财政持有应收地方政府债券转贷款、应收主权外债转贷款、股权投资和应收股利等资产（与其相关的资金收支纳入预算管理）在净资产中占用的金额。

资产基金的账务处理和举例参见“应收地方政府债券转贷款”、“应收主权外债转贷款”、“股权投资”和“应收股利”等科目的核算。

第四节 待偿债净资产

一、待偿债净资产的概念

待偿债净资产是指政府财政承担应付短期政府债券、应付长期政府债券、借入款项、应付地方政府债券转贷款、应付主权外债转贷款、其他负债等负债（与其相关的资金收支纳入预算管理）而相应需在净资产中冲减的金额。

二、待偿债净资产的核算

为了核算政府财政因发生应付政府债券、借入款项、应付地方政府债券转贷款、应付主权外债转贷款、其他负债等负债（与其相关的资金收支纳入预算管理）相应需在净资产中冲减的金额，财政总预算会计应设置“待偿债净资产”科目。本科目下应当设置“应付短期政府债券”“应付长期政府债券”“借入款项”“应付地方政府债券转贷款”“应付主权外债转贷款”“其他负债”等明细科目，进行明细核算。本科目期末借方余额，反映政府财政承担应付政府债券、借入款项、应付地方政府债券转贷款、应付主权外债转贷款和其他负债等负债（与其相关的资金收支纳入预算管理）而相应需冲减净资产的金额。

待偿债净资产的账务处理和举例参见“应付短期政府债券”、“应付长期政府债券”、“借入款项”、“应付地方政府债券转贷款”、“应付主权外债转贷款”和“其他负债”等科目的核算。

复习思考

1.什么是财政净资产？包含哪些内容？

2.什么是财政结转结余？包括哪些内容？

3.结转一般公共预算结转结余、政府性基金预算结转结余和国有资本经营预算结转结余的收支各有哪些？

4.什么是预算周转金和预算稳定调节基金？它们各自的资金来源和用途是什么？

5.什么是资产基金？哪些会计科目的核算与其有关？

6.什么是待偿债净资产？哪些会计科目的核算与其有关？

操作练习

目的：练习财政结转结余、预算周转金和预算稳定调节基金的核算。

资料：某省财政2×21年12月31日年终结账前财政收入和财政支出会计科目余额表（单位：元）如下：

政府财政收入科目名称	贷方金额	政府财政支出科目名称	借方金额
一般公共预算本级收入	500 000	一般公共预算本级支出	400 000
政府性基金预算本级收入	200 000	政府性基金预算本级支出	210 000
国有资本经营预算本级收入	120 000	国有资本经营预算本级支出	100 000
专用基金收入	50 000	专用基金支出	45 000
补助收入——一般公共预算补助收入	50 000	补助支出——一般公共预算补助支出	45 000
补助收入——政府性基金预算补助收入	40 000	补助支出——政府性基金预算补助支出	35 000
上解收入——一般公共预算上解收入	50 000	上解支出——一般公共预算上解支出	40 000
上解收入——政府性基金预算上解收入	50 000	上解支出——政府性基金预算上解支出	50 000
调入资金——政府性基金预算调入资金	5 000	调出资金——一般公共预算调出资金	5 000
合计	1 065 000	合计	930 000

要求：

1.根据上表编制年终转账会计分录。

2.假设年初一般公共预算结转结余20 000元、政府性基金预算结转结余3 000元、国有资本经营预算结转结余5 000元、专用基金结余2 000元。试计算各项结转结余的本年数和年末数。

3.按照本年一般公共预算结余补充预算周转金13 000元，编制会计分录。

4.使用本年财政超收收入补充预算稳定调节基金6 500元，编制会计分录。

第九章

财政总预算会计报表

学习目标

- 熟悉财政总预算会计报表的种类
- 了解财政总预算会计报表的编制要求
- 熟悉财政总预算会计年终清理结算、年终结账和年终财政结算的方法
- 掌握财政总预算会计资产负债表的编制方法
- 掌握财政总预算会计收入支出表的编制方法
- 熟悉财政总预算会计各种收支执行表的内容

本章主要阐述财政总预算会计报表的种类、编制的要求和方法。

第一节 会计报表概述

一、财政总预算会计报表的构成和编制要求

（一）会计报表构成

财政总预算会计报表是反映政府财政预算收支执行结果和财务状况的书面文件。财政总预算会计报表是人民代表大会、政府及其有关部门、政府财政部门自身和其他会计信息使用者获取决策相关信息的依据，也是编制下年度政府财政预算的基础。

财政总预算会计报表由会计报表和附注构成。其中会计报表包括资产负债表、收入支出表、一般公共预算执行情况表、政府性基金预算执行情况表、国有资本经营预算执行情况表、财政专户管理资金收支情况表、专用基金收支情况表等。

附注是指对在会计报表中列示项目的文字描述或明细资料，以及对未能在会计报表

中列示项目的说明。财政总预算会计报表附注应当至少披露下列内容：（1）遵循《财政总预算会计制度》的声明；（2）本级政府财政预算执行情况和财务状况的说明；（3）会计报表中列示的重要项目的进一步说明，包括其主要构成、增减变动情况等；（4）或有负债情况的说明；（5）有助于理解和分析会计报表的其他需要说明的事项。

（二）会计报表的编制期

按照编制期，财政总预算会计报表包括旬报、月报和年报。旬报是反映政府财政从月初至本旬为止的预算收支执行情况的报表；月报是反映政府财政从月初至本月末止的财务状况、预算收支执行情况的报表；年报是反映年度预算收支的最终结果和财务状况的报表。

（三）会计报表的编制要求

财政总预算会计应当按照下列规定编制会计报表：

1.一般公共预算执行情况表、政府性基金预算执行情况表、国有资本经营预算执行情况表应当按旬、月度和年度编制，财政专户管理资金收支情况表和专用基金收支情况表应当按月度和年度编制，收入支出表按月度和年度编制，资产负债表和附注应当至少按年度编制。旬报、月报的报送期限及编报内容应当根据上级政府财政具体要求和本行政区域预算管理的需要办理。

2.财政总预算会计应当根据《财政总预算会计制度》编制并提供真实、完整的会计报表，切实做到账表一致，不得估列代编、弄虚作假。

3.财政总预算会计要严格按照统一规定的种类、格式、内容、计算方法和编制口径填制会计报表，以保证全国统一汇总和分析。汇总报表的单位，要把所属单位的报表汇集齐全，防止漏报。

二、财政总预算会计在年报编审中的职责

财政总预算会计年度报表，反映年度预算收支的最终结果和财务状况。财政总预算会计参与或具体负责组织下列决算草案编审工作：

1.参与组织制定决算草案编审办法。根据上级政府财政的统一要求和本行政区域预算管理的需要，提出年终收支清理、数字编列口径、决算审查和组织领导等具体要求，并对财政结算、结余处理等具体问题制定管理办法。

2.根据上级政府财政的要求，结合本行政区域的具体情况制定本行政区域政府财政总决算统一表格。

3.办理全年各项收支、预拨款项、往来款项等会计对账、结账工作。

4.对下级政府财政布置决算草案编审工作，指导、督促其及时汇总报送决算。

5.审核、汇总所属财政部门总决算草案，向上级政府财政部门报送本辖区汇总的财政总决算草案。

6.编制决算说明和决算分析报告，向上级政府财政汇报决算编审工作情况，进行上下级政府财政之间的财政体制结算以及财政总决算的文件归档工作。

7.各级政府财政应将汇总编制的本级决算草案及时报本级政府审定。各级政府财政应按照上级政府财政部门的要求，将经本级人民政府审定的本行政区域决算草案逐级及时报送备案。计划单列市的财政决算，除按规定报送财政部外，应按所在省的规定报所在省。

具体的决算编审工作，按照财政决算管理部门的相关规定执行。

三、财政总预算会计年报编制前的准备工作

财政总预算会计年报编制前必须做好三项主要的准备工作：年终清理、年终财政结算和年终结账。

（一）年终清理

年终清理是各级财政部门和预算执行单位在年终前，对全年各项预算资金的收支及有关财务活动进行全面清查、结算和核对的活动。其目的在于划清年度收支，核实收支数字，结清往来款项，以便如实反映全年预算执行结果，分析全年预算执行情况，总结预算管理的经验，检查财经纪律遵守情况。

政府财政部门应当及时进行年终清理。年终清理的主要事项如下：

1.核对年度预算。预算是预算执行和办理会计结算的依据。年终前，财政总预算会计应配合预算管理部门将本级政府财政全年预算指标与上、下级政府财政总预算和本级各部门预算进行核对，及时办理预算调整和转移支付事项。本年预算调整和对下转移支付一般截止到11月底；各项预算拨款，一般截止到12月25日。

2.清理本年预算收支。财政总预算会计认真清理本年预算收入，督促征收部门和国家金库年终前如数缴库。应在本年预算支领列报的款项，非特殊原因，应在年终前办理完毕，清理财政专户管理资金和专用基金收支。凡属应列入本年的收入，应及时催收，并缴入国库或指定财政专户。

3.组织征收部门和国家金库进行年度对账。

4.清理核对当年拨款支出。财政总预算会计对本级各单位的拨款支出应与单位的拨款收入核对无误。属于应收回的拨款，应及时收回，并按收回数相应冲减预算支出。属于预拨下年度的经费，不得列入当年预算支出。

5.核实股权、债权和债务。财政部门内部相关资产、债务管理部门应于12月20日前向财政总预算会计提供与股权、债权、债务等核算和反映相关的资料。财政总预算会计对股权投资、借出款项、应收股利、应收地方政府债券转贷款、应收主权外债转贷款、借入款项、应付短期政府债券、应付长期政府债券、应付地方政府债券转贷款、应付主权外债转贷款、其他负债等余额应与相关管理部门进行核对，记录不一致的要及时查明原因，按规定调整账务，做到账实相符、账账相符。

6.清理往来款项。财政总预算会计要认真清理其他应收款、其他应付款等各种往来款项，在年度终了前予以收回或归还。应转作收入或支出的各项款项，要及时转入本年有关收支账。

财政总预算会计对年终决算清理期内发生的会计事项，应当划清会计年度。属于清理上年度的会计事项，记入上年度会计账；属于新年度的会计事项，记入新年度会计

账，防止错记漏记。

（二）年终财政结算

年终财政结算，又称年终体制结算，是财政预算管理部门在年终清理的基础上，于次年元月底前结清上下级政府财政的转移支付收支和往来款项。财政总预算会计要按照财政管理体制的规定，根据预算结算单，与年度预算执行过程中已补助和已上解数额进行比较，结合往来款和借垫款情况，计算出全年最后应补或应退数额，填制“年终财政结算单”，经核对无误后，作为年终财政结算凭证，据以入账。

各级财政部门在财政管理体制执行过程中，由于企事业单位隶属关系的变化以及国家一些财政经济政策的执行，将使中央和地方及地方各级财政收支发生变化或转移，从而影响中央、地方及地方各级的应得财力。这种情况在财政管理体制确定后一般不调整原体制确定的上解或补助数额，而是采取年终单独结算处理的办法。中央财政和地方财政结算中，属于正常上解、补助和预算执行中一般上划、下划、追加、追减的事项，仍按现行财政管理体制的有关规定办理；属于国家统一政策，需要中央财政与地方财政单独结算的事项，财政部将另行下发具体结算办法。

1.财政总预算会计根据“年终财政结算单”将上级财政欠拨补助资金记账时，上级财政总预算会计借记“补助支出”科目，贷记“与下级往来”科目；下级财政总预算会计借记“与上级往来”科目，贷记“补助收入”科目。上级财政拨付年终结算欠拨下级财政补助资金时，新年度账中：上级财政总预算会计借记“与下级往来”科目，贷记“国库存款”；下级财政总预算会计借记“国库存款”科目，贷记“与上级往来”科目。

2.财政总预算会计根据“年终财政结算单”将下级财政所欠上解资金记账时，上级财政总预算会计借记“与下级往来”科目，贷记“上解收入”科目；下级财政总预算会计借记“上解支出”科目，贷记“与上级往来”科目。下级财政划拨年终结算所欠上级财政的应上解资金时，新年度账中：上级财政总预算会计借记“国库存款”科目，贷记“与下级往来”科目；下级财政总预算会计借记“与上级往来”科目，贷记“国库存款”科目。

【例9-1】根据“年终财政结算单”，某省财政本年度应上解中央财政款50 000 000元，而中央总库实收该省财政上解款45 000 000元；中央财政应补助该省财政款2 000 000元，而中央已拨付该省补助款1 500 000元。

中央财政欠该省财政补助款=2 000 000-1 500 000=500 000（元）

该省财政欠中央财政上解款=50 000 000-45 000 000=5 000 000（元）

该省财政应补上解中央财政款=5 000 000-500 000=4 500 000（元）

• 根据“年终财政结算单”将中央财政欠拨补助资金和本级财政欠上解资金记账时，该省财政总预算会计的账务处理如下：

借：与上级往来　　500 000

　贷：补助收入　　500 000

借：上解支出　　5 000 000

　贷：与上级往来　　5 000 000

"与上级往来"科目的贷方余额4 500 000元即为该省财政应补上解中央财政款。

● 中央财政总预算会计也要根据"年终财政结算单"通过"与下级往来"科目与该省级财政办理结算，其账务处理如下：

借：补助支出　　500 000

　贷：与下级往来　　500 000

借：与下级往来　　5 000 000

　贷：上解收入　　5 000 000

"与下级往来"科目的借方余额4 500 000元即为所属该省财政应补交的上解款。

（三）年终结账

财政总预算会计经过年终清理和结算，把各项结算收支入账后，即可办理年终结账。年终结账工作一般分为年终转账、结清旧账和记入新账三个步骤，依次做账。

1. 年终转账。计算出各科目12月份合计数和全年累计数，结出12月末余额，再根据收支余额填制记账凭证，将收支分别转入"一般公共预算结转结余""政府性基金预算结转结余""国有资本经营预算结转结余""专用基金结余""财政专户管理资金结余"等科目冲销。

2. 结清旧账。将各个收入和支出科目的借方、贷方结出全年总计数。对年终有余额的科目，在"摘要"栏内注明"结转下年"字样，表示转入新账。

3. 记入新账。根据年终转账后的总账和明细账余额编制年终"资产负债表"和有关明细表（不需填制记账凭证），将表中各科目余额直接记入新年度有关总账和明细账年初余额栏内，并在"摘要"栏注明"上年结转"字样，以区别新年度发生数。

决算经本级人民代表大会常务委员会（或人民代表大会）审查批准后，如需更正原报决算草案收入、支出时，则要相应调整有关账目，重新办理结账事项。

第二节　资产负债表

一、资产负债表的内容和结构

资产负债表是反映政府财政在某一特定日期财务状况的报表，是财政总预算会计的主要会计报表之一，属于静态报表。资产负债表，可以提供政府财政：在某一特定日期的全部资产、负债和净资产的情况；某一特定日期资产的总额及其结构，表明政府财政拥有或控制的资源及其分布情况；某一特定日期负债总额及其结构，表明政府财政未来需要用多少资产清偿债务以及清偿时间；某一特定日期净资产的总额及其结构，表明政府财政拥有各项基金及结转结余情况。财政总预算会计的资产负债表按照编制时间分为月报和年报。

资产负债表应当按照资产、负债和净资产分类、分项列示，按照"资产=负债+净资产”的平衡公式设置，分为左右两方，左方列示资产各项目，反映资产的分布及存在形态；右方列示负债和净资产各项目，反映负债和净资产的内容及构成情况。资产负债表左右两方总计数相等。资产负债表的基本格式见表9-3。

二、资产负债表的填列方法

资产负债表有两栏数据：“年初余额”和“期末余额”。其中，“年初余额”栏内各项数字，应当根据上年末资产负债表“期末余额”栏内数字填列。如果本年度资产负债表规定的各个项目的名称和内容同上年度不相一致，应对上年末资产负债表各项目的名称和数字按照本年度的规定进行调整，填入本表“年初余额”栏内。“期末余额”栏内各项目数字，一般根据资产、负债和净资产类科目的期末余额填列。

资产负债表中“期末余额”栏各项目的内容和具体填列方法如下：

（一）资产类项目

1.“国库存款”项目，反映政府财政期末存放在国库单一账户的款项金额。本项目应当根据“国库存款”科目的期末余额填列。

2.“国库现金管理存款”项目，反映政府财政期末实行国库现金管理业务持有的存款金额。本项目应当根据“国库现金管理存款”科目的期末余额填列。

3.“其他财政存款”项目，反映政府财政期末持有的其他财政存款金额。本项目应当根据“其他财政存款”科目的期末余额填列。

4.“有价证券”项目，反映政府财政期末持有的有价证券金额。本项目应当根据“有价证券”科目的期末余额填列。

5.“在途款”项目，反映政府财政期末持有的在途款金额。本项目应当根据“在途款”科目的期末余额填列。

6.“预拨经费”项目，反映政府财政期末尚未转列支出或尚待收回的预拨经费金额。本项目应当根据“预拨经费”科目的期末余额填列。

7.“借出款项”项目，反映政府财政期末借给预算单位尚未收回的款项金额。本项目应当根据“借出款项”科目的期末余额填列。

8.“应收股利”项目，反映政府期末尚未收回的现金股利或利润金额。本项目应当根据“应收股利”科目的期末余额填列。

9.“应收利息”项目，反映政府财政期末尚未收回应收利息金额。本项目应当根据“应收地方政府债券转贷款”科目和“应收主权外债转贷款”科目下“应收利息”明细科目的期末余额合计数填列。

10.“与下级往来”项目，正数反映下级政府财政欠本级政府财政的款项金额；负数反映本级政府财政欠下级政府财政的款项金额。本项目应当根据“与下级往来”科目的期末余额填列，期末余额如为借方则以正数填列，如为贷方则以“-”号填列。

11.“其他应收款”项目，反映政府财政期末尚未收回的其他应收款的金额。本项目应当根据“其他应收款”科目的期末余额填列。

12.“应收地方政府债券转贷款”项目，反映政府财政期末尚未收回的地方政府债券转贷款的本金金额。本项目应当根据“应收地方政府债券转贷款”科目下“应收本金”明细科目的期末余额填列。

13.“应收主权外债转贷款”项目，反映政府财政期末尚未收回的主权外债转贷款的本金金额。本项目应当根据“应收主权外债转贷款”科目下的“应收本金”明细科目的期末余额填列。

14.“股权投资”项目，反映政府期末持有的股权投资的金额。本项目应当根据“股权投资”科目的期末余额填列。

15.“待发国债”项目，反映中央政府财政期末尚未使用的国债发行额度。本项目应当根据“待发国债”科目的期末余额填列。

（二）负债类项目

16.“应付短期政府债券”项目，反映政府财政期末尚未偿还的发行期限不超过1年（含1年）的政府债券的本金金额。本项目应当根据“应付短期政府债券”科目下的“应付本金”明细科目的期末余额填列。

17.“应付利息”项目，反映政府财政期末尚未支付的应付利息金额。本项目应当根据“应付短期政府债券”“借入款项”“应付地方政府债券转贷款”“应付主权外债转贷款”科目下的“应付利息”明细科目期末余额，以及属于分期付息到期还本的“应付长期政府债券”的“应付利息”明细科目期末余额计算填列。

18.“应付国库集中支付结余”项目，反映政府财政期末尚未支付的国库集中支付结余金额。本项目应当根据“应付国库集中支付结余”科目的期末余额填列。

19.“与上级往来”项目，正数反映本级政府财政期末欠上级政府财政的款项金额；负数反映上级政府财政欠本级政府财政的款项金额。本项目应当根据“与上级往来”科目的期末余额填列，如为借方余额则以“-”号填列。

20.“其他应付款”项目，反映政府财政期末尚未支付的其他应付款的金额。本项目应当根据“其他应付款”科目的期末余额填列。

21.“应付代管资金”项目，反映政府财政期末尚未支付的代管资金金额。本项目应当根据“应付代管资金”科目的期末余额填列。

22.“一年内到期的非流动负债”项目，反映政府财政期末承担的1年以内（含1年）到偿还期的非流动负债。本项目应当根据“应付长期政府债券”“借入款项”“应付地方政府债券转贷款”“应付主权外债转贷款”“其他负债”等科目的期末余额及债务管理部门提供的资料分析填列。

23.“应付长期政府债券”项目，反映政府财政期末承担的偿还期限超过1年的长期政府债券的本金金额及到期一次还本付息的长期政府债券的应付利息金额。本项目应当根据“应付长期政府债券”科目的期末余额分析填列。

24.“借入款项”项目，反映政府财政期末承担的偿还期限超过1年的借入款项的本金金额。本项目应当根据“借入款项”科目下“应付本金”明细科目的期末余额分析填列。

25.“应付地方政府债券转贷款”项目，反映政府财政期末承担的偿还期限超过1年的地方政府债券转贷款的本金金额。本项目应当根据“应付地方政府债券转贷款”科目下“应付本金”明细科目的期末余额分析填列。

26.“应付主权外债转贷款”项目，反映政府财政期末承担的偿还期限超过1年的主权外债转贷款的本金金额。本项目应当根据“应付主权外债转贷款”科目下“应付本金”明细科目的期末余额分析填列。

27.“其他负债”项目，反映政府财政期末承担的偿还期限超过1年的其他负债金额。本项目应当根据“其他负债”科目的期末余额分析填列。

（三）净资产类项目

28.“一般公共预算结转结余”项目，反映政府财政期末滚存的一般公共预算结转金额。本项目应当根据“一般公共预算结转结余”科目的期末余额填列。

29.“政府性基金预算结转结余”项目，反映政府财政期末滚存的政府性基金预算结转结余金额。本项目应当根据“政府性基金预算结转结余”科目的期末余额填列。

30.“国有资本经营预算结转结余”项目，反映政府财政期末滚存的国有资本经营预算结转结余金额。本项目应当根据“国有资本经营预算结转结余”科目的期末余额填列。

31.“财政专户管理资金结余”项目，反映政府财政期末滚存的财政专户管理资金结余金额。本项目应当根据“财政专户管理资金结余”科目的期末余额填列。

32.“专用基金结余”项目，反映政府财政期末滚存的专用基金结余金额。本项目应当根据“专用基金结余”科目的期末余额填列。

33.“预算稳定调节基金”项目，反映政府财政期末预算稳定调节基金的余额。本项目应当根据“预算稳定调节基金”科目的期末余额填列。

34.“预算周转金”项目，反映政府财政期末预算周转金的余额。本项目应当根据“预算周转金”科目的期末余额填列。

35.“资产基金”项目，反映政府财政期末持有的应收地方政府债券转贷款、应收主权外债转贷款、股权投资和应收股利等资产在净资产中占用的金额。本项目应当根据“资产基金”科目的期末余额填列。

36.“待偿债净资产”项目，反映政府财政期末因承担应付短期政府债券、应付长期政府债券、借入款项、应付地方政府债券转贷款、应付主权外债转贷款、其他负债等负债相应需在净资产中冲减的金额。本项目应当根据“待偿债净资产”科目的期末借方余额以“-”号填列。

【例9-2】假设某市财政总预算会计2×20年12月31日的资产负债表（年初余额略）以及2×21年12月31日的资产、负债和净资产会计科目余额分别参见表9-1和表9-2。

表9-1　　　　　　　　　　**资产负债表**　　　　　　　　　　会财政01表

编制单位:××市财政局　　　　　2×20年12月31日　　　　　　　单位:万元

资产	年初余额	期末余额	负债和净资产	年初余额	期末余额
流动资产:			流动负债:		
国库存款		11 430 000	应付短期政府债券		
国库现金管理存款		630 000	应付利息		260 000
其他财政存款		4 820 000	应付国库集中支付结余		2 980 000
有价证券			与上级往来		5 220 000
在途款		1 830 000	其他应付款		910 000
预拨经费		960 000	应付代管资金		
借出款项			一年内到期的非流动负债		
应收股利		540 000	流动负债合计		9 370 000
应收利息		240 000	非流动负债:		
与下级往来		750 000	应付长期政府债券		
其他应收款		990 000	借入款项		
流动资产合计		22 190 000	应付地方政府债券转贷款		6 000 000
非流动资产:			应付主权外债转贷款		4 000 000
应收地方政府债券转贷款		5 000 000	其他负债		
应收主权外债转贷款		3 000 000	非流动负债合计		10 000 000
股权投资		1 070 000	负债合计		19 370 000
待发国债			一般公共预算结转结余		6 500 000
非流动资产合计		9 070 000	政府性基金预算结转结余		3 500 000
			国有资本经营预算结转结余		1 250 000
			财政专户管理资金结余		520 000
			专用基金结余		350 000
			预算稳定调节基金		80 000
			预算周转金		100 000
			资产基金		9 850 000
			减：待偿债净资产		−10 260 000
			净资产合计		11 890 000
资产总计		31 260 000	负债和净资产总计		31 260 000

表9-2

会计科目余额表

编制单位:××市财政局　　2×21年12月31日　　单位:万元

资产类	借方余额	负债和净资产类	贷方余额
国库存款	15 800 000	应付国库集中支付结余	3 560 000
国库现金管理存款	1 030 000	与上级往来	7 620 000
其他财政存款	5 130 000	其他应付款	1 620 000
在途款	1 950 000	应付地方政府债券转贷款	6 210 000
预拨经费	2 460 000	其中：应付本金	6 000 000
借出款项	90 000	应付利息	210 000
应收股利	600 000	应付主权外债转贷款	4 080 000
与下级往来	820 000	其中：应付本金	4 000 000
其他应收款	850 000	应付利息	80 000
应收地方政府债券转贷款	5 150 000	一般公共预算结转结余	8 600 000
其中：应收本金	5 000 000	政府性基金预算结转结余	4 300 000
应收利息	150 000	国有资本经营预算结转结余	1 160 000
应收主权外债转贷款	3 045 000	财政专户管理资金结余	630 000
其中：应收本金	3 000 000	专用基金结余	420 000
应收利息	45 000	预算稳定调节基金	100 000
股权投资	1 070 000	预算周转金	120 000
		资产基金	9 865 000
		待偿债净资产	−10 290 000
合计	37 995 000	合计	37 995 000

根据上述资料编制的该市财政局2×21年12月31日的资产负债表见表9-3。

表9-3　　资产负债表　　会财政01表

编制单位:××市财政局　　2×21年12月31日　　单位:万元

资产	年初余额	期末余额	负债和净资产	年初余额	期末余额
流动资产:			流动负债:		
国库存款	11 430 000	15 800 000	应付短期政府债券		
国库现金管理存款	630 000	1 030 000	应付利息	260 000	290 000
其他财政存款	4 820 000	5 130 000	应付国库集中支付结余	2 980 000	3 560 000
有价证券			与上级往来	5 220 000	7 620 000
在途款	1 830 000	1 950 000	其他应付款	910 000	1 620 000
预拨经费	960 000	2 460 000	应付代管资金		
借出款项		90 000	一年内到期的非流动负债		
应收股利	540 000	600 000	流动负债合计	9 370 000	13 090 000
应收利息	240 000	195 000	非流动负债:		
与下级往来	750 000	820 000	应付长期政府债券		
其他应收款	990 000	850 000	借入款项		
流动资产合计	22 190 000	28 925 000	应付地方政府债券转贷款	6 000 000	6 000 000
非流动资产:			应付主权外债转贷款	4 000 000	4 000 000
应收地方政府债券转贷款	5 000 000	5 000 000	其他负债		
应收主权外债转贷款	3 000 000	3 000 000	非流动负债合计	10 000 000	10 000 000
股权投资	1 070 000	1 070 000	负债合计	19 370 000	23 090 000
待发国债			一般公共预算结转结余	6 500 000	8 600 000
非流动资产合计	9 070 000	9 070 000	政府性基金预算结转结余	3 500 000	4 300 000
			国有资本经营预算结转结余	1 250 000	1 160 000
			财政专户管理资金结余	520 000	630 000
			专用基金结余	350 000	420 000
			预算稳定调节基金	80 000	100 000
			预算周转金	100 000	120 000
			资产基金	9 850 000	9 865 000
			减：待偿债净资产	−10 260 000	−10 290 000
			净资产合计	11 890 000	14 905 000
资产总计	31 260 000	37 995 000	负债和净资产总计	31 260 000	37 995 000

第三节 收入支出表

一、收入支出表的内容和结构

收入支出表是反映政府财政在某一会计期间各类财政资金收支结余情况的报表，是财政总预算会计的主要会计报表之一，属于动态报表。收入支出表，可以提供政府财政在某一会计期间内各项收入、支出和结转结余情况。财政总预算会计的收入支出表按编制的时间分为月报和年报。

收入支出表根据资金性质按照收入、支出、结转结余的构成分类、分项列示。收入支出表的基本格式见表9-5。

二、收入支出表的填列方法

收入支出表中的各项目都有两栏数据，即“本月数”和“本年累计数”。其中，“本月数”栏反映各项目的本月实际发生数，在编制年度收入支出表时，应将本栏改为“上年数”栏，反映上年度各项目的实际发生数；如果本年度收入支出表规定的各个项目的名称和内容同上年度不一致，应按照本年度的规定对上年度收入支出表各项目的名称和数字进行调整，填入本年度收入支出表的“上年数”栏。本表“本年累计数”栏反映各项目自年初起至报告期末止的累计实际发生数。编制年度收入支出表时，应当将本栏改为“本年数”。

收入支出表“本月数”栏各项目的内容和填列方法：

1.“年初结转结余”项目，反映政府财政本年初各类资金结转结余金额。其中，一般公共预算的“年初结转结余”应当根据“一般公共预算结转结余”科目的年初余额填列；政府性基金预算的“年初结转结余”应当根据“政府性基金预算结转结余”科目的年初余额填列；国有资本经营预算的“年初结转结余”应当根据“国有资本经营预算结转结余”科目的年初余额填列；财政专户管理资金的“年初结转结余”应当根据“财政专户管理资金结余”科目的年初余额填列；专用基金的“年初结转结余”应当根据“专用基金结余”科目的年初余额填列。

2.“收入合计”项目，反映政府财政本期取得的各类资金的收入合计金额。其中，一般公共预算的“收入合计”应当根据属于一般公共预算的“本级收入”、“补助收入”、“上解收入”、“地区间援助收入”、“债务收入”、“债务转贷收入”、“动用预算稳定调节基金”和“调入资金”各项目金额的合计填列；政府性基金预算的“收入合计”应当根据属于政府性基金预算的“本级收入”、“补助收入”、“上解收入”、“债务收入”、“债务转贷收入”和“调入资金”各项目金额的合计填列；国有资本经营预算的“收入合计”应当根据属于国有资本经营预算的“本级收入”项目的金额填列；财政专户管理资金的“收入合计”应当根据属于财政专户管理资金的“本级收入”项目的金额填列；专用基金的“收入合计”应当根据属于专用基金的“本级收入”项目的金额填列。

3.“本级收入”项目，反映政府财政本期取得的各类资金的本级收入金额。其中，一般公共预算的“本级收入”应当根据“一般公共预算本级收入”科目的本期发生额填列；政府性基金预算的“本级收入”应当根据“政府性基金预算本级收入”科目的本期发生额填列；国有资本经营预算的“本级收入”应当根据“国有资本经营预算本级收入”科目的本期发生额填列；财政专户管理资金的“本级收入”应当根据“财政专户管理资金收入”科目的本期发生额填列；专用基金的“本级收入”应当根据“专用基金收入”科目的本期发生额填列。

4.“补助收入”项目，反映政府财政本期取得的各类资金的补助收入金额。其中，一般公共预算的“补助收入”应当根据“补助收入”科目下的“一般公共预算补助收入”明细科目的本期发生额填列；政府性基金预算的“补助收入”应当根据“补助收入”科目下的“政府性基金预算补助收入”明细科目的本期发生额填列。

5.“上解收入”项目，反映政府财政本期取得的各类资金的上解收入金额。其中，一般公共预算的“上解收入”应当根据“上解收入”科目下的“一般公共预算上解收入”明细科目的本期发生额填列；政府性基金预算的“上解收入”应当根据“上解收入”科目下的“政府性基金预算上解收入”明细科目的本期发生额填列。

6.“地区间援助收入”项目，反映政府财政本期取得的地区间援助收入金额。本项目应当根据“地区间援助收入”科目的本期发生额填列。

7.“债务收入”项目，反映政府财政本期取得的债务收入金额。其中，一般公共预算的“债务收入”应当根据“债务收入”科目下除“专项债务收入”以外的其他明细科目的本期发生额填列；政府性基金预算的“债务收入”应当根据“债务收入”科目下的“专项债务收入”明细科目的本期发生额填列。

8.“债务转贷收入”项目，反映政府财政本期取得的债务转贷收入金额。其中，一般公共预算的“债务转贷收入”应当根据“债务转贷收入”科目下“地方政府一般债务转贷收入”明细科目的本期发生额填列；政府性基金预算的“债务转贷收入”应当根据“债务转贷收入”科目下的“地方政府专项债务转贷收入”明细科目的本期发生额填列。

9.“动用预算稳定调节基金”项目，反映政府财政本期调用的预算稳定调节基金金额。本项目应当根据“动用预算稳定调节基金”科目的本期发生额填列。

10.“调入资金”项目，反映政府财政本期取得的调入资金金额。其中，一般公共预算的“调入资金”应当根据“调入资金”科目下“一般公共预算调入资金”明细科目的本期发生额填列；政府性基金预算的“调入资金”应当根据“调入资金”科目下“政府性基金预算调入资金”明细科目的本期发生额填列。

11.“支出合计”项目，反映政府财政本期发生的各类资金的支出合计金额。其中，一般公共预算的“支出合计”应当根据属于一般公共预算的“本级支出”、“补助支出”、“上解支出”、“地区间援助支出”、“债务还本支出”、“债务转贷支出”、“安排预算稳定调节基金”和“调出资金”各项目金额的合计填列；政府性基金预算的“支出合计”应当根据属于政府性基金预算的“本级支出”、“补助支出”、“上解支出”、“债务还本支出”、“债务转贷支出”和“调出资金”各项目金额的合计填列；国有资本经营预算的

“支出合计”应当根据属于国有资本经营预算的“本级支出”和“调出资金”项目金额的合计填列；财政专户管理资金的“支出合计”应当根据属于财政专户管理资金的“本级支出”项目的金额填列；专用基金的“支出合计”应当根据属于专用基金的“本级支出”项目的金额填列。

12.“补助支出”项目，反映政府财政本期发生的各类资金的补助支出金额。其中，一般公共预算的“补助支出”应当根据“补助支出”科目下的“一般公共预算补助支出”明细科目的本期发生额填列；政府性基金预算的“补助支出”应当根据“补助支出”科目下的“政府性基金预算补助支出”明细科目的本期发生额填列。

13.“上解支出”项目，反映政府财政本期发生的各类资金的上解支出金额。其中，一般公共预算的“上解支出”应当根据“上解支出”科目下的“一般公共预算上解支出”明细科目的本期发生额填列；政府性基金预算的“上解支出”应当根据“上解支出”科目下的“政府性基金预算上解支出”明细科目的本期发生额填列。

14.“地区间援助支出”项目，反映政府财政本期发生的地区间援助支出金额。本项目应当根据“地区间援助支出”科目的本期发生额填列。

15.“债务还本支出”项目，反映政府财政本期发生的债务还本支出金额。其中，一般公共预算的“债务还本支出”应当根据“债务还本支出”科目下除“专项债务还本支出”以外的其他明细科目的本期发生额填列；政府性基金预算的“债务还本支出”应当根据“债务还本支出”科目下的“专项债务还本支出”明细科目的本期发生额填列。

16.“债务转贷支出”项目，反映政府财政本期发生的债务转贷支出金额。其中，一般公共预算的“债务转贷支出”应当根据“债务转贷支出”科目下“地方政府一般债务转贷支出”明细科目的本期发生额填列；政府性基金预算的“债务转贷支出”应当根据“债务转贷支出”科目下的“地方政府专项债务转贷支出”明细科目的本期发生额填列。

17.“安排预算稳定调节基金”项目，反映政府财政本期安排的预算稳定调节基金金额。本项目根据“安排预算稳定调节基金”科目的本期发生额填列。

18.“调出资金”项目，反映政府财政本期发生的各类资金的调出资金金额。其中，一般公共预算的“调出资金”应当根据“调出资金”科目下“一般公共预算调出资金”明细科目的本期发生额填列；政府性基金预算的“调出资金”应当根据“调出资金”科目下“政府性基金预算调出资金”明细科目的本期发生额填列；国有资本经营预算的“调出资金”应当根据“调出资金”科目下“国有资本经营预算调出资金”明细科目的本期发生额填列。

19.“增设预算周转金”项目，反映政府财政本期设置和补充预算周转金的金额。本项目应当根据“预算周转金”科目的本期贷方发生额填列。

20.“年末结转结余”项目，反映政府财政本年末的各类资金的结转结余金额。其中，一般公共预算的“年末结转结余”应当根据“一般公共预算结转结余”科目的年末余额填列；政府性基金预算的“年末结转结余”应当根据“政府性基金预算结转结余”

科目的年末余额填列；国有资本经营预算的“年末结转结余”应当根据“国有资本经营预算结转结余”科目的年末余额填列；财政专户管理资金的“年末结转结余”应当根据“财政专户管理资金结余”科目的年末余额填列；专用基金的“年末结转结余”应当根据“专用基金结余”科目的年末余额填列。

【例9-3】假设某自治区财政2×20年一般公共预算结转结余5 000万元、政府性基金预算结转结余3 000万元、国有资本经营预算结转结余300 000万元、财政专户管理资金结余20万元、专用基金结余15万元（收入和支出项目数略）。2×21年年末转账前有关收入类和支出类会计科目的发生额见表9-4。

表9-4　**收入类和支出类会计科目发生额**

编制单位:××自治区财政厅　2×21年　单位:万元

收入类	贷方余额	支出类	借方余额
一般公共预算本级收入	25 500 000	一般公共预算本级支出	26 870 000
政府性基金预算本级收入	3 100 000	政府性基金预算本级支出	2 920 000
国有资本经营预算本级收入	2 300 000	国有资本经营预算本级支出	2 160 000
财政专户管理资金收入	700	财政专户管理资金支出	650
专用基金收入	800	专用基金支出	780
补助收入——一般公共预算补助收入	520 000	补助支出——一般公共预算补助支出	530 000
补助收入——政府性基金预算补助收入	150 000	补助支出——政府性基金预算补助支出	145 000
上解收入——一般公共预算上解收入	1 200 000	上解支出——一般公共预算上解支出	180 000
上解收入——政府性基金预算上解收入	520 000	上解支出——政府性基金预算上解支出	80 000
债务收入——一般债务收入	1 200 000	债务还本支出——一般债务还本支出	30 000
债务收入——专项债务收入	720 000	债务还本支出——专项债务还本支出	15 000
地区间援助收入	2 000	债务转贷支出——一般债务转贷支出	860 000
		债务转贷支出——专项债务转贷支出	540 000
		安排预算稳定调节基金	25 000
动用预算稳定调节基金	80 000	调出资金——政府性基金预算调出资金	20 000
调入资金——一般公共预算调入资金	50 000	调出资金——国有资本经营预算调出资金	30 000
合计	35 343 500	合计	34 406 430

根据上述资料编制该自治区财政厅2×21年度收入支出表见表9-5。

表9-5　　**收入支出表**　　会财政02表

编制单位：××自治区财政厅　　2×21年度　　单位：万元

项目	一般公共预算		政府性基金预算		国有资本经营预算		财政专户管理资金		专用基金	
	上年数	本年数	上年数	本年数	上年数	本年数	上年数	本年数	上年数	本年数
年初结转结余	5 000		3 000		300 000		20		15	
收入合计		28 552 000		4 490 000		2 300 000		700		800
本级收入		25 500 000		3 100 000		2 300 000		700		800
其中：来自预算安排的收入	—	—	—	—	—	—	—	—		800
补助收入		520 000		150 000	—	—	—	—	—	—
上解收入		1 200 000		520 000	—	—	—	—	—	—
地区间援助收入		2 000	—	—	—	—	—	—	—	—
债务收入		1 200 000		720 000	—	—	—	—	—	—
债务转贷收入					—	—	—	—	—	—
动用预算稳定调节基金		80 000	—	—	—	—	—	—	—	—
调入资金		50 000			—	—	—	—	—	—
支出合计		28 495 000		3 720 000		2 190 000		650		780
本级支出		26 870 000		2 920 000		2 160 000		650		780
其中：权责发生制列支							—	—	—	—
预算安排专用基金的支出			—	—	—	—	—	—	—	—
补助支出		530 000		145 000	—	—	—	—	—	—
上解支出		180 000		80 000	—	—	—	—	—	—
地区间援助支出			—	—	—	—	—	—	—	—
债务还本支出		30 000		15 000	—	—	—	—	—	—
债务转贷支出		860 000		540 000	—	—	—	—	—	—
安排预算稳定调节基金		25 000	—	—	—	—	—	—	—	—
调出资金				20 000		30 000	—	—	—	—
结余转出			—	—	—	—	—	—	—	—
其中：增设预算周转金			—	—	—	—	—	—	—	—
年末结转结余		62 000		773 000		410 000		70		35

注：表中有“—”的部分不必填列。

第四节 收支执行情况表

收支执行情况表是反映政府各类财政资金收支执行结果的报表，包括一般公共预算执行情况表、政府性基金预算执行情况表、国有资本经营预算执行情况表、财政专户管理资金收支情况表、专用基金收支情况表。

一、一般公共预算执行情况表

（一）内容和结构

一般公共预算执行情况表是反映政府财政在某一会计期间一般公共预算收支执行结果的报表，按照政府收支分类科目中一般公共预算收支科目列示。按照编制时间，一般公共预算执行情况表分为旬报、月报和年报。一般公共预算执行情况表的基本格式见表9-6。

表9-6　　**一般公共预算执行情况表**　　会财政03-1表

编制单位:　　年　月　旬　　单位:元

项目	本月（旬）数	本年（月）累计数
一般公共预算本级收入		
101 税收收入		
10101增值税		
1010101国内增值税		
⋮		
一般公共预算本级支出		
201 一般公共服务支出		
20101人大事务		
2010101行政运行		
⋮		

（二）填列方法

一般公共预算执行情况表中的各项目都有两栏数据，即“本月（旬）数”和“本年（月）累计数”。各栏数据的具体填列方法如下：

1.“一般公共预算本级收入”项目及所属各明细项目，应当根据“一般公共预算本级收入”科目及所属各明细科目的本期发生额填列。

2.“一般公共预算本级支出”项目及所属各明细项目，应当根据“一般公共预算本级支出”科目及所属各明细科目的本期发生额填列。

二、政府性基金预算执行情况表

（一）内容和结构

政府性基金预算执行情况表是反映政府财政在某一会计期间政府性基金预算收支执行结果的报表，按照政府收支分类科目中政府性基金预算收支科目列示。按照编制时间，政府性基金预算执行情况表分为旬报、月报和年报。政府性基金预算执行情况表见表9-7。

表9-7 政府性基金预算执行情况表 会财政03-2表

编制单位： 年 月 旬 单位:元

项 目	本月（旬）数	本年（月）累计数
政府性基金预算本级收入		
10301政府性基金收入		
1030102农网还贷资金收入		
103010201中央农网还贷资金收入		
⋮		
政府性基金预算本级支出		
206 科学技术支出		
20610核电站乏燃料处理处置基金支出		
2061001乏燃料运输		
⋮		

（二）填列方法

政府性基金预算执行情况表中的各项目都有两栏数据，即“本月（旬）数”和“本年（月）累计数”。各栏数据的具体填列方法如下：

1.“政府性基金预算本级收入”项目及所属各明细项目，应当根据“政府性基金预算本级收入”科目及所属各明细科目的本期发生额填列。

2.“政府性基金预算本级支出”项目及所属各明细项目，应当根据“政府性基金预算本级支出”科目及所属各明细科目的本期发生额填列。

三、国有资本经营预算执行情况表

（一）内容和结构

国有资本经营预算执行情况表是反映政府财政在某一会计期间国有资本经营预算收支执行结果的报表，按照政府收支分类科目中国有资本经营预算收支科目列示。按照编制时间，国有资本经营预算执行情况表分为旬报、月报和年报。国有资本经营预算执行情况表见表9-8。

表9-8　　**国有资本经营预算执行情况表**　　会财政03-3表

编制单位：　　年　月　旬　　单位:元

项 目	本月（旬）数	本年（月）累计数
国有资本经营预算本级收入		
10306国有资本经营收入		
1030601利润收入		
103060103烟草企业利润收入		
⋮		
国有资本经营预算本级支出		
208社会保障和就业支出		
20804补充全国社会保障基金		
2080451国有资本经营预算补充社保基金支出		
⋮		

（二）填列方法

国有资本经营预算执行情况表中的各项目都有两栏数据，即“本月（旬）数”和“本年（月）累计数”。各栏数据的具体填列方法如下：

1.“国有资本经营预算本级收入”项目及所属各明细项目，应当根据“国有资本经营预算本级收入”科目及所属各明细科目的本期发生额填列。

2.“国有资本经营预算本级支出”项目及所属各明细项目，应当根据“国有资本经营预算本级支出”科目及所属各明细科目的本期发生额填列。

四、财政专户管理资金收支情况表

（一）内容和结构

财政专户管理资金收支情况表是反映政府财政在某一会计期间纳入财政专户管理的财政专户管理资金全部收支情况的报表，按照相关政府收支分类科目列示。按照编制时间，财政专户管理资金收支情况表分为月报和年报。财政专户管理资金收支情况表的基本格式见表9-9。

（二）填列方法

财政专户管理资金收支情况表中的各项目都有两栏数据，即“本月数”和“本年累计数”。各栏数据的具体填列方法如下：

1.“财政专户管理资金收入”项目及所属各明细项目，应当根据“财政专户管理资金收入”科目及所属各明细科目的本期发生额填列。

2.“财政专户管理资金支出”项目及所属各明细项目，应当根据“财政专户管理资金支出”科目及所属各明细科目的本期发生额填列。

表9-9　　财政专户管理资金收支情况表　　会财政04表

编制单位:　　年　月　　单位:元

项 目	本月数	本年累计数
财政专户管理资金收入		
财政专户管理资金支出		

五、专用基金收支情况表

(一) 内容和结构

专用基金收支情况表是反映政府财政在某一会计期间专用基金全部收支情况的报表，按照不同类型的专用基金分别列示。按照编制时间，专用基金收支情况表分为月报和年报。专用基金收支情况表的基本格式见表9-10。

表9-10　　专用基金收支情况表　　会财政05表

编制单位:　　年　月　　单位:元

项 目	本月数	本年累计数
专用基金收入		
粮食风险基金		
⋮		
专用基金支出		
粮食风险基金		
⋮		

(二) 填列方法

专用基金收支情况表中的各项目都有两栏数据，即“本月数”和“本年累计数”。各栏数据的具体填列方法如下：

1.“专用基金收入”项目及所属各明细项目，应当根据“专用基金收入”科目及所属各明细科目的本期发生额填列。

2.“专用基金支出”项目及所属各明细项目，应当根据“专用基金支出”科目及所属各明细科目的本期发生额填列。

复习思考

1.财政总预算会计报表包括哪几类？
2.简述财政总预算会计年终清理的主要事项。
3.财政总预算会计的年终结账有几个环节？
4.财政总预算会计的资产负债表和收入支出表的含义是什么？
5.财政总预算会计的收支执行情况表包括哪些内容？
6.财政总预算会计的会计报表附注包括哪些内容？

操作练习

目的：掌握资产负债表年报的编制方法。

资料：假设某市财政2×21年有关财务资料如下：

1.2×21年11月30日资产类、负债类、净资产类、收入类、支出类会计科目余额（单位：元）如下：

资产类和支出类	借方余额	负债类、净资产类和收入类	贷方余额
国库存款	11 430 000	应付国库集中支付结余	2 980 000
国库现金管理存款	630 000	与上级往来	5 164 000
其他财政存款	4 820 000	其他应付款	910 000
预拨经费	960 000	应付地方政府债券转贷款	6 200 000
借出款项	1 830 000	其中：应付本金	6 000 000
应收股利	540 000	应付利息	200 000
与下级往来	750 000	应付主权外债转贷款	4 060 000
其他应收款	990 000	其中：应付本金	4 000 000
应收地方政府债券转贷款	5 200 000	应付利息	60 000
其中：应收本金	5 000 000	一般公共预算结转结余	6 500 000
应收利息	200 000	政府性基金预算结转结余	3 500 000
应收主权外债转贷款	3 096 000	国有资本经营预算结转结余	1 250 000
其中：应收本金	3 000 000	财政专户管理资金结余	520 000
应收利息	96 000	专用基金结余	350 000
股权投资	1 070 000	预算稳定调节基金	80 000

续表

资产类和支出类	借方余额	负债类、净资产类和收入类	贷方余额
一般公共预算本级支出	500 000	预算周转金	100 000
政府性基金预算本级支出	180 000	资产基金	9 906 000
国有资本经营预算本级支出	100 000	待偿债净资产	-10 260 000
专用基金支出	45 000	一般公共预算本级收入	500 000
财政专户管理资金支出	9 000	政府性基金预算本级收入	220 000
补助支出——一般公共预算补助支出	55 000	国有资本经营预算本级收入	120 000
补助支出——政府性基金预算补助支出	35 000	专用基金收入	50 000
上解支出——一般公共预算上解支出	50 000	财政专户管理资金收入	10 000
上解支出——政府性基金预算上解支出	60 000	补助收入——一般公共预算补助收入	50 000
调出资金——政府性基金预算调出资金	15 000	补助收入——政府性基金预算补助收入	40 000
调出资金——国有资本经营预算调出资金	5 000	上解收入——一般公共预算上解收入	50 000
		上解收入——政府性基金预算上解收入	50 000
		调入资金——一般公共预算调入资金	20 000
合计	32 370 000	合计	32 370 000

2.2×21年12月该市财政局发生以下经济业务：

（1）收到国库报来的预算收入日报表，所列一般公共预算本级收入1 000 000元。

（2）收到国库报来的预算收入日报表，所列政府性基金预算本级收入800 000元。

（3）根据“二上”预算，预拨市农业局下年度经费200 000元。

（4）根据一般公共预算，支付市教育局办公费100 000元。

（5）根据政府性基金预算，拨付文教部门事业建设基金80 000元。

（6）经批准借给市教育局急需款50 000元。

（7）年末经对账确认市级预算单位尚未使用的国库集中支付结余资金500 000元，其中一般公共预算200 000元，政府性基金预算300 000元。

（8）确认本月应付地方政府债券转贷款应付利息12 000元，应付主权外债转贷款应付利息10 000元。

（9）确认本月应收地方政府债券转贷款应收利息10 000元，应收主权外债转贷款应收利息7 500元。

（10）确认本年应收股利200 000元。

（11）年度终了，将预算周转金全部转入预算稳定调节基金。

要求：

1. 根据12月发生的经济业务编制相应的会计分录。

2. 编制年终转账会计分录。

3. 编制年度资产负债表。

第三篇

政府单位会计

第十章

政府单位会计概述

学习目标

- 理解政府单位会计的概念和特点
- 熟悉政府单位会计要素
- 熟悉政府单位财务会计科目及核算内容
- 熟悉政府单位预算会计科目及核算内容
- 熟悉行政单位会计和事业单位会计分别使用的会计科目

本章主要概述政府单位会计的概念、特点、会计要素和会计科目。

第一节 政府单位会计的特点和组织系统

一、政府单位会计的概念

（一）政府单位

政府单位是指与本级政府财政部门直接或者间接发生预算拨款关系的行政单位和事业单位。

行政单位是指以社会的公共利益为目的，行使国家权力，依法管理国家事务的单位。在我国，行政单位是政府办事机构，政府职能的具体实施者，一般包括国家权力（立法）机关，即各级人民代表大会及其常务委员会；国家行政机关，即国务院和地方各级人民政府及其工作机构；审判机关和监察机关等。行政单位的人员列入国家行政编制，所需经费全部由国家财政拨款。此外，有些单位就其本身性质而言不属于行政单位，如政党组织、人民团体等，但因其经费来源主要为国家财政拨款，或财务收支业务与行政单位类似，也视同行政单位，实行与行政单位相类似的会计核算办法。由此，“行政单位”一词，是指所有行政单位以及视同行政单位的政党组织和人民团体，其职能在于维护国家机器的正常运转，它们按预算取得和使用财政资金，使财政资金发挥其应有的社会效益。

事业单位是指国家为了社会公益目的，由国家机关举办或者其他组织利用国有资产举办的，从事教育、科研、文化、卫生、体育、新闻出版、广播电视、社会福利、救助减灾、统计调查、技术推广与实验、公用设施管理、物资仓储、监测、勘探与勘察、测绘、检验检测与鉴定、法律服务、资源管理事务、质量技术监督事务、经济监督事务、知识产权事务、公证与认证、信息与咨询、人才交流、就业服务、机关后勤服务等活动的社会服务组织。[①]从行政隶属关系来看，事业单位一般要接受国家行政机关的领导(是相应行政单位的所属单位)，比如教育部或教育局直属的各类学校，文化和旅游部或文化局直属的图书馆、文化馆、博物馆等。

（二）政府单位会计

政府单位会计是核算、反映和监督政府单位资金活动的专业会计，是政府会计的重要组成部分。

按照会计主体不同，政府单位会计分为行政单位会计和事业单位会计。行政单位会计是核算、反映和监督行政单位资金活动的专业会计；事业单位会计是核算、反映和监督事业单位资金活动的专业会计。

按照核算功能不同，政府单位会计分为财务会计和预算会计。财务会计是指以权责发生制为基础对政府单位发生的各项经济业务或者事项进行会计核算，主要反映和监督政府单位财务状况、运行情况和现金流量等的会计。预算会计是指以收付实现制为基础对政府单位预算执行过程中发生的全部收入和全部支出进行会计核算，主要反映和监督预算收支执行情况的会计。

政府单位应当根据政府会计准则（包括基本准则和具体准则及其应用指南)、《政府会计制度——行政事业单位会计科目和报表》、政府会计准则制度解释的规定，对其发生的各项经济业务或事项进行会计核算。

二、政府单位会计的特点

与其他会计相比，政府单位会计具有以下特点：

（一）具备“双系统”和“双功能”

政府单位会计由财务会计和单位预算会计两个系统构成，由此同一单位会计核算系统具备财务会计和预算会计双重功能。财务会计系统进行资产、负债、净资产、收入、费用五个要素的核算；预算会计系统进行预算收入、预算支出和预算结余三个要素的核算。“双功能”实现了财务会计与预算会计适度分离并相互衔接，便于全面、清晰反映单位财务信息和预算执行信息。

---

① 此定义来自《事业单位登记管理暂行条例》（根据国务院令第411号修订）及其《实施细则》（中央编办发〔2014〕4号批转）。

（二）采用“双基础”和“双要素”

政府单位财务会计核算实行权责发生制；政府单位预算会计核算实行收付实现制，国务院另有规定的，依照其规定。

政府单位会计要素包括财务会计要素和预算会计要素。财务会计要素包括资产、负债、净资产、收入和费用五类；预算会计要素包括预算收入、预算支出和预算结余三类。

（三）实行“平行记账”

所谓“平行记账”，是指政府单位对纳入部门预算管理的现金收支在进行财务会计核算的同时也进行预算会计核算；对于其他业务，仅需要进行财务会计核算。此处的“现金”是指现金及现金等价物，包括国库直接支付的财政拨款资金、国库授权支付的零余额账户用款额度、银行存款、库存现金及其他货币资金。

“平行记账”是政府单位的财务会计和预算会计功能适度分离[①]又相互衔接[②]核算模式的典型特征，目的在于满足政府单位会计实现“双功能”的需要。

（四）实行“双报告”和“双目标”

政府单位会计应编制财务报告和决算报告。财务报告以政府单位财务会计核算生成的数据为准编制；决算报告以政府单位预算会计核算生成的数据为准编制。政府单位会计的“双报告”实现“双目标”。财务报告的目标是向财务报告使用者提供与政府单位的财务状况、运行情况（含运行成本）和现金流量等有关信息，反映政府单位公共受托责任履行情况，有助于财务报告使用者作出决策或者进行监督和管理。财务报告使用者包括各级人民代表大会常务委员会、债权人、各级政府及其有关部门、政府单位自身和其他利益相关者。决算报告的目标是向决算报告使用者提供与政府单位预算执行情况有关的信息，综合反映政府单位预算收支的年度执行结果，有助于决算报告使用者进行监督和管理，并为编制后续年度预算提供参考和依据。政府决算报告使用者包括各级人民代表大会及其常务委员会、各级政府及其有关部门、政府单位自身、社会公众和其他利益相关者。

三、政府单位的会计组织系统

根据机构建制和经费领报关系，政府单位的会计组织系统可分为主管会计单位、二级会计单位和基层会计单位三级。

1.主管会计单位，向同级财政部门领报经费，并发生预算管理关系，下面有所属会计单位。

2.二级会计单位，向主管会计单位或上级会计单位领报经费，并发生预算管理关

① 所谓“适度分离”，是指适度分离政府预算会计和财务会计功能、决算报告和财务报告功能，全面反映政府单位的预算执行信息和财务信息。“适度分离”主要体现在“双功能”、“双基础”和“双报告”等方面。

② 所谓“相互衔接”，是指在同一会计核算系统中政府单位预算会计要素和相关财务会计要素相互协调，决算报告和财务报告相互补充，共同反映政府单位的预算执行信息和财务信息。“相互衔接”主要体现在“平行记账”以及财务报表与预算会计报表之间存在勾稽关系等方面。比如，编制“本期预算结余与本期盈余差异调节表”并在附注中进行披露，反映政府单位财务会计和预算会计因核算基础和核算范围不同所产生的本年盈余数与本年预算结余数之间的差异，从而揭示财务会计和预算会计的内在联系。

系，下面有所属会计单位。

3.基层会计单位，向上级会计单位领报经费，并发生预算管理关系，下面没有所属会计单位。向同级财政部门领报经费，并发生预算管理关系，下面没有所属会计单位的，视同基层会计单位。

主管会计单位、二级会计单位和基层会计单位实行独立会计核算，负责组织管理本部门、本单位的全部会计工作。不具备独立核算条件的行政单位，实行单据报账制度，作为“报销单位”管理。

第二节　政府单位会计的会计要素和会计科目

一、政府单位的会计要素

政府单位的会计要素包括财务会计要素和预算会计要素。

政府单位财务会计要素包括：资产、负债、净资产、收入和费用。各类会计要素的定义、包括内容、确认条件、计量属性参见第十一章至第十五章的相关内容。

政府单位预算会计要素包括：预算收入、预算支出和预算结余。各类会计要素的定义、包括内容、确认条件、计量属性参见第十一章至第十五章的相关内容。

二、政府单位财务会计科目

政府单位会计科目包括财务会计科目和预算会计科目。

（一）财务会计科目及其核算内容

1.普适性财务会计科目

普适性财务会计科目，是对所有政府单位都适用的会计科目，即为《政府会计制度——行政事业单位会计科目和报表》规定的财务会计科目。根据《政府会计制度——行政事业单位会计科目和报表》的规定，政府单位财务会计科目共设77个，其中资产类科目35个、负债类科目16个、净资产类科目7个、收入类科目11个、支出类科目8个。政府单位财务会计科目中，行政单位特有的会计科目1个（参见表10-1中带“◇”的会计科目），事业单位特有的会计科目24个（参见表10-1中带“▲”的会计科目），行政单位和事业单位共有的会计科目52个。政府单位财务会计的会计科目及其核算内容见表10-1。

表10-1　**政府单位财务会计的会计科目及其核算内容**

序号	编码	科目名称	核算内容
一、资产类			
1	1001	库存现金	核算政府单位的库存现金
2	1002	银行存款	核算政府单位存入银行及其他金融机构的各种存款
3	1011	零余额账户用款额度	核算实行国库集中支付的政府单位根据财政部门批复的用款计划收到和支用的零余额账户用款额度

续表

序号	编码	科目名称	核算内容
4	1021	其他货币资金	核算政府单位的外埠存款、银行本票存款、银行汇票存款、信用卡存款等各种其他货币资金
5	1101	短期投资▲	核算事业单位按照规定取得的，持有时间不超过 1 年（含 1 年）的投资
6	1201	财政应返还额度	核算实行国库集中支付的政府单位应收财政返还的资金额度
7	1211	应收票据▲	核算事业单位因开展经营活动销售产品、提供有偿服务等而收到的商业汇票，包括银行承兑汇票和商业承兑汇票
8	1212	应收账款	核算事业单位提供服务、销售产品等应收取的款项，以及政府单位因出租资产、出售物资等应收取的款项
9	1214	预付账款	核算政府单位按照购货、服务合同或协议规定预付给供应单位（或个人）的款项，以及按照合同规定向承包工程的施工企业预付的备料款和工程款
10	1215	应收股利▲	核算事业单位持有长期股权投资应当收取的现金股利或应当分得的利润
11	1216	应收利息▲	核算事业单位长期债券投资应当收取的利息
12	1218	其他应收款	核算政府单位除财政应返还额度、应收票据、应收账款、预付账款、应收股利、应收利息以外的其他各项应收及暂付款项，如职工预借的差旅费、已经偿还银行尚未报销的本单位公务卡欠款、拨付给内部有关部门的备用金、应向职工收取的各种垫付款项、支付的可以收回的订金或押金、应收的上级补助和附属单位上缴款项等
13	1219	坏账准备▲	核算事业单位对收回后不需上缴财政的应收账款和其他应收款提取的坏账准备
14	1301	在途物品	核算政府单位采购材料等物资时货款已付或已开出商业汇票但尚未验收入库的在途物品的采购成本
15	1302	库存物品	核算政府单位在开展业务活动及其他活动中为耗用或出售而储存的各种材料、产品、包装物、低值易耗品，以及达不到固定资产标准的用具、装具、动植物等的成本
16	1303	加工物品	核算政府单位自制或委托外单位加工的各种物品的实际成本，未完成的测绘、地质勘察、设计成果的实际成本，也通过本科目核算
17	1401	待摊费用	核算政府单位已经支付，但应当由本期和以后各期分别负担的分摊期在1年以内（含1年）的各项费用，如预付航空保险费、预付租金等
18	1501	长期股权投资▲	核算事业单位按照规定取得的，持有时间超过 1 年（不含 1 年）的股权性质的投资

续表

序号	编码	科目名称	核算内容
19	1502	长期债券投资▲	核算事业单位按照规定取得的，持有时间超过 1 年（不含 1 年）的债券投资
20	1601	固定资产	核算政府单位固定资产的原值
21	1602	固定资产累计折旧	核算政府单位的固定资产累计折旧
22	1611	工程物资	核算政府单位为在建工程准备的各种物资的成本，包括工程用材料、设备等
23	1613	在建工程	核算政府单位在建的建设项目工程的实际成本
24	1701	无形资产	核算政府单位无形资产的原值
25	1702	无形资产累计摊销	核算政府单位对使用年限有限的无形资产计提的累计摊销
26	1703	研发支出	核算政府单位自行研究开发项目研究阶段和开发阶段发生的各项支出
27	1801	公共基础设施	核算政府单位控制的公共基础设施的原值
28	1802	公共基础设施累计折旧（摊销）	核算政府单位计提的公共基础设施累计折旧和累计摊销
29	1811	政府储备物资	核算政府单位控制的政府储备物资的成本
30	1821	文物文化资产	核算政府单位为满足社会公共需求而控制的文物文化资产的成本
31	1831	保障性住房	核算政府单位为满足社会公共需求而控制的保障性住房的原值
32	1832	保障性住房累计折旧	核算政府单位计提的保障性住房的累计折旧
33	1891	受托代理资产	核算政府单位接受委托方委托管理的各项资产，包括受托指定转赠的物资、受托存储保管的物资等的成本，单位管理的罚没物资也应当通过本科目核算
34	1901	长期待摊费用	核算政府单位已经支出，但应由本期和以后各期负担的分摊期限在1年以上（不含1年）的各项费用，如以经营租赁方式租入的固定资产发生的改良支出等
35	1902	待处理财产损溢	核算政府单位在资产清查过程中查明的各种资产盘盈、盘亏和报废、毁损的价值
二、负债类			
36	2001	短期借款▲	核算事业单位经批准向银行或其他金融机构等借入的期限在 1 年内（含 1 年）的各种借款
37	2101	应交增值税	核算政府单位按照税法规定计算应交纳的增值税
38	2102	其他应交税费	核算政府单位按照税法等规定计算应交纳的除增值税以外的各种税费，包括城市维护建设税、教育费附加、地方教育费附加、车船税、房产税、城镇土地使用税和企业所得税等

续表

序号	编码	科目名称	核算内容
39	2103	应缴财政款	核算政府单位取得或应收的按照规定应当上缴财政的款项，包括应缴国库的款项和应缴财政专户的款项
40	2201	应付职工薪酬	核算政府单位按照有关规定应付给职工（含长期聘用人员）及为职工支付的各种薪酬，包括基本工资、国家统一规定的津贴补贴、规范津贴补贴（绩效工资）、改革性补贴、社会保险费（如职工基本养老保险费、职业年金、基本医疗保险费等）、住房公积金等
41	2301	应付票据▲	核算事业单位因购买材料、物资等而开出、承兑的商业汇票，包括银行承兑汇票和商业承兑汇票
42	2302	应付账款	核算政府单位因购买物资、接受服务、开展工程建设等而应付的偿还期限在1年以内（含1年）的款项
43	2303	应付政府补贴款◇	核算负责发放政府补贴的行政单位，按照规定应当支付给政府补贴接受者的各种政府补贴款
44	2304	应付利息▲	核算事业单位按照合同约定应支付的借款利息，包括短期借款、分期付息到期还本的长期借款等应支付的利息
45	2305	预收账款▲	核算事业单位预先收取但尚未结算的款项
46	2307	其他应付款	核算政府单位除应交增值税、其他应交税费、应缴财政款、应付职工薪酬、应付票据、应付账款、应付政府补贴款、应付利息、预收账款以外，其他各项偿还期限在1年内（含1年）的应付及暂收款项，如收取的押金、存入保证金、已经报销但尚未偿还银行的本单位公务卡欠款等
47	2401	预提费用	核算政府单位预先提取的已经发生但尚未支付的费用，如预提租金费用等
48	2501	长期借款▲	核算事业单位经批准向银行或其他金融机构等借入的期限超过1年（不含1年）的各种借款本息
49	2502	长期应付款	核算政府单位发生的偿还期限超过1年（不含1年）的应付款项，如以融资租赁方式取得固定资产应付的租赁费等
50	2601	预计负债	核算政府单位对因或有事项所产生的现时义务而确认的负债，如对未决诉讼等确认的负债
51	2901	受托代理负债	核算政府单位接受委托取得受托代理资产时形成的负债
三、净资产类			
52	3001	累计盈余	核算政府单位历年实现的盈余扣除盈余分配后滚存的金额，以及因无偿调入调出资产产生的净资产变动额
53	3101	专用基金▲	核算事业单位按照规定提取或设置的具有专门用途的净资产，主要包括职工福利基金、科技成果转换基金等

续表

序号	编码	科目名称	核算内容
54	3201	权益法调整▲	核算事业单位持有的长期股权投资采用权益法核算时，按照被投资单位除净损益和利润分配以外的所有者权益变动份额调整长期股权投资账面余额而计入净资产的金额
55	3301	本期盈余	核算政府单位本期各项收入、费用相抵后的余额
56	3302	本年盈余分配	核算政府单位本年度盈余分配的情况和结果
57	3401	无偿调拨净资产	核算政府单位无偿调入或调出非现金资产所引起的净资产变动金额
58	3501	以前年度盈余调整	核算政府单位本年度发生的调整以前年度盈余的事项，包括本年度发生的重要前期差错，更正涉及调整以前年度盈余的事项
四、收入类			
59	4001	财政拨款收入	核算政府单位从同级政府财政部门取得的各类财政拨款
60	4101	事业收入▲	核算事业单位开展专业业务活动及其辅助活动实现的收入
61	4201	上级补助收入▲	核算事业单位从主管部门和上级单位取得的非财政拨款收入
62	4301	附属单位上缴收入▲	核算事业单位取得的附属独立核算单位按照有关规定上缴的收入
63	4401	经营收入▲	核算事业单位在专业业务活动及其辅助活动之外开展非独立核算经营活动取得的收入
64	4601	非同级财政拨款收入	核算政府单位从非同级政府财政部门取得的经费拨款，包括从同级政府其他部门取得的横向转拨财政款、从上级或下级政府财政部门取得的经费拨款等
65	4602	投资收益▲	核算事业单位股权投资和债券投资所实现的收益或发生的损失
66	4603	捐赠收入	核算政府单位接受其他单位或者个人捐赠取得的收入
67	4604	利息收入	核算政府单位取得的银行存款利息收入
68	4605	租金收入	核算政府单位经批准利用国有资产出租取得并按照规定纳入本单位预算管理的租金收入
69	4609	其他收入	核算政府单位取得的除财政拨款收入、事业收入、上级补助收入、附属单位上缴收入、经营收入、非同级财政拨款收入、投资收益、捐赠收入、利息收入、租金收入以外的各项收入，包括现金盘盈收入、按照规定纳入单位预算管理的科技成果转化收入、行政单位收回已核销的其他应收款、无法偿付的应付及预收款项、置换换出资产评估增值等

续表

序号	编码	科目名称	核算内容
五、费用类			
70	5001	业务活动费用	核算政府单位为实现其职能目标，依法履职或开展专业业务活动及其辅助活动所发生的各项费用
71	5101	单位管理费用▲	核算事业单位本级行政及后勤管理部门开展管理活动发生的各项费用，包括单位行政及后勤管理部门发生的人员经费、公用经费、资产折旧（摊销）等费用，以及由单位统一负担的离退休人员经费、工会经费、诉讼费、中介费等
72	5201	经营费用▲	核算事业单位在专业业务活动及其辅助活动之外开展非独立核算经营活动发生的各项费用
73	5301	资产处置费用	核算政府单位经批准处置资产时发生的费用，包括转销的被处置资产价值，以及在处置过程中发生的相关费用或者处置收入小于相关费用形成的净支出。资产处置的形式按照规定包括无偿调拨、出售、出让、转让、置换、对外捐赠、报废、毁损以及货币性资产损失核销等
74	5401	上缴上级费用▲	核算事业单位按照财政部门和主管部门的规定上缴上级单位款项发生的费用
75	5501	对附属单位补助费用▲	核算事业单位用财政拨款收入之外的收入对附属单位补助发生的费用
76	5601	所得税费用▲	核算有企业所得税缴纳义务的事业单位按规定缴纳企业所得税所形成的费用
77	5901	其他费用	核算政府单位发生的除业务活动费用、单位管理费用、经营费用、资产处置费用、上缴上级费用、附属单位补助费用、所得税费用以外的各项费用，包括利息费用、坏账损失、罚没支出、现金资产捐赠支出以及相关税费、运输费等

2.适用于特殊性行业事业单位的财务会计科目

特殊性行业事业单位的财务会计科目，是适用于某些政府单位的特殊业务核算的财务会计科目。根据截止到2020年底已经发布的政府会计准则制度，特殊性行业事业单位的财务会计科目包括：

（1）国有林场和苗圃需增设的财务会计科目

根据《关于国有林场和苗圃执行〈政府会计制度——行政事业单位会计科目和报表〉的补充规定》的规定，国有林场和苗圃需增设“1614营林工程”科目，以核算林场发生的育苗、造林、抚育、管护各种林木和苗木的生产成本；增设“1841林木资产”科目，以核算林场营造管理的各种活立木资产和苗木资产的累计成本。

(2) 基层医疗卫生机构需增设的财务会计科目

根据《关于基层医疗卫生机构执行〈政府会计制度——行政事业单位会计科目和报表〉的补充规定》的规定，基层医疗卫生机构需增设“2308待结算医疗款”科目，以核算按“收支两条线”管理的基层医疗卫生机构的待结算医疗收费。

(3) 彩票机构需增设的财务会计科目

根据《关于彩票机构执行〈政府会计制度——行政事业单位会计科目和报表〉的补充规定》的规定，彩票机构需增设“2308彩票销售结算”科目，以核算彩票机构彩票销售资金的归集和分配情况；增设“2309应付返奖奖金”科目，以核算彩票机构按照彩票游戏规则确定的比例从彩票销售额中提取，用于支付给中奖者的资金，包括当期返奖奖金、奖池、调节基金和一般调节基金；增设“2310应付代销费”科目，以核算彩票机构按照彩票代销合同的约定比例从彩票销售额中提取，用于支付给彩票代销者的资金。

上述财务会计科目只适用于某个特殊行业事业单位的特殊经济业务的核算，不具有普适性，所以本书将不涉及这些科目的核算内容。

(4) 适用于PPP项目政府方的财务会计科目

根据《〈政府会计准则第10号——政府和社会资本合作项目合同〉应用指南》规定，为了规范PPP项目政府方（即政府授权或指定的PPP项目合同实施机构，通常为政府有关职能部门或事业单位）对PPP项目的核算，政府方需设置“1841PPP项目资产”，以核算按照《政府会计准则第10号——政府和社会资本合作项目合同》规定确认的PPP项目资产；设置“1842PPP项目资产累计折旧（摊销）”科目，以核算按照《政府会计准则第10号——政府和社会资本合作项目合同》规定计提的PPP项目资产累计折旧（摊销）；设置“3601PPP项目净资产”科目，以核算按照《政府会计准则第10号——政府和社会资本合作项目合同》规定所确认的PPP项目净资产。

《〈政府会计准则第10号——政府和社会资本合作项目合同〉应用指南》指出，在财政部对PPP项目资产折旧（摊销）年限作出规定之前，政府方对PPP项目资产暂不计提折旧。鉴于适用于PPP项目政府方的财务会计科目不具有普适性，并且有关PPP项目的准则制度继续完善中，所以本书将不涉及这些科目的核算内容。

(二) 预算会计科目及其核算内容

根据《政府会计制度——行政事业单位会计科目和报表》的规定，政府单位预算会计科目共设26个，其中预算收入类科目9个、预算支出类科目8个、预算结余类科目9个。政府单位预算会计科目中，行政单位特有的会计科目1个（参见表10-2中带“◇”的会计科目），事业单位特有的会计科目15个（参见表10-2中带“▲”的会计科目），行政单位和事业单位共有的会计科目10个。政府单位预算会计的会计科目及其核算内容见表10-2。

表10-2　　政府单位预算会计的会计科目及其核算内容

序号	编码	科目名称	核算内容
一、预算收入类			
1	6001	财政拨款预算收入	核算政府单位从同级政府财政部门取得的各类财政拨款
2	6101	事业预算收入▲	核算事业单位开展专业业务活动及其辅助活动取得的现金流入
3	6201	上级补助预算收入▲	核算事业单位从主管部门和上级单位取得的非财政补助现金流入
4	6301	附属单位上缴预算收入▲	核算事业单位取得的附属独立核算政府单位按照有关规定上缴的现金流入
5	6401	经营预算收入▲	核算事业单位在专业业务活动及其辅助活动之外开展非独立核算经营活动取得的现金流入
6	6501	债务预算收入▲	核算事业单位按照规定从银行和其他金融机构等借入的、纳入部门预算管理的、不以财政资金作为偿还来源的债务本金
7	6601	非同级财政拨款预算收入	核算政府单位从非同级政府财政部门取得的财政拨款，包括本级横向转拨财政款和非本级财政拨款
8	6602	投资预算收益▲	核算事业单位取得的按照规定纳入部门预算管理的属于投资收益性质的现金流入，包括股权投资收益，出售或收回债券投资所取得的收益和债券投资利息收入
9	6609	其他预算收入	核算政府单位除财政拨款预算收入、事业预算收入、上级补助预算收入、附属单位上缴预算收入、经营预算收入、债务预算收入、非同级财政拨款预算收入、投资预算收益之外的纳入部门预算管理的现金流入，包括捐赠预算收入、利息预算收入、租金预算收入、现金盘盈收入等
二、预算支出类			
10	7101	行政支出°	核算行政单位履行其职责实际发生的各项现金流出
11	7201	事业支出▲	核算事业单位开展专业业务活动及其辅助活动实际发生的各项现金流出
12	7301	经营支出▲	核算事业单位在专业业务活动及其辅助活动之外开展非独立核算经营活动实际发生的各项现金流出
13	7401	上缴上级支出▲	核算事业单位按照财政部门和主管部门的规定上缴上级单位款项发生的现金流出
14	7501	对附属单位补助支出▲	核算事业单位用财政拨款预算收入之外的收入对附属单位补助发生的现金流出
15	7601	投资支出▲	核算事业单位以货币资金对外投资发生的现金流出
16	7701	债务还本支出▲	核算事业单位偿还自身承担的纳入预算管理的从金融机构举借的债务本金的现金流出

续表

序号	编码	科目名称	核算内容
17	7901	其他支出	核算政府单位除行政支出、事业支出、经营支出、上缴上级支出、对附属单位补助支出、投资支出、债务还本支出以外的各项现金流出，包括利息支出、对外捐赠现金支出、现金盘亏损失、接受捐赠（调入）和对外捐赠（调出）非现金资产发生的税费支出、资产置换过程中发生的相关税费支出、罚没支出等
三、预算结余类			
18	8001	资金结存	核算政府单位纳入部门预算管理的资金的流入、流出、调整和滚存等情况
19	8101	财政拨款结转	核算政府单位取得的同级财政拨款结转资金的调整、结转和滚存情况
20	8102	财政拨款结余	核算政府单位取得的同级财政拨款项目支出结余资金的调整、结转和滚存情况
21	8201	非财政拨款结转	核算政府单位除财政拨款收支、经营收支以外各非同级财政拨款专项资金的调整、结转和滚存情况
22	8202	非财政拨款结余	核算政府单位历年滚存的非限定用途的非同级财政拨款结余资金，主要为非财政拨款结余扣除结余分配后滚存的金额
23	8301	专用结余▲	核算事业单位按照规定从非财政拨款结余中提取的具有专门用途的资金的变动和滚存情况
24	8401	经营结余▲	核算事业单位本年度经营活动收支相抵后余额弥补以前年度经营亏损后的余额
25	8501	其他结余	核算政府单位本年度除财政拨款收支、非同级财政专项资金收支和经营收支以外各项收支相抵后的余额
26	8701	非财政拨款结余分配▲	核算事业单位本年度非财政拨款结余分配的情况和结果

（三）政府单位会计科目的使用要求

政府单位应当按照下列规定运用会计科目：

1.政府单位应当按照《政府会计制度——行政事业单位会计科目和报表》的规定设置和使用会计科目。在不影响会计处理和编制报表的前提下，单位可以根据实际情况自行增设或减少某些会计科目。

2.政府单位应当执行《政府会计制度——行政事业单位会计科目和报表》统一规定的会计科目编号，以便于填制会计凭证、登记账簿、查阅账目，实行会计信息化管理。

3.政府单位在填制会计凭证、登记会计账簿时，应当填列会计科目的名称，或者同时填列会计科目的名称和编号，不得只填列会计科目编号不填列会计科目名称。

4.政府单位设置明细科目或进行明细核算，除应遵循《政府会计制度——行政事业单位会计科目和报表》规定外，还应当满足权责发生制政府部门财务报告和政府综合财务报告编制的其他需要。

复习思考

1.政府单位会计具有哪些特点?
2.政府单位会计分为哪几级?
3.政府单位会计要素分为哪几类?
4.政府单位普适性财务会计科目分为几类？各自包括多少个科目?
5.政府单位普适性预算会计科目分为几类？各自包括多少个科目?
6.行政单位特有的普适性会计科目有哪些？事业单位特有的普适性会计科目有哪些?

第十一章

政府单位收入和预算收入的核算

学习目标

- 掌握政府单位收入和预算收入的概念和确认计量[①]
- 掌握行政单位和事业单位各自收入和预算收入的内容
- 掌握政府单位各项收入和预算收入的定义和核算方法
- 理解政府单位收入和预算收入核算中的“平行记账”原理

本章主要阐述政府单位收入和预算收入的概念、内容、分类及核算方法。

第一节 政府单位收入和预算收入概述

一、收入

（一）收入的定义和内容

收入，是指报告期内导致政府单位净资产增加的、含有服务潜力或者经济利益的经济资源的流入。收入是政府单位财务会计要素之一。

政府单位的收入包括财政拨款收入、非同级财政拨款收入、事业收入、经营收入、上级补助收入、附属单位上缴收入、投资收益、捐赠收入、利息收入、租金收入和其他收入。除了事业收入、上级补助收入、附属单位上缴收入、经营收入和投资收益属于事业单位特有的收入项目外，其他的收入属于行政单位和事业单位共有的收入项目。

（二）收入的分类

政府单位收入，按收入来源可分为拨款收入、业务活动收入和其他活动收入。

① 本章各项收入核算的举例涉及增值税的均以小规模纳税人政府单位为会计主体，例题中不再明示。政府单位为一般纳税人的相关举例参见第十四章“应交增值税”科目。

（1）拨款收入，是财政部门拨付政府单位的款项，包括同级财政部门拨付政府单位的财政拨款收入和非同级财政部门拨付政府单位的非同级财政拨款收入。

（2）业务活动收入，是事业单位开展业务活动实现的收入，包括开展专业业务活动及其辅助活动实现的事业收入和在专业业务活动及其辅助活动之外开展非独立核算经营活动实现的经营收入。

（3）其他活动收入，是政府单位在拨款收入和业务活动收入以外开展其他活动实现的收入，包括上级补助收入、附属单位上缴收入、投资收益以及包括捐赠收入、利息收入、租金收入和其他收入在内的其他各项收入。

（三）收入的确认和计量

收入确认应当同时满足三个条件：（1）与收入相关的含有服务潜力或者经济利益的经济资源很可能流入政府单位；（2）含有服务潜力或者经济利益的经济资源的流入会导致政府单位资产增加或者负债减少；（3）流入金额能够可靠地计量。

收入应当按照应收或实际收到的金额计量。

符合收入定义和收入确认条件的项目，应当列入政府单位收入费用表。

二、预算收入

（一）预算收入的定义和内容

预算收入，是指政府单位在预算年度内依法取得并纳入预算管理的现金流入。预算收入是政府单位预算会计要素之一。

政府单位的预算收入包括财政拨款预算收入、事业预算收入、上级补助预算收入、附属单位上缴预算收入、经营预算收入、非同级财政拨款预算收入、债务预算收入、投资预算收益和其他预算收入。除了事业预算收入、上级补助预算收入、附属单位上缴预算收入、经营预算收入、债务预算收入、投资预算收益属于事业单位特有预算收入项目外，其他的预算收入均属于行政单位和事业单位共有的预算收入项目。

（二）预算收入的分类

（1）按照预算收入来源，政府单位预算收入分为拨款预算收入、业务活动预算收入和其他活动预算收入。

拨款预算收入，是政府单位从财政部门取得的财政拨款，包括从同级财政部门取得财政拨款预算收入和从非同级财政部门取得的非同级财政拨款预算收入。

业务活动预算收入，是事业单位开展业务活动取得的预算收入，包括开展专业业务活动及其辅助活动取得的事业预算收入和在专业业务活动及其辅助活动之外开展非独立核算经营活动取得的经营预算收入。

其他活动预算收入，是政府单位在拨款预算收入和业务活动预算收入以外开展其他活动取得的预算收入，包括上级补助预算收入、附属单位上缴预算收入、债务预算收入、投资预算收益以及其他预算收入。

（2）按照使用要求，政府单位预算收入分为基本支出拨款和项目支出拨款、专项资金收入和非专项资金收入。

财政拨款预算收入按照使用要求分为基本支出拨款和项目支出拨款。基本支出拨款是政府单位为了保障其正常运转、完成日常工作任务而从同级财政部门取得的拨款，包括人员经费和日常公用经费。项目支出拨款是政府单位为了完成特定工作任务和事业发展目标，在基本支出拨款之外从同级财政部门取得的拨款。政府单位从同级财政部门取得的项目支出拨款必须专款专用、单独核算、专项结报。

除财政拨款预算收入以外的各项预算收入按照使用要求分为专项资金收入和非专项资金收入。专项资金收入是政府单位为完成特定工作任务取得的除了财政拨款预算收入之外的预算收入，其使用必须专款专用、单独核算、专项结报。非专项资金收入是政府单位为保障其正常运转、完成日常工作任务取得的除了财政拨款预算收入之外的预算收入，无限定性用途。

（三）预算收入的确认和计量

政府单位的预算收入一般在实际收到时予以确认，以实际收到的金额计量。

符合预算收入定义及其确认条件的项目，应当列入政府单位预算收入支出表。政府单位收入和预算收入内容及其单位归属见表11-1。

表11-1 政府单位收入和预算收入内容及其单位归属

收入	行政单位	事业单位	预算收入	行政单位	事业单位
财政拨款收入	√	√	财政拨款预算收入	√	√
非同级财政拨款收入	√	√	非同级财政拨款预算收入	√	√
事业收入		√	事业预算收入		√
经营收入		√	经营预算收入		√
上级补助收入		√	上级补助预算收入		√
附属单位上缴收入		√	附属单位上缴预算收入		√
			债务预算收入		√
投资收益		√	投资预算收益		√
捐赠收入	√	√	其他预算收入	√	√
利息收入	√	√			
租金收入	√	√			
其他收入	√	√			

注：“√”表示收入和预算收入项目的单位归属，下同。

第二节 拨款收入和拨款预算收入

一、财政拨款收入和财政拨款预算收入

财政拨款收入和财政拨款预算收入是指政府单位从同级财政部门取得的各类财政拨

款。按照拨款的来源，财政拨款收入和财政拨款预算收入分为一般公共预算财政拨款和政府性基金预算财政拨款。来自同级财政部门的财政拨款是政府单位最主要的收入来源，也是政府单位开展业务活动的基本财力保障。

（一）财政拨款收入和财政拨款预算收入的管理

财政拨款收入和财政拨款预算收入的管理必须遵循以下要求：

1.按照核定预算和用款计划申请取得。政府单位应根据核定的预算编制分月用款计划，经同级财政部门或上级单位核定后分月获取财政拨款收入和财政拨款预算收入。

2.按规定用途申请取得。政府单位应按核定的预算用途使用财政拨款收入和财政拨款预算收入，未经同级财政部门批准，不得擅自改变用途。

3.按预算级次申请取得。政府单位应按规定的预算级次和经费领拨关系向上级单位或同级财政部门申请取得财政拨款收入和财政拨款预算收入；同级主管部门之间原则上不得发生经费领拨关系。

4.按规定的财政资金支付方式申请取得。政府单位在确定了年度预算和分月用款计划的同时也确定了财政资金的支付方式及支付金额。实行国库集中支付改革的政府单位通过财政直接支付方式和财政授权支付方式获取财政拨款收入和财政拨款预算收入；尚未实行国库集中支付改革的政府单位，通过其他方式获取财政拨款收入和财政拨款预算收入。

（二）财政拨款收入和财政拨款预算收入的确认和计量

1.财政直接支付方式下，政府单位应在收到代理银行转来的“财政直接支付入账通知书”时确认财政拨款收入和财政拨款预算收入，并按照“财政直接支付入账通知书”中的直接支付入账金额计量。

2.财政授权支付方式下，政府单位应在收到代理银行转来的“财政授权支付额度到账通知书”时确认财政拨款收入和财政拨款预算收入，并按照“财政授权额度到账通知书”中的授权支付额度计量。

3.其他方式下，政府单位应在收到开户银行转来的收款通知时确认财政拨款收入和财政拨款预算收入，并按照实际收到的金额计量。

4.对于年终结余形成的财政拨款收入和财政拨款预算收入，政府单位应根据对账确认的本年度财政直接支付预算指标数大于当年财政直接支付实际支出数的差额、本年度财政授权支付预算指标数大于当年零余额账户用款额度下达数的差额予以确认和计量。

（三）财政拨款收入和财政拨款预算收入核算的会计科目设置

财务会计系统下，政府单位应设置“财政拨款收入”科目，核算其从同级财政部门取得的各类财政拨款。同级政府财政部门预拨的下期预算款和没有纳入预算的暂付款项，以及采用实拨资金方式通过本单位转拨给下属单位的财政拨款，通过“其他应付款”科目核算，不通过本科目核算。本科目可以按照一般公共预算财政拨款、政府性基金预算财政拨款等种类进行明细核算。期末结转后，本科目应无余额。

预算会计系统下，政府单位应设置“财政拨款预算收入”科目，核算其从同级政府财政部门取得的各类财政拨款。本科目应当设置“基本支出”和“项目支出”两个明细科目，并按照《政府收支分类科目》中“支出功能分类科目”的项级科目进行明细核算；同时，在“基本支出”明细科目下按照“人员经费”和“日常公用经费”进行明细核算，在“项目支出”明细科目下按照具体项目进行明细核算。有一般公共预算财政拨款、政府性基金预算财政拨款等两种或两种以上财政拨款的单位，还应当按照财政拨款的种类进行明细核算。年末结转后，本科目应无余额。

财政拨款收入和财政拨款预算收入的会计科目设置见表11-2。

表11-2　**财政拨款收入和财政拨款预算收入的会计科目设置**

<table>
<tr><th>总账科目</th><th>一级明细科目</th><th>二级明细科目</th><th>三级明细科目</th><th>四级明细科目</th></tr>
<tr><td rowspan="2">财政拨款收入</td><td>一般公共预算财政拨款</td><td></td><td></td><td></td></tr>
<tr><td>政府性基金预算财政拨款</td><td></td><td></td><td></td></tr>
<tr><td rowspan="4">财政拨款预算收入</td><td rowspan="3">一般公共预算财政拨款</td><td rowspan="3">支出功能分类科目项级科目</td><td rowspan="2">基本支出</td><td>人员经费</td></tr>
<tr><td>日常公用经费</td></tr>
<tr><td>项目支出</td><td>××项目</td></tr>
<tr><td>政府性基金预算财政拨款</td><td>同上</td><td>同上</td><td>同上</td></tr>
</table>

（四）财政拨款收入和财政拨款预算收入的账务处理

1.取得财政拨款

（1）在财政直接支付方式下，政府单位根据收到的“财政直接支付入账通知书”及相关原始凭证，按照通知书中的直接支付入账金额，财务会计借记“库存物品”“固定资产”“业务活动费用”“单位管理费用”“应付职工薪酬”等科目，贷记“财政拨款收入”科目（涉及增值税业务的，相关账务处理参见“应交增值税”科目）；预算会计借记“行政支出”“事业支出”等有关科目，贷记“财政拨款预算收入”科目。

年末，根据本年度财政直接支付预算指标数与当年财政直接支付实际支付数的差额，财务会计借记“财政应返还额度——财政直接支付”科目，贷记“财政拨款收入”科目；预算会计借记“资金结存——财政应返还额度”科目，贷记“财政拨款预算收入”科目。相关举例参见第十三章“财政应返还额度”科目【例13-29】。

【例11-1】某行政单位收到“财政直接支付入账通知书”及相关原始凭证，列明采购技术设备一台，直接支付入账金额100 000元，该设备直接投入使用。该行政单位的账务处理如下：

财务会计		预算会计	
借：固定资产	100 000	借：行政支出	100 000
贷：财政拨款收入——一般公共预算财政拨款	100 000	贷：财政拨款预算收入——项目支出	100 000

该例题中，如果会计主体为事业单位，预算会计确认事业支出。

【例11-2】某行政单位收到“财政直接支付入账通知书”，列明用民航发展基金安排的航线和机场补贴支出800 000元。该行政单位的账务处理如下：

财务会计		预算会计	
借：业务活动费用	800 000	借：行政支出	800 000
贷：财政拨款收入——政府性基金预算财政拨款	800 000	贷：财政拨款预算收入——项目支出	800 000

该例中，如果会计主体为事业单位，预算会计确认事业支出。

（2）在财政授权支付方式下，政府单位根据收到的“财政授权支付额度到账通知书”，按照通知书中的授权支付额度，财务会计借记“零余额账户用款额度”科目，贷记“财政拨款收入”科目；预算会计借记“资金结存——零余额账户用款额度”科目，贷记“财政拨款预算收入”科目。

年末，政府单位本年度财政授权支付预算指标数大于零余额账户用款额度下达数的，根据两者间的差额，财务会计借记“财政应返还额度——财政授权支付”科目，贷记“财政拨款收入”科目；预算会计借记“资金结存——财政应返还额度”科目，贷记“财政拨款预算收入”科目。相关举例参见第十三章“财政应返还额度”科目【例13-31】。

【例11-3】某政府单位①收到“财政授权支付额度到账通知书”，列明本月日常公用经费的财政授权支付额度为500 000元。该政府单位的账务处理如下：

财务会计		预算会计	
借：零余额账户用款额度	500 000	借：资金结存——零余额账户用款额度	500 000
贷：财政拨款收入——一般公共预算财政拨款	500 000	贷：财政拨款预算收入——基本支出	500 000

（3）其他方式下，政府单位收到财政拨款收入时，按照实际收到的金额，财务会计借记“银行存款”等科目，贷记“财政拨款收入”科目；预算会计借记“资金结存——货币资金”科目，贷记“财政拨款预算收入”科目。

【例11-4】某政府单位尚未实行国库集中支付改革，其开户银行转来收款通知，实际收到同级财政部门拨入的一般公共预算列支的日常公用经费500 000元。该政府单位的账务处理如下：

财务会计		预算会计	
借：银行存款	500 000	借：资金结存——货币资金	500 000
贷：财政拨款收入——一般公共预算财政拨款	500 000	贷：财政拨款预算收入——基本支出	500 000

2. 差错更正或购货退回②

政府单位因差错更正或购货退回等发生国库直接支付款项退回的，属于以前年度支付的款项，按照退回金额，财务会计借记“财政应返还额度”科目，贷记“以前年度盈余调整”“库存物品”等科目；预算会计借记“资金结存——财政应返还额度”科目，贷记“财政拨款结转”“财政拨款结余”科目。属于本年度支付的款项，按照退回金额，财务会计借记“财政拨款收入”科目，贷记“业务活动费用”“库存物品”等科

① 第三篇例题中的会计主体为“政府单位”的，该例题适用于行政单位和事业单位。

② 有关差错更正或购货退回的账务处理及举例分布在“财政拨款收入”和“财政拨款预算收入”、“业务活动费用”和“单位管理费用”、“行政支出”和“事业支出”、“经营费用”和“经营支出”、“零余额账户用款额度”等科目核算。

目；预算会计借记“财政拨款预算收入”科目，贷记“行政支出”“事业支出”等有关科目。

【例11-5】某事业单位使用财政直接支付方式采购的电脑耗材因质量问题予以退回，共计50 000元。其中，30 000元属于上年度支付的款项，20 000元属于本年度支付的款项。收到代理银行转来财政直接支付资金退回入账通知书，退回相关款项50 000元，电脑耗材已退回。该事业单位的账务处理如下：

财务会计			预算会计		
借：财政应返还额度	30 000		借：资金结存——财政应返还额度	30 000	
财政拨款收入——一般公共预算财政拨款	20 000		财政拨款预算收入——基本支出	20 000	
贷：库存物品		50 000	贷：财政拨款结转		30 000
			事业支出		20 000

该例中，如果会计主体为行政单位，预算会计确认行政支出。

3.期末结转或年末结转

期末[①]，将“财政拨款收入”科目本期发生额转入本期盈余，财务会计借记“财政拨款收入”科目，贷记“本期盈余”科目；预算会计不做账。相关举例参见第十五章“本期盈余”科目【例15-1】。

年末，将“财政拨款预算收入”科目本年发生额结转入财政拨款结转，预算会计借记“财政拨款预算收入”科目，贷记“财政拨款结转——本年收支结转”科目；财务会计不做账。相关举例参见第十五章“财政拨款结转”科目【例15-14】。

二、非同级财政拨款收入和非同级财政拨款预算收入

（一）非同级财政拨款收入和非同级财政拨款预算收入的确认和计量

非同级财政拨款收入和非同级财政拨款预算收入，是政府单位从非同级政府财政部门取得的经费拨款，包括从同级政府其他部门取得的横向转拨财政款、从上级或下级政府财政部门取得的经费拨款等[②]，但不包括事业单位因开展科研及其辅助活动从非同级政府财政部门取得的经费拨款。

非同级财政拨款收入一般在发生时确认，并按照应收或实收金额计量。非同级财政拨款预算收入应当在收到款项时确认，并按照实际收到金额计量。

（二）非同级财政拨款收入和非同级财政拨款预算收入核算的会计科目设置

财务会计系统下，政府单位应设置“非同级财政拨款收入”科目，核算从非同级政府财政部门取得的经费拨款。事业单位因开展科研及其辅助活动从非同级政府财政部门取得的经费拨款，应当通过“事业收入——非同级财政拨款”科目核算，不通过本科目核算。本科目应当按照本级横向转拨财政款和非本级财政拨款进行明细核算，并按照收入来源进行明细核算。期末结转后，本科目应无余额。

---

① 期末含月末和年末，下同。

② 《政府会计准则制度解释第2号》规定，享受公费医疗待遇的单位从所在地公费医疗管理机构取得的公费医疗经费，应当在实际取得时计入非同级财政拨款收入（非同级财政拨款预算收入），在实际支用时计入相关费用（支出）。

预算会计系统下，政府单位应设置“非同级财政拨款预算收入”科目，核算从非同级政府财政部门取得的财政拨款。事业单位因开展科研及其辅助活动从非同级政府财政部门取得的经费拨款，应当通过“事业预算收入——非同级财政拨款”科目进行核算，不通过本科目核算。本科目应当按照非同级财政拨款预算收入的类别、来源、《政府收支分类科目》中“支出功能分类科目”的项级科目等进行明细核算。非同级财政拨款预算收入中如有专项资金收入，还应按照具体项目进行明细核算。年末结转后，本科目应无余额。

（三）非同级财政拨款收入和非同级财政拨款预算收入的账务处理

1.取得拨款政府单位确认非同级财政拨款收入时，财务会计按照应收或实际收到的金额，借记“其他应收款”“银行存款”等科目，贷记“非同级财政拨款收入”科目；预算会计按照实际收到的金额，借记“资金结存——货币资金”科目，贷记“非同级财政拨款预算收入”科目。

【例11-6】某政府单位属于中央级单位，地处甲省乙市，收到甲省级财政部门拨付的经费补助款200 000元，款项已存入银行。该政府单位账务处理如下：

财务会计			预算会计		
借：银行存款	200 000		借：资金结存——货币资金	200 000	
贷：非同级财政拨款收入——甲省		200 000	贷：非同级财政拨款预算收入——甲省		200 000

【例11-7】【例11-6】中的政府单位按照合约确认甲省级财政部门应拨付经费补助款200 000元，但款项尚未收到时，则：

财务会计			预算会计
借：其他应收款	200 000		—
贷：非同级财政拨款收入——甲省		200 000	

收到甲省级财政部门的拨款时，则：

财务会计			预算会计		
借：银行存款	200 000		借：资金结存——货币资金	200 000	
贷：其他应收款		200 000	贷：非同级财政拨款预算收入——甲省		200 000

2.期末或年末结转

期末，将“非同级财政拨款收入”科目本期发生额转入本期盈余，财务会计借记“非同级财政拨款收入”科目，贷记“本期盈余”科目；预算会计不做账。相关举例参见第十五章“本期盈余”科目【例15-1】。

年末，预算会计将“非同级财政拨款预算收入”科目本年发生额中的专项资金收入转入非财政拨款结转，借记“非同级财政拨款预算收入”科目下各专项资金收入明细科目，贷记“非财政拨款结转——本年收支结转”科目；将“非同级财政拨款预算收入”科目本年发生额中的非专项资金收入转入其他结余，借记“非同级财政拨款预算收入”科目下各非专项资金收入明细科目，贷记“其他结余”科目。财务会计不做账。相关举例参见第十五章“其他结余”科目【例15-21】和“非财政拨款结转”科目【例15-24】。

第三节　业务活动收入和业务活动预算收入

一、事业收入和事业预算收入

（一）事业收入和事业预算收入的确认和计量

1. 事业收入的确认和计量

事业收入是事业单位开展专业业务活动及其辅助活动所取得的收入，包括开展专业业务活动及其辅助活动所取得的收入，从财政专户核拨给事业单位的资金和经核准不上缴国库或者财政专户的资金，因开展科研及其辅助活动从非同级政府财政部门取得的经费拨款。不同行业的事业单位业务特点不同，事业收入的内容也存在差异。比如，高等学校的事业收入主要包括教育事业收入和科研事业收入；科学事业单位的事业收入主要包括科研收入和非科研收入等。

事业收入的确认，因其管理方式和收款方式不同而存在差异。

按照管理方式，事业收入分为财政专户返还方式管理的事业收入和其他方式管理的事业收入。财政专户返还方式管理的事业收入，是事业单位按国家有关规定收取的各项收费（比如实行专项管理的高中以上学费、住宿费，高校委托培养费，函大、电大、夜大及短训班培训费等教育收费），其在取得时要按规定缴存财政专户，不可确认事业收入；只有事业单位收到从财政专户返还的收费时，方可确认事业收入。其他方式管理的事业收入，是事业单位开展自身专业活动及其辅助活动向社会提供服务时，按国家规定标准向服务对象收取的除了应缴国库款和应缴财政专户款以外的各项收费，事业单位在取得时即可确认事业收入。

按照收款方式，事业收入分为采用预收款方式确认的事业收入和采用应收款方式确认的事业收入。采用预收款方式确认的事业收入，以合同完成进度确认事业收入时，按照基于合同完成进度计算的金额确认；采用应收款方式确认的事业收入，根据合同完成进度计算本期应收的款项确认。

无论何种方式实现的事业收入，均按照应收或实收金额计量。

2. 事业预算收入的确认和计量

事业预算收入，是指事业单位开展专业业务活动及其辅助活动取得的现金流入，包括开展专业业务活动及其辅助活动所取得的按规定不需要纳入财政专户管理的款项，财政专户返还的、经核准不上缴国库的款项，因开展科研及其辅助活动从非同级政府财政部门取得的经费拨款。

事业预算收入在实际收到款项时确认，按照实际收到金额计量。

（二）事业收入和事业预算收入核算的会计科目设置

财务会计系统下，事业单位应设置“事业收入”科目，核算开展专业业务活动及其辅助活动所取得的收入。本科目应当按照事业收入的类别、来源等进行明细核算。对于因开展科研及其辅助活动从非同级政府财政部门取得的经费拨款，应当在本科目下单设

“非同级财政拨款”明细科目进行核算。期末结转后，本科目应无余额。

预算会计系统下，事业单位应设置“事业预算收入”科目，核算开展专业业务活动及其辅助活动取得的现金流入。事业单位因开展科研及其辅助活动从非同级政府财政部门取得的经费拨款，也通过本科目核算。本科目应当按照事业预算收入类别、项目、来源、《政府收支分类科目》中“支出功能分类科目”项级科目等进行明细核算。对于因开展科研及其辅助活动从非同级政府财政部门取得的经费拨款，应当在本科目下单设“非同级财政拨款”明细科目进行明细核算；事业预算收入中如有专项资金收入，还应按照具体项目进行明细核算。年末结转后，本科目应无余额。

（三）事业收入和事业预算收入的账务处理

1.采用财政专户返还方式管理的事业收入和事业预算收入

事业单位实现应上缴财政专户的事业收入时，财务会计按照实际收到或应收的金额，借记“银行存款”“应收账款”等科目，贷记“应缴财政款”科目；向财政专户上缴款项时，按照实际上缴的款项金额，借记“应缴财政款”科目，贷记“银行存款”等科目。预算会计不做账。

事业单位收到从财政专户返还的事业收入时，按照实际收到的返还金额，财务会计借记“银行存款”等科目，贷记“事业收入”科目；预算会计借记“资金结存——货币资金”科目，贷记“事业预算收入”科目。

2.采用其他方式管理的事业收入和事业预算收入

事业单位实现的其他方式下确认的事业收入，按照实际收到的金额，财务会计借记“银行存款”“库存现金”等科目，贷记“事业收入”科目（其中涉及增值税业务的，相关账务处理参见“应交增值税”科目）；预算会计借记“资金结存——货币资金”科目，贷记“事业预算收入”科目。

【例11-8】某事业单位开展专业业务活动取得技术服务收入51 500元（含税）、学术活动收入30 900元（含税），均已存入银行。假设技术服务收入采用财政专户返还方式管理，该事业单位的账务处理如下：

财务会计			预算会计		
借：银行存款	82 400		借：资金结存——货币资金	30 900	
贷：应缴财政款		51 500	贷：事业预算收入——学术活动收入		30 900
事业收入——学术活动收入		30 000			
应交增值税		900			

【例11-9】【例11-8】中的事业单位将技术服务收入上缴财政专户时，该事业单位的账务处理如下：

财务会计			预算会计
借：应缴财政款	51 500		—
贷：银行存款		51 500	

若该事业单位银行存款户收到从财政专户返还的技术服务收入51 500元，则，

财务会计			预算会计		
借：银行存款	51 500		借：资金结存——货币资金	51 500	
贷：事业收入——技术服务收入		51 500	贷：事业预算收入——技术服务收入		51 500

3. 采用预收款方式确认的事业收入和事业预算收入

事业单位实际收到预收款项时，按照收到的款项金额，财务会计借记“银行存款”等科目，贷记“预收账款”科目；预算会计借记“资金结存——货币资金”科目，贷记“事业预算收入”科目。

事业单位以合同完成进度确认事业收入时，财务会计按照基于合同完成进度计算的金额，借记“预收账款”科目，贷记“事业收入”科目（其中涉及增值税业务的，相关账务处理参见“应交增值税”科目）；预算会计不做账。

【例11-10】某事业单位承接某企业污水处理项目的研究，项目总经费309 000元，需要两年完成。按照合同规定，该企业第一年年初预付项目研究经费50%，第二年年初再预付50%。该科研项目产生的收入按照项目完成进度每年年末确认。该事业单位账务处理如下：

- 每年年初收到委托企业预付款项时，

财务会计			预算会计		
借：银行存款	154 500		借：资金结存——货币资金	154 500	
贷：预收账款		154 500	贷：事业预算收入——科研事业预算收入		154 500

- 每年年末确认收入时，

财务会计			预算会计
借：银行存款	154 500		
贷：事业收入		150 000	—
应交增值税		4 500	

4. 采用应收款方式确认的事业收入和事业预算收入

事业单位根据合同完成进度计算本期应收的款项，财务会计借记“应收账款”科目，贷记“事业收入”科目（其中涉及增值税业务的，相关账务处理参见“应交增值税”科目）；预算会计不做账。

事业单位实际收到款项时，财务会计借记“银行存款”等科目，贷记“应收账款”科目；预算会计借记“资金结存——货币资金”科目，贷记“事业预算收入”科目。

【例11-11】假设【例11-10】中的事业单位根据合同完成进度每年年初计算应收50%的科研经费，年末实际收款。该事业单位账务处理如下：

- 年初根据合同完成进度计算应收的科研经费时，

财务会计			预算会计
借：应收账款	154 500		
贷：事业收入——科研事业收入		150 000	—
应交增值税		4 500	

- 年末实际收到款项时，

财务会计		预算会计	
借：银行存款	154 500	借：资金结存——货币资金	154 500
贷：应收账款	154 500	贷：事业预算收入——科研事业预算收入	154 500

5.期末结转

期末，将"事业收入"科目本期发生额转入本期盈余，财务会计借记"事业收入"科目，贷记"本期盈余"科目；预算会计不做账。相关举例参见第十五章"本期盈余"科目【例15-1】。

年末，预算会计将"事业预算收入"科目本年发生额中的专项资金收入转入非财政拨款结转，借记"事业预算收入"科目下各专项资金收入明细科目，贷记"非财政拨款结转——本年收支结转"科目；将"事业预算收入"科目本年发生额中的非专项资金收入转入其他结余，借记"事业预算收入"科目下各非专项资金收入明细科目，贷记"其他结余"科目。财务会计不做账。相关举例参见第十五章"其他结余"科目【例15-21】和"非财政拨款结转"科目【例15-24】。

二、经营收入和经营预算收入

（一）经营收入和经营预算收入的确认和计量

经营收入是事业单位在专业业务活动及其辅助活动之外开展非独立核算经营活动取得的收入，主要包括非独立核算部门因销售商品、向社会提供经营服务等取得的收入等。事业单位的经营收入通常同时具备两个特征：（1）其是开展经营活动取得的收入；（2）其是从开展非独立核算的经营活动中取得的收入。事业单位的经营收入应当在提供服务或者发出存货，同时收讫价款或者取得索取价款的凭据时，按照实际收到或应收到的金额予以确认和计量。经营预算收入，是指事业单位在专业业务活动及其辅助活动之外开展非独立核算经营活动取得的现金流入。经营预算收入应当在实际收到款项时确认，并按照实际收到金额计量。

（二）经营收入和经营预算收入核算的会计科目设置

财务会计系统下，事业单位应设置"经营收入"科目，核算在专业业务活动及其辅助活动之外开展非独立核算经营活动取得的收入。本科目应当按照经营活动类别、项目、收入来源等进行明细核算。期末结转后，本科目应无余额。

预算会计系统下，事业单位应设置"经营预算收入"科目，核算在专业业务活动及其辅助活动之外开展非独立核算经营活动取得的现金流入。本科目应当按照经营活动类别、项目、《政府收支分类科目》中"支出功能分类科目"的项级科目等进行明细核算。年末结转后，本科目应无余额。

（三）经营收入和经营预算收入的账务处理

1.确认收入

事业单位实现经营收入时，财务会计按照确定的收入金额，借记"银行存款""应收账款""应收票据"等科目，贷记"经营收入"科目（其中涉及增值税业务的，相关账务处理参见“应交增值税”科目）；预算会计按照实际收到的金额，借记“资金结存——货币资金”科目，贷记“经营预算收入”科目。

【例11-12】某事业单位非独立核算部门销售产品取得收入5 150元（含税），款项已存入银行。该事业单位的账务处理如下：

财务会计			预算会计		
借：银行存款	5 150		借：资金结存——货币资金	5 150	
贷：经营收入——销售收入		5 000	贷：经营预算收入		5 150
应交增值税		150			

2. 期末或年末结转

期末，将“经营收入”科目本期发生额转入本年盈余，财务会计借记“经营收入”科目，贷记“本期盈余”科目；预算会计不做账。相关举例参见第十五章“本期盈余”科目【例15-1】。

年末，将“经营预算收入”科目发生额转入经营结余，预算会计借记“经营预算收入”科目，贷记“经营结余”科目；财务会计不做账。相关举例参见第十五章“经营结余”科目【例15-22】。

第四节　其他活动收入和其他活动预算收入

一、上级补助收入和上级补助预算收入

（一）上级补助收入和上级补助预算收入的确认和计量

上级补助收入是事业单位从主管部门和上级单位取得的非财政拨款收入。上级补助收入应当在发生时确认，并按照应收或实收金额计量。

上级补助预算收入是指事业单位从主管部门和上级单位取得的非财政补助现金流入。上级补助预算收入应当在取得时确认，并按照实际收到金额计量。

（二）上级补助收入和上级补助预算收入核算的会计科目设置

财务会计系统下，事业单位应设置“上级补助收入”科目，核算收到的上级单位拨入的非财政拨款收入。本科目应当按照发放补助单位、补助项目等进行明细核算。期末结转后，本科目应无余额。

预算会计系统下，事业单位应设置“上级补助预算收入”科目，核算从主管部门和上级单位取得的非财政补助现金流入。本科目应当按照发放补助单位、补助项目、《政府收支分类科目》中“支出功能分类科目”的项级科目等进行明细核算。上级补助预算收入中如有专项资金收入，还应按照具体项目进行明细核算。年末结转后，本科目应无余额。

（三）上级补助收入和上级补助预算收入的主要账务处理

1. 确认收入

事业单位确认上级补助收入时，财务会计按照应收或实际收到的金额，借记“其他

应收款”“银行存款”等科目，贷记“上级补助收入”科目；实际收到应收的上级补助款时，按照实际收到的金额，借记“银行存款”等科目，贷记“其他应收款”科目。预算会计按照实际收到的金额，借记“资金结存——货币资金”科目，贷记“上级补助预算收入”科目。

【例11-13】某事业单位收到上级单位拨入的非财政资金补助款250 000元。该事业单位的账务处理如下：

财务会计			预算会计		
借：银行存款	250 000		借：资金结存——货币资金	250 000	
贷：上级补助收入——上级单位		250 000	贷：上级补助预算收入——上级单位		250 000

【例11-14】假设【例11-13】中的事业单位按照合约确认上级单位拨入的非财政资金补助款250 000元，但款项尚未收到。该事业单位的账务处理如下：

财务会计			预算会计
借：其他应收款	250 000		—
贷：上级补助收入——上级单位		250 000	

收到款项时，

财务会计			预算会计		
借：银行存款	250 000		借：资金结存——货币资金	250 000	
贷：其他应收款		250 000	贷：上级补助预算收入——上级单位		250 000

2. 期末或年末结转

期末，将“上级补助收入”科目本期发生额转入本期盈余，财务会计借记“上级补助收入”科目，贷记“本期盈余”科目；预算会计不做账。相关举例参见第十五章“本期盈余”科目【例15-1】。

年末，预算会计将“上级补助预算收入”科目本年发生额中的专项资金收入转入非财政拨款结转，借记“上级补助预算收入”科目下各专项资金收入明细科目，贷记“非财政拨款结转——本年收支结转”科目；将“上级补助预算收入”科目本年发生额中的非专项资金收入转入其他结余，借记“上级补助预算收入”科目下各非专项资金收入明细科目，贷记“其他结余”科目。财务会计不做账。相关举例参见第十五章“其他结余”科目【例15-21】和“非财政拨款结转”科目【例15-24】。

二、附属单位上缴收入和附属单位上缴预算收入

（一）附属单位上缴收入和附属单位上缴预算收入的确认和计量

附属单位上缴收入是事业单位取得的附属独立核算单位按照有关规定上缴的收入。所谓附属单位，一般是指与该事业单位间除资金联系之外，还存在其他联系的具有独立法人资格的单位，包括事业单位和企业。附属单位上缴收入应当在发生时确认，并按照应收或实收金额计量。

附属单位上缴预算收入，是指事业单位取得附属独立核算单位根据有关规定上缴的

现金流入。附属单位上缴预算收入应当在取得时确认，并按照实际收到金额计量。

（二）附属单位上缴收入和附属单位上缴预算收入核算的会计科目设置

财务会计系统下，事业单位应设置“附属单位上缴收入”科目，核算取得的附属单位按有关规定上缴的收入。本科目应当按照附属单位、缴款项目等进行明细核算。期末结转后，本科目应无余额。

预算会计系统下，事业单位应设置“附属单位上缴预算收入”科目，核算取得附属独立核算单位根据有关规定上缴的现金流入。本科目应当按照附属单位、缴款项目、《政府收支分类科目》中“支出功能分类科目”的项级科目等进行明细核算。附属单位上缴预算收入中如有专项资金收入，还应按照具体项目进行明细核算。年末结转后，本科目应无余额。

（三）附属单位上缴收入和附属单位上缴预算收入的账务处理

1.确认收入

事业单位确认附属单位上缴收入时，财务会计按照应收或收到的金额，借记“其他应收款”“银行存款”等科目，贷记“附属单位上缴收入”科目；实际收到应收附属单位上缴款时，按照实际收到的金额，借记“银行存款”等科目，贷记“其他应收款”科目。预算会计按照实际收到的金额，借记“资金结存——货币资金”科目，贷记“附属单位上缴预算收入”科目。

【例11-15】某事业单位收到附属A单位上缴的收入50 000元。该事业单位的账务处理如下：

财务会计			预算会计		
借：银行存款	50 000		借：资金结存——货币资金	50 000	
贷：附属单位上缴收入——A单位		50 000	贷：附属单位上缴预算收入——A单位		50 000

【例11-16】假设【例11-15】中的事业单位按照合约确认附属A单位上缴的收入50 000元，但款项尚未收到。该事业单位的账务处理如下：

财务会计			预算会计
借：其他应收款	50 000		—
贷：附属单位上缴收入——A单位		50 000	

收到款项时，

财务会计			预算会计		
借：银行存款	50 000		借：资金结存——货币资金	50 000	
贷：其他应收款		50 000	贷：附属单位上缴预算收入——A单位		50 000

2.期末和年末结转

期末，财务会计将“附属单位上缴收入”科目本期发生额转入本期盈余，借记“附属单位上缴收入”科目，贷记“本期盈余”科目；预算会计不做账。相关举例参见第十五章“本期盈余”科目【例15-1】。

年末，预算会计将“附属单位上缴预算收入”科目本年发生额中的专项资金收入转入非财政拨款结转，借记“附属单位上缴预算收入”科目下各专项资金收入明细科目，贷记“非财政拨款结转——本年收支结转”科目；将“附属单位上缴预算收入”科目本年发生额中的非专项资金收入转入其他结余，借记“附属单位上缴预算收入”科目下各非专项资金收入明细科目，贷记“其他结余”科目。财务会计不做账。相关举例参见第十五章“其他结余”科目【例15-21】和“非财政拨款结转”科目【例15-24】。

三、投资收益和投资预算收益

（一）投资收益和投资预算收益的确认和计量

投资收益是指事业单位股权投资和债券投资所实现的收益或发生的损失，包括股权投资取得的股利或利润、债券投资取得的利息收入等。投资收益应当在发生时确认，并按照确认的金额计量。

投资预算收益，是指事业单位取得的按照规定纳入部门预算管理的属于投资收益性质的现金流入，包括股权投资收益、出售或收回债券投资所取得的收益和债券投资利息收入。投资预算收益应当在取得时确认，并按照实际收到的金额计量。

（二）投资收益和投资预算收益核算的会计科目设置

财务会计系统下，事业单位应设置“投资收益”科目，核算股权投资和债券投资所实现的收益或发生的损失。本科目应当按照投资的种类等进行明细核算。期末结转后，本科目应无余额。

预算会计系统下，事业单位应设置“投资预算收益”科目，核算取得的按照规定纳入部门预算管理的属于投资收益性质的现金流入。本科目应当按照《政府收支分类科目》中“支出功能分类科目”的项级科目等进行明细核算。年末结转后，本科目应无余额。

（三）投资收益和投资预算收益的账务处理

1.确认投资收益

（1）债券投资取得的收益

①持有期间利息

收到短期投资持有期间的利息，按照实际收到的金额，财务会计借记“银行存款”科目，贷记“投资收益”科目；预算会计借记“资金结存——货币资金”科目，贷记“投资预算收益”科目。

按期确认持有的分期付息、一次还本的长期债券投资利息收入时，按照计算确定的应收未收利息，财务会计借记“应收利息”科目，贷记“投资收益”科目；持有的到期一次还本付息的债券投资，按期确认利息收入时，按照计算确定的应收未收利息，借记“长期债券投资——应计利息”科目，贷记“投资收益”科目。预算会计不做账。

收到持有分期付息、一次还本的长期债券投资利息时，按照实际收到的金额，财务会计借记“银行存款”科目，贷记“应收利息”科目；预算会计借记“资金结存——货币资金”科目，贷记“投资预算收益”科目。

②出售或到期收回债券投资收益

出售或到期收回短期、长期债券本息的财务会计处理如下：对于短期债券，按照实际收到的金额，财务会计借记“银行存款”科目，按照出售或收回短期投资的成本，贷记“短期投资”科目，按照其差额，贷记或借记“投资收益”科目（涉及增值税业务的，相关账务处理参见“应交增值税”科目）；对于长期债券，按照实际收到的金额，财务会计借记“银行存款”等科目，按照债券初始投资成本和已计未收利息金额，贷记“长期债券投资——成本”、“长期债券投资——应计利息”科目（到期一次还本付息债券）或分别贷记“长期债券投资”、“应收利息”科目（分期付息债券），按照其差额，贷记或借记“投资收益”科目（涉及增值税业务的，相关账务处理参见“应交增值税”科目）。

出售或到期收回短期、长期债券本息的预算会计处理如下：对于出售或到期收回本年度取得的短期、长期债券，按照实际取得的价款或实际收到的本息金额，借记“资金结存——货币资金”科目，按照取得债券时“投资支出”科目的发生额，贷记“投资支出”科目，按照其差额，贷记或借记“投资预算收益”科目。对于出售或到期收回以前年度取得的短期、长期债券，按照实际取得的价款或实际收到的本息金额，借记“资金结存——货币资金”科目，按照取得债券时“投资支出”科目的发生额，贷记“其他结余”科目，按照其差额，贷记或借记“投资预算收益”科目。

（2）长期股权投资取得的收益

①纳入单位预算管理的长期股权投资持有期间取得的投资收益

采用成本法核算的长期股权投资持有期间，被投资单位宣告分派现金股利或利润时，按照宣告分派的现金股利或利润中属于单位应享有的份额，单位财务会计借记“应收股利”科目，贷记“投资收益”科目；预算会计不做账。

采用权益法核算的长期股权投资持有期间，按照应享有或应分担的被投资单位实现的净损益的份额，单位财务会计借记或贷记“长期股权投资——损益调整”，贷记或借记“投资收益”科目；被投资单位发生净亏损，但以后年度又实现净利润的，单位在其收益分享额弥补未确认的亏损分担额等后，恢复确认投资收益，借记“长期股权投资——损益调整”科目，贷记“投资收益”科目。预算会计不做账。

持有长期股权投资取得被投资单位分派的现金股利或利润时，单位预算会计按照实际收到的金额，借记“资金结存——货币资金”科目，贷记“投资预算收益”科目；财务会计不做账。

②按规定需上缴财政的长期股权投资持有期间取得的投资收益

长期股权投资采用成本法核算的，被投资单位宣告发放现金股利或利润时，事业单位按照应收的金额，财务会计借记“应收股利”科目，贷记“投资收益”科目；收到现金股利或利润时，借记“银行存款”等科目，贷记“应缴财政款”科目，同时按照此前确定的应收股利金额，借记“投资收益”科目或“累计盈余”科目（此前确认的投资收益已经结转的），贷记“应收股利”科目；将取得的现金股利或利润上缴财政时，借记

“应缴财政款”科目，贷记“银行存款”等科目。预算会计不做账。

长期股权投资采用权益法核算的，被投资单位实现净利润的，单位按照应享有的份额，财务会计借记“长期股权投资——损益调整”科目，贷记“投资收益”科目；被投资单位宣告发放现金股利或利润时，单位按照应享有的份额，借记“应收股利”科目，贷记“长期股权投资——损益调整”科目；收到现金股利或利润时，借记“银行存款”等科目，贷记“应缴财政款”科目，同时按照此前确定的应收股利金额，借记“投资收益”科目或“累计盈余”科目（此前确认的投资收益已经结转的），贷记“应收股利”科目；将取得的现金股利或利润上缴财政时，借记“应缴财政款”科目，贷记“银行存款”等科目。预算会计不做账。

③长期股权投资处置时有关投资收益和投资预算收益的账务处理，参见“长期股权投资”科目

上述业务账务处理的相关举例参见“短期投资”“长期债券投资”“长期股权投资”科目。

2.期末和年末结转

期末，将“投资收益”科目本期发生额转入本期盈余，财务会计借记或贷记“投资收益”科目，贷记或借记“本期盈余”科目；预算会计不做账。相关举例参见第十五章“本期盈余”科目【例15-1】。

年末，将“投资预算收益”本期发生额转入其他结余，预算会计借记或贷记“投资预算收益”科目，贷记或借记“其他结余”科目；财务会计不做账。相关举例参见第十五章“其他结余”科目【例15-21】。

四、债务预算收入

（一）债务预算收入的确认和计量

债务预算收入，是指事业单位按照规定从银行和其他金融机构等借入的、纳入部门预算管理的、不以财政资金作为偿还来源的债务本金。债务预算收入应当在取得时确认，并按照实际收到的金额计量。

（二）债务预算收入核算的会计科目设置

预算会计系统下，事业单位应设置“债务预算收入”科目，核算事业单位按照规定从银行和其他金融机构等借入的、纳入部门预算管理的、不以财政资金作为偿还来源的债务本金。本科目应当按照贷款单位、贷款种类、《政府收支分类科目》中“支出功能分类科目”的项级科目等进行明细核算。债务预算收入中如有专项资金收入，还应按照具体项目进行明细核算。年末结转后，本科目应无余额。

财务会计系统下，与“债务预算收入”科目对应的是“短期借款”和“长期借款”科目。

（三）债务预算收入的账务处理

1.确认收入

事业单位借入各项短期或长期借款时，按照实际借入的金额，财务会计借记“银行

存款”科目，贷记“短期借款”“长期借款”科目；预算会计借记“资金结存——货币资金”科目，贷记“债务预算收入”科目。相关举例参见第十四章“短期借款”科目【例14-1】、“长期借款”科目【例14-28】和【例14-29】。

2.年末结转

年末，预算会计将“债务预算收入”科目本年发生额中的专项资金收入转入非财政拨款结转，借记“债务预算收入”科目下各专项资金收入明细科目，贷记“非财政拨款结转——本年收支结转”科目；将“债务预算收入”科目本年发生额中的非专项资金收入转入其他结余，借记“债务预算收入”科目下各非专项资金收入明细科目，贷记“其他结余”科目。财务会计不做账。相关举例参见第十五章“其他结余”科目【例15-21】和“非财政拨款结转”科目【例15-24】。

五、其他各项收入和其他预算收入

（一）其他各项收入和其他预算收入的确认和计量

1.其他各项收入

其他各项收入，是指政府单位取得的除财政拨款收入、非同级财政拨款收入、事业收入、经营收入、上级补助收入、附属单位上缴收入、投资收益以外的各项收入，包括捐赠收入、利息收入、租金收入以及其他收入。

捐赠收入，是指政府单位接受其他单位或者个人捐赠取得的收入。

利息收入，是指政府单位取得的银行存款利息收入。

租金收入，是指政府单位经批准利用国有资产出租取得并按照规定纳入本单位预算管理的租金收入。国有资产出租收入，应当在租赁期内各个期间按照直线法予以确认。

其他收入，是指政府单位取得的除财政拨款收入、事业收入、上级补助收入、附属单位上缴收入、经营收入、非同级财政拨款收入、投资收益、捐赠收入、利息收入、租金收入以外的各项收入，包括现金盘盈收入、按照规定纳入单位预算管理的科技成果转化收入、行政单位收回已核销的其他应收款、无法偿付的应付及预收款项、置换换出资产评估增值、单位售房款等。

其他各项收入应当在发生时确认，并按照实收或应收金额计量。

2.其他预算收入

其他预算收入，是指政府单位除财政拨款预算收入、事业预算收入、上级补助预算收入、附属单位上缴预算收入、经营预算收入、债务预算收入、非同级财政拨款预算收入、投资预算收益之外的纳入部门预算管理的现金流入，包括捐赠预算收入、利息预算收入、租金预算收入、现金盘盈收入等。

其他预算收入在取得时确认，按照实际收到的金额计量。

（二）其他收入和其他预算收入核算的会计科目设置

财务会计系统下，政府单位应设置“捐赠收入”“利息收入”“租金收入”“其他收入”科目，以核算其他各项收入。其中：

“捐赠收入”科目，核算政府单位接受其他单位或者个人捐赠取得的收入。本科目应当按照捐赠资产的用途和捐赠单位等进行明细核算。期末结转后，本科目应无余额。

“利息收入”科目，核算政府单位取得的银行存款利息收入。期末结转后，本科目应无余额。

“租金收入”科目，核算政府单位经批准利用国有资产出租取得并按照规定纳入本单位预算管理的租金收入。本科目应当按照出租国有资产类别和收入来源等进行明细核算。期末结转后，本科目应无余额。

“其他收入”科目，核算政府单位取得的除财政拨款收入、事业收入、上级补助收入、附属单位上缴收入、经营收入、非同级财政拨款收入、投资收益、捐赠收入、利息收入、租金收入以外的各项收入，包括现金盘盈收入、按照规定纳入单位预算管理的科技成果转化收入、行政单位收回已核销的其他应收款、无法偿付的应付及预收款项、置换换出资产评估增值、单位售房款等。本科目应当按照其他收入的类别、来源等进行明细核算。期末结转后，本科目应无余额。

预算会计系统下，政府单位应设置“其他预算收入”科目核算政府单位除财政拨款预算收入、事业预算收入、上级补助预算收入、附属单位上缴预算收入、经营预算收入、债务预算收入、非同级财政拨款预算收入、投资预算收益之外的纳入部门预算管理的现金流入，包括捐赠预算收入、利息预算收入、租金预算收入、现金盘盈收入等。本科目应当按照其他收入类别、《政府收支分类科目》中“支出功能分类科目”的项级科目等进行明细核算。其他预算收入中如有专项资金收入，还应按照具体项目进行明细核算。年末结转后，本科目应无余额。政府单位发生的捐赠预算收入、利息预算收入、租金预算收入金额较大或业务较多的，可单独设置“捐赠预算收入”“利息预算收入”“租金预算收入”等科目。

（三）其他各项收入和其他预算收入的主要账务处理

1.确认收入

（1）捐赠收入

政府单位接受捐赠的货币资金，按照实际收到的金额，财务会计借记“银行存款”“库存现金”等科目，贷记“捐赠收入”科目；预算会计借记“资金结存——货币资金”科目，贷记“其他预算收入”科目。

政府单位接受捐赠的存货、固定资产等非现金资产，财务会计按照确定的成本，借记“库存物品”“固定资产”等科目，按照发生的相关税费、运输费等，贷记“银行存款”等科目，按照其差额，贷记“捐赠收入”科目。接受捐赠的资产按照名义金额入账的，按照名义金额，借记“库存物品”“固定资产”等科目，贷记“捐赠收入”科目；同时，按照发生的相关税费、运输费等，借记“其他费用”科目，贷记“银行存款”等科目。预算会计按照发生的相关税费、运输费等，借记“其他支出”科目，贷记“资金结存——零余额账户用款额度、货币资金”科目。

【例11-17】某政府单位接受甲公司的捐赠，其中货币资金200 000元，计算机10台，发票上注明价款500 000元，以银行存款支付相关税费200元。该政府单位账务处理如下：

财务会计			预算会计		
借：银行存款	200 000		借：资金结存——货币资金	200 000	
固定资产	500 200		贷：其他预算收入——捐赠收入		200 000
贷：捐赠收入——甲公司		700 000	借：其他支出	200	
银行存款		200	贷：资金结存——货币资金		200

（2）利息收入

政府单位取得银行存款利息时，按照实际收到的金额，财务会计借记“银行存款”科目，贷记“利息收入”科目；预算会计借记“资金结存——货币资金”科目，贷记“其他预算收入”科目。

【例11-18】某政府单位收到银行存款利息收入通知书，本月取得存款利息收入5 000元。该政府单位账务处理如下：

财务会计			预算会计		
借：银行存款	5 000		借：资金结存——货币资金	5 000	
贷：利息收入		5 000	贷：其他预算收入——利息收入		5 000

（3）租金收入

采用预收租金方式的，政府单位预收租金时，按照实际收到的金额，财务会计借记“银行存款”等科目，贷记“预收账款”科目；预算会计借记“资金结存——货币资金”科目，贷记“其他预算收入”科目。分期确认租金收入时，按照各期租金金额，财务会计借记“预收账款”科目，贷记“租金收入”科目；预算会计不做账。

采用后付租金方式的，政府单位每期确认租金收入时，财务会计按照各期租金金额，借记“应收账款”科目，贷记“租金收入”科目；预算会计不做账。收到租金时，按照实际收到的金额，财务会计借记“银行存款”等科目，贷记“应收账款”科目；预算会计借记“资金结存——货币资金”科目，贷记“其他预算收入”科目。

采用分期收取租金方式的，政府单位每期收取租金时，按照实际收到的租金金额，财务会计借记“银行存款”等科目，贷记“租金收入”科目；预算会计借记“资金结存——货币资金”科目，贷记“其他预算收入”科目。

租金收入涉及增值税业务的，相关账务处理参见“应交增值税”科目。

【例11-19】某政府单位经批准将一幢办公楼出租，租期5年，年租金630 000元（含税）。该政府单位账务处理如下：

■如果采用预收租金方式，每年1月预收全年租金，分月确认租金收入：

- 1月收到年租金630 000元时，

财务会计			预算会计		
借：银行存款	630 000		借：资金结存——货币资金	630 000	
贷：预收账款		630 000	贷：其他预算收入——租金收入		630 000

• 每月确认租金收入时，

财务会计		预算会计	
借：预收账款	52 500	—	
贷：租金收入	50 000		
应交增值税	2 500		

■如果采用后付租金方式，每年末承租人一次性支付全年租金：

• 每月确认租金收入时，

财务会计		预算会计	
借：应收账款	52 500	—	
贷：租金收入	50 000		
应交增值税	2 500		

• 年末收到年租金630 000元时，

财务会计		预算会计	
借：银行存款	630 000	借：资金结存——货币资金	630 000
贷：应收账款	630 000	贷：其他预算收入——租金收入	630 000

■如果采用分期收取租金方式，承租人按月支付租金52 500元时，

财务会计		预算会计	
借：银行存款	52 500	借：资金结存——货币资金	52 500
贷：租金收入	50 000	贷：其他预算收入——租金收入	52 500
应交增值税	2 500		

（4）其他收入

①现金盘盈收入。每日现金账核对中发现的现金溢余，属于无法查明原因的，报经批准后，财务会计借记“待处理财产损溢”科目，贷记“其他收入”科目；预算会计不做账。相关举例参见第十三章“库存现金”科目【例13-10】。

②科技成果转化收入。政府单位科技成果转化所取得的收入，按照规定留归本单位的，按照所取得收入扣除相关费用之后的净收益，财务会计借记“银行存款”等科目，贷记“其他收入”科目；预算会计按照实际收到的金额，借记“资金结存——货币资金”科目，贷记“其他预算收入”科目。

【例11-20】某事业单位的科技成果转化收入按照规定留归本单位。该单位将其开发的新技术转让给一家公司，取得净收益150 000元。该事业单位账务处理如下：

财务会计		预算会计	
借：银行存款	150 000	借：资金结存——货币资金	150 000
贷：其他收入——科技成果转化收入	150 000	贷：其他预算收入——科技成果转化收入	150 000

③收回已核销的其他应收款。行政单位已核销的其他应收款在以后期间收回的，按照实际收回的金额，财务会计借记“银行存款”等科目，贷记“其他收入”科目；预算

会计按照实际收到的金额，借记“资金结存——货币资金”科目，贷记“非财政拨款结余”科目。相关举例参见第十三章“其他应收款”科目【例13-49】。

④无法偿付的应付及预收款项。政府单位无法偿付或债权人豁免偿还的应付账款、预收账款、其他应付款及长期应付款，财务会计借记“应付账款”“预收账款”“其他应付款”“长期应付款”等科目，贷记“其他收入”科目；预算会计不做账。

【例11-21】某事业单位经检查，2×21年度几经努力无法联系到债权人的应付账款、预收账款、其他应付款及长期应付款的金额分别为20 000元、10 000元、50 000元和5 000元。按照规定报经批准后核销时，该事业单位账务处理如下：

财务会计			预算会计
借：应付账款	20 000		—
预收账款	10 000		
其他应付款	50 000		
长期应付款	5 000		
贷：其他收入		85 000	

⑤置换换出资产评估增值。政府单位资产置换过程中，出现资产评估增值的，财务会计按照评估价值高于资产账面价值或账面余额的金额，借记有关科目，贷记“其他收入”科目（具体账务处理参见“库存物品”等科目）；以未入账的无形资产取得的长期股权投资，按照评估价值加相关税费作为投资成本，借记“长期股权投资”科目，按照发生的相关税费，贷记“银行存款”“其他应交税费”等科目，按其差额，贷记“其他收入”科目。预算会计按照实际支付的相关税费，借记“其他支出”科目，贷记“资金结存——货币资金”科目。相关举例参见第十三章“库存物品”科目【例13-58】、“长期股权投资”科目【例13-73】。

⑥单位售房款[①]。政府单位收到售房款项（售房收入扣除按标准计提的住宅专项维修资金）及其利息收入时，财务会计借记“银行存款”科目，贷记“其他收入”科目；预算会计借记“资金结存——货币资金”科目，贷记“其他预算收入”科目。按规定使用售房款发放购房补贴的，计提购房补贴费用时，财务会计借记“业务活动费用”“单位管理费用”等科目，贷记“应付职工薪酬”科目的相关明细科目；发放购房补贴时，财务会计借记“应付职工薪酬”科目的相关明细科目，贷记“银行存款”等科目，预算会计借记“行政支出”“事业支出”等科目，贷记“资金结存——货币资金”科目。

【例11-22】某政府单位经批准将不需用的职工公寓楼出售，收到售房款500 000元。假设不考虑增值税，该政府单位的账务处理如下：

财务会计			预算会计		
借：银行存款	500 000		借：资金结存——货币资金	500 000	
贷：其他收入		500 000	贷：其他预算收入		500 000

① 依据《政府会计准则制度解释第1号》规定，中央级行政事业单位应当自2019年1月1日起，将归属于本单位的售房款及其利息收入纳入部门预算管理，并按照《政府会计制度——行政事业单位会计科目和报表》统一进行会计核算。

⑦其他收入。政府单位确认上述以外的其他收入时，财务会计按照应收或实际收到的金额，借记“其他应收款”“银行存款”“库存现金”等科目，贷记“其他收入”科目（涉及增值税业务的，相关账务处理参见“应交增值税”科目）；预算会计按照实际收到的金额，借记“资金结存——货币资金”科目，贷记“其他预算收入”科目。

2. 期末和年末结转

期末，将“捐赠收入”“利息收入”“租金收入”“其他收入”科目本期发生额转入本期盈余，财务会计借记“捐赠收入”“利息收入”“租金收入”“其他收入”科目，贷记“本期盈余”科目；预算会计不做账。相关举例参见第十五章“本期盈余”科目【例15-1】。

年末，预算会计将“其他预算收入”科目本年发生额中的专项资金收入转入非财政拨款结转，借记“其他预算收入”科目下各专项资金收入明细科目，贷记“非财政拨款结转——本年收支结转”科目；将“其他预算收入”科目本年发生额中的非专项资金收入转入其他结余，借记“其他预算收入”科目下各非专项资金收入明细科目，贷记“其他结余”科目。财务会计不做账。相关举例参见第十五章“其他结余”科目【例15-21】和“非财政拨款结转”科目【例15-24】。

复习思考

1. 什么是政府单位的收入和预算收入？各自包括哪些内容？分别如何确认？
2. 行政单位和事业单位的收入和预算收入各自包括哪些内容？
3. 财政拨款收入和非同级财政拨款收入有何区别？
4. 财政拨款收入和财政拨款预算收入如何确认和计量？
5. 什么是事业收入和事业预算收入？各自如何确认？
6. 什么是经营收入和经营预算收入？各自如何确认？
7. 什么是上级补助收入和附属单位上缴收入？和它们对应的预算收入是什么？
8. 事业单位的投资收益和投资预算收益各自包括哪些内容？
9. 什么是债务预算收入？
10. 什么是其他收入和其他预算收入？各自包括哪些内容？

操作练习

题一：

目的：练习行政单位和事业单位共有收入和预算收入科目的核算。

资料：某政府单位（假设不考虑增值税）2×21年12月发生的经济业务如下：

1. 收到“财政直接支付入账通知书”及相关原始凭证，列明采购专用材料一批，用于依法履职或开展专业活动，财政直接支付入账金额100 000元，材料已经验收入库。

2. 收到“财政授权支付额度到账通知书”，列明本月财政授权支付额度为200 000元。

3.采购的依法履职或开展专业活动的电脑耗材因质量问题予以退回，共计50 000元。其中，30 000元属于上年度支付的款项，采用财政直接支付方式支付；20 000元属于本年度支付的款项，采用财政授权支付方式支付。收到代理银行转来财政直接支付资金退回入账通知书，退回相关款项30 000元；收到代理银行通知书，退回单位零余额账户相关款项20 000元；材料已退回。

4.收到非同级财政部门的财政拨款收入100 000元，款项已存入银行。

5.接受甲公司的捐赠，其中货币资金200 000元，专利权一项，发票上注明价款200 000元。

6.收到银行存款利息收入通知书，本月取得存款利息收入5 000元。

7.预收出租办公楼的年租金60 000元，并按合同完成进度确认本月租金收入。

8.按合同进度确认本月应收的出租办公楼的租金10 000元。

9.年末，经过对账确认财政直接支付预算指标数为2 000 000元，本年度财政直接支付实际支出数为1 800 000元；本年度财政授权支付预算指标数为3 000 000元，本年度零余额账户用款额度下达数为2 800 000元，本年度零余额账户用款额度支用数为2 700 000元。

要求：根据上述经济业务逐一分别财务会计和预算会计编制会计分录，其中涉及“资金结存”科目的，要求列出二级明细科目。

题二：

目的：练习事业单位特有收入和预算收入科目的核算。

资料：某事业单位（小规模纳税人）2×21年12月发生的经济业务如下：

1.收到从财政专户返还的教育收费收入50 000元。

2.收到向甲企业提供技术服务的收入30 000元，该收入不采用财政专户返还方式管理。

3.收到非独立核算部门销售产品取得的收入5 150元（含税），款项已存入银行。

4.收到上级单位拨入的非财政资金补助款250 000元。

5.收到附属A单位上缴的收入50 000元。

6.年末，按合同完成进度确认年初已预收的科研经费150 000元为事业收入。

7.年末，按合同完成进度确认应收科研经费100 000元为事业收入。

8.年末，收到长期债券投资的利息收入50 000元。

要求：根据上述经济业务逐一分别财务会计和预算会计编制会计分录，其中涉及“资金结存”科目的，要求列出二级明细科目。

第十二章

政府单位费用和预算支出的核算

学习目标

- 掌握政府单位费用和预算支出的概念和确认计量[①]
- 掌握行政单位费用和事业单位费用与预算支出各自的内容
- 掌握政府单位各项费用和预算支出的概念和核算方法
- 理解政府单位费用和预算支出核算中的“平行记账”原理
- 理解政府单位会计的概念和特点

本章主要阐述政府单位费用和预算支出的概念、内容、分类及核算方法。

第一节　政府单位费用和预算支出概述

一、费用

（一）费用的定义和内容

费用，是指报告期内导致政府单位净资产减少的、含有服务潜力或者经济利益的经济资源的流出。费用是政府单位财务会计要素之一。

政府单位的费用包括业务活动费用、单位管理费用、经营费用、资产处置费用、上缴上级费用、对附属单位补助费用、所得税费用和其他费用。除了单位管理费用、经营费用、上缴上级费用、对附属单位补助费用和所得税费用属于事业单位独有的费用项目外，其他的费用属于行政单位和事业单位共有的费用项目。

---

① 本章各项收入核算的举例涉及增值税的均以小规模纳税人政府单位为会计主体，例题中不再明示。政府单位为一般纳税人的相关举例参见第十四章“应交增值税”科目。

（二）费用的分类

政府单位费用，按照业务活动类型可分为业务管理活动费用和其他活动费用。

（1）业务管理活动费用，是政府单位依法履职或开展专业业务活动及其辅助活动发生的业务活动费用，事业单位开展行政管理和后勤管理活动发生的单位管理费用以及在专业业务活动及其辅助活动之外开展非独立核算经营活动发生的经营费用。

（2）其他活动费用，是政府单位在业务管理活动费用之外发生的各项费用，包括资产处置费用、上缴上级费用、对附属单位补助费用、所得税费用和其他费用。

（三）费用的确认和计量

费用的确认应当同时满足以下条件：（1）与费用相关的含有服务潜力或者经济利益的经济资源很可能流出政府单位；（2）含有服务潜力或者经济利益的经济资源流出会导致政府单位资产减少或者负债增加；（3）流出金额能够可靠地计量。

费用按照应付或实际支付的金额计量。

符合费用定义和费用确认条件的项目，应当列入政府单位收入费用表。

二、预算支出

（一）预算支出的定义和内容

预算支出，是指政府单位在预算年度内依法发生并纳入预算管理的现金流出。预算支出是政府单位预算会计要素之一。

政府单位的预算支出包括行政支出、事业支出、经营支出、上缴上级支出、对附属单位补助支出、债务还本支出、投资支出和其他支出。其中行政支出是行政单位特有的预算支出项目；事业支出、经营支出、上缴上级支出、对附属单位补助支出、债务还本支出、投资支出是事业单位特有的预算支出项目；其他支出是行政单位和事业单位共有的预算支出项目。

（二）预算支出的分类

（1）按照业务活动类型，政府单位预算支出可分为业务活动支出和其他活动支出

业务活动支出，是政府单位依法履职或开展业务活动发生的支出，包括行政单位依法履职发生的行政支出；事业单位开展专业业务活动及其辅助活动发生的事业支出，以及在专业业务活动及其辅助活动之外开展非独立核算经营活动发生的经营支出。

其他活动支出，是政府单位在业务活动支出之外发生的各项支出，包括上缴上级支出、对附属单位补助支出、债务还本支出、投资支出和其他支出。

（2）按资金类型，政府单位预算支出可分为财政拨款支出、非财政专项资金支出和其他资金支出

财政拨款支出，是政府单位使用财政拨款预算收入安排的预算支出。财政拨款支出按照资金来源分类，又可分为一般公共预算财政拨款支出、政府性基金预算财政拨款支出。一般公共预算财政拨款支出，是指政府单位使用一般公共预算财政拨款安排的支出；政府性基金预算财政拨款支出，是指政府单位使用政府性基金预算财政拨款安排的支出。

非财政专项资金支出，是政府单位使用财政拨款预算收入之外的专项资金收入安排的有指定项目和用途的预算支出。该支出应当专款专用、单独核算，并按照规定向财政部门或者主管部门报送专项资金的使用情况；项目完成后，应当报送专项资金支出决算和使用效果的书面报告，接受财政部门或者主管部门的检查、验收。

其他资金支出，是政府单位使用除财政拨款预算收入之外的非专项资金收入安排的预算支出。

政府单位的行政支出、事业支出和其他支出均需要按照资金类型分为财政拨款支出、非财政专项资金支出和其他资金支出；经营支出、上缴上级支出、对附属单位补助支出、债务还本支出、投资支出均属于其他资金支出。

（三）预算支出的确认和计量

预算支出一般在实际支付时予以确认，以实际支付的金额计量。

符合预算支出定义及其确认条件的项目应当列入预算会计报表。政府单位费用和预算支出内容及其单位归属见表12-1。

表12-1　政府单位费用和预算支出内容及其单位归属

费用	行政单位	事业单位	预算支出	行政单位	事业单位
业务活动费用	√	√	行政支出	√	
单位管理费用		√	事业支出		√
经营费用		√	经营支出		√
上缴上级费用		√	上缴上级支出		√
对附属单位补助费用		√	对附属单位补助支出		√
所得税费用		√	投资支出		√
资产处置费用	√	√	债务还本支出		√
其他费用	√	√	其他支出	√	√

第二节　业务活动费用和业务活动支出

一、业务活动费用与单位管理费用，行政支出与事业支出

（一）业务活动费用与单位管理费用的确认和计量

业务活动费用是指政府单位为实现其职能目标，依法履职或开展专业业务活动及其辅助活动所发生的各项费用。行政单位的业务活动费用是其为实现其职能目标，依法履职所发生的各项费用；事业单位业务活动费用是单位开展专业业务活动及其辅助活动所

发生的各项费用。

单位管理费用，是指事业单位本级行政及后勤管理部门开展管理活动发生的各项费用，包括单位行政及后勤管理部门发生的人员经费、公用经费、资产折旧（摊销）等费用，以及由单位统一负担的离退休人员经费、工会经费、诉讼费、中介费等。行政单位不适用“单位管理费用”。

业务活动费用与单位管理费用应当在发生时确认，并按照应付或实付金额计量。

（二）行政支出和事业支出的确认、计量和分类

1.行政支出和事业支出的确认和计量

行政支出是指行政单位履行其职责实际发生的各项现金流出。其对应的是业务活动费用引起的现金流出。

事业支出，是指事业单位开展专业业务活动及其辅助活动实际发生的各项现金流出。其对应的是业务活动费用和单位管理费用引起的现金流出。

事业支出应当在实际发生现金流出时确认，并按照实际支付金额计量。

2.行政支出和事业支出的分类

根据现行的相关制度，行政支出和事业支出均可按照如下标准分为不同类型，以满足明细核算的需求。

（1）按经济用途，行政支出和事业支出可分为工资福利支出、商品和服务支出、对个人和家庭的补助、基本建设支出和其他资本性支出。行政支出和事业支出按经济用途分类的直接依据是政府收支分类科目中的“部门预算支出经济分类科目”。政府收支分类科目中的“部门预算支出经济分类科目”分为类、款两级科目。按照《2021年政府收支分类科目》中的“部门预算支出经济分类科目”，行政支出和事业支出主要可分为以下7类：

①工资福利支出，反映政府单位开支的在职职工和编制外长期聘用人员的各类劳动报酬，以及为上述人员缴纳的各项社会保险费。其款级科目包括：基本工资、津贴补贴、奖金、伙食补助费、绩效工资、机关事业单位基本养老保险缴费、职业年金缴费、职工基本医疗保险缴费、公务员医疗补助缴费、其他社会保障缴费、住房公积金、医疗费、其他工资福利支出。

②商品和服务支出，反映政府单位购买商品和服务的支出（不包括用于购置固定资产、战略性和应急性物资储备等资本性支出）。其款级科目包括：办公费、印刷费、咨询费、手续费、水费、电费、邮电费、取暖费、物业管理费、差旅费、因公出国（境）费用、维修（护）费、租赁费、会议费、培训费、公务接待费、专用材料费、被装购置费、专用燃料费、劳务费、委托业务费、工会经费、福利费、公务用车运行维护费、其他交通费用、税金及附加费用、其他商品和服务支出。

③对个人和家庭的补助，反映政府用于对个人和家庭的补助支出。其款级科目包括：离休费、退休费、退职（役）费、抚恤金、生活补助、救济费、医疗费补助、助学金、奖励金、个人农业生产补贴、代缴社会保险费、其他对个人和家庭的补助。

④资本性支出（基本建设），反映切块由发展改革部门安排的基本建设支出。其款级科目包括：房屋建筑物购建、办公设备购置、专用设备购置、基础设施建设、大型修缮、信息网络及软件购置更新、物资储备、公务用车购置、其他交通工具购置、文物和陈列品购置、无形资产购置、其他基本建设支出。

⑤资本性支出，反映政府单位安排的资本性支出。切块由发展改革部门安排的基本建设支出不在此科目反映。其款级科目主要包括：房屋建筑物购建、办公设备购置、专用设备购置、基础设施建设、大型修缮、信息网络及软件购置更新、物资储备、土地补偿、安置补助、地上附着物和青苗补偿、拆迁补偿、公务用车购置、其他交通工具购置、文物和陈列品购置、无形资产购置、其他资本性支出。

⑥对社会保障基金补助，反映政府对社会保险基金的补助以及补充全国社会保障基金的支出。其款级科目主要包括：对社会保险基金补助、补充全国社会保障基金、对机关事业单位职业年金的补助。

⑦其他支出，反映不能划分到上述经济分类科目的其他支出。其款级科目主要包括：赠与、国家赔偿费用支出、对民间非营利组织和群众性自治组织补贴、其他支出。

（2）按部门预算管理要求，行政支出和事业支出可分为基本支出和项目支出。

①基本支出，是指政府单位为保障其机构正常运转、完成日常工作任务所发生的支出，包括人员经费和公用经费。人员经费是指为了履职或开展专业业务活动而用于个人方面的开支，在“部门预算支出经济分类科目”中体现为“工资福利支出”和“对个人和家庭的补助”两部分。公用经费是指为了完成业务活动而用于公共管理方面的开支，在“部门预算支出经济分类科目”中体现为“商品和服务支出”“资本性支出”等科目中属于基本支出的内容。

②项目支出，是政府单位为完成其特定的工作任务发生的支出，在“部门预算支出经济分类科目”中体现为“资本性支出（基本建设）”“商品和服务支出”“资本性支出”科目中属于项目支出的内容。项目支出具有专项性、独立性和完整性的特点。其中，专项性是指项目支出具有特定目标，为了完成特定工作任务，目标若不同，项目就不同；独立性是指每个项目支出都有支出的明确范围，各项目之间支出不能交叉，项目支出与基本支出之间也不能交叉；完整性是指项目支出完整，体现了为完成特定目标或任务的全部支出内容。

（3）按资金类型，行政支出和事业支出可分为财政拨款支出、非财政专项资金支出和其他资金支出。

（4）按资金来源，行政支出和事业支出可分为一般公共预算财政拨款支出、政府性基金预算财政拨款支出。

一般公共预算财政拨款支出，是指政府单位使用一般公共预算财政拨款安排的行政支出。

政府性基金预算财政拨款支出，是指政府单位使用政府性基金预算财政拨款安排的行政支出。

（三）业务活动费用与单位管理费用、行政支出与事业支出核算的会计科目设置

1.财务会计系统下设置“业务活动费用”和“单位管理费用”科目

政府单位应设置“业务活动费用”科目，核算为实现其职能目标或开展专业业务活动及其辅助活动所发生的各项费用。本科目应当按照项目、服务或者业务类别、支付对象等进行明细核算。为了满足成本核算的需要，本科目下还可按照“工资福利费用”“商品和服务费用”“对个人和家庭的补助费用”“对企业补助费用”“固定资产折旧费”“无形资产摊销费”“公共基础设施折旧（摊销）费”“保障性住房折旧费”“计提专用基金”等成本项目设置明细科目，归集能够直接计入业务活动或采用一定方法计算后计入业务活动的费用。期末结转后，本科目应无余额。

事业单位应设置“单位管理费用”科目，核算其本级行政及后勤管理部门开展管理活动发生的各项费用。本科目应当按照项目、费用类别、支付对象等进行明细核算。为了满足成本核算需要，本科目下还可按照“工资福利费用”“商品和服务费用”“对个人和家庭的补助费用”“固定资产折旧费”“无形资产摊销费”等成本项目设置明细科目，归集能够直接计入单位管理活动或采用一定方法计算后计入单位管理活动的费用。期末结转后，本科目应无余额。

2.预算会计系统下设置“行政支出”和“事业支出”科目

行政单位应设置“行政支出”科目，核算履行其职责实际发生的各项现金流出。

事业单位应设置“事业支出”科目，核算其开展专业业务活动及其辅助活动实际发生的各项现金流出。事业单位发生教育、科研、医疗、行政管理、后勤保障等活动的，可在本科目下设置相应的明细科目进行核算，或单设“教育支出”“科研支出”“医疗支出”“行政管理支出”“后勤保障支出”等一级会计科目进行核算。

“行政支出”科目和“事业支出”科目均应当分别按照“财政拨款支出”、“非财政专项资金支出”和“其他资金支出”，“基本支出”和“项目支出”等进行明细核算，并按照《政府收支分类科目》中“支出功能分类科目”的项级科目进行明细核算；“基本支出”和“项目支出”明细科目下应当按照《政府收支分类科目》中“部门预算支出经济分类科目”的款级科目进行明细核算，同时在“项目支出”明细科目下按照具体项目进行明细核算。有一般公共预算财政拨款、政府性基金预算财政拨款等两种或两种以上财政拨款的行政单位和事业单位，还应当在“财政拨款支出”明细科目下按照财政拨款的种类进行明细核算。对于预付款项，可通过在“行政支出”“事业支出”科目下设置“待处理”明细科目进行明细核算，待确认具体支出项目后再转入“行政支出”“事业支出”科目下的相关明细科目；年末结账前，应将“行政支出”“事业支出”科目“待处理”明细科目余额全部转入“行政支出”“事业支出”科目下相关明细科目。年末结转后，“行政支出”“事业支出”科目应无余额。

行政支出和事业支出的会计科目设置见表12-2。

表12-2　行政支出和事业支出的会计科目设置

<table>
<tr><th>总账科目</th><th>一级明细科目</th><th>二级明细科目</th><th>三级明细科目</th><th>四级明细科目</th><th>五级明细科目</th><th>六级明细科目</th></tr>
<tr><td rowspan="6">行政支出和事业支出</td><td rowspan="3">财政拨款支出</td><td rowspan="2">一般公共预算财政拨款</td><td rowspan="2">支出功能分类科目项级科目</td><td>基本支出</td><td rowspan="2">部门预算支出经济分类科目款级科目</td><td></td></tr>
<tr><td>项目支出</td><td>××项目</td></tr>
<tr><td>政府性基金预算财政拨款</td><td>同上</td><td>同上</td><td>同上</td><td></td></tr>
<tr><td>非财政专项资金支出</td><td>支出功能分类科目项级科目</td><td>项目支出</td><td>部门预算支出经济分类科目款级科目</td><td>××项目</td><td></td></tr>
<tr><td rowspan="2">其他资金支出</td><td rowspan="2">同上</td><td>基本支出</td><td rowspan="2">同上</td><td></td><td></td></tr>
<tr><td>项目支出</td><td>××项目</td><td></td></tr>
</table>

（四）业务活动费用与单位管理费用、行政支出与事业支出的账务处理

1.计提并支付职工薪酬

政府单位为履职或开展业务活动人员和管理人员计提的薪酬，财务会计按照计算确定的金额，借记“业务活动费用”“单位管理费用”科目，贷记“应付职工薪酬”科目；向职工实际支付薪酬并按照规定代扣代缴个人所得税以及代扣代缴或为职工缴纳职工社会保险费、住房公积金等时，借记“应付职工薪酬”科目，贷记“财政拨款收入”“零余额账户用款额度”“银行存款”“其他应交税费”等科目。预算会计按照实际支付的薪酬数额，借记“行政支出”“事业支出”科目，贷记“财政拨款预算收入”“资金结存——零余额账户用款额度、货币资金”科目；按照实际缴纳的按照规定代扣代缴个人所得税以及代缴或为职工缴纳职工社会保险费、住房公积金等金额，借记“行政支出”“事业支出”科目，贷记“财政拨款预算收入”“资金结存——零余额账户用款额度、货币资金”科目。相关举例参见第十四章“应付职工薪酬”科目【例14-16】。

2.计提并支付外部人员劳务费

政府单位为履职或开展专业业务活动、管理活动发生的外部人员劳务费，财务会计按照计算确定的金额，借记“业务活动费用”“单位管理费用”科目，按照代扣代缴个人所得税的金额，贷记“其他应交税费”科目，按照扣税后应付或实际支付的金额，贷记“其他应付款”“财政拨款收入”“零余额账户用款额度”“银行存款”等科目；预算会计按照实际支付金额，借记“行政支出”“事业支出”科目，贷记“财政拨款预算收入”“资金结存——零余额账户用款额度、货币资金”科目，按照规定代扣代缴个人所得税实际缴纳的金额，借记“行政支出”“事业支出”科目，贷记“财政拨款预算收入”“资金结存——零余额账户用款额度、货币资金”科目。

【例12-1】某行政单位计提当月为履职发生的外部人员劳务费30 000元，代扣个人

所得税2 000元。该行政单位账务处理如下：

财务会计		预算会计	
借：业务活动费用——工资福利费用	30 000	—	
贷：其他应付款	28 000		
其他应交税费——应交个人所得税	2 000		

如果以银行存款实际支付上述款项，则：

财务会计		预算会计	
借：其他应付款	28 000	借：行政支出——其他资金支出	30 000
其他应交税费——应交个人所得税	2 000	贷：资金结存——货币资金	30 000
贷：银行存款	30 000		

【例12-2】某事业单位计提当月开展专业业务活动和管理活动的外部人员劳务费各30 000元，代扣个人所得税4 000元。该事业单位账务处理如下：

财务会计		预算会计	
借：业务活动费用——工资福利费用	30 000	—	
单位管理费用——工资福利费用	30 000		
贷：其他应付款	56 000		
其他应交税费——应交个人所得税	4 000		

如果以银行存款实际支付上述款项，则：

财务会计		预算会计	
借：其他应付款	56 000	借：事业支出——其他资金支出	60 000
其他应交税费——应交个人所得税	4 000	贷：资金结存——货币资金	60 000
贷：银行存款	60 000		

3. 支付购买资产款或支付在建工程款

政府单位在开展专业业务活动和管理活动过程中为购买存货、固定资产、无形资产等以及为在建工程支付相关款项时，财务会计借记“库存物品”“固定资产”“无形资产”“在建工程”等科目，贷记“财政拨款收入”“零余额账户用款额度”“银行存款”等科目；预算会计按照实际支付的金额，借记“行政支出”“事业支出”科目，贷记“财政拨款预算收入”“资金结存——零余额账户用款额度、货币资金”科目。相关举例参见第十三章“库存物品”“固定资产”“无形资产”“在建工程”等科目。

4. 领用库存物品

政府单位为开展业务活动领用库存物品，按照领用库存物品的账面余额，财务会计借记“业务活动费用”“单位管理费用”科目，贷记“库存物品”科目；预算会计不做账。相关举例参见第十三章“库存物品”科目【例13-59】。

5. 计提折旧、摊销

政府单位为开展业务活动和管理活动所使用的固定资产、无形资产以及为所控制的公共基础设施、保障性住房计提的折旧、摊销，按照计提金额，财务会计借记“业务活动费用”“单位管理费用”科目，贷记“固定资产累计折旧”“无形资产累计摊销”“公共基础设施累计折旧（摊销）”“保障性住房累计折旧”科目①；预算会计不做账。

【例12-3】某行政单位计提本月固定资产折旧200 000元、公共基础设施计提折旧（摊销）2 000 000元、保障性住房计提折旧3 000 000元、无形资产计提摊销150 000元。该行政单位的账务处理如下：

财务会计			预算会计
借：业务活动费用——固定资产折旧费	200 000		
——公共基础设施折旧（摊销）费	2 000 000		
——保障性住房折旧费	3 000 000		
——无形资产累计摊销费	150 000		
贷：固定资产累计折旧		200 000	—
公共基础设施累计折旧（摊销）		2 000 000	
保障性住房累计折旧		3 000 000	
无形资产累计摊销		150 000	

【例12-4】某事业单位计提本月固定资产折旧200 000元（其中：用于专业业务活动的固定资产折旧150 000元，用于管理活动的固定资产折旧50 000元）、公共基础设施计提折旧（摊销）2 000 000元、保障性住房计提折旧3 000 000元、无形资产计提摊销150 000元（均为用于专业业务活动的无形资产摊销）。该事业单位账务处理如下：

财务会计			预算会计
借：业务活动费用——固定资产折旧费	150 000		
——公共基础设施折旧（摊销）费	2 000 000		
——保障性住房折旧费	3 000 000		
——无形资产累计摊销费	150 000		
单位管理费用——固定资产折旧费	50 000		—
贷：固定资产累计折旧		200 000	
公共基础设施累计折旧（摊销）		2 000 000	
保障性住房累计折旧		3 000 000	
无形资产累计摊销		150 000	

6. 计提应负担的税金及附加

政府单位为开展业务活动和管理活动发生的城市维护建设税、教育费附加、地方教育费附加、车船税、房产税、城镇土地使用税等，财务会计按照计算确定应交纳的金额，借记“业务活动费用”“单位管理费用”科目，贷记“其他应交税费”等科目；预算会计不做账。实际支付各项税金及附加时，财务会计借记“其他应交税费”等科目，贷记“财政拨款收入”“零余额账户用款额度”“银行存款”科目；预算会计借记“行政支出”“事业支出”科目，贷记“财政拨款预算收入”“资金结存——零余额账户用款额

① 事业单位计提的公共基础设施折旧（摊销）、保障性住房折旧均记入“业务活动费用”科目，与活动类型无关。

度、货币资金”科目。相关举例参见第十四章“其他应交税费”科目【例14-15】。

7.其他各项费用和支出

政府单位为开展业务活动和管理活动发生其他各项费用时，财务会计按照费用确认金额，借记“业务活动费用”“单位管理费用”科目，贷记“财政拨款收入”“零余额账户用款额度”“银行存款”“应付账款”“其他应付款”“其他应收款”等科目；预算会计按照实际支付的金额，借记“行政支出”“事业支出”科目，贷记“财政拨款预算收入”“资金结存——零余额账户用款额度、货币资金”科目。

【例12-5】某行政单位购买复印纸一批，通过单位零余额账户支付款项2 500元。该行政单位的账务处理如下：

财务会计		预算会计	
借：业务活动费用——商品和服务费用	2 500	借：行政支出——财政拨款支出	2 500
贷：零余额账户用款额度	2 500	贷：资金结存——零余额账户用款额度	2 500

【例12-6】某事业单位购买复印纸一批，通过单位零余额账户支付款项5 000元。该批复印纸分别用于专业业务活动部门、行政及后勤部门，各2 500元。该事业单位的账务处理如下：

财务会计		预算会计	
借：业务活动费用——商品和服务费用	2 500	借：事业支出——财政拨款支出	5 000
单位管理费用——商品和服务费用	2 500	贷：资金结存——零余额账户用款额度	5 000
贷：零余额账户用款额度	5 000		

8.购货退回

政府单位发生当年购货退回等业务，对于已计入本年业务活动费用和单位管理费用的，财务会计按照收回或应收的金额，借记“财政拨款收入”“零余额账户用款额度”“银行存款”“其他应收款”等科目，贷记“业务活动费用”“单位管理费用”科目；属于当年支出收回的，预算会计按照收回或更正金额，借记“财政拨款预算收入”“资金结存——零余额账户用款额度、货币资金”科目，贷记“行政支出”“事业支出”科目。

【例12-7】某行政单位为履职购买的复印纸因质量不合格发生当年退货，退货金额为5 000元，购买时款项以银行存款支付，该款项已计入本年业务活动费用。退货金额已退回单位零余额账户。该行政单位的账务处理如下：

财务会计		预算会计	
借：零余额账户用款额度	5 000	借：资金结存——零余额账户用款额度	5 000
贷：业务活动费用——商品和服务费用	5 000	贷：行政支出——财政拨款支出	5 000

【例12-8】某事业单位开展专业业务活动和管理活动购买的复印纸因质量不合格发生当年退货，退货金额各自为5 000元，购买时款项以银行存款支付，该款项已计入本年业务活动费用和单位管理费用。退货金额已退回单位银行存款户。该事业单位的账务处理如下：

财务会计		预算会计	
借：银行存款	10 000	借：资金结存——货币资金	10 000
贷：业务活动费用——商品和服务费用	5 000	贷：事业支出——其他资金支出	10 000
单位管理费用——商品和服务费用	5 000		

9.从收入中提取专用基金

相关账务处理和举例参见第十五章“专用基金”科目。

10.发生预付账款和暂付款

相关账务处理和举例参见第十三章“预付账款”“其他应收款”科目。

11.期末和年末结转

期末，将“业务活动费用”“单位管理费用”科目本期发生额转入本期盈余，财务会计借记“本期盈余”科目，贷记“业务活动费用”“单位管理费用”科目；预算会计不做账。相关举例参见第十五章“本期盈余”科目【例15-1】。

年末，预算会计将“行政支出”“事业支出”科目本年发生额中的财政拨款支出转入财政拨款结转，借记“财政拨款结转——本年收支结转”科目，贷记“行政支出”“事业支出”科目下各财政拨款支出明细科目；将“行政支出”“事业支出”科目本年发生额中的非财政专项资金支出转入非财政拨款结转，借记“非财政拨款结转——本年收支结转”科目，贷记“行政支出”“事业支出”科目下各非财政专项资金支出明细科目；将“行政支出”“事业支出”科目本年发生额中的其他资金支出（非财政非专项资金支出）转入其他结余，借记“其他结余”科目，贷记“行政支出”“事业支出”科目下其他资金支出明细科目。财务会计不做账。相关举例参见第十五章“其他结余”科目【例15-21】和“非财政拨款结转”科目【例15-24】。

二、经营费用和经营支出

（一）经营费用和经营支出的确认和计量

经营费用是指事业单位在专业业务活动及其辅助活动之外开展非独立核算经营活动发生的各项费用。经营费用应当在发生时确认，并按照应付或实付金额计量。

经营支出，是指事业单位在专业业务活动及其辅助活动之外开展非独立核算经营活动实际发生的各项现金流出。经营支出应当在实际发生现金流出时确认，并按照实际支付金额计量。

（二）经营费用和经营支出核算的会计科目设置

在财务会计系统下，事业单位应设置“经营费用”科目核算在专业业务活动及其辅助活动之外开展非独立核算经营活动发生的各项费用。本科目应当按照经营活动类别、项目、支付对象等进行明细核算。为了满足成本核算需要，本科目下还可按照“工资福利费用”“商品和服务费用”“对个人和家庭的补助费用”“固定资产折旧费”“无形资产摊销费”等成本项目设置明细科目，归集能够直接计入单位经营活动或采用一定方法计算后计入单位经营活动的费用。期末结转后，本科目应无余额。

在预算会计系统下，事业单位应设置“经营支出”科目核算在专业业务活动及其辅助活动之外开展非独立核算经营活动实际发生的各项现金流出。本科目应当按照经营活动类别、项目、《政府收支分类科目》中“支出功能分类科目”的项级科目和“部门预算支出经济分类科目”的款级科目等进行明细核算。对于预付款项，可通过在本科目下设置“待处理”明细科目进行明细核算，待确认具体支出项目后再转入本科目下相关明细科目。年末结账前，应将本科目“待处理”明细科目余额全部转入本科目下相关明细科目。年末结转后，本科目应无余额。

（三）经营费用和经营支出的账务处理

1. 计提并支付职工薪酬

事业单位为经营活动人员计提的薪酬，财务会计按照计算确定的金额，借记“经营费用”科目，贷记“应付职工薪酬”科目；向职工实际支付薪酬并按照规定代扣代缴个人所得税以及代扣代缴或为职工缴纳职工社会保险费、住房公积金等时，借记“应付职工薪酬”科目，贷记“银行存款”“其他应交税费”等科目。预算会计按照实际支付的薪酬金额，借记“经营支出”科目，贷记“资金结存——货币资金”科目。相关举例参照第十四章“应付职工薪酬”科目【例14-16】。

2. 支付外部人员劳务费

事业单位为开展经营活动发生的外部人员劳务费，财务会计按照计算确定的金额，借记“经营费用”科目，按照代扣代缴个人所得税的金额，贷记“其他应交税费”科目，按照扣税后应付或实际支付的金额，贷记“其他应付款”“银行存款”等科目；预算会计按照实际支付给外部人员个人的金额和实际缴纳金额，借记“经营支出”科目，贷记“资金结存——货币资金”科目。

【例12-9】某事业单位计提当月开展经营活动的外部人员劳务费10 000元，代扣个人所得税1 000元。该事业单位账务处理如下：

财务会计			预算会计
借：经营费用——工资福利费用	10 000		—
贷：其他应付款		9 000	
其他应交税费——应交个人所得税		1 000	

如果以银行存款实际支付上述款项，则：

财务会计			预算会计		
借：其他应付款	9 000		借：经营支出——工资福利支出	10 000	
其他应交税费——应交个人所得税	1 000		贷：资金结存——货币资金		10 000
贷：银行存款		10 000			

3. 购买资产或支付在建工程款

事业单位在开展经营活动过程中为购买存货、固定资产、无形资产等以及为在建工程支付相关款项时，财务会计借记“库存物品”“固定资产”“无形资产”“在建工程”

等科目，贷记“银行存款”等科目；预算会计按照实际支付的金额，借记“经营支出”科目，贷记“资金结存——货币资金”科目。相关举例参见第十三章“库存物品”“固定资产”“无形资产”“在建工程”等科目。

4. 领用或发出库存物品

事业单位开展经营活动领用或发出库存物品，财务会计按照物品实际成本，借记“经营费用”科目，贷记“库存物品”科目；预算会计不做账。相关例题参见第十三章“库存物品”科目。

5. 计提折旧、摊销

为经营活动所使用固定资产、无形资产计提的折旧、摊销，按照应提折旧、摊销额，财务会计借记“经营费用”科目，贷记“固定资产累计折旧”“无形资产累计摊销”科目；预算会计不做账。

【例12-10】某事业单位计提本月为经营活动所使用的固定资产折旧费20 000元，无形资产摊销费50 000元。该事业单位账务处理如下：

财务会计			预算会计
借：经营费用——固定资产折旧费	20 000		
——无形资产摊销费	50 000		—
贷：固定资产累计折旧		20 000	
无形资产累计摊销		50 000	

6. 计提应负担的税金及附加

开展经营活动发生城市维护建设税、教育费附加、地方教育费附加、车船税、房产税、城镇土地使用税等，财务会计按照计算确定应交纳的金额，借记“经营费用”科目，贷记“其他应交税费”等科目；预算会计不做账。实际支付各项税金及附加时，财务会计借记“其他应交税费”等科目，贷记“银行存款”科目；预算会计借记“经营支出”科目，贷记“资金结存——货币资金”科目。相关举例参见第十四章“其他应交税费”科目【例14-15】。

7. 发生其他各项费用和支出

事业单位发生与经营活动相关的其他各项费用时，财务会计按照费用确认金额，借记“经营费用”科目，贷记“银行存款”“其他应付款”“其他应收款”等科目（涉及增值税业务的，相关账务处理参见“应交增值税”科目）；预算会计按照实际支付的金额，借记“经营支出”科目，贷记“资金结存——货币资金”科目。

【例12-11】某事业单位非独立核算经营部门购买复印纸一批，价款5 000元，以银行存款付讫。该事业单位的账务处理如下：

财务会计			预算会计		
借：经营费用——商品和服务费用	5 000		借：经营支出——商品和服务支出	5 000	
贷：银行存款		5 000	贷：资金结存——货币资金		5 000

8.购货退回

事业单位发生当年购货退回等业务，对于已计入本年经营费用的，财务会计按照收回或应收的金额，借记“银行存款”“其他应收款”等科目，贷记“经营费用”科目；预算会计对属于当年支出收回的，按照收回或更正金额，借记“资金结存——货币资金”科目，贷记“经营支出”科目。

【例12-12】某事业单位为经营活动所购买的复印纸因质量不合格发生当年退货，退货金额为2 000元。款项已计入本年经营费用，退货金额尚未收到。该事业单位的账务处理如下：

财务会计			预算会计		
借：其他应收款	2 000		—		
贷：经营费用——商品和服务费用		2 000			

收到退货金额时，则，

财务会计			预算会计		
借：银行存款	2 000		借：资金结存——货币资金	2 000	
贷：其他应收款		2 000	贷：经营支出——商品和服务支出		2 000

9.发生预付款项和暂付款项

相关账务处理和举例参见第十三章“预付账款”“其他应收款”科目。

10.期末和年末结转

期末，将“经营费用”科目本期发生额转入本期盈余，财务会计借记“本期盈余”科目，贷记“经营费用”科目；预算会计不做账。相关举例参见第十五章“本期盈余”科目【例15-1】。

年末，将“经营支出”科目本年发生额转入经营结余，预算会计借记“经营结余”科目，贷记“经营支出”科目；财务会计不做账。相关举例参见第十五章“经营结余”科目【例15-22】。

第三节　其他活动费用和其他活动支出

一、上缴上级费用和上缴上级支出

（一）上缴上级费用和上缴上级支出的确认和计量

上缴上级费用是指事业单位按照财政部门和主管部门的规定上缴上级单位款项发生的费用。上缴上级费用应当在发生时确认，并按照应缴或实缴的金额计量。

上缴上级支出是事业单位按照财政部门和主管部门的规定上缴上级单位款项发生的现金流出。上缴上级支出应当在实际发生现金流出时确认，并按照实际上缴金额计量。

（二）上缴上级费用和上缴上级支出核算的会计科目设置

财务会计系统下，事业单位应设置“上缴上级费用”科目核算按照财政部门和主管部门的规定上缴上级单位款项发生的费用。本科目应当按照收缴款项单位、缴款项目等进行明细核算。期末结转后，本科目应无余额。

预算会计系统下，事业单位应设置"上缴上级支出"科目核算按照财政部门和主管部门的规定上缴上级单位款项发生的现金流出。本科目应当按照收缴款项单位、缴款项目、《政府收支分类科目》中"支出功能分类科目"的项级科目和"部门预算支出经济分类科目"的款级科目等进行明细核算。年末结转后，本科目应无余额。

（三）上缴上级费用和上缴上级支出的账务处理

1. 确认费用和支出

事业单位发生上缴上级费用和支出的，财务会计按照实际上缴的金额或者按照规定计算出应当上缴上级单位的金额，借记"上缴上级费用"科目，贷记"银行存款""其他应付款"等科目；预算会计按照实际上缴的金额，借记"上缴上级支出"科目，贷记"资金结存——货币资金"科目。

【例12-13】某事业单位按核定的预算定额上缴上级单位款项100 000元，款项已经上缴。该事业单位的账务处理如下：

财务会计			预算会计		
借：上缴上级费用——上级单位	100 000		借：上缴上级支出——上级单位	100 000	
贷：银行存款		100 000	贷：资金结存——货币资金		100 000

如果上述款项尚未上缴，则，

财务会计			预算会计
借：上缴上级费用——上级单位	100 000		—
贷：其他应付款		100 000	

上缴款项时，

财务会计			预算会计		
借：其他应付款	100 000		借：上缴上级支出——上级单位	100 000	
贷：银行存款		100 000	贷：资金结存——货币资金		100 000

2. 期末和年末结转

期末，将"上缴上级费用"科目本期发生额转入本期盈余，财务会计借记"本期盈余"科目，贷记"上缴上级费用"科目；预算会计不做账。相关举例参见第十五章"本期盈余"科目【例15-1】。

年末，预算会计将"上缴上级支出"科目本年发生额转入其他结余，借记"其他结余"科目，贷记"上缴上级支出"科目；财务会计不做账。相关举例参见第十五章"其他结余"科目【例15-21】。

二、对附属单位补助费用和对附属单位补助支出

（一）对附属单位补助费用和对附属单位补助支出的确认和计量

对附属单位补助费用是指事业单位用财政拨款收入之外的收入对附属单位进行补助

发生的费用。对附属单位补助费用在发生时确认，按照应补助或实际补助的金额计量。

对附属单位补助支出是指事业单位用财政拨款预算收入之外的收入对附属单位补助发生的现金流出。对附属单位补助支出应当在实际发生现金流出时确认，并按照实际补助金额计量。

（二）对附属单位补助费用和对附属单位补助支出核算的会计科目设置

财务会计系统下，事业单位应设置“对附属单位补助费用”科目核算用财政拨款收入之外的收入对附属单位补助发生的费用。本科目应当按照接受补助单位、补助项目等进行明细核算。期末结转后，本科目应无余额。

预算会计系统下，事业单位应设置“对附属单位补助支出”科目核算用财政拨款预算收入之外的收入对附属单位补助发生的现金流出。本科目应当按照接受补助单位、补助项目、《政府收支分类科目》中“支出功能分类科目”的项级科目和“部门预算支出经济分类科目”的款级科目等进行明细核算。年末结转后，本科目应无余额。

（三）对附属单位补助费用和对附属单位补助支出的账务处理

1.确认费用和支出

事业单位发生对附属单位补助费用和支出的，财务会计按照实际补助的金额或者按照规定计算出应当对附属单位补助的金额，借记“对附属单位补助费用”科目，贷记“银行存款”“其他应付款”等科目；预算会计按照实际补助的金额，借记“对附属单位补助支出”科目，贷记“资金结存——货币资金”科目。

【例12-14】某事业单位用非财政拨款收入支付附属乙单位补助款项200 000元，款项已经支付。该事业单位的账务处理如下：

财务会计		预算会计	
借：对附属单位补助费用——乙单位	200 000	借：对附属单位补助支出——乙单位	200 000
贷：银行存款	200 000	贷：资金结存——货币资金	200 000

如果上述补助款项尚未支付，则，

财务会计		预算会计	
借：对附属单位补助费用——乙单位	200 000	—	
贷：其他应付款	200 000		

支付补助款项时，

财务会计		预算会计	
借：其他应付款	200 000	借：对附属单位补助支出——乙单位	200 000
贷：银行存款	200 000	贷：资金结存——货币资金	200 000

2.期末和年末结转

期末，将“对附属单位补助费用”科目本期发生额转入本期盈余，财务会计借记“本期盈余”科目，贷记“对附属单位补助费用”科目；预算会计不做账。相关举例参见第十五章“本期盈余”科目【例15-1】。

年末，将“对附属单位补助支出”科目本年发生额转入其他结余；预算会计借记“其他结余”科目，贷记“对附属单位补助支出”科目；财务会计不做账。相关举例参见第十五章“其他结余”科目【例15-21】。

三、资产处置费用和所得税费用

（一）资产处置费用

1.资产处置和资产处置费用的概念

资产处置，是指政府单位资产产权的转移及核销，包括各类资产的无偿转让、出售、置换、报损、报废等。资产处置的主要形式包括无偿调拨、出售、出让、转让、置换、对外捐赠、报废、毁损以及货币性资产损失核销等。

资产处置费用是指政府单位经批准处置资产时发生的费用，包括转销的被处置资产价值，以及在处置过程中发生的相关费用或者处置收入小于相关费用形成的净支出。

2.资产处置费用核算的会计科目设置

财务会计系统下，政府单位应设置“资产处置费用”科目核算经批准处置资产时发生的费用。政府单位在资产清查中查明的资产盘亏、毁损以及资产报废等，应当先通过“待处理财产损溢”科目进行核算，再将处理资产价值和处理净支出记入本科目。事业单位的短期投资、长期股权投资、长期债券投资的处置，按照相关资产科目的规定进行账务处理。本科目应当按照处置资产的类别、资产处置的形式等进行明细核算。期末结转后，本科目应无余额。

预算会计系统下，与“资产处置费用”科目对应的主要是“其他支出”科目。

3.资产处置费用的账务处理

（1）不通过“待处理财产损溢”科目核算的资产处置

政府单位按照规定报经批准处置资产时，财务会计按照处置资产的账面价值，借记“资产处置费用”科目［处置固定资产、无形资产、公共基础设施、保障性住房的，还应借记“固定资产累计折旧”“无形资产累计摊销”“公共基础设施累计折旧（摊销）”“保障性住房累计折旧”科目］，按照处置资产的账面余额，贷记“库存物品”“固定资产”“无形资产”“公共基础设施”“政府储备物资”“文物文化资产”“保障性住房”“其他应收款”“在建工程”等科目；预算会计不做账。

处置资产过程中仅发生相关费用的，财务会计按照实际发生金额，借记“资产处置费用”科目，贷记“银行存款”“库存现金”等科目；处置资产过程中取得收入的，财务会计按照取得的价款，借记“库存现金”“银行存款”等科目，按照处置资产过程中发生的相关费用，贷记“银行存款”“库存现金”等科目，按照其差额，借记“资产处置费用”科目或贷记“应缴财政款”等科目（涉及增值税业务的，相关账务处理参见“应交增值税”科目）。预算会计按照实际支付的相关税费借记“其他支出”科目，贷记“资金结存——货币资金”科目。

（2）通过“待处理财产损溢”科目核算的资产处置

政府单位账款核对中发现的现金短缺，属于无法查明原因的，报经批准核销时，财务会计借记“资产处置费用”科目，贷记“待处理财产损溢”科目；预算会计不做账。

政府单位资产清查过程中盘亏或者毁损、报废的存货、固定资产、无形资产、公共基础设施、政府储备物资、文物文化资产、保障性住房等，报经批准处理时，财务会计按照处理资产价值，借记“资产处置费用”科目，贷记“待处理财产损溢——待处理财产价值”科目；预算会计不做账。处理收支结清时，处理过程中所取得收入小于所发生相关费用的，财务会计按照相关费用减去处理收入后的净支出，借记“资产处置费用”科目，贷记“待处理财产损溢——处理净收入”科目；预算会计借记“其他支出”科目，贷记“资金结存——货币资金”科目。

上述资产处置费用核算的相关举例参见第十三章的存货、固定资产、无形资产、公共基础设施、政府储备物资、文物文化资产、保障性住房等资产的核算。

（3）期末结转

期末，将“资产处置费用”科目本期发生额转入本期盈余，财务会计借记“本期盈余”科目，贷记“资产处置费用”科目；预算会计不做账。相关举例参见第十五章“本期盈余”科目【例15-1】。

（二）所得税费用

1.所得税费用的确认和计量

所得税费用是指有企业所得税缴纳义务的事业单位按规定缴纳企业所得税所形成的费用。所得税费用应当在按照税法规定计算应交税费数额时确认，并按照应交税额计量。

2.所得税费用核算的会计科目设置

财务会计系统下，事业单位应设置“所得税费用”科目核算按照规定缴纳的企业所得税。年末结转后，本科目应无余额。

预算会计系统下，事业单位计提应交所得税时，不做账。

3.所得税费用的账务处理

（1）确认所得税费用

事业单位发生企业所得税纳税义务的，财务会计按照税法规定计算的应交税金数额，借记“所得税费用”科目，贷记“其他应交税费——单位应交所得税”科目；预算会计不做账。实际缴纳时，按照缴纳金额，财务会计借记“其他应交税费——单位应交所得税”科目，贷记“银行存款”科目；预算会计借记“非财政拨款结余”科目，贷记“资金结存——货币资金”科目。

【例12-15】某事业单位年末按照税法规定计算出本年度应纳税所得额为20 000元，适用所得税税率为25%，应缴所得税税额为5 000元。该事业单位的账务处理如下：

财务会计			预算会计
借：所得税费用	5 000		—
贷：其他应交税费——单位应交所得税		5 000	

该事业单位以银行存款缴纳5 000元所得税时，

财务会计		预算会计	
借：其他应交税费——单位应交所得税	5 000	借：非财政拨款结余——累计结余	5 000
贷：银行存款	5 000	贷：资金结存——货币资金	5 000

（2）年末结转

年末，将“所得税费用”科目本年发生额转入本期盈余，财务会计借记“本期盈余”科目，贷记“所得税费用”科目；预算会计不做账。相关举例参见第十五章“本期盈余”科目【例15-1】。

四、投资支出和债务还本支出

（一）投资支出

1.投资支出的确认和计量

投资支出，是指事业单位以货币资金对外投资发生的现金流出。投资支出应当在实际投资时确认，并按照实际投资金额计量。

2.投资支出核算的会计科目设置

预算会计系统下，事业单位应设置“投资支出”科目核算以货币资金对外投资发生的现金流出。本科目应当按照投资类型、投资对象、《政府收支分类科目》中“支出功能分类科目”的项级科目和“部门预算支出经济分类科目”的款级科目等进行明细核算。年末结转后，本科目应无余额。

财务会计系统下，与“投资支出”科目对应的是“短期投资”“长期股权投资”“长期债券投资”科目。

3.投资支出的主要账务处理

（1）确认投资支出

事业单位出售短期投资或到期收回短期投资本息时，按照实际收到的金额，财务会计借记“银行存款”科目，按照出售或收回短期投资的账面余额，贷记“短期投资”科目，按照其差额，借记或贷记“投资收益”科目（涉及增值税业务的，相关账务处理参见“应交增值税”科目）；预算会计按照实际取得价款或实际收到的本息金额，借记“资金结存——货币资金”科目，按照取得投资时“投资支出”科目的发生额，贷记“投资支出”[本年取得投资]、“其他结余”[以前年度取得投资]科目，按照其差额，贷记或借记“投资预算收益”科目。

事业单位对外出售或到期收回长期债券投资，财务会计按照实际收到的金额，借记“银行存款”科目，按照长期债券投资的账面余额，贷记“长期债券投资”科目，按照已记入“应收利息”科目但尚未收取的金额，贷记“应收利息”科目，按照其差额，贷记或借记“投资收益”科目（涉及增值税业务的，相关账务处理参见“应交增值税”科目）；预算会计按照实际收到的金额，借记“资金结存——货币资金”科目，按照取得债券时“投资支出”科目的发生额，贷记“投资支出”[本年取得投资]、“其他结余”

［以前年度取得投资］科目，按照其差额，借记或贷记“投资预算收益”科目。

事业单位出售、转让以货币资金取得的长期股权投资，如果按规定将投资收益纳入单位预算管理，财务会计按照实际取得的价款，借记“银行存款”等科目，按照被处置长期股权投资的账面余额，贷记“长期股权投资”科目，按照尚未领取的现金股利或利润，贷记“应收股利”科目，按照发生的相关税费等支出，贷记“银行存款”等科目，按照借贷方差额，借记或贷记“投资收益”科目；预算会计按照实际取得的价款扣除相关税费后的差额，借记“资金结存——货币资金”科目，按照取得投资时“投资支出”科目的发生额，贷记“投资支出”［本年度取得投资］、“其他结余”［以前年度取得投资］科目，按照其差额，贷记或借记“投资预算收益”科目。如果按规定将投资收益上缴财政，在应收或收到上述有关款项时不确认投资收益，应通过“应缴财政款”科目核算；预算会计不做账。

相关举例参见第十三章“短期投资”“长期股权投资”“长期债券投资”科目。

（2）年末结转

年末，将“投资支出”科目本年发生额转入其他结余，预算会计借记“其他结余”科目，贷记“投资支出”科目；财务会计不做账。相关举例参见第十五章“其他结余”科目【例15-21】。

（二）债务还本支出

1. 债务还本支出的确认和计量

债务还本支出，是指事业单位偿还自身承担的纳入预算管理的从金融机构举借的债务本金的现金流出。债务还本支出应当在偿还各项借款时确认，并按照偿还的借款本金计量。

2. 债务还本支出核算的会计科目设置

预算会计系统下，事业单位应设置“债务还本支出”科目核算偿还自身承担的纳入预算管理的从金融机构举借的债务本金的现金流出。本科目应当按照贷款单位、贷款种类、《政府收支分类科目》中“支出功能分类科目”的项级科目和“部门预算支出经济分类科目”的款级科目等进行明细核算。年末结转后，本科目应无余额。

财务会计系统下，与“债务还本支出”科目对应的是“短期借款”“长期借款”科目。

3. 债务还本支出的主要账务处理

（1）确认支出

事业单位偿还各项短期或长期借款时，按照偿还的借款本金，财务会计借记“短期借款”“长期借款”科目，贷记“银行存款”科目；预算会计借记“债务还本支出”科目，贷记“资金结存——货币资金”科目。相关举例参见“短期借款”和“长期借款”科目。

（2）年末结转

年末，将“债务还本支出”科目本年发生额转入其他结余，预算会计借记“其他结余”科目，贷记“债务还本支出”科目；财务会计不做账。相关举例参见第十五章“其他结余”科目【例15-21】。

五、其他费用和其他支出

（一）其他费用和其他支出的确认和计量

其他费用是指政府单位发生的除业务活动费用、单位管理费用、经营费用、资产处置费用、上缴上级费用、附属单位补助费用、所得税费用以外的各项费用，包括利息费用、坏账损失、罚没支出、现金资产捐赠支出以及相关税费、运输费等。其他费用应当在发生时确认，并按照应付或实付金额计量。

其他支出，是指政府单位除行政支出、事业支出、经营支出、上缴上级支出、对附属单位补助支出、投资支出、债务还本支出以外的各项现金流出，包括利息支出、对外捐赠现金支出、现金盘亏损失、接受捐赠（调入）和对外捐赠（调出）非现金资产发生的税费支出、资产置换过程中发生的相关税费支出、罚没支出等。其他支出的分类参照事业支出。其他支出应当在实际发生现金流出时确认，并按照实际支付金额计量。

（二）其他费用和其他支出核算的会计科目设置

财务会计系统下，政府单位应设置“其他费用”科目核算其他费用。本科目应当按照其他费用的类别等进行明细核算；发生的利息费用较多的单位，可以单独设置“利息费用”科目。期末结转后，本科目应无余额。

预算会计系统下，政府单位应设置“其他支出”科目核算其他支出。本科目应当按照其他支出的类别，“财政拨款支出”、“非财政专项资金支出”和“其他资金支出”，《政府收支分类科目》中“支出功能分类科目”的项级科目和“部门预算支出经济分类科目”的款级科目等进行明细核算。其他支出中如有专项资金支出，还应按照具体项目进行明细核算。有一般公共预算财政拨款、政府性基金预算财政拨款等两种或两种以上财政拨款的政府单位，还应当在“财政拨款支出”明细科目下按照财政拨款的种类进行明细核算。政府单位发生利息支出、捐赠支出等其他支出金额较大或业务较多的，可单独设置“利息支出”“捐赠支出”等科目。年末结转后，本科目应无余额。

其他支出的会计科目设置见表12-3。

表12-3 其他支出的会计科目设置

<table>
<tr><th>总账科目</th><th>一级明细科目</th><th>二级明细科目</th><th>三级明细科目</th><th>四级明细科目</th><th>五级明细科目</th><th>六级明细科目</th></tr>
<tr><td rowspan="6">其他支出</td><td rowspan="3">财政拨款支出</td><td rowspan="2">一般公共预算财政拨款</td><td rowspan="2">支出功能分类科目项级科目</td><td>基本支出</td><td rowspan="2">部门预算支出经济分类科目款级科目</td><td></td></tr>
<tr><td>项目支出</td><td>××项目</td></tr>
<tr><td>政府性基金预算财政拨款</td><td>同上</td><td>同上</td><td>同上</td><td></td></tr>
<tr><td>非财政专项资金支出</td><td>支出功能分类科目项级科目</td><td>项目支出</td><td>部门预算支出经济分类科目款级科目</td><td>××项目</td><td></td></tr>
<tr><td rowspan="2">其他资金支出</td><td rowspan="2">同上</td><td>基本支出</td><td rowspan="2">同上</td><td></td><td></td></tr>
<tr><td>项目支出</td><td>××项目</td><td></td></tr>
</table>

（三）其他费用和其他支出的账务处理

1. 确认费用和支出

（1）利息费用

相关账务处理和举例参见第十四章“短期借款”“长期借款”科目。

（2）坏账损失

相关账务处理和举例参见第十三章“坏账准备”科目。

（3）罚没支出

政府单位发生罚没支出的，财务会计按照实际缴纳或应当缴纳的金额，借记“其他费用”科目，贷记“银行存款”“库存现金”“其他应付款”等科目；预算会计按照实际支付金额，借记“其他支出”科目，贷记“资金结存——货币资金”科目。

【例12-16】某政府单位因欠缴应纳税款，被税务机关处以2 000元罚款。罚款已通过银行转账支付。该政府单位的账务处理如下：

财务会计			预算会计		
借：其他费用——税收罚款	2 000		借：其他支出——税收罚款	2 000	
贷：银行存款		2 000	贷：资金结存——货币资金		2 000

（4）现金资产捐赠

政府单位对外捐赠现金资产的，按照实际捐赠的金额，财务会计借记“其他费用”科目，贷记“银行存款”“库存现金”等科目；预算会计借记“其他支出”科目，贷记“资金结存”科目。

【例12-17】某政府单位向地震灾区捐赠现金50 000元，已通过银行转账汇往灾区。该政府单位的账务处理如下：

财务会计			预算会计		
借：其他费用——现金资产捐赠	50 000		借：其他支出——现金资产捐赠	50 000	
贷：银行存款		50 000	贷：资金结存——货币资金		50 000

（5）其他相关费用

政府单位接受捐赠（或无偿调入）以名义金额计量的存货、固定资产、无形资产，以及成本无法可靠取得的公共基础设施、文物文化资产等发生的相关税费、运输费等，按照实际支付的金额，财务会计借记“其他费用”科目，贷记“财政拨款收入”“零余额账户用款额度”“银行存款”“库存现金”等科目；预算会计借记“其他支出”科目，贷记“财政拨款预算收入”“资金结存——零余额账户用款额度、货币资金”科目。发生的与受托代理资产相关的税费、运输费、保管费等，财务会计按照实际支付或应付的金额，借记“其他费用”科目，贷记“零余额账户用款额度”“银行存款”“库存现金”“其他应付款”等科目；预算会计按照实际支付金额，借记“其他支出”科目，贷记“资金结存——零余额账户用款额度、货币资金”科目。相关举例参见第十三章存货、固定资产、无形资产、公共基础设施、文物文化资产等资产的核算。

2.期末和年末结转

期末，将“其他费用”科目本期发生额转入本期盈余，财务会计借记“本期盈余”科目，贷记“其他费用”科目；预算会计不做账。相关举例参见第十五章“本期盈余”科目【例15-1】。

年末，预算会计将“其他支出”科目本年发生额中的财政拨款支出转入财政拨款结转，借记“财政拨款结转——本年收支结转”科目，贷记“其他支出”科目下各财政拨款支出明细科目；将“其他支出”科目本年发生额中的非财政专项资金支出转入非财政拨款结转，借记“非财政拨款结转——本年收支结转”科目，贷记“其他支出”科目下各非财政专项资金支出明细科目；将“其他支出”科目本年发生额中的其他资金支出（非财政非专项资金支出）转入其他结余，借记“其他结余”科目，贷记“其他支出”科目下各其他资金支出明细科目。财务会计不做账。相关举例参见第十五章“其他结余”科目【例15-21】和“非财政拨款结转”科目【例15-24】。

复习思考

1.什么是政府单位费用和预算支出？各自包括哪些内容？分别如何确认？

2.行政单位和事业单位的费用和预算支出各自包括哪些内容？

3.事业单位的业务活动费用、单位管理费用和经营费用有何区别？

4.事业支出核算哪些费用引起的现金流出？和经营支出有何区别？

5.行政单位的业务活动费用和行政支出是什么？

6.什么是上缴上级费用和对附属单位补助费用？和它们对应的预算支出是什么？

7.什么是政府单位资产处置和资产处置费用？

8.什么是所得税费用？

9.什么是投资支出和债务还本支出？

10.什么是其他费用和其他支出？

操作练习

题一：

目的：练习行政单位费用和预算支出的核算。

资料：某行政单位（小规模纳税人）2×21年2月发生的经济业务如下：

1.计提当月在编职工薪酬200 000元和外部人员劳务费30 000元。

2.领用甲材料，账面余额5 000元。

3.发出救灾药品一批，账面余额50 000元。

4.计提本月固定资产折旧20 000元，公共基础设施折旧200 000元，保障性住房折旧300 000元，无形资产摊销50 000元。

5.购买办公文具一批，通过单位零余额账户支付款项5 000元。

6.获得批准处置盘亏的专用材料，账面余额5 000元。

7.向希望工程捐赠现金50 000元，已通过银行转账。

8.收到接受A公司捐赠的采用名义金额计量的技术设备一台，以银行存款支付相关税费2 000元。

9.收到代理银行转来的“财政直接支付入账通知书”，使用上年未使用的财政直接支付额度购买专用材料一批，材料价款100 000元，增值税税额13 000元。材料已经验收入库。

10.通过财政直接支付方式支付职工薪酬500 000元。

要求：根据上述经济业务逐一分别财务会计和预算会计编制会计分录，其中涉及“资金结存”科目的，要求列出二级明细科目。

题二：

目的：练习事业单位费用和预算支出的核算。

资料：某事业单位2×21年12月发生的经济业务如下：

1.计提本月在编职工薪酬500 000元，其中，专业业务活动部门300 000元、行政及后勤部门150 000元、经营部门50 000元。

2.后勤部门领用维修材料，账面余额5 000元。

3.专业业务活动部门领用专用材料，账面余额50 000元。

4.计提本月固定资产折旧200 000元，其中，专业业务活动部门计提100 000元、行政及后勤部门80 000元、经营部门20 000元。

5.专业业务活动部门计提本月无形资产摊销50 000元。

6.购买办公文具一批，通过单位零余额账户支付款项10 000元，其中，专业业务活动部门领取6 000元、行政及后勤部门领取4 000元。

7.获得批准处置盘亏的专用材料，账面余额5 000元。

8.向希望工程捐赠现金50 000元，已通过银行转账。

9按核定的预算定额上缴上级单位款项100 000元。

10.用非财政拨款收入支付对附属单位补助款项200 000元。

11.购入5年期、票面利率为5%的国库券，实际支付价款300 000元。

12.偿还10个月的短期借款本金100 000元。

13.通过财政直接支付方式将专业业务活动人员薪酬500 000元转入个人工资户。以银行存款将经营活动人员薪酬20 000元转入职工个人工资户。

14.年末，支付长期借款利息50 000元，该借款分年付息到期一次还本。

15.年末，按照应收账款和其他应收款年末余额计提坏账准备30 000元。

16.年末，按照税法规定计算应缴所得税税额5 000元。

要求：根据上述经济业务逐一分别财务会计和预算会计编制会计分录，其中涉及“资金结存”科目的，要求列出二级明细科目。

第十三章

政府单位资产的核算

学习目标

- 掌握政府单位资产的概念和确认的条件[①]
- 掌握行政单位和事业单位的资产内容
- 掌握政府单位资产的分类及其各类资产包括的内容
- 掌握政府单位各项资产的概念和核算方法
- 掌握政府单位折旧和摊销的范围和核算方法

本章主要阐述政府单位资产的概念、内容、分类与核算方法。

第一节 政府单位资产概述

一、资产定义和分类

资产，是指由政府单位过去的经济业务或者事项形成的，由政府单位控制的，预期能够产生服务潜力或者带来经济利益流入的经济资源。其中，服务潜力是指政府单位利用资产提供公共产品和服务以履行政府职能的潜在能力；经济利益流入表现为现金及现金等价物的流入，或者现金及现金等价物流出的减少。资产是政府单位财务会计要素之一。

（一）按照流动性，政府单位的资产分为流动资产和非流动资产

流动资产是指政府单位预计在1年内（含1年）耗用或者可以变现的资产，包括货币资金、短期投资、应收及预付款项（包括财政应返还额度、应收票据、应收账款、预

① 本章各项资产核算的举例均以增值税小规模纳税人的政府单位为会计主体，例题中不再明示。政府单位为增值税一般纳税人的相关举例参见第十四章“应交增值税”科目。

付账款、应收股利、应收利息、其他应收款等)、存货等。其中，短期投资、应收票据、应收股利和应收利息属于事业单位特有的流动资产项目，其他属于行政单位和事业单位共有的流动资产项目。

非流动资产是指流动资产以外的资产，包括长期投资、固定资产、在建工程、无形资产、公共基础设施、政府储备物资、文物文化资产、保障性住房和自然资源资产等。其中，长期投资属于事业单位特有的非流动资产项目，其他属于行政单位和事业单位共有的非流动资产项目。

(二) 按照占用、使用、监管不同，政府单位资产分为自用资产、经（监）管类资产和受托代理资产

自用资产是政府单位为提供公共产品和服务以履行政府职能而取得，单位占有并使用。大量资产项目均属于此类。

经（监）管类资产是政府单位购建、维护、储存管理，依法占有和管理，但单位并不使用，由社会公众使用，包括政府储备物资、公共基础设施、文物文化资产、保障性住房。该资产是由于单位接受政府委托而形成的。

受托代理资产是政府单位对该资产不拥有占有权和支配权，只是暂时代管，将来要么归还委托人，要么交付委托人指定的受赠人。该资产的形成同时形成受托代理负债。

二、资产的确认和计量属性

(一) 资产的确认条件

符合资产定义的经济资源，在同时满足以下条件时，确认为政府单位资产：(1) 与该经济资源相关的服务潜力很可能实现或者经济利益很可能流入政府单位；(2) 该经济资源的成本或者价值能够可靠地计量。

符合资产定义和资产确认条件的项目，应当列入政府单位资产负债表。

(二) 资产的计量属性

资产计量，包括初始计量和后续计量。其中初始计量是资产初始确认时入账金额的确定；后续计量是资产存续期间的各期末对资产账面价值的重新计价。

政府单位资产的计量属性主要包括历史成本、重置成本、现值、公允价值和名义金额。

在历史成本计量下，资产按照取得时支付的现金金额或者支付对价的公允价值计量。

在重置成本计量下，资产按照现在购买相同或者相似资产所需支付的现金金额计量。

在现值计量下，资产按照预计从其持续使用和最终处置中所产生的未来净现金流入量的折现金额计量。

在公允价值计量下，资产按照市场参与者在计量日发生的有序交易中出售资产所能收到的价格计量。

无法采用上述计量属性的，采用名义金额（即人民币1元）计量。

政府单位在对资产进行计量时，一般应当采用历史成本。采用重置成本、现值、公允价值计量的，应当保证所确定的资产金额能够持续、可靠计量。

政府单位资产内容及其单位归属见表13-1。

表13-1　**政府单位资产内容及其单位归属**

流动资产	行政单位	事业单位	非流动资产	行政单位	事业单位
库存现金	√	√	长期股权投资		√
银行存款	√	√	长期债券投资		√
零余额账户用款额度	√	√	固定资产	√	√
其他货币资金	√	√	固定资产累计折旧	√	√
短期投资		√	工程物资	√	√
财政应返还额度	√	√	在建工程	√	√
应收票据		√	无形资产	√	√
应收账款	√	√	无形资产累计摊销	√	√
预付账款	√	√	研发支出	√	√
应收股利		√	公共基础设施	√	√
应收利息		√	公共基础设施累计折旧（摊销）	√	√
其他应收款	√	√	政府储备物资	√	√
坏账准备		√	文物文化资产	√	√
在途物品	√	√	保障性住房	√	√
库存物品	√	√	保障性住房累计折旧	√	√
加工物品	√	√	受托代理资产	√	√
待摊费用	√	√	长期待摊费用	√	√
			待处理财产损溢	√	√

第二节　流动资产

一、货币资金

货币资金是流动性最强的资产，是可以立即投入流通的交换媒介。其最主要的特点是具有普遍可接受性，可以用其购买服务和商品、支付差旅费等。政府单位的货币资金包括库存现金、银行存款、零余额账户用款额度和其他货币资金。

（一）库存现金

1.库存现金的确认和计量

库存现金是指政府单位存放在其财务部门的可以随时支用的现金。政府单位应当严格按照国家有关现金管理的规定收支现金，并按照《政府会计制度——行政事业单位会计科目和报表》规定核算现金的各项收支业务，以保证库存现金使用的合法性，保护库存现金的安全和完整。

库存现金应当在收到时进行确认，并按照实际收到的金额计量。

2.库存现金核算的会计科目设置

财务会计系统下，政府单位应设置“库存现金”科目核算存放在其财务部门的可以随时支用的现金。本科目应当设置“受托代理资产”明细科目，核算政府单位受托代理、代管的现金。本科目借方余额反映政府单位实际持有的库存现金。

预算会计系统下，与“库存现金”科目对应的是“资金结存——货币资金”科目。

3.库存现金的账务处理

（1）现金的提取和存入

政府单位从银行等金融机构、根据规定从单位零余额账户提取现金，按照实际提取的金额，财务会计借记“库存现金”科目，贷记“银行存款”“零余额账户用款额度”科目；从零余额账户提取现金时，预算会计借记“资金结存——货币资金”科目，贷记“资金结存——零余额账户用款额度”科目。

政府单位将现金存入银行等金融机构或退回单位零余额账户，按照实际存入金额、实际退回的金额，财务会计借记“银行存款”“零余额账户用款额度”科目，贷记“库存现金”科目；将现金退回单位零余额账户时，预算会计借记“资金结存——零余额账户用款额度”科目，贷记“资金结存——货币资金”科目。

【例13-1】某政府单位从单位零余额账户提取现金20 000元，从银行基本户提取现金5 000元。该政府单位的账务处理如下：

财务会计			预算会计		
借：库存现金	25 000		借：资金结存——货币资金	20 000	
贷：零余额账户用款额度		20 000	贷：资金结存——零余额账户用款额度		20 000
银行存款		5 000			

【例13-2】某政府单位将库存现金50 000元退回单位零余额账户，将现金80 000元存入银行。该政府单位账务处理如下：

财务会计			预算会计		
借：零余额账户用款额度	50 000		借：资金结存——零余额账户用款额度	50 000	
银行存款	80 000		贷：资金结存——货币资金		50 000
贷：库存现金		130 000			

（2）现金的借出

政府单位因支付内部职工出差的差旅费借款等原因借出现金，财务会计按照实际借出的现金金额，借记“其他应收款”科目，贷记“库存现金”科目；预算会计不做账。

出差人员报销差旅费时，按照实际报销的金额，借记“业务活动费用”“单位管理费用”等科目，按照实际借出的现金金额，贷记“其他应收款”科目，按照其差额，借记或贷记“库存现金”科目；预算会计按照实际报销的金额，借记“行政支出”“事业支出”等科目，贷记“资金结存——货币资金”科目。

【例13-3】某政府单位职工张某借现金5 000元作为差旅费。该政府单位的账务处理如下：

财务会计		预算会计
借：其他应收款	5 000	—
贷：库存现金	5 000	

【例13-4】某行政单位职工李某出差回来报销差旅费，实际支出4 500元，退回现金500元。该行政单位的账务处理如下：

财务会计		预算会计	
借：业务活动费用	4 500	借：行政支出	4 500
库存现金	500	贷：资金结存——货币资金	4 500
贷：其他应收款	5 000		

该例中，如果会计主体是事业单位，财务会计下实际支出的4 500元应分别出差职工从事专业业务活动及其辅助活动、行政及后勤管理活动或非独立核算经营活动的不同，分别确认"业务活动费用"、"单位管理费用"或"经营费用"；预算会计下确认事业支出或经营支出。

（3）现金收支

政府单位因提供服务、物品或者其他事项收到现金，按照实际收到的金额，财务会计借记"库存现金"科目，贷记"事业收入""应收账款"等相关科目；预算会计借记"资金结存——货币资金"科目，贷记"事业预算收入""经营预算收入"等相关科目。

政府单位因购买服务、物品或者其他事项支付现金，按照实际支付的金额，财务会计借记"业务活动费用""单位管理费用""库存物品"等相关科目，贷记"库存现金"科目（涉及增值税业务的，相关账务处理参见"应交增值税"科目）；预算会计借记"行政支出""事业支出""经营支出"等相关科目，贷记"资金结存——货币资金"科目。

政府单位以库存现金对外捐赠，按照实际捐出的金额，财务会计借记"其他费用"科目，贷记"库存现金"科目；预算会计借记"其他支出"科目，贷记"资金结存——货币资金"科目。

【例13-5】某行政单位购买办公用品一批，价款800元，以现金支付。该行政单位的账务处理如下：

财务会计		预算会计	
借：业务活动费用	800	借：行政支出	800
贷：库存现金	800	贷：资金结存——货币资金	800

【例13-6】某事业单位购买办公用品一批，价款1 000元，以现金支付。其中用于开展专业业务活动500元、开展行政及后勤管理活动400元、开展经营活动100元。该

事业单位的账务处理如下：

财务会计			预算会计	
借：业务活动费用	500		借：事业支出	900
单位管理费用	400		经营支出	100
经营费用	100		贷：资金结存——货币资金	1 000
贷：库存现金		1 000		

【例13-7】某事业单位因开展非独立核算经营活动提供有偿服务，收取现金927元（含税）。该事业单位的账务处理如下：

财务会计			预算会计		
借：库存现金	927		借：资金结存——货币资金	927	
贷：经营收入		900	贷：经营预算收入		927
应交增值税		27			

（4）受托代理的现金

政府单位收到受托代理、代管的现金，财务会计按照实际收到的金额，借记“库存现金”科目（受托代理资产），贷记“受托代理负债”科目；支付受托代理、代管的现金，按照实际支付的金额，借记“受托代理负债”科目，贷记“库存现金”科目（受托代理资产）。预算会计不做处理。

【例13-8】某政府单位收到职工交来的转赠地震灾区的捐款20 000元（现金）。该政府单位的账务处理如下：

财务会计			预算会计
借：库存现金——受托代理资产	20 000		—
贷：受托代理负债		20 000	

【例13-9】【例13-8】中的单位将职工为地震灾区的捐款汇往灾区。该政府单位的账务处理如下：

财务会计			预算会计
借：受托代理负债	20 000		—
贷：库存现金——受托代理资产		20 000	

（5）外币业务

政府单位有外币现金的，应当分别按照人民币、外币种类设置“库存现金日记账”进行明细核算。有关外币现金业务的账务处理参见“银行存款”科目的相关规定。

（6）现金的盘点

为了加强对库存现金的管理，政府单位应当设置“库存现金日记账”，由出纳人员根据收付款凭证，按照业务发生顺序逐笔登记。现金收入业务繁多、单独设有收款部门的单位，收款部门的收款员应当将每天所收现金连同收款凭据一并交财务部门核收记账，或者将每天所收现金直接送存开户银行后，将收款凭据及向银行送存现金的凭证等一并交财务部门核收记账。每日终了，政府单位应当计算当日的现金收入合计数、现金支出合计数和结余数，并将结余数与实际库存数相核对，做到账款相符。

政府单位每日账款核对中发现现金短缺或溢余，属于现金短缺的，按照实际短缺的金额，财务会计借记“待处理财产损溢”科目，贷记“库存现金”科目；预算会计借记“其他支出”科目，贷记“资金结存——货币资金”科目。属于应由责任人赔偿或向有关人员追回的，财务会计借记“其他应收款”科目，贷记“待处理财产损溢”科目；预算会计不做账。实际收到责任人赔偿金额时，财务会计借记“库存现金”科目，贷记“其他应收款”科目；预算会计借记“资金结存——货币资金”科目，贷记“其他支出”科目。属于无法查明原因的，报经批准核销时，财务会计借记“资产处置费用”科目，贷记“待处理财产损溢”科目；预算会计不做账。

属于现金溢余的，按照实际溢余的金额，财务会计借记“库存现金”科目，贷记“待处理财产损溢”科目；预算会计借记“资金结存——货币资金”科目，贷记“其他预算收入”科目。属于应支付给有关人员或单位的，财务会计借记“待处理财产损溢”科目，贷记“其他应付款”科目；预算会计不做账。将现金支付给有关人员或单位时，财务会计借记“其他应付款”科目，贷记“库存现金”科目；预算会计借记“其他预算收入”科目，贷记“资金结存——货币资金”科目。属于无法查明原因的，报经批准后，财务会计借记“待处理财产损溢”科目，贷记“其他收入”科目；预算会计不做账。

【例13-10】某政府单位月末盘点现金，发现现金溢余100元。该政府单位的账务处理如下：

财务会计		预算会计	
借：库存现金	100	借：资金结存——货币资金	100
贷：待处理财产损溢	100	贷：其他预算收入	100

如果经查明，现金溢余属职工张某的报销尾款，则，

财务会计		预算会计	
借：待处理财产损溢	100	—	
贷：其他应付款	100		

支付职工张某的报销尾款100元时，则，

财务会计		预算会计	
借：其他应付款	100	借：其他预算收入	100
贷：库存现金	100	贷：资金结存——货币资金	100

如果无法查明原因，报经批准后，则，

财务会计		预算会计	
借：待处理财产损溢	100	—	
贷：其他收入	100		

【例13-11】某政府单位年末盘点现金，发现短款50元。该政府单位的账务处理如下：

财务会计		预算会计	
借：待处理财产损溢	50	借：其他支出	50
贷：库存现金	50	贷：资金结存——货币资金	50

如果经查明，现金短款是由出纳人员工作失误造成的，由其赔偿，则，

财务会计		预算会计	
借：其他应收款	50	—	
贷：待处理财产损溢	50		

出纳人员实际赔偿50元时，则，

财务会计		预算会计	
借：库存现金	50	借：资金结存——货币资金	50
贷：其他应收款	50	贷：其他支出	50

如果无法查明原因，报经批准核销时，则，

财务会计		预算会计	
借：资产处置费用	50	—	
贷：待处理财产损溢	50		

（二）银行存款

1.银行存款的确认和计量

银行存款是政府单位存入银行或者其他金融机构的各种存款，包括活期存款和定期存款。政府单位应当严格按照国家有关支付结算办法的规定办理银行存款收支业务，并按照《政府会计制度——行政事业单位会计科目和报表》规定核算银行存款的各项收支业务，以保证银行存款的合法性，保护银行存款的安全和完整。

银行存款应当在收到时予以确认，并按照实际收到的金额计量。

2.银行存款核算的会计科目设置

财务会计系统下，政府单位应设置"银行存款"科目核算存入银行或者其他金融机构的各种存款。本科目应当设置"受托代理资产"明细科目，核算政府单位受托代理、代管的银行存款。本科目借方余额反映政府单位实际存放在银行或其他金融机构的款项。

预算会计系统下，与"银行存款"科目对应的是"资金结存——货币资金"科目。

3.银行存款的账务处理

（1）银行存款的存入

政府单位将款项存入银行或者其他金融机构，按照实际存入的金额，财务会计借记"银行存款"科目，贷记"库存现金""应收账款""事业收入""经营收入""其他收入"等相关科目（涉及增值税业务的，相关账务处理参见"应交增值税"科目）；预算会计

借记“资金结存——货币资金”科目，贷记“事业预算收入”“经营预算收入”“其他预算收入”等相关科目。收到银行存款利息，按照实际收到的金额，财务会计借记“银行存款”科目，贷记“利息收入”科目；预算会计借记“资金结存——货币资金”科目，贷记 “其他预算收入”科目。

【例13-12】某政府单位将现金50 000元存入银行。该政府单位的账务处理如下：

财务会计			预算会计		
借：银行存款	50 000		—		
贷：库存现金		50 000			

与收入相关的银行存款的举例参见第十一章收入的核算。

（2）银行存款的支取和支出

政府单位从银行等金融机构提取现金，按照实际提取的金额，财务会计借记“库存现金”科目，贷记“银行存款”科目；预算会计不做账。

政府单位以银行存款支付相关费用，按照实际支付的金额，财务会计借记“业务活动费用”“单位管理费用”“其他费用”等相关科目，贷记“银行存款”科目（涉及增值税业务的，相关账务处理参见“应交增值税”科目）；预算会计借记“行政支出”“事业支出”“经营支出”“其他支出”等科目，贷记“资金结存——货币资金”科目。

政府单位以银行存款对外捐赠，按照实际捐出的金额，财务会计借记“其他费用”科目，贷记“银行存款”科目；预算会计借记“其他支出”等科目，贷记“资金结存——货币资金”科目。

【例13-13】某行政单位以银行存款支付保洁员工资20 000元，通过银行转账向地震灾区捐赠50 000元。该行政单位的账务处理如下：

财务会计			预算会计		
借：业务活动费用	70 000		借：行政支出	70 000	
贷：银行存款		70 000	贷：资金结存——货币资金		70 000

【例13-14】某事业单位以银行存款支付专业业务活动部门保洁员工资20 000元，通过银行转账向地震灾区捐赠50 000元。该事业单位的账务处理如下：

财务会计			预算会计		
借：业务活动费用	20 000		借：事业支出	20 000	
其他费用	50 000		其他支出	50 000	
贷：银行存款		70 000	贷：资金结存——货币资金		70 000

（3）受托代理的银行存款

政府单位收到受托代理、代管的银行存款，财务会计按照实际收到的金额，借记“银行存款”科目（受托代理资产），贷记“受托代理负债”科目；支付受托代理、代管的银行存款，按照实际支付的金额，借记“受托代理负债”科目，贷记“银行存款”科目（受托代理资产）。预算会计不做账。

【例13-15】某政府单位银行存款基本户收到A单位转赠贫困地区的捐款50 000元。该政府单位的账务处理如下：

财务会计			预算会计
借：银行存款——受托代理资产	50 000		—
贷：受托代理负债		50 000	

【例13-16】【例13-15】中的单位将A单位转赠贫困地区的捐款50 000元通过银行汇往贫困地区。该政府单位的账务处理如下：

财务会计			预算会计
借：受托代理负债	50 000		—
贷：银行存款——受托代理资产		50 000	

（4）外币业务

政府单位发生外币业务的，应当按照业务发生当日的即期汇率，将外币金额折算为人民币金额记账，并登记外币金额和汇率。期末，各种外币账户的期末余额，应当按照期末的即期汇率折算为人民币，作为外币账户期末人民币余额。调整后的各种外币账户人民币余额与原账面余额的差额，作为汇兑损益计入当期费用。

①以外币购买物资、设备等，财务会计按照购入当日的即期汇率将支付的外币或应支付的外币折算为人民币金额，借记“库存物品”等科目，贷记“银行存款”科目、“应付账款”等科目的外币账户（涉及增值税业务的，相关账务处理参见“应交增值税”科目）；预算会计按照购入当日的即期汇率将支付的外币折算为人民币金额，借记“行政支出”“事业支出”等科目，贷记“资金结存——货币资金”科目。

②销售物品、提供服务以外币收取相关款项等，财务会计按照收入确认当日的即期汇率将收取的外币或应收取的外币折算为人民币金额，借记“银行存款”科目、“应收账款”等科目的外币账户，贷记“事业收入”等相关科目；预算会计按照收入确认当日的即期汇率将实际收取的外币折算为人民币金额，借记“资金结存——货币资金”科目，贷记“事业预算收入”等科目。

③期末，根据各外币银行存款账户按照期末汇率调整后的人民币余额与原账面人民币余额的差额，作为汇兑损益，财务会计借记或贷记“银行存款”科目，贷记或借记“业务活动费用”“单位管理费用”等科目；预算会计借记或贷记“资金结存——货币资金”科目，贷记或借记“行政支出”“事业支出”等科目。

④“应收账款”“应付账款”等科目有关外币账户期末汇率调整业务的账务处理参照“银行存款”科目。

【例13-17】某事业单位2×21年4月20日收到从美国购入的技术设备一台，价值共计5 000美元，用于开展专业业务活动，直接投入使用。假设购入设备当日美元对人民币的汇率为1美元=6.5103元人民币。该事业单位的账务处理如下：

财务会计			预算会计		
借：固定资产	32 551.50		借：事业支出	32 551.50	
贷：银行存款——人民币		32 551.50	贷：资金结存——货币资金		32 551.50

【例13-18】假设【例13-17】中的事业单位2×21年4月30日因专业业务活动形成的“银行存款——美元户”账面余额为20 000美元，合人民币130 566.20元。当日美元对人民币的汇率为1美元=6.4672元人民币。该事业单位的账务处理如下：

汇兑损益=20 000×6.4672−130 566.20=−1 222.2（元）

财务会计			预算会计		
借：业务活动费用	1 222.2		借：事业支出	1 222.2	
贷：银行存款——人民币		1 222.2	贷：资金结存——货币资金		1 222.2

【例13-17】和【例13-18】中，如果会计主体是行政单位，预算会计则应确认行政支出。

【例13-19】某政府单位收到某国外公益组织的捐款10 000美元，收到款项当日美元对人民币的汇率为1美元=6.4713元人民币。该政府单位的账务处理如下：

财务会计			预算会计		
借：银行存款——人民币	64 713		借：资金结存——货币资金	64 713	
贷：捐赠收入		64 713	贷：其他预算收入		64 713

（5）银行存款期末余额核对

为了加强对银行存款的管理，政府单位应当按照开户银行或其他金融机构、存款种类及币种等，分别设置“银行存款日记账”，由出纳人员根据收付款凭证，按照业务的发生顺序逐笔登记，每日终了应结出余额。“银行存款日记账”应定期与“银行对账单”核对，至少每月核对一次。月度终了，单位银行存款日记账账面余额与银行对账单余额之间如有差额，应当逐笔查明原因并进行处理，按月编制“银行存款余额调节表”，调节相符。

（三）零余额账户用款额度

1.零余额账户用款额度的确认和计量

政府单位的零余额账户是由同级财政部门为其在商业银行开设的用于本单位财政授权支付的账户。通过该账户，政府单位可以办理转账、汇兑、委托收款和提取现金等支付结算业务，但单位的非财政性资金不得进入。单位零余额账户是一个过渡账户，而不是实存账户。

零余额账户用款额度是指实行国库集中支付的政府单位根据财政部门批复的用款计划收到和支用的财政授权支付额度，具有与银行存款相同的支付结算功能。零余额账户用款额度应当在收到财政部门下达的财政授权支付额度时确认，并按照“财政授权支付额度到账通知书”所列金额计量。

2.零余额账户用款额度核算的会计科目设置

财务会计系统下，政府单位应设置“零余额账户用款额度”科目核算实行国库集中支付的政府单位根据财政部门批复的用款计划收到和支用的零余额账户用款额度情况。本科目期末借方余额反映政府单位尚未支用的零余额账户用款额度。年度终了注销单位零余额账户用款额度后，本科目应无余额。

预算会计系统下，与“零余额账户用款额度”科目对应的是“资金结存——零余额账户用款额度”科目。

3.零余额账户用款额度的账务处理

（1）收到额度

政府单位收到“财政授权支付额度到账通知书”时，根据通知书所列数额，财务会计借记“零余额账户用款额度”科目，贷记“财政拨款收入”科目；预算会计借记“资金结存——零余额账户用款额度”科目，贷记“财政拨款预算收入”科目。

【例13-20】某政府单位收到“财政授权支付额度到账通知书”，列明本月授权支付额度为1 000 000元。该政府单位的账务处理如下：

财务会计		预算会计	
借：零余额账户用款额度　1 000 000		借：资金结存——零余额账户用款额度1 000 000	
贷：财政拨款收入	1 000 000	贷：财政拨款预算收入	1 000 000

（2）支用额度

①政府单位支付日常活动费用时，按照支付的金额，财务会计借记“业务活动费用”“单位管理费用”等科目，贷记“零余额账户用款额度”科目；预算会计借记“行政支出”“事业支出”等科目，贷记“资金结存——零余额账户用款额度”科目。

②政府单位购买库存物品或购建固定资产，财务会计按照实际发生的成本，借记“库存物品”“固定资产”“在建工程”等科目，按照实际支付或应付的金额，贷记“零余额账户用款额度”科目、“应付账款”等科目（涉及增值税业务的，相关账务处理参见“应交增值税”科目）；预算会计按照实际支付金额，借记“行政支出”“事业支出”等科目，贷记“资金结存——零余额账户用款额度”科目。

③政府单位从零余额账户提取现金时，按照实际提取的金额，财务会计借记“库存现金”科目，贷记“零余额账户用款额度”科目；预算会计按照实际支付金额，借记“资金结存——货币资金”科目，贷记“资金结存——零余额账户用款额度”科目。

④政府单位在某些特定情况下按规定从本单位零余额账户向本单位实有资金账户划转资金用于后续相关支出的，可在“银行存款”或“资金结存——货币资金”科目下设置“财政拨款资金”明细科目，或采用辅助核算等形式，核算反映按规定从本单位零余额账户转入实有资金账户的资金金额，并应当按照以下规定进行账务处理：

从本单位零余额账户向实有资金账户划转资金时，按照划转的资金金额，财务会计借记“银行存款”科目，贷记“零余额账户用款额度”科目；预算会计借记“资金结存——货币资金”科目，贷记“资金结存——零余额账户用款额度”科目。将本单位实有资金账户中从零余额账户划转的资金用于相关支出时，按照实际支付的金额，财务会计借记“应付职工薪酬”“其他应交税费”等科目，贷记“银行存款”科目；预算会计借记“行政支出”“事业支出”等支出科目下的“财政拨款支出”明细科目，贷记“资金结存——货币资金”科目。

【例13-21】某行政单位通过其零余额账户支付款项购买计算机一台，价款13 560元，计算机直接交付使用。该行政单位的账务处理如下：

财务会计			预算会计		
借：固定资产	13 560		借：行政支出	13 560	
贷：零余额账户用款额度		13 560	贷：资金结存——零余额账户用款额度		13 560

该例中，如果会计主体是事业单位，预算会计应根据所购设备用于专业业务活动、行政及后勤管理活动或经营活动的不同，分别确认事业支出或经营支出。

【例13-22】某事业单位通过财政授权支付方式，支付日常办公费50 000元。其中开展专业业务活动20 000元、开展行政及后勤管理活动30 000元。该事业单位的账务处理如下：

财务会计			预算会计		
借：业务活动费用	20 000		借：事业支出	50 000	
单位管理费用	30 000		贷：资金结存——零余额账户用款额度		50 000
贷：零余额账户用款额度		50 000			

该例中，如果会计主体是行政单位，对依法履职支付的日常办公费，预算会计应确认行政支出。

（3）购货退回

因购货退回等发生财政授权支付额度退回的，属于本年度支付的款项的，按照退回的金额，财务会计借记“零余额账户用款额度”科目，贷记“库存物品”等科目；预算会计借记“资金结存——零余额账户用款额度”科目，贷记“行政支出”“事业支出”等科目。属于以前年度支付的款项，按照退回金额，财务会计借记“零余额账户用款额度”科目，贷记“以前年度盈余调整”“库存物品”等科目；预算会计借记“资金结存——零余额账户用款额度”科目，贷记“财政拨款结转”“财政拨款结余”科目。

【例13-23】某事业单位采用财政授权支付方式为专业业务活动采购的电脑耗材因质量问题予以退回，共计50 000元。其中，30 000元属于上年度支付的款项，20 000元属于本年度支付的款项。相关款项50 000元已退回单位零余额账户。该事业单位的账务处理如下：

财务会计			预算会计		
借：零余额账户用款额度	50 000		借：资金结存——零余额账户用款额度	50 000	
贷：库存物品		50 000	贷：财政拨款结转——年初余额调整		30 000
			事业支出		20 000

该例中，如果会计主体是行政单位，退回的本年度支付款项，预算会计应确认行政支出。

【例13-24】某行政单位采用财政授权支付方式采购的一批复印纸因质量问题予以退回，共计5 000元。其中，3 000元属于上年度支付的款项，2 000元属于本年度支付的款项。相关款项5 000元已退回单位零余额账户。该行政单位的账务处理如下：

财务会计		预算会计	
借：零余额账户用款额度	5 000	借：资金结存——零余额账户用款额度	5 000
贷：以前年度盈余调整	3 000	贷：财政拨款结转——年初余额调整	3 000
业务活动费用	2 000	行政支出	2 000

该例中，如果会计主体是事业单位，退回的本年度支付款项，预算会计应根据所采购复印纸用于专业业务活动、行政及后勤管理活动或经营活动的不同，分别确认事业支出或经营支出。

（4）年终结余

年末，根据代理银行提供的对账单注销额度的，财务会计借记“财政应返还额度——财政授权支付”科目，贷记“零余额账户用款额度”科目；预算会计借记“资金结存——财政应返还额度”科目，贷记“资金结存——零余额账户用款额度”科目。根据本年度财政授权支付预算指标数大于零余额账户用款额度下达数的差额，借记“财政应返还额度——财政授权支付”科目，贷记“财政拨款收入”科目；预算会计借记“资金结存——财政应返还额度”科目，贷记“财政拨款预算收入”科目。

下年初，根据代理银行提供的上年度注销额度恢复到账通知书作恢复额度的，借记“零余额账户用款额度”科目，贷记“财政应返还额度——财政授权支付”科目；预算会计借记“资金结存——零余额账户用款额度”科目，贷记“资金结存——财政应返还额度”科目。单位收到财政部门批复的上年未下达零余额账户用款额度，借记“零余额账户用款额度”科目，贷记“财政应返还额度——财政授权支付”科目；预算会计借记“资金结存——零余额账户用款额度”科目，贷记“资金结存——财政应返还额度”科目。

相关举例参见本章“财政应返还额度”科目【例13-31】和【例13-32】。

（四）其他货币资金

1.其他货币资金的确认和计量

其他货币资金是指政府单位除了库存现金、银行存款和零余额账户用款额度以外的其他货币资金，主要包括外埠存款、银行本票存款、银行汇票存款、信用卡存款等。其中，外埠存款是政府单位到外地进行临时零星采购时，汇往采购地银行开立采购专户的款项；银行本票存款是政府单位为取得银行本票按照规定存入银行的款项；银行汇票存款是政府单位为取得银行汇票按照规定存入银行的款项；信用卡存款是政府单位为取得信用卡按照规定存入银行的款项。

其他货币资金应当在将款项委托本地银行汇往异地开立的账户或将款项交存银行取

得银行本票、银行汇票和信用卡时确认，并按照实际交存的款项金额计量。

2.其他货币资金核算的会计科目设置

财务会计系统下，政府单位应设置“其他货币资金”科目核算其他货币资金。本科目应当设置“外埠存款”“银行本票存款”“银行汇票存款”“信用卡存款”等明细科目，进行明细核算。政府单位通过支付宝、微信等方式取得相关收入的，对于尚未转入银行存款的支付宝、微信收付款等第三方支付平台账户的余额，应当通过本科目核算。本科目期末借方余额，反映政府单位实际持有的其他货币资金。

预算会计系统下，与“其他货币资金”科目对应的是“资金结存——货币资金”科目。

3.其他货币资金的账务处理

（1）外埠存款

政府单位按照有关规定需要在异地开立银行账户，将款项委托本地银行汇往异地开立账户时，财务会计借记“其他货币资金”科目，贷记“银行存款”科目；预算会计不做账。

收到采购员交来供应单位发票账单等报销凭证时，财务会计借记“库存物品”等科目，贷记“其他货币资金”科目；预算会计借记“行政支出”“事业支出”等科目，贷记“资金结存——货币资金”科目。

将多余的外埠存款转回本地银行时，根据银行的收账通知，财务会计借记“银行存款”科目，贷记“其他货币资金”科目；预算会计不做账。

（2）银行本票、银行汇票存款

政府单位将款项交存银行取得银行本票、银行汇票，按照取得的银行本票、银行汇票金额，财务会计借记“其他货币资金”科目，贷记“银行存款”科目；预算会计不做账。

使用银行本票、银行汇票购买库存物品等资产时，按照实际支付金额，财务会计借记“库存物品”等科目，贷记“其他货币资金”科目；预算会计借记“行政支出”“事业支出”等科目，贷记“资金结存——货币资金”科目。

如有余款或因本票、汇票超过付款期等原因而退回款项，按照退款金额，财务会计借记“银行存款”科目，贷记“其他货币资金”科目；预算会计不做账。

（3）信用卡存款

政府单位将款项交存银行取得信用卡，按照交存金额，财务会计借记“其他货币资金”科目，贷记“银行存款”科目；预算会计不做账。

用信用卡购物或支付有关费用，按照实际支付金额，财务会计借记“单位管理费用”“库存物品”等科目，贷记“其他货币资金”科目；预算会计借记“行政支出”“事业支出”等科目，贷记“资金结存——货币资金”科目。

单位信用卡在使用过程中，需向其账户续存资金的，按照续存金额，财务会计借记“其他货币资金”科目，贷记“银行存款”科目；预算会计不做账。

【例13-25】某政府单位地处B直辖市，拟到H省采购甲材料，按照有关规定需要在异地开立银行账户，将200 000元委托本地银行汇往H省开立账户。另外，将200 000元款项交存银行取得面额10 000元的银行本票10张和100 000元银行汇票，将200 000元交存银行取得信用卡。该政府单位的账务处理如下：

财务会计			预算会计
借：其他货币资金——外埠存款	200 000		
——银行本票存款	100 000		
——银行汇票存款	100 000		—
——信用卡存款	200 000		
贷：银行存款		600 000	

【例13-26】某事业单位使用外埠存款购买甲材料，收到采购员交来供应单位发票账单等报销凭证标明甲材料价款180 000元，已验收入库，多余的20 000元外埠存款转回单位开户银行。该事业单位的账务处理如下：

财务会计			预算会计		
借：库存物品	180 000		借：事业支出	180 000	
银行存款	20 000		贷：资金结存——货币资金		180 000
贷：其他货币资金——外埠存款		200 000			

该例中，如果会计主体是行政单位，预算会计应确认行政支出。

【例13-27】某事业单位使用信用卡支付行政管理部门计算机维修费50 000元。该事业单位的账务处理如下：

财务会计			预算会计		
借：单位管理费用	50 000		借：事业支出	50 000	
贷：其他货币资金——信用卡存款		50 000	贷：资金结存——货币资金		50 000

该例中，如果会计主体是行政单位，预算会计应确认行政支出。

政府单位应当加强对其他货币资金的管理，及时办理结算，对于逾期尚未办理结算的银行汇票、银行本票等，应当按照规定及时转回，并按照上述规定进行相应账务处理。

二、短期投资

（一）投资分类和管理

投资是指事业单位按规定以货币资金、实物资产、无形资产等方式形成的债权或股权投资。

1.事业单位的投资按照收益形式，分为债权投资和股权投资

债权投资是事业单位持有的政府债券投资。

股权投资是事业单位持有的企业股权投资。政府单位的以下行为不作为股权投资处理：（1）根据国务院和地方人民政府授权、代表本级人民政府对国家出资企业履行出资人职责的单位，与其履行出资人职责的国家出资企业之间不存在股权投资关系，其履

行出资人职责的行为；（2）政府单位按规定出资成立非营利法人单位，如事业单位、社会团体、基金会等的行为。上述两种行为均不适用《政府会计准则第2号——投资》规定。①

2.事业单位的投资按照持有时间，分为短期投资和长期投资

短期投资，是指事业单位按照规定取得的，持有时间不超过1年（含1年）的投资。

长期投资，是指事业单位取得的除短期投资以外的债权和股权性质的投资，分为长期股权投资和长期债券投资。其核算参见本章长期股权投资和长期债券投资。

按照《事业单位财务规则》（财政部令第68号）和《财政部关于修改〈事业单位国有资产管理暂行办法〉的决定》（财政部令第100号）的规定，国家另有规定外，各级事业单位不得利用财政资金对外投资，不得买卖期货、股票，不得购买各种企业债券、各类投资基金和其他任何形式的金融衍生品或进行任何形式的金融风险投资，不得在国外贷款债务尚未清偿前利用该贷款形成的资产进行对外投资等。事业单位利用国有资产对外投资应当进行必要的可行性论证，并提出申请，经主管部门审核同意后，报同级财政部门审批。法律和行政法规另有规定的，依照其规定。

（二）短期投资的确认和计量

短期投资是事业单位按照规定取得的，持有时间不超过1年（含1年）的投资，主要是国债投资。

短期投资的计量包括初始计量和后续计量。

短期投资在取得时，应当按照实际成本进行初始计量。事业单位在取得短期投资时，应当按照实际成本（包括购买价款和相关税费）作为初始投资成本，实际支付价款中包含的已到付息期但尚未领取的利息，应当于收到时冲减短期投资成本。期末，短期投资应当按照账面余额计量。

短期投资的后续计量包括持有期间的利息和处置。事业单位短期投资持有期间的利息，应当于实际收到时确认为投资收益。事业单位按规定出售或到期收回短期投资，应当将收到的价款扣除短期投资账面余额和相关税费后的差额计入投资损益。

（三）短期投资核算的会计科目设置

财务会计系统下，事业单位应设置“短期投资”科目核算按照规定取得的，持有时间不超过1年（含1年）的投资。本科目应当按照投资的种类等进行明细核算。本科目期末借方余额，反映事业单位持有短期投资的成本。

预算会计系统下，与“短期投资”科目对应的是“投资支出”科目。

---

① 根据《政府会计准则制度解释第3号》，通过单位账户对国家出资企业投入货币资金，纳入本单位预算管理的，应当按照《政府会计制度——行政事业单位会计科目和报表》中“其他费用（支出）”科目相关规定处理；不纳入本单位预算管理的，应当按照《政府会计制度——行政事业单位会计科目和报表》中“其他应付款”科目相关规定处理。单位按规定出资成立非营利法人单位，如事业单位、社会团体、基金会等，不适用《政府会计准则第2号——投资》规定，出资时应当按照出资金额，借记“其他费用”科目，贷记“银行存款”等科目；同时，在预算会计中借记“其他支出”科目，贷记“资金结存”科目。单位应当对出资成立的非营利法人单位设置备查簿进行登记。

（四）短期投资的账务处理

1.取得短期投资

事业单位取得短期投资时，财务会计按照确定的投资成本，借记“短期投资”科目，贷记“银行存款”等科目；预算会计对以货币资金取得的短期投资按照投资金额和所支付的相关税费金额的合计数，借记“投资支出”科目，贷记“资金结存——货币资金”科目。收到取得投资时实际支付价款中包含的已到付息期但尚未领取的利息，按照实际收到的金额，财务会计借记“银行存款”科目，贷记“短期投资”科目；预算会计借记“资金结存——货币资金”科目，贷记“投资支出”科目。

2.收到短期投资持有期间的利息

事业单位收到短期投资持有期间的利息，按照实际收到的金额，财务会计借记“银行存款”科目，贷记“投资收益”科目；预算会计借记“资金结存——货币资金”科目，贷记“投资预算收益”科目。

3.出售短期投资或到期收回短期投资本息

事业单位出售短期投资或到期收回短期投资本息时，财务会计按照实际收到的金额，借记“银行存款”科目，按照出售或收回短期投资的账面余额，贷记“短期投资”科目，按照其差额，借记或贷记“投资收益”科目（涉及增值税业务的，相关账务处理参见“应交增值税”科目）。预算会计对于出售、对外转让或到期收回本年度以货币资金取得的短期投资，按照实际取得价款或实际收到的本息金额，借记“资金结存——货币资金”科目，按照取得投资时“投资支出”科目的发生额，贷记“投资支出”科目，按照其差额，贷记或借记“投资预算收益”科目；对出售、对外转让或到期收回以前年度以货币资金取得的短期投资，按照实际取得价款或实际收到的本息金额，借记“资金结存——货币资金”科目，按照取得投资时“投资支出”科目的发生额，贷记“其他结余”科目，按照其差额，贷记或借记“投资预算收益”科目。

【例13-28】某事业单位2×20年7月1日以510 000元的价款（包含已到期但尚未领取的利息10 000元）购买将于2×21年7月1日到期国债，该国债面值500 000元，年利率4%，每半年付息一次、到期还本。2×20年7月2日，收到包含在投资支付价款中已到期但尚未领取的利息10 000元。2×21年1月2日收到2×20年的下半年利息10 000元，2×21年7月2日收到2×21年的上半年利息10 000元和归还的本金500 000元。该事业单位的账务处理如下：

2×20年7月1日取得国债时，

财务会计			预算会计		
借：短期投资——国债投资	510 000		借：投资支出	510 000	
贷：银行存款		510 000	贷：资金结存——货币资金		510 000

2×20年7月2日收到包含在投资支付价款中已到期但尚未领取的利息时，

财务会计		预算会计	
借：银行存款	10 000	借：资金结存——货币资金	10 000
贷：短期投资——国债投资	10 000	贷：投资支出	10 000

2×21年1月2日收到2×20年的下半年利息时，

财务会计		预算会计	
借：银行存款	10 000	借：资金结存——货币资金	10 000
贷：投资收益	10 000	贷：投资预算收益	10 000

2×21年7月2日收到2×21年的上半年利息和归还的本金时，

财务会计		预算会计	
借：银行存款	510 000	借：资金结存——货币资金	510 000
贷：短期投资——国债投资	500 000	贷：其他结余	500 000
投资收益	10 000	投资预算收益	10 000

三、应收及预付款项

（一）财政应返还额度

1.财政应返还额度的确认和计量

财政应返还额度是指实行国库集中支付的政府单位应收财政返还的资金额度，包括可以使用的以前年度财政直接支付资金额度和财政应返还的财政授权支付资金额度。

财政应返还额度应当按政府单位年末国库集中支付尚未使用的资金额度确认和计量。在财政直接支付方式下，年末国库集中支付尚未使用的资金额度是本年度财政直接支付预算指标数大于当年财政直接支付实际发生数的差额（未支用的支付额度）。在财政授权支付方式下，年末国库集中支付尚未使用的资金额度包括本年度财政授权支付预算指标数大于零余额账户用款额度下达数的差额（未下达的用款额度），以及本年度零余额账户用款额度下达数与零余额账户用款额度支用数的差额（未支用的用款额度）。对于上述国库集中支付未支用的资金额度和尚未下达的用款额度，年末政府单位先返还财政部门，下年度初再由财政部门予以恢复或下达。

2.财政应返还额度核算的会计科目设置

财务会计系统下，政府单位应设置“财政应返还额度”科目核算实行国库集中支付的政府单位应收财政返还的资金额度。本科目应当设置“财政直接支付”“财政授权支付”两个明细科目进行明细核算。本科目期末借方余额反映政府单位应收财政返还的资金额度。

预算会计系统下，与“财政应返还额度”科目对应的是“资金结存——财政应返还额度”科目。

3.财政应返还额度的账务处理

（1）财政直接支付

年末，政府单位根据本年度财政直接支付预算指标数大于当年财政直接支付实际发生数的差额，财务会计借记“财政应返还额度——财政直接支付”科目，贷记“财政拨款收入”科目；预算会计借记“资金结存——财政应返还额度”科目，贷记“财政拨款预算收入”科目。

政府单位使用以前年度财政直接支付额度支付款项时，财务会计借记“业务活动费用”“单位管理费用”等科目，贷记“财政应返还额度——财政直接支付”科目；预算会计借记“行政支出”“事业支出”等科目，贷记“资金结存——财政应返还额度”科目。

【例13-29】某实行国库集中支付的政府单位，年末通过对账确认本年度财政直接支付预算指标数为1 000 000元，当年财政直接支付实际发生数为900 000元，该政府单位的账务处理如下：

财务会计		预算会计	
借：财政应返还额度——财政直接支付	100 000	借：资金结存——财政应返还额度	100 000
贷：财政拨款收入	100 000	贷：财政拨款预算收入	100 000

【例13-30】某事业单位收到代理银行转来的“财政直接支付入账通知书”，使用上年尚未使用的财政直接支付额度支付款项100 000元购买办公用笔记本电脑10台，已直接交付使用。该事业单位的账务处理如下：

财务会计		预算会计	
借：固定资产	100 000	借：事业支出	100 000
贷：财政应返还额度——财政直接支付	100 000	贷：资金结存——财政应返还额度	100 000

该例中，如果会计主体是行政单位，预算会计应确认行政支出。

（2）财政授权支付

年末，政府单位根据代理银行提供的对账单做注销额度的，财务会计借记“财政应返还额度——财政授权支付”科目，贷记“零余额账户用款额度”科目；预算会计借记“资金结存——财政应返还额度”科目，贷记“资金结存——零余额账户用款额度”科目。

年末，单位本年度财政授权支付预算指标数大于零余额账户用款额度下达数的，根据未下达的用款额度，财务会计借记“财政应返还额度——财政授权支付”科目，贷记“财政拨款收入”科目；预算会计借记“资金结存——财政应返还额度”科目，贷记“财政拨款预算收入”科目。

下年初，单位根据代理银行提供的上年度注销额度恢复到账通知书做恢复额度以及收到财政部门批复的上年末下达零余额账户用款额度时，财务会计借记“零余额账户用款额度”科目，贷记“财政应返还额度——财政授权支付”科目；预算会计借记“资金结存——零余额账户用款额度”科目，贷记“资金结存——财政应返还额度”科目。

【例13-31】某实行国库集中支付的政府单位，年末通过对账确认本年度财政授权支付预算指标数为500 000元，零余额账户用款额度下达数400 000元，零余额账户用款额度支用数350 000元。该政府单位的账务处理如下：

财务会计		预算会计	
借：财政应返还额度——财政授权支付	150 000	借：资金结存——财政应返还额度	150 000
贷：零余额账户用款额度	50 000	贷：资金结存——零余额账户用款额度	50 000
财政拨款收入	100 000	财政拨款预算收入	100 000

【例13-32】【例13-31】中的政府单位下年度初收到代理银行转来的50 000元财政授权支付额度恢复到账通知书和财政部门批复的上年度未下达零余额账户用款额度100 000元。该政府单位的账务处理如下：

财务会计		预算会计	
借：零余额账户用款额度	150 000	借：资金结存——零余额账户用款额度	150 000
贷：财政应返还额度——财政授权支付	150 000	贷：资金结存——财政应返还额度	150 000

（二）应收票据

1.应收票据的确认和计量

应收票据是事业单位因开展经营活动销售产品、提供有偿服务等而收到的商业汇票，包括商业承兑汇票和银行承兑汇票。其中商业承兑汇票是由收款人签发，经付款人承兑或由付款人签发并承兑的汇票。商业承兑汇票到期时，如付款人账户资金不足支付，银行则将商业承兑汇票退给收款人，由购销双方自行解决，银行不负责任。银行承兑汇票是由收款人或承兑申请人签发，并由承兑申请人向开户银行申请，经银行审查同意承兑的汇票。银行承兑汇票到期时，如购货单位未能将应收票据交存银行，则银行向收款人或贴现银行无条件支付票款。

应收票据应当在产品已经售出或服务已经提供，且收到商业汇票时确认，并按照商业汇票的票面金额计量。

2.应收票据核算的会计科目设置

财务会计系统下，事业单位应设置“应收票据”科目核算因开展经营活动销售产品、提供有偿服务等而收到的商业汇票。本科目应当按照开出、承兑商业汇票的单位等进行明细核算。本科目期末借方余额，反映事业单位持有的商业汇票票面金额。

预算会计系统下，与“应收票据”科目对应的是“经营预算收入”等科目。

3.应收票据的账务处理

（1）收到商业汇票

事业单位因销售产品、提供服务等收到商业汇票，按照商业汇票的票面金额，财务会计借记“应收票据”科目，按照确认的收入金额，贷记“经营收入”等科目（涉及增值税业务的，相关账务处理参见“应交增值税”科目）；预算会计不做账。

【例13-33】某事业单位的非独立核算部门从事经营活动销售产品而收到A公司不带息的承兑期2个月的商业承兑汇票一张，该商业承兑汇票的面值为5 150元。该事业单位的账务处理如下：

财务会计			预算会计	
借：应收票据——A公司	5 150			
贷：经营收入		5 000	—	
应交增值税		150		

（2）商业汇票贴现

事业单位持未到期的商业汇票向银行贴现，按照实际收到的金额（即扣除贴现息后的净额），财务会计借记“银行存款”科目，按照贴现息金额，借记“经营费用”等科目，按照商业汇票的票面金额，贷记“应收票据”科目（无追索权）或“短期借款”科目（有追索权）；预算会计借记“资金结存——货币资金”科目，贷记“经营预算收入”等科目。

附追索权的商业汇票到期未发生追索事项的，财务会计按照商业汇票的票面金额，借记“短期借款”科目，贷记“应收票据”科目；预算会计不做账。

【例13-34】某事业单位持1个月之前因从事经营活动销售产品而收到的A公司1张2个月到期的商业承兑汇票（无追索权）到银行贴现。该汇票票面金额为5 150元，银行贴现率为12%。该事业单位的账务处理如下：

贴现息=5 150×12%×1÷12=51.50（元）

扣除贴现息后的净额=5 150−51.50=5 098.50（元）

财务会计			预算会计		
借：银行存款	5 098.50		借：资金结存——货币资金	5 098.50	
经营费用	51.50		贷：经营预算收入		5 098.50
贷：应收票据——A公司		5 150			

（3）商业汇票背书转让

事业单位将持有的商业汇票背书转让以取得所需物资时，按照取得物资的成本，借记“库存物品”等科目，财务会计按照商业汇票的票面金额，贷记“应收票据”科目，如有差额，借记或贷记“银行存款”等科目（涉及增值税业务的，相关账务处理参见“应交增值税”科目）。预算会计按照实际支付或收到的金额，借记或贷记“资金结存——货币资金”科目，借记“经营支出”科目或贷记“经营预算收入”等科目。

（4）商业汇票到期

商业汇票到期时，事业单位应当分别以下情况处理：收回票款时，按照实际收到的商业汇票票面金额，财务会计借记“银行存款”科目，贷记“应收票据”科目；预算会计借记“资金结存——货币资金”科目，贷记“经营预算收入”等科目。

因付款人无力支付票款，收到银行退回的商业承兑汇票、委托收款凭证、未付票款通知书或拒付款证明等，财务会计按照商业汇票的票面金额，借记“应收账款”科目，贷记“应收票据”科目；预算会计不做账。

【例13-35】【例13-33】中的事业单位的商业承兑汇票到期，通过银行存款基本户收到票据款项5 150元。该事业单位的账务处理如下：

财务会计		预算会计	
借：银行存款	5 150	借：资金结存——货币资金	5 150
贷：应收票据——A公司	5 150	贷：经营预算收入	5 150

若上述商业承兑汇票到期，该单位收到银行退回的商业承兑汇票，则，

财务会计		预算会计
借：应收账款	5 150	—
贷：应收票据——A公司	5 150	

为了加强对应收票据的管理，事业单位应当设置“应收票据备查簿”，逐笔登记每一应收票据的种类、号数、出票日期、到期日、票面金额、交易合同号，以及付款人、承兑人、背书人姓名或单位名称，背书转让日，贴现日期、贴现率和贴现净额，收款日期，收回金额和退票情况等。

（三）应收账款

1. 应收账款的确认和计量

应收账款是事业单位提供服务、销售产品等应收取的款项，以及政府单位因出租资产、出售物资等应收取的款项。按照现行行政事业单位国有资产管理相关规定，行政单位国有资产出租、出售资产取得收入上缴财政；事业单位国有资产出租取得的收入纳入单位预算管理，而出售资产取得收入需要上缴财政。由此，行政单位因出租资产、出售物资等形成的应收账款收回后需要上缴财政，事业单位因提供服务、销售产品、出租资产、出售物资等形成的应收账款则分为收回后不需要上缴财政的应收账款和收回后需要上缴财政的应收账款。

应收账款应当在产品已经售出或服务已经提供，且尚未收到款项时确认，并按照应收未收的金额计量。

2. 应收账款核算的会计科目设置

财务会计系统下，政府单位应设置“应收账款”科目核算应收未收的款项。本科目应当按照债务单位（或个人）进行明细核算。本科目期末借方余额，反映政府单位尚未收回的应收账款。

预算会计系统下，对收回后需要上缴财政的应收账款不做账；对收回后不需要上缴财政的应收账款，与“应收账款”科目对应的是 “事业预算收入”“经营预算收入”“其他预算收入”等科目。

3. 应收账款的账务处理

（1）收回后不需上缴财政的应收账款

事业单位发生收回后不需上缴财政的应收账款时，按照应收未收金额，财务会计借记“应收账款”科目，贷记“事业收入”“经营收入”“租金收入”“其他收入”等科目(涉及增值税业务的，相关账务处理参见“应交增值税”科目)；预算会计不做账。收回应收账款时，按照实际收到的金额，财务会计借记“银行存款”等科目，贷记“应收账

款”科目；预算会计借记“资金结存——货币资金”科目，贷记“事业预算收入”“经营预算收入”“其他预算收入”等科目。

【例13-36】某事业单位非独立核算部门向B公司销售产品取得收入10 300元，款项尚未收到。该事业单位的账务处理如下：

财务会计			预算会计		
借：应收账款——B公司	10 300				
贷：经营收入		10 000	—		
应交增值税		300			

【例13-37】【例13-36】中的事业单位通过银行收到向B公司销售产品的款项10 300元。该事业单位的账务处理如下：

财务会计			预算会计		
借：银行存款	10 300		借：资金结存——货币资金	10 300	
贷：应收账款——B公司		10 300	贷：经营预算收入		10 300

（2）收回后需上缴财政的应收账款

①行政单位出租资产发生应收未收租金款项时，财务会计按照应收未收金额，借记“应收账款”科目，贷记“应缴财政款”科目；收回应收账款时，按照实际收到的金额，借记“银行存款”等科目，贷记“应收账款”科目。预算会计不做账。

②政府单位出售物资发生应收未收款项时，财务会计按照应收未收金额，借记“应收账款”科目，贷记“应缴财政款”科目（涉及增值税业务的，相关账务处理参见“应交增值税”科目）；收回应收账款时，按照实际收到的金额，借记“银行存款”等科目，贷记“应收账款”科目。预算会计不做账。相关举例参见本章“存货”“固定资产”等资产处置的核算。

【例13-38】某行政单位经批准向A单位出租办公室1间，期限1个月，租金6 300元，签订合同时尚未收到A单位租金。该租金按规定需要上缴财政。该行政单位的账务处理如下：

财务会计			预算会计
借：应收账款	6 300		
贷：应缴财政款		6 000	—
应交增值税		300	

收回上述应收账款时，

财务会计			预算会计
借：银行存款	6 300		
贷：应收账款		6 300	—

（四）预付账款

1.预付账款的确认和计量

预付账款是政府单位按照购货、服务合同或协议规定预付给供应单位（或个人）的款项，以及按照合同规定向承包工程的施工企业预付的备料款和工程款。

预付账款应当在已经支付款项且尚未收到物资或服务时确认，并按照实际支付金额计量。

2.预付账款核算的会计科目设置

财务会计系统下，政府单位应设置“预付账款”科目核算单位按照购货、服务合同或协议规定预付给供应单位（或个人）的款项，以及按照合同规定向承包工程的施工企业预付的备料款和工程款。本科目应当按照供应单位（或个人）及具体项目进行明细核算；对于基本建设项目发生的预付账款，还应当在本科目所属基建项目明细科目下设置“预付备料款”“预付工程款”“其他预付款”等明细科目，进行明细核算。本科目期末借方余额，反映政府单位实际预付但尚未结算的款项。

预算会计系统下，与“预付账款”科目对应的是“行政支出”“事业支出”等科目。

3.预付账款的账务处理

（1）发生预付账款

政府单位根据购货、服务合同或协议规定预付款项时，按照预付金额，财务会计借记“预付账款”科目，贷记“财政拨款收入”“零余额账户用款额度”“银行存款”等科目；预算会计借记“行政支出”“事业支出”等科目，贷记“财政拨款预算收入”“资金结存——零余额账户用款额度、货币资金”等科目。

【例13-39】某行政单位向D公司采购大巴车1辆用于依法履职，价值400 000元。按照合同规定预付货款50%，货到后结算其余货款。该单位通过财政部门零余额账户预付50%货款200 000元时，该行政单位的账务处理如下：

财务会计			预算会计		
借：预付账款——D公司	200 000		借：行政支出	200 000	
贷：财政拨款收入		200 000	贷：财政拨款预算收入		200 000

该例中，如果会计主体是事业单位，对于预付货款，预算会计应根据所购大巴车用于专业业务活动、行政及后勤管理活动或经营活动的不同，分别确认事业支出或经营支出。

（2）收到所购资产或服务

政府单位收到所购资产或服务时，财务会计按照购入资产或服务的成本，借记“库存物品”“固定资产”“无形资产”“业务活动费用”等相关科目，按照相关预付账款的账面余额，贷记“预付账款”科目，按照实际补付的金额，贷记“财政拨款收入”“零余额账户用款额度”“银行存款”等科目（涉及增值税业务的，相关账务处理参见“应交增值税”科目）。预算会计按照实际补付的金额，借记“行政支出”“事业支出”等科目，贷记“财政拨款预算收入”“资金结存——零余额账户用款额度、货币资金”等科目。

【例13-40】【例13-39】中的行政单位收到大巴车1辆，且通过财政部门零余额账户补付货款200 000元。该行政单位的账务处理如下：

财务会计			预算会计	
借：固定资产	400 000		借：行政支出	200 000
贷：预付账款——D公司		200 000	贷：财政拨款预算收入	200 000
财政拨款收入		200 000		

（3）结算工程价款及备料款

政府单位根据工程进度结算工程价款及备料款时，财务会计按照结算金额，借记“在建工程”科目，按照相关预付账款的账面余额，贷记“预付账款”科目，按照实际补付的金额，贷记“财政拨款收入”“零余额账户用款额度”“银行存款”等科目。预算会计按照实际补付的金额，借记“行政支出”“事业支出”等科目，贷记“财政拨款预算收入”“资金结存——零余额账户用款额度、货币资金”等科目。

（4）预付账款的退回

政府单位发生预付账款退回的，按照实际退回金额，财务会计借记“财政拨款收入”[本年直接支付]、“财政应返还额度”[以前年度直接支付]、“零余额账户用款额度”、“银行存款”等科目，贷记“预付账款”科目；预算会计借记“财政拨款预算收入”“资金结存——财政应返还额度、零余额账户用款额度、货币资金”科目，贷记“行政支出”“事业支出”等科目[当年退回]，“财政拨款结转”“财政拨款结余”等科目[以前年度退回]。

【例13-41】某事业单位2×20年11月1日将办公楼的建筑安装发包给A施工企业，工期6个月，总价款400 000元。按合同规定，2×20年11月1日和2×21年2月1日分别通过财政部门零余额账户和单位零余额账户各预付200 000元（其中，建筑工程款140 000元和备料款60 000元）。2×21年5月1日工程完工，A施工企业转来“工程价款结算账单”，应结算工程款共计380 000元。2×21年5月10日收到A施工企业退回的2×20年和2×21年的预付账款各10 000元，已退回相关账户。该事业单位的账务处理如下：

- 2×20年11月1日预付款项时，

财务会计			预算会计	
借：预付账款——A施工企业	200 000		借：事业支出	200 000
贷：财政拨款收入		200 000	贷：财政拨款预算收入	200 000

- 2×21年2月1日预付款项时，

财务会计			预算会计	
借：预付账款——A施工企业	200 000		借：事业支出	200 000
贷：零余额账户用款额度		200 000	贷：资金结存——零余额账户用款额度	200 000

- 2×21年5月1日工程完工时，

财务会计			预算会计		
借：在建工程	380 000		—		
贷：预付账款——A施工企业		380 000			

• 2×21年5月10日收到A施工企业退回预付款项时，

财务会计			预算会计		
借：财政应返还额度	10 000		借：资金结存——财政应返还额度	10 000	
零余额账户用款额度	10 000		——零余额账户用款额度	10 000	
贷：预付账款——A施工企业		20 000	贷：财政拨款结转——年初余额调整		10 000
			事业支出		10 000

该例中，如果会计主体是行政单位，预算会计应确认行政支出。

（五）应收股利和应收利息

1.应收股利和应收利息的确认和计量

应收股利是事业单位持有长期股权投资应当收取的现金股利或应当分得的利润。应收股利应当在计算收取的现金股利或应分得的利润时确认，且按照收取的或应分得的金额计量。

应收利息，是事业单位长期债券投资应当收取的利息。应收利息应当在计算应收取利息时确认，且按照应收取金额计量。

2.应收股利和应收利息核算的会计科目设置

财务会计系统下，事业单位应设置"应收股利"和"应收利息"科目。

"应收股利"科目，核算事业单位持有长期股权投资应当收取的现金股利或应当分得的利润。本科目应当按照被投资单位等进行明细核算。本科目期末借方余额，反映事业单位应当收取但尚未收到的现金股利或利润。

"应收利息"科目，核算长期债券投资应当收取的利息。事业单位购入的到期一次还本付息的长期债券投资持有期间的利息，应当通过"长期债券投资——应计利息"科目核算，不通过本科目核算。本科目应当按照被投资单位等进行明细核算。本科目期末借方余额，反映事业单位应收未收的长期债券投资利息。

预算会计系统下，与"应收股利"和"应收利息"科目对应的是"投资支出""投资预算收益"科目。

3.应收股利和应收利息的账务处理

（1）应收股利

事业单位取得长期股权投资，按照支付的价款中所包含的已宣告但尚未发放的现金股利，借记"应收股利"科目，财务会计按照确定的长期股权投资成本，借记"长期股权投资"科目，按照实际支付的金额，贷记"银行存款"等科目；预算会计按照取得投资支付的全部价款借记"投资支出"科目，贷记"资金结存——货币资金"科目。收到取得投资时实际支付价款中所包含的已宣告但尚未发放的现金股利时，按照收到的金额，财务会计借记“银行存款”科目，贷记“应收股利”科目；预算会计借记“资金结存——货币资金”科目，贷记“投资支出”科目。

事业单位长期股权投资持有期间，被投资单位宣告发放现金股利或利润的，财务会计按照应享有的份额，借记“应收股利”科目，贷记“投资收益”（成本法下）或“长期股权投资”（权益法下）科目；预算会计不做账。

事业单位实际收到现金股利或利润时，按照收到的金额，财务会计借记“银行存款”等科目，贷记“应收股利”科目；预算会计借记“资金结存——货币资金”科目，贷记“投资预算收益”科目。

相关举例参见本章“长期股权投资”科目。

（2）应收利息

事业单位取得长期债券投资，财务会计按照确定的投资成本，借记“长期债券投资”科目，按照支付的价款中包含的已到付息期但尚未领取的利息，借记“应收利息”科目，按照实际支付的金额，贷记“银行存款”等科目；预算会计按照取得投资支付的全部价款借记“投资支出”科目，贷记“资金结存——货币资金”科目。收到取得投资时实际支付价款中所包含的已到付息期但尚未领取的利息时，按照收到的金额，财务会计借记“银行存款”等科目，贷记“应收利息”科目；预算会计借记“资金结存——货币资金”科目，贷记“投资支出”科目。

事业单位按期计算确认长期债券投资利息收入时，对于分期付息、一次还本的长期债券投资，按照以票面金额和票面利率计算确定的应收未收利息金额，财务会计借记“应收利息”科目，贷记“投资收益”科目；预算会计不做账。

事业单位实际收到应收利息时，按照收到的金额，财务会计借记“银行存款”等科目，贷记“应收利息”科目；预算会计借记“资金结存——货币资金”科目，贷记“投资预算收益”科目。

相关举例参见本章“短期投资”和“长期债券投资”科目。

（六）其他应收款

1.其他应收款的确认和计量

其他应收款，是政府单位除财政应返还额度、应收票据、应收账款、预付账款、应收股利、应收利息以外的其他各项应收及暂付款项，如职工预借的差旅费、已经偿还银行尚未报销的本单位公务卡欠款、拨付给内部有关部门的备用金、应向职工收取的各种垫付款项、支付的可以收回的订金或押金、应收的上级补助和附属单位上缴款项等。

其他应收款应当在发生时确认，并按照实际发生额计量。

2.其他应收款核算的会计科目设置

财务会计系统下，政府单位应设置“其他应收款”科目核算除财政应返还额度、应收票据、应收账款、预付账款、应收股利、应收利息以外的其他各项应收及暂付款项。本科目应当按照其他应收款的类别以及债务单位（或个人）进行明细核算。本科目期末借方余额，反映政府单位尚未收回的其他应收款。

预算会计系统下，与“其他应收款”科目对应的是“上级补助预算收入”“附属单位上缴预算收入”“其他预算收入”等科目。

3.其他应收款的账务处理

（1）发生其他应收款

政府单位发生其他各种应收及暂付款项时，财务会计按照实际发生金额，借记“其他应收款”科目，贷记“零余额账户用款额度”“银行存款”“库存现金”“上级补助收入”“附属单位上缴收入”等科目（涉及增值税业务的，相关账务处理参见“应交增值税”科目）；预算会计不做账。

（2）收回其他应收款

政府单位收回其他各种应收及暂付款项时，按照收回的金额，财务会计借记“库存现金”“银行存款”等科目，贷记“其他应收款”科目；预算会计借记“资金结存——货币资金”等科目，贷记“上级补助预算收入”“附属单位上缴预算收入”“其他预算收入”等科目。

【例13-42】某政府单位2×21年3月1日以银行存款为本单位职工代垫水电费50 000元；3月5日从本单位职工工资中扣回垫付的水电费50 000元。该政府单位的账务处理如下：

2×21年3月1日为本单位职工代垫水电费时，

财务会计			预算会计
借：其他应收款——代垫水电费	50 000		—
贷：银行存款		50 000	

3月5日从本单位职工工资中扣回垫付的水电费时，

财务会计			预算会计
借：银行存款	50 000		—
贷：其他应收款——代垫水电费		50 000	

更多相关举例参见第十一章“上级补助收入”“附属单位上缴收入”等科目。

（3）备用金

政府单位内部实行备用金制度的，有关部门使用备用金以后应当及时到财务部门报销并补足备用金。财务部门核定并发放备用金时，财务会计按照实际发放金额，借记“其他应收款”科目，贷记“库存现金”等科目；预算会计不做账。根据报销金额用现金补足备用金定额时，财务会计借记“业务活动费用”“单位管理费用”等科目，贷记“库存现金”等科目（报销数和拨补数都不再通过“其他应收款”科目核算）；预算会计借记“行政支出”“事业支出”等科目，贷记“资金结存——货币资金”科目。

【例13-43】某政府单位内部实行备用金制度，其财务部门以库存现金发放备用金20 000元。该政府单位的账务处理如下：

财务会计			预算会计	
借：其他应收款——备用金	20 000		—	
贷：库存现金		20 000		

【例13-44】某行政单位内部实行备用金制度，财务部门根据报销数用现金补足备用金定额50 000元。该行政单位的账务处理如下：

财务会计			预算会计		
借：业务活动费用	50 000		借：行政支出	50 000	
贷：库存现金		50 000	贷：资金结存——货币资金		50 000

该例中，如果会计主体是事业单位，应分别专业业务活动部门、行政及后勤部门或非独立核算经营部门的报销数用现金补足备用金定额，财务会计分别确认业务活动费用和单位管理费用或经营费用，预算会计分别确认事业支出或经营支出。

（4）偿还尚未报销的公务卡欠款

政府单位偿还尚未报销的本单位公务卡欠款时，财务会计按照偿还的款项，借记“其他应收款”科目，贷记“零余额账户用款额度”“银行存款”等科目；预算会计不做账。持卡人报销时，按照报销金额，财务会计借记“业务活动费用”“单位管理费用”等科目，贷记“其他应收款”科目；预算会计借记“行政支出”“事业支出”等科目，贷记“资金结存——零余额账户用款额度、货币资金”科目。

【例13-45】某行政单位2×21年12月1日通过单位零余额账户偿还到期但持卡人尚未报销的公务卡欠款200 000元；12月20日，单位公务卡持卡人持有关票据报销因依法履职发生的相关费用200 000元。该行政单位的账务处理如下：

2×21年12月1日偿还公务卡欠款时，

财务会计			预算会计	
借：其他应收款——公务卡欠款	200 000		—	
贷：零余额账户用款额度		200 000		

12月20日单位公务卡持卡人报销时，

财务会计			预算会计		
借：业务活动费用	200 000		借：行政支出	200 000	
贷：其他应收款——公务卡欠款		200 000	贷：资金结存——零余额账户用款额度		200 000

该例中，如果会计主体是事业单位，应分别专业业务活动部门和行政及后勤部门的持卡人，根据报销金额，财务会计分别确认业务活动费用和单位管理费用；预算会计确认事业支出。

（5）年末暂付非财政资金

年末结账前，政府单位应当对暂付款项进行全面清理，并对于纳入本年度部门预算管理的暂付款项进行预算会计处理，确认相关预算收支，确保预算会计信息能够完整反映本年度部门预算收支执行情况。

①对于纳入本年度部门预算管理的暂付款项，按照《政府会计制度——行政事业单位会计科目和报表》规定，政府单位在支付款项时可不做预算会计处理，待结算或报销时，按照结算或报销的金额，借记相关预算支出科目，贷记“资金结存”科目。但是，在年末结账前，对于尚未结算或报销的暂付款项，单位应当按照暂付的金额，借记相关预算支出科目，贷记“资金结存”科目。以后年度，实际结算或报销金额与已计入预算支出的金额不一致的，单位应当通过相关预算结转结余科目“年初余额调整”明细科目进行处理。

②对于应当纳入下一年度部门预算管理的暂付款项，政府单位在付出款项时，财务会计借记“其他应收款”科目，贷记“银行存款”等科目，本年度不做预算会计处理。待下一年实际结算或报销时，单位应当按照实际结算或报销的金额，财务会计借记有关费用科目，按照之前暂付的款项金额，贷记“其他应收款”科目，按照退回或补付的金额，借记或贷记“银行存款”等科目；同时，在预算会计中，按照实际结算或报销的金额，借记有关支出科目，贷记“资金结存”科目。下一年度内尚未结算或报销的，按照上述①中的规定处理。

③对于不纳入部门预算管理的暂收暂付款项（如应上缴、应转拨或应退回的资金），单位应当按照《政府会计制度——行政事业单位会计科目和报表》规定，仅做财务会计处理，不做预算会计处理。

【例13-46】年末结转前，某行政单位以银行存款已偿还但公务卡持卡人尚未报销公务卡欠款200 000元。该行政单位的账务处理如下：

财务会计	预算会计	
—	借：行政支出	200 000
	贷：资金结存——货币资金	200 000

该例中，如果会计主体是事业单位，应分别专业业务活动部门和行政及后勤部门的持卡人，根据报销金额，财务会计分别确认业务活动费用和单位管理费用；预算会计确认事业支出。

（6）归垫资金

政府单位按规定报经财政部门审核批准，在财政授权支付用款额度或财政直接支付用款计划下达之前，用本单位实有资金账户资金垫付相关支出，再通过财政授权支付方式或财政直接支付方式将资金归还原垫付资金账户的，应当按照以下规定进行账务处理：

①用本单位实有资金账户资金垫付相关支出时，按照垫付的资金金额，借记“其他应收款”科目，贷记“银行存款”科目；预算会计不做处理。

②通过财政直接支付方式或授权支付方式将资金归还原垫付资金账户时，按照归垫的资金金额，借记“银行存款”科目，贷记“财政拨款收入”科目，并按照相同的金额，借记“业务活动费用”等科目，贷记“其他应收款”科目；同时，在预算会计中，

按照相同的金额，借记“行政支出”“事业支出”等科目，贷记“财政拨款预算收入”科目。

【例13-47】某事业单位2×21年1月10日尚未收到同级财政部门下达的财政直接支付用款计划，报经同级财政部门审核批准，用本单位实有资金账户资金垫付开展专业业务活动所需的日常办公费用500 000元。1月25日收到按照财政直接支付用款计划，通过财政直接支付方式归还原垫付日常办公费用的实有资金账户500 000元。该事业单位的账务处理如下：

2×21年1月10日用本单位实有资金账户资金垫付办公费用时，

财务会计			预算会计		
借：其他应收款	500 000		—		
贷：银行存款		500 000			

1月25日将资金归还原垫付资金账户时，

财务会计			预算会计		
借：银行存款	500 000		借：事业支出	500 000	
贷：财政拨款收入		500 000	贷：财政拨款预算收入		500 000
借：业务活动费用	500 000				
贷：其他应收款		500 000			

该例中，如果会计主体是行政单位，预算会计应确认行政支出。

（七）坏账

1. 坏账和坏账准备

坏账，是政府单位无法收回的应收账款、预付账款和其他应收款。

行政单位的坏账不计提坏账准备，事业单位对于收回后不需上缴财政的应收账款、其他应收款的坏账核算计提坏账准备。

坏账准备是事业单位对收回后不需上缴财政的应收账款、其他应收款提取的坏账损失。事业单位对坏账损失的核算，采用备抵法。在备抵法下，事业单位应当于每年年末，对收回后不需上缴财政的应收账款、其他应收款进行全面检查，如发现不能收回的迹象，应当计提坏账准备、确认坏账损失。

事业单位可以采用应收款项余额百分比法、账龄分析法、个别认定法等方法计提坏账准备。坏账准备计提方法一经确定，不得随意变更；如需变更，应当按照规定报经批准，并在财务报表附注中予以说明。

当期应补提或冲减的坏账准备金额的计算公式如下：

$$\text{当期应补提或冲减的坏账准备}=\text{按照期末应收账款和其他应收款计算应计提的坏账准备}-\text{坏账准备科目期末贷方余额}\ (\text{或}+\text{坏账准备科目期末借方余额})$$

2. 坏账核算的会计科目设置

行政单位，不设置“坏账准备”科目；事业单位，设置“坏账准备”科目。

财务会计系统下，事业单位应设置“坏账准备”科目核算对收回后不需上缴财政的应收账款和其他应收款提取的坏账准备。本科目应当分别应收账款和其他应收款进行明细核算。本科目期末贷方余额，反映事业单位提取的坏账准备金额。

预算会计系统下，对坏账准备的计提不做账。

3.行政单位坏账的账务处理

（1）收回后应当上缴财政的应收账款坏账

行政单位应当于每年年末，对收回后应当上缴财政的应收账款进行全面检查，根据检查结果分别不同情况进行处理：①对于账龄超过规定年限、确认无法收回的应收账款，按照规定报经批准后予以核销。按照核销金额，财务会计借记“应缴财政款”科目，贷记“应收账款”科目；预算会计不做账。核销的应收账款应当在备查簿中保留登记。②已核销的应收账款在以后期间又收回的，按照实际收回金额，财务会计借记“银行存款”等科目，贷记“应缴财政款”科目；预算会计不做账。

【例13-48】某行政单位年末经核查确认三年前出租资产的租金收入50 000元（该租金收入收回后应当上缴财政）因承租企业陷入财务困境确实无法收回，按照规定报经批准后予以核销。该行政单位的账务处理如下：

财务会计			预算会计
借：应缴财政款	50 000		—
贷：应收账款		50 000	

假如第二年承租企业财务状况恢复良好，又归还了所欠的租金50 000元，则，

财务会计			预算会计
借：银行存款	50 000		—
贷：应缴财政款		50 000	

（2）其他应收款坏账

行政单位应当于每年年末，对其他应收款进行全面检查。对于超过规定年限、确认无法收回的其他应收款，应当按照有关规定报经批准后予以核销。核销的其他应收款应在备查簿中保留登记。

①经批准核销其他应收款时，财务会计按照核销金额，借记“资产处置费用”科目，贷记“其他应收款”科目；预算会计不做账。

②已核销的其他应收款在以后期间又收回的，按照收回金额，财务会计借记“银行存款”等科目，贷记“其他收入”科目；预算会计借记“资金结存——货币资金”科目，贷记“非财政拨款结余”等科目。

【例13-49】某行政单位年末经核查确认三年前以非财政拨款收入为职工张某代垫的房租5 000元因其下落不明确实无法收回，按照有关规定报经批准后予以核销。该行政单位的账务处理如下：

财务会计		预算会计	
借：资产处置费用	5 000	—	
贷：其他应收款	5 000		

假如第二年张某回来以现金5 000元支付房租，则，

财务会计		预算会计	
借：库存现金	5 000	借：资金结存——货币资金	5 000
贷：其他收入	5 000	贷：非财政拨款结余	5 000

（3）预付账款坏账

行政单位应当于每年年末，对预付账款进行全面检查。如果有确凿证据表明预付账款不再符合预付款项性质，或者因供应单位破产、撤销等原因可能无法收到所购货物、服务的，应当先将其转入其他应收款，再按照规定进行处理。将预付账款账面余额转入其他应收款时，财务会计借记“其他应收款”科目，贷记“预付账款”科目；预算会计不做账。

【例13-50】某行政单位经核查确认，四年前向E公司预付的采购技术设备款200 000元因其被撤销已无望再收到所购物资，也确实无法收回预付账款。该行政单位的账务处理如下：

财务会计		预算会计
借：其他应收款	200 000	—
贷：预付账款——E公司	200 000	

4.事业单位坏账的账务处理

（1）收回后应当上缴财政的应收账款坏账

其账务处理同行政单位。

（2）收回后不需上缴财政的应收账款坏账和其他应收款坏账

事业单位应当于每年年末，对收回后不需上缴财政的应收账款、其他应收款进行全面检查，如发生不能收回的迹象，应当计提坏账准备。坏账准备的财务会计的账务处理如下：

①提取坏账准备时，借记“其他费用”科目，贷记“坏账准备”科目；冲减坏账准备时，借记“坏账准备”科目，贷记“其他费用”科目。

②对于账龄超过规定年限并确认无法收回的应收账款和其他应收款，应当按照有关规定报经批准予以核销，按照无法收回的金额（核销金额），借记“坏账准备”科目，贷记“应收账款”“其他应收款”科目。

③已核销的应收账款和其他应收款在以后期间又收回的，按照实际收回金额，借记“应收账款”“其他应收款”科目，贷记“坏账准备”科目；同时，借记“银行存款”等科目，贷记“应收账款”“其他应收款”科目。

预算会计对已核销的应收账款和其他应收款在以后期间又收回的，按照实际收回金

额，借记“资金结存——货币资金”科目，贷记“非财政拨款结余”等科目。

（3）预付账款坏账

其账务处理同行政单位。

【例13-51】某事业单位采用应收款项余额百分比法计提坏账准备。2×20年年末收回后不需上缴财政的应收账款和其他应收款余额共计200 000元，估计坏账准备计提比例为1%。2×21年发生坏账8 000元（全部为应收账款），该年末应收账款和其他应收款余额300 000元。2×22年发生坏账损失3 000元（全部为其他应收款），上年冲销的应收账款中有6 000元本年度又收回，该年度末应收账款余额450 000元。假设坏账准备科目在2×20年初余额为0。该事业单位各年提取的坏账准备和账务处理如下：

■2×20年应提坏账准备=200 000×1%=2 000（元）。据此计算结果编制会计分录，

财务会计			预算会计
借：其他费用	2 000		—
贷：坏账准备		2 000	

■2×21年发生坏账损失时，应编制如下会计分录，

财务会计			预算会计
借：坏账准备	8 000		—
贷：应收账款		8 000	

• 2×21年年末坏账准备的贷方余额应为300 000×1%=3 000（元），则2×21年应补提坏账准备=3 000+6 000=9 000（元）。据此应编制如下会计分录，

财务会计			预算会计
借：其他费用	9 000		—
贷：坏账准备		9 000	

■2×22年发生坏账损失时，应编制如下的会计分录，

财务会计			预算会计
借：坏账准备	3 000		—
贷：其他应收款		3 000	

• 2×22年收回已冲销的应收账款时，应编制如下会计分录，

财务会计			预算会计		
借：应收账款	6 000		借：资金结存——货币资金	6 000	
贷：坏账准备		6 000	贷：非财政拨款结余		6 000
借：银行存款	6 000				
贷：应收账款		6 000			

• 2×22年年末坏账准备的贷方余额应为450 000×1%=4 500（元），则2×22年应冲减坏账准备=4 500−6 000=−1 500（元）。据此应编制如下会计分录，

财务会计			预算会计
借：坏账准备	1 500		—
贷：其他费用		1 500	

四、存货

（一）存货的确认和计量

存货，是指政府单位在开展业务活动及其他活动中为耗用或出售而储存的资产，如材料、产品、包装物和低值易耗品等，以及未达到固定资产标准的用具、装具、动植物等。存货同时满足下列条件的，应当予以确认：（1）与该存货相关的服务潜力很可能实现或者经济利益很可能流入政府单位；（2）该存货的成本或者价值能够可靠地计量。

存货的计量包括初始计量和后续计量。

存货在取得时应当按照成本进行初始计量。存货成本包括采购成本、加工成本和其他成本。不同方式取得的存货成本的确定参见库存物品取得的核算。

存货的后续计量包括存货的发出和处置。具体计量方法参见库存物品发出和处置的核算。

（二）存货核算的会计科目设置

财务会计系统下，政府单位需要设置“在途物品”、“库存物品”和“加工物品”等科目核算存货的实际成本。

1.在途物品

“在途物品”科目，核算政府单位采购材料等物资时货款已付或已开出商业汇票但尚未验收入库的在途物品的采购成本。本科目可按照供应单位和物品种类进行明细核算。本科目期末借方余额，反映单位在途物品的采购成本。

2.库存物品

“库存物品”科目，核算政府单位在开展业务活动及其他活动中为耗用或出售而储存的各种材料、产品、包装物、低值易耗品，以及达不到固定资产标准的用具、装具、动植物等的成本。已完成的测绘、地质勘察、设计成果等的成本，也通过本科目核算。本科目应当按照库存物品的种类、规格、保管地点等进行明细核算。政府单位储存的低值易耗品、包装物较多的，可以在本科目（低值易耗品、包装物）下按照“在库”、“在用”和“摊销”等进行明细核算。本科目期末借方余额，反映政府单位库存物品的实际成本。

政府单位随买随用的零星办公用品，可以在购进时直接列作费用，不通过本科目核算。政府单位控制的政府储备物资，应当通过“政府储备物资”科目核算，不通过本科目核算。政府单位受托存储保管的物资和受托转赠的物资，应当通过“受托代理资产”科目核算，不通过本科目核算。政府单位为在建工程购买和使用的材料物资，应当通过“工程物资”科目核算，不通过本科目核算。

3. 加工物品

“加工物品”科目，核算政府单位自制或委托外单位加工的各种物品的实际成本。未完成的测绘、地质勘察、设计成果的实际成本，也通过本科目核算。本科目应当设置“自制物品”“委托加工物品”两个一级明细科目，并按照物品类别、品种、项目等设置明细账，进行明细核算。本科目“自制物品”一级明细科目下应当设置“直接材料”“直接人工”“其他直接费用”等二级明细科目归集自制物品发生的直接材料、直接人工（专门从事物品制造人员的人工费）等直接费用；对于自制物品发生的间接费用，应当在本科目“自制物品”一级明细科目下单独设置“间接费用”二级明细科目予以归集，期末，再按照一定的分配标准和方法，分配计入有关物品的成本。本科目期末借方余额，反映政府单位自制或委托外单位加工但尚未完工的各种物品的实际成本。

预算会计系统下，与“在途物品”“库存物品”“加工物品”科目对应的是“行政支出”“事业支出”“经营支出”“其他支出”等科目。

（三）存货的账务处理

1. 存货的取得

政府单位取得存货的方式主要包括外购、自制、委托加工、接受捐赠、无偿调入、置换换入等。政府单位在取得存货时，应当按照其实际成本入账。

（1）外购的存货

政府单位购入的存货，其成本包括购买价款、相关税费、运输费、装卸费、保险费以及使存货达到目前场所和状态所发生的归属于存货成本的其他支出。其中，购买价款是指政府单位购入存货的发票账单上列明的价款，但不包括按规定可以抵扣的增值税税额。相关税费，是指政府单位购买存货所发生的消费税、资源税和不能从增值税销项税额中抵扣的进项税额等。归属于存货采购成本的其他支出，主要是指在存货采购过程中发生的仓储费、包装费、运输途中的合理损耗、入库前的挑选整理费用等。

①采购材料等物资时货款已付或已开出商业汇票但尚未验收入库的物品，财务会计按照确定的物品采购成本的金额，借记“在途物品”科目，按照实际支付的金额，贷记“财政拨款收入”“零余额账户用款额度”“银行存款”等科目（涉及增值税业务的，相关账务处理参见“应交增值税”科目）；预算会计按照实际支付的金额，借记“行政支出”“事业支出”等科目，贷记“财政拨款预算收入”“资金结存——零余额账户用款额度、货币资金”科目。

所购材料等物品到达验收入库，财务会计按照确定的库存物品成本金额，借记“库存物品”科目，按照物品采购成本金额，贷记“在途物品”科目，按照使入库物品达到目前场所和状态所发生的其他支出，贷记“银行存款”等科目；预算会计按照实际支付的其他支出，借记“行政支出”“事业支出”等科目，贷记“资金结存——货币资金”等科目。

②外购的库存物品验收入库，财务会计按照确定的成本，借记“库存物品”科目，贷记“财政拨款收入”“零余额账户用款额度”“银行存款”“应付账款”“在途物品”等

科目（涉及增值税业务的，相关账务处理参见“应交增值税”科目）；预算会计按照实际支付的金额，借记“行政支出”“事业支出”等科目，贷记“财政拨款预算收入”“资金结存——零余额账户用款额度、货币资金”等科目。

【例13-52】某行政单位购入甲材料一批，取得的增值税专用发票上注明的材料价款为100 000元，增值税税额为13 000元。该行政单位的账务处理如下：

• 假定材料货款已通过单位零余额账户支付但材料尚未运到时，

财务会计			预算会计		
借：在途物品——甲材料	113 000		借：行政支出	113 000	
贷：零余额账户用款额度		113 000	贷：资金结存——零余额账户用款额度		113 000

上述甲材料入库时，

财务会计			预算会计
借：库存物品——甲材料	113 000		—
贷：在途物品——甲材料		113 000	

• 假定材料已运到并验收入库，材料货款通过财政部门零余额账户支付。另外，以银行存款支付运输费1 500元时，

财务会计			预算会计		
借：库存物品——甲材料	114 500		借：行政支出	114 500	
贷：财政拨款收入		113 000	贷：财政拨款预算收入		113 000
银行存款		1 500	资金结存——货币资金		1 500

该例中，如果会计主体是事业单位，预算会计应分别所购甲材料用于开展专业业务活动、行政及后勤活动或经营活动的不同，确认事业支出或经营支出。

（2）自制的存货

政府单位自行加工的存货，其成本包括耗用的直接材料费用、发生的直接人工费用和按照一定方法分配的与存货加工有关的间接费用。

①为自制物品领用材料等，财务会计按照材料成本，借记“加工物品”科目（自制物品——直接材料），贷记“库存物品”科目，预算会计不做账。

②专门从事物品制造的人员发生的直接人工费用，财务会计按照实际发生的金额，借记“加工物品”科目（自制物品——直接人工），贷记“应付职工薪酬”科目，预算会计不做账。

③为自制物品发生的其他直接费用，财务会计按照实际发生的金额，借记“加工物品”科目（自制物品——其他直接费用），贷记“零余额账户用款额度”“银行存款”等科目；预算会计借记“行政支出”“事业支出”等科目，贷记“资金结存——零余额账户用款额度、货币资金”等科目。

④为自制物品发生的间接费用，财务会计按照实际发生的金额，借记“加工物品”科目（自制物品——间接费用），贷记“零余额账户用款额度”“银行存款”“应付职工

薪酬”“固定资产累计折旧”“无形资产累计摊销”等科目；预算会计按照实际支付的金额，借记“行政支出”“事业支出”等科目，贷记“资金结存——零余额账户用款额度、货币资金”等科目。

间接费用一般按照生产人员工资、生产人员工时、机器工时、耗用材料的数量或成本、直接费用（直接材料和直接人工）或产品产量等进行分配。单位可根据具体情况自行选择间接费用的分配方法。分配方法一经确定，不得随意变更。

⑤已经制造完成并验收入库的物品，财务会计按照所发生的实际成本（包括耗用的直接材料费用、直接人工费用、其他直接费用和分配的间接费用），借记“库存物品”科目，贷记“加工物品”科目（自制物品），预算会计不做账。

【例13-53】某行政单位自行加工D材料，领用A材料10 000元，发生人工费4 000元，以银行存款支付间接费用3 000元。假定当月投产当月完工，验收合格并入库。该行政单位的账务处理如下：

• 领用A材料时，

财务会计			预算会计	
借：加工物品——自制物品——直接材料	10 000		—	
贷：库存物品——A材料		10 000		

• 发生人工费时，

财务会计			预算会计	
借：加工物品——自制物品——直接人工	4 000		—	
贷：应付职工薪酬		4 000		

• 支付间接费用时，

财务会计			预算会计		
借：加工物品——自制物品——间接费用	3 000		借：行政支出	3 000	
贷：银行存款		3 000	贷：资金结存——货币资金		3 000

• 加工完成验收入库时，

财务会计			预算会计	
借：库存物品——D材料	17 000		—	
贷：加工物品——自制物品		17 000		

该例中，如果会计主体是事业单位，预算会计应分别所加工D材料用于开展专业业务活动、行政及后勤活动或经营活动的不同，确认事业支出或经营支出。

（3）委托加工的存货

政府单位委托加工的存货，其成本包括委托加工前存货成本、委托加工的成本（如委托加工费以及按规定应计入委托加工存货成本的相关税费等）以及使存货达到目前场所和状态所发生的归属于存货成本的其他支出。下列各项应当在发生时确认为当期费用，不计入存货成本：非正常消耗的直接材料、直接人工和间接费用；仓储费用（不包括在加工过程中为达到下一个加工阶段所必需的费用)；不能归属于使存货达到目前场所和状态所发生的其他支出。

①发给外单位加工的材料等，财务会计按照其实际成本，借记“加工物品”科目(委托加工物品)，贷记“库存物品”科目，预算会计不做账。

②支付加工费、运输费等费用，按照实际支付的金额，财务会计借记“加工物品”科目（委托加工物品)，贷记“零余额账户用款额度”“银行存款”等科目（涉及增值税业务的，相关账务处理参见“应交增值税”科目)；预算会计借记“行政支出”“事业支出”等科目，贷记“资金结存——零余额账户用款额度、货币资金”等科目。

③委托加工完成的材料等验收入库，财务会计按照加工前发出材料的成本和加工、运输成本等，借记“库存物品”等科目，贷记“加工物品”科目（委托加工物品)；预算会计不做账。

【例13-54】某行政单位使用乙材料委托甲公司加工成C专用材料，领用的乙材料的实际成本为5 000元，通过单位零余额账户支付加工费和运输费3 390元。假定C专用材料当月委托加工当月完成并已验收入库。该行政单位的账务处理如下：

• 发给甲公司乙材料时，

财务会计			预算会计		
借：加工物品——委托加工物品	5 000		—		
贷：库存物品——乙材料		5 000			

• 支付加工费和运输费时，

财务会计			预算会计		
借：加工物品——委托加工物品	3 390		借：行政支出	3 390	
贷：零余额账户用款额度		3 390	贷：资金结存——零余额账户用款额度		3 390

• 加工完成验收入库时，

财务会计			预算会计		
借：库存物品——C材料	8 390		—		
贷：加工物品——委托加工物品		8 390			

该例中，如果会计主体是事业单位，预算会计应分别所加工C材料用于开展专业业务活动、行政及后勤活动或经营活动的不同，确认事业支出或经营支出。

(4）接受捐赠的存货

政府单位接受捐赠的存货，其成本按照有关凭据注明的金额加上相关税费、运输费等确定；没有相关凭据可供取得，但按规定经过资产评估的，其成本按照评估价值加上相关税费、运输费等确定；没有相关凭据可供取得、也未经资产评估的，其成本比照同类或类似资产的市场价格加上相关税费、运输费等确定；没有相关凭据且未经资产评估、同类或类似资产的市场价格也无法可靠取得的，按照名义金额入账，相关税费、运输费等计入当期费用。其中，“凭据”，包括发票、报关单、有关协议等。有确凿证据表明凭据上注明的金额高于受赠资产同类或类似资产的市场价格30%或达不到其70%的，则应当以同类或类似资产的市场价格确定成本。"同类或类似资产的市场价格"，一般指取得资产当日捐赠方自产物资的出厂价、所销售物资的销售价、非自产或销售物资在知名大型电商平台同类或类似商品价格等。如果存在政府指导价或政府定价的，应符合其规定。

政府单位接受捐赠的库存物品验收入库，财务会计按照确定的成本，借记"库存物品"科目，按照发生的相关税费、运输费等，贷记"银行存款"等科目，按照其差额，贷记"捐赠收入"科目。接受捐赠的库存物品按照名义金额入账的，财务会计按照名义金额，借记"库存物品"科目，贷记"捐赠收入"科目；同时，按照发生的相关税费、运输费等，借记"其他费用"科目，贷记"银行存款"等科目。预算会计按照实际支付的相关税费、运输费，借记"其他支出"科目，贷记"资金结存——零余额账户用款额度、货币资金"等科目。

【例13-55】某政府单位接受一公司捐赠的M材料一批，获取的凭据上注明材料金额50 000元，增值税税额6 500元，发生运输费515元且以现金支付。该政府单位的账务处理如下：

财务会计			预算会计		
借：库存物品——M材料	57 015		借：其他支出	515	
贷：库存现金		515	贷：资金结存——货币资金		515
捐赠收入		56 500			

如果上述接受捐赠的M材料按照名义金额入账，则，

财务会计			预算会计		
借：库存物品——M材料	1		借：其他支出	515	
贷：捐赠收入		1	贷：资金结存——货币资金		515
借：其他费用	515				
贷：库存现金		515			

(5) 无偿调入的存货

政府单位无偿调入的存货，其成本按照调出方账面价值加上相关税费、运输费等确定。但是，无偿调入库存物品在调出方的账面余额为名义金额的，应当将调入过程中其承担的相关税费计入当期费用，不计入调入资产的初始入账成本。

政府单位无偿调入的库存物品验收入库，财务会计按照确定的成本，借记"库存物品"科目，按照发生的相关税费、运输费等，贷记"银行存款"等科目，按照其差额，贷记"无偿调拨净资产"科目。预算会计按照实际支付的相关税费、运输费，借记"其他支出"科目，贷记"资金结存——零余额账户用款额度、货币资金"等科目。

无偿调入库存物品在调出方的账面余额为名义金额的，财务会计按照名义金额，借记"库存物品"科目，贷记"无偿调拨净资产"科目；按照支付的相关税费，借记"其他费用"科目，贷记"零余额账户用款额度""银行存款"等科目。预算会计按照支付

的相关税费，借记“其他支出”科目，贷记“资金结存——零余额账户用款额度、货币资金”科目。

【例13-56】某政府单位从其他单位无偿调入M材料，调出单位的该材料账面价值50 000元，发生相关税费和运杂费2 000元，以银行存款付讫。该政府单位的账务处理如下：

财务会计			预算会计		
借：库存物品——M材料	52 000		借：其他支出	2 000	
贷：银行存款		2 000	贷：资金结存——货币资金		2 000
无偿调拨净资产		50 000			

【例13-57】如果【例13-56】中的政府单位无偿调入的M材料在调出单位的账面余额为名义金额，发生相关税费和运杂费2 000元，以银行存款付讫。该政府单位的账务处理如下：

财务会计			预算会计		
借：库存物品——M材料	1		借：其他支出	2 000	
贷：无偿调拨净资产		1	贷：资金结存——货币资金		2 000
借：其他费用	2 000				
贷：银行存款		2 000			

（6）置换换入的存货

政府单位通过置换取得的存货，其成本按照换出资产的评估价值，加上支付的补价或减去收到的补价，加上为换入存货发生的其他相关支出确定。

政府单位置换换入的库存物品验收入库，财务会计做如下账务处理：按照确定的成本，借记“库存物品”科目，按照换出资产的账面余额，贷记相关资产科目（换出资产为固定资产、无形资产的，还应当借记“固定资产累计折旧”“无形资产累计摊销”科目），按照置换过程中发生的其他相关支出，贷记“银行存款”等科目，按照借贷方差额，借记“资产处置费用”科目或贷记“其他收入”科目。

涉及补价的，分别以下情况处理：

支付补价的，按照确定的成本，借记“库存物品”科目，按照换出资产的账面余额，贷记相关资产科目（换出资产为固定资产、无形资产的，还应当借记“固定资产累计折旧”“无形资产累计摊销”科目），按照支付的补价和置换过程中发生的其他相关支出，贷记“银行存款”等科目，按照借贷方差额，借记“资产处置费用”科目或贷记“其他收入”科目。

收到补价的，按照确定的成本，借记“库存物品”科目，按照收到的补价，借记“银行存款”等科目，按照换出资产的账面余额，贷记相关资产科目（换出资产为固定资产、无形资产的，还应当借记“固定资产累计折旧”“无形资产累计摊销”科目），按照置换过程中发生的其他相关支出，贷记“银行存款”等科目，按照补价扣减其他相关支出后的净收入，贷记“应缴财政款”科目，按照借贷方差额，借记“资产处置费用”

科目或贷记“其他收入”科目。

预算会计按照实际支付的补价款和置换过程中发生的其他相关支出，借记“其他支出”科目，贷记“资金结存——零余额账户用款额度、货币资金”等科目。

【例13-58】某政府单位经批准以账面余额50 000元、评估价值40 000元的甲材料置换F单位的丙材料。另外，通过银行存款向F单位支付补价款5 000元，以现金支付运杂费800元。该政府单位的账务处理如下：

财务会计		预算会计	
借：库存物品——丙材料	45 800	借：其他支出	5 800
资产处置费用	10 000	贷：资金结存——货币资金	5 800
贷：库存物品——甲材料	50 000		
银行存款	5 000		
库存现金	800		

假定上述置换过程中甲材料的评估价值为60 000元，收到了F单位支付给本单位的补价款5 000元，其他条件不变，则账务处理如下：

财务会计		预算会计
借：库存物品——丙材料	55 800	
银行存款	5 000	
贷：库存物品——甲材料	50 000	—
库存现金	800	
应缴财政款	4 200	
其他收入	5 800	

2. 发出存货

政府单位发出主要是为开展业务活动领用的库存物品以及低值易耗品和包装物摊销等，以发出存货核算。

（1）发出存货的计价方法

政府单位发出存货按照实际成本核算。政府单位应当根据实际情况采用先进先出法、加权平均法或者个别计价法确定发出材料、产品等存货的实际成本。计价方法一经确定，不得随意变更。对于性质和用途相似的存货，应当采用相同的成本计价方法确定发出存货的成本。对于不能替代使用的存货、为特定项目专门购入或加工的存货，通常采用个别计价法确定发出存货的成本。

先进先出法，是假定先购入的存货先发出，并按照这一假定确定发出存货和期末存货实际成本的方法。采用这种方法，先购入的存货成本在后购入存货成本之前转出。

加权平均法，是以当月全部购进存货数量加上月初存货数量，去除当月全部购进存货成本加上月初存货成本，计算出存货的加权平均单位成本，以此为基础计算当月发出存货的成本和期末存货的成本的一种方法。

$$加权平均单位成本=\frac{月初结存存货实际成本+本月购进存货实际成本}{月初结存存货数量+本月购进存货数量}$$

本月发出存货实际成本=本月发出存货数量×加权平均单位成本

月末结存存货实际成本=月末结存存货数量×加权平均单位成本

个别计价法，是假设存货的成本流转与实物流转相一致，按照各种存货逐一辨认各批发出存货和期末存货所属的购进批别或生产批别，分别以其购入或生产时所确定的单位成本作为计算各批发出存货和期末存货成本的方法，即把每一种存货的实际成本作为计算发出存货成本和期末存货成本的基础。

政府单位对于已发出的存货，应当将其成本结转为当期费用或者计入相关资产成本。

政府单位应当采用一次转销法或者五五摊销法对低值易耗品、包装物进行摊销，将其成本计入当期费用或者相关资产成本。

（2）发出存货的账务处理

政府单位发出存货时的财务会计账务处理如下：政府单位开展业务活动等领用、按照规定自主出售发出或加工发出库存物品，按照领用、出售等发出物品的实际成本，借记“业务活动费用”“单位管理费用”“经营费用”“加工物品”等科目，贷记“库存物品”科目。采用一次转销法摊销低值易耗品、包装物的，在首次领用时将其账面余额一次性摊销计入有关成本费用，借记有关科目，贷记“库存物品”科目。采用五五摊销法摊销低值易耗品、包装物的，首次领用时，将其账面余额的50%摊销计入有关成本费用，借记有关科目，贷记“库存物品”科目；使用完时，将剩余的账面余额转销计入有关成本费用，借记有关科目，贷记“库存物品”科目。

政府单位发出存货时，预算会计不做账。

【例13-59】某事业单位开展活动领用甲材料，实际成本200 000元，其中用于专业业务活动的100 000元、用于行政部门管理活动的30 000元、用于后勤管理活动的50 000元、用于经营活动的20 000元。该事业单位的账务处理如下：

财务会计			预算会计
借：业务活动费用	100 000		
单位管理费用	80 000		—
经营费用	20 000		
贷：库存物品——甲材料		200 000	

该例中，如果会计主体是行政单位，依法履职领用的库存物品确认业务活动费用。

3. 存货处置

存货处置主要包括对外出售、对外捐赠、无偿调出、置换换出、盘亏、报废、毁损等。

（1）对外出售的存货

政府单位经批准对外出售的库存物品（不含可自主出售的库存物品）发出时，财务会计按照库存物品的账面余额，借记“资产处置费用”科目，贷记“库存物品”科目；同时，按照收到的价款，借记“银行存款”等科目，按照处置过程中发生的相关费用，贷记“银行存款”等科目，按照其差额，贷记“应缴财政款”科目。预算会计不做账。

【例13-60】某政府单位经上级批准将不需用的C材料出售，该材料的账面余额为10 000元，出售价款为5 150元，款项已存入银行。该政府单位的账务处理如下：

财务会计			预算会计
借：资产处置费用	10 000		
贷：库存物品——C材料		10 000	
借：银行存款	5 150		—
贷：应交增值税		150	
其他应交税费		18	
应缴财政款		4 982	

（2）对外捐赠的存货

政府单位按规定报经批准对外捐赠的存货，应当将其账面余额予以转销，对外捐赠中发生的归属于捐出方的相关费用应当计入当期费用。

政府单位经批准对外捐赠的库存物品发出时，财务会计按照库存物品的账面余额和对外捐赠过程中发生的归属于捐出方的相关费用合计数，借记“资产处置费用”科目，按照库存物品账面余额，贷记“库存物品”科目，按照对外捐赠过程中发生的归属于捐出方的相关费用，贷记“银行存款”等科目。预算会计按照实际支付的归属于捐出方的相关费用，借记“其他支出”科目，贷记“资金结存——零余额账户用款额度、货币资金”等科目。

【例13-61】某政府单位经批准向地震灾区捐赠B材料一批，该材料账面余额为56 500元，承担并支付运输费2 180元，以银行存款付讫。该政府单位的账务处理如下：

财务会计			预算会计		
借：资产处置费用	58 680		借：其他支出	2 180	
贷：库存物品——B材料		56 500	贷：资金结存——货币资金		2 180
银行存款		2 180			

（3）无偿调出的存货

政府单位按规定报经批准无偿调出的存货，应当将其账面余额予以转销，无偿调出中发生的归属于调出方的相关费用应当计入当期费用。

政府单位经批准无偿调出的库存物品发出时，财务会计按照库存物品的账面余额，借记“无偿调拨净资产”科目，贷记“库存物品”科目；同时，按照无偿调出过程中发生的归属于调出方的相关费用，借记“资产处置费用”科目，贷记“银行存款”等科目。预算会计按照实际支付的归属于调出方的相关费用，借记“其他支出”科目，贷记“资金结存——零余额账户用款额度、货币资金”等科目。

【例13-62】某政府单位经批准将一批E材料无偿调给兄弟单位，该材料账面余额为56 500元，承担并支付运输费2 180元，以银行存款付讫。该政府单位的账务处理如下：

财务会计		预算会计	
借：无偿调拨净资产	56 500	借：其他支出	2 180
资产处置费用	2 180	贷：资金结存——货币资金	2 180
贷：库存物品——E材料	56 500		
银行存款	2 180		

（4）置换换出的存货

政府单位经批准置换换出的库存物品，参照“库存物品”科目有关置换换入库存物品的规定进行账务处理。相关举例参见【例13-58】。

4.存货盘点

政府单位应当定期对存货进行清查盘点，每年至少盘点一次。对于发生的存货盘盈、盘亏或者报废、毁损，应当先记入“待处理财产损溢”科目，按照规定报经批准后及时进行后续账务处理。

（1）盘盈的存货

政府单位盘盈的存货，其成本按照有关凭据注明的金额确定；没有相关凭据但按照规定经过资产评估的，其成本按照评估价值确定；没有相关凭据也未经过评估的，其成本按照重置成本确定。如无法采用上述方法确定盘盈的库存物品成本的，按照名义金额入账。

盘盈的存货，转入待处理财产时，财务会计按照确定的入账成本，借记“库存物品”科目，贷记“待处理财产损溢”科目；按照规定报经批准后处理时，借记“待处理财产损溢”科目，贷记“单位管理费用”［事业单位］或“业务活动费用”［行政单位］科目。预算会计不做账。

（2）盘亏或者毁损、报废的存货

存货盘亏造成的损失，按规定报经批准后应当计入当期费用。对于发生的存货毁损，应当将存货账面余额转销计入当期费用，并将毁损存货处置收入扣除相关处置税费后的差额按规定作应缴款项处理（差额为净收益时）或计入当期费用（差额为净损失时）。

盘亏或者毁损、报废的存货，转入待处理财产时，财务会计按照待处理库存物品的账面余额，借记“待处理财产损溢”科目，贷记“库存物品”科目。属于增值税一般纳税人的政府单位，若因非正常原因导致库存物品盘亏或毁损，还应当将与该库存物品相关的增值税进项税额转出，按照其增值税进项税额，借记“待处理财产损溢”科目，贷记“应交增值税——应交税金（进项税额转出）”科目。报经批准处理时，借记“资产处置费用”科目，贷记“待处理财产损溢——待处理财产价值”科目。预算会计不做账。

处理毁损、报废存货过程中取得的残值或残值变价收入、保险理赔和过失人赔偿等，财务会计借记“库存现金”“银行存款”“其他应收款”等科目，贷记“待处理财产损溢——处理净收入”科目；处理毁损、报废过程中发生的相关费用，借记“待处理财产损溢——处理净收入”科目，贷记“库存现金”“银行存款”等科目。处理收支结清，如果处理收入大于相关费用的，按照处理收入减去相关费用后的净收入，借记“待处理财产损溢——处理净收入”科目，贷记“应缴财政款”等科目；如果处理收入小于相关费用的，按照相关费用减去处理收入后的净支出，借记“资产处置费用”科目，贷记“待处理财产损溢——处理净收入”科目。预算会计对处理的净支出，借记“其他支出”科目，贷记“资金结存——货币资金”科目。

【例13-63】某事业单位在年终清理中盘点存货，发现用于专业业务活动的甲材料溢余尚未入账，有关凭据注明的金额为20 000元；用于行政活动的乙材料短缺，账面余额2 000元。该事业单位的账务处理如下：

• 转入待处理财产时，

财务会计			预算会计
借：库存物品——甲材料	20 000		
贷：待处理财产损溢		20 000	
借：待处理财产损溢	2 000		—
贷：库存物品——乙材料		2 000	

• 上述盘盈的甲材料和盘亏的乙材料报经批准予以处理时，

财务会计			预算会计
借：待处理财产损溢	20 000		
贷：单位管理费用		20 000	—
借：资产处置费用	2 000		
贷：待处理财产损溢		2 000	

该例中，如果会计主体是行政单位，盘盈的甲材料报经批准予以处理时确认业务活动费用。

【例13-64】某政府单位在年终清理中盘点存货，发现用于专业业务活动的丙材料质量已经不能满足业务需要予以报废。丙材料的账面余额为50 000元，取得变价收入2 000元，已存入银行。另以现金支付清理费用500元。假设不考虑相关税费，该政府单位的账务处理如下：

• 转入待处理财产损溢时，

财务会计			预算会计
借：待处理财产损溢——待处理财产价值	50 000		—
贷：库存物品——丙材料		50 000	

• 报经批准处理时，

财务会计			预算会计
借：资产处置费用	50 000		—
贷：待处理财产损溢——待处理财产价值		50 000	

• 取得变价收入时，

财务会计			预算会计
借：银行存款	2 000		—
贷：待处理财产损溢——处理净收入		2 000	

• 支付清理费用时，

财务会计			预算会计
借：待处理财产损溢——处理净收入	500		—
贷：库存现金		500	

• 处理处置净收入时，

财务会计			预算会计
借：待处理财产损溢——处理净收入	1 500		—
贷：应缴财政款		1 500	

五、待摊费用

（一）待摊费用的确认和计量

待摊费用是指政府单位已经支付，但应当由本期和以后各期分别负担的分摊期在1年以内（含1年）的各项费用，如预付航空保险费、预付租金等。

待摊费用应当在其受益期限内分期平均摊销，如预付航空保险费应在保险的有效期内、预付租金应在租赁期内分期平均摊销，计入当期费用。

（二）待摊费用核算的会计科目设置

财务会计系统下，政府单位应设置“待摊费用”科目核算已经支付，但应当由本期和以后各期分别负担的分摊期在1年以内（含1年）的各项费用。本科目应当按照待摊费用的种类进行明细核算。本科目期末借方余额，反映政府单位各种已支付但尚未摊销的分摊期在1年以内（含1年）的费用。摊销期限在1年以上的租入固定资产改良支出和其他费用，应当通过“长期待摊费用”科目核算，不通过本科目核算。

预算会计系统下，与“待摊费用”科目对应的是“行政支出”“事业支出”等科目。

（三）待摊费用的账务处理

1. 发生待摊费用

政府单位发生待摊费用时，按照实际预付的金额，财务会计借记“待摊费用”科目，贷记“财政拨款收入”“零余额账户用款额度”“银行存款”等科目；预算会计借记“行政支出”“事业支出”等科目，贷记“财政拨款预算收入”“资金结存——零余额账户用款额度、货币资金”等科目。

2. 待摊费用摊销

政府单位按照受益期限分期平均摊销时，财务会计按照摊销金额，借记“业务活动费用”“单位管理费用”“经营费用”等科目，贷记“待摊费用”科目；如果某项待摊费用已经不能使政府单位受益，应当将其摊余金额一次全部转入当期费用。按照摊销金额，借记“业务活动费用”“单位管理费用”“经营费用”等科目，贷记“待摊费用”科目。预算会计不做账。

【例13-65】某事业单位因开展经营活动需要租借某企业的一台技术设备，租期半年，租金采用在设备租入时一次性支付方式，共计6 000元。该事业单位的账务处理如下：

财务会计			预算会计		
借：待摊费用	6 000		借：经营支出	6 000	
贷：银行存款		6 000	贷：资金结存——货币资金		6 000

• 确认6个月内每月分摊1 000元时，

财务会计			预算会计
借：经营费用	1 000		—
贷：待摊费用		1 000	

【例13-66】某行政单位因履职需租借某单位的一台技术设备，租期半年，租金采用在设备租入时一次性支付方式，共计6 000元。该行政单位的账务处理如下：

• 支付租金6 000元时，

财务会计			预算会计		
借：待摊费用	6 000		借：行政支出	6 000	
贷：银行存款		6 000	贷：资金结存——货币资金		6 000

• 确认6个月内每月分摊1 000元时，

财务会计			预算会计
借：业务活动费用	1 000		—
贷：待摊费用		1 000	

第三节 非流动资产

一、长期股权投资

（一）长期股权投资的确认和计量

长期股权投资是事业单位按照规定取得的，持有时间超过1年（不含1年）的股权性质的投资。

长期投资的计量包括初始计量和后续计量。

长期股权投资在取得时，应当以实际成本进行初始计量。以不同方式取得的长期投资，各自实际成本的确定参见长期投资取得的核算。

长期股权投资的后续计量包括持有期间成本法和权益法及其转换、长期股权投资处置。具体参见长期股权投资的成本法和权益法及其转换和长期股权投资处置的核算。

（二）长期股权投资核算的会计科目设置

财务会计系统下，事业单位应设置“长期股权投资”科目核算事业单位按照规定取得的，持有时间超过1年（不含1年）的股权性质的投资。本科目应当按照被投资单位和长期股权投资取得的方式等进行明细核算。长期股权投资采用权益法核算的，还应当按照“成本”“损益调整”“其他权益变动”设置明细科目，进行明细核算。本科目期末借方余额，反映事业单位持有的长期股权投资的价值。

预算会计系统下，与“长期股权投资”科目对应的是“投资支出”科目。

（三）长期股权投资的账务处理

1.长期股权投资的取得

长期股权投资在取得时，应当以实际成本作为初始投资成本。

（1）以现金取得的长期股权投资

事业单位以支付现金取得的长期股权投资，以实际支付的全部价款（包括购买价款和相关税费）作为实际成本。实际支付价款中包含的已宣告但尚未发放的现金股利，应当单独确认为应收股利，不计入长期股权投资初始投资成本。

事业单位以现金取得的长期股权投资，财务会计按照确定的投资成本，借记“长期股权投资”科目或“长期股权投资——成本”科目，按照支付的价款中包含的已宣告但尚未发放的现金股利，借记“应收股利”科目，按照实际支付的全部价款，贷记“银行存款”等科目；预算会计按照实际支付的全部价款，借记“投资支出”科目，贷记“资金结存——货币资金”科目。实际收到取得投资时所支付价款中包含的已宣告但尚未发放的现金股利时，财务会计借记“银行存款”科目，贷记“应收股利”科目；预算会计借记“资金结存——货币资金”科目，贷记“投资支出”科目。相关举例参见【例13-70】和【例13-71】。

（2）以现金以外的其他资产置换取得的长期股权投资

事业单位以现金以外的其他资产置换取得的长期股权投资，其成本按照换出资产的评估价值加上支付的补价或减去收到的补价，加上换入长期股权投资发生的其他相关支出确定。

事业单位以现金以外的其他资产置换取得的长期股权投资，参照“库存物品”科目中置换取得库存物品的相关规定进行账务处理。

【例13-67】某事业单位2×21年1月1日经批准以账面余额为500 000元、评估价值为400 000元的甲材料置换取得A有限责任公司5%的股权。另外，通过银行存款向A公司支付补价款50 000元，以现金支付运杂费800元。该事业单位持有5%股权期间采用成本法核算。假设不考虑增值税，该事业单位的账务处理如下：

财务会计			预算会计		
借：长期股权投资——A公司	450 800		借：其他支出	50 800	
资产处置费用	100 000		贷：资金结存——货币资金		50 800
贷：库存物品——甲材料		500 000			
银行存款		50 000			
库存现金		800			

（3）以未入账的无形资产取得的长期股权投资

事业单位以未入账的无形资产取得的长期股权投资，财务会计按照评估价值加相关税费作为投资成本，借记“长期股权投资”科目，按照发生的相关税费，贷记“银行存款”“其他应交税费”等科目，按其差额，贷记“其他收入”科目；预算会计按照实际支付的相关税费借记“其他支出”科目，贷记“资金结存——货币资金”科目。相关举例参见【例13-74】。

（4）以持有的科技成果取得的长期股权投资

事业单位以持有的科技成果取得的长期股权投资，应当按照评估价值加相关税费作为投资成本。事业单位按规定通过协议定价、在技术交易市场挂牌交易、拍卖等方式确定价格的，应当按照以上方式确定的价格加相关税费作为投资成本。其账务处理尚未规定。相关举例参见【例13-75】。

（5）接受捐赠的长期股权投资

事业单位接受捐赠的长期股权投资，其成本按照有关凭据注明的金额加上相关税费确定；没有相关凭据可供取得，但按规定经过资产评估的，其成本按照评估价值加上相关税费确定；没有相关凭据可供取得、也未经资产评估的，其成本比照同类或类似资产的市场价格加上相关税费确定。

事业单位接受捐赠的长期股权投资，财务会计按照确定的投资成本，借记“长期股权投资”科目或“长期股权投资——成本”科目；按照发生的相关税费，贷记“银行存款”等科目；按照其差额，贷记“捐赠收入”科目。预算会计按照实际支付的相关税费，借记“其他支出”科目，贷记“资金结存——货币资金”科目。

【例13-68】某事业单位2×21年6月1日接受C有限责任公司捐赠的2%的股权，该股权没有相关凭据可供取得、也未经资产评估，该股权同类资产的市场价值为300 000元，以银行存款支付相关税费5 000元。该事业单位持有2%股权期间采用成本法核算，该事业单位的账务处理如下：

财务会计			预算会计		
借：长期股权投资——C公司	305 000		借：其他支出	5 000	
贷：银行存款		5 000	贷：资金结存——货币资金		5 000
捐赠收入		300 000			

（6）无偿调入的长期股权投资

事业单位无偿调入的长期股权投资，其成本按照调出方账面价值加上相关税费确定。

无偿调入的长期股权投资，财务会计按照确定的投资成本，借记“长期股权投资”科目或“长期股权投资——成本”科目，按照发生的相关税费，贷记“银行存款”等科目；按照其差额，贷记“无偿调拨净资产”科目。预算会计按照实际支付的相关税费，借记“其他支出”科目，贷记“资金结存——货币资金”科目。

【例13-69】某事业单位2×21年8月1日无偿调入某兄弟单位所拥有的D有限责任公司2%的股权，该股权在D公司的账面价值为300 000元，以银行存款支付相关税费10 000元。该事业单位持有2%股权期间采用成本法核算，该事业单位的账务处理如下：

财务会计		预算会计	
借：长期股权投资——D公司	310 000	借：其他支出	10 000
贷：银行存款	10 000	贷：资金结存——货币资金	10 000
无偿调拨净资产	300 000		

2. 长期股权投资持有期间的成本法和权益法

（1）成本法

①成本法适用情形

成本法，是指投资按照投资成本计量的方法。长期股权投资在持有期间，通常应当采用权益法进行核算。但是，如果事业单位无权决定被投资单位的财务和经营政策或无权参与被投资单位的财务和经营政策决策的，应当采用成本法进行核算。

②成本法下的会计处理原则

在成本法下，长期股权投资的账面余额通常保持不变，但追加或收回投资时，应当相应调整其账面余额。长期股权投资持有期间，被投资单位宣告分派的现金股利或利润，事业单位应当按照宣告分派的现金股利或利润中属于事业单位应享有的份额确认为投资收益。

③成本法下的账务处理

被投资单位宣告发放现金股利或利润时，财务会计按照应收的金额，借记“应收股利”科目，贷记“投资收益”科目；预算会计不做账。

收到现金股利或利润时，如果持有期间取得的投资收益纳入本单位预算管理，按照实际收到的金额，财务会计借记“银行存款”等科目，贷记“应收股利”科目；预算会计借记“资金结存——货币资金”科目，贷记“投资预算收益”科目。

收到现金股利或利润时，如果持有期间取得的投资收益上缴本级财政，财务会计借记“银行存款”等科目，贷记“应缴财政款”科目，同时按照此前确定的应收股利金额，借记“投资收益”科目，贷记“应收股利”科目；将取得的现金股利或利润上缴财政时，借记“应缴财政款”科目，贷记“银行存款”等科目。预算会计不做账。

相关举例参见【例13-70】。

（2）权益法

①权益法适用情形

权益法，是指投资最初以投资成本计量，以后根据事业单位在被投资单位所享有的所有者权益份额的变动对投资的账面余额进行调整的方法。事业单位有权决定被投资单位的财务和经营政策或有权参与被投资单位的财务和经营政策决策的，应当采用权益法进行核算。

②权益法下的会计处理原则

采用权益法核算的长期股权投资，按照如下原则进行会计处理：

其一，事业单位取得长期股权投资后，对于被投资单位所有者权益的变动，应当按照下列规定进行处理：按照应享有或应分担的被投资单位实现的净损益的份额，确认为投资损益，同时调整长期股权投资的账面余额；按照被投资单位宣告分派的现金股利或利润计算应享有的份额，确认为应收股利，同时减少长期股权投资的账面余额；按照被投资单位除净损益和利润分配以外的所有者权益变动的份额，确认为净资产，同时调整长期股权投资的账面余额。

其二，事业单位确认被投资单位发生的净亏损，应当以长期股权投资的账面余额减记至零为限，事业单位负有承担额外损失义务的除外。被投资单位发生净亏损，但以后年度又实现净利润的，事业单位应当在其收益分享额弥补未确认的亏损分担额等后，恢复确认投资收益。

其三，事业单位采用权益法核算长期股权投资，且被投资单位编制合并财务报表的，在持有投资期间，应当以被投资单位合并财务报表中归属于母公司的净利润和其他所有者权益变动为基础，计算确定应当调整长期股权投资账面余额的金额，并进行相关会计处理。

③权益法下的账务处理

被投资单位实现净利润的，财务会计按照应享有的份额，借记“长期股权投资——损益调整”科目，贷记“投资收益”科目。被投资单位发生净亏损的，按照应分担的份额，借记“投资收益”科目，贷记“长期股权投资——损益调整”科目，但以“长期股权投资”科目的账面余额减记至零为限。发生亏损的被投资单位以后年度又实现净利润的，按照收益分享额弥补未确认的亏损分担额等后的金额，借记“长期股权投资——损益调整”科目，贷记“投资收益”科目。预算会计不做账。

被投资单位宣告分派现金股利或利润的，财务会计按照应享有的份额，借记“应收股利”科目，贷记“长期股权投资——损益调整”科目；预算会计不做账。

收到被投资单位分派的现金股利或利润时，如果持有期间取得的投资收益纳入本单位预算管理，按照实际收到的金额，财务会计借记“银行存款”等科目，贷记“应收股利”科目；预算会计借记“资金结存——货币资金”科目，贷记“投资预算收益”科目。

收到被投资单位分派的现金股利或利润时，如果持有期间取得的投资收益上缴本级财政，收到现金股利或利润时，借记“银行存款”等科目，贷记“应缴财政款”科目，同时按照此前确定的应收股利金额，借记“投资收益”科目，贷记“应收股利”科目；将取得的现金股利或利润上缴财政时，借记“应缴财政款”科目，贷记“银行存款”等科目。预算会计不做账。

被投资单位发生除净损益和利润分配以外的所有者权益变动的，按照应享有或应分担的份额，借记或贷记“权益法调整”科目，贷记或借记“长期股权投资——其他权益变动”科目；预算会计不做账。

相关举例参见【例13–71】。

（3）成本法和权益法的转换

①事业单位因处置部分长期股权投资等原因无权再决定被投资单位的财务和经营政策或者参与被投资单位的财务和经营政策决策的，财务会计应当对处置后的剩余股权投资改按成本法核算，应当按照权益法下“长期股权投资”科目账面余额作为成本法下“长期股权投资”科目账面余额（成本）。其后，被投资单位宣告分派现金股利或利润时，属于单位已计入投资账面余额的部分（作为成本法下长期股权投资成本的收回，冲减长期股权投资的账面余额），按照应分得的现金股利或利润份额，借记“应收股利”科目，贷记“长期股权投资”科目。预算会计不做账。相关举例参见【例13–71】。

②事业单位因追加投资等原因对长期股权投资的核算从成本法改为权益法的，应当自有权决定被投资单位的财务和经营政策或者参与被投资单位的财务和经营政策决策时，按成本法下长期股权投资的账面余额加上追加投资的成本作为按照权益法核算的初始投资成本。

事业单位因追加投资等原因对长期股权投资的核算从成本法改为权益法的，应当按照成本法下“长期股权投资”科目账面余额与追加投资成本的合计金额，借记“长期股权投资——成本”科目，按照成本法下“长期股权投资”科目账面余额，贷记“长期股权投资”科目，按照追加投资的成本，贷记“银行存款”等科目；预算会计按照实际支付金额，借记“投资支出”科目，贷记“资金结存——货币资金”科目。相关举例参见【例13–70】。

【例13–70】某事业单位有关资料如下：

（1）2×21年6月1日以银行存款1 000 000元购入E有限责任公司20%的股权，在购买过程中支付相关税费100 000元。该单位在取得E公司的股权后，未以任何方式参与该公司的财务和生产经营决策，故持有20%股权期间采用成本法核算。

（2）2×21年5月1日E公司宣告2×20年利润分配方案，分配利润1 000 000元；6月10日向股东实际支付分配的利润。

（3）2×22年5月1日E公司宣告2×21年利润分配方案，分配利润1 500 000元；6月10日向股东实际支付分配的利润。

（4）2×22年8月1日该事业单位又以2 500 000元取得E公司40%的股权，追加投资后按照E公司的章程规定，该单位参与E公司的财务和生产经营决策，对持有的60%股权转为权益法核算。

假设不考虑其他因素，该事业单位的账务处理如下：

• 2×21年6月1日取得投资时，

财务会计			预算会计		
借：长期股权投资——E公司	900 000		借：投资支出	1 100 000	
应收股利 ——E公司	200 000		贷：资金结存——货币资金		1 100 000
贷：银行存款		1 100 000			

• 2×21年6月10日收到E公司分配的利润时，

财务会计			预算会计		
借：银行存款	200 000		借：资金结存——货币资金	200 000	
贷：应收股利——E公司		200 000	贷：投资支出		200 000

• 2×22年5月1日确认从E公司分得利润时，

财务会计			预算会计
借：应收股利——E公司	300 000		—
贷：投资收益		300 000	

• 2×22年6月10日实际收到E公司分配的利润时，

如果持有期间取得的投资收益纳入本单位预算管理，

财务会计			预算会计		
借：银行存款	300 000		借：资金结存——货币资金	300 000	
贷：应收股利——E公司		300 000	贷：投资预算收益		300 000

如果该事业单位持有期间取得的投资收益按规定上缴本级财政，

财务会计			预算会计
借：银行存款	300 000		
贷：应缴财政款		300 000	—
借：投资收益	300 000		
贷：应收股利——E公司		300 000	

• 2×22年8月1日追加投资后转为权益法时，

财务会计			预算会计		
借：长期股权投资——E公司——成本	3 400 000		借：投资支出	2 500 000	
贷：长期股权投资——E公司		900 000	贷：资金结存——货币资金		2 500 000
银行存款		2 500 000			

3. 长期股权投资处置

事业单位按规定报经批准处置长期股权投资，应当冲减长期股权投资的账面余额，并按规定将处置价款扣除相关税费后的余额做应缴款项处理，或者按规定将处置价款扣除相关税费后的余额与长期股权投资账面余额的差额计入当期投资损益。采用权益法核算的长期股权投资，因被投资单位除净损益和利润分配以外的所有者权益变动而将应享有的份额计入净资产的，处置该项投资时，还应当将原计入净资产的相应部分转入当期投资损益。

（1）事业单位按照规定报经批准出售（转让）长期股权投资时，应当区分长期股权投资取得的方式分别进行处理：

①处置以现金取得的长期股权投资，财务会计按照实际取得的价款，借记“银行存款”等科目，按照被处置长期股权投资的账面余额，贷记“长期股权投资”科目，按照

尚未领取的现金股利或利润，贷记“应收股利”科目，按照发生的相关税费等支出，贷记“银行存款”等科目，按照借贷方差额，借记或贷记“投资收益”科目；预算会计按照实际取得的价款扣除相关税费后的差额，借记“资金结存——货币资金”科目，按照取得投资时“投资支出”科目的发生额，贷记“投资支出”［本年度取得投资］、“其他结余”［以前年度取得投资］科目，按照其差额，贷记或借记“投资预算收益”科目。相关举例参见【例13–71】。

按照规定以现金取得的长期股权投资处置时取得的净收入（处置价款扣除投资本金和相关税费后的净额）上缴本级财政并纳入一般公共预算管理的，在应收或收到上述有关款项时不确认投资收益，应通过“应缴财政款”科目核算。预算会计不做处理。

②处置以现金以外的其他资产取得的长期股权投资，按照被处置长期股权投资的账面余额，借记“资产处置费用”科目，贷记“长期股权投资”科目；同时，按照实际取得的价款，借记“银行存款”等科目，按照尚未领取的现金股利或利润，贷记“应收股利”科目，按照发生的相关税费等支出，贷记“银行存款”等科目，按照贷方差额，贷记“应缴财政款”科目。按照规定将处置时取得的投资收益纳入本单位预算管理的，应当按照所取得价款大于被处置长期股权投资账面余额、应收股利账面余额和相关税费支出合计的差额，贷记“投资收益”科目。

权益法下，事业单位处置以现金以外的其他资产取得的（不含科技成果转化形成的）长期股权投资时，按规定将取得的投资收益（此处的投资收益，是指长期股权投资处置价款扣除长期股权投资成本和相关税费后的差额）纳入本单位预算管理的，分别以下两种情况处理：

第一，长期股权投资的账面余额大于其投资成本的，应当按照被处置长期股权投资的成本，借记“资产处置费用”科目，贷记“长期股权投资——成本”科目；同时，按照实际取得的价款，借记“银行存款”等科目，按照尚未领取的现金股利或利润，贷记“应收股利”科目，按照发生的相关税费等支出，贷记“银行存款”等科目，按照长期股权投资的账面余额减去其投资成本的差额，贷记“长期股权投资——损益调整、其他权益变动”科目（以上明细科目为贷方余额的，借记相关明细科目），按照实际取得的价款与被处置长期股权投资账面余额、应收股利账面余额和相关税费支出合计数的差额，贷记或借记“投资收益”科目，按照贷方差额，贷记“应缴财政款”科目。预算会计按照取得价款减去投资成本和相关税费后的金额借记“资金结存——货币资金”科目，贷记“投资预算收益”科目。相关举例参见【例13–72】。

第二，长期股权投资的账面余额小于或等于其投资成本的，应当按照被处置长期股权投资的账面余额，借记“资产处置费用”科目，按照长期股权投资各明细科目的余额，贷记“长期股权投资——成本”科目，贷记或借记“长期股权投资——损益调整、其他权益变动”科目；同时，按照实际取得的价款，借记“银行存款”等科目，按照尚未领取的现金股利或利润，贷记“应收股利”科目，按照发生的相关税费等支出，贷记“银行存款”等科目，按照实际取得的价款大于被处置长期股权投资成本、应收股利账面余额和相关税费支出合计数的差额，贷记“投资收益”科目，按照贷方差额，贷记“应缴财政款”科目。预算会计按照取得价款减去投资成本和相关税费后的金额借记“资金结存——货币资金”科目，贷记“投资预算收益”科目。相关举例参见【例13-73】。

（2）处置以科技成果转化形成的长期股权投资，按规定所取得的收入全部留归本单位的，财务会计应当按照实际取得的价款，借记“银行存款”等科目，按照被处置长期股权投资的账面余额，贷记“长期股权投资”科目，按照尚未领取的现金股利或利润，贷记“应收股利”科目，按照发生的相关税费等支出，贷记“银行存款”等科目，按照借贷方差额，借记或贷记“投资收益”科目。预算会计按照实际取得的价款，借记“资金结存——货币资金”科目，按照处置时确认的投资收益金额，贷记“投资预算收益”科目，按照贷方差额，贷记“其他预算收入”科目。相关举例参见【例13-75】。

（3）因被投资单位破产清算等原因，有确凿证据表明长期股权投资发生损失，按照规定报经批准后予以核销时，财务会计按照予以核销的长期股权投资的账面余额，借记“资产处置费用”科目，贷记“长期股权投资”科目；预算会计不做账。

（4）报经批准置换转出长期股权投资时，参照“库存物品”科目中置换换入库存物品的规定进行账务处理。

（5）采用权益法核算的长期股权投资的处置，除进行上述账务处理外，还应结转原来直接计入净资产的相关金额，财务会计借记或贷记“权益法调整”科目，贷记或借记“投资收益”科目；预算会计不做账。相关举例参见【例13-71】。

【例13-71】某事业单位有关资料如下：

（1）2×21年1月2日以银行存款720万元购入F有限责任公司60%的股权（F公司注册资本1 200万元），因能够参与F公司的财务和生产经营决策，故持有60%股权期间采用权益法核算。

（2）2×21年F公司实现净利润1 000万元，除净利润之外的其他所有者权益增加额为100万元。

（3）2×22年4月1日F公司宣告发放现金股利900万元；6月1日实际支付现金股利。

（4）2×22年F公司发生年度净亏损1 500万元。

（5）2×23年F公司实现净利润500万元。

（6）2×24年1月1日该单位将持有F公司50%股权对外出售，取得出售价款500万元，支付相关税费50万元。按照规定该事业单位长期股权投资处置时取得的净收入纳入本单位预算管理。

（7）因出售50%股权后该事业单位将无法再参与F公司的财务和生产经营决策，故剩余的10%股权转为成本法核算。

假设不考虑其他因素，该事业单位的账务处理如下：

• 2×21年1月2日购入60%股权时，

财务会计		预算会计	
借：长期股权投资——F公司——成本	7 200 000	借：投资支出	7 200 000
贷：银行存款	7 200 000	贷：资金结存——货币资金	7 200 000

• 2×21年12月31日按照F公司净利润和其他所有者权益变动确认享有的份额时，

财务会计		预算会计
借：长期股权投资——F公司——损益调整	6 000 000	—
贷：投资收益	6 000 000	
借：长期股权投资——F公司——其他权益变动	600 000	
贷：权益法调整	600 000	

• 2×22年4月1日确认应收现金股利时，

财务会计		预算会计
借：应收股利	5 400 000	—
贷：长期股权投资——F公司——损益调整	5 400 000	

• 2×22年12月31日按F公司年度净亏损确认承担的份额时，

2×22年4月1日确认应收现金股利后，“长期股权投资——F公司”科目账面余额为840万元，此金额为本年度因发生亏损减少的“长期股权投资——F公司”科目的金额；未确认的亏损分担额金额为60万元（1 500×60%-840）。

财务会计		预算会计
借：投资收益	8 400 000	—
贷：长期股权投资——F公司——损益调整	8 400 000	

• 2×23年12月31日按F公司实现净利润确认享有的份额时，

2×23年12月31日可恢复的“长期股权投资——F公司”科目账面余额为240万元（300-60）。

财务会计		预算会计
借：长期股权投资——损益调整	2 400 000	—
贷：投资收益	2 400 000	

• 2×24年1月1日出售股权时，

财务会计		预算会计	
借：银行存款	5 000 000	借：资金结存——货币资金	4 500 000
长期股权投资——F公司——损益调整	4 500 000	投资预算收益	1 500 000
贷：银行存款	500 000	贷：其他结余	6 000 000
长期股权投资——F公司——成本	6 000 000		
——其他权益变动	500 000		
投资收益	2 500 000		
借：权益法调整	500 000		
贷：投资收益	500 000		

• 2×24年1月1日权益法转换为成本法时，

财务会计			预算会计
借：长期股权投资——F公司	400 000		
长期股权投资——F公司——损益调整	900 000		—
贷：长期股权投资——F公司——成本		1 200 000	
——其他权益变动		100 000	

【例13-72】某事业单位有关资料如下：

（1）2×21年1月1日经批准以办公楼一幢出资取得G有限责任公司60%的股权（G公司注册资本1 000万元）。该办公楼的账面余额为500万元、累计折旧50万元、评估价值600万元。

（2）2×21年G公司实现净利润1 000万元，除了净利润外没有其他所有者权益变动。

（3）2×22年6月1日，G公司宣告发放现金股利500万元。

（4）2×22年7月30日经批准将拥有的G公司60%的股权转让，实际取得价款700万元，发生相关税费50万元。

（5）该事业单位持有60%股权期间采用权益法核算。

假设不考虑其他因素，该事业单位的账务处理如下：

• 2×21年1月1日取得60%股权时，

财务会计			预算会计
借：长期股权投资——G公司——成本	6 000 000		
固定资产累计折旧	500 000		—
贷：固定资产		5 000 000	
其他收入		1 500 000	

• 2×21年12月31日按G公司净利润确认应享有的份额时，

财务会计			预算会计
借：长期股权投资——G公司——损益调整	6 000 000		—
贷：投资收益		6 000 000	

• 2×22年6月1日确认应收现金股利时，

财务会计			预算会计
借：应收股利	3 000 000		—
贷：长期股权投资——G公司——损益调整		3 000 000	

• 2×22年7月30日转让股权时（长期股权投资账面余额大于其投资成本），

财务会计			预算会计	
借：资产处置费用	6 000 000		借：资金结存——货币资金	500 000
贷：长期股权投资——G公司——成本		6 000 000	贷：投资预算收益	500 000
借：银行存款	7 000 000			
投资收益	6 000 000			
贷：应收股利		3 000 000		
银行存款		500 000		
长期股权投资——G公司——损益调整		3 000 000		
应缴财政款		6 500 000		

【例13-73】某事业单位有关资料如下：

（1）2×21年1月1日经批准以办公楼一幢出资取得H有限责任公司60%的股权（H公司注册资本1 000万元）。该办公楼的账面余额为500万元、累计折旧50万元、评估价值600万元。

（2）2×21年H公司亏损200万元，除了净利润外没有其他所有者权益变动。

（3）2×22年6月1日经批准将拥有H公司60%的股权转让，实际取得价款650万元，发生相关税费50万元。

（4）该事业单位持有60%股权期间采用权益法核算。

假设不考虑其他因素，该事业单位的账务处理如下：

• 2×21年1月1日取得60%股权时，

财务会计			预算会计
借：长期股权投资——H公司——成本	6 000 000		—
固定资产累计折旧	500 000		
贷：固定资产		5 000 000	
其他收入		1 500 000	

• 2×21年12月31日按H公司亏损确认应承担的份额时，

财务会计			预算会计
借：投资收益	1 200 000		—
贷：长期股权投资——H公司——损益调整		1 200 000	

• 2×22年6月1日转让股权时（长期股权投资账面余额小于其投资成本），

财务会计			预算会计
借：资产处置费用	4 800 000		
长期股权投资——H公司——损益调整	1 200 000		
贷：长期股权投资——H公司——成本		6 000 000	
借：银行存款	6 500 000		—
贷：银行存款		500 000	
投资收益		1 200 000	
应缴财政款		4 800 000	

【例13-74】某事业单位有关资料如下：

（1）2×21年3月1日以未入账的专利权取得M有限责任公司10%的股权。该专利权的评估价值为200 000元，支付评估费5 000元。

（2）2×21年12月10日经批准将拥有M公司10%的股权转让，实际取得价款250 000元，发生相关税费5 000元。

（3）2×21年M公司未发生利润分配。

（4）该事业单位持有10%股权期间采用成本法核算。

（5）该事业单位按规定将长期股权投资处置净收入上缴财政。

假设不考虑其他因素，该事业单位的账务处理如下：

• 2×21年3月1日取得股权时，

财务会计			预算会计		
借：长期股权投资——M公司	200 000		借：其他支出	5 000	
贷：银行存款		5 000	贷：资金结存——货币资金		5 000
其他收入		195 000			

• 2×21年12月10日转让股权时，

财务会计			预算会计
借：资产处置费用	200 000		
贷：长期股权投资——M公司		200 000	
借：银行存款	250 000		—
贷：银行存款		5 000	
应缴财政款		245 000	

【例13-75】某事业单位有关资料如下：

（1）2×21年1月1日经批准以持有的环保型材料科技成果取得N环保公司10%的股权，按规定该科技成果的双方协议价格为200 000元，支付相关税费5 000元。

（2）2×21年11月1日以250 000元将N公司10%的股权转让，支付相关税费5 000元。

（3）2×21年N公司未发生利润分配。

（4）该事业单位持有10%股权期间采用成本法核算。

（5）按规定处置以科技成果转化形成的长期股权投资所取得的收入全部留归单位。

假设不考虑其他因素，该事业单位的账务处理如下：

2×21年1月1日取得股权时，

财务会计			预算会计		
借：长期股权投资——N公司	205 000		借：其他支出	5 000	
贷：银行存款		5 000	贷：资金结存——货币资金		5 000
其他收入		200 000			

• 2×21年11月1日转让股权时，

财务会计			预算会计	
借：银行存款	250 000		借：资金结存——货币资金	245 000
贷：长期股权投资——N公司		205 000	贷：投资预算收益	40 000
银行存款		5 000	其他预算收入	205 000
投资收益		40 000		

二、长期债券投资

（一）长期债券投资的确认和计量

长期债券投资是指事业单位按照规定取得的，持有时间超过1年（不含1年）的债券投资。

长期债券投资在取得时，应当按照实际成本作为初始投资成本。实际支付价款中包含的已到付息期但尚未领取的债券利息，应当单独确认为应收利息，不计入长期债券投资初始投资成本。

长期债券投资持有期间，应当按期以票面金额与票面利率计算确认利息收入。对于分期付息、一次还本的长期债券投资，应当将计算确定的应收未收利息确认为应收利息，计入投资收益；对于一次还本付息的长期债券投资，应当将计算确定的应收未收利息计入投资收益，并增加长期债券投资的账面余额。

（二）长期债券投资核算的会计科目设置

财务会计系统下，事业单位应设置“长期债券投资”科目核算事业单位按照规定取得的，持有时间超过1年（不含1年）的债券投资。本科目应当设置“成本”和“应计利息”明细科目，并按照债券投资的种类进行明细核算。本科目期末借方余额，反映事业单位持有的长期债券投资的价值。

预算会计系统下，与“长期债券投资”科目对应的是“投资支出”科目。

（三）长期债券投资的账务处理

（1）长期债券投资的取得

事业单位取得的长期债券投资，财务会计按照确定的投资成本，借记“长期债券投资——成本”科目，按照支付的价款中包含的已到付息期但尚未领取的利息，借记“应收利息”科目，按照实际支付的金额，贷记“银行存款”等科目；预算会计按照实际支付价款，借记“投资支出”科目，贷记“资金结存——货币资金”科目。

实际收到取得债券时所支付价款中包含的已到付息期但尚未领取的利息时，财务会计借记“银行存款”科目，贷记“应收利息”科目；预算会计借记“资金结存——货币资金”科目，贷记“投资预算收益”科目。

（2）长期债券投资持有期间利息的确认

长期债券投资持有期间，财务会计按期以债券票面金额与票面利率计算确认利息收入时，如为到期一次还本付息的债券投资，借记“长期债券投资——应计利息”科目，贷记“投资收益”科目；如为分期付息、到期一次还本的债券投资，借记“应收利息”科目，贷记“投资收益”科目。预算会计不做账。

收到分期支付的利息时，按照实收的金额，财务会计借记"银行存款"等科目，贷记"应收利息"科目；预算会计借记"资金结存——货币资金"科目，贷记"投资预算收益"科目。

（3）长期债券投资的到期收回

事业单位到期收回长期债券投资，财务会计按照实际收到的金额，借记"银行存款"科目，按照长期债券投资的账面余额，贷记"长期债券投资"科目，按照相关应收利息金额，贷记"应收利息"科目，按照其差额，贷记"投资收益"科目；预算会计按照实际收到的金额，借记"资金结存——货币资金"科目，按照取得债券时"投资支出"科目的发生额，贷记"投资支出"［本年取得投资］、"其他结余"［以前年度取得投资］科目，按照其差额，借记或贷记"投资预算收益"科目。

（4）长期债券投资的对外出售

事业单位按规定出售或到期收回长期债券投资，应当将实际收到的价款扣除长期债券投资账面余额和相关税费后的差额计入投资损益。

事业单位对外出售长期债券投资，财务会计按照实际收到的金额，借记"银行存款"科目，按照长期债券投资的账面余额，贷记"长期债券投资"科目，按照已记入"应收利息"科目但尚未收取的金额，贷记"应收利息"科目，按照其差额，贷记或借记"投资收益"科目（涉及增值税业务的，相关账务处理参见"应交增值税"科目）；预算会计按照实际收到的金额，借记"资金结存——货币资金"科目，按照取得债券时"投资支出"科目的发生额，贷记"投资支出"［本年取得投资］、"其他结余"［以前年度取得投资］科目，按照其差额，借记或贷记"投资预算收益"科目。相关举例参见第十四章【例14-11】。

【例13-76】某事业单位于2×21年1月2日购入3年期的国库券，实际支付价款600 000元。该国库券票面利率为4%，每年1月2日支付利息，到期一次还本。该事业单位的账务处理如下：

• 取得国库券时，

财务会计			预算会计		
借：长期债券投资——成本	600 000		借：投资支出	600 000	
贷：银行存款		600 000	贷：资金结存——货币资金		600 000

• 持有期间每月确认利息收入时，

年利息=600 000×4%=24 000（元）

每月利息=24 000÷12=2 000（元）

财务会计			预算会计
借：应收利息	2 000		—
贷：投资收益		2 000	

• 每年1月2日收到利息收入时，

财务会计			预算会计		
借：银行存款	24 000		借：资金结存——货币资金	24 000	
贷：应收利息		24 000	贷：投资预算收益		24 000

• 2×24年1月2日国库券到期，收回本金600 000元、利息24 000元时，

财务会计			预算会计		
借：银行存款	624 000		借：资金结存——货币资金	624 000	
贷：长期债券投资——成本		600 000	贷：其他结余		600 000
应收利息		24 000	投资预算收益		24 000

【例13-77】某事业单位于2×21年1月2日购入3年期的国库券，实际支付价款600 000元。该国库券票面利率为4%，到期一次还本付息。该事业单位的账务处理如下：

• 取得国库券时，

财务会计			预算会计		
借：长期债券投资——成本	600 000		借：投资支出	600 000	
贷：银行存款		600 000	贷：资金结存——货币资金		600 000

• 持有期间每月确认利息收入时，

年利息=600 000×4%=24 000（元）

每月利息=24 000÷12=2 000（元）

财务会计			预算会计		
借：长期债券投资——应计利息	2 000		—		
贷：投资收益		2 000			

• 2×24年1月2日国库券到期，收回本金600 000元、利息72 000元时，

财务会计			预算会计		
借：银行存款	672 000		借：资金结存——货币资金	672 000	
贷：长期债券投资——成本		600 000	贷：其他结余		600 000
——应收利息		72 000	投资预算收益		72 000

三、固定资产

（一）固定资产的概念和分类

1.固定资产的概念

固定资产是指政府单位为满足自身开展业务活动或其他活动的需要而控制的，使用年限超过1年（不含1年）、单位价值在规定标准以上，并在使用过程中基本保持原有物质形态的资产。

按《行政单位财务规则》（财政部令第71号）和《事业单位财务规则》（财政部令第68号）的规定，政府单位固定资产的单位价值标准为：一般设备在1 000元以上、专用设备在1 500元以上。单位价值虽未达到规定标准，但是使用年限超过1年（不含1

年）的大批同类物资，如图书、家具、用具、装具等，应当确认为固定资产。

2.固定资产的分类

政府单位的固定资产可分为以下六类：

（1）房屋及构筑物。指政府单位占有和使用的房屋、建筑物及其附属设施。其中，房屋包括办公用房、生产经营用房、仓库、职工生产用房、食堂用房、锅炉房等；构筑物包括道路、围墙、水塔、雕塑等；附属设施包括房屋、建筑物内的电梯、通信线路、输电线路、水气管道等。

（2）专用设备。指政府单位根据业务的实际需要购置的各种具有专门性能和专门用途的设备。

（3）通用设备。指政府单位用于业务活动的办公和事务用的通用性设备、交通工具、通信工具等。

（4）文物和陈列品。指政府单位占有和使用的古玩、字画、纪念品、装饰品、展品、藏品等。

（5）图书、档案。指政府单位的图书馆（室）、阅览室的图书、资料以及档案馆（室）的档案等。

（6）家具、用具、装具及动植物。

（二）固定资产的确认

1.固定资产的确认条件

固定资产同时满足下列条件的，应当予以确认：（1）与该固定资产相关的服务潜力很可能实现或者经济利益很可能流入政府单位；（2）该固定资产的成本或者价值能够可靠地计量。

2.固定资产确认条件的具体应用

通常情况下，购入、换入、接受捐赠、无偿调入不需安装的固定资产，在固定资产验收合格时确认；购入、换入、接受捐赠、无偿调入需要安装的固定资产，在固定资产安装完成交付使用时确认；自行建造、改建、扩建的固定资产，在建造完成交付使用时确认。

确认固定资产时，应当考虑以下情况：（1）固定资产的各组成部分具有不同使用年限或者以不同方式为政府单位实现服务潜力或提供经济利益，适用不同折旧率或折旧方法且可以分别确定各自原价的，应当分别将各组成部分确认为单项固定资产。（2）应用软件构成相关硬件不可缺少的组成部分的，应当将该软件的价值包括在所属的硬件价值中，一并确认为固定资产；不构成相关硬件不可缺少的组成部分的，应当将该软件确认为无形资产。（3）购建房屋及构筑物时，不能分清购建成本中的房屋及构筑物部分与土地使用权部分的，应当全部确认为固定资产；能够分清购建成本中的房屋及构筑物部分与土地使用权部分的，应当将其中的房屋及构筑物部分确认为固定资产，其中的土地使用权部分确认为无形资产。

固定资产在使用过程中发生的后续支出，符合固定资产确认条件的，应当计入固定资产成本；不符合固定资产确认条件的，应当在发生时计入当期费用或者相关资产成本。将发生的固定资产后续支出计入固定资产成本的，应当同时从固定资产账面价值中扣除被替换部分的账面价值。

（三）固定资产的计量

固定资产在取得时应当按照成本进行初始计量。以不同方式取得的固定资产的成本确定参见固定资产取得的核算。

固定资产的后续计量包括固定资产的折旧和处置。具体计量方法参见固定资产折旧和处置的核算。

（四）固定资产核算的会计科目设置

财务会计系统下，政府单位应设置“固定资产”科目核算各类固定资产的原值。本科目应当按照固定资产类别和项目进行明细核算。本科目期末借方余额，反映行政事业单位固定资产的原值。

“固定资产”科目的使用，应当考虑以下情况：（1）购入需要安装的固定资产，应当先通过“在建工程”科目核算，安装完毕交付使用时再转入本科目核算。（2）以借入、经营租赁租入方式取得的固定资产，不通过本科目核算，应当设置备查簿进行登记。（3）采用融资租入方式取得的固定资产，通过本科目核算，并在本科目下设置“融资租入固定资产”明细科目。（4）经批准在境外购买具有所有权的土地，作为固定资产，通过本科目核算；政府单位应当在本科目下设置“境外土地”明细科目，进行相应的明细核算。

预算会计系统下，与“固定资产”科目对应的是“行政支出”“事业支出”等科目。

（五）固定资产的账务处理

1.固定资产的取得

政府单位固定资产取得的方式主要有：外购、自行建造、融资租赁、接受捐赠、无偿调入和置换取得等。

固定资产取得时涉及增值税业务的，相关账务处理参见“应交增值税”科目。

（1）外购的固定资产

政府单位外购的固定资产，其成本包括购买价款、相关税费以及固定资产交付使用前所发生的可归属于该项资产的运输费、装卸费、安装费和专业人员服务费等。以一笔款项购入多项没有单独标价的固定资产，应当按照各项固定资产同类或类似资产市场价格的比例对总成本进行分配，分别确定各项固定资产的成本。

购入不需安装的固定资产验收合格时，财务会计按照确定的固定资产成本，借记“固定资产”科目，贷记“财政拨款收入”“零余额账户用款额度”“应付账款”“银行存款”等科目；预算会计按照实际支付的金额借记“行政支出”“事业支出”等科目，贷记“财政拨款预算收入”“资金结存——财政应返还额度、零余额账户用款额度、货币资金”等科目。

购入需要安装的固定资产，在安装完毕交付使用前通过“在建工程”科目核算，安装完毕交付使用时再转入“固定资产”科目。相关举例参见本章【例13-96】。

购入固定资产扣留质量保证金的，应当在取得固定资产时，财务会计按照确定的固定资产成本，借记“固定资产”科目［不需安装］或“在建工程”科目［需要安装］，按照实际支付或应付的金额，贷记“财政拨款收入”、“零余额账户用款额度”、“应付账款”［不含质量保证金］、“银行存款”等科目，按照扣留的质量保证金数额，贷记“其他应付款”［扣留期在1年以内（含1年）］或“长期应付款”［扣留期超过1年］科目。质保期满支付质量保证金时，借记“其他应付款”“长期应付款”科目，贷记“财政拨款收入”“零余额账户用款额度”“银行存款”等科目。预算会计按照实际支付的金额借记“行政支出”“事业支出”等科目，贷记“财政拨款预算收入”“资金结存——财政应返还额度、零余额账户用款额度、货币资金”等科目。

【例13-78】某事业单位购买专业业务活动用计算机一批，取得的增值税专用发票上注明的计算机价款为500 000元，增值税税额65 000元，支付运输费5 450元（含税），款项实行财政授权支付。计算机直接交付使用。该事业单位的账务处理如下：

财务会计			预算会计		
借：固定资产——通用设备	570 450		借：事业支出	570 450	
贷：零余额账户用款额度		570 450	贷：资金结存——零余额账户用款额度		570 450

该例中，如果会计主体是行政单位，预算会计应确认行政支出。

【例13-79】假设【例13-78】中的事业单位需要按照计算机价款的10%扣留质量保证金50 000元，半年后无质量问题再通过单位零余额账户返还质量保证金。其他条件不变。该事业单位的账务处理如下：

财务会计			预算会计		
借：固定资产——通用设备	570 450		借：事业支出	520 450	
贷：零余额账户用款额度		520 450	贷：资金结存——零余额账户用款额度		520 450
其他应付款		50 000			

半年后无质量问题返还质量保证金时，

财务会计			预算会计		
借：其他应付款	50 000		借：事业支出	50 000	
贷：零余额账户用款额度		50 000	贷：资金结存——零余额账户用款额度		50 000

该例中，如果会计主体是行政单位，预算会计应确认行政支出。

【例13-80】某事业单位购入后勤管理部门用汽车一辆，取得的增值税专用发票上注明的汽车价款为200 000元，增值税税额26 000元，汽车直接交付使用。全部款项以银行存款付讫。该事业单位的账务处理如下：

财务会计			预算会计		
借：固定资产——通用设备	226 000		借：事业支出	226 000	
贷：银行存款		226 000	贷：资金结存——货币资金		226 000

该例中，如果会计主体是行政单位，预算会计应确认行政支出。

（2）自行建造的固定资产

政府单位自行建造的固定资产，其成本包括该项资产至交付使用前所发生的全部必要支出。在原有固定资产基础上进行改建、扩建、修缮后的固定资产，其成本按照原固定资产账面价值加上改建、扩建、修缮发生的支出，再扣除固定资产被替换部分的账面价值后的金额确定。为建造固定资产借入的专门借款的利息，属于建设期间发生的，计入在建工程成本；不属于建设期间发生的，计入当期费用。已交付使用但尚未办理竣工决算手续的固定资产，应当按照估计价值入账，待办理竣工决算后再按实际成本调整原来的暂估价值。

政府单位自行建造的固定资产交付使用时，财务会计按照在建工程成本，借记"固定资产"科目，贷记"在建工程"科目；预算会计不做账。相关举例参见本章【例13-95】。

在原有固定资产基础上进行改建、扩建、修缮后的固定资产核算的相关举例参见本章【例13-94】。

为建造固定资产借入的专门借款的利息核算相关举例参见第十四章"长期借款"科目【例14-28】。

（3）融资租入的固定资产

政府单位融资租赁取得的固定资产，其成本按照租赁协议或者合同确定的租赁价款、相关税费以及固定资产交付使用前所发生的可归属于该项资产的运输费、途中保险费、安装调试费等确定。

政府单位融资租入的固定资产，财务会计按照确定的成本，借记"固定资产"科目[不需安装]或"在建工程"科目[需安装]，按照租赁协议或者合同确定的租赁付款额，贷记"长期应付款"科目，按照支付的运输费、途中保险费、安装调试费等金额，贷记"财政拨款收入""零余额账户用款额度""银行存款"等科目。预算会计按照实际支付的运输费、途中保险费、安装调试费等金额借记"行政支出""事业支出"等科目，贷记"财政拨款预算收入""资金结存——零余额账户用款额度、货币资金"等科目。

定期支付租金时，按照实际支付金额，财务会计借记"长期应付款"科目，贷记"财政拨款收入""零余额账户用款额度""银行存款"等科目；预算会计借记"行政支出""事业支出"等科目，贷记"财政拨款预算收入""资金结存——零余额账户用款额度、货币资金"等科目。

【例13-81】某事业单位以融资租赁方式从租赁公司租入不需要安装的专用设备一台。按照租赁协议确定的租赁价款为100 000元，租赁期4年，年利率为10%，采用年平均分摊法计算每年年末支付的租金（包括设备价款、利息）。另外，支付手续费、运输费、途中保险费等10 000元。该事业单位的账务处理如下：

• 租入设备时，

财务会计			预算会计	
借：固定资产——专用设备	110 000		借：经营支出	10 000
贷：长期应付款		100 000	贷：资金结存——货币资金	10 000
银行存款		10 000		

• 第一年到第四年各年末租金的计算与支付如下，

四年利息总额=10×（1+10%）^{4}−10=10×1.464−10=4.64（万元）

每年支付租金=（10+4.64）÷4=3.66（万元）

每年支付的租金3.66万元中包括本金2.5万元，利息1.16万元。

财务会计			预算会计	
借：长期应付款	25 000		借：经营支出	36 600
经营费用	11 600		贷：资金结存——货币资金	36 600
贷：银行存款		36 600		

该例中，如果事业单位为专业业务活动或单位管理及后勤活动融资租入固定资产，支付的利息，财务会计应确认为业务活动费用或单位管理费用；支付的全部款项，预算会计确认事业支出。如果会计主体是行政单位，依法履职融资租入固定资产，支付的利息，财务会计确认业务活动费用；支付的全部款项，预算会计确认行政支出。

（4）跨年度分期付款购入的固定资产

按照规定跨年度分期付款购入固定资产的账务处理，参照融资租入固定资产进行核算。

（5）接受捐赠的固定资产

政府单位接受捐赠的固定资产，其成本按照有关凭据注明的金额加上相关税费、运输费等确定；没有相关凭据可供取得，但按规定经过资产评估的，其成本按照评估价值加上相关税费、运输费等确定；没有相关凭据可供取得、也未经资产评估的，其成本比照同类或类似资产的市场价格加上相关税费、运输费等确定；没有相关凭据且未经资产评估、同类或类似资产的市场价格也无法可靠取得的，按照名义金额入账，相关税费、运输费等计入当期费用。如受赠的系旧的固定资产，在确定其初始入账成本时应当考虑该项资产的新旧程度。其中，“凭据”和“同类或类似资产的市场价格”含义参照存货的相关规定。

政府单位接受捐赠的固定资产，财务会计按照确定的固定资产成本，借记“固定资产”科目［不需安装］或“在建工程”科目［需安装］，按照发生的相关税费、运输费等，贷记“零余额账户用款额度”“银行存款”等科目，按照其差额，贷记“捐赠收入”科目。政府单位接受捐赠的固定资产按照名义金额入账的，财务会计按照名义金额，借记“固定资产”科目，贷记“捐赠收入”科目；按照发生的相关税费、运输费等，借记“其他费用”科目，贷记“零余额账户用款额度”“银行存款”等科目。预算会计按照实际支付的相关税费、运输费等金额借记“其他支出”科目，贷记“资金结存——零余额账户用款额度、货币资金”等科目。

【例13-82】某政府单位接受外单位捐赠专用设备一台，发票注明金额257 500元（含税），支付运输费2 060元（含税），以银行存款付讫。设备直接交付使用。该政府单位的账务处理如下：

财务会计			预算会计		
借：固定资产——专用设备	259 560		借：其他支出	2 060	
贷：银行存款		2 060	贷：资金结存——货币资金		2 060
捐赠收入		257 500			

上述接受捐赠的固定资产如果按照名义金额入账，账务处理如下：

财务会计			预算会计		
借：固定资产	1		借：其他支出	2 060	
贷：捐赠收入		1	贷：资金结存——货币资金		2 060
借：其他费用	2 060				
贷：银行存款		2 060			

（6）无偿调入的固定资产

政府单位无偿调入的固定资产，其成本按照调出方账面价值加上相关税费、运输费等确定。但是，无偿调入的固定资产在调出方的账面价值为零（即已经按制度规定提足折旧）或账面余额为名义金额的，应当将调入过程中其承担的相关税费计入当期费用，不计入调入资产的初始入账成本。政府单位无偿调入的固定资产，财务会计按照确定的固定资产成本，借记“固定资产”科目［不需安装］或“在建工程”科目［需安装］，按照发生的相关税费、运输费等，贷记“零余额账户用款额度”“银行存款”等科目，按照其差额，贷记“无偿调拨净资产”科目。预算会计按照实际支付的相关税费、运输费，借记“其他支出”科目，贷记“资金结存——零余额账户用款额度、货币资金”等科目。

无偿调入固定资产在调出方的账面价值为零的，财务会计按照该项资产在调出方的账面余额，借记“固定资产”科目，按照该项资产在调出方已经计提的折旧金额（与资产账面余额相等），贷记“固定资产累计折旧”科目；按照支付的相关税费，借记“其他费用”科目，贷记“零余额账户用款额度”“银行存款”等科目。预算会计按照支付的相关税费，借记“其他支出”科目，贷记“资金结存——零余额账户用款额度、货币资金”科目。

无偿调入固定资产在调出方的账面余额为名义金额的，财务会计按照名义金额，借记“固定资产”科目，贷记“无偿调拨净资产”科目；按照支付的相关税费，借记“其他费用”科目，贷记“零余额账户用款额度”“银行存款”等科目。预算会计按照支付的相关税费，借记“其他支出”科目，贷记“资金结存——零余额账户用款额度、货币资金”科目。

【例13-83】某政府单位经批准从上级单位无偿调入图书一批，该批图书调出方账面价值为160 000元，签发现金支票支付运输费515元。该政府单位的账务处理如下：

财务会计		预算会计	
借：固定资产——图书	160 515	借：其他支出	515
贷：银行存款	515	贷：资金结存——货币资金	515
无偿调拨净资产	160 000		

【例13-84】如果【例13-83】中的无偿调入的图书在调出单位的账面余额为名义金额，以现金支付运输费515元。该政府单位的账务处理如下：

财务会计		预算会计	
借：固定资产——图书	1	借：其他支出	515
贷：无偿调拨净资产	1	贷：资金结存——货币资金	515
借：其他费用	515		
贷：库存现金	515		

【例13-85】某政府单位经批准从兄弟单位无偿调入专用设备一台，该设备在调出单位的账面价值为零，账面余额和已经计提的折旧金额均为50 000元；签发现金支票支付运输费515元。该政府单位的账务处理如下：

财务会计		预算会计	
借：固定资产——专用设备	50 000	借：其他支出	515
贷：固定资产累计折旧	50 000	贷：资金结存——货币资金	515
借：其他费用	515		
贷：银行存款	515		

（7）置换取得的固定资产

政府单位通过置换取得的固定资产，其成本按照换出资产的评估价值加上支付的补价或减去收到的补价，加上换入固定资产发生的其他相关支出确定。

置换取得的固定资产，参照“库存物品”科目中置换取得库存物品的相关规定进行账务处理。

【例13-86】某政府单位以账面价值100 000元、已计提折旧100 000元的汽车置换甲单位的通信设备。汽车的评估价值为80 000元，以零余额账户用款额度支付补价款40 000元。通信设备直接交付使用。假设不考虑相关税费，该政府单位的账务处理如下：

财务会计		预算会计	
借：固定资产——通用设备——通信设备	120 000	借：其他支出	40 000
固定资产累计折旧	100 000	贷：资金结存——零余额账户用款额度	40 000
资产处置费用	20 000		
贷：零余额账户用款额度	40 000		
固定资产——通用设备——汽车	200 000		

2. 与固定资产有关的后续支出

（1）符合固定资产确认条件的后续支出

通常情况下，将固定资产转入改建、扩建时，财务会计按照固定资产的账面价值，借记“在建工程”科目，按照固定资产已计提折旧，借记“固定资产累计折旧”科目，按照固定资产的账面余额，贷记“固定资产”科目；为增加固定资产使用效能或延长其使用年限而发生的改建、扩建等后续支出，借记“在建工程”科目，贷记“财政拨款收入”“零余额账户用款额度”“银行存款”等科目；固定资产改建、扩建等完成交付使用时，按照在建工程成本，借记“固定资产”科目，贷记“在建工程”科目。预算会计按照实际支付的后续支出金额，借记“行政支出”“事业支出”等科目，贷记“财政拨款预算收入”“资金结存——零余额账户用款额度、货币资金”等科目。相关举例参见本章【例13-94】。

（2）不符合固定资产确认条件的后续支出

为保证固定资产正常使用发生的日常维修等支出，按照实际支付的日常维修等支出金额，财务会计借记“业务活动费用”“单位管理费用”等科目，贷记“财政拨款收入”“零余额账户用款额度”“银行存款”等科目；预算会计借记“行政支出”“事业支出”等科目，贷记“财政拨款预算收入”“资金结存——零余额账户用款额度、货币资金”等科目。

【例13-87】某行政单位对现有的固定资产进行日常维护，使用财政授权支付方式支付日常维修费用20 000元。该行政单位的账务处理如下：

财务会计		预算会计	
借：业务活动费用	20 000	借：行政支出	20 000
贷：零余额账户用款额度	20 000	贷：资金结存——零余额账户用款额度	20 000

该例中，如果会计主体是事业单位，应分别固定资产用于专业业务活动、行政管理活动和后勤管理活动或经营活动的不同，其支付的日常维修费用财务会计确认业务活动费用、单位管理费用或经营费用；预算会计则确认事业支出或经营支出。

3. 固定资产折旧

（1）固定资产折旧的含义

折旧，是指在固定资产的预计使用年限内，按照确定的方法对应计的折旧额进行系统分摊。固定资产应计的折旧额为其成本，计提固定资产折旧时不考虑预计净残值。政府单位应当对暂估入账的固定资产计提折旧，实际成本确定后不需调整原已计提的折旧额。

（2）固定资产折旧范围

政府单位应当对固定资产计提折旧，但文物和陈列品、动植物、图书、档案、单独计价入账的土地、以名义金额计量的固定资产除外。

（3）固定资产折旧方法

政府单位一般应当采用年限平均法或者工作量法计提固定资产折旧。在确定固定资产的折旧方法时，应当考虑与固定资产相关的服务潜力或经济利益的预期实现方式。固定资产折旧方法一经确定，不得随意变更。

①年限平均法。又称直线法，是指将固定资产的应折旧金额均衡地分摊到其预计使用年限内的方法。采用这种方法计算的每期折旧额相等。其计算公式如下：

年折旧额=固定资产原值÷预计使用年限

月折旧额=固定资产年折旧额÷12

②工作量法。是根据实际工作量计算每期应计提折旧额的一种方法。其计算公式为：

单位工作量折旧额=固定资产原值÷预计总工作量

某项固定资产月折旧额=该项固定资产当月工作量×单位工作量折旧额

政府单位应当根据《〈政府会计准则第3号——固定资产〉应用指南》等相关规定（参见表13-2）以及固定资产的性质和使用情况，合理确定固定资产的使用年限。固定资产的使用年限一经确定，不得随意变更。政府单位确定固定资产使用年限，应当考虑下列三个因素：一是预计实现服务潜力或提供经济利益的期限；二是预计有形损耗和无形损耗；三是法律或者类似规定对资产使用的限制。

表13-2　　政府单位固定资产折旧年限表

固定资产类别	内容		折旧年限（年）	固定资产类别	内容	折旧年限（年）
房屋及构筑物	业务及管理用房	钢结构	不低于50	专用设备	农业和林业机械	10–15
		钢筋混凝土结构	不低于50		木材采集和加工设备	10–15
		砖混结构	不低于30		食品加工专用设备	10–15
		砖木结构	不低于30		饮料加工设备	10–15
	简易房		不低于8		烟草加工设备	10–15
	房屋附属设施		不低于8		粮油作物和饲料加工设备	10–15
	构筑物		不低于8		纺织设备	10–15
通用设备	计算机设备		不低于6		缝纫、服饰、制革和毛皮加工设备	10–15
	办公设备		不低于6		造纸和印刷机械	10–20
	车辆		不低于8		化学药品和中药专用设备	5–10
	图书档案设备		不低于5		医疗设备	5–10
	机械设备		不低于10		电工、电子专用生产设备	5–10
	电气设备		不低于5		安全生产设备	10–20
	雷达、无线电和卫星导航设备		不低于10		邮政专用设备	10–15
	通信设备		不低于5		环境污染防治设备	10–20
	广播、电视、电影设备		不低于5		公安专用设备	3–10
	仪器仪表		不低于5		水工机械	10–20
	电子和通信测量设备		不低于5		殡葬设备及用品	5–10
	计量标准器具及量具、衡器		不低于5		铁路运输设备	10–20
专用设备	探矿、采矿、选矿和造块设备		10–15		水上交通运输设备	10–20
	石油天然气开采专用设备		10–15		航空器及其配套设备	10–20
	石油和化学工业专用设备		10–15		专用仪器仪表	5–10
	炼焦和金属冶炼轧制设备		10–15		文艺设备	5–15
	电力工业专用设备		20–30		体育设备	5–15
	非金属矿物制品工业专用设备		10–20		娱乐设备	5–15
	核工业专用设备		20–30	家具、用具及装具	家具	不低于15
	航空航天工业专用设备		20–30		用具、装具	不低于5
	工程机械		10–15			

固定资产因改建、扩建或修缮等原因而延长其使用年限的，应当按照重新确定的固定资产的成本以及重新确定的折旧年限计算折旧额。政府单位盘盈、无偿调入、接受捐赠以及置换换入的固定资产，应当考虑该项资产的新旧程度，按照其尚可使用的年限计提折旧。

(4) 固定资产折旧计提时点

固定资产应当按月计提折旧，并根据用途计入当期费用或者相关资产成本。当月增加的固定资产，当月开始计提折旧；当月减少的固定资产，当月不再计提折旧。固定资产提足折旧后，无论能否继续使用，均不再计提折旧；提前报废的固定资产，也不再补提折旧。已提足折旧的固定资产，可以继续使用的，应当继续使用，规范实物管理。

政府单位计提融资租入固定资产折旧时，应当采用与自有固定资产相一致的折旧政策。能够合理确定租赁期届满时将会取得租入固定资产所有权的，应当在租入固定资产尚可使用年限内计提折旧；无法合理确定租赁期届满时能够取得租入固定资产所有权的，应当在租赁期与租入固定资产尚可使用年限两者中较短的期间内计提折旧。

(5) 固定资产折旧核算的会计科目设置

财务会计系统下，政府单位应设置“固定资产累计折旧”科目核算固定资产的累计折旧。本科目应当按照所对应固定资产的明细分类进行明细核算。本科目期末贷方余额，反映单位计提的固定资产折旧累计数。

预算会计系统下，对计提固定资产折旧不做账。

(6) 固定资产的账务处理

政府单位按月计提固定资产折旧时，按照应计提折旧金额，财务会计借记“业务活动费用”“单位管理费用”“经营费用”“加工物品”“在建工程”等科目，贷记“固定资产累计折旧”科目；预算会计不做账。

政府单位经批准处置或处理固定资产时，按照所处置或处理固定资产的账面价值，借记“资产处置费用”“无偿调拨净资产”“待处理财产损溢”等科目，按照已计提折旧，借记“固定资产累计折旧”科目，按照固定资产的账面余额，贷记“固定资产”科目；预算会计不做账。相关举例参见本章【例13-90】。

【例13-88】某行政单位拥有一台专用设备，原值为45 000元，预计使用年限5年，该设备采用年限平均法计提折旧。该设备月折旧额的计算及账务处理如下：

年折旧额=45 000÷5=9 000（元）

月折旧额=9 000÷12=750（元）

财务会计			预算会计
借：业务活动费用	750		—
贷：固定资产累计折旧		750	

【例13-89】某事业单位采用年限平均法计提固定资产折旧，各部门固定资产按月计提折旧额见表13-3。

表13-3　**某事业单位各部门固定资产按月计提折旧额**　单位：元

部门类别	月折旧额
从事专业业务活动部门	48 000
行政管理部门	8 000
后勤部门	4 000
从事经营活动部门	3 000

根据上述资料，该事业单位账务处理如下：

财务会计			预算会计
借：业务活动费用	48 000		—
单位管理费用	12 000		
经营费用	3 000		
贷：固定资产累计折旧		63 000	

4.固定资产处置

政府单位固定资产的处置方式包括出售或转让、对外捐赠、无偿调出、置换换出等。固定资产处置时涉及增值税业务的，相关账务处理参见“应交增值税”科目。

（1）出售、转让的固定资产

政府单位按规定报经批准出售、转让固定资产的，应当将固定资产账面价值转销计入当期费用，并将处置收入扣除相关处置税费后的差额按规定作应缴款项处理（差额为净收益时）或计入当期费用（差额为净损失时）。

政府单位报经批准出售、转让固定资产，财务会计按照被出售、转让固定资产的账面价值，借记“资产处置费用”科目，按照固定资产已计提的折旧，借记“固定资产累计折旧”科目，按照固定资产账面余额，贷记“固定资产”科目；同时，按照收到的价款，借记“银行存款”等科目，按照处置过程中发生的相关费用，贷记“银行存款”等科目，按照其差额，贷记“应缴财政款”科目。预算会计不做账。

【例13-90】某政府单位经上级批准将不需用的一台专用设备出售，其账面价值为40 000元，已计提折旧30 000元，取得设备出售价款51 500元，款项已存入银行。该政府单位账务处理如下：

财务会计			预算会计
借：资产处置费用	40 000		
固定资产累计折旧	30 000		
贷：固定资产——专用设备		70 000	
借：银行存款	51 500		—
贷：应交增值税		1 000	
其他应交税费		120	
应缴财政款		50 380	

（2）对外捐赠、无偿调出的固定资产

政府单位按规定报经批准对外捐赠、无偿调出固定资产的，应当将固定资产的账面价值予以转销，对外捐赠、无偿调出过程中发生的归属于捐出方、调出方的相关费用应当计入当期费用。

政府单位报经批准对外捐赠固定资产，财务会计按照固定资产已计提的折旧，借记“固定资产累计折旧”科目，按照被处置固定资产账面余额，贷记“固定资产”科目，按照捐赠过程中发生的归属于捐出方的相关费用，贷记“银行存款”等科目，按照其差额，借记“资产处置费用”科目。预算会计按照归属于捐出方的相关费用，借记“其他支出”科目，贷记“资金结存——零余额账户用款额度、货币资金”等科目。

政府单位报经批准无偿调出固定资产，财务会计按照固定资产已计提的折旧，借记“固定资产累计折旧”科目，按照被处置固定资产账面余额，贷记“固定资产”科目，按照其差额，借记“无偿调拨净资产”科目；同时，按照无偿调出过程中发生的归属于调出方的相关费用，借记“资产处置费用”科目，贷记“银行存款”等科目。预算会计按照归属于调出方的相关费用，借记“其他支出”科目，贷记“资金结存——零余额账户用款额度、货币资金”等科目。

【例13-91】某政府单位将不需用的一批计算机捐赠给希望工程，计算机账面余额为40 000元，已计提折旧10 000元，以现金支付运费900元。假设不考虑相关税费。该政府单位的账务处理如下：

财务会计			预算会计		
借：固定资产累计折旧	10 000		借：其他支出	900	
资产处置费用	30 900		贷：资金结存——货币资金		900
贷：固定资产——通用设备		40 000			
库存现金		900			

上述计算机如果是无偿调出给兄弟单位，账务处理如下：

财务会计			预算会计		
借：固定资产累计折旧	10 000		借：其他支出	900	
无偿调拨净资产	30 000		贷：资金结存——货币资金		900
资产处置费用	900				
贷：固定资产——通用设备		40 000			
库存现金		900			

（3）置换换出的固定资产

政府单位报经批准置换换出固定资产，参照“库存物品”中置换换入库存物品的规定进行账务处理。举例参见本章【例13-86】。

（4）对外投资的固定资产

事业单位按规定报经批准以固定资产对外投资的，应当将该固定资产的账面价值予以转销，并将固定资产在对外投资时的评估价值与其账面价值的差额计入当期收入或费用。相关账务处理及举例参见本章长期股权投资的核算。

5.固定资产盘点

政府单位应当定期对固定资产进行清查盘点，每年至少盘点一次。对于发生的固定资产盘盈、盘亏或毁损、报废，应当先记入“待处理财产损溢”科目，按照规定报经批准后及时进行后续账务处理。

（1）盘盈的固定资产

盘盈的固定资产，其成本按照有关凭据注明的金额确定；没有相关凭据、但按照规定经过资产评估的，其成本按照评估价值确定；没有相关凭据、也未经过评估的，其成本按照重置成本确定。如无法采用上述方法确定盘盈固定资产成本的，按照名义金额（人民币1元）入账。

盘盈的固定资产，转入待处理财产时，财务会计按照确定的入账成本，借记“固定资产”科目，贷记“待处理财产损溢”科目；预算会计不做账。按照规定报经批准后处理时，如属于本年度取得的，财务会计和预算会计均按照当年新取得固定资产进行账务处理。如属于以前年度取得的，按照前期差错处理，财务会计借记“待处理财产损溢”科目，贷记“以前年度盈余调整”科目；预算会计不做账。

（2）盘亏、毁损或报废的固定资产

政府单位固定资产盘亏造成的损失，按规定报经批准后应当计入当期费用。按规定报经批准固定资产报废、毁损的，应当将固定资产账面价值转销计入当期费用，并将处置收入扣除相关处置税费后的差额按规定做应缴款项处理（差额为净收益时）或计入当期费用（差额为净损失时）。

盘亏、毁损或报废的固定资产，转入待处理资产时，财务会计按照待处理固定资产的账面价值，借记“待处理财产损溢——待处理财产价值”科目，按照已计提折旧，借记“固定资产累计折旧”科目，按照固定资产的账面余额，贷记“固定资产”科目；报经批准处理时，借记“资产处置费用”科目，贷记“待处理财产损溢——待处理财产价值”科目。预算会计不做账。

处理毁损、报废过程中取得的残值或残值变价收入、保险理赔和过失人赔偿等，财务会计借记“库存现金”“银行存款”“其他应收款”等科目，贷记“待处理财产损溢——处理净收入”科目；处理毁损、报废过程中发生的相关费用，借记“待处理财产损溢——处理净收入”科目，贷记“库存现金”“银行存款”等科目。处理收支结清，如果处理收入大于相关费用的，财务会计按照处理收入减去相关费用后的净收入，借记“待处理财产损溢——处理净收入”科目，贷记“应缴财政款”等科目；如果处理收入小于相关费用的，按照相关费用减去处理收入后的净支出，借记“资产处置费用”科目，贷记“待处理财产损溢——处理净收入”科目。预算会计对于支付的处理净支出，借记“其他支出”科目，贷记“资金结存——货币资金”科目。

【例13-92】某行政单位在年终固定资产清查过程中，发现去年取得的一台电脑没有入账，增值税专用发票上记载金额为12 000元、税额1 560元；今年取得的10本图书没有入账，增值税专用发票上记载金额为2 000元、税额260元，款项以银行存款付讫。该行政单位的账务处理如下：

- 转入待处理财产损溢时，

财务会计			预算会计
借：固定资产——通用设备	13 560		
——图书	2 260		—
贷：待处理财产损溢——待处理财产价值		15 820	

●报经批准予以处理时，

财务会计			预算会计		
借：待处理财产损溢——待处理财产价值	15 820		借：行政支出	2 260	
贷：以前年度盈余调整		13 560	贷：资金结存——货币资金		2 260
银行存款		2 260			

该例中，如果会计主体是事业单位，盘盈的本年取得的固定资产应分别用于专业业务活动、行政及后勤管理活动或经营活动的不同，预算会计分别确认事业支出或经营支出。

【例13-93】某政府单位在年终固定资产清查过程中报废一批办公用计算机，其账面余额为500 000元，已计提折旧400 000元，取得残值变价收入2 060元，已存入银行；以现金支付清理费用500元。该政府单位的账务处理如下：

●转入待处理财产损溢时，

财务会计			预算会计
借：待处理财产损溢——待处理财产价值	100 000		—
固定资产累计折旧	400 000		
贷：固定资产——通用设备		500 000	

●报经批准后处理时，

财务会计			预算会计
借：资产处置费用	100 000		—
贷：待处理财产损溢——待处理财产价值		100 000	

●取得残值变价收入时，

财务会计			预算会计
借：银行存款	2 060		—
贷：待处理财产损溢——处理净收入		2 060	

●计提相关税费时，

财务会计			预算会计
借：待处理财产损溢——处理净收入	44.80		—
贷：应交增值税		40	
其他应交税费		4.80	

●支付清理费用时，

财务会计			预算会计
借：待处理财产损溢——处理净收入	500		—
贷：库存现金		500	

●处理处置净收入时，

财务会计			预算会计
借：待处理财产损溢——处理净收入	1 515.20		—
贷：应缴财政款		1 515.20	

四、工程物资

（一）工程物资的确认和计量

工程物资是指政府单位为在建工程准备的各种物资，包括工程用材料、设备等。工程物资在发生时确认，按照确定的成本计量。

（二）工程物资核算的会计科目设置

财务会计系统下，政府单位应设置“工程物资”科目核算为在建工程准备的各种物资的成本。本科目可按照“库存材料”“库存设备”等工程物资类别进行明细核算。本科目期末借方余额，反映政府单位为在建工程准备的各种物资的成本。

预算会计系统下，与“工程物资”科目对应的是“行政支出”“事业支出”等科目。

（三）工程物资的账务处理

1.购入为工程准备的物资，财务会计按照确定的物资成本，借记“工程物资”科目，贷记“财政拨款收入”“零余额账户用款额度”“银行存款”“应付账款”等科目；预算会计按照实际支付的金额借记“行政支出”“事业支出”等科目，贷记“财政拨款预算收入”“资金结存——零余额账户用款额度、货币资金”等科目。

2.领用工程物资，财务会计按照物资成本，借记“在建工程”科目，贷记“工程物资”科目。工程完工后将领出的剩余物资退库时做相反的会计分录。预算会计不做账。

3.工程完工后将剩余的工程物资转作本单位存货等的，财务会计按照物资成本，借记“库存物品”等科目，贷记“工程物资”科目；预算会计不做账。

工程物资核算涉及增值税业务的，相关账务处理参见“应交增值税”科目。

相关举例参见本章【例13-95】。

五、在建工程

（一）在建工程概念

在建工程是指政府单位已经发生必要支出，但尚未达到交付使用状态的在建的建设项目工程，包括各种建筑（包括新建、改建、扩建、修缮等）、设备安装工程等。在建工程完工以后，转为固定资产、无形资产、公共基础设施、保障性住房等。

按照《政府会计制度——行政事业单位会计科目和报表》规定，政府单位对基本建设投资应当按照本制度规定统一进行会计核算，不再单独建账，但是应当按项目单独核算，并保证项目资料完整。按照《基本建设财务规则》（财政部令第81号）规定，政府单位的基本建设是指以新增工程效益或者扩大生产能力为主要目的的新建、续建、改扩建、迁建、大型维修改造工程及相关工作；基本建设资金是指为满足项目建设需要筹集和使用的资金，按照来源分为财政资金和自筹资金。

（二）在建工程核算的会计科目设置

财务会计系统下，政府单位应设置“在建工程”科目核算在建的建设项目工程的实际成本。本科目期末借方余额，反映政府单位尚未完工的建设项目工程发生的实际成本。政府单位在建的信息系统项目工程、公共基础设施项目工程、保障性住房项目工程的实际成本，也通过本科目核算。

本科目应当设置“建筑安装工程投资”“设备投资”“待摊投资”“其他投资”“待核销基建支出”“基建转出投资”等明细科目，并按照具体项目进行明细核算。

1.“建筑安装工程投资”明细科目，核算政府单位发生的构成建设项目实际支出的建筑工程和安装工程的实际成本，不包括被安装设备本身的价值以及按照合同规定支付给施工单位的预付备料款和预付工程款。本明细科目应当设置“建筑工程”和“安装工程”两个明细科目进行明细核算。

2.“设备投资”明细科目，核算政府单位发生的构成建设项目实际支出的各种设备的实际成本。

3.“待摊投资”明细科目，核算政府单位发生的构成建设项目实际支出的、按照规定应当分摊计入有关工程成本和设备成本的各项间接费用和税费支出。本明细科目应当按照上述费用项目进行明细核算，其中有些费用（如项目建设管理费等），还应当按照更为具体的费用项目进行明细核算。

本明细科目的具体核算内容包括以下方面：

（1）勘察费、设计费、研究试验费、可行性研究费及项目其他前期费用。

（2）土地征用及迁移补偿费、土地复垦及补偿费、森林植被恢复费及其他为取得土地使用权、租用权而发生的费用。

（3）土地使用税、耕地占用税、契税、车船税、印花税及按照规定缴纳的其他税费。

（4）项目建设管理费、代建管理费、临时设施费、监理费、招投标费、社会中介审计（审查）费及其他管理性质的费用。项目建设管理费是指项目建设单位从项目筹建之日起至办理竣工财务决算之日止发生的管理性质的支出，包括不在原单位发工资的工作人员工资及相关费用、办公费、办公场地租用费、差旅交通费、劳动保护费、工具用具使用费、固定资产使用费、招募生产工人费、技术图书资料费（含软件）、业务招待费、施工现场津贴、竣工验收费等。

（5）项目建设期间发生的各类专门借款利息支出或融资费用。

（6）工程检测费、设备检验费、负荷联合试车费及其他检验检测类费用。

（7）固定资产损失、器材处理亏损、设备盘亏及毁损、单项工程或单位工程报废、毁损净损失及其他损失。

（8）系统集成等信息工程的费用支出。

（9）其他待摊性质支出。

4.“其他投资”明细科目，核算政府单位发生的构成建设项目实际支出的房屋购置支出，基本畜禽、林木等购置、饲养、培育支出，办公生活用家具、器具购置支出，软件研发和不能计入设备投资的软件购置等支出。单位为进行可行性研究而购置的固定资产，以及取得土地使用权支付的土地出让金，也通过本明细科目核算。本明细科目应当设置“房屋购置”“基本畜禽支出”“林木支出”“办公生活用家具、器具购置”“可行性研究固定资产购置”“无形资产”等明细科目。

5.“待核销基建支出”明细科目，核算建设项目发生的江河清障、航道清淤、飞播造林、补助群众造林、水土保持、城市绿化、取消项目的可行性研究费以及项目整体报废等不能形成资产部分的基建投资支出。本明细科目应按照待核销基建支出的类别进行明细核算。

6.“基建转出投资”明细科目，核算为建设项目配套而建成的、产权不归属本单位的专用设施的实际成本。本明细科目应按照转出投资的类别进行明细核算。

预算会计系统下，与“在建工程”科目对应的是“行政支出”“事业支出”等科目。

（三）基本建设项目的会计核算主体确定

基本建设项目应当由负责编报基本建设项目预决算的单位（即建设单位）作为会计核算主体。建设单位应当按照《政府会计制度——行政事业单位会计科目和报表》规定在相关会计科目下分项目对基本建设项目进行明细核算。

基本建设项目管理涉及多个主体难以明确识别会计核算主体的，项目主管部门应当按照《基本建设财务规则》相关规定确定建设单位。

建设项目按照规定实行代建制的，代建单位应当配合建设单位做好项目会计核算和财务管理的基础工作。

（四）在建工程的账务处理

1. 建筑安装工程投资

（1）建筑工程转入

政府单位将固定资产等资产转入改建、扩建等时，财务会计按照固定资产等资产的账面价值，借记“在建工程——建筑安装工程投资”科目，按照已计提的折旧或摊销，借记“固定资产累计折旧”等科目，按照固定资产等资产的账面价值，贷记“固定资产”等科目；预算会计不做账。

固定资产等资产改建、扩建过程中涉及替换（或拆除）原资产的某些组成部分的，按照被替换（或拆除）部分的账面价值，借记“待处理财产损溢”科目，贷记“在建工程——建筑安装工程投资”科目；预算会计不做账。

（2）工程款的结算

政府单位对于发包建筑安装工程，财务会计根据建筑安装工程价款结算账单与施工企业结算工程价款时，按照应承付的工程价款，借记“在建工程——建筑安装工程投资”科目，按照预付工程款余额，贷记“预付账款”科目，按照其差额，贷记“财政拨款收入”“零余额账户用款额度”“银行存款”“应付账款”等科目；预算会计按照实际支付的金额借记“行政支出”“事业支出”等科目，贷记“财政拨款预算收入”“资金结存——零余额账户用款额度、货币资金”等科目。相关举例参见本章【例13-99】。

政府单位自行施工的小型建筑安装工程，按照发生的各项支出金额，借记“在建工程——建筑安装工程投资”科目，贷记“工程物资”“零余额账户用款额度”“银行存款”“应付职工薪酬”等科目；预算会计按照实际支付的金额借记“行政支出”“事业支出”等科目，贷记“资金结存——零余额账户用款额度、货币资金”等科目。

（3）工程完工

工程竣工，办妥竣工验收交接手续交付使用时，财务会计按照建筑安装工程成本(含应分摊的待摊投资)，借记“固定资产”等科目，贷记“在建工程——建筑安装工程投资”科目；预算会计不做账。

【例13-94】某事业单位2×21年7月开始对一幢办公楼进行扩建，该办公楼账面余额8 000 000元，已计提折旧6 000 000元。7至8月，工程先后支付施工单位工程价款1 000 000元，全部实行财政直接支付。8月底办公楼扩建完工后直接交付使用。该事业单位的账务处理如下：

• 7月开始转入扩建时，

财务会计			预算会计
借：在建工程——建筑安装工程投资	2 000 000		—
固定资产累计折旧	6 000 000		
贷：固定资产		8 000 000	

• 7至8月支付工程价款时，

财务会计			预算会计		
借：在建工程——建筑安装工程投资	1 000 000		借：事业支出	1 000 000	
贷：财政拨款收入		1 000 000	贷：财政拨款预算收入		1 000 000

• 8月底扩建完工后直接交付使用时，

财务会计			预算会计
借：固定资产	3 000 000		—
贷：在建工程——建筑安装工程投资		3 000 000	

该例中，如果会计主体是行政单位，预算会计确认行政支出。

【例13-95】某事业单位2×21年5月开始使用非财政拨款自行建造职工活动室，为此购入工程物资一批，价款80 000元，支付增值税进项税额10 400元，款项以银行存款支付。5至6月，工程先后领用工程物资87 000元（含增值税税额），剩余工程物资转为该单位的存货；应支付工程人员薪酬50 000元。6月底，工程完工并交付使用。该事业单位的账务处理如下：

• 5月开始购入工程物资时，

财务会计		预算会计	
借：工程物资	90 400	借：事业支出	90 400
贷：银行存款	90 400	贷：资金结存——货币资金	90 400

• 5至6月领用工程物资时，

财务会计		预算会计
借：在建工程——建筑安装工程投资	87 000	—
贷：工程物资	87 000	

• 计提工程人员薪酬时，

财务会计		预算会计
借：在建工程——建筑安装工程投资	50 000	—
贷：应付职工薪酬	50 000	

• 6月底工程完工交付使用时，

财务会计		预算会计
借：固定资产	137 000	—
贷：在建工程——建筑安装工程投资	137 000	

• 剩余工程物资转为存货时，

财务会计		预算会计
借：库存物品	3 400	—
贷：工程物资	3 400	

2. 设备投资

（1）政府单位购入设备时，财务会计按照购入成本，借记“在建工程——设备投资”科目，贷记“财政拨款收入”“零余额账户用款额度”“银行存款”等科目；预算会计按照实际支付的金额借记“行政支出”“事业支出”等科目，贷记“财政拨款预算收入”“资金结存——零余额账户用款额度、货币资金”等科目。

采用预付款方式购入设备的，有关预付款的账务处理参照“在建工程——建筑安装工程投资”科目的规定。

（2）设备安装完毕，办妥竣工验收交接手续交付使用时，财务会计按照设备投资成本（含设备安装工程成本和分摊的待摊投资），借记“固定资产”等科目，贷记“在建工程——设备投资、建筑安装工程投资——安装工程”科目；将不需要安装的设备和达不到固定资产标准的工具、器具交付使用时，按照相关设备、工具、器具的实际成本，借记“固定资产”“库存物品”科目，贷记“在建工程——设备投资”科目。预算会计不做账。

【例13-96】某事业单位购入一批需要安装的用于专业业务活动的技术设备，取得的增值税专用发票上注明的设备价款为200 000元，增值税税额26 000元，支付运输费10 900元（含税），款项通过单位零余额账户支付；安装设备时，以银行存款支付安装费用10 900元（含税）。该事业单位的账务处理如下：

● 支付设备价款和税费时，

财务会计			预算会计	
借：在建工程——设备投资	236 900		借：事业支出	236 900
贷：零余额账户用款额度		236 900	贷：资金结存——零余额账户用款额度	236 900

● 支付安装费用时，

财务会计			预算会计	
借：在建工程——设备投资	10 900		借：事业支出	10 900
贷：银行存款		10 900	贷：资金结存——货币资金	10 900

● 设备安装完工交付使用时，

财务会计			预算会计
借：固定资产	247 800		—
贷：在建工程——设备投资		247 800	

该例中，如果会计主体是行政单位，预算会计确认行政支出。

3.待摊投资

政府单位建设工程发生的构成建设项目实际支出的，按照规定应当分摊计入有关工程成本和设备成本的各项间接费用和税费支出，先在本明细科目中归集；建设工程办妥竣工验收手续交付使用时，按照合理的分配方法，摊入相关工程成本、在安装设备成本等。

（1）政府单位发生的构成待摊投资的各类费用，财务会计按照实际发生金额，借记“在建工程——待摊投资”科目，贷记“财政拨款收入”“零余额账户用款额度”“银行存款”“应付利息”“长期借款”“其他应交税费”“固定资产累计折旧”“无形资产累计摊销”等科目；预算会计按照实际支付的金额借记“行政支出”“事业支出”等科目，贷记“财政拨款预算收入”“资金结存——零余额账户用款额度、货币资金”等科目。

（2）对于建设过程中试生产、设备调试等产生的收入，财务会计按照取得的收入金额，借记“银行存款”等科目，按照依据有关规定应当冲减建设工程成本的部分，贷记“在建工程——待摊投资”科目，按照其差额贷记“应缴财政款”或“其他收入”科目；预算会计对不上缴财政的，按照其差额借记“资金结存——货币资金”科目，贷记“其他预算收入”科目。

（3）由于自然灾害、管理不善等原因造成的单项工程或单位工程报废或毁损，扣除残料价值和过失人或保险公司等赔款后的净损失，报经批准后计入继续施工的工程成本的，按照工程成本扣除残料价值和过失人或保险公司等赔款后的净损失，借记“在建工程——待摊投资”科目，按照残料变价收入、过失人或保险公司赔款等，借记“银行存款”“其他应收款”等科目，按照报废或毁损的工程成本，贷记“在建工程——建筑安装工程投资”科目；预算会计不做账。

（4）工程交付使用时，按照合理的分配方法分配待摊投资，财务会计借记“在建工程——建筑安装工程投资、设备投资”科目，贷记“在建工程——待摊投资”科目；待摊投资中有按规定应当分摊计入转出投资价值和待核销基建支出的，借记“在建工程——待核销基建支出、基建转出投资”科目，贷记“在建工程——待摊投资”科目。预算会计不做账。

待摊投资的分配方法，可按照下列公式计算：

①按照实际分配率分配。适用于建设工期较短、整个项目的所有单项工程一次竣工的建设项目。

$$\text{实际分配率}=\frac{\text{待摊投资明细科目余额}}{}\div\left(\frac{\text{建筑工程明细}}{\text{科目余额}}+\frac{\text{安装工程明细}}{\text{科目余额}}+\frac{\text{设备投资明细}}{\text{科目余额}}\right)\times100\%$$

②按照概算分配率分配。适用于建设工期长、单项工程分期分批建成投入使用的建设项目。

$$\text{概算分配率}=\left(\frac{\text{概算中各待摊投资}}{\text{项目的合计数}}-\frac{\text{其中可直接}}{\text{分配部分}}\right)\div\frac{\text{概算中建筑工程、安装}}{\text{工程和设备投资合计}}\times100\%$$

③某项固定资产应分配的待摊投资的计算。

$$\text{某项固定资产应分配的待摊投资}=\frac{\text{该项固定资产的建筑工程成本或该项固定}}{\text{资产（设备）的采购成本和安装成本合计}}\times\text{分配率}$$

相关举例参见本章【例13-99】。

4.其他投资

（1）政府单位为建设工程发生的房屋购置支出，基本畜禽、林木等的购置、饲养、培育支出，办公生活用家具、器具购置支出，软件研发和不能计入设备投资的软件购置等支出，财务会计按照实际发生金额，借记“在建工程——其他投资”科目，贷记“财政拨款收入”“零余额账户用款额度”“银行存款”等科目；预算会计按照实际支付的金额借记“行政支出”“事业支出”等科目，贷记“财政拨款预算收入”“资金结存——零余额账户用款额度、货币资金”等科目。

（2）工程完成将形成的房屋、基本畜禽、林木等各种财产以及无形资产交付使用时，按照其实际成本，借记“固定资产”“无形资产”等科目，贷记“在建工程——其他投资”科目；预算会计不做账。

5.待核销基建支出

（1）建设项目发生的江河清障、航道清淤、飞播造林、补助群众造林、水土保持、城市绿化等不能形成资产的各类待核销基建支出，财务会计按照实际发生金额，借记“在建工程——待核销基建支出”科目，贷记“财政拨款收入”“零余额账户用款额度”“银行存款”等科目；预算会计借记“行政支出”“事业支出”等科目，贷记“财政拨款预算收入”“资金结存——零余额账户用款额度、货币资金”等科目。

（2）取消的建设项目发生的可行性研究费，财务会计按照实际发生金额，借记“在建工程——待核销基建支出”科目，贷记“在建工程——待摊投资”科目；预算会计不做账。

（3）由于自然灾害等原因发生的建设项目整体报废所形成的净损失，报经批准后转入待核销基建支出，财务会计按照项目整体报废所形成的净损失，借记“在建工程——待核销基建支出”科目，按照报废工程回收的残料变价收入、保险公司赔款等，借记“银行存款”“其他应收款”等科目，按照报废的工程成本，贷记“在建工程——建筑安装工程投资”等科目；预算会计不做账。

（4）建设项目竣工验收交付使用时，对发生的待核销基建支出进行冲销，财务会计借记“资产处置费用”科目，贷记“在建工程——待核销基建支出”科目；预算会计不做账。

【例13-97】某事业单位2×21年4月1日进行安装中的一批专用设备因为水灾造成整体报废，该安装工程的成本为500 000元，报废设备回收的残料变价收入50 000元，报废所形成的净损失共计450 000元，报经批准后转入待核销基建支出。4月10日对发生的待核销基建支出进行冲销。该事业单位的账务处理如下：

- 2×21年4月1日将报废所形成的净损失转入待核销基建支出时，

财务会计			预算会计
借：在建工程——待核销基建支出	450 000		—
银行存款	50 000		
贷：在建工程——建筑安装工程投资		500 000	

- 2×21年4月10日对发生的待核销基建支出进行冲销时，

财务会计			预算会计
借：资产处置费用	450 000		—
贷：在建工程——待核销基建支出		450 000	

6.基建转出投资

政府单位为建设项目配套而建成的、产权不归属本单位的专用设施或建设项目竣工验收交付使用时，按规定直接转入建设单位以外的会计主体的，建设单位按照转出的专用设施或建设项目的成本，借记“在建工程——基建转出投资”科目，贷记“在建工程——建筑安装工程投资”科目；同时，借记“无偿调拨净资产”科目，贷记“在建工程——基建转出投资”科目。预算会计不做账。

如果建设项目竣工验收交付使用时，按规定先转入建设单位，再无偿划拨给其他会计主体的，建设单位应当按照《政府会计制度——行政事业单位会计科目和报表》规定，先将在建工程转入“固定资产”“公共基础设施”等科目，再按照无偿调拨资产相关规定进行账务处理。

建设单位与资产调入方应当按规定做好资产核算工作的衔接和相关会计资料的交接，确保交付使用资产在记账上不重复、不遗漏。

【例13-98】某事业单位2×21年6月1日将建设完工的一幢实验楼交付使用，实验楼中的配套专用设施450 000元不属于该事业单位的产权，将其转出。该事业单位的账务处理如下：

	财务会计		预算会计
借：在建工程——基建转出投资	450 000		—
贷：在建工程——建筑安装工程投资		450 000	
借：无偿调拨净资产	450 000		
贷：在建工程——基建转出投资		450 000	

如果配套专用设施450 000元按规定先转入建设单位，再无偿划拨给产权单位，

	财务会计		预算会计
借：固定资产	450 000		—
贷：在建工程——建筑安装工程投资		450 000	
借：无偿调拨净资产	450 000		
贷：固定资产		450 000	

（五）代建制项目的账务处理

政府单位的建设项目实行代建制的（政府单位为建设单位），建设单位应当要求代建单位通过工程结算或年终对账确认在建工程成本的方式，提供项目明细支出、建设工程进度和项目建设成本等资料，归集“在建工程”成本，及时核算所形成的“在建工程”资产，全面核算项目建设成本等情况。有关账务处理如下：

1. 建设单位的账务处理

（1）拨付代建单位工程款时，财务会计按照拨付的款项金额，借记“预付账款——预付工程款”科目，贷记“财政拨款收入”“零余额账户用款额度”“银行存款”等科目；预算会计借记“行政支出”“事业支出”等科目，贷记“财政拨款预算收入”“资金结存”科目。

（2）按照工程进度结算工程款或年终代建单位对账确认在建工程成本时，财务会计按照确定的金额，借记“在建工程——建筑安装工程投资、设备投资”科目，贷记“预付账款——预付工程款”等科目。

（3）确认代建管理费时，财务会计按照确定的金额，借记“在建工程——待摊投资”科目，贷记“预付账款——预付工程款”等科目。

（4）项目完工交付使用资产时，财务会计按照代建单位转来在建工程成本中尚未确认入账的金额，借记“在建工程——建筑安装工程投资、设备投资”科目，贷记“预付账款——预付工程款”等科目；同时，按照在建工程成本，借记“固定资产”“公共基础设施”等科目，贷记“在建工程”科目。工程结算、确认代建费或竣工决算时涉及补付资金的，应当在确认在建工程的同时，按照补付的金额，贷记“财政拨款收入”“零余额账户用款额度”“银行存款”等科目；同时在预算会计中进行相应的账务处理。

【例13-99】某事业单位经批准新建信息中心大楼，包括建造信息中心大楼、安装计算机设备系统和安装空调设备系统等三个工程。2×21年2月1日，该单位与甲建筑公

司签订合同，将信息中心大楼工程出包给甲公司（建设项目实行代建制）。双方约定，建造信息中心大楼的价款60 000 000元，安装计算机设备系统的价款7 000 000元，安装空调设备系统的价款5 000 000元。其他有关资料如下：

（1）2×21年2月1日，单位向甲公司预付信息中心大楼工程价款30 000 000元，款项采用财政直接支付方式支付。

（2）2×21年6月9日，单位购入需要安装的计算机设备，价款总计8 000 000元，款项采用财政直接支付方式支付。

（3）2×21年7月1日，单位向甲公司预付信息中心大楼工程价款30 000 000元，款项采用财政直接支付方式支付。

（4）2×21年10月20日，单位购入需要安装的空调设备，价款总计2 000 000元，款项采用财政授权支付方式支付。

（5）2×21年11月15日，单位将采购的计算机和空调设备运抵现场，交付甲公司安装。

（6）工程项目发生管理费用、设计费、监理费、招投标费共计164 000元，款项以银行存款支付。

（7）2×21年12月26日，所有工程完成，单位收到甲公司的有关工程结算单据后，补付剩余工程款，采用财政直接支付方式支付。

该事业单位的账务处理如下：

• 2月1日，预付信息中心大楼工程款，

财务会计			预算会计		
借：预付账款——预付工程款	30 000 000		借：事业支出	30 000 000	
贷：财政拨款收入		30 000 000	贷：财政拨款预算收入		30 000 000

• 6月9日，购入计算机设备，

财务会计			预算会计		
借：工程物资——计算机设备	8 000 000		借：事业支出	8 000 000	
贷：财政拨款收入		8 000 000	贷：财政拨款预算收入		8 000 000

• 7月1日，预付信息中心大楼工程款，

财务会计			预算会计		
借：预付账款——预付工程款	30 000 000		借：事业支出	30 000 000	
贷：财政拨款收入		30 000 000	贷：财政拨款预算收入		30 000 000

• 10月20日，购入空调设备，

财务会计			预算会计		
借：工程物资——空调设备	2 000 000		借：事业支出	2 000 000	
贷：零余额账户用款额度		2 000 000	贷：资金结存——零余额账户用款额度		2 000 000

• 11月15日，将计算机和空调交付安装，

财务会计		预算会计	
借：在建工程——设备投资	10 000 000	—	
贷：工程物资——计算机设备	8 000 000		
——空调设备	2 000 000		

• 支付工程项目发生的管理费用、设计费、监理费、招投标费，

财务会计		预算会计	
借：在建工程——待摊投资	164 000	借：事业支出	164 000
贷：银行存款	164 000	贷：资金结存——货币资金	164 000

• 12月26日，结算工程余款，

财务会计		预算会计	
借：在建工程——建筑安装工程投资——信息中心大楼	60 000 000	借：事业支出	12 000 000
——计算机设备安装	7 000 000	贷：财政拨款预算收入	12 000 000
——空调设备安装	5 000 000		
贷：财政拨款收入	12 000 000		
预付账款——预付工程款	60 000 000		

• 分摊待摊投资，

待摊投资分配率=164 000÷（60 000 000+7 000 000+ 5 000 000+10 000 000）×100%=0.2%

信息中心大楼应分摊的待摊投资=60 000 000×0.2%=120 000（元）

计算机设备安装应分摊的待摊投资=7 000 000×0.2%=14 000（元）

空调设备安装应分摊的待摊投资=5 000 000×0.2%=10 000（元）

计算机设备应分摊的待摊投资=8 000 000×0.2%=16 000（元）

空调设备应分摊的待摊投资=2 000 000×0.2%=4 000（元）

财务会计		预算会计
借：在建工程——建筑安装工程投资——信息中心大楼	120 000	
——计算机设备安装	14 000	
——空调设备安装	10 000	—
——设备投资——计算机设备	16 000	
——空调设备	4 000	
贷：在建工程——待摊投资	164 000	

• 结转固定资产，

财务会计		预算会计
借：固定资产	82 164 000	
贷：在建工程——建筑安装工程投资——信息中心大楼	60 120 000	
——计算机设备安装	7 014 000	
——空调设备安装	5 010 000	
——设备投资——计算机设备	8 016 000	
——空调设备	2 004 000	

该例中，如果会计主体是行政单位，预算会计应确认行政支出。

2. 代建单位的账务处理

代建单位为事业单位的，应当设置“1615代建项目”一级科目，并与建设单位相对应，按照工程性质和类型设置“建筑安装工程投资”“设备投资”“待摊投资”“其他投资”“待核销基建支出”“基建转出投资”等明细科目，对所承担的代建项目建设成本进行会计核算，全面反映工程的资金资源消耗情况；同时，在“代建项目”科目下设置“代建项目转出”明细科目，通过工程结算或年终对账确认在建工程成本的方式，将代建项目的成本转出，体现在建设单位相应“在建工程”账上。年末，“代建项目”科目应无余额。有关账务处理规定如下：

（1）收到建设单位拨付的建设项目资金时，财务会计按照收到的款项金额，借记“银行存款”等科目，贷记“预收账款——预收工程款”科目。预算会计不做账。

（2）工程项目使用资金或发生其他耗费时，财务会计按照确定的金额，借记“代建项目——建筑安装工程投资、设备投资”科目，贷记“银行存款”“应付职工薪酬”“工程物资”“固定资产累计折旧”等科目；预算会计不做账。

（3）按工程进度与建设单位结算工程款或年终与建设单位对账确认在建工程成本并转出时，财务会计按照确定的金额，借记“代建项目——代建项目转出”科目，贷记“代建项目——建筑安装工程投资、设备投资”科目，同时，借记“预收账款——预收工程款”等科目，贷记“代建项目——代建项目转出”科目；预算会计不做账。

（4）确认代建费收入时，按照确定的金额，财务会计借记“预收账款——预收工程款”等科目，贷记有关收入科目；预算会计借记“资金结存”科目，贷记有关预算收入科目。

（5）项目完工交付使用资产时，财务会计按照代建项目未转出的在建工程成本，借记“代建项目——代建项目转出”科目，贷记“代建项目——建筑安装工程投资、设备投资”科目，同时，借记“预收账款——预收工程款”等科目，贷记“代建项目——代建项目转出”科目。工程竣工决算时收到补付资金的，按照补付的金额，借记“银行存款”等科目，贷记“预收账款——预收工程款”科目；预算会计不做账。

代建单位为企业的，按照企业类会计准则制度相关规定进行账务处理。

【例13-100】某事业单位2×21年6月1日承接甲行政单位一项建筑安装工程的代建制项目，根据合同约定，收到甲单位拨付的建设项目资金800 000元；6月2日购买代建制项目所需要的工程物资，价值400 000元；6月3日为该代建制项目使用一批工程物资价值400 000元；6月10日确认代建费收入100 000元；6月30日支付与项目相关的建筑安装费用200 000元、计提相关职工薪酬150 000元。7月1日该代建制项目完工交付使用，与甲单位办理工程竣工决算时，结算工程款750 000元，确认该代建项目未转出的在建工程成本750 000元；7月2日收到甲单位的补付金额50 000元。该事业单位的账务处理如下：

2×21年6月1日收到甲单位拨付的建设项目资金时，

财务会计			预算会计
借：银行存款	800 000		—
贷：预收账款——预收工程款		800 000	

6月2日购买代建制项目所需要的工程物资时，

财务会计			预算会计
借：工程物资	400 000		—
贷：银行存款		400 000	

6月3日为该代建制项目使用工程物资时，

财务会计			预算会计
借：代建项目——建筑安装工程投资	400 000		—
贷：工程物资		400 000	

6月10日确认代建费收入时，

财务会计			预算会计		
借：预收账款——预收工程款	100 000		借：资金结存——货币资金	100 000	
贷：事业收入		100 000	贷：事业预算收入		100 000

6月30日支付与项目相关的建筑安装费用、职工薪酬时，

财务会计			预算会计
借：代建项目——建筑安装工程投资	350 000		
贷：银行存款		200 000	—
应付职工薪酬		150 000	

7月1日项目完工交付使用时，

财务会计			预算会计
借：代建项目——代建项目转出	750 000		
贷：代建项目——建筑安装工程投资		750 000	—
借：预收账款——预收工程款	750 000		
贷：代建项目——代建项目转出		750 000	

7月2日收到甲单位的补付金额时，

财务会计			预算会计
借：银行存款	50 000		—
贷：预收账款——预收工程款		50 000	

六、无形资产

（一）无形资产的确认和计量

1. 无形资产的概念

无形资产，是指政府单位控制的，没有实物形态的可辨认非货币性资产，如专利权、商标权、著作权、土地使用权、非专利技术等。资产满足下列条件之一的，符合无

形资产定义中的可辨认性标准：(1) 能够从政府单位中分离或者划分出来，并能单独或者与相关合同、资产或负债一起，用于出售、转移、授予许可、租赁或者交换。(2) 源自合同性权利或其他法定权利，无论这些权利是否可以从政府单位或其他权利和义务中转移或者分离。

2. 无形资产的确认条件

无形资产同时满足下列条件的，应当予以确认：(1) 与该无形资产相关的服务潜力很可能实现或者经济利益很可能流入政府单位。(2) 该无形资产的成本或者价值能够可靠地计量。政府单位在判断无形资产的服务潜力或经济利益是否很可能实现或流入时，应当对无形资产在预计使用年限内可能存在的各种社会、经济、科技因素做出合理估计，并且应当有确凿的证据支持。

政府单位购入的不构成相关硬件不可缺少组成部分的软件，应当确认为无形资产。

政府单位自创商誉及内部产生的品牌、报刊名等，不应确认为无形资产。

政府单位非大批量购入、单价小于1 000元的无形资产，可以于购买的当期将其成本直接计入当期费用，不确认无形资产。

3. 无形资产的计量

无形资产在取得时应当按照成本进行初始计量。通过不同方式取得的无形资产的成本确定参见无形资产取得的核算。

无形资产的后续计量包括无形资产的摊销和处置。具体计量方法参见无形资产摊销和处置的核算。

（二）无形资产核算的会计科目设置

财务会计系统下，政府单位应设置“无形资产”和“研发支出”科目。

“无形资产”科目，核算无形资产的原值。本科目应当按照无形资产的类别、项目等进行明细核算。本科目期末借方余额，反映单位无形资产的成本。

“研发支出”科目，核算自行研究开发项目研究阶段和开发阶段发生的各项支出。建设项目中的软件研发支出，应当通过“在建工程”科目核算，不通过本科目核算。本科目应当按照自行研究开发项目，分别“研究支出”“开发支出”进行明细核算。本科目期末借方余额，反映单位预计能达到预定用途的研究开发项目在开发阶段发生的累计支出数。

预算会计系统下，与“无形资产”和“研发支出”科目对应的是“行政支出”“事业支出”等科目。

（三）无形资产的账务处理

1. 无形资产的取得

政府单位无形资产取得的方式主要包括外购、委托开发、自行研究开发、接受捐赠、无偿调入、置换取得。

(1) 外购的无形资产

政府单位外购的无形资产，其成本包括购买价款、相关税费以及可归属于该项资产达到预定用途前所发生的其他支出。

无形资产取得时涉及增值税业务的，相关账务处理参见“应交增值税”科目。

政府单位外购的无形资产，财务会计按照确定的成本，借记“无形资产”科目，贷记“财政拨款收入”“零余额账户用款额度”“应付账款”“银行存款”等科目；预算会计按照实际支付的金额借记“行政支出”“事业支出”等科目，贷记“财政拨款预算收入”“资金结存——零余额账户用款额度、货币资金”科目。

【例13-101】某事业单位通过单位零余额账户支用款项购买专利权一项，价值200 000元。该事业单位的账务处理如下：

财务会计			预算会计		
借：无形资产——专利权	200 000		借：事业支出	200 000	
贷：零余额账户用款额度		200 000	贷：资金结存——零余额账户用款额度		200 000

该例中，如果会计主体是行政单位，预算会计应确认行政支出。

【例13-102】某政府单位经批准取得500平方米的土地使用权用于办公楼的建设，价值2 000 000元，款项尚未支付。该政府单位的账务处理如下：

财务会计			预算会计
借：无形资产——土地使用权	2 000 000		—
贷：应付账款		2 000 000	

（2）委托开发的无形资产

政府单位委托软件公司开发的软件，视同外购无形资产确定其成本并进行账务处理。

合同中约定预付开发费用的，财务会计按照预付金额，借记“预付账款”科目，贷记“财政拨款收入”“零余额账户用款额度”“银行存款”等科目；软件开发完成交付使用并支付剩余或全部软件开发费用时，按照软件开发费用总额，借记“无形资产”科目，按照相关预付账款金额，贷记“预付账款”科目，按照支付的剩余金额，贷记“财政拨款收入”“零余额账户用款额度”“银行存款”等科目。预算会计按照实际支付的金额借记“事业支出”“经营支出”等科目，贷记“财政拨款预算收入”“资金结存——零余额账户用款额度、货币资金”科目。

【例13-103】某事业单位委托软件公司开发财务软件，双方合同确定的开发费用总额为200 000元。按照合同约定，开发前预付开发费用100 000元，开发完成并交付使用时再付100 000元。全部款项采用财政直接支付。该事业单位的账务处理如下：

财务会计			预算会计		
借：预付账款	100 000		借：事业支出	100 000	
贷：财政拨款收入		100 000	贷：财政拨款预算收入		100 000

- 软件开发完成交付使用并支付剩余开发费用时，

财务会计		预算会计	
借：无形资产——财务软件 200 000		借：事业支出	100 000
贷：财政拨款收入	100 000	贷：财政拨款预算收入	100 000
预付账款	100 000		

该例中，如果会计主体是行政单位，预算会计应确认行政支出。

（3）自行开发的无形资产

政府单位自行研究开发形成的无形资产，其成本包括自该项目进入开发阶段后至达到预定用途前所发生的支出总额。

政府单位自行研究开发项目的支出，应当区分研究阶段支出与开发阶段支出。

研究是指为获取并理解新的科学或技术知识而进行的独创性的有计划调查。政府单位自行研究开发项目研究阶段的支出，应当于发生时计入当期费用。

开发是指在进行生产或使用前，将研究成果或其他知识应用于某项计划或设计，以生产出新的或具有实质性改进的材料、装置、产品等。政府单位自行研究开发项目开发阶段的支出，先按合理方法进行归集，如果最终形成无形资产的，应当确认为无形资产；如果最终未形成无形资产的，应当计入当期费用。政府单位自行研究开发项目尚未进入开发阶段，或者确实无法区分研究阶段支出和开发阶段支出，但按法律程序已申请取得无形资产的，应当将依法取得时发生的注册费、聘请律师费等费用确认为无形资产。

①自行研究开发项目研究阶段的支出，应当先在“研发支出”科目归集。按照从事研究及其辅助活动人员计提的薪酬，研究活动领用的库存物品，发生的与研究活动相关的管理费、间接费和其他各项费用，财务会计借记“研发支出——研究支出”科目，贷记“应付职工薪酬”“库存物品”“财政拨款收入”“零余额账户用款额度”“固定资产累计折旧”“银行存款”等科目；预算会计按照实际支付的各项费用金额借记“行政支出”“事业支出”等科目，贷记“财政拨款预算收入”“资金结存——零余额账户用款额度、货币资金”科目。

期（月）末，应当将“研发支出”科目归集的研究阶段的支出金额转入当期费用，财务会计借记“业务活动费用”等科目，贷记“研发支出——研究支出”科目。预算会计不做账。

②自行研究开发项目开发阶段的支出，先通过“研发支出”科目进行归集。按照从事开发及其辅助活动人员计提的薪酬，开发活动领用的库存物品，发生的与开发活动相关的管理费、间接费和其他各项费用，财务会计借记“研发支出——开发支出”科目，贷记“应付职工薪酬”“库存物品”“财政拨款收入”“零余额账户用款额度”“固定资产累计折旧”“银行存款”等科目。预算会计按照实际支付的各项费用金额借记“行政支出”“事业支出”等科目，贷记“财政拨款预算收入”“资金结存——零余额账户用款额度、货币资金”科目。

自行研究开发项目完成，达到预定用途形成无形资产的，按照“研发支出”科目归集的开发阶段的支出金额（研究开发项目进入开发阶段后至达到预定用途前所发生的支出总额），财务会计借记“无形资产”科目，贷记“研发支出——开发支出”科目。预算会计不做账。

自行研究开发项目尚未进入开发阶段，或者确实无法区分研究阶段支出和开发阶段支出，但按照法律程序已申请取得无形资产的，按照依法取得时发生的注册费、聘请律师费等费用，财务会计借记“无形资产”科目，贷记“财政拨款收入”“零余额账户用款额度”“银行存款”等科目；按照依法取得前所发生的研究开发支出，借记“业务活动费用”等科目，贷记“研发支出”科目。预算会计按照实际支付的注册费、聘请律师费等费用借记“事业支出”“经营支出”等科目，贷记“财政拨款预算收入”“资金结存——零余额账户用款额度、货币资金”科目。

政府单位应于每年年度终了，评估研究开发项目是否能达到预定用途，如预计不能达到预定用途（如无法最终完成开发项目并形成无形资产的），应当将已发生的开发支出金额全部转入当期费用，借记“业务活动费用”等科目，贷记“研发支出——开发支出”科目。预算会计不做账。

自行研究开发项目涉及增值税业务的，相关账务处理参见“应交增值税”科目。

【例13-104】2×21年2月1日某事业单位自行研究开发某项新智能产品非专利技术，在研究开发过程中发生材料费500 000元、人工工资100 000元、通过单位零余额账户支付其他费用200 000元，总计800 000元。其中属于开发阶段的支出600 000元。2×21年12月31日，该非专利技术开发完成，已经达到预定用途。该事业单位的账务处理如下：

• 2×21年2月1日发生研发支出时，

财务会计			预算会计	
借：研发支出——研究支出	200 000		借：事业支出	200 000
——开发支出	600 000		贷：资金结存——零余额账户用款额度	200 000
贷：库存物品		500 000		
应付职工薪酬		100 000		
零余额账户用款额度		200 000		

• 2×21年12月31日非专利技术开发完成达到预定用途时，

财务会计			预算会计
借：业务活动费用	200 000		
无形资产——非专利技术	600 000		—
贷：研发支出——研究支出		200 000	
——开发支出		600 000	

该例中，如果会计主体是行政单位，预算会计应确认行政支出。

（4）接受捐赠的无形资产

政府单位接受捐赠的无形资产，其成本按照有关凭据注明的金额加上相关税费确定；没有相关凭据可供取得，但按规定经过资产评估的，其成本按照评估价值加上相关税费确定；没有相关凭据可供取得、也未经资产评估的，其成本比照同类或类似资产的市场价格加上相关税费确定；没有相关凭据且未经资产评估、同类或类似资产的市场价格也无法可靠取得的，按照名义金额入账，相关税费计入当期费用。确定接受捐赠无形资产的初始入账成本时，应当考虑该项资产尚可为政府单位带来服务潜力或经济利益的能力。其中，“凭据”和“同类或类似资产的市场价格”含义参照存货的相关规定。政府单位接受捐赠的无形资产，财务会计按照确定的无形资产成本，借记“无形资产”科目，按照发生的相关税费等，贷记“零余额账户用款额度”“银行存款”等科目，按照其差额，贷记“捐赠收入”科目。接受捐赠的无形资产按照名义金额入账的，按照名义金额，借记“无形资产”科目，贷记“捐赠收入”科目；同时，按照发生的相关税费等，借记“其他费用”科目，贷记“零余额账户用款额度”“银行存款”等科目。预算会计按照实际支付的相关税费等借记“其他支出”科目，贷记“资金结存——零余额账户用款额度、货币资金”科目。

【例13-105】某政府单位获得一公司捐赠的一项专利权，价值70 000元；以银行存款支付相关税费5 000元。该政府单位的账务处理如下：

财务会计			预算会计		
借：无形资产——专利权	705 000		借：其他支出	5 000	
贷：捐赠收入		700 000	贷：资金结存——货币资金		5 000
银行存款		5 000			

上述接受捐赠的无形资产如果按照名义金额入账的，则：

财务会计			预算会计		
借：无形资产	1		借：其他支出	5 000	
贷：捐赠收入		1	贷：资金结存——货币资金		5 000
借：其他费用	5 000				
贷：银行存款		5 000			

（5）无偿调入的无形资产

政府单位无偿调入的无形资产，其成本按照调出方账面价值加上相关税费确定。但是，无偿调入的无形资产在调出方的账面价值为零（即已经按制度规定提足摊销）或账面余额为名义金额的，应当将调入过程中其承担的相关税费计入当期费用，不计入调入资产的初始入账成本。

政府单位无偿调入的无形资产，财务会计按照确定的无形资产成本，借记“无形资产”科目，按照发生的相关税费等，贷记“零余额账户用款额度”“银行存款”等科目，按照其差额，贷记“无偿调拨净资产”科目。预算会计按照实际支付的相关税费等借记“其他支出”科目，贷记“资金结存——零余额账户用款额度、货币资金”科目。

无偿调入无形资产在调出方的账面价值为零的，财务会计按照该项资产在调出方的账面余额，借记“无形资产”科目，按照该项资产在调出方已经计提的摊销金额（与资产账面余额相等），贷记“无形资产累计摊销”科目；按照支付的相关税费，借记“其他费用”科目，贷记“零余额账户用款额度”“银行存款”等科目。预算会计按照支付的相关税费，借记“其他支出”科目，贷记“资金结存——零余额账户用款额度、货币资金”科目。

无偿调入资产在调出方的账面余额为名义金额的，财务会计按照名义金额，借记“无形资产”科目，贷记“无偿调拨净资产”科目；按照支付的相关税费，借记“其他费用”科目，贷记“零余额账户用款额度”“银行存款”等科目。预算会计按照支付的相关税费，借记“其他支出”科目，贷记“资金结存——零余额账户用款额度、货币资金”科目。

【例13-106】某政府单位获得政府无偿提供的5 000平方米的土地使用权，价格为每平方米7 000元。该政府单位的账务处理如下：

财务会计			预算会计
借：无形资产——土地使用权	35 000 000		—
贷：无偿调拨净资产		35 000 000	

【例13-107】某政府单位无偿调入的专利权在调出单位的账面余额为名义金额。该政府单位的账务处理如下：

财务会计			预算会计
借：无形资产——专利权	1		—
贷：无偿调拨净资产		1	

【例13-108】某政府单位经批准从兄弟单位无偿调入一项著作权，该著作权在调出单位的账面价值为零，账面余额和已经计提的摊销金额均为50 000元。该政府单位的账务处理如下：

财务会计			预算会计
借：无形资产——著作权	50 000		—
贷：无形资产累计摊销		50 000	

（6）置换取得的无形资产

政府单位通过置换取得的无形资产，其成本按照换出资产的评估价值加上支付的补价或减去收到的补价，加上换入无形资产发生的其他相关支出确定。

政府单位置换取得的无形资产，参照“库存物品”科目中置换取得库存物品的相关规定进行账务处理。

2. 与无形资产有关的后续支出

与无形资产有关的后续支出，符合无形资产的确认条件的，应当计入无形资产成本；不符合无形资产的确认条件的，应当在发生时计入当期费用或者相关资产成本。

（1）符合无形资产确认条件的后续支出

政府单位为增加无形资产的使用效能对其进行升级改造或扩展其功能时，如需暂停对无形资产进行摊销的，财务会计按照无形资产的账面价值，借记“在建工程”科目，按照无形资产已摊销金额，借记“无形资产累计摊销”科目，按照无形资产的账面余额，贷记“无形资产”科目；预算会计不做账。

无形资产后续支出符合无形资产确认条件的，按照支出的金额，借记“无形资产”科目［无需暂停摊销的］或“在建工程”科目［需暂停摊销的］，贷记“财政拨款收入”“零余额账户用款额度”“银行存款”等科目；预算会计按照实际支付金额借记“行政支出”“事业支出”等科目，贷记“财政拨款预算收入”“资金结存——零余额账户用款额度、货币资金”科目。

暂停摊销的无形资产升级改造或扩展功能等完成交付使用时，财务会计按照在建工程成本，借记“无形资产”科目，贷记“在建工程”科目；预算会计不做账。

（2）不符合无形资产确认条件的后续支出

为保证无形资产正常使用发生的日常维护等支出，借记“业务活动费用”“单位管理费用”等科目，贷记“财政拨款收入”“零余额账户用款额度”“银行存款”等科目；预算会计借记“行政支出”“事业支出”等科目，贷记“财政拨款预算收入”“资金结存——零余额账户用款额度、货币资金”科目。

（3）专利权维护费

政府单位应当按照《政府会计准则第4号——无形资产》规定，将依法取得的专利权确认为无形资产，并进行后续摊销。在以后年度，单位按照相关规定发生的专利权维护费，应当在发生时计入当期费用，原确定的无形资产摊销年限不据此调整。

【例13-109】某事业单位2×21年6月1日开始对原有的财务软件系统进行升级改造，该无形资产账面余额500 000元，已摊销金额250 000元；6月2日通过单位零余额账户支付升级改造款项200 000元；该财务软件于7月30日升级改造完成并交付使用。2×21年12月10日对财务软件系统进行日常维护，以银行存款支付维护费3 000元。该事业单位的账务处理如下：

• 2×21年6月1日财务软件系统转入升级改造时，

财务会计			预算会计
借：在建工程	250 000		
无形资产累计摊销	250 000		—
贷：无形资产——财务软件		500 000	

• 2×21年6月2日支付财务软件系统升级改造款时，

财务会计			预算会计		
借：在建工程	200 000		借：事业支出	200 000	
贷：无形资产——财务软件		200 000	贷：资金结存——零余额账户用款额度		200 000

• 2×21年7月30日财务软件系统升级改造完成时，

财务会计			预算会计	
借：无形资产——财务软件	450 000		—	
贷：在建工程		450 000		

- 2×21年12月10日支付财务软件系统日常维护费时，

财务会计			预算会计		
借：单位管理费用	3 000		借：事业支出	3 000	
贷：银行存款		3 000	贷：资金结存——货币资金		3 000

该例中，如果会计主体是行政单位，支付的财务软件系统日常维护费，财务会计确认业务活动费用；实际支付维护费和升级改造款，预算会计均确认行政支出。

3. 无形资产摊销

（1）无形资产摊销范围

无形资产摊销是指在无形资产使用年限内，按照确定的方法对应摊销金额进行系统分摊。

政府单位应当对使用年限有限的无形资产进行摊销，但已摊销完毕仍继续使用的无形资产和以名义金额计量的无形资产除外。

（2）无形资产使用年限的确定

政府单位应当于取得或形成无形资产时合理确定其使用年限。无形资产的使用年限为有限的，应当估计该使用年限；无法预见无形资产为政府单位提供服务潜力或者带来经济利益期限的，应当视为使用年限不确定的无形资产。

对于使用年限有限的无形资产，政府单位应当按照以下原则确定无形资产的摊销年限：①法律规定了有效年限的，按照法律规定的有效年限作为摊销年限；②法律没有规定有效年限的，按照相关合同或单位申请书中的受益年限作为摊销年限；③法律没有规定有效年限、相关合同或单位申请书也没有规定受益年限的，应根据无形资产为政府单位带来服务潜力或经济利益的实际情况，预计其使用年限；④非大批量购入、单价小于1 000元的无形资产，可以于购买的当期将其成本一次性全部转销。

（3）无形资产摊销的方法

政府单位应当按月对使用年限有限的无形资产进行摊销，并根据用途计入当期费用或者相关资产成本。使用年限不确定的无形资产不应摊销。

政府单位应当采用年限平均法或者工作量法对无形资产进行摊销，应摊销金额为其成本，不考虑预计残值。

年限平均法是指将无形资产的应摊销金额均衡地分摊到无形资产有限使用年限内的一种方法。采用这种方法计算的每期摊销额相等。其计算公式如下：

年摊销额=无形资产原值÷预计使用年限

月摊销额=无形资产年摊销额÷12

工作量法是根据实际工作量计算每期应计提摊销额的一种方法。其计算公式如下：

单位工作量摊销额=无形资产原值÷预计总工作量

某项无形资产月摊销额=该项无形资产当月工作量×单位工作量摊销额

（4）无形资产摊销计提时点

政府单位应当自无形资产取得当月起，按月计提摊销；无形资产减少的当月，不再计提摊销。无形资产提足摊销后，无论能否继续带来服务潜力或经济利益，均不再计提摊销；核销的无形资产，如果未提足摊销，也不再补提摊销。因发生后续支出而增加无形资产成本的，应当按照重新确定的无形资产成本，重新计算摊销额。

政府单位因发生后续支出而增加无形资产成本的，对于使用年限有限的无形资产，应当按照重新确定的无形资产成本以及重新确定的摊销年限计算摊销额。

（5）无形资产摊销核算的会计科目设置

财务会计系统下，政府单位应设置“无形资产累计摊销”科目核算对使用年限有限的无形资产计提的累计摊销。本科目应当按照所对应无形资产的明细分类进行明细核算。本科目期末贷方余额，反映政府单位计提的无形资产摊销累计数。

预算会计系统下，对计提无形资产摊销不做账。

（6）无形资产摊销的账务处理

政府单位按月对无形资产进行摊销时，财务会计按照应摊销金额，借记“业务活动费用”“单位管理费用”“加工物品”“在建工程”等科目，贷记“无形资产累计摊销”科目；预算会计不做账。

政府单位经批准处置无形资产时，财务会计按照所处置无形资产的账面价值，借记“资产处置费用”“无偿调拨净资产”“待处理财产损溢”等科目，按照已计提摊销，借记“无形资产累计摊销”科目，按照无形资产的账面余额，贷记“无形资产”科目；预算会计不做账。相关举例参见无形资产处置的核算。

【例13-110】某行政单位采用年限平均法计提无形资产摊销额，本月计提的摊销额为50 000元。该行政单位的账务处理如下：

财务会计			预算会计
借：业务活动费用	50 000		—
贷：无形资产累计摊销		50 000	

【例13-111】某事业单位采用年限平均法计提无形资产摊销额，各部门无形资产按月计提摊销额见表13-4。

表13-4　**某事业单位各部门无形资产按月计提摊销额**　单位：元

部门类别	月摊销额
从事专业业务活动部门	48 000
行政管理部门	8 000
后勤部门	4 000
从事经营活动部门	3 000

根据上述资料，该事业单位账务处理如下：

财务会计			预算会计
借：业务活动费用	48 000		—
单位管理费用	12 000		
经营费用	3 000		
贷：无形资产累计摊销		63 000	

4. 无形资产处置

政府单位无形资产处置的方式主要包括出售、转让、对外捐赠、无偿调出、置换换出、对外投资、核销等。

无形资产处置时涉及增值税业务的，相关账务处理参见“应交增值税”科目。

（1）出售、转让的无形资产

政府单位按规定报经批准出售无形资产，应当将无形资产账面价值转销计入当期费用，并将处置收入大于相关处置税费后的差额按规定计入当期收入或者做应缴款项处理，将处置收入小于相关处置税费后的差额计入当期费用。

政府单位报经批准出售、转让无形资产，按照被出售、转让无形资产的账面价值，借记“资产处置费用”科目，按照无形资产已计提的摊销，借记“无形资产累计摊销”科目，按照无形资产账面余额，贷记“无形资产”科目；同时，按照收到的价款，借记“银行存款”等科目，按照处置过程中发生的相关费用，贷记“银行存款”等科目，按照其差额，贷记“应缴财政款”［按照规定应上缴无形资产转让净收入的］或“其他收入”［按照规定将无形资产转让收入纳入本单位预算管理的］科目。对于转让收入纳入本单位预算管理的，预算会计按照实际收到价款扣减处置过程中发生的相关费用的差额，借记“资金结存——货币资金”科目，贷记“其他预算收入”科目。

【例13-112】某政府单位经批准出售一项专利权，该专利权的账面余额为200 000元，已计提摊销120 000元，取得出售价款92 700元，款项已存入银行。该政府单位的账务处理如下：

- 如果按照规定无形资产转让净收入上缴财政，

财务会计			预算会计
借：资产处置费用	80 000		
无形资产累计摊销	120 000		
贷：无形资产——专利权		200 000	
借：银行存款	92 700		—
贷：应交增值税		2 700	
其他应交税费		324	
应缴财政款		89 676	

- 如果按照规定应将无形资产转让净收入纳入本单位预算管理，

财务会计			预算会计		
借：资产处置费用	80 000		借：资金结存——货币资金	92 700	
无形资产累计摊销	120 000		贷：其他预算收入		92 700
贷：无形资产——专利权		200 000			
借：银行存款	92 700				
贷：应交增值税		2 700			
其他应交税费		324			
其他收入		89 676			

（2）对外捐赠、无偿调出的无形资产

政府单位按规定报经批准对外捐赠、无偿调出无形资产的，应当将无形资产的账面价值予以转销，对外捐赠、无偿调出中发生的归属于捐出方、调出方的相关费用应当计入当期费用。

政府单位报经批准对外捐赠无形资产，财务会计按照无形资产已计提的摊销，借记“无形资产累计摊销”科目，按照被处置无形资产账面余额，贷记“无形资产”科目，按照捐赠过程中发生的归属于捐出方的相关费用，贷记“银行存款”等科目，按照其差额，借记“资产处置费用”科目。预算会计按照实际支付的归属于捐出方的相关费用，借记“其他支出”科目，贷记“资金结存——货币资金”科目。

政府单位报经批准无偿调出无形资产，财务会计按照无形资产已计提的摊销，借记“无形资产累计摊销”科目，按照被处置无形资产账面余额，贷记“无形资产”科目，按照其差额，借记“无偿调拨净资产”科目；同时，按照无偿调出过程中发生的归属于调出方的相关费用，借记“资产处置费用”科目，贷记“银行存款”等科目。预算会计按照实际支付的归属于调出方的相关费用，借记“其他支出”科目，贷记“资金结存——零余额账户用款额度、货币资金”科目。

【例13-113】某政府单位经批准将一项非专利技术无偿调给兄弟单位，该非专利技术的账面余额为80 000元，已计提摊销64 000元。假设不考虑相关税费，该政府单位的账务处理如下：

财务会计			预算会计
借：无偿调拨净资产	16 000		
无形资产累计摊销	64 000		—
贷：无形资产——非专利技术		80 000	

（3）置换换出的无形资产

政府单位报经批准置换换出无形资产，参照“库存物品”科目中置换换入库存物品的规定进行账务处理。

（4）对外投资的无形资产

政府单位按规定报经批准以无形资产对外投资的，应当将该无形资产的账面价值予以转销，并将无形资产在对外投资时的评估价值与其账面价值的差额计入当期收入或费用。其账务处理及举例参见长期股权投资的核算。

（5）核销的无形资产

无形资产预期不能为政府单位带来服务潜力或者经济利益的，应当在报经批准后将该无形资产的账面价值予以转销。

无形资产预期不能为单位带来服务潜力或经济利益，财务会计按照规定报经批准核销时，按照待核销无形资产的账面价值，借记“资产处置费用”科目，按照已计提摊销，借记“无形资产累计摊销”科目，按照无形资产的账面余额，贷记“无形资产”科目；预算会计不做账。

【例13-114】某政府单位经过调查研究及分析，预计6年前购入的一项专利权将不能再为该单位带来服务潜力，准备予以核销。该专利权的账面余额为300 000元，累计摊销180 000元。该政府单位的账务处理如下：

财务会计			预算会计
借：资产处置费用	120 000		
无形资产累计摊销	180 000		—
贷：无形资产——专利权		300 000	

5.无形资产盘点

政府单位应当定期对无形资产进行清查盘点，每年至少盘点一次。政府单位资产清查盘点过程中发现的无形资产盘盈、盘亏等，参照“固定资产”科目相关规定进行账务处理。

七、公共基础设施

（一）公共基础设施的确认和计量

1.公共基础设施的概念

公共基础设施，是指政府单位为满足社会公共需求而控制的，同时具有以下特征的有形资产：

（1）是一个有形资产系统或网络的组成部分。

（2）具有特定用途。

（3）一般不可移动。

公共基础设施主要包括市政基础设施（如城市道路、桥梁、隧道、公交场站、路灯、广场、公园绿地、室外公共健身器材，以及环卫、排水、供水、供电、供气、供热、污水处理、垃圾处理系统等）、交通基础设施（如公路、航道、港口等）、水利基础设施（如大坝、堤防、水闸、泵站、渠道等）和其他公共基础设施。

2.公共基础设施的确认

（1）公共基础设施确认的一般条件

公共基础设施同时满足下列条件的，应当予以确认：①与该公共基础设施相关的服务潜力很可能实现或者经济利益很可能流入政府单位；②该公共基础设施的成本或者价值能够可靠地计量。

（2）公共基础设施的确认主体

①通常情况下，符合公共基础设施确认条件的公共基础设施，应当由按规定对其负有管理维护职责的政府单位予以确认。

②多个政府单位共同管理维护的公共基础设施，应当由对该资产负有主要管理维护职责或者承担后续主要支出责任的政府单位予以确认。

③分为多个组成部分由不同政府单位分别管理维护的公共基础设施，应当由各个政府单位分别对其负责管理维护的公共基础设施的相应部分予以确认。

④负有管理维护公共基础设施职责的政府单位通过政府购买服务方式委托企业或其他会计主体代为管理维护公共基础设施的，该公共基础设施应当由委托方予以确认。

（3）公共基础设施确认的特殊情形

①通常情况下，对于自建或外购的公共基础设施，政府单位应当在该项公共基础设施验收合格并交付使用时确认；对于无偿调入、接受捐赠的公共基础设施，政府单位应当在开始承担该项公共基础设施管理维护职责时确认。

②政府单位应当根据公共基础设施提供公共产品或服务的性质或功能特征对其进行分类确认。

③公共基础设施的各组成部分具有不同使用年限或者以不同方式提供公共产品或服务，适用不同折旧率或折旧方法且可以分别确定各自原价的，应当分别将各组成部分确认为该类公共基础设施的一个单项公共基础设施。

④政府单位在购建公共基础设施时，能够分清购建成本中的构筑物部分与土地使用权部分的，应当将其中的构筑物部分和土地使用权部分分别确认为公共基础设施；不能分清购建成本中的构筑物部分与土地使用权部分的，应当整体确认为公共基础设施。

此外，独立于公共基础设施、不构成公共基础设施使用不可缺少组成部分的管理维护用房屋建筑物、设备、车辆等，属于文物文化资产的公共基础设施，以及采用政府和社会资本合作模式（即PPP模式）形成的公共基础设施，均不符合公共基础设施确认条件，不予确认为公共基础设施。

3. 公共基础设施的计量

公共基础设施在取得时应当按照成本进行初始计量。不同取得方式下公共基础设施的成本的确定方法参见公共基础设施取得的核算。

公共基础设施的后续计量参见公共基础设施折旧（摊销）和公共基础设施处置的核算。

（二）公共基础设施核算的会计科目设置

财务会计系统下，政府单位应设置“公共基础设施”科目核算政府单位控制的公共基础设施的原值。本科目应当按照公共基础设施的类别、项目等进行明细核算。本科目期末借方余额，反映公共基础设施的原值。

预算会计系统下，与“公共基础设施”科目对应的是“行政支出”“事业支出”等科目。

政府单位应当根据行业主管部门对公共基础设施的分类规定，制定适合于本单位管理的公共基础设施目录、分类方法，作为进行公共基础设施核算的依据。

（三）公共基础设施的账务处理

1. 公共基础设施的取得

政府单位控制的公共基础设施的取得方式主要包括自行建造、无偿调入、接受捐赠、外购等。

（1）自行建造的公共基础设施

政府单位自行建造的公共基础设施，其成本包括完成批准的建设内容所发生的全部必要支出，包括建筑安装工程投资支出、设备投资支出、待摊投资支出和其他投资支出。在原有公共基础设施基础上进行改建、扩建等建造活动后的公共基础设施，其成本按照原公共基础设施账面价值加上改建、扩建等建造活动发生的支出，再扣除公共基础设施被替换部分的账面价值后的金额确定。为建造公共基础设施借入的专门借款的利息，属于建设期间发生的，计入该公共基础设施的在建工程成本；不属于建设期间发生的，计入当期费用。已交付使用但尚未办理竣工决算手续的公共基础设施，应当按照估计价值入账，待办理竣工决算后再按照实际成本调整原来的暂估价值。

政府单位自行建造的公共基础设施完工交付使用时，财务会计按照在建工程的成本，借记“公共基础设施”科目，贷记“在建工程”科目；预算会计不做账。已交付使用但尚未办理竣工决算手续的公共基础设施，按照估计价值入账，待办理竣工决算后再按照实际成本调整原来的暂估价值。

【例13-115】某政府单位自行建造公共照明设施完工并交付使用，设施总造价200 000元。该政府单位的账务处理如下：

财务会计			预算会计
借：公共基础设施——公共照明设施	200 000		—
贷：在建工程		200 000	

（2）无偿调入的公共基础设施

政府单位接受其他会计主体无偿调入的公共基础设施，其成本按照该项公共基础设施在调出方的账面价值加上归属于调入方的相关费用确定。但是，无偿调入的公共基础设施在调出方的账面价值为零（即已经按制度规定提足折旧或摊销）的，应当将调入过程中其承担的相关税费计入当期费用，不计入调入资产的初始入账成本。政府单位接受其他单位无偿调入的公共基础设施，财务会计按照确定的成本，借记“公共基础设施”科目，按照发生的归属于调入方的相关费用，贷记“财政拨款收入”“零余额账户用款额度”“银行存款”等科目，按照其差额，贷记“无偿调拨净资产”科目。无偿调入的公共基础设施成本无法可靠取得的，按照发生的相关税费、运输费等金额，借记“其他费用”科目，贷记“财政拨款收入”“零余额账户用款额度”“银行存款”等科目。预算会计按照实际支付的归属于调入方的相关费用，借记“其他支出”科目，贷记“财政拨款预算收入”“资金结存——零余额账户用款额度、货币资金”科目。

无偿调入公共基础设施在调出方的账面价值为零的，财务会计按照该项资产在调出方的账面余额，借记“公共基础设施”科目，按照该项资产在调出方已经计提的摊销金额（与资产账面余额相等），贷记“公共基础设施累计折旧（摊销）”科目；按照支付的相关税费，借记“其他费用”科目，贷记“零余额账户用款额度”“银行存款”等科目。预算会计按照支付的相关税费，借记“其他支出”科目，贷记“资金结存——零余额账户用款额度、货币资金”科目。

【例13-116】某政府单位从某社区无偿调入文化广场归其维护管理，该社区文化广场的账面价值为5 000 000元，以银行存款支付相关税费50 000元。该政府单位的账务处理如下：

财务会计			预算会计		
借：公共基础设施——文化广场	5 050 000		借：其他支出	50 000	
贷：无偿调拨净资产		5 000 000	贷：资金结存——货币资金		50 000
银行存款		50 000			

【例13-117】如果【例13-116】中的政府单位无偿调入文化广场在调出单位的账面价值为零，账面余额和已经计提的折旧（摊销）金额均为5 000 000元；以银行存款支付相关税费50 000元。该政府单位的账务处理如下：

财务会计			预算会计		
借：公共基础设施——文化广场	5 000 000				
贷：公共基础设施累计折旧（摊销）		5 000 000	借：其他支出	50 000	
借：其他费用	50 000		贷：资金结存——货币资金		50 000
贷：银行存款		50 000			

（3）接受捐赠的公共基础设施

政府单位接受捐赠的公共基础设施，其成本按照有关凭据注明的金额加上相关费用确定；没有相关凭据可供取得，但按规定经过资产评估的，其成本按照评估价值加上相关费用确定；没有相关凭据可供取得、也未经资产评估的，其成本比照同类或类似资产的市场价格加上相关费用确定。如受赠的系旧的公共基础设施，在确定其初始入账成本时应当考虑该项资产的新旧程度。其中，“凭据”和“同类或类似资产的市场价格”含义参照存货的相关规定。

政府单位接受捐赠的公共基础设施，财务会计按照确定的成本，借记“公共基础设施”科目，按照发生的相关费用，贷记“财政拨款收入”“零余额账户用款额度”“银行存款”等科目，按照其差额，贷记“捐赠收入”科目；接受捐赠的公共基础设施成本无法可靠取得的，按照发生的相关税费等金额，借记“其他费用”科目，贷记“财政拨款收入”“零余额账户用款额度”“银行存款”等科目。预算会计按照实际支付的归属于捐入方的相关费用，借记“其他支出”科目，贷记“财政拨款预算收入”“资金结存——

零余额账户用款额度、货币资金”科目。

【例13-118】如果【例13-116】中的文化广场为接受捐赠设施，其他条件不变。该政府单位的账务处理应为：

财务会计			预算会计		
借：公共基础设施——文化广场	5 050 000		借：其他支出	50 000	
贷：捐赠收入		5 000 000	贷：资金结存——货币资金		50 000
银行存款		50 000			

（4）外购的公共基础设施

政府单位外购的公共基础设施，其成本包括购买价款、相关税费以及公共基础设施交付使用前所发生的可归属于该项资产的运输费、装卸费、安装费和专业人员服务费等。

政府单位外购的公共基础设施，财务会计按照确定的成本，借记“公共基础设施”科目，贷记“财政拨款收入”“零余额账户用款额度”“银行存款”等科目；预算会计按照实际支付的金额，借记“行政支出”“事业支出”科目，贷记“财政拨款预算收入”“资金结存——零余额账户用款额度、货币资金”科目。

【例13-119】某事业单位购入室外公共健身器材一批，价款500 000元，支付增值税税额65 000元，款项通过单位零余额账户支付。另以银行存款支付运输费用和安装费2 180元。该事业单位的账务处理如下：

财务会计			预算会计		
借：公共基础设施——室外公共健身器材	567 180		借：事业支出	567 180	
贷：零余额账户用款额度		565 000	贷：资金结存——零余额账户用款额度		565 000
银行存款		2 180	——货币资金		2 180

该例中，如果会计主体是行政单位，预算会计应确认行政支出。

（5）其他情况

对于包括不同组成部分的公共基础设施，其只有总成本、没有单项组成部分成本的，政府单位可以按照各单项组成部分同类或类似资产的成本或市场价格比例对总成本进行分配，分别确定公共基础设施中各单项组成部分的成本。

对于成本无法可靠取得的公共基础设施，单位应当设置备查簿进行登记，待成本能够可靠确定后按照规定及时入账。

2. 与公共基础设施相关的后续支出

公共基础设施在使用过程中发生的后续支出，符合公共基础设施确认条件的，应当计入公共基础设施成本；不符合公共基础设施确认条件的，应当在发生时计入当期费用。通常情况下，为增加公共基础设施使用效能或延长其使用年限而发生的改建、扩建等后续支出，应当计入公共基础设施成本；为维护公共基础设施的正常使用而发生的日常维修、养护等后续支出，应当计入当期费用。

政府单位将公共基础设施转入改建、扩建时，财务会计按照公共基础设施的账面价值，借记“在建工程”科目，按照公共基础设施已计提折旧，借记“公共基础设施累计折旧（摊销）”科目，按照公共基础设施的账面余额，贷记“公共基础设施”科目；预算会计不做账。

为增加公共基础设施使用效能或延长其使用年限而发生的改建、扩建等后续支出，财务会计借记“在建工程”科目，贷记“财政拨款收入”“零余额账户用款额度”“银行存款”等科目；预算会计按实际支付的改建、扩建等后续支出，借记“行政支出”“事业支出”科目，贷记“财政拨款预算收入”“资金结存——零余额账户用款额度、货币资金”科目。

公共基础设施改建、扩建完成，竣工验收交付使用时，财务会计按照在建工程成本，借记“公共基础设施”科目，贷记“在建工程”科目；预算会计不做账。为保证公共基础设施正常使用发生的日常维修等支出，财务会计借记“业务活动费用”“单位管理费用”等科目，贷记“财政拨款收入”“零余额账户用款额度”“银行存款”等科目。预算会计按照实际支付的日常维修等支出，借记“行政支出”“事业支出”科目，贷记“财政拨款预算收入”“资金结存——零余额账户用款额度、货币资金”科目。

【例13-120】某事业单位2×21年6月1日开始对其维护管理的公交站场进行改建，该公交站场的账面余额5 000 000元，已摊销金额2 500 000元；6月10日通过单位零余额账户支付改建款200 000元；该公交站场于7月20日竣工验收完成并交付使用。2×21年12月10日对公交站场进行日常维护，以银行存款支付维护费30 000元。该事业单位的账务处理如下：

• 2×21年6月1日将公交站场转入改建时，

财务会计			预算会计
借：在建工程	2 500 000		—
公共基础设施累计折旧（摊销）	2 500 000		
贷：公共基础设施——公交站场		5 000 000	

• 2×21年6月10日支付改建款时，

财务会计			预算会计		
借：在建工程	200 000		借：事业支出	200 000	
贷：公共基础设施——公交站场		200 000	贷：资金结存——零余额账户用款额度		200 000

• 2×21年7月20日竣工验收完成并交付使用时，

财务会计			预算会计
借：公共基础设施——公交站场	2 700 000		—
贷：在建工程		2 700 000	

• 2×21年12月10日支付日常维护费时，

财务会计		预算会计	
借：业务活动费用	30 000	借：事业支出	30 000
贷：银行存款	30 000	贷：资金结存——货币资金	30 000

该例中，如果会计主体是行政单位，预算会计确认行政支出。

3. 公共基础设施折旧（摊销）

（1）公共基础设施折旧（摊销）的范围

政府单位应当对公共基础设施计提折旧，但政府单位持续进行良好的维护使得其性能得到永久维持的公共基础设施和确认为公共基础设施的单独计价入账的土地使用权除外。

对于确认为公共基础设施的单独计价入账的土地使用权，政府单位应当按照《政府会计准则第4号——无形资产》的相关规定进行摊销。

（2）公共基础设施折旧的计提方法

公共基础设施应计提的折旧总额为其成本，计提公共基础设施折旧时不考虑预计净残值。政府单位应当对暂估入账的公共基础设施计提折旧，实际成本确定后不需调整原已计提的折旧额。

政府单位一般应当采用年限平均法或者工作量法计提公共基础设施折旧。在确定公共基础设施的折旧方法时，应当考虑与公共基础设施相关的服务潜力或经济利益的预期实现方式。公共基础设施折旧方法一经确定，不得随意变更。

（3）公共基础设施折旧年限的确定

政府单位应当根据公共基础设施的性质和使用情况，合理确定公共基础设施的折旧年限。

政府单位确定公共基础设施的折旧年限时应当考虑下列因素：①设计使用年限或设计基准期；②预计实现服务潜力或提供经济利益的期限；③预计有形损耗和无形损耗；④法律或者类似规定对资产使用的限制。公共基础设施的折旧年限一经确定，不得随意变更，但暂停计提折旧的处于改建和扩建等建造活动期间的公共基础设施、因改建和扩建等原因而延长使用年限重新计算折旧额的公共基础设施除外。

对于政府单位接受无偿调入、捐赠的公共基础设施，应当考虑该项资产的新旧程度，按照其尚可使用的年限计提折旧。

（4）公共基础设施折旧计提时点

公共基础设施应当按月计提折旧，并计入当期费用。当月增加的公共基础设施，当月开始计提折旧；当月减少的公共基础设施，当月不再计提折旧。

处于改建、扩建等建造活动期间的公共基础设施，应当暂停计提折旧。因改建、扩建等原因而延长公共基础设施使用年限的，应当按照重新确定的公共基础设施的成本和重新确定的折旧年限计算折旧额，不需调整原已计提的折旧额。

公共基础设施提足折旧后，无论能否继续使用，均不再计提折旧；已提足折旧的公共基础设施，可以继续使用的，应当继续使用，并规范实物管理。提前报废的公共基础设施，不再补提折旧。

(5) 公共基础设施折旧（摊销）核算的会计科目设置

财务会计系统下，政府单位应设置"公共基础设施累计折旧（摊销）"科目核算计提的公共基础设施累计折旧和累计摊销。本科目应当按照所对应公共基础设施的明细分类进行明细核算。本科目期末贷方余额，反映单位提取的公共基础设施折旧和摊销的累计数。

预算会计系统下，不做处理。

(6) 公共基础设施折旧（摊销）的账务处理

按月计提公共基础设施折旧时，财务会计按照应计提的折旧额，借记"业务活动费用"科目，贷记"公共基础设施累计折旧（摊销）"科目；预算会计不做账。

按月对确认为公共基础设施的单独计价入账的土地使用权进行摊销时，财务会计按照应计提的摊销额，借记"业务活动费用"科目，贷记"公共基础设施累计折旧（摊销）"科目；预算会计不做账。

处置公共基础设施时，财务会计按照所处置公共基础设施的账面价值，借记"资产处置费用""无偿调拨净资产""待处理财产损溢"等科目，按照已提取的折旧和摊销，借记"公共基础设施累计折旧（摊销）"科目，按照公共基础设施账面余额，贷记"公共基础设施"科目；预算会计不做账。相关举例参见公共基础设施处置的核算。

【例13-121】某政府单位采用年限平均法计提公共基础设施折旧和确认为公共基础设施的单独计价入账的土地使用权摊销，计算确定的本月应计提折旧额2 000 000元、摊销额500 000元。该政府单位的账务处理如下：

财务会计			预算会计
借：业务活动费用	2 500 000		
贷：公共基础设施累计折旧（摊销）——累计折旧		2 000 000	—
——累计摊销		500 000	

4. 公共基础设施处置

政府单位公共基础设施处置的方式主要包括对外捐赠、无偿调出。

政府单位按规定报经批准无偿调出、对外捐赠公共基础设施的，应当将公共基础设施的账面价值予以转销，无偿调出、对外捐赠中发生的归属于调出方、捐出方的相关费用应当计入当期费用。

(1) 政府单位报经批准对外捐赠公共基础设施，财务会计按照公共基础设施已计提的折旧或摊销，借记"公共基础设施累计折旧（摊销）"科目，按照被处置公共基础设施账面余额，贷记"公共基础设施"科目，按照捐赠过程中发生的归属于捐出方的相关费用，贷记"银行存款"等科目，按照其差额，借记"资产处置费用"科目。预算会计按照实际支付的归属于捐出方的相关费用，借记"其他支出"科目，贷记"资金结存——零余额账户用款额度、货币资金”科目。

（2）政府单位报经批准无偿调出公共基础设施，财务会计按照公共基础设施已计提的折旧或摊销，借记“公共基础设施累计折旧（摊销）”科目，按照被处置公共基础设施账面余额，贷记“公共基础设施”科目，按照其差额，借记“无偿调拨净资产”科目；同时，按照无偿调出过程中发生的归属于调出方的相关费用，借记“资产处置费用”科目，贷记“银行存款”等科目。预算会计按照实际支付的归属于调出方的相关费用，借记“其他支出”科目，贷记 “资金结存——零余额账户用款额度、货币资金”科目。

【例13-122】某政府单位将一批室外健身器材捐赠给一社区维护管理，该批健身器材已计提折旧400 000元、账面余额200 000元。以现金支付运输费981元，该政府单位的账务处理如下：

财务会计			预算会计		
借：资产处置费用	200 981		借：其他支出	981	
公共基础设施累计折旧（摊销）	400 000		贷：资金结存——货币资金		981
贷：公共基础设施——室外健身器材		600 000			
库存现金		981			

如果上述室外健身器材无偿调给社区维护管理，则：

财务会计			预算会计		
借：无偿调拨净资产	200 981		借：其他支出	981	
公共基础设施累计折旧（摊销）	400 000		贷：资金结存——货币资金		981
贷：公共基础设施——室外健身器材		600 000			
库存现金		981			

5. 公共基础设施盘点

政府单位应当定期对公共基础设施进行清查盘点。对于发生的公共基础设施盘盈、盘亏、毁损或报废，应当先记入“待处理财产损溢”科目，按照规定报经批准后及时进行后续账务处理。

（1）盘盈的公共基础设施

盘盈的公共基础设施，其成本按照有关凭据注明的金额确定；没有相关凭据、但按照规定经过资产评估的，其成本按照评估价值确定；没有相关凭据、也未经过评估的，其成本按照重置成本确定。盘盈的公共基础设施成本无法可靠取得的，单位应当设置备查簿进行登记，待成本确定后按照规定及时入账。

盘盈的公共基础设施，转入待处理财产时，财务会计按照确定的入账成本，借记“公共基础设施”科目，贷记“待处理财产损溢”科目；按照规定报经批准后处理时，如属于本年度取得的，财务会计和预算会计均按照当年新取得公共基础设施进行账务处理。如属于以前年度取得的，按照前期差错处理，财务会计借记“待处理财产损溢”科目，贷记“以前年度盈余调整”科目；预算会计不做账。

【例13-123】某行政单位年终在公共基础设施清查过程中，发现有15台路灯没有入账，其中去年取得10台，有关凭据注明的金额为500 000元；今年取得的5台路灯，有关凭据注明的金额为200 000元，款项通过财政支付方式支付。该行政单位的账务处理如下：

• 转入待处理财产损溢时，

财务会计			预算会计
借：公共基础设施——路灯	700 000		—
贷：待处理财产损溢		700 000	

• 报经批准予以处理时，

财务会计			预算会计		
借：待处理财产损溢	700 000		借：行政支出	200 000	
贷：以前年度盈余调整		500 000	贷：财政拨款预算收入		200 000
财政拨款收入		200 000			

该例中，如果会计主体是事业单位，预算会计应确认事业支出。

（2）盘亏、毁损或报废的公共基础设施

公共基础设施报废或遭受重大毁损的，政府单位应当在报经批准后将公共基础设施账面价值予以转销，并将报废、毁损过程中取得的残值变价收入扣除相关费用后的差额按规定做应缴款项处理（差额为净收益时）或计入当期费用（差额为净损失时）。

盘亏、毁损或报废的公共基础设施，转入待处理资产时，财务会计按照待处置公共基础设施的账面价值，借记“待处理财产损溢”科目，按照已计提折旧或摊销，借记“公共基础设施累计折旧（摊销）”科目，按照公共基础设施的账面余额，贷记“公共基础设施”科目；报经批准处理时，借记“资产处置费用”科目，贷记“待处理财产损溢——待处理财产价值”科目。预算会计不做账。

处理毁损、报废过程中取得的残值或残值变价收入、保险理赔和过失人赔偿等的账务处理参照固定资产相关规定进行。

【例13-124】某政府单位占有并直接负责维护管理的城市交通设施发生报废，该设施账面余额为5 000 000元，已计提折旧4 500 000元。在报废清理过程中发生变价收入80 000元，已存入银行；发生清理费用10 000元，以银行存款支付。假设不考虑相关税费，该政府单位的账务处理如下：

• 转入待处理财产损溢时，

财务会计			预算会计
借：待处理财产损溢——待处理财产价值	500 000		
公共基础设施累计折旧（摊销）	4 500 000		—
贷：公共基础设施——城市交通设施		5 000 000	

• 报经批准处理时，

财务会计			预算会计
借：资产处置费用	500 000		—
贷：待处理财产损溢——待处理财产价值		500 000	

• 取得变价收入时，

财务会计			预算会计
借：银行存款	80 000		—
贷：待处理财产损溢——处理净收入		80 000	

• 支付清理费用时，

财务会计			预算会计
借：待处理财产损溢——处理净收入	10 000		—
贷：银行存款		10 000	

• 处置净收入时，

财务会计			预算会计
借：待处理财产损溢——处理净收入	70 000		—
贷：应缴财政款		70 000	

八、政府储备物资

（一）政府储备物资的确认和计量

1.政府储备物资的概念

政府储备物资，是指政府单位为满足实施国家安全与发展战略、进行抗灾救灾、应对公共突发事件等特定公共需求而控制的，同时具有下列特征的有形资产：（1）在应对可能发生的特定事件或情形时动用；（2）其购入、存储保管、更新（轮换）、动用等由政府及相关部门发布的专门管理制度规范。

政府储备物资包括战略及能源物资、抢险抗灾救灾物资、农产品、医药物资和其他重要商品物资，通常情况下由政府单位委托承储单位存储。

2.政府储备物资的确认条件

政府储备物资同时满足下列条件的，应当予以确认：（1）与该政府储备物资相关的服务潜力很可能实现或者经济利益很可能流入政府单位；（2）该政府储备物资的成本或者价值能够可靠地计量。

通常情况下，符合政府储备物资确认条件的，应当由按规定对其负有行政管理职责的政府单位予以确认。其中行政管理职责主要指提出或拟订收储计划、更新（轮换）计划、动用方案等。相关行政管理职责由不同政府单位行使的政府储备物资，由负责提出收储计划的政府单位予以确认。

对政府储备物资不负有行政管理职责但接受委托具体负责执行其存储保管等工作的政府单位，应当将受托代储的政府储备物资作为受托代理资产核算。

3.政府储备物资的计量

政府储备物资在取得时应当按照成本进行初始计量。不同取得方式下政府储备物资的成本的确定方法参见政府储备物资取得的核算。

政府储备物资的后续计量参见政府储备物资发出的核算。

（二）政府储备物资核算的会计科目设置

财务会计系统下，政府单位应设置“政府储备物资”科目核算单位控制的政府储备物资的成本。对政府储备物资不负有行政管理职责但接受委托具体负责执行其存储保管等工作的单位，其受托代储的政府储备物资应当通过“受托代理资产”科目核算，不通过本科目核算。本科目应当按照政府储备物资的种类、品种、存放地点等进行明细核算。单位根据需要，可在本科目下设置“在库”“发出”等明细科目进行明细核算。本科目期末借方余额，反映政府储备物资的成本。

预算会计系统下，与“政府储备物资”科目对应的是“行政支出”“事业支出”等科目。

（三）政府储备物资的账务处理

1.政府储备物资的取得

政府单位政府储备物资取得的方式主要包括：购入、委托加工、接受捐赠、无偿调入。政府储备物资取得时，应当按照其成本入账。但是，下列各项不计入政府储备物资成本：（1）仓储费用；（2）日常维护费用；（3）不能归属于使政府储备物资达到目前场所和状态所发生的其他支出。

（1）购入的政府储备物资

政府单位购入的政府储备物资，其成本包括购买价款和政府单位承担的相关税费、运输费、装卸费、保险费、检测费以及使政府储备物资达到目前场所和状态所发生的归属于政府储备物资成本的其他支出。

购入的政府储备物资验收入库，财务会计按照确定的成本，借记“政府储备物资”科目，贷记“财政拨款收入”“零余额账户用款额度”“银行存款”等科目；预算会计按照实际支付的金额，借记“行政支出”“事业支出”科目，贷记“财政拨款预算收入”“资金结存——零余额账户用款额度、货币资金”科目。

【例13-125】某行政单位为地震灾区购入帐篷一批，取得的增值税专用发票上注明的价款为500 000元，增值税税额为65 000元，支付运输费和装卸费5 450元，款项实行财政直接支付。该行政单位的账务处理如下：

财务会计			预算会计		
借：政府储备物资——救灾帐篷	570 450		借：行政支出	570 450	
贷：财政拨款收入		570 450	贷：财政拨款预算收入		570 450

该例中，如果会计主体是事业单位，预算会计应确认事业支出。

（2）委托加工的政府储备物资

政府单位委托加工的政府储备物资，其成本包括委托加工前物料成本、委托加工成本（如委托加工费以及按规定应计入委托加工政府储备物资成本的相关税费等），以及政府单位承担的使政府储备物资达到目前场所和状态所发生的归属于政府储备物资成本的其他支出。

涉及委托加工政府储备物资业务的，相关账务处理参照“加工物品”科目。

（3）接受捐赠的政府储备物资

政府单位接受捐赠的政府储备物资，其成本按照有关凭据注明的金额加上政府会计主体承担的相关税费、运输费等确定；没有相关凭据可供取得，但按规定经过资产评估的，其成本按照评估价值加上政府单位承担的相关税费、运输费等确定；没有相关凭据可供取得、也未经资产评估的，其成本比照同类或类似资产的市场价格加上政府单位承担的相关税费、运输费等确定。其中，“凭据”和“同类或类似资产的市场价格”含义参照存货的相关规定。政府单位接受捐赠的政府储备物资验收入库，财务会计按照确定的成本，借记“政府储备物资”科目，按照单位承担的相关税费、运输费等，贷记“零余额账户用款额度”“银行存款”等科目，按照其差额，贷记“捐赠收入”科目；预算会计按实际支付的相关税费、运输费等，借记“其他支出”科目，贷记“资金结存——零余额账户用款额度、货币资金”科目。

【例13-126】某政府单位收到某公司为地震灾区捐赠的大米1 000袋，每袋市场价格100元，通过单位零余额账户支付运输费545元。该政府单位的账务处理如下：

财务会计			预算会计		
借：政府储备物资——救灾大米	100 545		借：其他支出	545	
贷：零余额账户用款额度		545	贷：资金结存——货币资金		545
捐赠收入		100 000			

（4）无偿调入的政府储备物资

政府单位接受无偿调入的政府储备物资，其成本按照调出方账面价值加上归属于政府单位的相关税费、运输费等确定。

政府单位接受无偿调入的政府储备物资验收入库，财务会计按照确定的成本，借记“政府储备物资”科目，按照单位承担的相关税费、运输费等，贷记“零余额账户用款额度”“银行存款”等科目，按照其差额，贷记“无偿调拨净资产”科目。预算会计按实际支付的相关税费、运输费等，借记“其他支出”科目，贷记“资金结存——零余额账户用款额度、货币资金”科目。

【例13-127】某政府单位收到无偿调入的医药物资一批，调出方账面价值为500 000元，以现金支付运输费545元。该政府单位的账务处理如下：

财务会计			预算会计		
借：政府储备物资——医药物资	500 545		借：其他支出	545	
贷：库存现金		545	贷：资金结存——货币资金		545
无偿调拨净资产		500 000			

2.政府储备物资的发出

政府单位政府储备物资发出的方式主要包括：动用、无偿调出、对外销售等。

政府单位应当根据实际情况采用先进先出法、加权平均法或者个别计价法确定政府储备物资发出的成本。计价方法一经确定，不得随意变更。对于性质和用途相似的政府储备物资，政府单位应当采用相同的成本计价方法确定发出物资的成本。对于不能替代使用的政府储备物资、为特定项目专门购入或加工的政府储备物资，政府单位通常应采用个别计价法确定发出物资的成本。

（1）动用的政府储备物资

政府单位因动用而发出无需收回的政府储备物资的，政府单位应当在发出物资时将其账面余额予以转销，计入当期费用。因动用而发出需要收回或者预期可能收回的政府储备物资的，政府单位应当在按规定的质量验收标准收回物资时，将未收回物资的账面余额予以转销，计入当期费用。

政府单位因动用而发出无需收回的政府储备物资的，财务会计按照发出物资的账面余额，借记“业务活动费用”科目，贷记“政府储备物资”科目；预算会计不做账。

政府单位因动用而发出需要收回或者预期可能收回的政府储备物资的，在发出物资时，财务会计按照发出物资的账面余额，借记“政府储备物资——发出”科目，贷记“政府储备物资——在库”科目；按照规定的质量验收标准收回物资时，按照收回物资原账面余额，借记“政府储备物资——在库”科目，按照未收回物资的原账面余额，借记“业务活动费用”科目，按照物资发出时登记在本科目所属“发出”明细科目中的余额，贷记“政府储备物资——发出”科目。预算会计不做账。

【例13-128】某政府单位从本单位的仓库中发出一批防汛材料物资，该物资的账面余额为600 000元，发出后无需收回。该政府单位的账务处理如下：

财务会计			预算会计
借：业务活动费用	600 000		—
贷：政府储备物资——发出——防汛物资		600 000	

【例13-129】某政府单位从本单位的仓库中发出一批防汛车船设备物资，该物资账面余额为1 000 000元，发出后需要收回，假定收回时物资原账面余额500 000元，该政府单位的账务处理如下：

• 发出时，

财务会计			预算会计
借：政府储备物资——发出——防汛物资	1 000 000		—
贷：政府储备物资——在库——防汛物资		1 000 000	

• 收回时，

财务会计			预算会计
借：政府储备物资——在库——防汛物资	500 000		
业务活动费用	500 000		—
贷：政府储备物资——发出——防汛物资		1 000 000	

（2）无偿调出的政府储备物资

政府单位因行政管理主体变动等原因而将政府储备物资调拨给其他主体的，政府单位应当在发出物资时将其账面余额予以转销。

政府单位因行政管理主体变动等原因而将政府储备物资调拨给其他主体的，财务会计按照无偿调出政府储备物资的账面余额，借记“无偿调拨净资产”科目，贷记“政府储备物资”科目。预算会计不做账。

【例13-130】某政府单位经批准无偿调出医疗器械一批，该物资的账面余额500 000元。该政府单位的账务处理如下：

财务会计			预算会计
借：无偿调拨净资产	500 000		—
贷：政府储备物资——医疗器械		500 000	

（3）对外销售的政府储备物资

政府单位对外销售政府储备物资的，应当在发出物资时将其账面余额转销计入当期费用，并按规定确认相关销售收入或将销售取得的价款大于所承担的相关税费后的差额做应缴款项处理。

政府单位对外销售政府储备物资并将销售收入纳入单位预算统一管理的，发出物资时，财务会计按照发出物资的账面余额，借记“业务活动费用”科目，贷记“政府储备物资”科目；实现销售收入时，按照确认的收入金额，借记“银行存款”“应收账款”等科目，贷记“事业收入”等科目。预算会计按实际收到的价款，借记“资金结存——货币资金”科目，贷记“事业预算收入”等科目。

政府单位对外销售政府储备物资并按照规定将销售净收入上缴财政的，发出物资时，财务会计按照发出物资的账面余额，借记“资产处置费用”科目，贷记“政府储备物资”科目；取得销售价款时，按照实际收到的款项金额，借记“银行存款”等科目，按照发生的相关税费，贷记“银行存款”等科目，按照销售价款大于所承担的相关税费后的差额，贷记“应缴财政款”科目。预算会计不做账。

【例13-131】某事业单位经批准将不需储备的救灾帐篷出售，该物资的账面余额为100 000元，出售价款92 700元。假设没有发生相关税费，该事业单位的账务处理如下：

• 如果对外销售政府储备物资的收入纳入单位预算统一管理，则：

财务会计			预算会计	
借：业务活动费用	100 000		借：资金结存——货币资金	92 700
贷：政府储备物资——救灾帐篷		100 000	贷：事业预算收入	92 700
借：银行存款	92 700			
贷：事业收入		90 000		
应交增值税		2 700		

- 如果对外销售政府储备物资的净收入上缴财政，则

财务会计			预算会计
借：资产处置费用	100 000		—
贷：政府储备物资——救灾帐篷		100 000	
借：银行存款	92 700		
贷：应交增值税		2 700	
其他应交税费		324	
应缴财政款		89 676	

（4）更新（轮换）的政府储备物资

政府单位采取销售采购方式对政府储备物资进行更新（轮换）的，应当将物资轮出视为物资销售，按照对外销售政府储备物资处理；将物资轮入视为物资采购，按照购入的政府储备物资处理。

3.政府储备物资的盘点

政府单位应当定期对政府储备物资进行清查盘点，每年至少盘点一次。对于发生的政府储备物资盘盈、盘亏或者报废、毁损，应当先记入“待处理财产损溢”科目，按照规定报经批准后及时进行后续账务处理。

（1）盘盈的政府储备物资

政府单位盘盈的政府储备物资，其成本按照有关凭据注明的金额确定；没有相关凭据，但按规定经过资产评估的，其成本按照评估价值确定；没有相关凭据、也未经资产评估的，其成本按照重置成本确定。

盘盈的政府储备物资，转入待处理财产时，财务会计按照确定的入账成本，借记“政府储备物资”科目，贷记“待处理财产损溢”科目。按照规定报经批准后处理时，如属于本年度取得的，财务会计和预算会计按照当年新取得相关资产进行账务处理；如属于以前年度取得的，按照前期差错处理，借记“待处理财产损溢”科目，贷记“以前年度盈余调整”科目；预算会计不做账。

【例13-132】某政府单位年终在政府储备物资清查过程中，发现今年取得的农产品物资没有入账，有关凭据注明的金额为1 200 000元，款项通过财政部门零余额账户支付；去年取得的救灾帐篷一批没有入账，有关凭据注明的金额为200 000元，款项通过单位零余额账户支付。该政府单位的账务处理如下：

• 转入待处理财产损溢时，

财务会计			预算会计
借：政府储备物资——农产品物资	1 200 000		
——救灾帐篷	200 000		—
贷：待处理财产损溢		1 400 000	

• 报经批准予以处理时，

财务会计			预算会计		
借：待处理财产损溢	1 400 000		借：事业支出	1 200 000	
贷：以前年度盈余调整		200 000	贷：财政拨款预算收入		1 200 000
财政拨款收入		1 200 000			

（2）盘亏或者毁损、报废的政府储备物资

政府储备物资盘亏的，政府单位应当按规定报经批准后将盘亏的政府储备物资的账面余额予以转销，确定追究相关赔偿责任的，确认应收款项；属于正常耗费或不可抗力因素造成的，计入当期费用。政府储备物资报废、毁损的，政府单位应当按规定报经批准后将报废、毁损的政府储备物资的账面余额予以转销，确认应收款项（确定追究相关赔偿责任的）或计入当期费用（因储存年限到期报废或非人为因素致使报废、毁损的）；同时，将报废、毁损过程中取得的残值变价收入扣除政府单位承担的相关费用后的差额按规定作应缴款项处理（差额为净收益时）或计入当期费用（差额为净损失时）。

盘亏或者毁损、报废的政府储备物资，转入待处理财产时，财务会计按照待处理政府储备物资的账面余额，借记“待处理财产损溢”科目，贷记“政府储备物资”科目；报经批准处理时，借记“资产处置费用”科目，贷记“待处理财产损溢——待处理财产价值”科目。预算会计不做账。

处理毁损、报废过程中取得的残值或残值变价收入、保险理赔和过失人赔偿等的账务处理，参照库存物品相关规定进行。

【例13-133】某政府单位在年终盘点政府储备物资时发现救灾医疗器械短缺一批，属于正常损耗，其账面余额为100 000元。该政府单位的账务处理如下：

• 转入待处理财产损溢时，

财务会计			预算会计
借：待处理财产损溢——待处理财产价值	100 000		—
贷：政府储备物资——医疗器械		100 000	

• 报经批准予以核销时，

财务会计			预算会计
借：资产处置费用	100 000		—
贷：待处理财产损溢——待处理财产价值		100 000	

【例13-134】某政府单位一批防汛设备因使用年限到期发生报废，该设备账面余额

为500 000元，在报废清理过程中发生变价收入80 000元，已存入银行；发生清理费用10 000元，以银行存款支付。假设不考虑相关税费，该政府单位的账务处理如下：

● 转入待处理财产损溢时，

财务会计			预算会计
借：待处理财产损溢——待处理财产价值	500 000		—
贷：政府储备物资——防汛设备		500 000	

● 报经批准后处理时，

财务会计			预算会计
借：资产处置费用	500 000		—
贷：待处理财产损溢——待处理财产价值		500 000	

● 取得变价收入时，

财务会计			预算会计
借：银行存款	80 000		—
贷：待处理财产损溢——处理净收入		80 000	

● 支付清理费用时，

财务会计			预算会计
借：待处理财产损溢——处理净收入	10 000		—
贷：银行存款		10 000	

● 处置净收入时，

财务会计			预算会计
借：待处理财产损溢——处理净收入	70 000		—
贷：应缴财政款		70 000	

九、文物文化资产

（一）文物文化资产的确认和计量

通常情况下，文物文化资产是指用于展览、教育或研究等目的的历史文物、艺术品以及其他具有文化或历史价值并作长期或永久保存的典藏等。

根据现行的政府会计准则，政府单位对核算的文物文化资产的概念、内容以及确认条件尚无规定；文物文化资产的计量则按照《政府会计制度——行政事业单位会计科目和报表》的规定执行。

（二）文物文化资产核算的会计科目设置

财务会计系统下，政府单位应设置“文物文化资产”科目核算为满足社会公共需求而控制的文物文化资产的成本。单位为满足自身开展业务活动或其他活动需要而控制的文物和陈列品，应当通过“固定资产”科目核算，不通过本科目核算。本科目应当按照文物文化资产的类别、项目等进行明细核算。本科目期末借方余额，反映文物文化资产的成本。

预算会计系统下，与“文物文化资产”科目对应的是“行政支出”“事业支出”等科目。

（三）文物文化资产的账务处理

1.文物文化资产的取得

政府单位文物文化资产取得的主要方式包括：外购、无偿调入、接受捐赠。文物文化资产在取得时，应当按照其成本入账。对于成本无法可靠取得的文物文化资产，单位应当设置备查簿进行登记，待成本能够可靠确定后按照规定及时入账。

（1）外购的文物文化资产

政府单位外购的文物文化资产，其成本包括购买价款、相关税费以及可归属于该项资产达到预定用途前所发生的其他支出（如运输费、安装费、装卸费等）。

外购的文物文化资产，财务会计按照确定的成本，借记“文物文化资产”科目，贷记“财政拨款收入”“零余额账户用款额度”“银行存款”等科目；预算会计按照实际支付的金额，借记“行政支出”“事业支出”科目，贷记“财政拨款预算收入”“资金结存——零余额账户用款额度、货币资金”科目。

【例13-135】某事业单位从拍卖市场拍得佛教造像一尊用于研究，采用财政直接支付方式支付款项5 000 000元。通过单位零余额账户支付相关税费50 000元。该事业单位的账务处理如下：

财务会计		预算会计	
借：文物文化资产——佛教造像	5 050 000	借：事业支出	5 050 000
贷：财政拨款收入	5 000 000	贷：财政拨款预算收入	5 000 000
零余额账户用款额度	50 000	资金结存——零余额账户用款额度	50 000

该例中，如果会计主体是行政单位，预算会计应确认行政支出。

（2）无偿调入的文物文化资产

政府单位接受其他单位无偿调入的文物文化资产，其成本按照该项资产在调出方的账面价值加上归属于调入方的相关费用确定。

无偿调入的文物文化资产，财务会计按照确定的成本，借记“文物文化资产”科目，按照发生的归属于调入方的相关费用，贷记“零余额账户用款额度”“银行存款”等科目，按照其差额，贷记“无偿调拨净资产”科目；无偿调入的文物文化资产成本无法可靠取得的，财务会计按照发生的归属于调入方的相关费用，借记“其他费用”科目，贷记“零余额账户用款额度”“银行存款”等科目。预算会计按照实际支付的归属于调入方的相关费用，借记“其他支出”科目，贷记“资金结存——零余额账户用款额度、货币资金”科目。

【例13-136】某政府单位从某省级博物馆无偿调入用于展览古代兵器一批，调出方账面价值为500 000元，以现金支付运输费500元。该政府单位的账务处理如下：

财务会计			预算会计	
借：文物文化资产——兵器	500 500		借：其他支出	500
贷：库存现金		500	贷：资金结存——货币资金	500
无偿调拨净资产		500 000		

（3）接受捐赠的文物文化资产

政府单位接受捐赠的文物文化资产，其成本按照有关凭据注明的金额加上相关费用确定；没有相关凭据可供取得，但按照规定经过资产评估的，其成本按照评估价值加上相关费用确定；没有相关凭据可供取得、也未经评估的，其成本比照同类或类似资产的市场价格加上相关费用确定。其中，“凭据”和“同类或类似资产的市场价格”含义参照存货的相关规定。

接受捐赠的文物文化资产，财务会计按照确定的成本，借记“文物文化资产”科目，按照发生的相关税费、运输费等金额，贷记“零余额账户用款额度”“银行存款”等科目，按照其差额，贷记“捐赠收入”科目；接受捐赠的文物文化资产成本无法可靠取得的，财务会计按照发生的相关税费、运输费等金额，借记“其他费用”科目，贷记“零余额账户用款额度”“银行存款”等科目。预算会计按照实际支付的相关税费、运输费等，借记“其他支出”科目，贷记“资金结存——零余额账户用款额度、货币资金”科目。

【例13-137】某政府单位收到一位民间收藏家捐赠的一幅宋代名画，该名画经过资产评估机构的资产评估价值为1 500 000元。通过单位零余额账户支付评估费2 000元。该政府单位的账务处理如下：

财务会计			预算会计	
借：文物文化资产——书画	1 502 000		借：其他支出	2 000
贷：零余额账户用款额度		2 000	贷：资金结存——货币资金	2 000
捐赠收入		1 500 000		

2. 与文物文化资产有关的后续支出

政府单位与文物文化资产有关的后续支出，参照“公共基础设施”科目相关规定进行处理。

3. 文物文化资产的处置

政府单位文物文化资产的处置方式主要包括：对外捐赠和无偿调出。

（1）对外捐赠文物文化资产

政府单位报经批准对外捐赠文物文化资产，财务会计按照被处置文物文化资产账面余额和捐赠过程中发生的归属于捐出方的相关费用合计数，借记“资产处置费用”科目，按照被处置文物文化资产账面余额，贷记“文物文化资产”科目，按照捐赠过程中发生的归属于捐出方的相关费用，贷记“银行存款”等科目。预算会计按照实际支付的归属于捐出方的相关费用，借记“其他支出”科目，贷记“资金结存——零余额账户用款额度、货币资金”科目。

【例13-138】某政府单位经批准将一批体现某省地方古代生产方式的文物捐赠给该省博物馆，该批文物的账面余额为500 000元。假设不考虑相关税费，该政府单位的账务处理如下：

财务会计			预算会计
借：资产处置费用	500 000		—
贷：文物文化资产——生产工具		500 000	

（2）无偿调出的文物文化资产

政府单位报经批准无偿调出文物文化资产，财务会计按照被处置文物文化资产账面余额，借记“无偿调拨净资产”科目，贷记“文物文化资产”科目；同时，按照无偿调出过程中发生的归属于调出方的相关费用，借记“资产处置费用”科目，贷记“银行存款”等科目。预算会计按照实际支付的归属于调出方的相关费用，借记“其他支出”科目，贷记“资金结存——零余额账户用款额度、货币资金”科目。

【例13-139】某政府单位经批准将一批体现某省地方古代生产方式的文物无偿调给该省博物馆，该批文物的账面余额为500 000元。假设不考虑相关税费，该政府单位的账务处理如下：

财务会计			预算会计
借：无偿调拨净资产	500 000		—
贷：文物文化资产——生产工具		500 000	

（四）文物文化资产的盘点

政府单位应当定期对文物文化资产进行清查盘点，每年至少盘点一次。对于发生的文物文化资产盘盈、盘亏、毁损或报废等，参照“公共基础设施”科目相关规定进行账务处理。

十、保障性住房

（一）保障性住房的确认和计量

保障性住房是政府单位为满足社会公共需要而控制的住房，主要指地方政府住房保障主管部门持有全部或部分产权份额、纳入城镇住房保障规划和年度计划、向符合条件的保障对象提供的住房。

根据目前已发布的政府会计准则制度，有关保障性住房确认条件尚无规定；其计量则按照《政府会计制度——行政事业单位会计科目和报表》规定执行。

（二）保障性住房核算的会计科目设置

财务会计系统下，政府单位应设置“保障性住房”科目核算为满足社会公共需求而控制的保障性住房的原值。本科目应当按照保障性住房的类别、项目等进行明细核算。本科目期末借方余额，反映保障性住房的原值。

预算会计系统下，与“保障性住房”科目对应的是“行政支出”“事业支出”等科目。

（三）保障性住房的账务处理

1.保障性住房的取得

政府单位保障性住房取得的主要方式包括：外购、自行建造、无偿调入、接受捐赠、融资租赁等。保障性住房在取得时，应当按其成本入账。

（1）外购的保障性住房

政府单位外购的保障性住房，其成本包括购买价款、相关税费以及可归属于该项资产达到预定用途前所发生的其他支出。

外购的保障性住房，财务会计按照确定的成本，借记“保障性住房”科目，贷记“财政拨款收入”“零余额账户用款额度”“银行存款”等科目；预算会计按照实际支付的金额，借记“事业支出”科目，贷记“财政拨款预算收入”“资金结存——零余额账户用款额度、货币资金”科目。

【例13-140】某事业单位为职工购入保障性廉租住房1栋，价值2 000万元，发生相关税费80万元。款项实行财政直接支付。该事业单位的账务处理如下：

财务会计			预算会计		
借：保障性住房——廉租住房	20 800 000		借：事业支出	20 800 000	
贷：财政拨款收入		20 800 000	贷：财政拨款预算收入		20 800 000

该例中，如果会计主体是行政单位，则预算会计应确认行政支出。

（2）自行建造的保障性住房

自行建造的保障性住房交付使用时，财务会计按照在建工程成本，借记“保障性住房”科目，贷记“在建工程”科目；预算会计不做账。已交付使用但尚未办理竣工决算手续的保障性住房，按照估计价值入账，待办理竣工决算后再按照实际成本调整原来的暂估价值。

【例13-141】某政府单位以出包方式自行建造的定向安置房工程完工交付使用。该定向安置房在自行建造过程中共发生实际支出50 000 000元。该政府单位的账务处理如下：

财务会计			预算会计
借：保障性住房——定向安置房	50 000 000		—
贷：在建工程		50 000 000	

（3）无偿调入的保障性住房

政府单位接受其他单位无偿调入的保障性住房，其成本按照该项资产在调出方的账面价值加上归属于调入方的相关费用确定。但是，无偿调入的保障性住房在调出方的账面价值为零（即已经按制度规定提足折旧）的，应当将调入过程中其承担的相关税费计入当期费用，不计入调入资产的初始入账成本。

无偿调入的保障性住房，财务会计按照确定的成本，借记“保障性住房”科目，按照发生的归属于调入方的相关费用，贷记“零余额账户用款额度”“银行存款”等科目，按照其差额，贷记“无偿调拨净资产”科目；无偿调入保障性住房在调出方的账面价值为零的，财务会计按照该项资产在调出方的账面余额，借记“保障性住房”科目，按照该项资产在调出方已经计提的折旧金额（与资产账面余额相等），贷记“保障性住房累计折旧”科目；按照支付的相关税费，借记“其他费用”科目，贷记“零余额账户用款额度”“银行存款”等科目。预算会计按照支付的相关税费，借记“其他支出”科目，贷记“资金结存——零余额账户用款额度、货币资金”科目。

【例13-142】某政府单位经批准从其他单位无偿调入政策性租赁住房100套，该批政策性租赁住房调出方账面价值为1 200 000元，以银行存款支付相关费用50 000元。该政府单位的账务处理如下：

财务会计			预算会计	
借：保障性住房——政策性租赁住房	1 250 000		借：其他支出	50 000
贷：银行存款		50 000	贷：资金结存——货币资金	50 000
无偿调拨净资产		1 200 000		

【例13-143】如果【例13-142】中无偿调入政策性租赁住房在调出单位的账面价值为零，账面余额和已经计提的折旧金额均为1 200 000元，以银行存款支付相关费用50 000元，该政府单位的账务处理如下：

财务会计			预算会计	
借：保障性住房——政策性租赁住房	1 200 000		借：其他支出	50 000
贷：保障性住房累计折旧		1 200 000	贷：资金结存——货币资金	50 000
借：其他费用	50 000			
贷：银行存款		50 000		

（4）接受捐赠、融资租赁取得的保障性住房

接受捐赠、融资租赁取得的保障性住房，参照“固定资产”科目相关规定进行处理。

2. 与保障性住房有关的后续支出

政府单位与保障性住房有关的后续支出，参照“固定资产”科目相关规定进行处理。

3. 保障性住房折旧

政府单位应当按照《政府会计准则第3号——固定资产》及其应用指南的相关规定，按月对其控制的保障性住房计提折旧。

（1）保障性住房折旧核算的会计科目设置

财务会计系统下，政府单位应设置“保障性住房累计折旧”科目核算计提的保障性住房的累计折旧。本科目应当按照所对应保障性住房的类别进行明细核算。本科目期末贷方余额，反映单位计提的保障性住房折旧累计数。

预算会计系统下，对计提保障性住房累计折旧不做账。

（2）保障性住房折旧的账务处理

按月计提保障性住房折旧时，按照应计提的折旧额，借记“业务活动费用”科目，贷记“保障性住房累计折旧”科目；预算会计不做账。

报经批准处置保障性住房时，按照所处置保障性住房的账面价值，借记“资产处置费用”“无偿调拨净资产”“待处理财产损溢”等科目，按照已计提折旧，借记“保障性住房累计折旧”科目，按照保障性住房的账面余额，贷记“保障性住房”科目；预算会计不做账。

【例13-144】某政府单位采用年限平均法计提保障性住房折旧，本月计提折旧额为100 000元。该政府单位账务处理如下：

财务会计			预算会计
借：业务活动费用	100 000		—
贷：保障性住房累计折旧		100 000	

4. 保障性住房的出租

单位按照规定出租保障性住房并将出租收入上缴同级财政，财务会计按照收取的租金金额，借“银行存款”等科目，贷记“应缴财政款”科目。预算会计不做处理。

【例13-145】某政府单位按季度收取廉租住房租金105 000元。每个季度收到租金收入时，该政府单位账务处理如下：

财务会计			预算会计
借：银行存款	105 000		
贷：应交增值税		5 000	—
其他应交税费		600	
应缴财政款		99 400	

5. 保障性住房的处置

政府单位保障性住房处置的主要方式包括：无偿调出和对外出售。

（1）无偿调出保障性住房

政府单位报经批准无偿调出保障性住房，财务会计按照保障性住房已计提的折旧，借记“保障性住房累计折旧”科目，按照被处置保障性住房账面余额，贷记“保障性住房”科目，按照其差额，借记“无偿调拨净资产”科目；同时，按照无偿调出过程中发生的归属于调出方的相关费用，借记“资产处置费用”科目，贷记“银行存款”等科目。预算会计按照实际支付的归属于调出方的相关费用，借记“其他支出”科目，贷记 “资金结存——零余额账户用款额度、货币资金”科目。

【例13-146】某政府单位报经批准将20套不需用的廉租住房无偿调出给其他单位，该批廉租住房的账面余额为400 000元，已计提折旧100 000元。该政府单位的账务处理如下：

财务会计			预算会计
借：保障性住房累计折旧	100 000		
资产处置费用	300 000		—
贷：保障性住房——廉租住房		400 000	

（2）对外出售的保障性住房

政府单位报经批准出售保障性住房，财务会计按照被出售保障性住房的账面价值，借记“资产处置费用”科目，按照保障性住房已计提的折旧，借记“保障性住房累计折旧”科目，按照保障性住房账面余额，贷记“保障性住房”科目；同时，按照收到的价款，借记“银行存款”等科目，按照出售过程中发生的相关费用，贷记“银行存款”等科目，按照其差额，贷记“应缴财政款”科目。预算会计不做账。

【例13-147】某政府单位经上级批准将2016年3月取得的30套政策性租赁住房出售，30套住房的账面价值为4 000 000元，已计提折旧3 000 000元，取得出售价款1 260 000元，款项已存入银行。另以银行存款支付相关费用20 000元。该政府单位的账务处理如下：

财务会计			预算会计
借：资产处置费用	4 000 000		
保障性住房累计折旧	3 000 000		
贷：保障性住房——政策性租赁住房		7 000 000	
借：银行存款	1 260 000		—
贷：应交增值税		60 000	
其他应交税费		7 200	
银行存款		20 000	
应缴财政款		1 172 800	

6.保障性住房的盘点

政府单位应当定期对保障性住房进行清查盘点。对于发生的保障性住房盘盈、盘亏、毁损或报废等，参照“固定资产”科目相关规定进行账务处理。

十一、长期待摊费用

（一）长期待摊费用的确认和计量

长期待摊费用是指政府单位已经支出，但应由本期和以后各期负担的分摊期限在1年以上（不含1年）的各项费用，如以经营租赁方式租入的固定资产发生的改良支出等。

长期待摊费用在发生时确认，按照已经支出的金额计量。

（二）长期待摊费用核算的会计科目设置

财务会计系统下，政府单位应设置“长期待摊费用”科目，核算长期待摊费用。本科目应当按照费用项目进行明细核算。本科目期末借方余额，反映单位尚未摊销完毕的长期待摊费用。

预算会计系统下，与“长期待摊费用”科目对应的是“行政支出”“事业支出”等科目。

（三）长期待摊费用的主要账务处理

1. 发生长期待摊费用时，按照支出金额，财务会计借记“长期待摊费用”科目，贷记“财政拨款收入”“零余额账户用款额度”“银行存款”等科目；预算会计借记“事业支出”等科目，贷记“财政拨款预算收入”“资金结存——零余额账户用款额度、货币资金”科目。

2. 按照受益期间摊销长期待摊费用时，财务会计按照摊销金额，借记“业务活动费用”“单位管理费用”“经营费用”等科目，贷记“长期待摊费用”科目；预算会计不做账。

3. 如果某项长期待摊费用已经不能使单位受益，应当将其摊余金额一次全部转入当期费用。按照摊销金额，财务会计借记“业务活动费用”“单位管理费用”“经营费用”等科目，贷记“长期待摊费用”科目；预算会计不做账。

【例13-148】某事业单位因开展专业业务活动租入办公用房，租期两年，该单位只在协议规定的期限内拥有对该办公用房的使用权。在使用前，该政府单位对办公用房进行了装修，共计支出24 000元，款项通过单位零余额账户支付。该事业单位账务处理如下：

• 发生装修费用时，

财务会计			预算会计		
借：长期待摊费用	24 000		借：事业支出	24 000	
贷：零余额账户用款额度		24 000	贷：资金结存——零余额账户用款额度		24 000

• 2年内每月平均分摊装修费时，

财务会计			预算会计
借：业务活动费用	1 000		—
贷：长期待摊费用		1 000	

该例中，如果会计主体是行政单位，预算会计应确认行政支出。

十二、资产清查

资产清查，是指政府单位对其控制的现金、实物资产和无形资产进行清查，以查明资产盘盈、盘亏、报废和毁损等情况的行为。

（一）资产清查核算的会计科目设置

财务会计系统下，政府单位应设置“待处理财产损溢”科目核算在资产清查过程中查明的各种资产盘盈、盘亏和报废、毁损的价值。本科目应当按照待处理的资产项目进行明细核算；对于在资产处理过程中取得收入或发生相关费用的项目，还应当设置“待处理财产价值”“处理净收入”明细科目，进行明细核算。本科目期末如为借方余额，反映尚未处理完毕的各种资产的净损失；期末如为贷方余额，反映尚未处理完毕的各种资产净溢余。年末，经批准处理后，本科目一般应无余额。

预算会计系统下，与“待处理财产损溢”科目对应的主要是“其他预算收入”“其他支出”科目。

（二）资产清查的账务处理

政府单位应当对现金、实物资产和无形资产等进行清查盘点，对于发生的资产盘盈、盘亏、报废和毁损，应当先记入“待处理财产损溢”科目，按照规定报经批准后及时进行后续的账务处理。年末结账前一般应处理完毕。

1.账款核对时发现的库存现金短缺或溢余

政府单位每日账款核对中发现现金短缺或溢余，属于现金短缺的，财务会计按照实际短缺的金额，借记“待处理财产损溢”科目，贷记“库存现金”科目；预算会计借记“其他支出”科目，贷记“资金结存——货币资金”科目。属于应由责任人赔偿或向有关人员追回的，财务会计借记“其他应收款”科目，贷记“待处理财产损溢”科目；预算会计不做账。属于无法查明原因的，报经批准核销时，财务会计借记“资产处置费用”科目，贷记“待处理财产损溢”科目；预算会计不做账。

属于现金溢余，财务会计按照实际溢余的金额，借记“库存现金”科目，贷记“待处理财产损溢”科目；预算会计借记“资金结存——货币资金”科目，贷记“其他预算收入”科目。属于应支付给有关人员或单位的，财务会计借记“待处理财产损溢”科目，贷记“其他应付款”科目；预算会计不做账。属于无法查明原因的，报经批准后，财务会计借记“待处理财产损溢”科目，贷记“其他收入”科目；预算会计不做账。

2.资产清查过程中发现的存货、固定资产、无形资产、公共基础设施、政府储备物资、文物文化资产、保障性住房等各种资产盘盈、盘亏或报废、毁损

（1）盘盈的各类资产

盘盈的各类资产转入待处理资产时，财务会计按照确定的成本，借记“库存物品”“固定资产”“无形资产”“公共基础设施”“政府储备物资”“文物文化资产”“保障性住房”等科目，贷记“待处理财产损溢”科目；预算会计不做账。按照规定报经批准后处理时，对于盘盈的流动资产，财务会计借记“待处理财产损溢”科目，贷记“单位管理费用”[事业单位]或“业务活动费用”[行政单位]科目；预算会计不做账。对于盘盈的非流动资产，如属于本年度取得的，财务会计和预算会计按照当年新取得相关资产进行账务处理。如属于以前年度取得的，按照前期差错处理，借记“待处理财产损溢”科目，贷记“以前年度盈余调整”科目；预算会计不做账。

（2）盘亏或者毁损、报废的各类资产

财务会计下，盘亏或者毁损、报废的各类资产转入待处理资产时，借记“待处理财产损溢”科目（待处理财产价值）[盘亏、毁损、报废固定资产、无形资产、公共基础设施、保障性住房的，还应借记“固定资产累计折旧”“无形资产累计摊销”“公共基础设施累计折旧（摊销）”“保障性住房累计折旧”科目]，贷记“库存物品”“固定资产”“无形资产”“公共基础设施”“政府储备物资”“文物文化资产”“保障性

住房”“在建工程”等科目（涉及增值税业务的，相关账务处理参见“应交增值税”科目）。报经批准处理时，借记“资产处置费用”科目，贷记“待处理财产损溢”科目（待处理财产价值）。处理毁损、报废实物资产过程中取得的残值或残值变价收入、保险理赔和过失人赔偿等，借记“库存现金”“银行存款”“库存物品”“其他应收款”等科目，贷记“待处理财产损溢”科目（处理净收入）；处理毁损、报废实物资产过程中发生的相关费用，借记“待处理财产损溢”科目（处理净收入），贷记“库存现金”“银行存款”等科目。处理收支结清，如果处理收入大于相关费用的，按照处理收入减去相关费用后的净收入，借记“待处理财产损溢”科目（处理净收入），贷记“应缴财政款”等科目；如果处理收入小于相关费用的，按照相关费用减去处理收入后的净支出，借记“资产处置费用”科目，贷记“待处理财产损溢”科目（处理净收入）。

预算会计下，对盘亏或者毁损、报废的各类资产过程中支付的处理净支出，借记“其他支出”科目，贷记“资金结存——货币资金”科目；其他业务不做账。

财产处理核算相关举例参见库存现金、存货、固定资产、无形资产、政府储备物资、公共基础设施、文物文化资产、保障性住房等资产盘盈、盘亏或报废毁损的核算。

第四节　受托代理资产

一、受托代理资产的概念和确认

受托代理资产是政府单位接受委托方委托管理的各项资产，包括受托指定转赠的物资、受托储存管理的物资等。受托代理资产应当在政府单位收到受托代理的资产时确认。

二、受托代理资产核算的会计科目设置

财务会计系统下，政府单位应设置“受托代理资产”科目核算接受委托方委托管理的各项资产。政府单位管理的罚没物资也应当通过本科目核算。政府单位收到的受托代理资产为现金和银行存款的，不通过本科目核算，应当通过“库存现金”“银行存款”科目进行核算。本科目应当按照资产的种类和委托人进行明细核算；属于转赠资产的，还应当按照受赠人进行明细核算。本科目期末借方余额，反映单位受托代理实物资产的成本。

预算会计系统下，对受托代理资产不做账。但是，如果政府单位作为受托方按照受托协议约定承担相关税费、运输费等的，将实际支付的相关税费、运输费等记入“其他支出”科目。

三、受托代理资产的账务处理

（一）受托转赠物资

1.政府单位接受委托人委托需要转赠给受赠人的物资，其成本按照有关凭据注明的

金额确定。接受委托转赠的物资验收入库，财务会计按照确定的成本，借记“受托代理资产”科目，贷记“受托代理负债”科目；预算会计不做账。受托协议约定由受托方承担相关税费、运输费等的，还应当按照实际支付的相关税费、运输费等金额，借记“其他费用”科目，贷记“银行存款”等科目；预算会计借记“其他支出”科目，贷记“资金结存——货币资金”科目。

2.政府单位将受托转赠物资交付受赠人时，财务会计按照转赠物资的成本，借记“受托代理负债”科目，贷记“受托代理资产”科目；预算会计不做账。

3.政府单位转赠物资的委托人取消了对捐赠物资的转赠要求，且不再收回捐赠物资的，应当将转赠物资转为单位的存货、固定资产等。财务会计按照转赠物资的成本，借记“受托代理负债”科目，贷记“受托代理资产”科目；同时，借记“库存物品”“固定资产”等科目，贷记“其他收入”科目。预算会计不做账。

【例13-149】某政府单位接受某基金会的委托，将一批地震灾区所需的药品转赠给地震灾区。该批药品有关凭据注明的金额为50 000元，并已验收入库。假设没有发生任何税费，该政府单位的账务处理如下：

财务会计			预算会计
借：受托代理资产——救灾药品——某基金会	50 000		—
贷：受托代理负债		50 000	

该政府单位将上述药品交付受赠人时，则，

财务会计			预算会计
借：受托代理负债	50 000		—
贷：受托代理资产——救灾药品——某基金会		50 000	

如果上述基金会取消了转赠要求，且不再收回转赠物资，则，

财务会计			预算会计
借：受托代理负债	50 000		
贷：受托代理资产——救灾药品——某基金会		50 000	—
借：库存物品	50 000		
贷：其他收入		50 000	

（二）受托存储保管物资

1.政府单位接受委托人委托存储保管的物资，其成本按照有关凭据注明的金额确定。接受委托储存的物资验收入库，财务会计按照确定的成本，借记“受托代理资产”科目，贷记“受托代理负债”科目；预算会计不做账。

2.政府单位发生由受托单位承担的与受托存储保管的物资相关的运输费、保管费等费用时，财务会计按照实际发生的费用金额，借记“其他费用”等科目，贷记“银行存款”等科目；预算会计不做账。

3.政府单位根据委托人要求交付或发出受托存储保管的物资时，财务会计按照发出物资的成本，借记“受托代理负债”科目，贷记“受托代理资产”科目；预算会计不做账。

【例13-150】某政府单位接受上级单位的委托储存救灾物资，该物资发票金额为80 000元，并已验收入库。另外，以现金支付运输费900元。该政府单位的账务处理如下：

财务会计			预算会计		
借：受托代理资产——救灾物资	80 000		借：其他支出	900	
贷：受托代理负债		80 000	贷：资金结存——货币资金		900
借：其他费用	900				
贷：库存现金		900			

如果上级单位要求该单位交付受托储存管理的物资，则，

财务会计			预算会计
借：受托代理负债	80 000		—
贷：受托代理资产——救灾物资		80 000	

（三）罚没物资

1.政府单位取得罚没物资时，其成本按照有关凭据注明的金额确定。罚没物资验收（入库），按照确定的成本，借记“受托代理资产”科目，贷记“受托代理负债”科目。罚没物资成本无法可靠确定的，单位应当设置备查簿进行登记。

2.政府单位按照规定处置或移交罚没物资时，按照罚没物资的成本，借记“受托代理负债”科目，贷记“受托代理资产”科目。处置时取得款项的，按照实际取得的款项金额，借记“银行存款”等科目，贷记“应缴财政款”等科目。

【例13-151】某政府单位行政执法没收三辆汽车，有关凭据注明金额为500 000元。该政府单位的账务处理如下：

财务会计			预算会计
借：受托代理资产——罚没物资	500 000		—
贷：受托代理负债		500 000	

【例13-152】假设【例13-151】中的政府单位将没收的汽车进行拍卖，取得价款450 000元。假设不考虑相关税费，该政府单位的账务处理如下：

财务会计			预算会计
借：受托代理负债	500 000		
贷：受托代理资产		500 000	—
借：银行存款	450 000		
贷：应缴财政款		450 000	

（四）受托代理的其他实物资产

政府单位受托代理的其他实物资产，参照本科目有关受托转赠物资、受托存储保管

物资的规定进行账务处理。

复习思考

1. 政府单位资产的确认条件是什么？行政单位和事业单位在资产内容上有何区别？
2. 政府单位的流动资产和非流动资产各自包括哪些内容？行政单位和事业单位各自有何不同？
3. 政府单位的货币资金包括哪些内容？
4. 政府单位存货的核算需要设置哪些会计科目？
5. 政府单位发出存货和政府储备物资如何计价？
6. 什么是零余额账户用款额度和财政应返还额度？
7. 事业单位的长期股权投资成本法和权益法有何区别？
8. 事业单位长期债券投资的应收利息因还本付息方式不同在核算方法上有何区别？
9. 什么是政府单位的固定资产？其确认条件是什么？其包括哪几类？
10. 政府单位在核算上如何区分公共基础设施和固定资产？
11. 什么是政府单位的无形资产？其确认条件是什么？其包括哪些内容？
12. 什么是折旧和摊销？政府单位需要计提折旧和摊销的资产各有哪些？
13. 什么是政府储备物资？其确认条件是什么？其包括哪些内容？
14. 什么是保障性住房？其与确认为固定资产的房屋建筑物有何区别？
15. “文物文化资产”科目核算什么内容？
16. “待处理财产损溢”科目核算哪些内容？
17. “受托代理资产”科目核算什么内容？

操作练习

题一：

目的：练习行政单位和事业单位共有资产科目的核算。

资料：某政府单位（小规模纳税人）2×21年12月发生如下经济业务：

1. 从单位零余额账户提取现金20 000元，从银行基本户提取现金5 000元。

2. 依法履职或从事专业业务活动职工出差回来报销差旅费，实际支出4 500元，退回现金500元。

3. 收到职工交来的转赠地震灾区的捐款20 000元（现金），银行存款基本户收到A单位转赠贫困地区的捐款50 000元。

4. 收到采购员交来异地供应单位发票账单等报销凭证，用于依法履职或后勤管理活动的甲材料价款180 000元，已验收入库，多余的20 000元外埠存款转回本地单位开户银行。

5. 将300 000元款项交存银行取得面额10 000元的银行本票10张、100 000元银行汇票和额度100 000元的信用卡。

6. 收到代理银行转来的“财政直接支付入账通知书”，使用上年未使用财政直接支付额度购买专用材料一批用于依法履职或从事专业业务活动，材料价款100 000元，增值税税额13 000元，已验收入库。

7. 收到代理银行转来的50 000元财政授权支付额度恢复到账通知书和财政部门批复的上年度未下

达零余额账户用款额度100 000元。

8.经批准出租办公室一间，期限一个月，租金每月6 180元，尚未收到A单位租金。该租金需要上缴财政。

9.假设上述业务中的租金收入经批准纳入单位预算管理。

10.收到采购的办公用计算机设备，且通过财政部门零余额账户补付其余50%货款200 000元。收到计算机之前已预付50%，计算机直接交付使用。

11.发生购货预付账款退回，其中本年度财政直接支付的退回金额80 000元、财政授权支付的退回金额5 000元；上年度财政直接支付的退回金额500 000元。

12.依法履职或开展专业业务活动购入甲材料一批，取得的增值税专用发票上注明的材料价款为100 000元，增值税税额13 000元。材料货款已通过单位零余额账户支付但材料尚未运到。

13.以账面价值100 000元、已计提折旧100 000元的汽车置换甲单位的专用材料。汽车的评估价值为80 000元，通过单位零余额账户支付补价款40 000元。材料已验收入库。假设不考虑相关税费。

14.计提本月公共基础设施折旧和确认为公共基础设施的单独计价入账的土地使用权摊销各100 000元。

15.收到无偿调入的医药物资一批，调出方账面价值为500 000元，通过单位零余额账户支付运输费2 000元。

16.将四年前购买的一项专利权出售，该专利权的购入成本为50 000元，规定的摊销期限为10年。将其转入待处置资产后的第10天获得批准出售，获得价款20 600元，款项已存入银行。

17.年末，经核查确认三年之前出租的资产的租金收入100 000元因承租企业陷入财务困境确实无法收回，按照规定报经批准后予以核销。假设该租金收入收回后应当上缴财政。

18.年末，经核查确认三年之前预付款项采购专利技术款200 000元因卖方被撤销已无望再收到所购专利技术，也确实无法收回预付账款。

19.年末，盘点存货和固定资产，发现专业业务活动用材料溢余8 000元，尚未入账；经营用材料短缺2 000元；一批图书没有入账（去年购入），该批图书的市场价格为5 000元。盘点之后的第10天获得批准予以处理。

20.年末，盘点现金，发现短款50元，尚未查明原因。

要求：根据上述经济业务逐一分别财务会计和预算会计编制会计分录，其中涉及“资金结存”“其他货币资金”科目的，要求列出二级明细科目。

题二：

目的：练习事业单位特有资产科目的核算。

资料：某事业单位（一般纳税人）2×21年12月份发生如下经济业务：

1.之前购买的一年期国债到期，收回本金30 000元，利息1 200元。

2.非独立核算部门从事经营活动销售产品而收到不带息的承兑期两个月的商业承兑汇票一张，该商业承兑汇票的面值为5 000元。

3.假设上述业务中的商业承兑汇票到期，单位收到银行退回的商业承兑汇票。

4.假设单位采用应收款项余额百分比法计提坏账准备。本年发生坏账8 000元，其中：应收账款5 000元，其他应收款3 000元。

5.采购甲材料用于开展经营活动，取得的增值税专用发票上注明的材料价款为100 000元，增值税税额13 000元，支付运输费800元。所有款项均以银行存款付讫。

6.购入某有限责任公司5%的股权，支付价款500 000元（含已宣告但尚未支付股利5 000元），支付相关税费5 000元。

7.经批准以账面余额为600 000元、评估价值为400 000元、累计折旧为150 000元的专用设备置换取得一家有限责任公司5%的股权，并向该公司支付补价款50 000元。假设不考虑相关税费。

8.以未入账的非专利技术对一家有限责任公司进行投资。该非专利技术的评估价值为200 000元。假设不考虑相关税费。

9.接受某有限责任公司捐赠的2%股权，该股权的市场价值为300 000元。假设不考虑相关税费。

10.假定将上述捐赠的股权投资转为无偿调入。

11.经批准将去年以现金取得的某有限责任公司2%的股权转让，实际取得价款500 000元，发生相关税费5 000元，长期股权投资的账面余额为400 000元，持有期间采用成本法核算。假设处置净收入纳入单位预算管理。

12.假定上述所有的某有限责任公司2%的股权是以未入账的无形资产取得，其他条件不变。假设处置净收入上缴财政。

13.购入五年期、票面利率为5%的国库券，实际支付价款300 000元。

14.分别分年付息到期一次还本和到期一次还本付息，确认上述五年期国库券的每年利息。

15.将三年前购买的国库券出售，取得价款150 000元，该国库券账面余额130 000元，应收利息10 000元。假设不考虑相关税费。

要求：根据上述经济业务逐一分别财务会计和预算会计编制会计分录，其中涉及“资金结存”科目的，要求列出二级明细科目。

第十四章

政府单位负债的核算[①]

学习目标

- 掌握政府单位负债的概念和确认、计量
- 掌握行政单位负债和事业单位负债各自的内容
- 掌握政府单位负债的分类及各类负债包括的内容
- 掌握政府单位各项负债的概念及核算方法

本章主要阐述政府单位负债的概念、内容、分类和核算方法。

第一节 政府单位负债概述

一、负债定义和分类

（一）负债的定义

负债是指政府单位过去的经济业务或者事项形成的，预期会导致经济资源流出政府单位的现时义务。其中，现时义务，是指政府单位在现行条件下已承担的义务，未来发生的经济业务或者事项形成的义务不属于现时义务，不应当确认为负债。

（二）负债分类

1.政府单位的负债，按照流动性分为流动负债和非流动负债

流动负债是指预计在1年内（含1年）偿还的负债，包括短期借款、应付职工薪酬、应付票据、应付账款、应付政府补贴款、预收款项、应交税费、其他应付款、应缴财政款等。其中，短期借款、应付票据、应付利息和预收账款属于事业单位特有的流动负债

① 本章各项负债的核算涉及增值税的，相关举例均以增值税一般纳税人为会计主体，例题中不再明示（特别明示的例题除外）。更多小规模纳税人政府单位的相关举例参见第十一章至第十三章的相关例题。

项目，应付政府补贴款属于行政单位特有的流动负债项目，其他均属于行政单位和事业单位共有的流动负债项目。

非流动负债是指流动负债以外的负债，主要指长期借款、长期应付款和预计负债。其中除长期借款属于事业单位特有的非流动负债项目外，其他均属于行政单位和事业单位共有的非流动负债项目。

2. 政府单位的负债，按照偿还时间与金额是否基本确定，分为偿还时间与金额基本确定的负债和由或有事项形成的预计负债

偿还时间与金额基本确定的负债按政府单位的业务性质及风险程度，分为融资活动形成的举借债务及其应付利息、运营活动形成的应付及预收款项和暂收性负债。举借债务是指政府单位通过融资活动借入的债务，包括短期借款和长期借款；应付及预收款项，是指政府单位在运营活动中形成的应当支付而尚未支付的款项及预先收到但尚未实现收入的款项，包括应付职工薪酬、应付票据、应付账款、应付政府补贴款、预收款项、应交税费和其他应付未付款项。暂收性负债是指政府单位暂时收取，随后应做上缴、退回、转拨等处理的款项，主要包括应缴财政款和其他暂收款项（是指除应缴财政款以外的其他暂收性负债，包括政府单位暂时收取，随后应退还给其他方的押金或保证金等款项）。

预计负债是政府单位对因或有事项所产生的现时义务而确认的负债。

二、负债的确认和计量

1. 负债的确认条件

符合负债定义的义务，在同时满足以下条件时，确认为政府单位负债：①履行该义务很可能导致含有服务潜力或者经济利益的经济资源流出政府单位；②该义务的金额能够可靠地计量。

符合负债定义和负债确认条件的项目，应当列入政府单位资产负债表。

2. 负债的计量属性

政府单位负债的计量属性主要包括历史成本、现值和公允价值。

历史成本计量下，负债按照因承担现时义务而实际收到的款项或者资产的金额，或者承担现时义务的合同金额，或者按照为偿还负债预期需要支付的现金计量。

在现值计量下，负债按照预计期限内需要偿还的未来净现金流出量的折现金额计量。

在公允价值计量下，负债按照市场参与者在计量日发生的有序交易中转移负债所需支付的价格计量。

政府单位在对负债进行计量时，一般应当采用历史成本。采用现值、公允价值计量的，应当保证所确定的负债金额能够持续、可靠计量。

政府单位负债内容及其单位归属见表14-1。

表14-1　　政府单位负债内容及其单位归属

流动负债	行政单位	事业单位	非流动负债	行政单位	事业单位
短期借款		√	长期借款		√
应交增值税	√	√	长期应付款	√	√
其他应交税费	√	√	预计负债	√	√
应缴财政款	√	√	受托代理负债	√	√
应付职工薪酬	√	√			
应付票据		√			
应付账款	√	√			
应付政府补贴款◇	√				
应付利息		√			
预收账款		√			
其他应付款	√	√			
预提费用	√	√			

第二节　流动负债

一、短期借款

借款是事业单位经批准向银行或其他金融机构等借入的各种借款。它是事业单位在组织业务活动中因资金周转不灵而借入的资金。事业单位的借款按照偿还期限可分为短期借款和长期借款。

（一）短期借款的确认和计量

短期借款是指事业单位经批准向银行或其他金融机构等借入的期限在1年以内（含1年）的各种借款。

短期借款，事业单位应当在与债权人签订借款合同并取得举借资金时予以确认，并按照借款的实际发生额（借款本金）进行计量。

事业单位应当按照短期借款本金和合同或协议约定的利率按期计提借款利息，并将计算确定的应付未付利息计入应付利息。因举借短期借款发生的借款费用计入当期费用。

事业单位应当在偿还短期借款本金时，冲减相关短期借款的账面余额。

（二）短期借款核算的会计科目设置

财务会计系统下，事业单位应设置“短期借款”科目核算其经批准向银行或其他金融机构等借入的期限在1年以内（含1年）的各种借款。本科目应当按照债权人和借款种类进行明细核算。本科目期末贷方余额，反映事业单位尚未偿还的短期借款本金。

预算会计系统下，与“短期借款”科目对应的是“债务预算收入”和“债务还本支出”科目。

（三）短期借款的账务处理

1.借入各种短期借款时，按照实际借入的金额，财务会计借记“银行存款”科目，贷记“短期借款”科目；预算会计借记“资金结存——货币资金”科目，贷记“债务预算收入”科目。

2.银行承兑汇票到期，本单位无力支付票款的，按照应付票据的账面余额，财务会计借记“应付票据”科目，贷记“短期借款”科目；预算会计借记“事业支出”“经营支出”等科目，贷记“债务预算收入”科目。相关举例参见本章“应付票据”科目【例14-18】。

3.按期计提利息费用时，财务会计按照计算确定的金额，借记“其他费用”科目，贷记“应付利息”科目；预算会计不做账。

4.实际支付应付利息时，按照支付的金额，财务会计借记“应付利息”科目，贷记“银行存款”等科目；预算会计借记“其他支出”等科目，贷记“资金结存——货币资金”科目。

5.归还短期借款本金时，财务会计借记“短期借款”科目，贷记“银行存款”科目；预算会计借记“债务还本支出”科目，贷记“资金结存——货币资金”科目。

【例14-1】某事业单位2×21年1月2日因开展专业业务活动资金周转困难向工商银行借入款项600 000元，期限1年，借款利率5%，2×22年1月2日到期一次还本付息。该事业单位的账务处理如下：

• 2×21年1月2日借入借款时，

财务会计			预算会计		
借：银行存款	600 000		借：资金结存——货币资金	600 000	
贷：短期借款——工商银行		600 000	贷：债务预算收入		600 000

• 借款期间按月预提利息费用2 500元时，

财务会计			预算会计
借：其他费用	2 500		—
贷：应付利息		2 500	

• 2×22年1月2日借款到期，偿还本金600 000元，支付利息30 000元时，

财务会计			预算会计		
借：短期借款——工商银行	600 000		借：债务还本支出	600 000	
应付利息	30 000		其他支出	30 000	
贷：银行存款		630 000	贷：资金结存——货币资金		630 000

二、应付及预收款项

（一）应交增值税

1.应交增值税的确认和计量

应交增值税是政府单位按照税法规定计算应交纳的增值税。

增值税是对销售货物、提供应税劳务以及进口货物的单位和个人，按其实现的增值额征收的一种税。增值税的纳税人分为一般纳税人和小规模纳税人。一般纳税人实行凭增值税专用发票计税的计征方法；小规模纳税人则实行按征收率计算应纳税额的简易办法，且不得抵扣进项税额。增值税的计税方法分为一般计税方法和简易计税方法。一般计税方法按照销项税额抵扣进项税额后的余额计算应纳税额。简易计税方法按照应税销售额和征收率计算应纳税额，不得抵扣进项税额。

应交增值税应当在政府单位发生纳税义务事项时确认，并按税法规定计算的应交增值税金额计量。

2.应交增值税核算的会计科目设置

财务会计系统下，政府单位应设置“应交增值税”科目核算按照税法规定计算应交纳的增值税。本科目期末贷方余额，反映单位应交未交的增值税；期末如为借方余额，反映单位尚未抵扣或多交的增值税。

属于增值税一般纳税人的政府单位，应当在“应交增值税”科目下设置“应交税金”“未交税金”“预交税金”“待抵扣进项税额”“待认证进项税额”“待转销项税额”“简易计税”“转让金融商品应交增值税”“代扣代交增值税”等明细科目。

（1）“应交税金”明细账内应当设置“进项税额”“已交税金”“转出未交增值税”“减免税款”“销项税额”“进项税额转出”“转出多交增值税”等专栏。其中：①“进项税额”专栏，记录政府单位购进货物、加工修理修配劳务、服务、无形资产或不动产而支付或负担的、准予从当期销项税额中抵扣的增值税额；②“已交税金”专栏，记录单位当月已交纳的应交增值税额；③“转出未交增值税”和“转出多交增值税”专栏，分别记录一般纳税人月度终了转出当月应交未交或多交的增值税额；④“减免税款”专栏，记录政府单位按照现行增值税制度规定准予减免的增值税额；⑤“销项税额”专栏，记录政府单位销售货物、加工修理修配劳务、服务、无形资产或不动产应收取的增值税额；⑥“进项税额转出”专栏，记录政府单位购进货物、加工修理修配劳务、服务、无形资产或不动产等发生非正常损失以及其他原因而不应从销项税额中抵扣、按照规定转出的进项税额。

（2）“未交税金”明细科目，核算政府单位月度终了从“应交税金”或“预交税金”明细科目转入当月应交未交、多交或预缴的增值税额，以及当月交纳以前期间未交的增值税额。

（3）“预交税金”明细科目，核算政府单位转让不动产、提供不动产经营租赁服务等，以及其他按照现行增值税制度规定应预缴的增值税额。

（4）“待抵扣进项税额”明细科目，核算政府单位已取得增值税扣税凭证并经税务机关认证，按照现行增值税制度规定准予以后期间从销项税额中抵扣的进项税额。

（5）“待认证进项税额”明细科目，核算政府单位由于未经税务机关认证而不得从当期销项税额中抵扣的进项税额。包括：一般纳税人已取得增值税扣税凭证并按规定准予从销项税额中抵扣，但尚未经税务机关认证的进项税额；一般纳税人已申请稽核但尚未取得稽核相符结果的海关缴款书进项税额。

（6）“待转销项税额”明细科目，核算政府单位销售货物、加工修理修配劳务、服务、无形资产或不动产，已确认相关收入（或利得）但尚未发生增值税纳税义务而需于以后期间确认为销项税额的增值税额。

（7）“简易计税”明细科目，核算政府单位采用简易计税方法发生的增值税计提、扣减、预缴、缴纳等业务。

（8）“转让金融商品应交增值税”明细科目，核算政府单位转让金融商品发生的增值税额。

（9）“代扣代交增值税”明细科目，核算政府单位购进在境内未设经营机构的境外单位或个人在境内的应税行为代扣代缴的增值税。

属于增值税小规模纳税人的政府单位，只需在“应交增值税”科目下设置“转让金融商品应交增值税”“代扣代交增值税”明细科目。

预算会计系统下，与“应交增值税”科目对应的是“行政支出”“事业支出”“经营支出”“事业预算收入”“经营预算收入”等科目。

3.应交增值税的主要账务处理

（1）取得资产或接受劳务等业务

①采购等业务进项税额允许抵扣

一般纳税人政府单位购买用于增值税应税项目的资产或服务等时，财务会计按照应计入相关成本费用或资产的金额，借记“业务活动费用”“在途物品”“库存物品”“工程物资”“在建工程”“固定资产”“无形资产”等科目，按照当月已认证的可抵扣增值税额，借记“应交增值税——应交税金——进项税额”科目，按照当月未认证的可抵扣增值税额，借记“应交增值税——待认证进项税额”科目，按照应付或实际支付的金额，贷记“应付账款”“应付票据”“银行存款”“零余额账户用款额度”等科目。预算会计按照实际支付的金额，借记“行政支出”“事业支出”“经营支出”等科目，贷记“资金结存——零余额账户用款额度、货币资金”等科目。发生退货的，如原增值税专用发票已做认证，应根据税务机关开具的红字增值税专用发票做相反的会计分录；如原增值税专用发票未做认证，应将发票退回并做相反的会计分录。

小规模纳税人政府单位购买资产或服务等时不能抵扣增值税，发生的增值税计入资产成本或相关成本费用。

【例14-2】[1]某事业单位开展专业业务活动购买办公用电脑，取得已认证的增值税专用发票上记载的金额为200 000元、税额为26 000元，款项实行财政授权支付。另以银行存款支付运输费用1 000元、税额90元。电脑直接交付使用。该事业单位的账务处理如下：

财务会计		预算会计	
借：固定资产	201 000	借：事业支出	227 090
应交增值税——应交税金——进项税额	26 090	贷：资金结存——零余额账户用款额度	227 090
贷：零余额账户用款额度	227 090		

【例14-3】某事业单位本月采购甲材料用于开展经营活动，取得的增值税专用发票上记载的金额为100 000元、税额13 000元，款项以银行存款付讫，材料已验收入库。增值税发票在采购材料的下月才得到认证。该事业单位的账务处理如下：

• 本月收到材料时，

财务会计		预算会计	
借：库存物品	100 000	借：经营支出	113 000
应交增值税——待认证进项税额	13 000	贷：资金结存——货币资金	113 000
贷：银行存款	113 000		

• 下月增值税发票得到认证后，

财务会计		预算会计
借：应交增值税——应交税金——进项税额	13 000	—
贷：应交增值税——待认证进项税额	13 000	

②采购等业务进项税额不得抵扣

一般纳税人政府单位购进资产或服务等，用于简易计税方法的计税项目、免征增值税项目、集体福利或个人消费等，其进项税额按照现行增值税制度规定不得从销项税额中抵扣的，取得增值税专用发票时，财务会计应按照增值税发票注明的金额，借记相关成本费用或资产科目，按照待认证的增值税进项税额，借记“应交增值税——待认证进项税额”科目，按照实际支付或应付的金额，贷记“银行存款”“应付账款”“零余额账户用款额度”等科目；预算会计按照实际支付的金额，借记“行政支出”“事业支出”“经营支出”等科目，贷记“资金结存——零余额账户用款额度、货币资金”等科目。

经税务机关认证为不可抵扣进项税时，财务会计借记“应交增值税——应交税金——进项税额”科目，贷记“应交增值税——待认证进项税额”科目，同时，将进项税额转出，借记相关成本费用科目，贷记“应交增值税——应交税金——进项税额转出”科目；预算会计不做账。

【例14-4】某事业单位使用职工福利基金为职工购买运动会服装，取得增值税专用

① 实践中，行政单位因依法履行公职，其涉及增值税的业务主要是资产处置业务，业务简单。由此，“应交增值税”的举例主要以一般纳税人事业单位为会计主体，例题中不再明示（特别明示的除外），小规模纳税人的举例参见第十一章至第十三章。

发票，发票注明金额50 000元，税额6 500元，款项以银行存款支付。该事业单位的账务处理如下：

• 收到运动服时，

财务会计	预算会计
借：专用基金 50 000	借：专用结余 56 500
应交增值税——待认证进项税额 6 500	贷：资金结存——货币资金 56 500
贷：银行存款 56 500	

• 经税务机关认证为不可抵扣进项税时，

财务会计	预算会计
借：应交增值税——应交税金——进项税额 6 500	—
贷：应交增值税——待认证进项税额 6 500	
借：专用基金 6 500	
贷：应交增值税——应交税金——进项税额转出 6 500	

③购进不动产或不动产在建工程进项税额抵扣[①]

一般纳税人政府单位取得应税项目为不动产或者不动产在建工程，财务会计应当按照取得成本，借记“固定资产”“在建工程”等科目，按照当月已认证可抵扣的增值税额，借记“应交增值税——应交税金——进项税额”科目，按照当月未认证的可抵扣增值税额，借记“应交增值税——待认证进项税额”科目，按照应付或实际支付的金额，贷记“应付账款”“应付票据”“银行存款”“零余额账户用款额度”等科目；预算会计按照实际支付的金额，借记“行政支出”“事业支出”“经营支出”等科目，贷记“资金结存——零余额账户用款额度、货币资金”等科目。

尚未抵扣的进项税额待以后期间允许抵扣时，财务会计按照允许抵扣的金额，借记“应交增值税——应交税金——进项税额”科目，贷记“应交增值税——待认证进项税额”科目；预算会计不做账。

【例14-5】某事业单位2×21年6月购进专业业务活动用办公楼一栋，取得已认证的增值税专用发票上记载的金额为2 000万元，税额180万元，款项采用财政直接支付。该事业单位的账务处理如下：

财务会计	预算会计
借：固定资产 20 000 000	借：事业支出 21 800 000
应交增值税——应交税金——进项税额 1 800 000	贷：财政拨款预算收入 21 800 000
贷：财政拨款收入 21 800 000	

④进项税额抵扣情况发生改变

一般纳税人政府单位因发生非正常损失或改变用途等，原已计入进项税额、待抵扣进项税额或待认证进项税额，但按照现行增值税制度规定不得从销项税额中抵扣的，财

① 自2019年4月1日起，纳税人取得不动产或者不动产在建工程的进项税额不再分2年抵扣。

务会计借记“待处理财产损溢”“固定资产”“无形资产”等科目，贷记“应交增值税——应交税金——进项税额转出、待抵扣进项税额、待认证进项税额”科目；原不得抵扣且未抵扣进项税额的固定资产、无形资产等，因改变用途等用于允许抵扣进项税额的应税项目的，应按照允许抵扣的进项税额，财务会计借记“应交增值税——应交税金——进项税额”科目，贷记“固定资产”“无形资产”等科目。预算会计不做账。固定资产、无形资产等经上述调整后，应按照调整后的账面价值在剩余尚可使用年限内计提折旧或摊销。

一般纳税人政府单位购进时已全额计入进项税额的货物或服务等转用于不动产在建工程的，对于结转以后期间的进项税额，财务会计借记“应交增值税——待抵扣进项税额”科目，贷记“应交增值税——应交税金——进项税额转出”科目；预算会计不做账。

【例 14-6】某事业单位为生产产品购进的甲材料因火灾全部报废，该材料价款 100 000 元，进项税额 13 000 元。将甲材料转入待处理财产损溢时，该事业单位的账务处理如下：

财务会计			预算会计
借：待处理财产损溢	113 000		
贷：库存物品		100 000	—
应交增值税——应交税金——进项税额转出		13 000	

⑤购买方作为扣缴义务人

按照现行增值税的制度规定，境外单位或个人在境内发生应税行为，在境内未设有经营机构的，以购买方为增值税扣缴义务人。境内一般纳税人政府单位购进服务或资产时，财务会计按照应计入相关成本费用或资产的金额，借记“业务活动费用”“在途物品”“库存物品”“工程物资”“在建工程”“固定资产”“无形资产”等科目，按照可抵扣的增值税额，借记“应交增值税——应交税金——进项税额”科目［小规模纳税人应借记相关成本费用或资产科目］，按照应付或实际支付的金额，贷记“银行存款”“应付账款”等科目，按照应代扣代缴的增值税额，贷记“应交增值税——代扣代交增值税”科目；预算会计按实际支付的金额借记“行政支出”“事业支出”“经营支出”等科目，贷记“资金结存——零余额账户用款额度、货币资金”等科目。

实际缴纳代扣代缴增值税时，按照代扣代缴的增值税额，财务会计借记“应交增值税——代扣代交增值税”科目，贷记“银行存款”“零余额账户用款额度”等科目；预算会计借记“行政支出”“事业支出”“经营支出”等科目，贷记“资金结存——零余额账户用款额度、货币资金”等科目。

【例 14-7】某事业单位 2×21 年 6 月从国外公司进口一台专用技术设备，设备价款 100 000 元、可抵扣进项税额 13 000 元，以银行存款支付 100 000 元，设备直接交付使用。该国外公司在中国境内未设有经营机构，按照规定该事业单位为增值税扣缴义务人，7月以银行存款代交增值税13 000元。该事业单位的账务处理如下：

• 6月收到设备时，

财务会计		预算会计	
借：固定资产	100 000	借：事业支出	100 000
应交增值税——应交税金——进项税额	13 000	贷：资金结存——货币资金	100 000
贷：银行存款	100 000		
应交增值税——代扣代交增值税	13 000		

• 7月实际缴纳代扣代缴增值税时，

财务会计		预算会计	
借：应交增值税——代扣代交增值税	13 000	借：事业支出	13 000
贷：银行存款	13 000	贷：资金结存——货币资金	13 000

（2）销售资产或提供服务等业务

①销售资产或提供服务业务

政府单位销售货物或提供服务，财务会计应当按照应收或已收的金额，借记“应收账款”“应收票据”“银行存款”等科目，按照确认的收入金额，贷记“经营收入”“事业收入”等科目，按照现行增值税制度规定计算的销项税额（或采用简易计税方法计算的应纳增值税额），贷记“应交增值税——应交税金——销项税额”科目或“应交增值税——简易计税”科目［小规模纳税人应贷记“应交增值税”科目］。预算会计按照实际收到的金额，借记“资金结存——货币资金”等科目，贷记“事业预算收入”“经营预算收入”等科目。发生销售退回的，应根据按照规定开具的红字增值税专用发票做相反的会计分录。

按照《政府会计制度——行政事业单位会计科目和报表》及相关政府会计准则确认收入的时点早于按照增值税制度确认增值税纳税义务发生时点的，财务会计应将相关销项税额记入“应交增值税——待转销项税额”科目，待实际发生纳税义务时再转入“应交增值税——应交税金——销项税额”科目或“应交增值税——简易计税”科目。

按照增值税制度确认增值税纳税义务发生时点早于按照《政府会计制度——行政事业单位会计科目和报表》及相关政府会计准则确认收入的时点的，应按照应纳增值税额，借记“应收账款”科目，贷记“应交增值税——应交税金——销项税额”科目或“应交增值税——简易计税”科目。

【例14-8】某事业单位非独立核算部门销售产品，产品不含税价款5 000元，增值税税率为13%。该事业单位的账务处理如下：

• 如果款项收到已存入银行，

财务会计		预算会计	
借：银行存款	5 650	借：资金结存——货币资金	5 650
贷：经营收入——销售收入	5 000	贷：经营预算收入	5 650
应交增值税——应交税金——销项税额	650		

- 如果向卖方签发金额为5 650元的商业承兑汇票，则

财务会计			预算会计	
借：应收票据	5 650			
贷：经营收入——销售收入		5 000	—	
应交增值税——应交税金——销项税额		650		

【例14-9】某事业单位为一般纳税人但实行简易计税，非独立核算部门销售产品，产品含税价款5 150元。增值税征收率为3%。该事业单位的账务处理如下：

- 如果款项收到已存入银行，则

财务会计			预算会计		
借：银行存款	5 150		借：资金结存——货币资金	5 150	
贷：经营收入——销售收入		5 000	贷：经营预算收入		5 150
应交增值税——简易计税		150			

- 如果向卖方签发金额为5 150元的商业承兑汇票，则

财务会计			预算会计
借：应收票据	5 150		
贷：经营收入——销售收入		5 000	—
应交增值税——简易计税		150	

【例14-10】某事业单位将暂时闲置的库房出租给一企业，租期为2×21年6月1日至9月1日，合同约定承租企业2×21年8月31日需要支付租金33 900元。该租金收入纳入事业单位预算管理，租赁期内每月末确认收入。该事业单位的账务处理如下：

- 2×21年6月末和7月末分别确认租金收入时，

财务会计			预算会计
借：应收账款	11 300		
贷：租金收入		10 000	—
应交增值税——待转销项税额		1 300	

- 2×21年8月31日收到租金时，

财务会计			预算会计		
借：银行存款	33 900		借：资金结存——货币资金	33 900	
贷：应收账款		22 600	贷：其他预算收入		33 900
租金收入		10 000			
应交增值税——应交税金——销项税额		1 300			
借：应交增值税——待转销项税额	2 600				
贷：应交增值税——应交税金——销项税额		2 600			

②金融商品转让按照规定以盈亏相抵后的余额作为销售额

金融商品实际转让月末，如产生转让收益，财务会计按照应纳税额，借记“投资收益”科目，贷记“应交增值税——转让金融商品应交增值税”科目；如产生转让损失，

则按照可结转下月抵扣税额，借记“应交增值税——转让金融商品应交增值税”科目，贷记“投资收益”科目。预算会计不做账。

交纳增值税时，财务会计借记“应交增值税——转让金融商品应交增值税”科目，贷记“银行存款”等科目；预算会计借记“投资预算收益”等科目，贷记“资金结存——货币资金”等科目。

年末，“应交增值税——转让金融商品应交增值税”科目如有借方余额，财务会计借记“投资收益”科目，贷记“应交增值税——转让金融商品应交增值税”科目；预算会计不做账。

【例14-11】某事业单位2×21年发生的有关国库券的转让业务如下：

（1）7月31日将2×19年8月1日购买的国库券转让，取得转让价款201 200元。该国库券投资成本180 000元、期限3年、每年8月1日付息、到期一次还本、票面利率4%。

（2）8月6日以银行存款交纳7月份转让金融商品应交增值税。

（3）9月30日将本年8月1日购买的国库券转让，取得转让价款49 470元。该国库券期限3个月，贴现发行，投资成本50 000元。

（4）2×21年12月31日“应交增值税——转让金融商品应交增值税”科目借方余额30元。该事业单位的账务处理如下：

• 7月31日转让2×19年8月1日购买的国库券时，

财务会计			预算会计	
借：银行存款	201 200		借：资金结存——货币资金	201 200
贷：长期债券投资——成本		180 000	贷：其他结余	180 000
应收利息		7 200	投资预算收益	21 200
投资收益		14 000		
借：投资收益	1 200			
贷：应交增值税——转让金融商品应交增值税		1 200		

• 8月6日交纳转让金融商品应交增值税时，

财务会计			预算会计		
借：应交增值税——转让金融商品应交增值税	1 200		借：投资预算收益	1 200	
贷：银行存款		1 200	贷：资金结存——货币资金		1 200

• 9月30日转让本年8月1日购买的国库券时

财务会计			预算会计		
借：银行存款	49 470		借：资金结存——货币资金	49 470	
投资收益	530		投资预算收益	530	
贷：长期债券投资——成本		50 000	贷：投资支出		50 000
借：应交增值税——转让金融商品应交增值税	30				
贷：投资收益		30			

•12月31日结转“应交增值税——转让金融商品应交增值税”科目借方余额时，

财务会计			预算会计
借：投资收益	30		—
贷：应交增值税——转让金融商品应交增值税		30	

③月末转出多交增值税和未交增值税的账务处理

月度终了，政府单位财务会计应当将当月应交未交或多交的增值税自“应交税金”明细科目转入“未交税金”明细科目。对于当月应交未交的增值税，借记“应交增值税——应交税金——转出未交增值税”科目，贷记“应交增值税——未交税金”科目；对于当月多交的增值税，借记“应交增值税——未交税金”科目，贷记“应交增值税——应交税金——转出多交增值税”科目；预算会计不做账。

【例14-12】某事业单位2×21年5月末“应交增值税——应交税金——销项税额”科目贷方余额5 000元，“应交增值税——应交税金——进项税额”科目借方余额3 000元。该事业单位账务处理如下：

财务会计			预算会计
借：应交增值税——应交税金——转出未交增值税	2 000		—
贷：应交增值税——未交增值税		2 000	

（3）交纳增值税的账务处理

①交纳当月应交增值税

政府单位交纳当月应交的增值税，财务会计借记“应交增值税——应交税金——已交税金”科目［小规模纳税人借记“应交增值税”科目］，贷记“银行存款”等科目；预算会计借记“行政支出”“事业支出”“经营支出”等科目，贷记“资金结存——货币资金”等科目。

②交纳以前期间未交增值税

政府单位交纳以前期间未交的增值税，财务会计借记“应交增值税——未交税金”科目［小规模纳税人借记“应交增值税”科目］，贷记“银行存款”等科目；预算会计借记“行政支出”“事业支出”“经营支出”等科目，贷记“资金结存——货币资金”等科目。

③预交增值税

政府单位预交增值税时，财务会计借记“应交增值税——预交税金”科目，贷记“银行存款”等科目；预算会计借记“行政支出”“事业支出”“经营支出”等科目，贷记“资金结存——货币资金”等科目。

月末，单位财务会计应将“预交税金”明细科目余额转入“未交税金”明细科目，借记“应交增值税——未交税金”科目，贷记“应交增值税——预交税金”科目。

【例14-13】某事业单位经确认购进资产的增值税专用发票2×21年6月可以抵扣的

进项税额是100 000元，进项税额转出金额10 000元，销项税额200 000元。由此确认并交纳本月实际应交纳增值税110 000元，其中专业业务活动发生增值税80 000元，经营活动发生增值税30 000元，以银行存款付讫。该事业单位的账务处理如下：

财务会计			预算会计	
借：应交增值税——已交税金	110 000		借：事业支出	80 000
贷：银行存款		110 000	经营支出	30 000
			贷：资金结存——货币资金	110 000

（4）减免增值税的账务处理

对于当期直接减免的增值税，财务会计借记“应交增值税——应交税金——减免税款”科目，贷记“业务活动费用”“经营费用”等科目；预算会计不做账。

按照现行增值税制度规定，政府单位初次购买增值税税控系统专用设备支付的费用以及缴纳的技术维护费允许在增值税应纳税额中全额抵减的，按照规定抵减的增值税应纳税额，财务会计借记“应交增值税——应交税金——减免税款”科目［小规模纳税人借记“应交增值税”科目］，贷记“业务活动费用”“经营费用”等科目；预算会计不做账。

【例14-14】某事业单位以银行存款支付初次购买增值税税控系统专用设备款1 130元（含税价）、购买打印机款2 260元（含税），缴纳技术维护费565元（含税），取得增值税专用发票上记载金额3 500元，税额455元。该事业单位的账务处理如下：

财务会计			预算会计	
借：单位管理费用	1 695		借：事业支出	3 955
固定资产	2 260		贷：资金结存——货币资金	3 955
贷：银行存款		3 955		
借：应交增值税——应交税金——减免税款	1 130			
贷：单位管理费用		1 130		

（二）其他应交税费

1.其他应交税费的确认和计量

其他应交税费，是指政府单位按照税法等规定计算应交纳的除增值税以外的各种税费，包括城市维护建设税、教育费附加、地方教育费附加、车船税、房产税、城镇土地使用税和企业所得税等。其中城市维护建设税、教育费附加、地方教育费附加是对缴纳增值税、消费税的单位和个人，按其实际缴纳的增值税、消费税的税额计算征收的一种税费；车船税是对依法应当在车船登记管理部门登记的机动车辆和船舶以及依法不需要在车船登记管理部门登记的在单位内部场所行驶或者作业的机动车辆和船舶的所有人或者管理人，按规定的年税额征收的一种税；房产税是以房产为征税对象，按房产的计税价值或租金收入向产权所有人征收的一种税；城镇土地使用税是对在城市、县城、建制镇、工矿区范围内使用土地的单位和个人，以其实际占用的土地面积为计税依据并按规定税额征收的一种税；企业所得税是指对在中国境内的企业和其他取得收入的组织，就其生产经营所得和其他所得征收的一种税。

其他应交税费应当在政府单位发生纳税义务事项时，按照税法规定计算的应交税费金额予以确认和计量。

2.其他应交税费核算的会计科目的设置

财务会计系统下，政府单位应设置“其他应交税费”科目核算其他应交税费。政府单位代扣代缴的个人所得税，也通过本科目核算。政府单位应交纳的印花税不需要预提应交税费，直接通过“业务活动费用”“单位管理费用”“经营费用”等科目核算，不通过本科目核算。本科目应当按照应交纳的税费种类进行明细核算。本科目期末贷方余额，反映单位应交未交的除增值税以外的税费金额；期末如为借方余额，反映单位多交纳的除增值税以外的税费金额。

预算会计系统下，与“其他应交税费”科目对应的是“行政支出”“事业支出”等科目。

3.其他应交税费的账务处理

（1）发生城市维护建设税、教育费附加、地方教育费附加、车船税、房产税、城镇土地使用税等纳税义务的，财务会计按照税法规定计算的应缴税费金额，借记“业务活动费用”“单位管理费用”“经营费用”等科目，贷记“其他应交税费——应交城市维护建设税、应交教育费附加、应交地方教育费附加、应交车船税、应交房产税、应交城镇土地使用税等”科目；预算会计不做账。

（2）按照税法规定计算应代扣代缴职工（含长期聘用人员）的个人所得税，财务会计借记“应付职工薪酬”科目，贷记“其他应交税费——应交个人所得税”科目。按照税法规定计算应代扣代缴支付给职工（含长期聘用人员）以外人员劳务费的个人所得税，借记“业务活动费用”“单位管理费用”等科目，贷记“其他应交税费——应交个人所得税”科目；预算会计不做账。相关举例参见本章“应付职工薪酬”科目。

（3）发生企业所得税纳税义务的，按照税法规定计算的应交所得税额，财务会计借记“所得税费用”科目，贷记“其他应交税费——单位应交所得税”科目；预算会计不做账。相关举例参见所得税费用的核算。

（4）政府单位实际交纳上述各种税费时，财务会计借记“其他应交税费——应交城市维护建设税、应交教育费附加、应交地方教育费附加、应交车船税、应交房产税、应交城镇土地使用税、应交个人所得税、单位应交所得税”科目，贷记“财政拨款收入”“零余额账户用款额度”“银行存款”等科目；预算会计借记“行政支出”“事业支出”等科目，贷记“财政拨款预算收入”“资金结存——零余额账户用款额度、货币资金”科目。

【例14–15】某事业单位2×21年7月31日按规定计算出的各项税费见表14–2；8月6日以银行存款上缴7月份计提的各项税费。

表14-2　　某事业单位各项税费明细　　单位：元

税费种类	专业业务活动	管理活动	经营活动	合 计
城市维护建设税	700	350	280	1 330
教育费附加	300	150	120	570
地方教育费附加	200	100	80	380
车船税	50 000	40 000	5 000	95 000
房产税	100 000	80 000	10 000	190 000
城镇土地使用税	200 000	100 000	20 000	320 000
合 计	351 200	220 600	35 480	607 280

根据上述资料，该事业单位的账务处理如下：

• 2×21年7月31日计提各项税费时，

财务会计

借：业务活动费用　　351 200
　　单位管理费用　　220 600
　　经营费用　　35 480
　贷：其他应交税费——城市维护建设税　　1 330
　　　　　　　　——教育费附加　　570
　　　　　　　　——地方教育费附加　　380
　　　　　　　　——车船税　　95 000
　　　　　　　　——房产税　　190 000
　　　　　　　　——城镇土地使用税　　320 000

预算会计

—

• 2×21年8月6日上交各项税费时，

财务会计

借：其他应交税费——城市维护建设税　　1 330
　　　　　　　——教育费附加　　570
　　　　　　　——地方教育费附加　　380
　　　　　　　——车船税　　95 000
　　　　　　　——房产税　　190 000
　　　　　　　——城镇土地使用税　　320 000
　贷：银行存款　　607 280

预算会计

借：事业支出　　571 800
　　经营支出　　35 480
　贷：资金结存——货币资金　　607 280

（三）应付职工薪酬

1. 应付职工薪酬的确认和计量

应付职工薪酬是政府单位获得职工（含长期聘用人员）提供的服务而给予各种形式的报酬或因辞退等原因而给予职工的补偿。职工薪酬包括工资、津贴补贴、奖金、社会保险费等。

政府单位支付的各种职工薪酬的确认，应分别不同情况处理：（1）除根据职工提供服务的受益对象处理的职工薪酬外，确认为应付职工薪酬并计入当期费用的职工薪酬包括：除因辞退等原因给予职工的补偿外，政府单位应当在职工为其提供服务的会计期间将应支付的职工薪酬；政府单位按照有关规定为职工缴纳的医疗保险费、养老保险费、职业年金等社会保险费和住房公积金，应当在职工为其提供服务的会计期间，根据有关规定加以计算的金额。（2）政府单位因辞退等原因给予职工的补偿，应当于相关补偿金额报经批准时确认为应付职工薪酬，并计入当期费用。（3）政府单位应当根据职工提供服务的受益对象分别不同情况处理的职工薪酬：①应由自制物品负担的职工薪酬，计入自制物品成本。②应由工程项目负担的职工薪酬，比照《政府会计准则第8号——负债》第十二条有关借款费用的处理原则计入工程成本或当期费用。③应由自行研发项目负担的职工薪酬，在研究阶段发生的，计入当期费用；在开发阶段发生并且最终形成无形资产的，计入无形资产成本。

应付职工薪酬应当在职工为其提供服务的会计期间按照有关规定将应付给职工（含长期聘用人员）及为职工支付的各种薪酬予以确认和计量。

2.应付职工薪酬核算的会计科目设置

财务会计系统下，政府单位应设置“应付职工薪酬”科目核算按照有关规定应付给职工及为职工支付的各种薪酬。本科目应当根据国家有关规定，按照“基本工资”（含离退休费）、“国家统一规定的津贴补贴”、“规范津贴补贴（绩效工资）”、“改革性补贴”、“社会保险费”、“住房公积金”、“其他个人收入”等进行明细核算。其中，“社会保险费”“住房公积金”明细科目核算内容包括单位从职工工资中代扣代缴的社会保险费、住房公积金，以及单位为职工计算缴纳的社会保险费、住房公积金。本科目期末贷方余额，反映单位应付未付的职工薪酬。

预算会计系统下，与“应付职工薪酬”科目对应的是“行政支出”“事业支出”等科目。

3.应付职工薪酬的账务处理

（1）应付职工薪酬的计提

政府单位计算确认当期应付职工薪酬（含单位为职工计算缴纳的社会保险费、住房公积金）时，财务会计处理如下：①计提从事专业及其辅助活动人员的职工薪酬，借记“业务活动费用”“单位管理费用”科目，贷记“应付职工薪酬”科目；②计提应由在建工程、加工物品、自行研发无形资产负担的职工薪酬，借记“在建工程”“加工物品”“研发支出”等科目，贷记“应付职工薪酬”科目；③计提从事专业及其辅助活动之外的经营活动人员的职工薪酬，借记“经营费用”科目，贷记“应付职工薪酬”科目；④因解除与职工的劳动关系而给予的补偿，借记“单位管理费用”等科目，贷记“应付职工薪酬”科目。预算会计不做账。

（2）应付职工薪酬的支付

政府单位向职工支付工资、津贴补贴等薪酬时，按照实际支付的金额，财务会计借记“应付职工薪酬”科目，贷记“财政拨款收入”“零余额账户用款额度”“银行存款”等科目；预算会计借记“行政支出”“事业支出”等科目，贷记“财政拨款预算收入”“资金结存——零余额账户用款额度、货币资金”等科目。

（3）代扣各种款项

政府单位按照税法规定代扣职工个人所得税时，财务会计账务处理如下：借记“应付职工薪酬——基本工资”科目，贷记“其他应交税费——应交个人所得税”科目。从应付职工薪酬中代扣为职工垫付的水电费、房租等费用时，按照实际扣除的金额，借记“应付职工薪酬——基本工资”科目，贷记“其他应收款”等科目。从应付职工薪酬中代扣社会保险费和住房公积金，按照代扣的金额，借记“应付职工薪酬——基本工资”科目，贷记“应付职工薪酬——社会保险费、住房公积金”科目。预算会计不做账。

（4）缴纳职工社会保险费和住房公积金

政府单位按照国家有关规定缴纳职工社会保险费和住房公积金时，按照实际支付的金额，财务会计借记“应付职工薪酬——社会保险费、住房公积金”科目，贷记“财政拨款收入”“零余额账户用款额度”“银行存款”等科目；预算会计借记“行政支出”“事业支出”等科目，贷记“财政拨款预算收入”“资金结存——零余额账户用款额度、货币资金”等科目。

（5）支付其他款项

政府单位从应付职工薪酬中支付的其他款项，按照实际支付的金额，财务会计借记“应付职工薪酬”科目，贷记“零余额账户用款额度”“银行存款”等科目；预算会计借记“行政支出”“事业支出”等科目，贷记“资金结存——零余额账户用款额度、货币资金”等科目。

【例14-16】某行政单位2×21年6月1日计算出本月应付职工基本工资总额450 000元、津贴300 000元，应付离退休人员离退休费50 000元，其他个人收入25 000元。其中，代扣个人所得税150 000元，代扣由职工个人承担的住房公积金54 000元，单位配套补贴住房公积金54 000元。6月4日通过财政直接支付方式将应付职工薪酬款项分别转入个人工资账户、住房公积金账户和国库单一账户。该行政单位的账务处理如下：

• 2×21年6月1日计提职工薪酬时，

财务会计			预算会计
借：业务活动费用	879 000		
贷：应付职工薪酬——基本工资（含离退休费）		500 000	
——国家统一规定的津贴补贴		300 000	
——其他个人收入		25 000	—
——住房公积金		54 000	
借：应付职工薪酬——基本工资	258 000		
贷：应付职工薪酬——住房公积金		108 000	
其他应交税费——应交个人所得税		150 000	

• 2×21年6月4日实际支付职工薪酬时，

财务会计			预算会计	
借：应付职工薪酬——基本工资（含离退休费）	356 000		借：行政支出	879 000
——国家统一规定的津贴补贴	240 000		贷：财政拨款预算收入	879 000
——其他个人收入	25 000			
其他应交税费——应交个人所得税	150 000			
应付职工薪酬——住房公积金	108 000			
贷：财政拨款收入		879 000		

该例中，如果会计主体是事业单位，其计提的职工薪酬应分别从事专业业务活动人员、行政及后勤人员和经营活动人员的不同，财务会计确认业务活动费用、单位管理费用或经营费用；支付职工薪酬时，预算会计则分别确认事业支出或经营支出。

（四）应付票据

1.应付票据的确认和计量

应付票据是指事业单位因购买材料、物资等而开出、承兑的商业汇票，包括银行承兑汇票和商业承兑汇票。

应付票据应当在取得资产、接受劳务，或外包工程完成规定进度时，按照应付未付款项的金额予以确认和计量。

2.应付票据核算的会计科目设置

财务会计系统下，事业单位应设置“应付票据”科目以核算事业单位因购买材料、物资等而开出、承兑的商业汇票。本科目应当按照债权人进行明细核算。本科目期末贷方余额，反映事业单位开出、承兑的尚未到期的应付票据金额。

预算会计系统下，与“应付票据”科目对应的是“事业支出”“经营支出”等科目。

3.应付票据核算的账务处理

（1）事业单位开出、承兑商业汇票时，财务会计借记“库存物品”“固定资产”等科目，贷记“应付票据”科目（涉及增值税业务的，相关账务处理参见“应交增值税”科目）；以商业汇票抵付应付账款时，财务会计借记“应付账款”科目，贷记“应付票据”科目。预算会计不做账。

（2）事业单位支付银行承兑汇票的手续费时，借记“业务活动费用”“经营费用”等科目，贷记“银行存款”“零余额账户用款额度”等科目；预算会计借记“事业支出”“经营支出”等科目，贷记“资金结存——零余额账户用款额度、货币资金”等科目。

（3）商业汇票到期时，事业单位应当分别以下情况处理：

收到银行支付到期票据的付款通知时，财务会计借记“应付票据”科目，贷记“银行存款”科目；预算会计借记“事业支出”“经营支出”等科目，贷记“资金结存——货币资金”科目。

银行承兑汇票到期，单位无力支付票款的，按照应付票据账面余额，财务会计借记“应付票据”科目，贷记“短期借款”科目；预算会计借记“事业支出”“经营支出”等科目，贷记“债务预算收入”科目。

商业承兑汇票到期，单位无力支付票款的，按照应付票据账面余额，财务会计借记“应付票据”科目，贷记“应付账款”科目；预算会计不做账。

【例14-17】某事业单位2×21年3月10日从A公司购买专业业务活动用材料一批，取得增值税专用发票上记载的金额为50 000元、税额6 500元，依此向A公司开出一张金额56 500元、期限3个月的商业承兑汇票，材料已验收入库。6月10日商业承兑汇票到期，收到开户银行向A公司付款56 500元的通知。该事业单位的账务处理如下：

• 2×21年3月10日签发商业承兑汇票时，

财务会计			预算会计		
借：库存物品	50 000				
应交增值税——应交税金——进项税额	6 500		—		
贷：应付票据——A公司		56 500			

• 2×21年6月10日商业承兑汇票到期时，

财务会计			预算会计		
借：应付票据——A公司	56 500		借：事业支出	56 500	
贷：银行存款		56 500	贷：资金结存——货币资金		56 500

• 如果商业承兑汇票到期该事业单位却无力支付票款，则：

财务会计			预算会计		
借：应付票据——A公司	56 500				
			—		
贷：应付账款		56 500			

【例14-18】某事业单位2×21年5月20日收到从B公司购买的开展行政管理活动用计算机一批，取得增值税专用发票上记载的金额为50 000元、税额6 500元，依此向B公司开出一张金额为56 500元、期限1个月的银行承兑汇票，以银行存款支付手续费200元。6月20日银行承兑汇票到期，收到开户银行向B公司付款56 500元的通知。假设该事业单位为增值税小规模纳税人，其账务处理如下：

• 2×21年5月20日签发银行承兑汇票时，

财务会计			预算会计		
借：固定资产	56 500		借：事业支出	200	
贷：应付票据——B公司		56 500	贷：资金结存——货币资金		200
借：单位管理费用	200				
贷：银行存款		200			

• 2×21年6月20日银行承兑汇票到期时，

财务会计			预算会计		
借：应付票据——B公司	56 500		借：事业支出	56 500	
贷：银行存款		56 500	贷：资金结存——货币资金		56 500

• 如果银行承兑汇票到期该事业单位却无力支付票款，则：

财务会计		预算会计	
借：应付票据——B公司	56 500	借：事业支出	56 500
贷：短期借款	56 500	贷：债务预算收入	56 500

事业单位应当设置“应付票据备查簿”，详细登记每一应付票据的种类、号数、出票日期、到期日、票面金额、交易合同号、收款人姓名或单位名称，以及付款日期和金额等。应付票据到期结清票款后，应当在备查簿内逐笔注销。

（五）应付账款

1.应付账款的确认和计量

应付账款是政府单位因购买物资、接受服务、开展工程建设等而应付的偿还期限在1年以内（含1年）的款项。

应付账款应当在取得资产、接受劳务，或外包工程完成规定进度时，按照应付未付款项的金额予以确认和计量。

2.应付账款核算的会计科目设置

财务会计系统下，政府单位应设置“应付账款”科目核算政府单位因购买物资、接受服务、开展工程建设等而应付的偿还期限在1年以内（含1年）的款项。本科目应当按照债权单位（或个人）进行明细核算。对于建设项目，还应设置“应付器材款”“应付工程款”等明细科目，并按照具体项目进行明细核算。本科目期末贷方余额，反映政府单位尚未支付的应付账款。

预算会计系统下，与“应付账款”科目对应的是“行政支出”“事业支出”等科目。

3.应付账款的账务处理

（1）政府单位收到所购材料、物资、设备或服务以及确认完成工程进度但尚未付款时，根据发票及账单等有关凭证，财务会计按照应付未付款项的金额，借记“库存物品”“固定资产”“在建工程”等科目，贷记“应付账款”科目（涉及增值税业务的，相关账务处理参见“应交增值税”科目）；预算会计不做账。

（2）政府单位偿付应付账款时，按照实际支付的金额，财务会计借记“应付账款”科目，贷记“财政拨款收入”“零余额账户用款额度”“银行存款”等科目；预算会计借记“行政支出”“事业支出”等科目，贷记“财政拨款预算收入”“资金结存——零余额账户用款额度、货币资金”等科目。

（3）事业单位开出、承兑商业汇票抵付应付账款时，财务会计借记“应付账款”科目，贷记“应付票据”科目；预算会计不做账。

（4）政府单位无法偿付或债权人豁免偿还的应付账款，应当按照规定报经批准后进行账务处理。经批准核销时，财务会计借记“应付账款”科目，贷记“其他收入”科目；预算会计不做账。核销的应付账款应在备查簿中保留登记。

【例14-19】某行政单位2×21年4月1日收到向甲公司采购的办公用计算机一批，取得的增值税专用发票上注明计算机的价款为500 000元，增值税税额为65 000元，款项在两个月后将通过单位零余额账户支付，计算机直接交付使用。假设该行政单位为小规模纳税人，其账务处理如下：

● 2×21年4月1日收到计算机时，

财务会计			预算会计		
借：固定资产	565 000		—		
贷：应付账款——甲公司		565 000			

● 2×21年6月1日通过单位零余额账户支付货款时，

财务会计			预算会计		
借：应付账款——甲公司	565 000		借：行政支出	565 000	
贷：零余额账户用款额度		565 000	贷：资金结存——零余额账户用款额度		565 000

● 如果在付款期内甲公司对计算机采购款予以豁免，则

财务会计			预算会计		
借：应付账款——甲公司	565 000		—		
贷：其他收入		565 000			

该例中，如果会计主体是事业单位，预算会计应该分别所采购的计算机用于专业业务活动、行政及后勤活动或经营活动的不同，分别确认事业支出或经营支出。

（六）应付政府补贴款

1. 应付政府补贴款的确认和计量

应付政府补贴款是负责发放政府补贴的行政单位，按照规定应当支付给政府补贴接受者的各种政府补贴款。

应付政府补贴款应当在按照规定计算确定支付给政府补贴接受者的各种政府补贴款时，按照应付未付款项的金额予以确认和计量。

2. 应付政府补贴款核算的会计科目设置

财务会计系统下，行政单位应设置“应付政府补贴款”科目核算按照规定应当支付给政府补贴接受者的各种政府补贴款。本科目应当按照应支付的政府补贴种类进行明细核算。行政单位还应当根据需要按照补贴接受者进行明细核算，或者建立备查簿对补贴接受者予以登记。本科目期末贷方余额，反映行政单位应付未付的政府补贴金额。预算会计系统下，与“应付政府补贴款”科目对应的是“行政支出”等科目。

3. 应付政府补贴款的账务处理

（1）行政单位发生应付政府补贴时，按照依规定计算确定的应付政府补贴金额，财务会计借记“业务活动费用”科目，贷记“应付政府补贴款”科目；预算会计不做账。

（2）行政单位支付应付政府补贴款时，按照支付金额，财务会计借记“应付政府补贴款”科目，贷记“零余额账户用款额度”“银行存款”等科目；预算会计借记“行政支出”等科目，贷记“资金结存——零余额账户用款额度、货币资金”等科目。

【例14-20】某行政单位2×21年7月1日按照房改政策规定标准计算出职工提租补贴

100 000元；7月4日通过单位零余额账户向职工支付提租补贴100 000元。该行政单位的账务处理如下：

• 2×21年7月1日，

财务会计			预算会计
借：业务活动费用	100 000		—
贷：应付政府补贴款——提租补贴		100 000	

• 2×21年7月4日支付提租补贴时，

财务会计			预算会计	
借：应付政府补贴款——提租补贴	100 000		借：行政支出	100 000
贷：零余额账户用款额度		100 000	贷：资金结存——零余额账户用款额度	100 000

（七）应付利息

1.应付利息的确认和计量

应付利息是指事业单位按照合同约定应支付的借款利息，包括短期借款、分期付息到期还本的长期借款等应支付的利息。

应付利息应当在事业单位按照合同约定预提应支付利息时，按照应付未付利息金额予以确认和计量。

2.应付利息核算的会计科目设置

财务会计系统下，事业单位应设置“应付利息”科目，核算按照合同约定应支付的借款利息。本科目应当按照债权人等进行明细核算。本科目期末贷方余额，反映事业单位应付未付的利息金额。

预算会计系统下，与“应付利息”科目对应的是“其他支出”科目。

3.应付利息的账务处理

（1）事业单位为建造固定资产、公共基础设施等借入的专门借款的利息，属于建设期间发生的，按期计提利息费用时，财务会计按照计算确定的金额，借记“在建工程”科目，贷记“应付利息”科目；不属于建设期间发生的，按期计提利息费用时，按照计算确定的金额，借记“其他费用”科目，贷记“应付利息”科目。预算会计不做账。

（2）事业单位对于其他借款，按期计提利息费用时，财务会计按照计算确定的金额，借记“其他费用”科目，贷记“应付利息”科目；预算会计不做账。

（3）事业单位实际支付应付利息时，按照支付的金额，财务会计借记“应付利息”科目，贷记“银行存款”等科目；预算会计借记“其他支出”科目，贷记“资金结存——货币资金”等科目。

上述业务的相关举例参见本章“短期借款”和“长期借款”科目。

（八）预收账款

1.预收账款的确认和计量

预收账款是指事业单位按照货物、服务合同或协议或者相关规定，向接受货物或服务的主体预先收取但尚未结算的款项。

预收账款应当在收到预收款项时，按照实际收到款项的金额予以确认和计量。

2. 预收账款核算的会计科目设置

财务会计系统下，事业单位应设置“预收账款”科目核算预先收取但尚未结算的款项。本科目应当按照债权人进行明细核算。本科目期末贷方余额，反映事业单位预收但尚未结算的款项金额。

预算会计系统下，与“预收账款”科目对应的是 “事业预算收入”“经营预算收入”等科目。

3. 预收账款的账务处理

（1）事业单位从付款方预收款项时，按照实际预收的金额，财务会计借记“银行存款”等科目，贷记“预收账款”科目；预算会计借记“资金结存——货币资金”科目，贷记“事业预算收入”“经营预算收入”等科目。

（2）事业单位确认有关收入时，财务会计按照预收账款账面余额，借记“预收账款”科目，按照应确认的收入金额，贷记“事业收入”“经营收入”等科目（涉及增值税业务的，相关账务处理参见“应交增值税”科目），按照付款方补付或退回付款方的金额，借记或贷记“银行存款”等科目。预算会计按照实际收到的补付或退回付款方的金额借记或贷记“资金结存——货币资金”等科目，贷记或借记“事业预算收入”“经营预算收入”等科目。

（3）事业单位无法偿付或债权人豁免偿还的预收账款，应当按照规定报经批准后进行账务处理。经批准核销时，财务会计借记“预收账款”科目，贷记“其他收入”科目；预算会计不做账。核销的预收账款应在备查簿中保留登记。

【例 14-21】某事业单位非独立核算部门向甲单位销售产品，按照合同规定，合同签订时预收货款 226 000 元；合同签订 10 天后发货时，甲单位再补付货款 226 000 元。该事业单位的账务处理如下：

• 预收货款时，

财务会计			预算会计		
借：银行存款	226 000		借：资金结存——货币资金	226 000	
贷：预收账款——甲单位		226 000	贷：经营预算收入		226 000

• 10 天后发货，并收到甲单位补付货款时，

财务会计			预算会计		
借：预收账款——甲单位	226 000		借：资金结存——货币资金	226 000	
银行存款	226 000		贷：经营预算收入		226 000
贷：经营收入		400 000			
应交增值税		52 000			

• 如果该事业单位 10 后无力发货，甲单位对已经预付的货款予以豁免，则

财务会计			预算会计
借：预收账款——甲单位	226 000		—
贷：其他收入		226 000	

（九）其他应付款

1.其他应付款的确认和计量

其他应付款是指政府单位除应交增值税、其他应交税费、应缴财政款、应付职工薪酬、应付票据、应付账款、应付政府补贴款、应付利息、预收账款以外，其他各项偿还期限在1年内（含1年）的应付及暂收款项，如收取的押金、存入保证金、已经报销但尚未偿还银行的本单位公务卡欠款等。

其他应付款应当在相关义务满足负债的定义和确认条件时，按照确定应承担的负债金额予以确认和计量。

2.其他应付款核算的会计科目设置

财务会计系统下，政府单位应设置“其他应付款”科目核算政府单位除应交增值税、其他应交税费、应缴财政款、应付职工薪酬、应付票据、应付账款、应付政府补贴款、应付利息、预收账款以外，其他各项偿还期限在1年内（含1年）的应付及暂收款项。同级政府财政部门预拨的下期预算款和没有纳入预算的暂付款项，以及采用实拨资金方式通过本单位转拨给下属单位的财政拨款，也通过本科目核算。本科目应当按照其他应付款的类别以及债权人等进行明细核算。本科目期末贷方余额，反映单位尚未支付的其他应付款金额。

预算会计系统下，与“其他应付款”科目对应的是“资金结存”“行政支出”“事业支出”等科目。

3.其他应付款的账务处理

（1）发生其他应付及暂收款项时，财务会计借记“银行存款”等科目，贷记“其他应付款”科目；支付（或退回）其他应付及暂收款项时，借记“其他应付款”科目，贷记“银行存款”等科目。预算会计按实际支付的金额，借记相关支出科目，贷记“资金结存——货币资金”科目。相关举例参见相关费用和预算支出的核算。

将暂收款项转为收入时，财务会计借记“其他应付款”科目，贷记“事业收入”等科目；预算会计借记“资金结存——货币资金”科目，贷记“事业预算收入”等科目。

【例14-22】某事业单位开展专业业务活动收取申请者押金5 000元，款项已存入银行。一个月后，专业业务活动已经结束，因一直无法联系到部分申请者，其押金500元无法退还，报经批准后转为收入。该事业单位的账务处理如下：

- 收取押金时，

财务会计			预算会计
借：银行存款	5 000		—
贷：其他应付款——押金		5 000	

• 将无法退还的押金转为收入时，

财务会计		预算会计	
借：其他应付款——押金	500	借：资金结存——货币资金	500
贷：事业收入	500	贷：事业预算收入	500

（2）收到同级政府财政部门预拨的下期预算款和没有纳入预算的暂付款项，财务会计按照实际收到的金额，借记“银行存款”等科目，贷记“其他应付款”科目；当期预算会计不做账。待到下一预算期或批准纳入预算时，财务会计借记“其他应付款”科目，贷记“财政拨款收入”科目；预算会计借记“资金结存——货币资金”科目，贷记“财政拨款预算收入”科目。

收到应当纳入下一年度部门预算管理的暂收非财政资金款项，单位在收到款项时，财务会计借记“银行存款”等科目，贷记“其他应付款”科目；本年度预算会计不做账。待下一年初，单位应当按照上年暂收的款项金额，财务会计借记“其他应付款”科目，贷记有关收入科目；预算会计按照暂收款项的金额，借记“资金结存——货币资金”科目，贷记有关预算收入科目。

采用实拨资金方式通过本单位转拨给下属单位的财政拨款，财务会计按照实际收到的金额，借记“银行存款”科目，贷记“其他应付款”科目；向下属单位转拨财政拨款时，按照转拨的金额，借记“其他应付款”科目，贷记“银行存款”科目。

【例14-23】某政府单位2×21年12月收到同级政府财政部门预拨的下年度1月份预算款100 000元，款项已存入银行。该政府单位的账务处理如下：

• 2×21年12月收到预拨款时，

财务会计		预算会计	
借：银行存款	100 000	—	
贷：其他应付款——同级财政部门	100 000		

• 2×22年1月到预算期时，

财务会计		预算会计	
借：其他应付款——同级财政部门	100 000	借：资金结存——货币资金	100 000
贷：财政拨款收入	100 000	贷：财政拨款预算收入	100 000

【例14-24】某政府单位属于主管会计单位，该单位采用实拨资金方式通过本单位转拨给下属单位财政拨款，2×21年12月1日收到同级政府财政部门拨给其下级单位的款项100 000元，12月2日将款项转拨给下级单位。该政府单位的账务处理如下：

• 2×21年12月1日收到拨款时，

财务会计		预算会计	
借：银行存款	100 000	—	
贷：其他应付款——同级财政部门	100 000		

• 2×21年12月2日转拨款项时，

财务会计			预算会计
借：其他应付款——同级财政部门	100 000		—
贷：银行存款		100 000	

（3）本单位公务卡持卡人报销时，按照审核报销的金额，财务会计借记“业务活动费用”“单位管理费用”等科目，贷记“其他应付款”科目；预算会计不做账。偿还公务卡欠款时，借记“其他应付款”科目，贷记“零余额账户用款额度”等科目；预算会计借记“行政支出”“事业支出”科目，贷记“资金结存——零余额账户用款额度”等科目。

【例14-25】某事业单位从事专业业务活动的职工持公务卡报销，经审核的报销金额共计为50 000元。该事业单位的账务处理如下：

财务会计			预算会计
借：业务活动费用	50 000		—
贷：其他应付款——公务卡		50 000	

单位通过单位零余额账户偿还公务卡欠款50 000元时，

财务会计			预算会计		
借：其他应付款——公务卡	50 000		借：事业支出	50 000	
贷：零余额账户用款额度		50 000	贷：资金结存——零余额账户用款额度		50 000

该例中，如果会计主体是行政单位，预算会计确认行政支出。

（4）涉及质保金形成其他应付款的，相关账务处理参见“固定资产”科目。

（5）无法偿付或债权人豁免偿还的其他应付款项，应当按照规定报经批准后进行账务处理。经批准核销时，财务会计借记“其他应付款”科目，贷记“其他收入”科目；预算会计按照核销金额借记“资金结存——货币资金”科目，贷记相关预算收入科目。核销的其他应付款应在备查簿中保留登记。相关举例参见【例14-22】。

三、应缴财政款

（一）应缴财政款的确认和计量

应缴财政款是指政府单位暂时收取、按规定应当上缴国库或财政专户的款项，包括应缴国库的款项和应缴财政专户的款项。

应缴国库款项是指政府单位暂时收取、按规定应当上缴国库的款项，比如国有资产处置收入、出租收入、单位取得捐赠的货币资金按规定应当上缴财政的等。应缴财政专户款项是指政府单位按规定应缴入财政专户的款项，比如政府单位按规定收取的尚未纳入预算管理但实行财政专户管理的教育收费。

应缴财政款应当在实际收到相关款项或取得相关应缴款的收款权利时，按照相关规定计算确定的上缴金额予以确认和计量。

（二）应缴财政款核算的会计科目设置

财务会计系统下，政府单位应设置“应缴财政款”科目核算政府单位取得或应收的按照规定应当上缴财政的款项。政府单位按照国家税法等的有关规定应当缴纳的各种税费，通过“应交增值税”“其他应交税费”科目核算，不在本科目核算。本科目应当按照应缴财政款项的类别进行明细核算。本科目贷方余额，反映政府单位应当上缴财政但尚未缴纳的款项。年终清缴后，本科目一般应无余额。

预算会计系统下，对应缴财政款不做账。

（三）应缴财政款的账务处理

政府单位取得或应收按照规定应缴财政的款项时，财务会计借记“银行存款”“应收账款”等科目，贷记“应缴财政款”科目；上缴应缴财政的款项时，财务会计按照实际上缴的金额，借记“应缴财政款”科目，贷记“银行存款”科目。预算会计不做账。相关举例参见“事业收入”等科目。

政府单位处置资产取得的应上缴财政的处置净收入的账务处理，参见“待处理财产损溢”等科目。相关举例参见“库存物品”“固定资产”“无形资产”等科目。

四、预提费用

（一）预提费用的确认和计量

预提费用是指政府单位预先提取的已经发生但尚未支付的费用，如预提租金费用等。

预提费用按照预先提取的已经发生但尚未支付金额予以确认和计量。

（二）预提费用核算的会计科目设置

财务会计系统下，政府单位应设置“预提费用”科目核算预先提取的已经发生但尚未支付的费用。事业单位按规定从科研项目收入中提取的项目间接费用或管理费，也通过本科目核算。事业单位计提的借款利息费用，通过“应付利息”“长期借款”科目核算，不通过本科目核算。本科目应当按照预提费用的种类进行明细核算。对于提取的项目间接费用或管理费，应当在本科目下设置“项目间接费用或管理费”明细科目，并按项目进行明细核算。本科目期末贷方余额，反映单位已预提但尚未支付的各项费用。

预算会计系统下，与“预提费用”科目对应的是“行政支出”“事业支出”等科目。

（三）预提费用的账务处理

1.项目间接费用或管理费

按照《政府会计制度——行政事业单位会计科目和报表》的规定，事业单位按规定从科研项目预算收入中提取项目间接费用或管理费时，财务会计按照提取的金额，借记“单位管理费用”科目，贷记“预提费用——项目间接费用或管理费”科目；预算会计借记“非财政拨款结转——项目间接费用或管理费”科目，贷记“非财政拨款结余——项目间接费用或管理费”科目。实际使用计提的项目间接费用或管理费时，按照实际支付的金额，财务会计借记“预提费用——项目间接费用或管理费”科目，贷记“银行存款”“库存现金”等科目；预算会计借记“事业支出”等科目，贷记“资金结存——货币资金”科目。相关举例参见第十五章“非财政拨款结转”科目【例15-24】。

按照《政府会计准则制度解释第2号》规定，政府单位按规定从财政科研项目中计提项目间接费用或管理费的，应当按照以下规定进行账务处理：（1）从财政科研项目中计提项目间接费用或管理费时，财务会计按照提取的金额，借记“业务活动费用”“单位管理费用”科目，贷记“预提费用——项目间接费用或管理费”科目；预算会计不做账。（2）政府单位使用从财政科研项目收入中计提项目间接费用或管理费时，按照实际支付的金额，财务会计借记“预提费用——项目间接费用或管理费”科目，贷记“银行存款”“零余额账户用款额度”“财政拨款收入”等科目；使用计提的项目间接费用或管理费购买固定资产、无形资产的，按照固定资产、无形资产的成本金额，财务会计借记“固定资产”“无形资产”科目，贷记“银行存款”“零余额账户用款额度”“财政拨款收入”等科目；同时，按照相同的金额，借记“预提费用——项目间接费用或管理费”科目，贷记“累计盈余”科目。预算会计按照实际支付的金额，借记“事业支出”等支出科目下的“财政拨款支出”“非财政资金专项支出”等明细科目，贷记“资金结存——零余额账户用款额度、货币资金”“财政拨款预算收入”科目。

【例14-26】某事业单位按照专业业务活动部门的财政科研项目收入5 000 000元的3%提取项目管理费。该事业单位的账务处理如下：

- 该单位计提项目管理费时，

财务会计			预算会计	
借：业务活动费用	150 000		—	
贷：预提费用——项目间接费用或管理费		150 000		

- 若使用项目间接费用通过银行存款缴纳水电费5 000元时，

财务会计			预算会计	
借：预提费用——项目间接费用或管理费	5 000		借：事业支出	5 000
贷：银行存款		5 000	贷：资金结存——货币资金	5 000

- 若使用项目间接费用通过单位零余额账户购买100 000元的办公设备时，

财务会计			预算会计	
借：固定资产	100 000			
贷：零余额账户用款额度		100 000	借：事业支出	100 000
借：预提费用——项目间接费用或管理费	100 000		贷：资金结存——零余额账户用款额度	100 000
贷：累计盈余		100 000		

2.其他预提费用

按期预提租金等费用时，按照预提的金额，财务会计借记“业务活动费用”“单位管理费用”“经营费用”等科目，贷记“预提费用”科目；预算会计不做账。

实际支付款项时，按照支付金额，财务会计借记“预提费用”科目，贷记“零余额账户用款额度”“银行存款”等科目；预算会计借记“事业支出”等科目，贷记“资金结存——零余额账户用款额度、货币资金”科目。

【例14-27】某行政单位2×21年3月1日因业务需要租入一台技术设备，租期6个月，每月租金8 000元，租期满时一次性通过单位零余额账户支付。该行政单位的账务处理如下：

• 2×21年3月至8月每月预提租金时，

财务会计		预算会计	
借：业务活动费用	8 000	—	
贷：预提费用	8 000		

• 2×21年9月1日实际支付租金时，

财务会计		预算会计	
借：预提费用	48 000	借：行政支出	48 000
贷：零余额账户用款额度	48 000	贷：资金结存——零余额账户用款额度	48 000

第三节 非流动负债

一、长期借款

（一）长期借款的确认和计量

长期借款是指事业单位经批准向银行或其他金融机构等借入的期限超过1年（不含1年）的各种借款本息。

对于长期借款，事业单位应当在与债权人签订借款合同并取得举借资金时予以确认，并按照借款的实际发生额进行计量。

分期付息、一次还本的长期借款，应当将计算确定的应付未付利息计入应付利息；对于其他长期借款，应当将计算确定的应付未付利息确认为长期借款，计入长期借款的账面余额。

政府单位应当将为购建固定资产等工程项目借入专门借款和非专门借款发生的借款费用[①]分别计入工程成本或当期费用。政府单位为购建固定资产等工程项目借入专门借款的，对于发生的专门借款费用，应当按照借款费用减去尚未动用的借款资金产生的利息收入后的金额，属于工程项目建设期间发生的，计入工程成本；不属于工程项目建设期间发生的，计入当期费用。其中，工程项目建设期间是指自工程项目开始建造起至交付使用时止的期间。工程项目建设期间发生非正常中断且中断时间连续超过3个月（含3个月）的，政府单位应当将非正常中断期间的借款费用计入当期费用。如果中断是使工程项目达到交付使用所必需的程序，则中断期间所发生的借款费用仍应计入工程成本。政府单位的非专门借款所发生的借款费用应当计入当期费用。

政府单位应当在偿还长期借款本息时，冲减相关长期借款的账面余额。

（二）长期借款的主要账务处理

财务会计系统下，事业单位应设置“长期借款”科目核算事业单位经批准向银行或其他金融机构等借入的期限超过1年（不含1年）的各种借款本息。本科目应当设置

① 借款费用，是指政府单位因举借债务而发生的利息及其他相关费用，包括借款利息、辅助费用以及因外币借款而发生的汇兑差额等。其中，辅助费用是指政府单位在举借长期借款过程中发生的手续费、佣金等费用。

“本金”和“应计利息”明细科目，并按照贷款单位和贷款种类进行明细核算。对于建设项目借款，还应按照具体项目进行明细核算。本科目期末贷方余额，反映事业单位尚未偿还的长期借款本息金额。

预算会计系统下，与“长期借款”科目对应的是“债务预算收入”“债务还本支出”“其他支出”科目。

（三）长期借款的账务处理

1.借入长期借款

借入各项长期借款时，按照实际借入的金额，财务会计借记“银行存款”科目，贷记“长期借款——本金”科目；预算会计借记“资金结存——货币资金”科目，贷记“债务预算收入”科目。

2.计提长期借款利息

为建造固定资产、公共基础设施等应支付的专门借款利息，按期计提利息时，财务会计分别以下情况处理：(1) 属于工程项目建设期间发生的利息，计入工程成本，按照计算确定的应支付的利息金额，借记“在建工程”科目，贷记“应付利息”科目。(2) 属于工程项目完工交付使用后发生的利息，计入当期费用，按照计算确定的应支付的利息金额，借记“其他费用”科目，贷记“应付利息”科目。预算会计不做账。

按期计提其他长期借款的利息时，按照计算确定的应支付的利息金额，财务会计借记“其他费用”科目，贷记“应付利息”科目［分期付息、到期还本借款的利息］或“长期借款——应计利息”科目［到期一次还本付息借款的利息］。预算会计不做账。

3.到期归还长期借款本息

到期归还长期借款本金、利息时，财务会计借记“长期借款——本金、应计利息”科目，贷记“银行存款”科目；预算会计借记“债务还本支出”（实际支付本金）、“其他支出”（实际支出利息），贷记“资金结存——货币资金”科目。

【例14-28】某事业单位为建造办公楼于2×21年1月2日向工商银行借入600 000元，期限3年，款项已存入银行。借款利率10%，每年末付息一次，期满后一次还清本金。2×21年1月以借款支付工程款300 000元，2×22年1月以借款支付工程款300 000元。该办公楼于2×22年12月底完工，并交付使用。该事业单位的账务处理如下：

● 2×21年1月2日取得借款时，

财务会计			预算会计		
借：银行存款	600 000		借：资金结存——货币资金	600 000	
贷：长期借款——本金——工商银行		600 000	贷：债务预算收入		600 000

● 2×21年1月支付工程款时，

财务会计			预算会计		
借：在建工程	300 000		借：事业支出	300 000	
贷：银行存款		300 000	贷：资金结存——货币资金		300 000

• 2×21年至2×22年每月计提利息时，

月借款利息=600 000×10%÷12=5 000（元）

财务会计			预算会计	
借：在建工程	5 000		—	
贷：应付利息		5 000		

• 2×23年每月计提利息时，

财务会计			预算会计	
借：其他费用	5 000		—	
贷：应付利息		5 000		

• 2×21年至2×22年每年末支付利息时，

财务会计			预算会计		
借：应付利息	60 000		借：其他支出	60 000	
贷：银行存款		60 000	贷：资金结存——货币资金		60 000

• 2×22年1月支付工程款时，

财务会计			预算会计		
借：在建工程	300 000		借：事业支出	300 000	
贷：银行存款		300 000	贷：资金结存——货币资金		300 000

• 2×22年12月底办公楼交付使用时，

财务会计			预算会计	
借：固定资产	720 000		—	
贷：在建工程		720 000		

• 2×24年1月2日到期还本时，

财务会计			预算会计		
借：长期借款——本金——工商银行	600 000		借：债务还本支出	600 000	
贷：银行存款		600 000	贷：资金结存——货币资金		600 000

【例14-29】【例14-28】中的事业单位2×21年1月2日向工商银行借入的借款，如果是到期一次还本付息，其他条件不变。该事业单位的账务处理如下：

• 收到借款时，

财务会计			预算会计		
借：银行存款	600 000		借：资金结存——货币资金	600 000	
贷：长期借款——本金——工商银行		600 000	贷：债务预算收入		600 000

• 2×21年年初支付工程款时，

财务会计			预算会计		
借：在建工程	300 000		借：事业支出	300 000	
贷：银行存款		300 000	贷：资金结存——货币资金		300 000

• 2×21年至2×22年每月计提利息时，

月借款利息=600 000×10%÷12=5 000（元）

财务会计			预算会计		
借：在建工程	5 000		—		
贷：长期借款——应计利息——工商银行		5 000			

• 2×23年每月计提利息时，

财务会计			预算会计		
借：其他费用	5 000		—		
贷：长期借款——应计利息——工商银行		5 000			

• 2×22年1月支付工程款时，

财务会计			预算会计		
借：在建工程	300 000		借：事业支出	300 000	
贷：银行存款		300 000	贷：资金结存——货币资金		300 000

• 2×22年12月底办公楼交付使用时，

财务会计			预算会计		
借：固定资产	720 000		—		
贷：在建工程		720 000			

• 2×24年1月2日到期还本付息时，

财务会计			预算会计		
借：长期借款——本金——工商银行	600 000		借：债务还本支出	600 000	
——应计利息——工商银行	180 000		其他支出	180 000	
贷：银行存款		780 000	贷：资金结存——货币资金		780 000

二、长期应付款

（一）长期应付款的确认和计量

长期应付款是指政府单位发生的偿还期限超过1年（不含1年）的应付款项，如以融资租赁方式取得固定资产应付的租赁费等。

长期应付款应当在取得资产、接受劳务，或外包工程完成规定进度时，按照应付未付款项的金额予以确认和计量。

（二）长期应付款核算的会计科目设置

财务会计系统下，政府单位应设置“长期应付款”科目核算政府单位发生的偿还期限超过1年（不含1年）的应付款项，如以融资租赁方式取得固定资产应付的租赁费等。本科目应当按照长期应付款的类别以及债权人进行明细核算。本科目期末贷方余额，反映单位尚未支付的长期应付款金额。

预算会计系统下，与“长期应付款”科目对应的是“行政支出”“事业支出”等科目。

（三）长期应付款的账务处理

1.发生长期应付款时，财务会计借记“固定资产”“在建工程”等科目，贷记“长期应付款”科目；预算会计不做账。

2.支付长期应付款时，按照实际支付的金额，财务会计借记“长期应付款”科目，贷记“财政拨款收入”“零余额账户用款额度”“银行存款”等科目（涉及增值税业务的，相关账务处理参见“应交增值税”科目）；预算会计借记“行政支出”“事业支出”等科目，贷记“财政拨款预算收入”“资金结存——零余额账户用款额度、货币资金”等科目。

3.无法偿付或债权人豁免偿还的长期应付款，应当按照规定报经批准后进行账务处理。经批准核销时，财务会计借记“长期应付款”科目，贷记“其他收入”科目；预算会计不做账。核销的长期应付款应在备查簿中保留登记。

4.涉及质保金形成长期应付款的，相关账务处理参见“固定资产”科目。

【例14-30】某事业单位2×21年9月30日购入专业业务活动用办公设备一批，取得增值税专用发票上记载的金额为500 000元、税额65 000元。与供货方约定设备货款分三次支付，每半年支付一次。采用财政直接支付方式分别于2×21年9月30日（收到设备）和2×22年3月30日各支付货款50%和40%。2×22年9月30日之后几经努力无法联系到供货商，剩余10%货款56 500元无法偿付。2×22年10月报经批准后予以核销。该事业单位的账务处理如下：

• 2×21年9月30日收到专用设备并支付50%的货款时，

财务会计			预算会计		
借：固定资产	565 000		借：事业支出	282 500	
贷：财政拨款收入		282 500	贷：财政拨款预算收入		282 500
长期应付款		282 500			

• 2×22年3月30日支付40%货款时，

财务会计			预算会计		
借：长期应付款	226 000		借：事业支出	226 000	
贷：财政拨款收入		226 000	贷：财政拨款预算收入		226 000

• 2×22年10月报经批准后核销10%货款时，

财务会计			预算会计
借：长期应付款	56 500		—
贷：其他收入		56 500	

三、预计负债

（一）预计负债的确认和计量

预计负债是指政府单位对因或有事项所产生的现时义务而确认的负债，如对未决诉讼等确认的负债。其中，或有事项，是指由过去的经济业务或者事项形成的，其结果须由某些未来事项的发生或不发生才能决定的不确定事项。未来事项是否发生不在政府单位控制范围内。政府单位常见的或有事项主要是未决诉讼或未决仲裁。

预计负债应当按照履行相关现时义务所需支出的最佳估计数进行初始计量。所需支出存在一个连续范围，且该范围内各种结果发生的可能性相同的，最佳估计数应当按照该范围内的中间值确定。

在其他情形下，最佳估计数应当分别下列情况确定：（1）或有事项涉及单个项目的，按照最可能发生金额确定。（2）或有事项涉及多个项目的，按照各种可能结果及相关概率计算确定。政府会计在确定最佳估计数时，一般应当综合考虑与或有事项有关的风险、不确定性等因素。

政府单位清偿预计负债所需支出预期全部或部分由第三方补偿的，补偿金额只有在基本确定能够收到时才能作为资产单独确认。确认的补偿金额不应当超过预计负债的账面余额。政府单位应当在报告日对预计负债的账面余额进行复核。有确凿证据表明该账面余额不能真实反映当前最佳估计数的，应当按照当前最佳估计数对该账面余额进行调整。履行该预计负债的相关义务不是很可能导致经济资源流出政府会计主体时，应当将该预计负债的账面余额予以转销。

（二）预计负债核算的会计科目设置

财务会计系统下，政府单位应设置“预计负债”科目核算政府单位对因或有事项所产生的现时义务而确认的负债。本科目应当按照预计负债的项目进行明细核算。本科目期末贷方余额，反映单位已确认但尚未支付的预计负债金额。

预算会计系统下，与“预计负债”科目对应的是“行政支出”“事业支出”等科目。

（三）预计负债的账务处理

1. 确认预计负债时，按照预计的金额，借记“业务活动费用”“经营费用”“其他费用”等科目，贷记“预计负债”科目；预算会计不做账。

2. 实际偿付预计负债时，按照偿付的金额，财务会计借记“预计负债”科目，贷记“银行存款”“零余额账户用款额度”等科目；预算会计借记“行政支出”“事业支出”等科目，贷记“资金结存——零余额账户用款额度、货币资金”科目。

3. 根据确凿证据需要对已确认的预计负债账面余额进行调整的，按照调整增加的金额，财务会计借记有关科目，贷记“预计负债”科目；按照调整减少的金额，借记“预计负债”科目，贷记有关科目。预算会计不做处理。

【例14-31】某行政单位2×21年3月1日在行使行政职权时因侵犯人身权被受害人起诉，2×21年12月31日，法院尚未做出判决。根据单位法律顾问的职业判断，单位败诉的可能性为90%。如果败诉，单位需要赔偿20万元。该行政单位的账务处理如下：

财务会计			预算会计
借：业务活动费用	200 000		—
贷：预计负债		200 000	

假定2×22年2月1日法院做出判决，单位败诉，赔偿受害人20万元，以银行存款付讫，则，

财务会计			预算会计		
借：预计负债	200 000		借：行政支出	200 000	
贷：银行存款		200 000	贷：资金结存——货币资金		200 000

该例中，如果会计主体是事业单位，预算会计确认事业支出。

第四节 受托代理负债

受托代理负债是指政府单位接受委托取得受托代理资产时形成的负债。

财务会计系统下，政府单位应设置“受托代理负债”科目核算接受委托取得受托代理资产时形成的负债。本科目期末贷方余额，反映政府单位尚未交付或发出受托代理资产时形成的负债金额。

预算会计系统下，对受托代理负债不做账。

本科目的账务处理及举例参见第十三章“受托代理资产”“库存现金”“银行存款”等科目的核算。

复习思考

1. 政府单位负债的确认条件是什么？
2. 行政单位和事业单位的负债各自包括哪些内容？
3. 政府单位的流动负债和非流动负债各自包括哪些内容？
4. 政府单位对偿还时间与金额基本确定的负债如何分类？各自包括哪些内容？
5. 政府单位“应缴财政款”科目核算内容是什么？
6. 政府单位“应交增值税”科目应设置哪些明细科目？各核算什么内容？
7. 政府单位“其他应交税费”科目具体包括哪些内容？
8. 行政单位和事业单位计提职工薪酬的核算有何不同？
9. 行政单位和事业单位的应付及预收款项各自包括哪些内容？
10. 什么是预提费用、预计负债和或有事项？
11. “受托代理负债”科目核算哪些内容？

操作练习

题一：

目的：练习行政单位和事业单位共有负债科目的核算。

资料：某政府单位（一般纳税人）2×21年8月发生如下经济业务：

1. 依法履职过程中收取工本费5 000元，该款项按规定上缴国库。

2.以银行存款上交本月从事经营活动应交纳的增值税10 000元。

3.采购办公用计算机一批，取得的增值税专用发票上注明计算机的价款为500 000元，增值税税额为65 000元，款项在两个月后支付。计算机直接交付使用。

4.两个月后，上述计算机采购款获得卖方企业豁免。

5.上月同级政府财政部门预拨的本月预算款100 000元到预算期。

6.购入办公楼一栋，取得已认证的增值税专用发票上记载的金额为5 000 000元，税额450 000元，其中土地使用权价款1 000 000元、税额90 000元。办公楼直接投入使用。款项采用财政直接支付方式分期支付：购入时支付50%，另外50%于两年后支付。

要求：根据上述经济业务逐一分别财务会计和预算会计编制会计分录，其中涉及“资金结存”科目的，要求列出二级明细科目。

题二：

目的：练习事业单位特有负债科目的核算。

资料：事业单位2×21年12月发生如下经济业务：

1.因开展非独立核算经营活动向银行借款200 000元，期限10个月，借款利率6%。

2.按月计提上述短期借款利息。

3.因开展专业业务活动向银行借款500 000元，期限2年，借款利率6%，到期一次还本付息。

4.按月计提上述长期借款利息。

5.购买专业业务活动用材料一批，开出一张56 500元的银行承兑汇票。材料已验收入库。

6.上述银行承兑汇票到期，该事业单位却无力支付票款。

7.按照合同预收科研项目经费50 000元，款项已存入银行。

8.按照科研项目收入100 000元的3%提取项目管理费。

要求：根据上述经济业务逐一分别财务会计和预算会计编制会计分录，其中涉及“资金结存”科目的，要求列出二级明细科目。

第十五章

政府单位净资产和预算结余的核算

学习目标

- 掌握政府单位净资产和预算结余的概念
- 掌握行政单位和事业单位的净资产和预算结余各自的内容
- 掌握政府单位各项净资产和预算结余的概念和核算方法

本章主要阐述政府单位净资产和预算结余的概念、内容和核算方法。

第一节 政府单位净资产和预算结余概述

一、净资产

（一）净资产的定义和内容

净资产，是政府单位资产扣除负债后的净额。净资产是政府单位财务会计要素之一。

政府单位的净资产包括本期盈余、本年盈余分配、无偿调拨净资产、以前年度盈余调整、专用基金、累计盈余、权益法调整等。其中专用基金和权益法调整属于事业单位特有的净资产项目，其他均属于行政单位和事业单位共有的净资产项目。

1. 本期盈余

本期盈余是本期各项收入与费用相抵后的余额，其计算公式如下：

本期盈余=本期收入–本期费用

本期收入=财政拨款收入+事业收入+上级补助收入+附属单位上缴收入+经营收入+非同级财政拨款收入+投资收益+捐赠收入+利息收入+租金收入+其他收入

本期费用=业务活动费用+单位管理费用+经营费用+资产处置费用+上缴上级费用+对附属单位补助费用+所得税费用+其他费用

2. 累计盈余

累计盈余是政府单位历年实现的盈余扣除盈余分配后滚存的金额，以及因无偿调入调出资产产生的净资产变动额。其计算公式如下：

本年年末累计盈余=本年年初余额±本年变动金额

本年年初余额=上年年末余额±以前年度盈余调整

本年变动金额=本年未分配盈余变动额+本年无偿调拨净资产变动额+从其他单位调入财政拨款结转结余+事业单位专用基金使用金额−上缴、缴回、向其他单位调出财政拨款结转结余

3. 年末净资产总额

年末，“本期盈余”科目余额转入“本年盈余分配”科目后，“本年盈余分配”、“以前年度盈余调整”和“无偿调拨净资产”的科目余额均转入“累计盈余”科目。由此，资产负债表中行政单位年末净资产总额等于累计盈余项目金额；事业单位年末净资产总额等于累计盈余、专用基金和权益法调整三个项目金额的合计数。

（二）净资产的确认和计量

政府单位净资产的确认取决于其他会计要素的确认，其计量取决于资产和负债的计量。

净资产项目应当列入政府单位资产负债表。

二、预算结余

（一）预算结余的定义和内容

预算结余是指政府单位预算年度内预算收入扣除预算支出后的资金余额，以及历年滚存的资金余额。预算结余是政府单位预算会计要素之一。

预算结余分为结余资金和结转资金。结余资金是指年度预算执行终了，预算收入实际完成数扣除预算支出和结转资金后剩余的资金。结转资金是指预算安排项目的支出年终尚未执行完毕或者因故未执行，且下年需要按原用途继续使用的资金。

预算结余包括财政拨款结转结余、非财政拨款结转结余、专用结余、经营结余。其中专用结余和经营结余属于事业单位特有的预算结余项目，并且事业单位的非财政拨款结余还要按照规定进行分配；其他的结转结余属于行政单位和事业单位共有的结转结余项目。

（二）预算结余的确认和计量

预算结余的确认和计量主要依赖于预算收入和预算支出的确认和计量。

符合预算结余定义及其确认条件的项目应当列入政府单位预算会计预算结转结余变动报表。

政府单位净资产和预算结余内容及其单位归属见表15–1。

表15-1 政府单位净资产和预算结余内容及其单位归属

净资产	行政单位	事业单位	预算结余	行政单位	事业单位
累计盈余	√	√	资金结存	√	√
专用基金		√	财政拨款结转	√	√
权益法调整		√	财政拨款结余	√	√
本期盈余	√	√	非财政拨款结转	√	√
本年盈余分配	√	√	非财政拨款结余	√	√
无偿调拨净资产	√	√	专用结余		√
以前年度盈余调整	√	√	经营结余		√
			其他结余	√	√
			非财政拨款结余分配		√

第二节 净资产

一、本期盈余

（一）本期盈余核算的会计科目设置

财务会计系统下，政府单位应设置“本期盈余”科目核算本期各项收入和费用相抵后的余额。本科目期末如为贷方余额，反映单位自年初至当期期末累计实现的盈余；如为借方余额，反映单位自年初至当期期末累计发生的亏损。年末结账后，本科目应无余额。

预算会计系统下，对本期盈余不做账。

（二）本期盈余的账务处理

（1）期末，财务会计将各类收入科目的本期发生额转入本期盈余，借记“财政拨款收入”“事业收入”“上级补助收入”“附属单位上缴收入”“经营收入”“非同级财政拨款收入”“投资收益”“捐赠收入”“利息收入”“租金收入”“其他收入”科目，贷记“本期盈余”科目；各类费用科目本期发生额转入本期盈余，借记“本期盈余”科目，贷记“业务活动费用”“单位管理费用”“经营费用”“所得税费用”“资产处置费用”“上缴上级费用”“对附属单位补助费用”“其他费用”科目。预算会计不做账。

（2）年末，完成上述结转后，将“本期盈余”科目余额转入“本年盈余分配”科目，财务会计借记或贷记“本期盈余”科目，贷记或借记“本年盈余分配”科目；预算会计不做账。

【例15-1】甲事业单位①（增值税一般纳税人，免所得税）2×21年11月30日“本期盈余”科目贷方余额10 188 500元，同年12月各项收入和费用的本月发生额见表15-2。

① 鉴于事业单位涉及净资产和预算结余科目的全面性和完整性，本章所有举例均以虚拟的“甲事业单位”为会计主体。有关行政单位净资产和预算结余核算的举例可参见本章后的操作练习。

表15-2　　**2×21年12月各项收入和费用的本月发生额**　　单位：元

收入科目名称	12月发生额	费用科目名称	12月发生额
财政拨款收入	710 000	业务活动费用	850 000
事业收入	600 000	单位管理费用	700 000
上级补助收入	50 000	经营费用	40 000
附属单位上缴收入	100 000	资产处置费用	10 000
经营收入	20 000	上缴上级费用	100 000
非同级财政拨款收入	150 000	对附属单位补助费用	150 000
投资收益	30 000	其他费用	15 000
捐赠收入	500 000		
利息收入	50 000		
租金收入	20 000		
其他收入	60 000		

根据上述资料，该事业单位的账务处理如下：

• 结转12月各项收入和费用时，

财务会计			预算会计
借：财政拨款收入	710 000		—
事业收入	600 000		
上级补助收入	50 000		
附属单位上缴收入	100 000		
经营收入	20 000		
非同级财政拨款收入	150 000		
投资收益	30 000		
捐赠收入	500 000		
利息收入	50 000		
租金收入	20 000		
其他收入	60 000		
贷：本期盈余		2 290 000	
借：本期盈余	1 865 000		
贷：业务活动费用		850 000	
单位管理费用		700 000	
经营费用		40 000	
资产处置费用		10 000	
上缴上级费用		100 000	
对附属单位补助费用		150 000	
其他费用		15 000	

• 年末，结转“本期盈余”科目余额时，

“本期盈余”科目贷方余额=10 188 500+（2 290 000−1 865 000）=10 613 500（元）

财务会计		预算会计
借：本期盈余	10 613 500	—
贷：本年盈余分配	10 613 500	

二、本年盈余分配

（一）本年盈余分配核算的会计科目设置

财务会计系统下，政府单位应设置“本年盈余分配”科目核算本年度盈余分配的情况和结果。年末结账后，本科目应无余额。

预算会计系统下，与“本年盈余分配”科目对应的是“非财政拨款结余分配”科目。

（二）本年盈余分配的账务处理

（1）年末，将“本期盈余”科目余额转入“本年盈余分配”科目，财务会计借记或贷记“本期盈余”科目，贷记或借记“本年盈余分配”科目；预算会计不做账。相关举例参见【例15-1】。

（2）年末，根据有关规定从本年度非财政拨款结余或经营结余中提取专用基金的，按照预算会计下计算的提取金额，财务会计借记“本年盈余分配”科目，贷记“专用基金”科目；预算会计借记“非财政拨款结余分配”科目，贷记“专用结余”科目。

【例15-2】甲事业单位按照2×21年本年度预算会计下非财政拨款结余1 741 000元（其他结余1 465 500元和经营结余275 500元，参见【例15-21】和【例15-22】）的40%计提职工福利基金696 400元。该事业单位的账务处理如下：

财务会计		预算会计	
借：本年盈余分配	696 400	借：非财政拨款结余分配	696 400
贷：专用基金——职工福利基金	696 400	贷：专用结余	696 400

（3）年末，按照规定完成上述（1）和（2）处理后，将“本年盈余分配”科目余额转入累计盈余，财务会计借记或贷记“本年盈余分配”科目，贷记或借记“累计盈余”科目；预算会计不做账。

【例15-3】沿用【例15-1】和【例15-2】资料，甲事业单位2×21年12月31日“本年盈余分配”科目贷方余额为9 917 100元。年末结转“本年盈余分配”科目贷方余额时，该事业单位的账务处理如下：

财务会计		预算会计
借：本年盈余分配	9 917 100	—
贷：累计盈余	9 917 100	

三、无偿调拨净资产

（一）无偿调拨净资产核算的会计科目设置

财务会计系统下，政府单位应设置“无偿调拨净资产”科目核算无偿调入或调出非现金资产所引起的净资产变动金额。年末结账后，本科目应无余额。

预算会计系统下，对无偿调拨净资产不做账。

（二）无偿调拨净资产的账务处理

1.按照规定取得无偿调入的存货、长期股权投资、固定资产、无形资产、公共基础设施、政府储备物资、文物文化资产、保障性住房等，财务会计按照确定的成本，借记"库存物品""长期股权投资""固定资产""无形资产""公共基础设施""政府储备物资""文物文化资产""保障性住房"等科目，按照调入过程中发生的归属于调入方的相关费用，贷记"零余额账户用款额度""银行存款"等科目，按照其差额，贷记"无偿调拨净资产"科目；预算会计按照实际支付的归属于调入方的相关费用借记"其他支出"科目，贷记"资金结存——零余额账户用款额度、货币资金"等科目。相关例题参见第十三章无偿调入的库存物品、固定资产、无形资产等资产的核算。

2.按照规定经批准无偿调出存货、长期股权投资、固定资产、无形资产、公共基础设施、政府储备物资、文物文化资产、保障性住房等，财务会计按照调出资产的账面余额或账面价值，借记"无偿调拨净资产"科目，按照固定资产累计折旧、无形资产累计摊销、公共基础设施累计折旧或摊销、保障性住房累计折旧的金额，借记"固定资产累计折旧""无形资产累计摊销""公共基础设施累计折旧（摊销）""保障性住房累计折旧"科目，按照调出资产的账面余额，贷记"库存物品""长期股权投资""固定资产""无形资产""公共基础设施""政府储备物资""文物文化资产""保障性住房"等科目；同时，按照调出过程中发生的归属于调出方的相关费用，借记"资产处置费用"科目，贷记"零余额账户用款额度""银行存款"等科目。预算会计按照实际支付的归属于调出方的相关费用借记"其他支出"科目，贷记"资金结存——零余额账户用款额度、货币资金"等科目。相关例题参见第十三章无偿调出的库存物品、固定资产、无形资产等资产的核算。

3.年末，将"无偿调拨净资产"科目余额转入累计盈余，借记或贷记"无偿调拨净资产"科目，贷记或借记"累计盈余"科目；预算会计不做账。

【例15-4】假设甲事业单位2×21年12月31日"无偿调拨净资产"科目贷方余额200 000元。年末结转"无偿调拨净资产"科目贷方余额时，该事业单位的账务处理如下：

财务会计			预算会计
借：无偿调拨净资产	200 000		—
贷：累计盈余		200 000	

四、以前年度盈余调整

（一）以前年度盈余调整核算的会计科目设置

财务会计系统下，政府单位应设置"以前年度盈余调整"科目核算本年度发生的调整以前年度盈余的事项，包括本年度发生的重要前期差错更正涉及调整以前年度盈余的事项。本科目结转后应无余额。

预算会计系统下，与“以前年度盈余调整”科目对应的是“财政拨款结转”“财政拨款结余”“非财政拨款结转”“非财政拨款结余”等科目。

（二）以前年度盈余调整的账务处理

1.调整增加以前年度收入时，财务会计按照调整增加的金额，借记有关科目，贷记“以前年度盈余调整”科目；预算会计按照实际收到的金额，借记“资金结存——财政应返还额度、零余额账户用款额度、货币资金”等科目，贷记“财政拨款结转——年初余额调整”“财政拨款结余——年初余额调整”“非财政拨款结转——年初余额调整”“非财政拨款结余——年初余额调整”科目。调整减少的，做相反会计分录。

【例15-5】假设甲事业单位2×21年10月通过日常检查发现2×20年的一笔预收账款219 000元，付款方已经收到商品，可以确认为收入，财务会计却没有确认收入。当年收到款项时，预算会计已经确认相关预算收入。假设不考虑相关税费，该事业单位的账务处理如下：

财务会计			预算会计
借：预收账款	219 000		—
贷：以前年度盈余调整		219 000	

2.调整增加以前年度费用时，财务会计按照调整增加的金额，借记“以前年度盈余调整”科目，贷记有关科目；预算会计按照实际支付的金额，借记“财政拨款结转——年初余额调整”“财政拨款结余——年初余额调整”“非财政拨款结转——年初余额调整”“非财政拨款结余——年初余额调整”科目，贷记“资金结存——财政应返还额度、零余额账户用款额度、货币资金”等科目。调整减少的，做相反会计分录。相关举例参见【例15-10】、【例15-11】和【例15-18】。

3.盘盈的以前年度的各种非流动资产，报经批准后处理时，财务会计借记“待处理财产损溢”科目，贷记“以前年度盈余调整”科目，预算会计不做账。相关举例参见盘盈的固定资产、公共基础设施、政府储备物资等资产的核算。

4.经上述调整后，应将本科目的余额转入累计盈余，财务会计借记或贷记“累计盈余”科目，贷记或借记“以前年度盈余调整”科目；预算会计不做账。

【例15-6】假设不考虑其他因素，根据【例15-5】、【例15-10】、【例15-11】和【例15-18】的资料计算得出，甲事业单位2×21年12月31日“以前年度盈余调整”科目贷方余额219 000元。年末结转“以前年度盈余调整”科目贷方余额时，该事业单位的账务处理如下：

财务会计			预算会计
借：以前年度盈余调整	219 000		—
贷：累计盈余		219 000	

五、专用基金

（一）专用基金的内容

专用基金是事业单位按照规定提取或设置的具有专门用途的净资产，主要包括职工福利基金、科技成果转化基金等。

1.职工福利基金

按照《事业单位财务规则》规定，职工福利基金是事业单位按照非财政补助结余（应该为预算会计下经营结余和其他结余）的一定比例提取以及按照其他规定提取转入，用于单位职工的集体福利设施、集体福利待遇等的资金。

按照财政部《关于事业单位提取专用基金比例问题的通知》（财教〔2012〕32号）规定，事业单位职工福利基金的提取比例，在单位年度非财政补助结余的40%以内确定。其中，中央级事业单位职工福利基金的提取比例，由主管部门会同财政部在单位年度非财政补助结余的40%以内核定；地方事业单位职工福利基金的提取比例，由省级财政部门参照有关规定，结合本地实际确定。

2.科技成果转化基金

科技成果转化基金，是指事业单位从事业收入和经营收入中提取，在相关费用中列支，用于科技成果转化的资金。按照修订后的《科学事业单位财务制度》（财教〔2012〕502号）规定，科技成果转化基金的计提比例不得超过10%。

（二）专用基金核算的会计科目设置

财务会计系统下，事业单位应设置“专用基金”科目核算按照规定提取或设置的具有专门用途的净资产。本科目应当按照专用基金的类别进行明细核算。本科目期末贷方余额，反映事业单位累计提取或设置的尚未使用的专用基金。

预算会计系统下，与“专用基金”科目对应的是“专用结余”“事业支出”等科目。

（三）专用基金的账务处理

1.年末，根据有关规定从本年度非财政拨款结余或经营结余中提取专用基金的，财务会计按照预算会计下计算的提取金额，借记“本年盈余分配”科目，贷记“专用基金”科目；预算会计借记“非财政拨款结余分配”，贷记“专用结余”。相关举例参见【例15-2】。

2.根据有关规定从收入中提取专用基金并计入费用的，一般按照预算会计下基于预算收入计算提取的金额，财务会计借记“业务活动费用”等科目，贷记“专用基金”科目；预算会计不做账。国家另有规定的，从其规定。

【例15-7】甲事业单位2×21年年末按本年度实现事业预算收入17 370 000元（参见表16-9）的6%提取科技成果转化基金1 042 200元。该事业单位的账务处理如下：

财务会计			预算会计
借：业务活动费用	1 042 200		—
贷：专用基金——科技成果转化基金		1 042 200	

3.根据有关规定设置的其他专用基金，财务会计按照实际收到的基金金额，借记“银行存款”等科目，贷记“专用基金”科目；预算会计不做账。

4.按照规定使用提取的专用基金时，财务会计借记“专用基金”科目，贷记“银行存款”等科目。使用提取的专用基金购置固定资产、无形资产的，财务会计按照固定资产、无形资产成本金额，借记“固定资产”“无形资产”科目，贷记“银行存款”等科目；同时，按照专用基金使用金额，借记“专用基金”科目，贷记“累计盈余”科目。预算会计按照实际支付的金额借记“事业支出”［从预算收入中计提的专用基金］或“专用结余”［从非财政拨款结余中提取的专用基金］等科目，贷记“资金结存——货币资金”等科目。

【例15-8】甲事业单位2×21年使用科技成果转化基金购买科研所用的专用技术设备一台（免征增值税项目），以银行存款支付价款100 000元。该事业单位的账务处理如下：

财务会计			预算会计		
借：固定资产	100 000		借：事业支出	100 000	
贷：银行存款		100 000	贷：资金结存——货币资金		100 000
借：专用基金	100 000				
贷：累计盈余		100 000			

【例15-9】甲事业单位2×21年使用职工福利基金购买音乐播放设备一台供职工集体娱乐活动使用，以银行存款支付价款3 600元。该事业单位的账务处理如下：

财务会计			预算会计		
借：固定资产	3 600		借：专用结余	3 600	
贷：银行存款		3 600	贷：资金结存——货币资金		3 600
借：专用基金	3 600				
贷：累计盈余		3 600			

六、累计盈余

（一）累计盈余核算的会计科目设置

财务会计系统下，政府单位应设置“累计盈余”科目核算单位历年实现的盈余扣除盈余分配后滚存的金额，以及因无偿调入调出资产产生的净资产变动额。按照规定上缴、缴回、单位间调剂结转结余资金产生的净资产变动额，以及对以前年度盈余的调整金额，也通过本科目核算。本科目期末余额，反映单位未分配盈余（或未弥补亏损）的累计数以及截至上年末无偿调拨净资产变动的累计数。本科目年末余额，反映单位未分配盈余（或未弥补亏损）以及无偿调拨净资产变动的累计数。

预算会计系统下，与“累计盈余”科目对应的是“财政拨款结转”“财政拨款结余”“非财政拨款结转”等科目。

（二）累计盈余的账务处理

1.年末，将“本年盈余分配”科目的余额转入累计盈余，财务会计借记或贷记“本年盈余分配”科目，贷记或借记“累计盈余”科目；预算会计不做账。相关举例参见【例15-3】。

2.年末，将“无偿调拨净资产”科目的余额转入累计盈余，财务会计借记或贷记“无偿调拨净资产”科目，贷记或借记“累计盈余”科目；预算会计不做账。相关举例参见【例15-4】。

3.按照规定上缴财政拨款结转结余、缴回非财政拨款结转资金、向其他单位调出财政拨款结转资金时，财务会计按照实际上缴、缴回、调出金额，借记“累计盈余”科目，贷记“财政应返还额度”“零余额账户用款额度”“银行存款”等科目；预算会计借记“财政拨款结转”“财政拨款结余”“非财政拨款结转”等科目，贷记“资金结存——财政应返还额度、零余额账户用款额度、货币资金”科目。按照规定从其他单位调入财政拨款结转资金时，财务会计按照实际调入金额，借记“零余额账户用款额度”“银行存款”等科目，贷记“累计盈余”科目；预算会计借记“资金结存——零余额账户用款额度、货币资金”科目，贷记“财政拨款结转”“财政拨款结余”等科目。相关举例参见【例15-12】、【例15-13】和【例15-19】。

4.将“以前年度盈余调整”科目的余额转入“累计盈余”科目，财务会计借记或贷记“以前年度盈余调整”科目，贷记或借记“累计盈余”科目；预算会计不做账。相关举例参见【例15-6】。

5.按照规定使用专用基金购置固定资产、无形资产的，财务会计按照固定资产、无形资产成本金额，借记“固定资产”“无形资产”科目，贷记“银行存款”等科目；同时，按照专用基金使用金额，借记“专用基金”科目，贷记“累计盈余”科目。预算会计按照实际支付的金额借记“事业支出”［从预算收入中计提的专用基金］或“专用结余”［从非财政拨款结余中提取的专用基金］等科目，贷记“资金结存——货币资金”等科目。举例参见【例15-8】和【例15-9】。

6.使用从财政科研项目收入中计提项目间接费用或管理费购买固定资产、无形资产的，财务会计按照固定资产、无形资产的成本金额，借记“固定资产”“无形资产”科目，贷记“银行存款”“零余额账户用款额度”“财政拨款收入”等科目；同时，按照相同的金额，借记“预提费用——项目间接费用或管理费”科目，贷记“累计盈余”科目。预算会计按照实际支付的金额，借记“事业支出”等支出科目下的“财政拨款支出”“非财政资金专项支出”等明细科目，贷记“资金结存——零余额账户用款额度、货币资金”“财政拨款预算收入”科目。相关举例参见第十四章【例14-26】。

七、权益法调整

（一）权益法调整核算的会计科目设置

财务会计系统下，事业单位应设置“权益法调整”科目核算持有的长期股权投资采用权益法核算时，按照被投资单位除净损益和利润分配以外的所有者权益变动份额调整长期股权投资账面余额而计入净资产的金额。本科目应当按照被投资单位进行明细核算。本科目期末余额，反映事业单位在被投资单位除净损益和利润分配以外的所有者权益变动中累积享有（或分担）的份额。

预算会计系统下，对权益法调整不做账。

（二）权益法调整的账务处理

1.年末，按照被投资单位除净损益和利润分配以外的所有者权益变动应享有（或应分担）的份额，财务会计借记或贷记“长期股权投资——其他权益变动”科目，贷记或借记“权益法调整”科目；预算会计不做账。

2.采用权益法核算的长期股权投资，因被投资单位除净损益和利润分配以外的所有者权益变动而将应享有（或应分担）的份额计入单位净资产的，处置该项投资时，按照原计入净资产的相应部分金额，财务会计借记或贷记“权益法调整”科目，贷记或借记“投资收益”科目；预算会计不做账。

相关举例参见第十三章长期股权投资的核算。

第三节 预算结余

一、资金结存

（一）资金结存的概念

资金结存，是指政府单位纳入部门预算管理的资金的流入、流出、调整和滚存等情况。此处的政府单位纳入部门预算管理的资金包括货币资金（以库存现金、银行存款、其他货币资金形态存在的资金）、零余额账户用款额度和财政应返还额度。

（二）资金结存核算的会计科目设置

预算会计系统下，政府单位应设置“资金结存”科目核算纳入部门预算管理的资金的流入、流出、调整和滚存等情况。本科目年末借方余额，反映政府单位预算资金的累计滚存情况。

“资金结存”科目应当设置下列明细科目：

(1)“零余额账户用款额度”。本明细科目核算实行国库集中支付的政府单位根据财政部门批复的用款计划收到和支用的零余额账户用款额度。年末结账后，本明细科目应无余额。

(2)“货币资金”。本明细科目核算政府单位以库存现金、银行存款、其他货币资金形态存在的资金。本明细科目年末借方余额，反映政府单位尚未使用的货币资金。

(3)“财政应返还额度”。本明细科目核算实行国库集中支付的政府单位可以使用的以前年度财政直接支付资金额度和财政应返还的财政授权支付资金额度。本明细科目下可设置“财政直接支付”“财政授权支付”两个明细科目进行明细核算。本明细科目年末借方余额，反映政府单位应收财政返还的资金额度。

财务会计系统下，与“资金结存”科目对应的是“财政应返还额度”“零余额账户用款额度”“银行存款”“库存现金”等科目。

（三）资金结存的账务处理

1.财政授权支付方式

政府单位根据代理银行转来的财政授权支付额度到账通知书，按照通知书中的授权支付额度，财务会计借记“零余额账户用款额度”科目，贷记“财政拨款收入”科目；预算会计借记“资金结存——零余额账户用款额度”科目，贷记“财政拨款预算收入”

科目。

政府单位发生相关支出时，按照实际支付的金额，财务会计借记“业务活动费用”“单位管理费用”“应付职工薪酬”“库存物品”“固定资产”等科目，贷记“零余额账户用款额度”科目；预算会计借记“行政支出”“事业支出”等科目，贷记“资金结存——零余额账户用款额度”科目。

政府单位从零余额账户提取现金时，财务会计借记“库存现金”科目，贷记“零余额账户用款额度”科目；预算会计借记“资金结存——货币资金”科目，贷记“资金结存——零余额账户用款额度”科目。退回现金时，做相反会计分录。

政府单位使用以前年度财政直接支付额度发生支出时，按照实际支付金额，财务会计借记“业务活动费用”“单位管理费用”“应付职工薪酬”“库存物品”“固定资产”等科目，贷记“财政应返还额度”科目；预算会计借记“行政支出”“事业支出”等科目，贷记“资金结存——财政应返还额度”科目。

2. 其他支付方式

政府单位以国库集中支付以外的其他支付方式取得预算收入时，按照实际收到的金额，财务会计借记“银行存款”“库存现金”科目，贷记“财政拨款收入”“事业收入”“经营收入”等科目；预算会计借记“资金结存——货币资金”科目，贷记“财政拨款预算收入”“事业预算收入”“经营预算收入”等科目。

国库集中支付以外的其他支付方式下，发生相关支出时，按照实际支付的金额，财务会计借记“业务活动费用”“单位管理费用”“应付职工薪酬”“库存物品”“固定资产”等科目，贷记“银行存款”“库存现金”科目；预算会计借记“行政支出”“事业支出”“经营支出”等科目，贷记“资金结存——货币资金”科目。

3. 按照规定上缴或注销财政拨款结转结余资金

政府单位按照规定上缴财政拨款结转结余资金或注销财政拨款结转结余资金额度的，按照实际上缴资金数额或注销的资金额度，财务会计借记“累计盈余”科目，贷记“财政应返还额度”“零余额账户用款额度”“银行存款”科目；预算会计借记“财政拨款结转——归集上缴”或“财政拨款结余——归集上缴”科目，贷记“资金结存——财政应返还额度、零余额账户用款额度、货币资金”科目。

按规定向原资金拨入单位缴回非财政拨款结转资金的，按照实际缴回资金数额，财务会计借记“累计盈余”科目，贷记“银行存款”科目；预算会计借记“非财政拨款结转——缴回资金”科目，贷记“资金结存——货币资金”科目。

收到从其他单位调入的财政拨款结转资金的，按照实际调入资金数额，财务会计借记“财政应返还额度”“零余额账户用款额度”“银行存款”科目，贷记“累计盈余”科目；预算会计借记“资金结存——财政应返还额度、零余额账户用款额度、货币资金”科目，贷记“财政拨款结转——归集调入”科目。

4. 按照规定使用专用基金

事业单位按照规定使用专用基金时，按照实际支付金额，财务会计借记“专用基金”科目，贷记“银行存款”等科目；预算会计借记“专用结余”科目［从非财政拨款结余中提取的专用基金］或“事业支出”等科目［从预算收入中计提的专用基金］，贷记“资金结存——货币资金”科目。

5.购货退回

政府单位因购货退回、发生差错更正等退回国库直接支付、授权支付款项，或者收回货币资金的，属于本年度支付的，财务会计借记“财政拨款收入”“零余额账户用款额度”“银行存款”等科目，贷记“业务活动费用”“库存物品”等科目；预算会计借记“财政拨款预算收入”科目或“资金结存——财政应返还额度、零余额账户用款额度、货币资金”科目，贷记相关支出科目。属于以前年度支付的，财务会计借记“财政应返还额度”“零余额账户用款额度”“银行存款”等科目，贷记“以前年度盈余调整”科目；预算会计借记“资金结存——财政应返还额度、零余额账户用款额度、货币资金”科目，贷记“财政拨款结转”“财政拨款结余”“非财政拨款结转”“非财政拨款结余”科目。

6.缴纳所得税

有企业所得税缴纳义务的事业单位缴纳所得税时，按照实际缴纳金额，财务会计借记“其他应交税费——单位应交所得税”科目，贷记“银行存款”等科目；预算会计借记“非财政拨款结余——累计结余”科目，贷记“资金结存——货币资金”科目。

7.年末确认财政应返还额度

年末，政府单位根据本年度财政直接支付预算指标数与当年财政直接支付实际支出数的差额和本年度财政授权支付预算指标数大于零余额账户用款额度下达数的差额，财务会计借记“财政应返还额度”，贷记“财政拨款预算收入”科目；预算会计借记“资金结存——财政应返还额度”科目，贷记“财政拨款预算收入”科目。依据代理银行提供的对账单作注销额度的相关账务处理，财务会计借记“财政应返还额度”科目，贷记“零余额账户用款额度”科目，相关举例参见财政拨款预算收入的核算；预算会计借记“资金结存——财政应返还额度”科目，贷记“资金结存——零余额账户用款额度”科目。

下年初，政府单位依据代理银行提供的额度恢复到账通知书以及收到的财政部门批复的上年末未下达零余额账户用款额度，财务会计借记“零余额账户用款额度”科目，贷记“财政应返还额度”科目；预算会计借记“资金结存——零余额账户用款额度”科目，贷记“资金结存——财政应返还额度”科目。

上述业务的相关举例参见第十一章至第十五章收入和预算收入、费用和预算支出、资产和负债、净资产和预算结转结余的核算。

二、财政拨款结转

（一）财政拨款结转的概念

财政拨款结转，是政府单位调整、结转和滚存的同级财政拨款结转资金。

调整，包括因会计差错更正、以前年度支出收回引起的年初余额调整，按规定从其他单位调入的财政拨款结转资金，按照规定向其他单位调出的财政拨款结转资金，按照规定上缴财政拨款结转资金或注销财政拨款结转资金额度，以及经财政部门批准改变用途调整用于本单位基本支出或其他未完成项目支出的财政拨款结余资金。

结转，是指当年政府单位财政拨款预算收入与其相关支出相抵后的余额，包括基本支出结转和项目支出结转。基本支出结转，是指用于基本支出的财政拨款预算收入减去财政拨款基本支出后的差额，包括人员经费和日常公用经费。基本支出结转原则上结转下年继续使用，用于增人增编等人员支出和公用支出，但在人员支出和公用支出间不得挪用，不得用于提高人员开支标准。项目支出结转，是尚未完成项目支出的财政拨款预算收入减去财政拨款项目支出后的差额，具体包括：项目当年已执行但尚未完成而形成的结转资金；项目因故当年未执行，需要推迟到下年执行形成的结转资金；项目需要跨年度执行，但项目支出预算已一次性安排形成的结转资金。项目支出结转资金结转至下年按原用途继续使用。

（二）财政拨款结转核算的会计科目设置

预算会计系统下，政府单位应设置“财政拨款结转”科目，核算取得的同级财政拨款结转资金的调整、结转和滚存情况。本科目年末贷方余额，反映单位滚存的财政拨款结转资金数额。

“财政拨款结转”科目应当设置下列明细科目：

1. 与会计差错更正、以前年度支出收回相关的明细科目

“年初余额调整”。本明细科目核算因发生会计差错更正、以前年度支出收回等原因，需要调整财政拨款结转的金额。年末结账后，本明细科目应无余额。

2. 与财政拨款调拨业务相关的明细科目

（1）“归集调入”。本明细科目核算按照规定从其他单位调入财政拨款结转资金时，实际调增的额度或调入的资金数额。年末结账后，本明细科目应无余额。

（2）“归集调出”。本明细科目核算按照规定向其他单位调出财政拨款结转资金时，实际调减的额度或调出的资金数额。年末结账后，本明细科目应无余额。

（3）“归集上缴”。本明细科目核算按照规定上缴财政拨款结转资金时，实际核销的额度或上缴的资金数额。年末结账后，本明细科目应无余额。

（4）“单位内部调剂”。本明细科目核算经财政部门批准对财政拨款结余资金改变用途，调整用于本单位其他未完成项目等的调整金额。年末结账后，本明细科目应无余额。

3. 与年末财政拨款结转业务相关的明细科目

（1）“本年收支结转”。本明细科目核算单位本年度财政拨款收支相抵后的余额。年末结账后，本明细科目应无余额。

（2）“累计结转”。本明细科目核算单位滚存的财政拨款结转资金。本明细科目年末贷方余额，反映单位财政拨款滚存的结转资金数额。

“财政拨款结转”科目还应当设置“基本支出结转”“项目支出结转”两个明细科

目，并在“基本支出结转”明细科目下按照“人员经费”“日常公用经费”进行明细核算，在“项目支出结转”明细科目下按照具体项目进行明细核算；同时，本科目还应按照《政府收支分类科目》中“支出功能分类科目”的相关科目进行明细核算。有一般公共预算财政拨款、政府性基金预算财政拨款等两种或两种以上财政拨款的，还应当在本科目下按照财政拨款的种类进行明细核算。

财政拨款结转的会计科目设置见表15-3。

表15-3 **财政拨款结转的会计科目设置**

<table>
<tr><th>总账科目</th><th>一级明细科目</th><th>二级明细科目</th><th>三级明细科目</th><th>四级明细科目</th><th>五级明细科目</th></tr>
<tr><td rowspan="11">财政拨款结转</td><td rowspan="5">年初余额调整</td><td rowspan="3">一般公共预算财政拨款结转</td><td rowspan="4">支出功能分类科目项级科目</td><td rowspan="2">基本支出结转</td><td>人员经费</td></tr>
<tr><td>日常公用经费</td></tr>
<tr><td>项目支出结转</td><td>项目名称</td></tr>
<tr><td rowspan="2">政府性基金预算财政拨款结转</td><td>项目支出结转</td><td>项目名称</td></tr>
<tr></tr>
<tr><td>归集调入</td><td>同上</td><td>同上</td><td>同上</td><td>同上</td></tr>
<tr><td>归集调出</td><td>同上</td><td>同上</td><td>同上</td><td>同上</td></tr>
<tr><td>归集上缴</td><td>同上</td><td>同上</td><td>同上</td><td>同上</td></tr>
<tr><td>单位内部调剂</td><td>同上</td><td>同上</td><td>同上</td><td>同上</td></tr>
<tr><td>本年收支结转</td><td>同上</td><td>同上</td><td>同上</td><td>同上</td></tr>
<tr><td>累计结转</td><td>同上</td><td>同上</td><td>同上</td><td>同上</td></tr>
</table>

财务会计系统下，与“财政拨款结转”科目对应的是“以前年度盈余调整”“累计盈余”等科目。

（三）财政拨款结转的账务处理

1.会计差错更正、以前年度支出收回

（1）因发生会计差错更正退回以前年度国库直接支付、授权支付款项或财政性货币资金，或者因发生会计差错更正增加以前年度国库直接支付、授权支付支出或财政性货币资金支出，属于以前年度财政拨款结转资金的，财务会计借记或贷记“财政应返还额度”“零余额账户用款额度”“银行存款”科目，贷记或借记“以前年度盈余调整”科目；预算会计借记或贷记“资金结存——财政应返还额度、零余额账户用款额度、货币资金”科目，贷记或借记“财政拨款结转——年初余额调整”科目。

（2）因购货退回、预付款项收回等发生以前年度支出又收回国库直接支付、授权支付款项或收回财政性货币资金，属于以前年度财政拨款结转资金的，财务会计借记“财政应返还额度”“零余额账户用款额度”“银行存款”科目，贷记“以前年度盈余调整”

科目；预算会计借记“资金结存——财政应返还额度、零余额账户用款额度、货币资金”科目，贷记“财政拨款结转——年初余额调整”科目。

【例15-10】假设甲事业单位本年度审核上年度尚未结项的科研项目经费，发现财政授权支付款项少记200 000元，本年度予以更正增加。该事业单位的账务处理如下：

财务会计			预算会计		
借：以前年度盈余调整	200 000		借：财政拨款结转——年初余额调整	200 000	
贷：零余额账户用款额度		200 000	贷：资金结存——零余额账户用款额度		200 000

【例15-11】假设甲事业单位上年度使用财政授权支付方式采购服务，因服务质量不合要求收回原来支付的款项100 000元。单位零余额账户收到退回的相关款项100 000元。该事业单位的账务处理如下：

财务会计			预算会计		
借：零余额账户用款额度	100 000		借：资金结存——零余额账户用款额度	100 000	
贷：以前年度盈余调整		100 000	贷：财政拨款结转——年初余额调整		100 000

2.财政拨款结转资金调整

（1）按照规定从其他单位调入财政拨款结转资金的，按照实际调增的额度或调入的资金数额，财务会计借记“财政应返还额度”“零余额账户用款额度”“银行存款”科目，贷记“累计盈余”科目；预算会计借记“资金结存——财政应返还额度、零余额账户用款额度、货币资金”科目，贷记“财政拨款结转——归集调入”科目。

（2）按照规定向其他单位调出财政拨款结转资金的，按照实际调减的额度或调出的资金数额，财务会计借记“累计盈余”科目，贷记“财政应返还额度”“零余额账户用款额度”“银行存款”科目；预算会计借记“财政拨款结转——归集调出”科目，贷记“资金结存——财政应返还额度、零余额账户用款额度、货币资金”科目。

（3）按照规定上缴财政拨款结转资金或注销财政拨款结转资金额度的，按照实际上缴资金数额或注销的资金额度，财务会计借记“累计盈余”科目，贷记“财政应返还额度”“零余额账户用款额度”“银行存款”科目；预算会计借记“财政拨款结转——归集上缴”科目，贷记“资金结存——财政应返还额度、零余额账户用款额度、货币资金”科目。

（4）经财政部门批准对财政拨款结余资金改变用途，调整用于本单位基本支出或其他未完成项目支出的，按照批准调剂的金额，预算会计借记“财政拨款结余——单位内部调剂”科目，贷记“财政拨款结转——单位内部调剂”科目。财务会计不做账。

【例15-12】假设甲事业单位2×21年收到主管部门从其他单位调入的财政拨款结转资金200 000元，用于当年办公大楼的日常修缮。该笔资金已转入单位零余额账户。该事业单位的账务处理如下：

财务会计			预算会计		
借：零余额账户用款额度	200 000		借：资金结存——零余额账户用款额度	200 000	
贷：累计盈余		200 000	贷：财政拨款结转——归集调入		200 000

【例15-13】甲事业单位2×21年按主管部门的规定，将100 000元的财政拨款结转资金调出给一小学用于校舍维修。已通过单位零余额账户转账。该事业单位的账务处理如下：

财务会计		预算会计	
借：累计盈余	100 000	借：财政拨款结转——归集调出	100 000
贷：零余额账户用款额度	100 000	贷：资金结存——零余额账户用款额度	100 000

3.年末结转财政拨款结转

（1）年末，将财政拨款预算收入本年发生额转入“财政拨款结转”科目，预算会计借记“财政拨款预算收入”科目，贷记“财政拨款结转——本年收支结转”科目；将各项支出中财政拨款支出本年发生额转入“财政拨款结转”科目，借记“财政拨款结转——本年收支结转”科目，贷记各项支出（财政拨款支出）科目；财务会计不做账。

（2）年末冲销有关明细科目余额。预算会计将“财政拨款结转——本年收支结转、年初余额调整、归集调入、归集调出、归集上缴、单位内部调剂”科目余额转入“财政拨款结转——累计结转”科目。结转后，“财政拨款结转”科目除“累计结转”明细科目外，其他明细科目应无余额。财务会计不做账。

（3）年末完成上述结转后，应当对财政拨款结转各明细项目执行情况进行分析，按照有关规定将符合财政拨款结余性质的项目余额转入财政拨款结余，预算会计借记“财政拨款结转——累计结转”，贷记“财政拨款结余——结转转入”科目；财务会计不做账。

【例15-14】甲事业单位2×21年12月31日“财政拨款预算收入”科目贷方本年发生额8 600 000元，有关明细科目为：基本支出7 016 000元、项目支出1 584 000元。年末结转时，该事业单位的账务处理如下：

财务会计	预算会计	
—	借：财政拨款预算收入——基本支出	7 016 000
	——项目支出	1 584 000
	贷：财政拨款结转——本年收支结转——基本支出结转	7 016 000
	——项目支出结转	1 584 000

【例15-15】甲事业单位2×21年12月31日“事业支出——财政拨款支出”科目借方本年发生额8 555 000元（基本支出7 001 000元、项目支出1 554 000元）；“其他支出——财政拨款支出”科目借方本年发生额50 000元（基本支出）。年末结转时，该事业单位的账务处理如下：

财务会计	预算会计	
—	借：财政拨款结转——本年收支结转——基本支出结转	7 051 000
	——项目支出结转	1 554 000
	贷：事业支出——财政拨款支出	8 555 000
	其他支出——财政拨款支出	50 000

【例15-16】沿用【例15-10】至【例15-15】资料，甲事业单位2×21年12月31日财政拨款结转有关明细科目余额见表15-4。

表15-4　　2×21年12月31日财政拨款结转有关明细科目余额　　单位：元

一级明细科目	年初余额调整	归集调入	归集调出	归集上缴	单位内部调剂	本年收支结转
借方余额	100 000		100 000			5 000
贷方余额		200 000				

年末冲销有关明细科目余额时，该事业单位的账务处理如下：

财务会计	预算会计	
—	借：财政拨款结转——归集调入	200 000
	——累计结转	5 000
	贷：财政拨款结转——归集调出	100 000
	——年初余额调整	100 000
	——本年收支结转	5 000

【例15-17】甲事业单位2×21年12月31日对项目执行情况进行分析，发现项目已完工，按规定将项目剩余资金30 000元转入财政拨款结余。该事业单位的账务处理如下：

财务会计	预算会计	
—	借：财政拨款结转——累计结转	30 000
	贷：财政拨款结余——结转转入	30 000

三、财政拨款结余

（一）财政拨款结余的概念

财政拨款结余是指政府单位调整、结转和滚存的同级财政拨款项目支出结余资金。

调整主要包括因会计差错更正、以前年度支出收回引起的年初余额调整，按照规定上缴财政拨款结余资金，以及经财政部门批准改变用途调整用于本单位其他未完成项目等的财政拨款结余资金。

结余是指当年政府单位已经完成项目的财政拨款预算收入减去财政拨款项目支出后的差额，具体包括：项目完成形成的结余；由于受政策变化、计划调整等因素影响，项目终止、撤销形成的结余；对某一预算年度安排的项目支出连续两年未使用或者连续三年仍未使用完形成的剩余资金等。

（二）财政拨款结余核算的会计科目设置

预算会计系统下，政府单位应设置“财政拨款结余”科目核算取得的同级财政拨款项目支出结余资金的调整、结转和滚存情况。本科目年末贷方余额，反映单位滚存的财政拨款结余资金数额。

“财政拨款结余”科目应当设置下列明细科目：

1. 与会计差错更正、以前年度支出收回相关的明细科目

“年初余额调整”。本明细科目核算因发生会计差错更正、以前年度支出收回等原

因，需要调整财政拨款结余的金额。年末结账后，本明细科目应无余额。

2.与财政拨款结余资金调整业务相关的明细科目

（1）“归集上缴”。本明细科目核算按照规定上缴财政拨款结余资金时，实际核销的额度或上缴的资金数额。年末结账后，本明细科目应无余额。

（2）“单位内部调剂”。本明细科目核算经财政部门批准对财政拨款结余资金改变用途，调整用于本单位其他未完成项目等的调整金额。年末结账后，本明细科目应无余额。

3.与年末财政拨款结余业务相关的明细科目

（1）“结转转入”。本明细科目核算单位按照规定转入财政拨款结余的财政拨款结转资金。年末结账后，本明细科目应无余额。

（2）“累计结余”。本明细科目核算单位滚存的财政拨款结余资金。本明细科目年末贷方余额，反映单位财政拨款滚存的结余资金数额。

“财政拨款结余”科目还应当按照具体项目、《政府收支分类科目》中“支出功能分类科目”的相关科目等进行明细核算。有一般公共预算财政拨款、政府性基金预算财政拨款等两种或两种以上财政拨款的，还应当在本科目下按照财政拨款的种类进行明细核算。

财政拨款结余的会计科目设置见表15-5。

表15-5　**财政拨款结余的会计科目设置**

总账科目	一级明细科目	二级明细科目	三级明细科目	四级明细科目
财政拨款结余	年初余额调整	一般公共预算财政拨款结余	支出功能分类科目项级科目	××项目
				××项目
				××项目
		政府性基金预算财政拨款结余		××项目
	归集调入	同上	同上	同上
	单位内部调剂	同上	同上	同上
	结转转入	同上	同上	同上
	累计结余	同上	同上	同上

财务会计系统下，与“财政拨款结余”科目对应的是“以前年度盈余调整”“累计盈余”等科目。

（三）财政拨款结余的账务处理

1.会计差错更正、以前年度支出收回

（1）因发生会计差错更正退回以前年度国库直接支付、授权支付款项或财政性货币资金，或者因发生会计差错更正增加以前年度国库直接支付、授权支付支出或财政性货币资金支出，属于以前年度财政拨款结余资金的，财务会计借记或贷记“财政应返还额度”“零余额账户用款额度”“银行存款”科目，贷记或借记“以前年度盈余调整”科目；预算会计借记或贷记“资金结存——财政应返还额度、零余额账户用款额度、货币资金”科目，贷记或借记“财政拨款结余——年初余额调整”科目。

（2）因购货退回、预付款项收回等发生以前年度支出又收回国库直接支付、授权支付款项或收回财政性货币资金，属于以前年度财政拨款结余资金的，财务会计借记“财政应返还额度”“零余额账户用款额度”“银行存款”科目，贷记“以前年度盈余调整”科目；预算会计借记“资金结存——财政应返还额度、零余额账户用款额度、货币资金”科目，贷记“财政拨款结余——年初余额调整”科目。

【例15-18】甲事业单位检查上年度已完成的开发新菜地工程项目，年初发现上年列支的一笔支出不当，有关资金使用者已经将该笔支出资金100 000元退回单位零余额账户。该事业单位的账务处理如下：

财务会计			预算会计		
借：零余额账户用款额度	100 000		借：资金结存——零余额账户用款额度	100 000	
贷：以前年度盈余调整		100 000	贷：财政拨款结余——年初余额调整		100 000

2.财政拨款结余资金调整

（1）经财政部门批准对财政拨款结余资金改变用途，调整用于本单位基本支出或其他未完成项目支出的，按照批准调剂的金额，预算会计借记“财政拨款结余——单位内部调剂”科目，贷记“财政拨款结转——单位内部调剂”科目；财务会计不做账。

（2）按照规定上缴财政拨款结余资金或注销财政拨款结余资金额度的，按照实际上缴资金数额或注销的资金额度，财务会计借记“累计盈余”科目，贷记“财政应返还额度”“零余额账户用款额度”“银行存款”科目；预算会计借记“财政拨款结余——归集上缴”科目，贷记“资金结存——财政应返还额度、零余额账户用款额度、货币资金”科目。

【例15-19】甲事业单位检查上年度已完成的老菜地改造工程项目，发现该项目上年结余资金100 000元，按财政部门要求必须上缴。收到代理银行通知已扣减零余额账户用款额度。该事业单位的账务处理如下：

财务会计			预算会计		
借：累计盈余	100 000		借：财政拨款结余——归集上缴	100 000	
贷：零余额账户用款额度		100 000	贷：资金结存——零余额账户用款额度		100 000

3.年末结转财政拨款结余

（1）年末，对财政拨款结转各明细项目执行情况进行分析，按照有关规定将符合财政拨款结余性质的项目余额转入财政拨款结余，预算会计借记“财政拨款结转——累计结转”科目，贷记“财政拨款结余——结转转入”科目；财务会计不做账。相关举例参见【例15-24】。

（2）年末冲销有关明细科目余额。预算会计将“财政拨款结余——年初余额调整、归集上缴、单位内部调剂、结转转入”科目余额转入“财政拨款结余——累计结余”科目；财务会计不做账。结转后，“财政拨款结余”科目除“累计结余”明细科目外，其他明细科目应无余额。

【例15-20】沿用【例15-17】至【例15-19】资料，甲事业单位2×21年12月31日财政拨款结余有关明细科目余额见表15-6。

表15-6　**2×21年12月31日财政拨款结余有关明细科目余额**　单位：元

一级明细科目	年初余额调整	归集上缴	单位内部调剂	结转转入
借方余额		100 000		
贷方余额	100 000			30 000

年末，冲销有关明细科目余额时，该事业单位的账务处理如下：

财务会计	预算会计		
—	借：财政拨款结余——年初余额调整	100 000	
	——结转转入	30 000	
	贷：财政拨款结余——累计结余		30 000
	——归集上缴		100 000

四、其他结余

（一）其他结余的定义

其他结余，是政府单位本年度除财政拨款收支、非同级财政专项资金收支和经营收支以外各项收支相抵后的余额。

（二）其他结余核算的会计科目设置

预算会计系统下，政府单位应设置“其他结余”科目核算本年度除财政拨款收支、非同级财政专项资金收支和经营收支以外各项收支相抵后的余额。年末结账后，本科目应无余额。

财务会计系统下，对其他结余不做账。

（三）其他结余的账务处理

1.年末，预算会计将事业预算收入、上级补助预算收入、附属单位上缴预算收入、非同级财政拨款预算收入、债务预算收入、其他预算收入本年发生额中的非专项资金收入以及投资预算收益本年发生额转入“其他结余”科目，借记“事业预算收入”“上级补助预算收入”“附属单位上缴预算收入”“非同级财政拨款预算收入”“债务预算收入”“其他预算收入”科目下各非专项资金收入明细科目和“投资预算收益”科目，贷记“其他结余”科目（“投资预算收益”科目本年发生额为借方净额时，借记“其他结余”科目，贷记“投资预算收益”科目）；将行政支出、事业支出、其他支出本年发生额中的非同级财政、非专项资金支出，以及上缴上级支出、对附属单位补助支出、投资支出、债务还本支出本年发生额转入“其他结余”科目，借记“其他结余”科目，贷记“行政支出”“事业支出”“其他支出”科目下各非同级财政、非专项资金支出明细科目和“上缴上级支出”“对附属单位补助支出”“投资支出”“债务还本支出”科目。

2.年末，完成上述结转后，行政单位将“其他结余”科目余额转入“非财政拨款结余——累计结余”科目。事业单位将“其他结余”科目余额转入“非财政拨款结余分配”科目，当“其他结余”科目为贷方余额时，预算会计借记“其他结余”科目，贷记“非财政拨款结余分配”科目；当“其他结余”科目为借方余额时，预算会计借记“非财政拨款结余分配”科目，贷记“其他结余”科目。

对于上述业务，财务会计均不做账。

【例15-21】甲事业单位2×21年12月31日各项预算收入和预算支出本年发生额见表15-7。

表15-7　**2×21年12月31日各项预算收入和预算支出本年发生额**　单位：元

预算收入科目名称	贷方发生额	预算支出科目名称	借方发生额
财政拨款预算收入	8 600 000	事业支出	25 079 500
其中：基本支出	7 031 000	其中：财政拨款支出	8 555 000
项目支出	1 554 000	非财政专项资金支出	2 550 000
事业预算收入	17 370 000	其他资金支出	13 974 500
其中：专项资金收入	1 500 000	经营支出	304 500
上级补助预算收入	500 000	上缴上级支出	200 000
其中：专项资金收入	100 000	对附属单位补助支出	540 000
附属单位上缴预算收入	200 000	投资支出	85 000
其中：专项资金收入	200 000	债务还本支出	1 000 000
经营预算收入	580 000	其他支出	1 050 000
债务预算收入	500 000	其中：财政拨款支出	50 000
其中：专项资金收入	300 000	非财政专项资金支出	950 000
非同级财政拨款预算收入	300 000	其他资金支出	50 000
其中：专项资金收入	200 000		
投资预算收益	5 000		
其他预算收入	2 040 000		
其中：专项资金收入	1 300 000		

年末结转与其他结余相关预算收支时，该事业单位的账务处理如下：

• 结转本年度非专项资金收入，

财务会计	预算会计	
—	借：事业预算收入——非专项资金收入	15 870 000
	上级补助预算收入——非专项资金收入	400 000
	债务预算收入——非专项资金收入	200 000
	非同级财政拨款预算收入——非专项资金收入	100 000
	投资预算收益	5 000
	其他预算收入——非专项资金收入	740 000
	贷：其他结余	17 315 000

• 结转本年度非专项资金支出，

财务会计	预算会计	
—	借：其他结余	15 849 500
	贷：事业支出——其他资金支出	13 974 500
	上缴上级支出	200 000
	对附属单位补助支出	540 000
	投资支出	85 000
	债务还本支出	1 000 000
	其他支出——其他资金支出	50 000

• 结转"其他结余"科目贷方余额，

财务会计	预算会计	
—	借：其他结余	1 465 500
	贷：非财政拨款结余分配	1 465 500

五、经营结余

（一）经营结余的概念

经营结余，是指事业单位本年度经营活动收支相抵后余额弥补以前年度经营亏损后的余额。

（二）经营结余核算的会计科目设置

预算会计系统下，事业单位应设置"经营结余"科目核算本年度经营活动收支相抵后余额弥补以前年度经营亏损后的余额。本科目可以按照经营活动类别进行明细核算。年末结账后，本科目一般无余额；如为借方余额，反映事业单位累计发生的经营亏损。

财务会计系统下，对经营结余不做账。

（三）经营结余的账务处理

1. 年末，将经营预算收入本年发生额转入"经营结余"科目，预算会计借记"经营预算收入"科目，贷记"经营结余"科目；将经营支出本年发生额转入"经营结余"科目，预算会计借记"经营结余"科目，贷记"经营支出"科目。

2. 年末，完成上述结转后，如"经营结余"科目为贷方余额，将"经营结余"科目贷方余额转入“非财政拨款结余分配”科目，预算会计借记“经营结余”科目，贷记“非财政拨款结余分配”科目；如“经营结余”科目为借方余额，为经营亏损，不予结转。

对于上述业务，财务会计均不做账。

【例15-22】沿用【例15-21】中表15-7中的资料，年末结转本年度经营收支时，甲事业单位的账务处理如下：

• 结转本年度经营收入，

财务会计	预算会计		
—	借：经营预算收入	580 000	
	贷：经营结余		580 000

• 结转本年度经营支出，

财务会计	预算会计		
—	借：经营结余	304 500	
	贷：经营支出		304 500

• 结转“经营结余”科目贷方余额，

财务会计	预算会计		
—	借：经营结余	275 500	
	贷：非财政拨款结余分配		275 500

六、专用结余

（一）专用结余的概念

专用结余是指事业单位按照规定从非财政拨款结余中提取的具有专门用途的资金。

（二）专用结余核算的会计科目设置

预算会计系统下，事业单位应设置“专用结余”科目核算按照规定从非财政拨款结余中提取的具有专门用途的资金的变动和滚存情况。本科目应当按照专用结余的类别进行明细核算。本科目年末贷方余额，反映事业单位从非同级财政拨款结余中提取的专用基金的累计滚存数额。

财务会计系统下，与“专用结余”科目对应的是“专用基金”科目。

（三）专用结余的账务处理

1. 根据有关规定从本年度非财政拨款结余或经营结余中提取基金的，按照提取金额，预算会计借记“非财政拨款结余分配”科目，贷记“专用结余”科目；财务会计借记“本年盈余分配”科目，贷记“专用基金”科目。相关举例参见【例15-2】。

2. 根据规定使用从非财政拨款结余或经营结余中提取的专用基金时，财务会计借记“专用基金”科目，贷记“银行存款”等科目。使用提取的专用基金购置固定资产、无形资产的，财务会计按照固定资产、无形资产成本金额，借记“固定资产”“无形资产”科目，贷记“银行存款”等科目；同时，按照专用基金使用金额，借记“专用基金”科目，贷记“累计盈余”科目。预算会计按照实际支付的金额借记“专用结余”科目，贷记“资金结存——货币资金”等科目。相关举例参见【例15-9】。

七、非财政拨款结余分配

(一) 非财政拨款结余分配核算的会计科目设置

预算会计系统下，事业单位应设置“非财政拨款结余分配”科目核算本年度非财政拨款结余分配的情况和结果。年末结账后，本科目应无余额。

财务会计系统下，与“非财政拨款结余分配”科目对应的是“本年盈余分配”科目。

(二) 非财政拨款结余分配的账务处理

1.年末，预算会计将“其他结余”科目余额转入“非财政拨款结余分配”科目，当“其他结余”科目为贷方余额时，借记“其他结余”科目，贷记“非财政拨款结余分配”科目；当“其他结余”科目为借方余额时，借记“非财政拨款结余分配”科目，贷记“其他结余”科目。财务会计不做账。相关举例参见【例15-21】。

年末，将“经营结余”科目贷方余额转入“非财政拨款结余分配”科目，预算会计借记“经营结余”科目，贷记“非财政拨款结余分配”科目。财务会计不做账。相关举例参见【例15-22】。

2.根据有关规定提取专用基金的，按照提取的金额，预算会计借记“非财政拨款结余分配”科目，贷记“专用结余”科目；财务会计借记“本年盈余分配”科目，贷记“专用基金”科目。相关举例参见【例15-2】。

3.年末，预算会计按照规定完成上述两项的处理后，将“非财政拨款结余分配”科目余额转入非财政拨款结余。当“非财政拨款结余分配”科目为借方余额时，借记“非财政拨款结余——累计结余”科目，贷记“非财政拨款结余分配”科目；当“非财政拨款结余分配”科目为贷方余额时，借记“非财政拨款结余分配”科目，贷记“非财政拨款结余——累计结余”科目。财务会计不做账。

【例15-23】沿用【例15-2】、【例15-21】至【例15-22】的资料，年末甲事业单位在结转经营结余和其他结余以及提取职工福利基金后，“非财政拨款结余分配”科目贷方余额为：(275 500+1 465 500)−696 400=1 044 600（元），其账务处理如下：

财务会计	预算会计
—	借：非财政拨款结余分配　　1 044 600 　贷：非财政拨款结余——累计结余　　1 044 600

八、非财政拨款结转

(一) 非财政拨款结转的概念

非财政拨款结转，是指政府单位调整、结转和滚存的除财政拨款收支、经营收支以外各非同级财政拨款专项资金。其中：

调整主要包括因发生会计差错更正、以前年度支出收回等原因引起的年初余额调整，按照规定缴回非财政拨款结转资金，按照规定政府单位从取得的科研项目预算收入中计提的项目间接费用或管理费。

结转是指政府单位财政拨款收支、经营收支以外各非同级财政拨款专项资金收入与其相关支出相抵后的余额。

（二）非财政拨款结转核算的会计科目设置

预算会计系统下，政府单位应设置“非财政拨款结转”科目核算除财政拨款收支、经营收支以外各非同级财政拨款专项资金的调整、结转和滚存情况。本科目年末贷方余额，反映单位滚存的非同级财政拨款专项结转资金数额。

“非财政拨款结转”科目应当设置下列明细科目：

1.“年初余额调整”。本明细科目核算因发生会计差错更正、以前年度支出收回等原因，需要调整非财政拨款结转的资金。年末结账后，本明细科目应无余额。

2.“缴回资金”。本明细科目核算按照规定缴回非财政拨款结转资金时，实际缴回的资金数额。年末结账后，本明细科目应无余额。

3.“项目间接费用或管理费”。本明细科目核算单位取得的科研项目预算收入中，按照规定计提项目间接费用或管理费的数额。年末结账后，本明细科目应无余额。

4.“本年收支结转”。本明细科目核算单位本年度非同级财政拨款专项收支相抵后的余额。年末结账后，本明细科目应无余额。

5.“累计结转”。本明细科目核算单位滚存的非同级财政拨款专项结转资金。本明细科目年末贷方余额，反映单位非同级财政拨款滚存的专项结转资金数额。

“非财政拨款结转”科目还应当按照具体项目、《政府收支分类科目》中“支出功能分类科目”的相关科目等进行明细核算。

非财政拨款结转的会计科目设置见表15-8。

表15-8　**非财政拨款结转的会计科目设置**

总账科目	一级明细科目	二级明细科目	三级明细科目
非财政拨款结转	年初余额调整	支出功能分类科目项级科目	××项目
			××项目
			××项目
			××项目
	缴回资金	同上	同上
	项目间接费用或管理费	同上	同上
	本年收支结转	同上	同上
	累计结转	同上	同上

财务会计系统下，与“非财政拨款结转”科目对应的是“以前年度盈余调整”“累

计盈余”等科目。

（三）非财政拨款结转的账务处理

1. 按照规定从科研项目预算收入中提取项目间接费用或管理费时，按照提取金额，财务会计借记“单位管理费用”科目，贷记“预提费用”科目；预算会计借记“非财政拨款结转——项目间接费用或管理费”科目，贷记“非财政拨款结余——项目间接费用或管理费”科目。

2. 因会计差错更正收到或支出非同级财政拨款货币资金，属于非财政拨款结转资金的，按照收到或支出的金额，财务会计借记或贷记“银行存款”科目，贷记或借记“以前年度盈余调整”科目；预算会计借记或贷记“资金结存——货币资金”科目，贷记或借记“非财政拨款结转——年初余额调整”科目。因收回以前年度支出等收到非同级财政拨款货币资金，属于非财政拨款结转资金的，按照收到的金额，财务会计借记“银行存款”科目，贷记“以前年度盈余调整”科目；预算会计借记“资金结存——货币资金”科目，贷记“非财政拨款结转——年初余额调整”科目。

3. 按照规定缴回非财政拨款结转资金的，按照实际缴回资金数额，财务会计借记“累计盈余”科目，贷记“银行存款”科目；预算会计借记“非财政拨款结转——缴回资金”科目，贷记“资金结存——货币资金”科目。

4. 年末，预算会计将事业预算收入、上级补助预算收入、附属单位上缴预算收入、非同级财政拨款预算收入、债务预算收入、其他预算收入本年发生额中的专项资金收入转入“非财政拨款结转”科目，借记“事业预算收入”“上级补助预算收入”“附属单位上缴预算收入”“非同级财政拨款预算收入”“债务预算收入”“其他预算收入”科目下各专项资金收入明细科目，贷记“非财政拨款结转——本年收支结转”科目；将行政支出、事业支出、其他支出本年发生额中的非财政拨款专项资金支出转入“非财政拨款结转”科目，借记“非财政拨款结转——本年收支结转”科目，贷记“行政支出”“事业支出”“其他支出”科目下各非财政拨款专项资金支出明细科目。财务会计不做账。

5. 年末冲销有关明细科目余额。预算会计将“非财政拨款结转——年初余额调整、项目间接费用或管理费、缴回资金、本年收支结转”科目余额转入“非财政拨款结转——累计结转”科目。财务会计不做账。结转后，“非财政拨款结转”科目除“累计结转”明细科目外，其他明细科目应无余额。

6. 年末完成上述结转后，应当对非财政拨款专项结转资金各项目情况进行分析，将留归本单位使用的非财政拨款专项（项目已完成）剩余资金转入非财政拨款结余，预算会计借记“非财政拨款结转——累计结转”科目，贷记“非财政拨款结余——结转转入”科目；财务会计不做账。

【例15-24】沿用【例15-21】中表15-7的资料，甲事业单位预算收入中含有行政管理部门非财政科研项目预算收入2 000 000元。假设该单位非财政拨款结转没有发生年初余额调整和缴回资金事项，非财政专项资金项目年底完成，其结余资金100 000元留归本单位。

根据上述资料，该事业单位的账务处理如下：

• 按科研项目预算收入的3%提取管理费时，

财务会计			预算会计		
借：单位管理费用	60 000		借：非财政拨款结转——项目间接费用或管理费	60 000	
贷：预提费用		60 000	贷：非财政拨款结余——项目间接费用或管理费		60 000

• 结转本年非财政专项资金收入时，

财务会计	预算会计		
—	借：事业预算收入——专项资金收入	1 500 000	
	上级补助预算收入——专项资金收入	100 000	
	附属单位上缴预算收入——专项资金收入	200 000	
	债务预算收入——专项资金收入	300 000	
	非同级财政拨款预算收入——专项资金收入	200 000	
	其他预算收入——专项资金收入	1 300 000	
	贷：非财政拨款结转——本年收支结转		3 600 000

• 结转本年非财政专项资金支出时，

财务会计	预算会计		
—	借：非财政拨款结转——本年收支结转	3 500 000	
	贷：事业支出——非财政专项资金支出		2 550 000
	其他支出——非财政专项资金支出		950 000

• 冲销有关明细科目余额，

财务会计	预算会计		
—	借：非财政拨款结转——本年收支结转	100 000	
	贷：非财政拨款结转——项目间接费用或管理费		60 000
	——累计结转		40 000

• 结转已完工项目留归本单位结余资金，

财务会计	预算会计		
—	借：非财政拨款结转——累计结转	100 000	
	贷：非财政拨款结余——结转转入		100 000

九、非财政拨款结余

（一）非财政拨款结余的概念

非财政拨款结余是指政府单位历年滚存的非限定用途的非同级财政拨款结余资金。

（二）非财政拨款结余核算的会计科目设置

预算会计系统下，政府单位应设置“非财政拨款结余”科目核算历年滚存的非限定用途的非同级财政拨款结余资金。本科目年末贷方余额，反映单位非同级财政拨款结余资金的累计滚存数额。

“非财政拨款结余”科目应当设置下列明细科目：

1.“年初余额调整”。本明细科目核算因发生会计差错更正、以前年度支出收回等原因，需要调整非财政拨款结余的资金。年末结账后，本明细科目应无余额。

2.“项目间接费用或管理费”。本明细科目核算单位取得的科研项目预算收入中，按照规定计提的项目间接费用或管理费。年末结账后，本明细科目应无余额。

3.“结转转入”。本明细科目核算按照规定留归单位使用，由单位统筹调配，纳入单位非财政拨款结余的非同级财政拨款专项剩余资金。年末结账后，本明细科目应无余额。

4.“累计结余”。本明细科目核算单位历年滚存的非同级财政拨款、非专项结余资金。本明细科目年末贷方余额，反映单位非同级财政拨款滚存的非专项结余资金数额。

“非财政拨款结余”科目还应当按照《政府收支分类科目》中“支出功能分类科目”的相关科目进行明细核算。

非财政拨款结余的会计科目设置见表15-9。

表15-9　**非财政拨款结余的会计科目设置**

总账科目	一级明细科目	二级明细科目
非财政拨款结余	年初余额调整	支出功能分类科目项级科目
	项目间接费用或管理费	同上
	结转转入	同上
	累计结余	同上

财务会计系统下，与“非财政拨款结余”科目对应的是“其他应交税费”“以前年度盈余调整”等科目。

（三）非财政拨款结余的账务处理

1.按照规定从科研项目预算收入中提取项目间接费用或管理费时，财务会计借记“单位管理费用”科目，贷记“预提费用”科目；预算会计借记“非财政拨款结转——项目间接费用或管理费”科目，贷记“非财政拨款结余——项目间接费用或管理费”科目。举例参见【例15-24】。

2.有企业所得税缴纳义务的事业单位实际缴纳企业所得税时，按照缴纳金额，财务会计借记“其他应交税费——单位应交所得税”科目，贷记“银行存款”等科目；预算会计借记“非财政拨款结余——累计结余”科目，贷记“资金结存——货币资金”科目。

【例15-25】某事业单位（与甲事业单位无关）2×21年度实际缴纳所得税50 000元。该事业单位账务处理如下：

财务会计		预算会计	
借：其他应交税费——单位应交所得税 50 000		借：非财政拨款结余——累计结余	50 000
贷：银行存款	50 000	贷：资金结存——货币资金	50 000

3. 因会计差错更正收到或支出非同级财政拨款货币资金，属于非财政拨款结余资金的，按照收到或支出的金额，财务会计借记或贷记“银行存款”科目，贷记或借记“以前年度盈余调整”科目；预算会计借记或贷记“资金结存——货币资金”科目，贷记或借记“非财政拨款结余——年初余额调整”科目。

因收回以前年度支出等收到非同级财政拨款货币资金，属于非财政拨款结余资金的，按照收到的金额，财务会计借记“银行存款”科目，贷记“以前年度盈余调整”科目；预算会计借记“资金结存——货币资金”科目，贷记“非财政拨款结余——年初余额调整”科目。

4. 年末，将留归本单位使用的非财政拨款专项（项目已完成）剩余资金转入“非财政拨款结余”科目，预算会计借记“非财政拨款结转——累计结转”科目，贷记“非财政拨款结余——结转转入”科目。财务会计不做账。相关举例参见【例15-24】。

5. 年末冲销有关明细科目余额。预算会计将“非财政拨款结余——年初余额调整、项目间接费用或管理费、结转转入”科目余额结转入“非财政拨款结余——累计结余”科目。财务会计不做账。结转后，“非财政拨款结余”科目除“累计结余”明细科目外，其他明细科目应无余额。

【例15-26】沿用【例15-24】资料，年末甲事业单位冲销有关非财政拨款结余明细科目余额的账务处理如下：

财务会计	预算会计	
	借：非财政拨款结余——项目间接费用或管理费	60 000
—	——结转转入	100 000
	贷：非财政拨款结余——累计结余	160 000

6. 年末，预算会计将“非财政拨款结余分配”科目余额转入非财政拨款结余。“非财政拨款结余分配”科目为借方余额的，借记“非财政拨款结余——累计结余”科目，贷记“非财政拨款结余分配”科目；“非财政拨款结余分配”科目为贷方余额的，借记“非财政拨款结余分配”科目，贷记“非财政拨款结余——累计结余”科目。财务会计不做账。相关举例参见【例15-23】。

复习思考

1. 什么是政府单位的净资产和预算结余？行政单位和事业单位的净资产和预算结余各自包括哪些内容？

2. 政府单位核算盈余和预算结余各应设置哪些会计科目？

3. 政府单位累计盈余形成的主要来源有哪些？

4.什么是本年盈余？如何计算？

5.什么是专用基金和专用结余？专用基金主要包括哪些项目？各自来源是什么？

6.政府单位本年盈余和非财政拨款结余分配的项目主要是什么？

7.什么是资金结存？其核算设置哪些明细科目，各自核算什么内容？

8.什么是其他结余和经营结余？

9.事业单位财政拨款结转和非财政拨款结转、财政拨款结余和非财政拨款结余各有何不同？

操作练习

题一：

目的：练习行政单位净资产的核算。

资料：某行政单位有关资料如下：

1. 2×21年11月30日“本期盈余”科目贷方余额1 710 000元，同年12月各项收入和费用本月发生额如下：

收入科目名称	12月发生额（元）	费用科目名称	12月发生额（元）
财政拨款收入	710 000	业务活动费用	850 000
非同级财政拨款收入	150 000	资产处置费用	10 000
捐赠收入	500 000	其他费用	10 000
利息收入	50 000		
租金收入	20 000		
其他收入	60 000		

2. 2×21年12月31日“无偿调拨净资产”科目贷方余额500 000元，“以前年度盈余调整”科目贷方余额200 000元。

要求：根据上述资料

1.结转12月各项收入和费用。

2.年末，结转“本期盈余”科目余额。

3.年末，结转“本年盈余分配”科目余额。

4.年末，结转“无偿调拨净资产”科目贷方余额。

5.年末，结转“以前年度盈余调整”科目贷方余额。

6.假设2×21年“累计盈余”年初余额为70 000元，计算“累计盈余”科目本年年末余额。

题二：

目的：练习行政单位预算结余的核算。

资料：某行政单位2×20年和2×21年的相关资料如下：

1. 2×20年年末“财政拨款结转”和“非财政拨款结余”的科目余额分别为20 000元和500 000元，“财政拨款结余”和“非财政拨款结转”的科目无余额。

2. 2×21年各项预算收入和预算支出本年发生额如下（假设没有政府性基金预算财政拨款）：

预算收入科目名称	贷方发生额（元）	预算支出科目名称	借方发生额（元）
财政拨款预算收入	5 800 000	行政支出	6 940 000
其中：项目收入——办公楼修缮	500 000	其中：财政拨款支出——项目支出——办公楼修缮	400 000
非同级财政拨款预算收入	300 000	——基本支出	5 000 000
其中：专项资金收入——办公楼修缮	200 000	非财政专项资金支出——办公楼修缮	200 000
其他预算收入	2 040 000	——新技术引进	700 000
其中：专项资金收入——办公楼修缮	500 000	其他资金支出	640 000
——新技术引进	800 000	其他支出	700 000
		其中：财政拨款支出	50 000
		非财政专项资金支出——办公楼修缮	500 000
		其他资金支出	150 000

3. 2×21年度发生如下相关经济业务：

（1）上年度使用财政直接支付方式采购的办公用电脑耗材因质量问题予以退回，款项30 000元。收到代理银行转来财政直接支付资金退回入账通知书，退回相关款项30 000元，材料已退回。

（2）代理银行转来财政授权支付通知书，收到主管部门从其他单位调入的财政拨款结转资金100 000元，用于当年办公大楼的修缮。

（3）按照主管部门的规定，将50 000元的财政拨款结转资金调出给其他单位。已通过银行转账。

（4）检查上年度已完成的使用财政拨款的老菜地改造工程项目，发现该项目上年结余资金50 000元，按财政部门要求上交。收到代理银行通知已扣减零余额账户用款额度。

4. 假设办公楼修缮项目年底完工。

要求：

1. 编制2×21年度发生经济业务预算会计下的会计分录（要求列示一级明细科目）。

2. 结转2×21年度预算收入和预算支出。

3. 年末，将完工项目的财政拨款结转资金转入“财政拨款结余”科目。

4. 年末，将“其他结余”科目余额转入“非财政拨款结余”科目。

5. 计算“财政拨款结转”、“财政拨款结余”、“非财政拨款结转”和“非财政拨款结余”科目的2×21年年末余额。

第十六章

政府单位财务报表和预算会计报表

学习目标

- 熟悉政府单位财务报表和预算会计报表的构成
- 熟悉政府单位财务报表和预算会计报表的编制期
- 熟悉政府单位财务报表和预算会计报表的编制要求
- 掌握政府单位资产负债表的编制方法
- 掌握政府单位收入费用表和预算收入支出表的编制方法
- 熟悉政府单位净资产变动表和预算结转结余变动表的编制方法
- 了解政府单位现金流量表的编制方法
- 了解财政拨款预算收入支出表的编制方法

本章主要阐述政府单位财务报表和预算会计报表的构成、编制的要求和方法。

第一节　政府单位财务报表和预算会计报表概述

一、财务报表的构成和编制期

（一）财务报表的构成

财务报表是对政府单位财务状况、运行情况和现金流量等信息的结构性表述。财务报表包括会计报表及其附注。

1. 会计报表

政府单位财务会计报表至少应当包括资产负债表、收入费用表和附注；政府单位可以根据实际情况自行选择编制现金流量表。各类报表的概念、内容和结构以及编制方法参见本章第二节至第五节的内容。

2. 附注

政府单位财务报表附注是对在资产负债表、收入费用表、现金流量表等报表中列示的项目所作的进一步说明，以及对未能在这些报表中列示的项目的说明。附注的主要内容参见本章第六节的相关内容。

（二）财务报表的编制期

按编制期，政府单位财务报表包括月度报表和年度报表。月度报表，是反映政府单位截至报告月度的财务状况、运行情况的报表，月度报表要求编制资产负债表和收入费用表。年度报表，是全面反映政府单位年度财务状况、运行情况和现金流量的报表。年度报表要求编制资产负债表、收入费用表、净资产变动表、现金流量表、附注。

二、预算会计报表的构成和编制期

预算会计报表是对政府单位年度预算收支执行结果等信息的结构性表述，至少包括预算收入支出表、预算结转结余变动表和财政拨款预算收入支出表。

政府单位应当至少按照年度编制预算会计报表。

政府单位财务报表和预算会计报表的构成和编制期见表16-1。

表16-1　**政府单位财务报表和预算会计报表的构成和编制期**

编号	报表名称	编制期
一、财务报表		
会政财01表	资产负债表	月度、年度
会政财02表	收入费用表	月度、年度
会政财03表	净资产变动表	年度
会政财04表	现金流量表	年度
	附注	年度
二、预算会计报表		
会政预01表	预算收入支出表	年度
会政预02表	预算结转结余变动表	年度
会政预03表	财政拨款预算收入支出表	年度

三、政府单位财务报表和预算会计报表的编制要求

（一）财务报表编制要求

根据《政府会计准则第9号——财务报表编制和列报》规定，政府单位编制财务报表应遵循以下要求：

1.政府单位应当以持续运行为前提，根据实际发生的经济业务或事项，按照政府会

计准则制度的规定对相关会计要素进行确认和计量，在此基础上编制财务报表。政府单位不应以附注披露代替确认和计量，也不能通过充分披露相关会计政策而纠正不恰当的确认和计量。如果按照政府会计准则制度规定披露的信息不足以让财务报表使用者了解特定经济业务或事项对政府单位财务状况和运行情况的影响时，政府单位还应当披露其他必要的相关信息。

2.除现金流量表以收付实现制为基础编制外，政府单位应当以权责发生制为基础编制财务报表。政府单位财务报表应当以财务会计核算生成的数据为准编制。

3.财务报表项目的列报应当在各个会计期间保持一致，不得随意变更，但政府会计准则制度和财政部发布的其他有关规定要求变更财务报表项目的除外。

4.政府单位在编制财务报表过程中，应当考虑报表项目的重要性。对于性质或功能不同的项目，应当在财务报表中单独列报，但不具有重要性的项目除外；对于性质或功能类似的项目，其所属类别具有重要性的，应当按其类别在财务报表中单独列报；对于某些项目的重要性程度不足以在资产负债表、收入费用表等报表中单独列示，但对理解报表具有重要性的，应当在附注中单独披露。财务报表某些项目的省略、错报等，能够合理预期将影响报表主要使用者据此作出决策的，该项目具有重要性。重要性应当根据政府单位所处的具体环境，从项目的性质和金额两方面予以判断。关于各项目重要性的判断标准一经确定，不得随意变更。判断项目性质的重要性，应当考虑该项目在性质上是否显著影响政府单位的财务状况和运行情况等因素；判断项目金额的重要性，应当考虑该项目金额占资产总额、负债总额、净资产总额、收入总额、费用总额、盈余总额等直接相关项目金额的比重或所属报表单列项目金额的比重。

5.财务报表中的资产项目和负债项目的金额、收入项目和费用项目的金额不得相互抵销，但其他政府会计准则制度另有规定的除外。资产或负债项目按扣除备抵项目后的净额列示，不属于抵销。

6.当期财务报表的列报，至少应当提供所有列报项目上一个可比会计期间的比较数据，以及与理解当期财务报表相关的说明，但其他政府会计准则制度等另有规定的除外。

7.政府单位应当至少在财务报表的显著位置披露下列各项：（1）编报单位的名称；（2）报告日或财务报表涵盖的会计期间；（3）人民币金额单位；（4）财务报表是合并财务报表[①]的，应当予以标明。

8.政府单位至少应当按年编制财务报表。年度财务报表涵盖的期间短于一年的，应当披露年度财务报表的涵盖期间、短于一年的原因以及报表数据不具可比性的事实。

（二）预算会计报表编制要求

根据《政府会计制度——行政事业单位会计科目和报表》规定，预算会计报表的编

① 政府单位合并财务报表，是指以政府单位本级作为合并主体，将单位本级及其合并范围内全部被合并主体的财务报表进行合并后形成的，反映单位整体财务状况与运行情况的财务报表，是政府部门财务报告的主要组成部分。本书限于篇幅将不涉及政府单位合并报表的编制内容。

制主要以收付实现制为基础，以政府单位预算会计核算生成的数据为准。

（三）财务报表和预算会计报表编制的共同要求

1.政府单位应当根据《政府会计制度——行政事业单位会计科目和报表》规定编制真实、完整的财务报表和预算会计报表，不得违反该制度规定随意改变财务报表和预算会计报表的编制基础、编制依据、编制原则和方法，不得随意改变《政府会计制度——行政事业单位会计科目和报表》规定的财务报表和预算会计报表有关数据的会计口径。

2.财务报表和预算会计报表应当根据登记完整、核对无误的账簿记录和其他有关资料编制，做到数字真实、计算准确、内容完整、编报及时。

3.财务报表和预算会计报表应当由单位负责人和主管会计工作的负责人、会计机构负责人（会计主管人员）签名并盖章。

第二节　资产负债表

一、资产负债表的内容和结构

（一）资产负债表的内容

资产负债表是反映政府单位在某一特定日期的财务状况的报表，属于静态报表。资产负债表，可以反映政府单位：在某一特定日期的全部资产、负债和净资产的情况；某一日期资产的总额及其结构，表明政府单位拥有或控制的资源及其分布情况；某一日期的负债总额及其结构，表明政府单位未来需要用多少资产或劳务清偿债务以及清偿时间；某一日期净资产的总额及其结构，表明政府单位拥有的盈余、专用基金等情况。

资产负债表按编制的时间不同，可分为月度报表和年度报表。

（二）资产负债表的结构

资产负债表按照“资产=负债+净资产”的平衡公式设置，分为左右两方，左方列示资产各项目，反映资产的分布及存在形态；右方列示负债和净资产各项目，反映负债和净资产的内容及构成情况。资产负债表左右两方平衡，资产总计等于负债和净资产总计。资产负债表中的资产应当分流动资产、非流动资产和受托代理资产列示，负债应当分流动负债、非流动负债和受托代理负债列示。

为了使会计信息使用者通过比较不同时点资产负债表的数据，判断政府单位财务状况变动情况及发展趋势，政府单位需要提供比较资产负债表。由此，资产负债表也就各项目再分为“年初余额”和“期末余额”两栏分别填列，“资产总计”项目期末（年初）余额应当与“负债和净资产总计”项目期末（年初）余额相等。

资产负债表的基本格式参见表16-4。

二、资产负债表的填列方法

（一）年初余额的填列

资产负债表中“年初余额”栏内的各项数字，应当根据上年末资产负债表“期末余额”栏内的数字填列；如果本年度资产负债表规定的各项目的名称和内容同上年度不一致，应对上年末资产负债表各项目的名称和数字按照本年度的规定进行调整，将调整后的数字填入本表“年初余额”栏内。如果本年度单位发生了因前期差错更正、会计政策变更等调整以前年度盈余的事项，还应当对“年初余额”栏中的有关项目金额进行相应调整。

（二）期末余额的填列

资产负债表中的“期末余额”栏中各项目的内容和填列方法如下：

1.资产类项目

（1）“货币资金”项目，反映政府单位期末库存现金、银行存款、零余额账户用款额度、其他货币资金的合计数。本项目应当根据“库存现金”“银行存款”“零余额账户用款额度”“其他货币资金”科目的期末余额的合计数填列；若单位存在通过“库存现金”“银行存款”科目核算的受托代理资产还应当按照前述合计数扣减“库存现金”“银行存款”科目下“受托代理资产”明细科目的期末余额后的金额填列。

（2）“短期投资”项目，反映事业单位期末持有的短期投资账面余额。本项目应当根据“短期投资”科目的期末余额填列。

（3）“财政应返还额度”项目，反映政府单位期末财政应返还额度的金额。本项目应当根据“财政应返还额度”科目的期末余额填列。

（4）“应收票据”项目，反映事业单位期末持有的应收票据的票面金额。本项目应当根据“应收票据”科目的期末余额填列。

（5）“应收账款净额”项目，反映政府单位期末尚未收回的应收账款减去已计提的坏账准备后的净额。本项目应当根据“应收账款”科目的期末余额，减去“坏账准备”科目中对应收账款计提的坏账准备的期末余额后的金额填列。

（6）“预付账款”项目，反映政府单位期末预付给商品或者劳务供应单位的款项。本项目应当根据“预付账款”科目的期末余额填列。

（7）“应收股利”项目，反映事业单位期末因股权投资而应收取的现金股利或应当分得的利润。本项目应当根据“应收股利”科目的期末余额填列。

（8）“应收利息”项目，反映事业单位期末因债券投资等而应收取的利息。事业单位购入的到期一次还本付息的长期债券投资持有期间应收的利息，不包括在本项目内。本项目应当根据“应收利息”科目的期末余额填列。

（9）“其他应收款净额”项目，反映政府单位期末尚未收回的其他应收款减去已计提的坏账准备后的净额。本项目应当根据“其他应收款”科目的期末余额减去“坏账准备”科目中对其他应收款计提的坏账准备的期末余额后的金额填列。

（10）“存货”项目，反映政府单位期末存储的存货的实际成本。本项目应当根据“在途物品”“库存物品”“加工物品”科目的期末余额的合计数填列。

（11）“待摊费用”项目，反映政府单位期末已经支出，但应当由本期和以后各期负担的分摊期在1年以内（含1年）的各项费用。本项目应当根据“待摊费用”科目的期末余额填列。

（12）“一年内到期的非流动资产”项目，反映政府单位期末非流动资产项目中将在

1年内（含1年）到期的金额，如事业单位将在1年内（含1年）到期的长期债券投资金额。本项目应当根据“长期债券投资”等科目的明细科目的期末余额分析填列。

（13）“其他流动资产”项目，反映政府单位期末除本表中上述各项之外的其他流动资产的合计金额。本项目应当根据有关科目期末余额的合计数填列。

（14）“流动资产合计”项目，反映政府单位期末流动资产的合计数。本项目应当根据本表中“货币资金”“短期投资”“财政应返还额度”“应收票据”“应收账款净额”“预付账款”“应收股利”“应收利息”“其他应收款净额”“存货”“待摊费用”“一年内到期的非流动资产”“其他流动资产”项目金额的合计数填列。

（15）“长期股权投资”项目，反映事业单位期末持有的长期股权投资的账面余额。本项目应当根据“长期股权投资”科目的期末余额填列。

（16）“长期债券投资”项目，反映事业单位期末持有的长期债券投资的账面余额。本项目应当根据“长期债券投资”科目的期末余额减去其中将于1年内（含1年）到期的长期债券投资余额后的金额填列。

（17）“固定资产原值”项目，反映政府单位期末固定资产的原值。本项目应当根据“固定资产”科目的期末余额填列。

“固定资产累计折旧”项目，反映政府单位期末固定资产已计提的累计折旧金额。本项目应当根据“固定资产累计折旧”科目的期末余额填列。

“固定资产净值”项目，反映政府单位期末固定资产的账面价值。本项目应当根据“固定资产”科目期末余额减去“固定资产累计折旧”科目期末余额后的金额填列。

（18）“工程物资”项目，反映政府单位期末为在建工程准备的各种物资的实际成本。本项目应当根据“工程物资”科目的期末余额填列。

（19）“在建工程”项目，反映政府单位期末所有的建设项目工程的实际成本。本项目应当根据“在建工程”科目的期末余额填列。

（20）“无形资产原值”项目，反映政府单位期末无形资产的原值。本项目应当根据“无形资产”科目的期末余额填列。

“无形资产累计摊销”项目，反映政府单位期末无形资产已计提的累计摊销金额。本项目应当根据“无形资产累计摊销”科目的期末余额填列。

“无形资产净值”项目，反映政府单位期末无形资产的账面价值。本项目应当根据“无形资产”科目期末余额减去“无形资产累计摊销”科目期末余额后的金额填列。

（21）“研发支出”项目，反映政府单位期末正在进行的无形资产开发项目开发阶段发生的累计支出数。本项目应当根据“研发支出”科目的期末余额填列。

（22）“公共基础设施原值”项目，反映政府单位期末控制的公共基础设施的原值。本项目应当根据“公共基础设施”科目的期末余额填列。

“公共基础设施累计折旧（摊销）”项目，反映政府单位期末控制的公共基础设施已计提的累计折旧和累计摊销金额。本项目应当根据“公共基础设施累计折旧（摊销）”科目的期末余额填列。

“公共基础设施净值”项目，反映政府单位期末控制的公共基础设施的账面价值。本项目应当根据“公共基础设施”科目期末余额减去“公共基础设施累计折旧（摊销）”科目期末余额后的金额填列。

（23）“政府储备物资”项目，反映政府单位期末控制的政府储备物资的实际成本。本项目应当根据“政府储备物资”科目的期末余额填列。

（24）“文物文化资产”项目，反映政府单位期末控制的文物文化资产的成本。本项目应当根据“文物文化资产”科目的期末余额填列。

（25）“保障性住房原值”项目，反映政府单位期末控制的保障性住房的原值。本项目应当根据“保障性住房”科目的期末余额填列。

“保障性住房累计折旧”项目，反映政府单位期末控制的保障性住房已计提的累计折旧金额。本项目应当根据“保障性住房累计折旧”科目的期末余额填列。

“保障性住房净值”项目，反映政府单位期末控制的保障性住房的账面价值。本项目应当根据“保障性住房”科目期末余额减去“保障性住房累计折旧”科目期末余额后的金额填列。

（26）“长期待摊费用”项目，反映政府单位期末已经支出，但应由本期和以后各期负担的分摊期限在1年以上（不含1年）的各项费用。本项目应当根据“长期待摊费用”科目的期末余额填列。

（27）“待处理财产损溢”项目，反映政府单位期末尚未处理完毕的各种资产的净损失或净溢余。本项目应当根据“待处理财产损溢”科目的期末借方余额填列；如“待处理财产损溢”科目期末为贷方余额，以“-”号填列。

（28）“其他非流动资产”项目，反映政府单位期末除本表中上述各项之外的其他非流动资产的合计数。本项目应当根据有关科目的期末余额合计数填列。

（29）“非流动资产合计”项目，反映政府单位期末非流动资产的合计数。本项目应当根据本表中“长期股权投资”“长期债券投资”“固定资产净值”“工程物资”“在建工程”“无形资产净值”“研发支出”“公共基础设施净值”“政府储备物资”“文物文化资产”“保障性住房净值”“长期待摊费用”“待处理财产损溢”“其他非流动资产”项目金额的合计数填列。

（30）“受托代理资产”项目，反映政府单位期末受托代理资产的价值。本项目应当根据“受托代理资产”科目的期末余额与“库存现金”“银行存款”科目下“受托代理资产”明细科目的期末余额的合计数填列。

（31）“资产总计”项目，反映政府单位期末资产的合计数。本项目应当根据本表中“流动资产合计”“非流动资产合计”“受托代理资产”项目金额的合计数填列。

2.负债类项目

（32）“短期借款”项目，反映事业单位期末短期借款的余额。本项目应当根据“短期借款”科目的期末余额填列。

（33）“应交增值税”项目，反映政府单位期末应缴未缴的增值税税额。本项目应当根据“应交增值税”科目的期末余额填列；如“应交增值税”科目期末为借方余额，以“-”号填列。

（34）“其他应交税费”项目，反映政府单位期末应缴未缴的除增值税以外的税费金额。本项目应当根据“其他应交税费”科目的期末余额填列；如“其他应交税费”科目期末为借方余额，以“-”号填列。

（35）“应缴财政款”项目，反映政府单位期末应当上缴财政但尚未缴纳的款项。本项目应当根据“应缴财政款”科目的期末余额填列。

（36）“应付职工薪酬”项目，反映政府单位期末按有关规定应付给职工及为职工支付的各种薪酬。本项目应当根据“应付职工薪酬”科目的期末余额填列。

（37）“应付票据”项目，反映事业单位期末应付票据的金额。本项目应当根据“应付票据”科目的期末余额填列。

（38）“应付账款”项目，反映政府单位期末应当支付但尚未支付的偿还期限在1年以内（含1年）的应付账款的金额。本项目应当根据“应付账款”科目的期末余额填列。

（39）“应付政府补贴款”项目，反映负责发放政府补贴的行政单位期末按照规定应当支付给政府补贴接受者的各种政府补贴款余额。本项目应当根据“应付政府补贴款”科目的期末余额填列。

（40）“应付利息”项目，反映事业单位期末按照合同约定应支付的借款利息。事业单位到期一次还本付息的长期借款利息不包括在本项目内。本项目应当根据“应付利息”科目的期末余额填列。

（41）“预收账款”项目，反映事业单位期末预先收取但尚未确认收入和实际结算的款项余额。本项目应当根据“预收账款”科目的期末余额填列。

（42）“其他应付款”项目，反映政府单位期末其他各项偿还期限在 1 年内（含 1 年）的应付及暂收款项余额。本项目应当根据“其他应付款”科目的期末余额填列。

（43）“预提费用”项目，反映政府单位期末已预先提取的已经发生但尚未支付的各项费用。本项目应当根据“预提费用”科目的期末余额填列。

（44）“一年内到期的非流动负债”项目，反映政府单位期末将于1年内（含1年）偿还的非流动负债的余额。本项目应当根据“长期应付款”“长期借款”等科目的明细科目的期末余额分析填列。

（45）“其他流动负债”项目，反映政府单位期末除本表中上述各项之外的其他流动负债的合计数。本项目应当根据有关科目的期末余额的合计数填列。

（46）“流动负债合计”项目，反映政府单位期末流动负债合计数。本项目应当根据本表“短期借款”“应交增值税”“其他应交税费”“应缴财政款”“应付职工薪酬”“应付票据”“应付账款”“应付政府补贴款”“应付利息”“预收账款”“其他应付款”“预提费用”“一年内到期的非流动负债”“其他流动负债”项目金额的合计数填列。

（47）“长期借款”项目，反映事业单位期末长期借款的余额。本项目应当根据“长期借款”科目的期末余额减去其中将于1年内（含1年）到期的长期借款余额后的金额填列。

（48）“长期应付款”项目，反映政府单位期末长期应付款的余额。本项目应当根据“长期应付款”科目的期末余额减去其中将于1年内（含1年）到期的长期应付款余额后的金额填列。

（49）“预计负债”项目，反映政府单位期末已确认但尚未偿付的预计负债的余额。本项目应当根据“预计负债”科目的期末余额填列。

（50）“其他非流动负债”项目，反映政府单位期末除本表中上述各项之外的其他非流动负债的合计数。本项目应当根据有关科目的期末余额合计数填列。

（51）“非流动负债合计”项目，反映政府单位期末非流动负债合计数。本项目应当根据本表中“长期借款”“长期应付款”“预计负债”“其他非流动负债”项目金额的合计数填列。

（52）“受托代理负债”项目，反映政府单位期末受托代理负债的金额。本项目应当根据“受托代理负债”科目的期末余额填列。

（53）“负债合计”项目，反映政府单位期末负债的合计数。本项目应当根据本表中“流动负债合计”“非流动负债合计”“受托代理负债”项目金额的合计数填列。

3.净资产类项目

（54）“累计盈余”项目，反映政府单位期末未分配盈余（或未弥补亏损）以及无偿调拨净资产变动的累计数。本项目应当根据“累计盈余”科目的期末余额填列。

（55）“专用基金”项目，反映事业单位期末累计提取或设置但尚未使用的专用基金余额。本项目应当根据“专用基金”科目的期末余额填列。

（56）“权益法调整”项目，反映事业单位期末在被投资单位除净损益和利润分配以外的所有者权益变动中累计享有的份额。本项目应当根据“权益法调整”科目的期末余额填列。如“权益法调整”科目期末为借方余额，以“-”号填列。

（57）“无偿调拨净资产”项目，反映政府单位本年度截至报告期期末无偿调入的非现金资产价值扣减无偿调出的非现金资产价值后的净值。本项目仅在月度报表中列示，年度报表中不列示。月度报表中本项目应当根据“无偿调拨净资产”科目的期末余额填列；“无偿调拨净资产”科目期末为借方余额时，以“-”号填列。

（58）“本期盈余”项目，反映政府单位本年度截至报告期期末实现的累计盈余或亏损。本项目仅在月度报表中列示，年度报表中不列示。月度报表中本项目应当根据“本期盈余”科目的期末余额填列；“本期盈余”科目期末为借方余额时，以“-”号填列。

（59）“净资产合计”项目，反映政府单位期末净资产合计数。本项目应当根据本表中“累计盈余”、“专用基金”、“权益法调整”、“无偿调拨净资产”［月度报表］、“本期盈余”［月度报表］项目金额的合计数填列。

（60）“负债和净资产总计”项目，应当按照本表中“负债合计”“净资产合计”项目金额的合计数填列。

【例16-1】甲事业单位2×20年12月31日的资产负债表（年初余额略）及2×21年12月31日的科目余额表分别参见表16-2和表16-3。

表16-2　　资产负债表　　会政财01表

编制单位：甲事业单位　　2×20年12月31日　　单位：元

资产	期末余额	年初余额	负债和净资产	期末余额	年初余额
流动资产：			流动负债：		
货币资金	1 119 000		短期借款	1 300 000	
短期投资	15 000		应交增值税	360 000	
财政应返还额度	50 000		其他应交税费	15 000	
应收票据			应缴财政款	2 110 000	
应收账款净额	229 000		应付职工薪酬	150 000	
预付账款	155 000		应付票据	4 067 500	
应收股利			应付账款		
应收利息			应付政府补贴款		
其他应收款净额	3 000		应付利息	50 000	
存货	250 000		预收账款	219 000	
待摊费用			其他应付款	2 550 000	
一年内到期的非流动资产			预提费用		
其他流动资产			一年内到期的非流动负债	2 000 000	
流动资产合计	1 821 000		其他流动负债		
非流动资产：			流动负债合计	12 821 500	
长期股权投资			非流动负债：		
长期债券投资			长期借款	8 000 000	
固定资产原值	41 707 000		长期应付款	5 000 000	
减：固定资产累计折旧	−2 750 000		预计负债		
固定资产净值	38 957 000		其他非流动负债		
工程物资			非流动负债合计	13 000 000	
在建工程	1 444 000		受托代理负债	50 000	
无形资产原值	1 260 000		负债合计	25 871 500	
减：无形资产累计摊销	−378 000				
无形资产净值	882 000				
研发支出					
公共基础设施原值					
减：公共基础设施累计折旧（摊销）					
公共基础设施净值					
政府储备物资					
文物文化资产					
保障性住房原值					
减：保障性住房累计折旧			净资产：		
保障性住房净值			累计盈余	14 432 500	
长期待摊费用			专用基金	2 850 000	
待处理财产损溢			权益法调整		
其他非流动资产			无偿调拨净资产*		
非流动资产合计	41 283 000		本期盈余*		
受托代理资产	50 000		净资产合计	17 282 500	
资产总计	43 154 000		负债和净资产总计	43 154 000	

注："*"标识项目为月报项目，年报中不需列示。

表16-3　　**科目余额表**

编制单位：甲事业单位　　2×21年12月31日　　单位：元

科目名称	借方余额	科目名称	贷方余额
库存现金	12 000	短期借款	800 000
其中：受托代理现金	2 000	应交增值税	450 000
银行存款	838 000	其他应交税费	85 000
其中：受托代理银行存款	18 000	应付职工薪酬	560 000
其他货币资金	20 000	应付账款	5 560 000
短期投资	100 000	应付利息	40 000
财政应返还额度	45 000	其他应付款	1 680 000
应收账款	250 000	预提费用	60 000
坏账准备	−3 000	长期借款	8 687 800
其中：应收账款坏账准备	−2 500	其中：一年内到期的长期借款	2 000 000
其他应收款坏账准备	−500	长期应付款	6 000 000
预付账款	277 000	其中：一年内到期的长期应付款	2 500 000
其他应收款	50 000	受托代理负债	50 000
在途物品	50 000	累计盈余	24 872 200
库存物品	80 000	专用基金	4 485 000
固定资产	48 060 000		
固定资产累计折旧	−4 250 000		
在建工程	836 000		
无形资产	8 014 000		
无形资产累计摊销	−1 079 000		
受托代理资产	30 000		
合计	53 330 000	合计	53 330 000

根据上述资料，编制甲事业单位2×21年12月31日的资产负债表，见表16-4。

表16-4　　资产负债表　　会政财01表

编制单位：甲事业单位　　2×21年12月31日　　单位：元

资　产	期末余额	年初余额	负债和净资产	期末余额	年初余额
流动资产：			流动负债：		
货币资金	850 000	1 119 000	短期借款	800 000	1 300 000
短期投资	100 000	15 000	应交增值税	450 000	360 000
财政应返还额度	45 000	50 000	其他应交税费	85 000	15 000
应收票据			应缴财政款		2 110 000
应收账款净额	247 500	229 000	应付职工薪酬	560 000	150 000
预付账款	277 000	155 000	应付票据		4 067 500
应收股利			应付账款	5 560 000	
应收利息			应付政府补贴款		
其他应收款净额	49 500	3 000	应付利息	40 000	50 000
存货	130 000	250 000	预收账款		219 000
待摊费用			其他应付款	1 680 000	2 550 000
一年内到期的非流动资产			预提费用	60 000	
其他流动资产			一年内到期的非流动负债	4 500 000	2 000 000
流动资产合计	1 699 000	1 821 000	其他流动负债		
非流动资产：			流动负债合计	13 735 000	12 821 500
长期股权投资			非流动负债：		
长期债券投资			长期借款	6 687 800	8 000 000
固定资产原值	48 060 000	41 707 000	长期应付款	3 500 000	5 000 000
减：固定资产累计折旧	−4 250 000	−2 750 000	预计负债		
固定资产净值	43 810 000	38 957 000	其他非流动负债		
工程物资			非流动负债合计	10 187 800	13 000 000
在建工程	836 000	1 444 000	受托代理负债	50 000	50 000
无形资产原值	8 014 000	1 260 000	负债合计	23 972 800	25 871 500
减：无形资产累计摊销	−1 079 000	−378 000			
无形资产净值	6 935 000	882 000			
研发支出					
公共基础设施原值					
减：公共基础设施累计折旧（摊销）					
公共基础设施净值					
政府储备物资					
文物文化资产					
保障性住房原值					
减：保障性住房累计折旧			净资产：		
保障性住房净值			累计盈余	24 872 200	14 432 500
长期待摊费用			专用基金	4 485 000	2 850 000
待处理财产损溢			权益法调整		
其他非流动资产			无偿调拨净资产*		
非流动资产合计	51 581 000	41 283 000	本期盈余*		
受托代理资产	50 000	50 000	净资产合计	29 357 200	17 282 500
资产总计	53 330 000	43 154 000	负债和净资产总计	53 330 000	43 154 000

注："*"标识项目为月报项目，年报中不需列示。

第三节 收入费用表

一、收入费用表的内容和结构

（一）收入费用表的内容

收入费用表是反映政府单位在一定会计期间运行情况的报表，属于动态报表。收入费用表，可以提供政府单位在某一会计期间内的各项收入实现、费用耗费以及盈余实现情况。

收入费用表按编制的时间不同，分为月度报表和年度报表。

（二）收入费用表的结构

收入费用表应当按照本期收入、本期费用和本期盈余分项列示。本期收入列示财政拨款收入、事业收入、上级补助收入、附属单位上缴收入、经营收入、非同级财政拨款收入、投资收益、捐赠收入、利息收入、租金收入和其他收入；本期费用列示业务活动费用、单位管理费用、经营费用、资产处置费用、上缴上级费用、对附属单位补助费用、所得税费用和其他费用。本期盈余是本期收入减去本期费用后的差额。

月度收入费用表各项目分别“本月数”和“本年累计数”填列。年度收入费用表各项则分为“本年数”和“上年数”两栏填列，其目的在于使报表使用者通过比较不同时期的盈余的实现情况，判断政府单位运行情况的未来发展趋势。

收入费用表“本月数”栏反映各项目的本月实际发生数，编制年度收入费用表时，应当将本栏改为“本年数”，反映本年度各项目的实际发生数；“本年累计数”栏反映各项目自年初至报告期期末的累计实际发生数，编制年度收入费用表时，应当将本栏改为“上年数”，反映上年度各项目的实际发生数，“上年数”栏应当根据上年度收入费用表中“本年数”栏内所列数字填列。如果本年度收入费用表规定的项目的名称和内容同上年度不一致，应当对上年度收入费用表项目的名称和数字按照本年度的规定进行调整，将调整后的金额填入本年度收入费用表的“上年数”栏内。如果本年度单位发生了因前期差错更正、会计政策变更等调整以前年度盈余的事项，还应当对年度收入费用表中“上年数”栏中的有关项目金额进行相应调整。

收入费用表的基本格式参见表16-6。

二、收入费用表的填列方法

收入费用表“本月数”栏各项目的内容和填列方法如下：

（一）本期收入

1.“本期收入”项目，反映政府单位本期收入总额。本项目应当根据本表中“财政拨款收入”“事业收入”“上级补助收入”“附属单位上缴收入”“经营收入”“非同级财政拨款收入”“投资收益”“捐赠收入”“利息收入”“租金收入”“其他收入”项目金额的合计数填列。

2.“财政拨款收入”项目，反映政府单位本期从同级政府财政部门取得的各类财政拨款。本项目应当根据“财政拨款收入”科目的本期发生额填列。

“政府性基金收入”项目，反映政府单位本期取得的财政拨款收入中属于政府性基金预算拨款的金额。本项目应当根据“财政拨款收入”相关明细科目的本期发生额填列。

3.“事业收入”项目，反映事业单位本期开展专业业务活动及其辅助活动实现的收入。本项目应当根据“事业收入”科目的本期发生额填列。

4.“上级补助收入”项目，反映事业单位本期从主管部门和上级单位收到或应收的非财政拨款收入。本项目应当根据“上级补助收入”科目的本期发生额填列。

5.“附属单位上缴收入”项目，反映事业单位本期收到或应收的独立核算的附属单位按照有关规定上缴的收入。本项目应当根据“附属单位上缴收入”科目的本期发生额填列。

6.“经营收入”项目，反映事业单位本期在专业业务活动及其辅助活动之外开展非独立核算经营活动实现的收入。本项目应当根据“经营收入”科目的本期发生额填列。

7.“非同级财政拨款收入”项目，反映政府单位本期从非同级政府财政部门取得的财政拨款，不包括事业单位因开展科研及其辅助活动从非同级财政部门取得的经费拨款。本项目应当根据“非同级财政拨款收入”科目的本期发生额填列。

8.“投资收益”项目，反映事业单位本期股权投资和债券投资所实现的收益或发生的损失。本项目应当根据“投资收益”科目的本期发生额填列；如为投资净损失，以“-”号填列。

9.“捐赠收入”项目，反映政府单位本期接受捐赠取得的收入。本项目应当根据“捐赠收入”科目的本期发生额填列。

10.“利息收入”项目，反映政府单位本期取得的银行存款利息收入。本项目应当根据“利息收入”科目的本期发生额填列。

11.“租金收入”项目，反映政府单位本期经批准利用国有资产出租取得并按规定纳入本单位预算管理的租金收入。本项目应当根据“租金收入”科目的本期发生额填列。

12.“其他收入”项目，反映政府单位本期取得的除以上收入项目外的其他收入的总额。本项目应当根据“其他收入”科目的本期发生额填列。

（二）本期费用

13.“本期费用”项目，反映政府单位本期费用总额。本项目应当根据本表中“业务活动费用”“单位管理费用”“经营费用”“资产处置费用”“上缴上级费用”“对附属单位补助费用”“所得税费用”“其他费用”项目金额的合计数填列。

14.“业务活动费用”项目，反映政府单位本期为实现其职能目标，依法履职或开展专业业务活动及其辅助活动所发生的各项费用。本项目应当根据“业务活动费用”科目本期发生额填列。

15.“单位管理费用”项目，反映事业单位本期本级行政及后勤管理部门开展管理活动发生的各项费用，以及由单位统一负担的离退休人员经费、工会经费、诉讼费、中介费等。本项目应当根据“单位管理费用”科目的本期发生额填列。

16.“经营费用”项目，反映事业单位本期在专业业务活动及其辅助活动之外开展非独立核算经营活动发生的各项费用。本项目应当根据“经营费用”科目的本期发生额填列。

17.“资产处置费用”项目，反映政府单位本期经批准处置资产时转销的资产价值以及在处置过程中发生的相关费用或者处置收入小于处置费用形成的净支出。本项目应当根据“资产处置费用”科目的本期发生额填列。

18.“上缴上级费用”项目，反映事业单位按照规定上缴上级单位款项发生的费用。本项目应当根据“上缴上级费用”科目的本期发生额填列。

19.“对附属单位补助费用”项目，反映事业单位用财政拨款收入之外的收入对附属单位补助发生的费用。本项目应当根据“对附属单位补助费用”科目的本期发生额填列。

20.“所得税费用”项目，反映有企业所得税缴纳义务的事业单位本期计算应交纳的企业所得税。本项目应当根据“所得税费用”科目的本期发生额填列。

21.“其他费用”项目，反映政府单位本期发生的除以上费用项目外的其他费用的总额。本项目应当根据“其他费用”科目的本期发生额填列。

（三）本期盈余

22.“本期盈余”项目，反映单位本期收入扣除本期费用后的净额。本项目应当根据本表中“本期收入”项目金额减去“本期费用”项目金额后的金额填列；如为负数，以“-”号填列。

【例16-2】甲事业单位2×21年度有关收入和费用科目的本年累计发生额见表16-5。

表16-5　　**2×21年度有关收入和费用科目本年累计发生额**　　单位：元

收入科目名称	贷方发生额	费用科目名称	借方发生额
财政拨款收入	8 600 000	业务活动费用	10 594 200
事业收入	15 600 000	单位管理费用	4 635 000
上级补助收入	500 000	经营费用	367 000
附属单位上缴收入	200 000	资产处置费用	5 500
经营收入	500 000	上缴上级费用	200 000
非同级财政拨款收入	300 000	对附属单位补助费用	540 000
投资收益	5 000	其他费用	1 680 800
捐赠收入	1 490 000		
利息收入	50 000		
租金收入	521 000		
其他收入	870 000		

根据上述资料，编制甲事业单位2×21年收入费用表，见表16-6。

表16-6　　**收入费用表**　　会政财02表

编制单位：甲事业单位　　2×21年　　单位：元

项目	本年数	上年数（略）
一、本期收入	28 636 000	
（一）财政拨款收入	8 600 000	
其中：政府性基金收入	600 000	
（二）事业收入	15 600 000	
（三）上级补助收入	500 000	
（四）附属单位上缴收入	200 000	
（五）经营收入	500 000	
（六）非同级财政拨款收入	300 000	
（七）投资收益	5 000	
（八）捐赠收入	1 490 000	
（九）利息收入	50 000	
（十）租金收入	521 000	
（十一）其他收入	870 000	
二、本期费用	18 022 500	
（一）业务活动费用	10 594 200	
（二）单位管理费用	4 635 000	
（三）经营费用	367 000	
（四）资产处置费用	5 500	
（五）上缴上级费用	200 000	
（六）对附属单位补助费用	540 000	
（七）所得税费用		
（八）其他费用	1 680 800	
三、本期盈余	10 613 500	

第四节　净资产变动表

一、净资产变动表的内容和结构

（一）净资产变动表的内容

净资产变动表是反映政府单位在某一会计年度内净资产项目的变动情况的报表，属于动态报表。净资产变动表，可以提供政府单位在某一会计期间内的累计盈余、专用基金、权益法调整以及净资产合计的情况。

净资产变动表应当至少编制年度报表。

（二）净资产变动表的结构

净资产变动表分别横向和纵向按照不同项目列示，横向按照累计盈余、专用基金、权益法调整和净资产合计分项列示；纵向按照上年年末余额、以前年度盈余调整、本年年初余额、本年变动金额和本年年末余额分项列示。

此外，为了使报表使用者通过比较不同年度净资产变动表的数据，掌握政府单位净资产各项目变动情况及发展趋势，政府单位需要提供比较净资产变动表，净资产变动表还就各项目再分为“本年数”和“上年数”两栏分别填列。

净资产变动表“本年数”栏反映本年度各项目的实际变动数，“上年数”栏反映上年度各项目的实际变动数，应当根据上年度净资产变动表中“本年数”栏内所列数字填列。如果上年度净资产变动表规定的项目的名称和内容与本年度不一致，应对上年度净资产变动表项目的名称和数字按照本年度的规定进行调整，将调整后金额填入本年度净资产变动表“上年数”栏内。

净资产变动表的基本格式见表16-7。

二、净资产变动表的填列方法

净资产变动表“本年数”栏各项目的内容和填列方法如下：

1.“上年年末余额”行，反映政府单位净资产各项目上年年末的余额。本行各项目应当根据“累计盈余”“专用基金”“权益法调整”科目上年年末余额填列。

2.“以前年度盈余调整”行，反映政府单位本年度调整以前年度盈余的事项对累计盈余进行调整的金额。本行“累计盈余”项目应当根据本年度“以前年度盈余调整”科目转入“累计盈余”科目的金额填列；如调整减少累计盈余，以“-”号填列。

3.“本年年初余额”行，反映经过以前年度盈余调整后，政府单位净资产各项目的本年年初余额。本行“累计盈余”“专用基金”“权益法调整”项目应当根据其各自在“上年年末余额”和“以前年度盈余调整”行对应项目金额的合计数填列。

4.“本年变动金额”行，反映政府单位净资产各项目本年变动总金额。本行“累计盈余”“专用基金”“权益法调整”项目应当根据其各自在“本年盈余”“无偿调拨净资产”“归集调整预算结转结余”“提取或设置专用基金”“使用专用基金”“权益法调整”行对应项目金额的合计数填列。

5.“本年盈余”行，反映政府单位本年发生的收入、费用对净资产的影响。本行“累计盈余”项目应当根据年末由“本期盈余”科目转入“本年盈余分配”科目的金额填列；如转入时借记“本年盈余分配”科目，则以“-”号填列。

6.“无偿调拨净资产”行，反映政府单位本年无偿调入、调出非现金资产事项对净资产的影响。本行“累计盈余”项目应当根据年末由“无偿调拨净资产”科目转入“累计盈余”科目的金额填列；如转入时借记“累计盈余”科目，则以“-”号填列。

7.“归集调整预算结转结余”行，反映政府单位本年财政拨款结转结余资金归集调入、归集上缴或调出，以及非财政拨款结转资金缴回对净资产的影响。本行“累计盈余”项目应当根据“累计盈余”科目明细账记录分析填列；如归集调整减少预算结转结余，则以“–”号填列。

8.“提取或设置专用基金”行，反映政府单位本年提取或设置专用基金对净资产的影响。本行“累计盈余”项目应当根据“从预算结余中提取”行“累计盈余”项目的金额填列。本行“专用基金”项目应当根据“从预算收入中提取”“从预算结余中提取”“设置的专用基金”行“专用基金”项目金额的合计数填列。

“从预算收入中提取”行，反映政府单位本年从预算收入中提取专用基金对净资产的影响。本行“专用基金”项目应当通过对“专用基金”科目明细账记录的分析，根据本年按有关规定从预算收入中提取基金的金额填列。

“从预算结余中提取”行，反映事业单位本年根据有关规定从本年度非财政拨款结余或经营结余中提取专用基金对净资产的影响。本行“累计盈余”“专用基金”项目应当通过对“专用基金”科目明细账记录的分析，根据本年按有关规定从本年度非财政拨款结余或经营结余中提取专用基金的金额填列；本行“累计盈余”项目以“–”号填列。

“设置的专用基金”行，反映事业单位本年根据有关规定设置的其他专用基金对净资产的影响。本行“专用基金”项目应当通过对“专用基金”科目明细账记录的分析，根据本年按有关规定设置的其他专用基金的金额填列。

9.“使用专用基金”行，反映事业单位本年按规定使用专用基金对净资产的影响。本行“累计盈余”“专用基金”项目应当通过对“专用基金”科目明细账记录的分析，根据本年按规定使用专用基金的金额填列；本行“专用基金”项目以“–”号填列。

10.“权益法调整”行，反映事业单位本年按照被投资单位除净损益和利润分配以外的所有者权益变动份额而调整长期股权投资账面余额对净资产的影响。本行“权益法调整”项目应当根据“权益法调整”科目本年发生额填列；若本年净发生额为借方时，以“–”号填列。

11.“本年年末余额”行，反映政府单位本年各净资产项目的年末余额。本行“累计盈余”“专用基金”“权益法调整”项目应当根据其各自在“本年年初余额”“本年变动金额”行对应项目金额的合计数填列。

12.本表各行“净资产合计”项目，应当根据所在行“累计盈余”“专用基金”“权益法调整”项目金额的合计数填列。

【例16–3】甲事业单位2×21年有关资料如下：2×20年“累计盈余”、“专用基金”和“净资产”项目的年末余额沿用【例16–1】和【例16–2】的资料；“无偿调拨净资产”和“以前年度盈余调整”项目的本年变动金额沿用【例15–4】和【例15–6】的资料；“归集调整预算结转结余”项目的本年变动金额沿用【例15–12】、【例15–13】、【例15–19】的资料，“提取专用基金”项目的本年变动金额沿用【例15–2】和【例15–7】的资料，“使用专用基金”项目的本年变动金额沿用【例15–8】至【例15–9】的资料。

根据上述资料，编制甲事业单位2×21年度净资产变动表，见表16–7。

表16-7

净资产变动表

编制单位：甲事业单位　　　　2×21年　　　　会政财03表　单位：元

项 目	本年数				上年数（略）			
	累计盈余	专用基金	权益法调整	净资产合计	累计盈余	专用基金	权益法调整	净资产合计
一、上年年末余额	14 432 500	2 850 000		17 282 500				
二、以前年度盈余调整（减少以“-”号填列）	219 000	—	—	219 000		—	—	
三、本年年初余额	14 651 500	2 850 000		17 501 500				
四、本年变动金额（减少以“-”号填列）	10 220 700	1 635 000		11 855 700				
（一）本年盈余	10 613 500	—	—	10 613 500		—	—	
（二）无偿调拨净资产	200 000	—	—	200 000		—	—	
（三）归集调整预算结转结余	0	—	—	0		—	—	
（四）提取或设置专用基金	-696 400	1 738 600	—	1 042 200			—	
其中：从预算收入中提取	—	1 042 200	—	1 042 200			—	
从预算结余中提取	-696 400	696 400	—	0	—		—	
设置的专用基金	—	—	—	0	—		—	
（五）使用专用基金	103 600	-103 600	—	0			—	
（六）权益法调整	—	—	0	0	—	—		
五、本年年末余额	24 872 200	4 485 000		29 357 200				

注：“—”标识单元格不需填列。

第五节　现金流量表

一、现金流量表的内容和结构

（一）现金流量表的内容

现金流量表是反映政府单位在一定会计期间现金及现金等价物流入和流出情况的报表，是政府单位主要会计报表之一。政府单位现金流量表应当至少编制年度报表。

现金流量表，按照收付实现制编制，将权责发生制下的盈余信息调整为收付实现制下的现金流量信息，便于信息使用者了解政府单位盈余的质量。从内容上看，现金流量表被分为日常活动、投资活动、筹资活动三个部分，每类活动又分为各具体项目，这些项目从不同角度反映政府单位业务活动的现金流入和流出，弥补了资产负债表和收入费用表提供信息的不足。通过现金流量表，报表使用者能够了解现金流量的影响因素，可以评价政府单位的支付能力和偿债能力，为其决策提供依据。

（二）现金流量表的结构

在现金流量表中，现金是指政府单位的库存现金以及其他可以随时用于支付的款项，包括库存现金、可以随时用于支付的银行存款、其他货币资金、零余额账户用款额度、财政应返还额度，以及通过财政直接支付方式支付的款项；现金流量是指现金的流入和流出。根据政府单位业务活动性质和现金流量来源，现金流量表在结构上将政府单位一定期间产生的现金流量分为三类：日常活动产生的现金流量、投资活动产生的现金流量和筹资活动产生的现金流量。

为了使报表使用者通过比较不同年度现金流量变动的数据，掌握政府单位各类现金流量及其各项目变动情况及发展趋势，政府单位需要提供比较现金流量表，现金流量表还就各项目再分为“本年金额”和“上年金额”两栏分别填列。其中，“本年金额”栏反映各项目的本年实际发生数，“上年金额”栏反映各项目的上年实际发生数，应当根据上年现金流量表中“本年金额”栏内所列数字填列。

政府单位现金流量表应当采用直接法编制。按照《政府会计制度——行政事业单位会计科目和报表》的规定，政府单位可根据实际情况自行选择编制现金流量表。

现金流量表的基本格式参见表16-8。

二、现金流量表的填列方法

现金流量表“本年金额”栏各项目的填列方法如下：

1. 日常活动产生的现金流量。

（1）“财政基本支出拨款收到的现金”项目，反映政府单位本年接受财政基本支出拨款取得的现金。本项目应当根据“零余额账户用款额度”“财政拨款收入”“银行存款”等科目及其所属明细科目的记录分析填列。

（2）“财政非资本性项目拨款收到的现金”项目，反映政府单位本年接受除用于购建固定资产、无形资产、公共基础设施等资本性项目以外的财政项目拨款取得的现金。

本项目应当根据“银行存款”“零余额账户用款额度”“财政拨款收入”等科目及其所属明细科目的记录分析填列。

（3）“事业活动收到的除财政拨款以外的现金”项目，反映事业单位本年开展专业业务活动及其辅助活动取得的除财政拨款以外的现金。本项目应当根据“库存现金”“银行存款”“其他货币资金”“应收账款”“应收票据”“预收账款”“事业收入”等科目及其所属明细科目的记录分析填列。

（4）“收到的其他与日常活动有关的现金”项目，反映政府单位本年收到的除以上项目之外的与日常活动有关的现金。本项目应当根据“库存现金”“银行存款”“其他货币资金”“上级补助收入”“附属单位上缴收入”“经营收入”“非同级财政拨款收入”“捐赠收入”“利息收入”“租金收入”“其他收入”等科目及其所属明细科目的记录分析填列。

（5）“日常活动的现金流入小计”项目，反映政府单位本年日常活动产生的现金流入的合计数。本项目应当根据本表中“财政基本支出拨款收到的现金”“财政非资本性项目拨款收到的现金”“事业活动收到的除财政拨款以外的现金”“收到的其他与日常活动有关的现金”项目金额的合计数填列。

（6）“购买商品、接受劳务支付的现金”项目，反映政府单位本年在日常活动中用于购买商品、接受劳务支付的现金。本项目应当根据“库存现金”“银行存款”“财政拨款收入”“零余额账户用款额度”“预付账款”“在途物品”“库存物品”“应付账款”“应付票据”“业务活动费用”“单位管理费用”“经营费用”等科目及其所属明细科目的记录分析填列。

（7）“支付给职工以及为职工支付的现金”项目，反映政府单位本年支付给职工以及为职工支付的现金。本项目应当根据“库存现金”“银行存款”“零余额账户用款额度”“财政拨款收入”“应付职工薪酬”“业务活动费用”“单位管理费用”“经营费用”等科目及其所属明细科目的记录分析填列。

（8）“支付的各项税费”项目，反映政府单位本年用于缴纳日常活动相关税费而支付的现金。本项目应当根据“库存现金”“银行存款”“零余额账户用款额度”“应交增值税”“其他应交税费”“业务活动费用”“单位管理费用”“经营费用”“所得税费用”等科目及其所属明细科目的记录分析填列。

（9）“支付的其他与日常活动有关的现金”项目，反映政府单位本年支付的除上述项目之外与日常活动有关的现金。本项目应当根据“库存现金”“银行存款”“零余额账户用款额度”“财政拨款收入”“其他应付款”“业务活动费用”“单位管理费用”“经营费用”“其他费用”等科目及其所属明细科目的记录分析填列。

（10）“日常活动的现金流出小计”项目，反映政府单位本年日常活动产生的现金流出的合计数。本项目应当根据本表中“购买商品、接受劳务支付的现金”“支付给职工以及为职工支付的现金”“支付的各项税费”“支付的其他与日常活动有关的现金”项目金额的合计数填列。

（11）“日常活动产生的现金流量净额”项目，应当按照本表中“日常活动的现金流入小计”项目金额减去“日常活动的现金流出小计”项目金额后的金额填列；如为负数，以“-”号填列。

2.投资活动产生的现金流量。

（12）“收回投资收到的现金”项目，反映政府单位本年出售、转让或者收回投资收到的现金。本项目应该根据“库存现金”“银行存款”“短期投资”“长期股权投资”“长期债券投资”等科目的记录分析填列。

（13）“取得投资收益收到的现金”项目，反映政府单位本年因对外投资而收到被投资单位分配的股利或利润，以及收到投资利息而取得的现金。本项目应当根据“库存现金”“银行存款”“应收股利”“应收利息”“投资收益”等科目的记录分析填列。

（14）“处置固定资产、无形资产、公共基础设施等收回的现金净额”项目，反映政府单位本年处置固定资产、无形资产、公共基础设施等非流动资产所取得的现金，减去为处置这些资产而支付的有关费用之后的净额。由于自然灾害所造成的固定资产等长期资产损失而收到的保险赔款收入，也在本项目反映。本项目应当根据“库存现金”“银行存款”“待处理财产损溢”等科目的记录分析填列。

（15）“收到的其他与投资活动有关的现金”项目，反映政府单位本年收到的除上述项目之外与投资活动有关的现金。对于金额较大的现金流入，应当单列项目反映。本项目应当根据“库存现金”“银行存款”等有关科目的记录分析填列。

（16）“投资活动的现金流入小计”项目，反映政府单位本年投资活动产生的现金流入的合计数。本项目应当根据本表中“收回投资收到的现金”“取得投资收益收到的现金”“处置固定资产、无形资产、公共基础设施等收回的现金净额”“收到的其他与投资活动有关的现金”项目金额的合计数填列。

（17）“购建固定资产、无形资产、公共基础设施等支付的现金”项目，反映政府单位本年购买和建造固定资产、无形资产、公共基础设施等非流动资产所支付的现金；融资租入固定资产支付的租赁费不在本项目反映，在筹资活动的现金流量中反映。本项目应当根据“库存现金”“银行存款”“固定资产”“工程物资”“在建工程”“无形资产”“研发支出”“公共基础设施”“保障性住房”等科目的记录分析填列。

（18）“对外投资支付的现金”项目，反映事业单位本年为取得短期投资、长期股权投资、长期债券投资而支付的现金。本项目应当根据“库存现金”“银行存款”“短期投资”“长期股权投资”“长期债券投资”等科目的记录分析填列。

（19）“上缴处置固定资产、无形资产、公共基础设施等净收入支付的现金”项目，反映本年政府单位将处置固定资产、无形资产、公共基础设施等非流动资产所收回的现金净额予以上缴财政所支付的现金。本项目应当根据“库存现金”“银行存款”“应缴财政款”等科目的记录分析填列。

（20）“支付的其他与投资活动有关的现金”项目，反映政府单位本年支付的除上述项目之外与投资活动有关的现金。对于金额较大的现金流出，应当单列项目反映。本项目应当根据“库存现金”“银行存款”等有关科目的记录分析填列。

（21）“投资活动的现金流出小计”项目，反映政府单位本年投资活动产生的现金流出的合计数。本项目应当根据本表中“购建固定资产、无形资产、公共基础设施等支付的现金”“对外投资支付的现金”“上缴处置固定资产、无形资产、公共基础设施等净收入支付的现金”“支付的其他与投资活动有关的现金”项目金额的合计数填列。

（22）“投资活动产生的现金流量净额”项目，应当按照本表中“投资活动的现金流入小计”项目金额减去“投资活动的现金流出小计”项目金额后的金额填列；如为负数，以“-”号填列。

3.筹资活动产生的现金流量。

（23）“财政资本性项目拨款收到的现金”项目，反映政府单位本年接受用于购建固定资产、无形资产、公共基础设施等资本性项目的财政项目拨款取得的现金。本项目应当根据“银行存款”“零余额账户用款额度”“财政拨款收入”等科目及其所属明细科目的记录分析填列。

（24）“取得借款收到的现金”项目，反映事业单位本年举借短期、长期借款所收到的现金。本项目应当根据“库存现金”“银行存款”“短期借款”“长期借款”等科目记录分析填列。

（25）“收到的其他与筹资活动有关的现金”项目，反映政府单位本年收到的除上述项目之外与筹资活动有关的现金。对于金额较大的现金流入，应当单列项目反映。本项目应当根据“库存现金”“银行存款”等有关科目的记录分析填列。

（26）“筹资活动的现金流入小计”项目，反映政府单位本年筹资活动产生的现金流入的合计数。本项目应当根据本表中“财政资本性项目拨款收到的现金”“取得借款收到的现金”“收到的其他与筹资活动有关的现金”项目金额的合计数填列。

（27）“偿还借款支付的现金”项目，反映事业单位本年偿还借款本金所支付的现金。本项目应当根据“库存现金”“银行存款”“短期借款”“长期借款”等科目的记录分析填列。

（28）“偿付利息支付的现金”项目，反映事业单位本年支付的借款利息等。本项目应当根据“库存现金”“银行存款”“应付利息”“长期借款”等科目的记录分析填列。

（29）“支付的其他与筹资活动有关的现金”项目，反映政府单位本年支付的除上述项目之外与筹资活动有关的现金，如融资租入固定资产所支付的租赁费。本项目应当根据“库存现金”“银行存款”“长期应付款”等科目的记录分析填列。

（30）“筹资活动的现金流出小计”项目，反映政府单位本年筹资活动产生的现金流出的合计数。本项目应当根据本表中“偿还借款支付的现金”“偿付利息支付的现金”“支付的其他与筹资活动有关的现金”项目金额的合计数填列。

（31）“筹资活动产生的现金流量净额”项目，应当按照本表中“筹资活动的现金流入小计”项目金额减去“筹资活动的现金流出小计”金额后的金额填列；如为负数，以

“-”号填列。

4.“汇率变动对现金的影响额”项目，反映政府单位本年外币现金流量折算为人民币时，所采用的现金流量发生日的汇率折算的人民币金额与外币现金流量净额按期末汇率折算的人民币金额之间的差额。

5.“现金净增加额”项目，反映政府单位本年现金变动的净额。本项目应当根据本表中“日常活动产生的现金流量净额”、“投资活动产生的现金流量净额”、“筹资活动产生的现金流量净额”和“汇率变动对现金的影响额”项目金额的合计数填列；如为负数，以“-”号填列。

【例16-4】沿用【例16-1】和【例16-2】的资料，甲事业单位的其他相关资料如下：

1.假设2×21年度收入费用表有关的明细资料如下：

（1）财政拨款收入的组成：基本支出拨款7 046 000元，项目支出拨款1 554 000元（固定资产购置款1 554 000元、非资本项目拨款30 000元）。

（2）投资收益的组成：收到的国库券利息收入5 000元。

（3）捐赠收入的组成：接受现金资产捐赠1 490 000元。

（4）租金收入的组成：确认应收账款21 000元，收到租金收入500 000元。

（5）其他收入的组成：确认无法偿付的其他应付款870 000元。

除上述以外的各项收入均于当年收到现金。

（6）业务活动费用的组成：计提职工薪酬3 390 000元，库存物品领用70 000元，固定资产折旧900 000元，无形资产摊销701 000元，除增值税和所得税之外的其他各项税费112 000元，计提专用基金1 042 200元，支付其他业务活动费用4 379 000元（其中财政授权支付1 201 000元，银行存款支付2 178 000元）。

（7）单位管理费用的组成：计提职工薪酬2 740 500元，库存物品30 000元，固定资产折旧550 000元，计提项目管理费用60 000元，除增值税和所得税之外的其他各项税费30 000元，以银行存款支付其他业务活动费用1 224 500元。

（8）经营费用的组成：计提职工薪酬220 000元，库存物品20 000元，固定资产折旧50 000元，除增值税和所得税之外的其他各项税费8 000元，以银行存款支付其他业务活动费用69 000元。

（9）资产处置费用的组成：盘亏图书5 500元。

（10）上缴上级费用的组成：以银行存款支付200 000元。

（11）对附属单位补助费用的组成：以银行存款支付540 000元。

（12）其他费用的组成：计提借款利息727 800元，计提坏账准备3 000元（上年末坏账准备余额为0），对外捐赠现金950 000元。

2.假设2×21年度资产负债表有关的明细资料如下：

（1）零余额账户用款额度的组成：恢复上年末未支用额度50 000元（基本支出），按照本年预算收到财政授权支付额度1 246 000元，本年支用额度1 251 000元，年末注销未支用额度45 000元。

（2）短期投资的组成：购买短期国库券185 000元，到期兑付国库券本金100 000元。

（3）财政应返还额度的组成：恢复上年未支用财政授权支付额度50 000元，年末未支用财政授权支付额度45 000元，其中：基本支出15 000元、项目支出30 000元。

（4）预付账款的组成：支付购买服务定金122 000元。

（5）存货的组成：领用库存物品120 000元。

（6）其他应收款的组成：用银行存款偿还未报销的公务卡欠款47 000元。

（7）固定资产原值的组成：安装工程完工转入608 000元，无偿调入250 000元（调出单位账面价值200 000元，财政授权支付相关税费50 000元），购置5 500 500元（其中长期应付款1 000 000元、财政直接支付1 554 000元、银行存款支付2 946 500元），盘亏图书5 500元。

（8）无形资产原值的组成：购置6 754 000元（应付账款5 560 000元、银行存款支付1 194 000元）。

（9）短期借款的组成：借入借款500 000元，偿还本金1 000 000元。

（10）应交增值税的组成：本年增值税进项税额870 000元（其中专业业务活动购进发生850 000元，经营活动购进发生20 000元），增值税销项税额1 850 000元（其中专业业务活动发生1 770 000元，经营活动发生80 000元），已交增值税890 000元（其中专业业务活动820 000元，经营活动70 000元）。进项税额和已交税额均以银行存款付讫。

（11）其他应交税费的组成：计提其他税费150 000元（专业业务活动112 000元、管理活动30 000元、经营活动8 000元），已交其他税费80 000元（专业业务活动和管理活动75 000元、经营活动5 000元）。已交税额均以银行存款付讫。

（12）应付职工薪酬的组成：计提6 350 500元（专业业务活动3 390 000元、管理活动2 740 500元、经营活动220 000元），支付职工薪酬5 940 500元（专业业务活动3 000 000元、管理活动2 800 000元、经营活动140 500元，财政直接支付5 800 000元，以银行存款支付140 500元），薪酬年初余额和年末余额中无应付在建工程人员部分。

（13）应付利息的组成：计提短期借款利息40 000元，支付短期借款利息50 000元。

（14）其他应付款的组成：获得批准处理无法偿付的其他应付款项870 000元。

（15）长期借款的组成：非基建专门借款，均为到期一次还本付息。年末一年内到期2 000 000元，应计利息687 800元。

（16）长期应付款的组成：以银行存款支付一年内到期的长期应付款2 000 000元，因购置固定资产增加1 000 000元，年末一年内到期的2 500 000元。

根据以上资料，采用分析填列方法，编制甲事业单位2×21年度的现金流量表，见表16-8。

（1）财政基本支出拨款收到的现金=财政拨款收入中基本支出拨款-非资本项目拨款

=7 046 000-30 000

=7 016 000（元）

（2）财政非资本性项目拨款收到的现金=30 000（元）

（3）事业活动收到的除财政拨款以外的现金=事业收入+增值税销项税额

=15 600 000+1 770 000

=17 370 000（元）

（4）收到的其他与日常活动有关的现金=经营收入+增值税销项税额+上级补助收入+附属单位上缴收入+非同级财政拨款收入+利息收入+捐赠收入+租金收入−应收账款增加

=500 000+80 000+500 000+200 000+300 000+50 000+1 490 000+521 000−21 000

=3 620 000（元）

（5）购买商品、接受劳务支付的现金=财政授权支付的业务活动费用+现金支付的业务活动费用、单位管理费用、经营费用+支付的预付账款+支付押金

=1 201 000+（3 178 000+1 224 500+69 000）+122 000+47 000

= 5 841 500（元）

（6）支付给职工以及为职工支付的现金=财政直接支付的薪酬+现金支付薪酬

=5 800 000+140 500

=5 940 500（元）

（7）支付的各项税费=已交增值税+已交其他税费=890 000+80 000=970 000（元）

（8）支付的其他与日常活动有关的现金=对外现金捐赠+支付上缴上级费用和对附属单位补助费用+上缴应缴财政款

=950 000+740 000+2 110 000

=3 800 000（元）

（9）收回投资收到的现金=到期兑付国库券本金=100 000（元）

（10）取得投资收益收到的现金=收到的国库券利息收入=5 000（元）

（11）购建固定资产、无形资产、公共基础设施等支付的现金=财政授权支付无偿调入固定资产相关税费+财政直接支付固定资产购置款项+现金支付购置固定资产款项+增值税进项税额+支付之前购置固定资产形成的应付票据和长期应付款+现金支付无形资产款项

= 50 000+ 1 554 000+2 946 500+870 000+4 067 500+2 000 000+1 194 000

=12 682 000（元）

（12）对外投资支付的现金=购买短期国库券=185 000（元）

（13）财政资本性项目拨款收到的现金=财政直接支付固定资产购置款项=1 554 000（元）

（14）取得借款收到的现金=借入借款=500 000（元）

（15）偿还借款支付的现金=偿还短期借款本金=1 000 000（元）

（16）偿付利息支付的现金=支付短期借款利息=50 000（元）

表16-8 **现金流量表** 会政财04表

编制单位：甲事业单位 2×21年 单位：元

项　目	本年金额	上年金额
一、日常活动产生的现金流量：		
财政基本支出拨款收到的现金	7 016 000	
财政非资本性项目拨款收到的现金	30 000	
事业活动收到的除财政拨款以外的现金	17 370 000	
收到的其他与日常活动有关的现金	3 620 000	
日常活动的现金流入小计	28 036 000	
购买商品、接受劳务支付的现金	5 841 500	
支付给职工以及为职工支付的现金	5 940 500	
支付的各项税费	970 000	
支付的其他与日常活动有关的现金	3 800 000	
日常活动的现金流出小计	16 552 000	
日常活动产生的现金流量净额	11 484 000	
二、投资活动产生的现金流量：	0	
收回投资收到的现金	100 000	
取得投资收益收到的现金	5 000	
处置固定资产、无形资产、公共基础设施等收回的现金净额	0	
收到的其他与投资活动有关的现金	0	
投资活动的现金流入小计	105 000	
购建固定资产、无形资产、公共基础设施等支付的现金	12 682 000	
对外投资支付的现金	185 000	
上缴处置固定资产、无形资产、公共基础设施等净收入支付的现金		
支付的其他与投资活动有关的现金		
投资活动的现金流出小计	12 867 000	
投资活动产生的现金流量净额	−12 762 000	
三、筹资活动产生的现金流量：		
财政资本性项目拨款收到的现金	1 554 000	
取得借款收到的现金	500 000	
收到的其他与筹资活动有关的现金	0	
筹资活动的现金流入小计	2 054 000	
偿还借款支付的现金	1 000 000	
偿付利息支付的现金	50 000	
支付的其他与筹资活动有关的现金		
筹资活动的现金流出小计	1 050 000	
筹资活动产生的现金流量净额	1 004 000	
四、汇率变动对现金的影响额		
五、现金净增加额	−274 000	

第六节　财务报表附注

一、附注的概念

附注是对在财务会计报表中列示的项目所作的进一步说明，以及对未能在财务会计报表中列示项目的说明。附注是财务报表的重要组成部分。凡对报表使用者的决策有重要影响的会计信息，不论《政府会计制度——行政事业单位会计科目和报表》是否有明确规定，单位均应当充分披露。

二、附注的主要内容

附注主要包括下列内容：

1.单位的基本情况

政府单位应当简要披露其基本情况，包括单位主要职能、主要业务活动、所在地、预算管理关系等。

2.会计报表编制基础

3.遵循政府会计准则、制度的声明

4.重要会计政策和会计估计

政府单位应当采用与其业务特点相适应的具体会计政策，并充分披露报告期内采用的重要会计政策和会计估计。主要包括以下内容：（1）会计期间。（2）记账本位币，外币折算汇率。（3）坏账准备的计提方法。（4）存货类别、发出存货的计价方法、存货的盘存制度，以及低值易耗品和包装物的摊销方法。（5）长期股权投资的核算方法。（6）固定资产分类、折旧方法、折旧年限和年折旧率；融资租入固定资产的计价和折旧方法。（7）无形资产的计价方法；使用寿命有限的无形资产，其使用寿命估计情况；使用寿命不确定的无形资产，其使用寿命不确定的判断依据；单位内部研究开发项目划分研究阶段和开发阶段的具体标准。（8）公共基础设施的分类、折旧（摊销）方法、折旧（摊销）年限，以及其确定依据。（9）政府储备物资分类，以及确定其发出成本所采用的方法。（10）保障性住房的分类、折旧方法、折旧年限。（11）其他重要的会计政策和会计估计。（12）本期发生重要会计政策和会计估计变更的，变更的内容和原因、受其重要影响的报表项目名称和金额、相关审批程序，以及会计估计变更开始适用的时点。

5.会计报表重要项目说明

政府单位应当按照资产负债表和收入费用表项目列示顺序，采用文字和数据描述相结合的方式披露重要项目的明细信息。报表重要项目的明细金额合计，应当与报表项目金额相衔接。报表重要项目说明应包括但不限于下列内容。

（1）货币资金的披露

货币资金的披露格式如下：

项目	期末余额	年初余额
库存现金		
银行存款		
其他货币资金		
合计		

（2）应收账款

应收账款按照债务人类别披露的格式如下：

债务人类别	期末余额	年初余额
政府会计主体：		
部门内部单位		
单位 1		
⋮		
部门外部单位		
单位 1		
⋮		
其他：		
单位 1		
⋮		
合计		

注：1.“部门内部单位”是指纳入单位所属部门财务报告合并范围的单位（下同）。

2.有应收票据、预付账款、其他应收款的，可比照应收账款进行披露。

（3）存货

存货的披露格式如下：

存货种类	期末余额	年初余额
1.		
⋮		
合计		

（4）其他流动资产

其他流动资产的披露格式如下：

项目	期末余额	年初余额
1.		
⋮		
合计		

注：有长期待摊费用、其他非流动资产的，可比照其他流动资产进行披露。

（5）长期投资

①长期债券投资的披露格式如下：

债券发行主体	年初余额	本期增加额	本期减少额	期末余额
1.				
⋮				
合计				

注：有短期投资的，可比照长期债券投资进行披露。

②长期股权投资的披露格式如下：

被投资单位	核算方法	年初余额	本期增加额	本期减少额	期末余额
1.					
⋮					
合计					

③当期发生的重大投资净损益项目、金额及原因。

（6）固定资产

①固定资产的披露格式如下：

项目	年初余额	本期增加额	本期减少额	期末余额
一、原值合计				
其中：房屋及构筑物				
通用设备				
专用设备				
文物和陈列品				
图书、档案				
家具、用具、装具及动植物				
二、累计折旧合计				
其中：房屋及构筑物				
通用设备				
专用设备				
家具、用具、装具				
三、账面价值合计				
其中：房屋及构筑物				
通用设备				
专用设备				
文物和陈列品				
图书、档案				
家具、用具、装具及动植物				

②已提足折旧的固定资产名称、数量等情况。

③出租、出借固定资产以及固定资产对外投资等情况。

(7) 在建工程

在建工程的披露格式如下：

项目	年初余额	本期增加额	本期减少额	期末余额
1.				
⋮				
合计				

(8) 无形资产

①各类无形资产的披露格式如下：

项目	年初余额	本期增加额	本期减少额	期末余额
一、原值合计				
1.				
⋮				
二、累计摊销合计				
1.				
⋮				
三、账面价值合计				
1.				
⋮				

②计入当期损益的研发支出金额、确认为无形资产的研发支出金额。

③无形资产出售、对外投资等处置情况。

(9) 公共基础设施

①公共基础设施的披露格式如下：

项目	年初余额	本期增加额	本期减少额	期末余额
原值合计				
市政基础设施				
1.				
⋮				
交通基础设施				

续表

项目	年初余额	本期增加额	本期减少额	期末余额
1.				
⋮				
水利基础设施				
1.				
⋮				
其他				
⋮				
累计折旧合计				
市政基础设施				
1.				
⋮				
交通基础设施				
1.				
⋮				
水利基础设施				
1.				
⋮				
其他				
⋮				
账面价值合计				
市政基础设施				
1.				
⋮				
交通基础设施				
1.				
⋮				
水利基础设施				
1.				
⋮				
其他				
⋮				

②确认为公共基础设施的单独计价入账的土地使用权的账面余额、累计摊销额及变动情况。

③已提取折旧继续使用的公共基础设施的名称、数量等。

(10) 政府储备物资

政府储备物资的披露格式如下：

物资类别	年初余额	本期增加额	本期减少额	期末余额
1.				
⋮				
合计				

注：如单位有因动用而发出需要收回或者预期可能收回、但期末尚未收回的政府储备物资，应当单独披露其期末账面余额。

(11) 受托代理资产

受托代理资产的披露格式如下：

资产类别	年初余额	本期增加额	本期减少额	期末余额
货币资金				
受托转赠物资				
受托存储保管物资				
罚没物资				
其他				
合计				

(12) 应付账款

应付账款按照债权人类别披露的格式如下：

债权人类别	期末余额	年初余额
政府会计主体：		
部门内部单位		
单位1		
⋮		
部门外部单位		
单位1		
⋮		
其他：		
单位1		
⋮		
合计		

注：有应付票据、预收账款、其他应付款、长期应付款的，可比照应付账款进行披露。

（13）其他流动负债

其他流动负债的披露格式如下：

项目	期末余额	年初余额
1.		
⋮		
合计		

注：有预计负债、其他非流动负债的，可比照其他流动负债进行披露。

（14）长期借款

①长期借款按照债权人披露的格式如下：

债权人	期末余额	年初余额
1.		
⋮		
合计		

注：有短期借款的，可比照长期借款进行披露。

②单位有基建借款的，应当分基建项目披露长期借款年初数、本年变动数、年末数及到期期限。

（15）事业收入

事业收入按照收入来源的披露格式如下：

收入来源	本期发生额	上期发生额
来自财政专户管理资金		
本部门内部单位		
单位 1		
⋮		
本部门以外同级政府单位		
单位 1		
⋮		
其他		
单位 1		
⋮		
合计		

（16）非同级财政拨款收入

非同级财政拨款收入按收入来源的披露格式如下：

收入来源	本期发生额	上期发生额
本部门以外同级政府单位		
单位 1		
⋮		
本部门以外非同级政府单位		
单位 1		
⋮		
合计		

（17）其他收入

其他收入按照收入来源的披露格式如下：

收入来源	本期发生额	上期发生额
本部门内部单位		
单位 1		
⋮		
本部门以外同级政府单位		
单位 1		
⋮		
本部门以外非同级政府单位		
单位 1		
⋮		
其他		
单位 1		
⋮		
合计		

（18）业务活动费用

①按经济分类的披露格式如下：

项目	本期发生额	上期发生额
工资福利费用		
商品和服务费用		
对个人和家庭的补助费用		
对企业补助费用		
固定资产折旧费		
无形资产摊销费		
公共基础设施折旧（摊销）费		
保障性住房折旧费		
计提专用基金		
⋮		
合计		

注：有单位管理费用、经营费用的，可比照（业务活动费用）此表进行披露。

②按支付对象的披露格式如下：

支付对象	本期发生额	上期发生额
本部门内部单位		
单位 1		
⋮		
本部门以外同级政府单位		
单位 1		
⋮		
其他		
单位 1		
⋮		
合计		

注：有单位管理费用、经营费用的，可比照（业务活动费用）此表进行披露。

（19）其他费用

其他费用按照类别披露的格式如下：

费用类别	本期发生额	上期发生额
利息费用		
坏账损失		
罚没支出		
⋮		
合计		

（20）本期费用

本期费用按照经济分类的披露格式如下：

项目	本年数	上年数
工资福利费用		
商品和服务费用		
对个人和家庭的补助费用		
对企业补助费用		
固定资产折旧费		
无形资产摊销费		
公共基础设施折旧（摊销）费		
保障性住房折旧费		
计提专用基金		
所得税费用		
资产处置费用		
上缴上级费用		
对附属单位补助费用		
其他费用		
本期费用合计		

注：单位在按照《政府会计制度——行政事业单位会计科目和报表》规定编制收入费用表的基础上，可以根据需要按照此表披露的内容编制收入费用表。

6.本年预算结余和盈余的差异情况说明

为了反映政府单位财务会计和预算会计因核算基础和核算范围不同所产生的本年盈余数与本年预算结余数之间的差异，政府单位应当按照重要性原则，对本年度发生的各类影响收入（预算收入）和费用（预算支出）的业务进行适度归并和分析，披露将年度预算收入支出表中“本年预算收支差额”调节为年度收入费用表中“本期盈余”的信息。有关披露的内容与形式如下：

项　目	金 额
一、本年预算结余（本年预算收支差额）	
二、差异调节	—
（一）重要事项的差异	
加：1. 当期确认为收入但没有确认为预算收入	
（1）应收款项、预收账款确认的收入	
（2）接受非货币性资产捐赠确认的收入	
2. 当期确认为预算支出但没有确认为费用	
（1）支付应付款项、预付账款的支出	
（2）为取得存货、政府储备物资等计入物资成本的支出	
（3）为购建固定资产等的资本性支出	
（4）偿还借款本息支出	
减：1. 当期确认为预算收入但没有确认为收入	
（1）收到应收款项、预收账款确认的预算收入	
（2）取得借款确认的预算收入	
2. 当期确认为费用但没有确认为预算支出	
（1）发出存货、政府储备物资等确认的费用	
（2）计提的折旧费用和摊销费用	
（3）确认的资产处置费用（处置资产价值）	
（4）应付款项、预付账款确认的费用	
（二）其他事项差异	
三、本年盈余（本年收入与费用的差额）	

7. 其他重要事项说明

（1）资产负债表日存在的重要或有事项说明。没有重要或有事项的，也应说明。

（2）以名义金额计量的资产名称、数量等情况，以及以名义金额计量理由的说明。

（3）通过债务资金形成的固定资产、公共基础设施、保障性住房等资产的账面价值、使用情况、收益情况及与此相关的债务偿还情况等的说明。

（4）重要资产置换、无偿调入（出）、捐入（出）、报废、重大毁损等情况的说明。

（5）事业单位将单位内部独立核算单位的会计信息纳入本单位财务报表情况的说明。

（6）政府会计具体准则中要求附注披露的其他内容。

（7）有助于理解和分析单位财务报表需要说明的其他事项。

第七节 预算收入支出表

一、预算收入支出表的内容和结构

（一）预算收入支出表的内容

预算收入支出表是反映政府单位在某一会计年度内各项预算收入、预算支出和预算收支差额的情况的报表，是政府单位预算会计报表之一，属于动态报表。预算收入支出表，可以提供政府单位在某一会计期间内的各项预算收入实现、预算支出的耗费以及预算收支差额情况。预算收入支出表应当至少按照年度编制。

（二）预算收入支出表的结构

预算收入支出表应当按照本年预算收入、本年预算支出和本年预算收支差额分项列示。本年预算收入主要反映财政拨款预算收入、事业预算收入、上级补助预算收入、附属单位上缴预算收入、经营预算收入、债务预算收入、非同级财政拨款预算收入、投资预算收益和其他预算收入；本年预算支出主要反映行政支出、事业支出、经营支出、上缴上级支出、对附属单位补助支出、投资支出、债务还本支出和其他支出。本年预算收支差额是本年预算收入减去本年预算支出后的差额。

预算收入支出表各项则分为“本年数”和“上年数”两栏填列，其目的在于使报表使用者通过比较不同时期的预算收入、预算支出和预算收支差额情况，判断政府单位预算情况的未来发展趋势。

预算收入支出表“本年数”栏反映各项目的本年实际发生数。本表“上年数”栏反映各项目上年度的实际发生数，应当根据上年度预算收入支出表中“本年数”栏内所列数字填列。如果本年度预算收入支出表规定的项目的名称和内容同上年度不一致，应当对上年度预算收入支出表项目的名称和数字按照本年度的规定进行调整，将调整后金额填入本年度预算收入支出表的“上年数”栏。

预算收入支出表基本格式可参见表16-10。

二、预算收入支出表的填列方法

预算收入支出表“本年数”栏各项目的内容和填列方法如下：

（一）本年预算收入

1.“本年预算收入”项目，反映政府单位本年预算收入总额。本项目应当根据本表中“财政拨款预算收入”“事业预算收入”“上级补助预算收入”“附属单位上缴预算收入”“经营预算收入”“债务预算收入”“非同级财政拨款预算收入”“投资预算收益”“其他预算收入”项目金额的合计数填列。

2.“财政拨款预算收入”项目，反映政府单位本年从同级政府财政部门取得的各类财政拨款。本项目应当根据“财政拨款预算收入”科目的本年发生额填列。

“政府性基金收入”项目，反映单位本年取得的财政拨款收入中属于政府性基金预算拨款的金额。本项目应当根据“财政拨款预算收入”相关明细科目的本年发生额填列。

3.“事业预算收入”项目，反映事业单位本年开展专业业务活动及其辅助活动取得的预算收入。本项目应当根据“事业预算收入”科目的本年发生额填列。

4.“上级补助预算收入”项目，反映事业单位本年从主管部门和上级单位取得的非财政补助预算收入。本项目应当根据“上级补助预算收入”科目的本年发生额填列。

5.“附属单位上缴预算收入”项目，反映事业单位本年收到的独立核算的附属单位按照有关规定上缴的预算收入。本项目应当根据“附属单位上缴预算收入”科目的本年发生额填列。

6.“经营预算收入”项目，反映事业单位本年在专业业务活动及其辅助活动之外开展非独立核算经营活动取得的预算收入。本项目应当根据“经营预算收入”科目的本年发生额填列。

7.“债务预算收入”项目，反映事业单位本年按照规定从金融机构等借入的、纳入部门预算管理的债务预算收入。本项目应当根据“债务预算收入”的本年发生额填列。

8.“非同级财政拨款预算收入”项目，反映政府单位本年从非同级政府财政部门取得的财政拨款。本项目应当根据“非同级财政拨款预算收入”科目的本年发生额填列。

9.“投资预算收益”项目，反映事业单位本年取得的按规定纳入单位预算管理的投资收益。本项目应当根据“投资预算收益”科目的本年发生额填列。

10.“其他预算收入”项目，反映政府单位本年取得的除上述收入以外的纳入单位预算管理的各项预算收入。本项目应当根据“其他预算收入”科目的本年发生额填列。

“利息预算收入”项目，反映政府单位本年取得的利息预算收入。本项目应当根据“其他预算收入”科目的明细记录分析填列。单位单设“利息预算收入”科目的，应当根据“利息预算收入”科目的本年发生额填列。

“捐赠预算收入”项目，反映政府单位本年取得的捐赠预算收入。本项目应当根据“其他预算收入”科目明细账记录分析填列。单位单设“捐赠预算收入”科目的，应当根据“捐赠预算收入”科目的本年发生额填列。

“租金预算收入”项目，反映政府单位本年取得的租金预算收入。本项目应当根据“其他预算收入”科目明细账记录分析填列。政府单位单设“租金预算收入”科目的，应当根据“租金预算收入”科目的本年发生额填列。

（二）本年预算支出

11.“本年预算支出”项目，反映政府单位本年预算支出总额。本项目应当根据本表中“行政支出”、“事业支出”、“经营支出”、“上缴上级支出”、“对附属单位补助支出”、“投资支出”、“债务还本支出”和“其他支出”项目金额的合计数填列。

12.“行政支出”项目，反映行政单位本年履行职责实际发生的支出。本项目应当根据“行政支出”科目的本年发生额填列。（事业单位不填列此项目）

13.“事业支出”项目，反映事业单位本年开展专业业务活动及其辅助活动发生的支出。本项目应当根据“事业支出”科目的本年发生额填列。

14.“经营支出”项目，反映事业单位本年在专业业务活动及其辅助活动之外开展非独立核算经营活动发生的支出。本项目应当根据“经营支出”科目的本年发生额填列。

15.“上缴上级支出”项目，反映事业单位本年按照财政部门和主管部门的规定上缴上级单位的支出。本项目应当根据“上缴上级支出”科目的本年发生额填列。

16.“对附属单位补助支出”项目，反映事业单位本年用财政拨款收入之外的收入对附属单位补助发生的支出。本项目应当根据“对附属单位补助支出”科目的本年发生额填列。

17.“投资支出”项目，反映事业单位本年以货币资金对外投资发生的支出。本项目应当根据“投资支出”科目的本年发生额填列。

18.“债务还本支出”项目，反映事业单位本年偿还自身承担的纳入预算管理的从金融机构举借的债务本金的支出。本项目应当根据“债务还本支出”科目的本年发生额填列。

19.“其他支出”项目，反映政府单位本年除以上支出以外的各项支出。本项目应当根据“其他支出”科目的本年发生额填列。

“利息支出”项目，反映政府单位本年发生的利息支出。本项目应当根据“其他支出”科目明细账记录分析填列。单位单设“利息支出”科目的，应当根据“利息支出”科目的本年发生额填列。

“捐赠支出”项目，反映政府单位本年发生的捐赠支出。本项目应当根据“其他支出”科目明细账记录分析填列。单位单设“捐赠支出”科目的，应当根据“捐赠支出”科目的本年发生额填列。

（三）本年预算收支差额

20.“本年预算收支差额”项目，反映政府单位本年各项预算收支相抵后的差额。本项目应当根据本表中“本期预算收入”项目金额减去“本期预算支出”项目金额后的金额填列；如相减后金额为负数，以“-”号填列。

【例16-5】甲事业单位2×21年度有关预算收入和预算支出科目的本年累计发生额见表16-9。

表16-9　　2×21年度有关预算收入科目和预算支出科目本年累计发生额　　单位：元

预算收入科目名称	本年累计发生额	预算支出科目名称	本年累计发生额
财政拨款预算收入	8 600 000	事业支出	25 079 500
其中：政府性基金预算收入	600 000	经营支出	304 500
事业预算收入	17 370 000	上缴上级支出	200 000
上级补助预算收入	500 000	对附属单位补助支出	540 000
附属单位上缴预算收入	200 000	投资支出	85 000
经营预算收入	580 000	债务还本支出	1 000 000
债务预算收入	500 000	其他支出	1 050 000
非同级财政拨款预算收入	300 000	其中：利息支出	50 000
投资预算收益	5 000	捐赠支出	950 000
其他预算收入	2 040 000		
其中：利息预算收入	50 000		
捐赠预算收入	1 490 000		
租金预算收入	500 000		

根据上述资料，编制甲事业单位2×21年度预算收入支出表，见表16-10。

表16-10　　预算收入支出表　　会政预01表

编制单位：甲事业单位　　2×21年　　单位：元

项目	本年数	上年数（略）
一、本年预算收入	30 095 000	
（一）财政拨款预算收入	8 600 000	
其中：政府性基金收入	600 000	
（二）事业预算收入	17 370 000	
（三）上级补助预算收入	500 000	
（四）附属单位上缴预算收入	200 000	
（五）经营预算收入	580 000	
（六）债务预算收入	500 000	
（七）非同级财政拨款预算收入	300 000	
（八）投资预算收益	5 000	
（九）其他预算收入	2 040 000	
其中：利息预算收入	50 000	
捐赠预算收入	1 490 000	
租金预算收入	500 000	
二、本年预算支出	28 259 000	
（一）行政支出		
（二）事业支出	25 079 500	
（三）经营支出	304 500	
（四）上缴上级支出	200 000	
（五）对附属单位补助支出	540 000	
（六）投资支出	85 000	
（七）债务还本支出	1 000 000	
（八）其他支出	1 050 000	
其中：利息支出	50 000	
捐赠支出	950 000	
三、本年预算收支差额	1 836 000	

三、预算结余和盈余差异情况表

本年预算结余和盈余的差异情况说明是政府单位财务报表附注中的重要项目说明，是重要性原则的具体运用。

根据【例16-1】和【例16-4】资料，编制甲事业单位2×21年预算结余和盈余差异情况表，见表16-11。

表16-11　　预算结余和盈余差异情况表

编制单位：甲事业单位　　2×21年　　单位：元

项　目	金 额
一、本年预算结余（本年预算收支差额）	1 836 000
二、差异调节	—
（一）重要事项的差异	10 178 500
加：1.当期确认为收入但没有确认为预算收入	21 000
（1）应收款项、预收账款确认的收入	21 000
（2）接受非货币性资产捐赠确认的收入	
2.当期确认为预算支出但没有确认为费用	12 984 000
（1）支付应付款项、预付账款的支出	6 189 500
（2）为取得存货、政府储备物资等计入物资成本的支出	
（3）为购建固定资产等的资本性支出	5 744 500
（4）偿还借款本息支出	1 050 000
减：1.当期确认为预算收入但没有确认为收入	500 000
（1）收到应收款项、预收账款确认的预算收入	
（2）取得借款确认的预算收入	500 000
2.当期确认为费用但没有确认为预算支出	2 326 500
（1）发出存货、政府储备物资等确认的费用	120 000
（2）计提的折旧费用和摊销费用	2 201 000
（3）确认的资产处置费用（处置资产价值）	5 500
（4）应付款项、预付账款确认的费用	
（二）其他事项差异	−1 401 000
加：1.当期确认为收入但没有确认为预算收入	870 000
2.当期确认为预算支出但没有确认为费用	1 972 000
减：1.当期确认为预算收入但没有确认为收入	1 850 000
2.当期确认为费用但没有确认为预算支出	2 393 000
三、本年盈余（本年收入与费用的差额）	10 613 500

第八节　预算结转结余变动表

一、预算结转结余变动表的内容和结构

（一）预算结转结余变动表的内容

预算结转结余变动表是反映政府单位在某一会计年度内预算结转结余的变动情况的报表，是政府单位预算会计报表之一，属于动态报表。预算结转结余变动表应当至少编制年度报表。

（二）预算结转结余变动表的结构

预算结转结余变动表按照年初预算结转结余、年初余额调整、本年变动金额、年末预算结转结余分项列示。本表中“年末预算结转结余”项目金额等于“年初预算结转结余”、“年初余额调整”和“本年变动金额”三个项目的合计数。

此外，为了使报表使用者通过比较不同年度预算结转结余变动表的数据，掌握政府单位预算结转结余各项目变动情况及发展趋势，政府单位需要提供比较预算结转结余变动表，预算结转结余变动表还就各项目再分为“本年数”和“上年数”两栏分别填列。

预算结转结余变动表“本年数”栏反映各项目的本年实际发生数。本表“上年数”栏反映各项目的上年实际发生数，应当根据上年度预算结转结余变动表中“本年数”栏内所列数字填列。如果本年度预算结转结余变动表规定的项目的名称和内容同上年度不一致，应当对上年度预算结转结余变动表项目的名称和数字按照本年度的规定进行调整，将调整后金额填入本年度预算结转结余变动表的“上年数”栏。

预算结转结余变动表的基本格式可参见表16-13。

二、预算结转结余变动表的填列方法

预算结转结余变动表“本年数”栏各项目的内容和填列方法如下：

1.“年初预算结转结余”项目，反映政府单位本年预算结转结余的年初余额。本项目应当根据本项目下“财政拨款结转结余”“其他资金结转结余”项目金额的合计数填列。

（1）“财政拨款结转结余”项目，反映政府单位本年财政拨款结转结余资金的年初余额。本项目应当根据“财政拨款结转”“财政拨款结余”科目本年年初余额合计数填列。

（2）“其他资金结转结余”项目，反映政府单位本年其他资金结转结余的年初余额。本项目应当根据“非财政拨款结转”“非财政拨款结余”“专用结余”“经营结余”科目本年年初余额的合计数填列。

2.“年初余额调整”项目，反映政府单位本年预算结转结余年初余额调整的金额。本项目应当根据本项目下“财政拨款结转结余”“其他资金结转结余”项目金额的合计数填列。

（1）“财政拨款结转结余”项目，反映政府单位本年财政拨款结转结余资金的年初余额调整金额。本项目应当根据“财政拨款结转”“财政拨款结余”科目下“年初余额调整”明细科目的本年发生额的合计数填列；如调整减少年初财政拨款结转结余，以“-”号填列。

（2）“其他资金结转结余”项目，反映政府单位本年其他资金结转结余的年初余额调整

金额。本项目应当根据“非财政拨款结转”“非财政拨款结余”科目下“年初余额调整”明细科目的本年发生额的合计数填列；如调整减少年初其他资金结转结余，以“-”号填列。

3.“本年变动金额”项目，反映政府单位本年预算结转结余变动的金额。本项目应当根据本项目下“财政拨款结转结余”“其他资金结转结余”项目金额的合计数填列。

(1)“财政拨款结转结余”项目，反映政府单位本年财政拨款结转结余资金的变动。本项目应当根据本项目下“本年收支差额”“归集调入”“归集上缴或调出”项目金额的合计数填列。

①“本年收支差额”项目，反映政府单位本年财政拨款资金收支相抵后的差额。本项目应当根据“财政拨款结转”科目下“本年收支结转”明细科目本年转入的预算收入与预算支出的差额填列；差额为负数的，以“-”号填列。

②“归集调入”项目，反映政府单位本年按照规定从其他单位归集调入的财政拨款结转资金。本项目应当根据“财政拨款结转”科目下“归集调入”明细科目的本年发生额填列。

③“归集上缴或调出”项目，反映政府单位本年按照规定上缴的财政拨款结转结余资金及按照规定向其他单位调出的财政拨款结转资金。本项目应当根据“财政拨款结转”“财政拨款结余”科目下“归集上缴”明细科目，以及“财政拨款结转”科目下“归集调出”明细科目本年发生额的合计数填列，以“-”号填列。

(2)“其他资金结转结余”项目，反映政府单位本年其他资金结转结余的变动。本项目应当根据本项目下“本年收支差额”“缴回资金”“使用专用结余”“支付所得税”项目金额的合计数填列。

①“本年收支差额”项目，反映政府单位本年除财政拨款外的其他资金收支相抵后的差额。本项目应当根据“非财政拨款结转”科目下“本年收支结转”明细科目、“其他结余”科目、“经营结余”科目本年转入的预算收入与预算支出的差额的合计数填列；如为负数，以“-”号填列。

②“缴回资金”项目，反映政府单位本年按照规定缴回的非财政拨款结转资金。本项目应当根据“非财政拨款结转”科目下“缴回资金”明细科目本年发生额的合计数填列，以“-”号填列。

③“使用专用结余”项目，反映本年事业单位根据规定使用从非财政拨款结余或经营结余中提取的专用基金的金额。本项目应当根据“专用结余”科目明细账中本年使用专用结余业务的发生额填列，以“-”号填列。

④“支付所得税”项目，反映有企业所得税缴纳义务的事业单位本年实际缴纳的企业所得税金额。本项目应当根据“非财政拨款结余”明细账中本年实际缴纳企业所得税业务的发生额填列，以“-”号填列。

4.“年末预算结转结余”项目，反映政府单位本年预算结转结余的年末余额。本项目应当根据本项目下“财政拨款结转结余”“其他资金结转结余”项目金额的合计数填列。

(1)“财政拨款结转结余”项目，反映政府单位本年财政拨款结转结余的年末余额。本项目应当根据本项目下“财政拨款结转”“财政拨款结余”项目金额的合计数填列。

本项目下“财政拨款结转”“财政拨款结余”项目，应当分别根据“财政拨款结转”“财政拨款结余”科目的本年年末余额填列。

（2）“其他资金结转结余”项目，反映政府单位本年其他资金结转结余的年末余额。本项目应当根据本项目下“非财政拨款结转”“非财政拨款结余”“专用结余”“经营结余”项目金额的合计数填列。

本项目下“非财政拨款结转”“非财政拨款结余”“专用结余”“经营结余”项目，应当分别根据“非财政拨款结转”“非财政拨款结余”“专用结余”“经营结余”科目的本年年末余额填列。

【例16-6】甲事业单位2×21年有关预算结转结余科目年初余额见表16-12。

表16-12　**2×21年有关预算结转结余科目年初余额**　单位：元

项目	财政拨款结转	财政拨款结余	非财政拨款结转	非财政拨款结余	专用结余
年初余额	50 000	100 000	200 000	800 000	500 000

沿用【例15-2】、【例15-9】至【例15-15】、【例15-17】至【例15-19】、【例15-21】至【例15-24】资料，编制甲事业单位2×21年预算结转结余变动表，见表16-13。

表16-13　**预算结转结余变动表**　会政预02表

编制单位：甲事业单位　2×21年　单位：元

项 目	本年数	上年数（略）
一、年初预算结转结余	1 650 000	
（一）财政拨款结转结余	150 000	
（二）其他资金结转结余	1 500 000	
二、年初余额调整（减少以“-”号填列）	0	
（一）财政拨款结转结余	0	
（二）其他资金结转结余	0	
三、本年变动金额（减少以“-”号填列）	1 732 400	
（一）财政拨款结转结余	-5 000	
1.本年收支差额	-5 000	
2.归集调入		
3.归集上缴或调出		
（二）其他资金结转结余	1 737 400	
1.本年收支差额	1 741 000	
2.缴回资金		
3.使用专用结余	-3 600	
4.支付所得税		
四、年末预算结转结余	3 382 400	
（一）财政拨款结转结余	145 000	
1.财政拨款结转	115 000	
2.财政拨款结余	30 000	
（二）其他资金结转结余	3 237 400	
1.非财政拨款结转	40 000	
2.非财政拨款结余	2 004 600	
3.专用结余	1 192 800	
4.经营结余（如有余额，以“-”号填列）		

第九节 财政拨款预算收入支出表

一、财政拨款预算收入支出表的内容和结构

(一) 财政拨款预算收入支出表的内容

财政拨款预算收入支出表是反映政府单位本年财政拨款预算资金收入、支出及相关变动的具体情况的报表，是政府单位预算会计报表之一，属于动态报表。财政拨款预算收入支出表应当至少编制年度报表。

(二) 财政拨款预算收入支出表的结构

财政拨款预算收入支出表“项目”栏内各项目，应当根据政府单位取得的财政拨款种类分项设置。其中“项目支出”项目下，根据每个项目设置；政府单位取得除一般公共预算财政拨款和政府性基金预算财政拨款以外的其他财政拨款的，应当按照财政拨款种类增加相应的资金项目及其明细项目。

财政拨款预算收入支出表“项目”栏内各项目分别填列“年初财政拨款结转结余”、“调整年初财政拨款结转结余”、“本年归集调入”、“本年归集上缴或调出”、“单位内部调剂”、“本年财政拨款收入”、“本年财政拨款支出”和“年末财政拨款结转结余”八栏数据。

财政拨款预算收入支出表的基本格式可参见表16-15。

二、财政拨款预算收入支出表的填列方法

财政拨款预算收入支出表各栏及其对应项目的内容和填列方法如下：

1.“年初财政拨款结转结余”栏中各项目，反映政府单位年初各项财政拨款结转结余的金额。各项目应当根据“财政拨款结转”、“财政拨款结余”及其明细科目的年初余额填列。本栏中各项目的数额应当与上年度财政拨款预算收入支出表中“年末财政拨款结转结余”栏中各项目的数额相等。

2.“调整年初财政拨款结转结余”栏中各项目，反映政府单位对年初财政拨款结转结余的调整金额。各项目应当根据“财政拨款结转”“财政拨款结余”科目下“年初余额调整”明细科目及其所属明细科目的本年发生额填列；如调整减少年初财政拨款结转结余，以“-”号填列。

3.“本年归集调入”栏中各项目，反映政府单位本年按规定从其他单位调入的财政拨款结转资金金额。各项目应当根据“财政拨款结转”科目下“归集调入”明细科目及其所属明细科目的本年发生额填列。

4.“本年归集上缴或调出”栏中各项目，反映政府单位本年按规定实际上缴的财政拨款结转结余资金，及按照规定向其他单位调出的财政拨款结转资金金额。各项目应当根据“财政拨款结转”“财政拨款结余”科目下“归集上缴”科目和“财政拨款结转”科目下“归集调出”明细科目，及其所属明细科目的本年发生额填列，以“-”号填列。

5.“单位内部调剂”栏中各项目，反映政府单位本年财政拨款结转结余资金在单位内部不同项目等之间的调剂金额。各项目应当根据“财政拨款结转”和“财政拨款结余”科目下的“单位内部调剂”明细科目及其所属明细科目的本年发生额填列；对单位内部调剂减少的财政拨款结余金额，以“-”号填列。

6.“本年财政拨款收入”栏中各项目，反映政府单位本年从同级财政部门取得的各类财政预算拨款金额。各项目应当根据“财政拨款预算收入”科目及其所属明细科目的本年发生额填列。

7.“本年财政拨款支出”栏中各项目，反映政府单位本年发生的财政拨款支出金额。各项目应当根据“行政支出”、“事业支出”等科目及其所属明细科目本年发生额中的财政拨款支出数的合计数填列。

8.“年末财政拨款结转结余”栏中各项目，反映政府单位年末财政拨款结转结余的金额。各项目应根据“财政拨款结转”、“财政拨款结余”科目及其所属明细科目的年末余额填列。

【例16-7】沿用【例15-12】、【例15-13】、【例15-19】、【例16-4】至【例16-6】资料，甲事业单位2×21年度财政拨款预算收入和支出明细资料见表16-14。

表16-14　**2×21年度财政拨款预算收入和支出明细情况**　单位：元

项目	一般公共预算财政拨款		政府性基金预算财政拨款	
	本年财政拨款收入	本年财政拨款支出	本年财政拨款收入	本年财政拨款支出
基本支出	7 016 000	7 051 000		
其中：人员经费	5 800 000	5 800 000		
日常公用经费	1 216 000	1 251 000		
项目支出	984 000	954 000	600 000	600 000
其中：××项目	984 000	954 000	600 000	600 000
合计	8 000 000	8 005 000	600 000	600 000

根据上述资料，编制甲事业单位2×21年度财政拨款预算收入支出表，见表16-15。

表16-15

财政拨款预算收入支出表

会政预03表

编制单位：甲事业单位　　2×21年　　单位：元

项目	年初财政拨款结转结余		调整年初财政拨款结转结余	本年归集调入	本年归集上缴或调出	单位内部调剂		本年财政拨款收入	本年财政拨款支出	年末财政拨款结转结余	
	结转	结余				结转	结余			结转	结余
一、一般公共预算财政拨款	50 000	100 000		200 000	−200 000						
（一）基本支出	50 000			200 000	−100 000			7 016 000	7 051 000	115 000	
1. 人员经费								5 800 000	5 800 000		
2. 日常公用经费	50 000			200 000	−100 000			1 216 000	1 251 000	115 000	
（二）项目支出		100 000			−100 000			984 000	954 000		30 000
1.××项目		100 000			−100 000			984 000	954 000		30 000
2.××项目											
⋮											
二、政府性基金预算财政拨款								600 000	600 000		
（一）基本支出											
1. 人员经费											
2. 日常公用经费											
（二）项目支出								600 000	600 000		
1.××项目								600 000	600 000		
2.××项目											
⋮											
总计	50 000	100 000		200 000	−200 000			8 600 000	8 605 000	115 000	30 000

复习思考

1.政府单位财务报表和预算会计报表各自包括哪些内容？
2.政府单位会计报表和预算会计报表按照编制期分为哪几类？
3.政府单位资产负债表、收入费用表、净资产变动表和现金流量表的含义各是什么？
4.政府单位的财务报表附注包括哪些内容？
5.政府单位预算收入支出表、预算结转结余变动表和财政拨款收入支出表的含义各是什么？
6.政府单位将本年预算结余调整为本年盈余的主要事项包括哪些？

操作练习

题一：
目的：掌握行政单位资产负债表年报的编制方法。
资料：假设某行政单位（小规模纳税人）2×21年有关财务资料如下：
1. 2×21年11月30日各类会计科目余额见下表。

科目名称	借方余额（元）	科目名称	贷方余额（元）
库存现金	12 000	应交增值税	450 000
其中：受托代理现金	2 000	其他应交税费	85 000
银行存款	1 218 000	应付账款	5 560 000
其中：受托代理银行存款	18 000	应付政府补贴款	3 056 000
零余额账户用款额度	65 000	其他应付款	1 680 000
其他货币资金	20 000	长期应付款	6 000 000
应收账款	208 000	其中：一年内到期的长期应付款	4 500 000
其他应收款	49 000	受托代理负债	50 000
在途物品	50 000	累计盈余	23 264 000
库存物品	80 000	无偿调拨净资产	440 000
固定资产	38 060 000	本期盈余	3 443 000
固定资产累计折旧	–4 250 000		
在建工程	816 000		
无形资产	8 014 000		
无形资产累计摊销	–404 000		
政府储备物资	60 000		
受托代理资产	30 000		

2.2×21年12月发生如下经济业务：

（1）收到“财政授权支付额度到账通知书”，列明本月财政授权支付额度为200 000元。

（2）上交上月增值税450 000元和其他税费85 000元。

（3）收到“财政直接支付入账通知书”及相关原始凭证，列明采购专用材料一批，直接支付入账金额100 000元，材料已经验收入库。

（4）收到非同级财政部门的财政拨款收入100 000元，款项已存入银行。

（5）接受甲公司的捐赠，其中货币资金200 000元，专利权一项，发票上注明价款200 000元。假设不考虑相关税费。

（6）收到银行存款利息收入通知书，本月取得存款利息收入5 000元。

（7）收到出租办公楼的年租金51 500元（含税）。假定该租金收入不上缴财政。

（8）计提当月在编职工薪酬600 000元和外部人员劳务费80 000元。

（9）发出救灾药品一批，账面余额50 000元。

（10）计提本月固定资产折旧200 000元、无形资产摊销50 000元。

（11）支付罚款50 000元。

（12）获得批准处置盘亏的专用材料和图书，账面余额分别为5 000元和10 000元。

（13）年末，经过对账确认财政直接支付预算指标数为2 000 000元，本年度财政直接支付实际支出数为1 800 000元；本年度财政授权支付预算指标数为3 000 000元，本年度零余额账户用款额度下达数为2 800 000元，本年度零余额账户用款额度支用数2 535 000元。

要求：

1.根据2×21年12月份发生的经济业务编制财务会计下的会计分录。

2.结转2×21年12月份收入和费用。

3.年末，完成上述结转后，结转“本期盈余”科目余额和“本年盈余分配”科目余额。

4.年末，结转“无偿调拨净资产”科目余额。

5.编制2×21年12月31日资产负债表。

题二：

目的：掌握行政单位预算收入支出表和预算结转结余变动表的编制。

资料：某行政单位有关资料如下：

1.沿用第十五章后操作练习“题二”资料。

2. 2×21年度，该行政单位收到利息收入50 000元，捐赠收入1 460 000元，租金收入500 000元（不需要上缴财政）；发生现金捐赠支出200 000元。

要求：根据上述资料，编制该行政单位2×21年度预算收入支出表和预算结转结余变动表（上年数略）。